UNIVERSAL
ATLAS

Die Welt in Karten

Korallenriffe sind die größten Strukturen der Welt, die durch Lebewesen entstanden sind. Das Great Barrier Reef ist sogar vom Weltall aus sichtbar.

Zeichenerklärung/Legende 6

Kartenübersicht 8

Welt Gesamt (physisch) 1:78 Mio. 12

Welt Gesamt (politisch) 1:78 Mio. 14

EUROPA

Europa (physisch) 1:27 Mio. 16

Europa (politisch) 1:27 Mio. 17

Europa 1:13,5 Mio. 18

Island, Skandinavien 1:4,5 Mio. 20

Norwegen und Schweden: Südlicher Teil, Dänemark 1:2,25 Mio. 22

Westeuropa 1:4,5 Mio. 24

Vereinigtes Königreich 1:2,25 Mio. 26

Mitteleuropa 1:4,5 Mio. 28

Frankreich: Nördlicher Teil, Benelux 1:2,25 Mio. 30

Frankreich: Südlicher Teil 1:2,25 Mio. 32

Deutschland, Schweiz, Österreich: Westlicher Teil 1:2,25 Mio. 34

Polen, Slowakei, Österreich: Östlicher Teil, Ungarn 1:2,25 Mio. 36

Osteuropa 1:4,5 Mio. 38

Südwesteuropa 1:4,5 Mio. 40

Portugal und Spanien: Nördlicher Teil 1:2,25 Mio. 42

Portugal und Spanien: Südlicher Teil 1:2,25 Mio. 44

Südeuropa 1:4,5 Mio. 46

Italien: Nördlicher Teil, Slowenien, Kroatien, Bosnien und Herzegowina 1:2,25 Mio. 48

Italien: Südlicher Teil, Malta 1:2,25 Mio. 50

Serbien, Montenegro, Albanien, Kosovo, Nordmazedonien, Bulgarien 1:2,25 Mio. 52

Griechenland 1:2,25 Mio. 54

Südosteuropa 1:4,5 Mio. 56

ASIEN

Asien (physisch) 1:32 Mio. 58

Asien (politisch) 1:32 Mio. 60

Nordasien 1:13,5 Mio. 62

West- und Mittelasien 1:13,5 Mio. 64

Vorderasien: Westlicher Teil 1:4,5 Mio. 66

Pakistan: Industal, Indien: Nordwestlicher Teil 1:4,5 Mio. 68

Indien: Südlicher Teil, Malediven, Sri Lanka 1:4,5 Mio. 70

Indien: Nordöstlicher Teil, Bangladesch 1:4,5 Mio. 72

Zentral- und Ostasien 1:13,5 Mio. 74

China: Nördlicher Teil 1:4,5 Mio. 76

China: Südlicher Teil 1:4,5 Mio. 78

Korea, Japan 1:4,5 Mio. 80

Südostasien 1:13,5 Mio. 82

Hinterindien 1:4,5 Mio. 84

AUSTRALIEN & OZEANIEN

Australien/Ozeanien (physisch) 1:27 Mio. 86

Australien/Ozeanien (politisch) 1:27 Mio. 88

Australien, Neuseeland 1:13,5 Mio. 90

Australien: Südöstlicher Teil, Tasmanien 1:4,5 Mio. 92

Ozeanien: Nördlicher Teil 1:13,5 Mio. 94

Ozeanien: Südlicher Teil 1:13,5 Mio. 96

Vanuatu, Neukaledonien, Fidschi, Samoa, Tonga 1:4,5 Mio. 98

Neuseeland 1:4,5 Mio. 99

AFRIKA

Afrika (physisch) 1:27 Mio. 100

Afrika (politisch) 1:27 Mio. 102

Afrika: Nördlicher Teil 1:13,5 Mio. 104

Marokko, Algerien: Nördlicher Teil, Tunesien 1:4,5 Mio. 106

Ägypten 1:4,5 Mio. 108

Oberguinea: Westlicher Teil 1:4,5 Mio. 110

Afrika, Südlicher Teil 1:13,5 Mio. 112

Ostafrika, Nördlicher Teil 1:4,5 Mio. 114

Südafrika 1:4,5 Mio. 116

INHALT

NORD- UND MITTELAMERIKA

Nord- und Mittelamerika (physisch) 1:27 Mio. 118
Nord- und Mittelamerika (politisch) 1:27 Mio. 120
Nordamerika: Nördlicher Teil 1:13,5 Mio. 122
Kanada: Südwestlicher Teil 1:4,5 Mio. 124
Kanada: Südöstlicher Teil 1:4,5 Mio. 126
Nordamerika: Südlicher Teil, Mittelamerika 1:13,5 Mio. 128
USA: Pazifische Staaten 1:4,5 Mio. 130
USA: Nordöstliche Staaten 1:4,5 Mio. 132
USA: Südöstliche Staaten 1:4,5 Mio. 134
Mexiko: Südlicher Teil/Zentral-amerika: Nördlicher Teil 1:4,5 Mio. 136
Große Antillen 1:4,5 Mio. 138

SÜDAMERIKA

Südamerika (physisch) 1:27 Mio. 140
Südamerika (politisch) 1:27 Mio. 142
Südamerika: Nördlicher Teil 1:13,5 Mio. 144
Kolumbien, Venezuela 1:4,5 Mio. 146
Ecuador, Peru 1:4,5 Mio. 148
Brasilien: Südlicher Teil, Uruguay 1:4,5 Mio. 150
Südamerika: Südlicher Teil 1:13,5 Mio. 152

ARKTIS & OZEANE

Arktis 154
Antarktis 156
Atlantischer Ozean 158
Indischer Ozean 160
Pazifischer Ozean 162

Index 164
Bildnachweis/Impressum 200

Pileh Lagune auf Kho Phi Phi Leh, Thailand

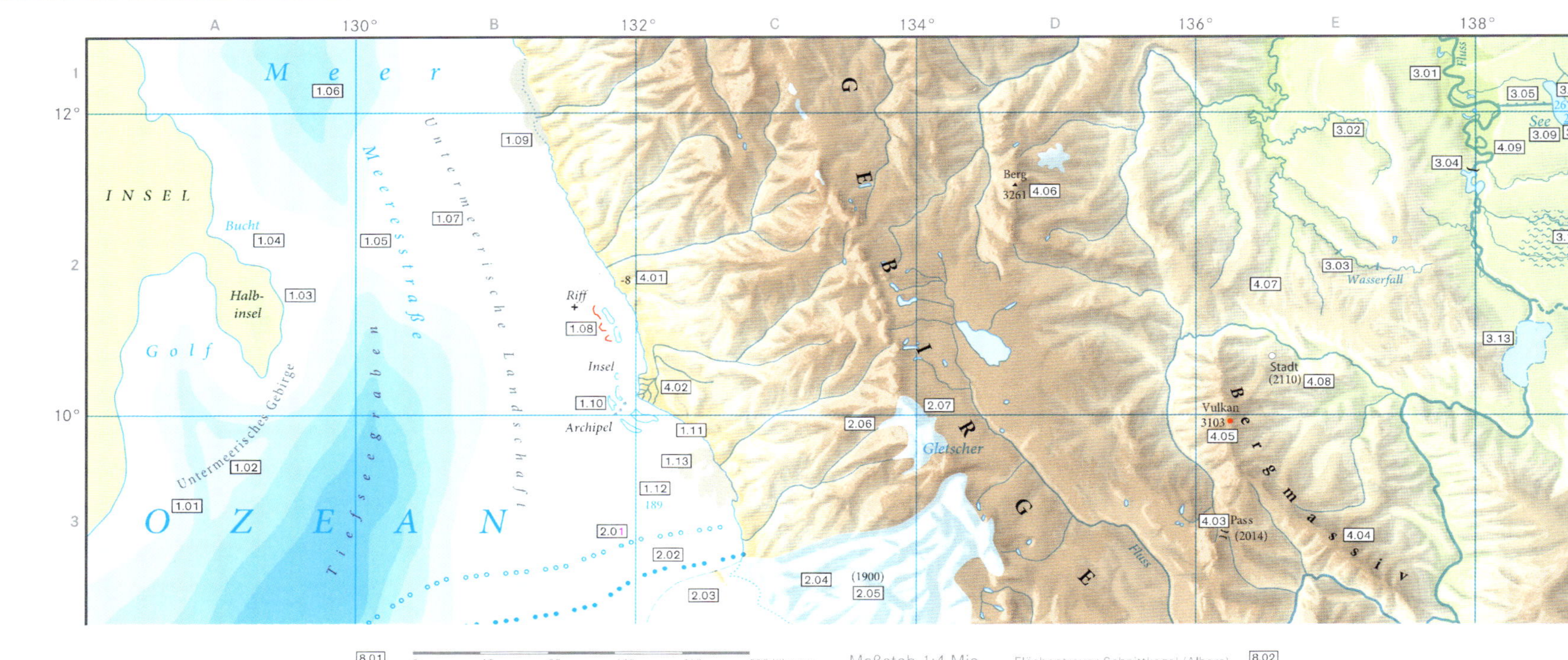

DAS MEER

1.01 Ozean
1.02 Untermeerisches Gebirge
1.03 Halbinsel
1.04 Bucht
1.05 Meeresstraße
1.06 Meer, Golf
1.07 Untermeerische Landschaft, Graben
1.08 Korallenriff
1.09 Mangrovenküste
1.10 Insel, Archipel
1.11 Küste, Uferlinie
1.12 Wassertiefe (Tiefenzahl)
1.13 Wattenmeer

VERGLETSCHERUNG

2.01 Mittlere Packeisgrenze im Winter
2.02 Mittlere Packeisgrenze im Sommer
2.03 Schelfeis
2.04 Inlandeis, Eisschild
2.05 Eisdicke

GEWÄSSER AUF DEM FESTLAND

2.06 Gletscherzunge
2.07 Gletscher im Hochgebirge
3.01 Strom, Fluss, ständig wasserführend
3.02 Nebenfluss mit Quellflüssen
3.03 Wasserfall, Stromschnellen
3.04 Stausee mit Staumauer
3.05 Kanal, schiffbar
3.06 Tiefe des Sees
3.07 Kanal, nicht schiffbar
3.08 Höhe der Wasseroberfläche über dem Meeresspiegel
3.09 Süßwassersee
3.10 Sumpf, Moor
3.11 Überschwemmungsgebiet
3.12 See mit veränderlicher Uferlinie in ariden Gebieten
3.13 Zeitweiliger See (periodisch, episodisch)
3.14 Zeitweilig wasserführender Fluss (periodisch, episodisch)
3.15 Brunnen, Quelle
3.16 Salzsee
3.17 Salzsumpf
3.18 Versiegender Fluss

RELIEF DER ERDOBERFLÄCHE

4.01 Landfläche mit Depression (Land unter dem Meeresspiegel mit Angabe der Einsenkung unter dem Meeresspiegel)
4.02 Flussdelta
4.03 Pass mit Höhenzahl
4.04 Gebirgszug, Bergkette
4.05 Aktiver Vulkan
4.06 Berg mit Höhenzahl
4.07 Hügel- und Bergland
4.08 Ungefähre Höhenlage einer Stadt über dem Meer
4.09 Grabenbruch
4.10 Flachland mit eingesenktem Flusstal
4.11 Höhenangabe in Metern über dem Meeresspiegel
4.12 Landschaft, historische Landschaft
4.13 Natursehenswürdigkeit

ZEICHEN ERKLÄRUNG

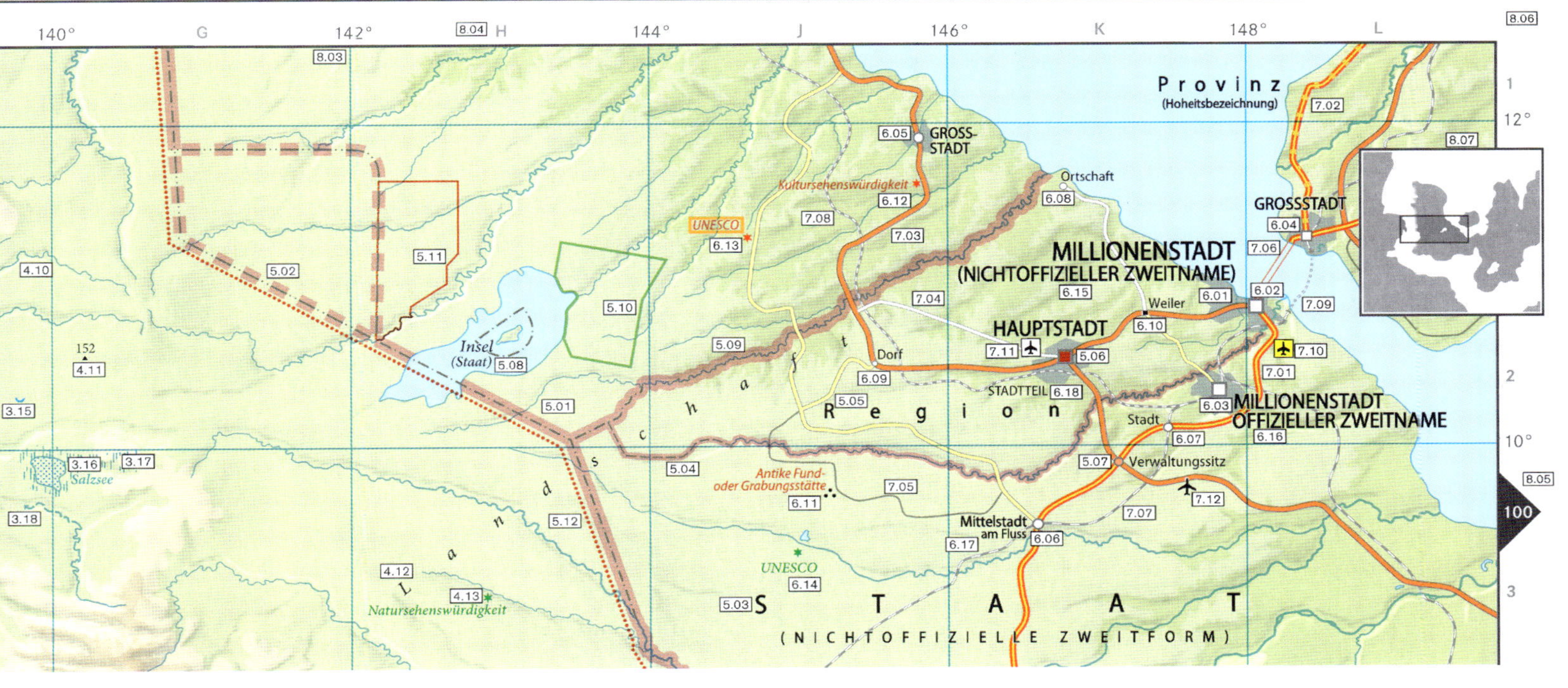

GRENZEN

5.01 Internationale (Staats-)Grenze
5.02 Umstrittene Staatsgrenze
5.03 Staat
5.04 Verwaltungsgrenze 1. Kategorie (z. B. Region, Bundesland, Autonomes Gebiet, Provinz)
5.05 Verwaltungseinheit
5.06 Hauptstadt eines souveräne Staates
5.07 Hauptstadt (Verwaltungssitz) 1. Kategorie
5.08 Abhängiges Gebiet mit Angabe des Hoheitsstaates
5.09 Grenzverlauf an Wasserläufen und in Wasserflächen
5.10 Nationalpark, Nationalmonument
5.11 Reservat
5.12 Zeitzonengrenze

SIEDLUNGEN

6.01 Städtischer Ballungsraum
6.02 über 5.000.000 Einwohner
6.03 über 1.000.000 Einwohner
6.04 über 500.000 Einwohner
6.05 über 100.000 Einwohner
6.06 über 50.000 Einwohner
6.07 über 10.000 Einwohner
6.08 über 5000 Einwohner
6.09 bis 5000 Einwohner
6.10 Weiler, Wohnplatz, Forschungsstation
6.11 Antike Fund- oder Grabungsstätte
6.12 Kultursehenswürdigkeit
6.13 Welterbe Kultur
6.14 Welterbe Natur
6.15 Früherer Name
6.16 Zweitform von Ortsnamen in Gebieten mit offizieller Zweisprachigkeit
6.17 Texte Namenszusatz
6.18 Texte Stadtteil

VERKEHRSWEGE

7.01 Autobahn oder vier-/ mehrspurige Straße
7.02 Autobahn oder vier-/mehrspurige Straße in Bau
7.03 Fernverkehrsstraße
7.04 Hauptstraße
7.05 Fahrweg, Piste
7.06 Straßentunnel
7.07 Eisenbahn, Hauptbahn
7.08 Eisenbahn, Nebenbahn
7.09 Eisenbahntunnel
7.10 Wichtiger Flughafen
7.11 Flughafen
7.12 Flugplatz

INFORMATIONEN AM KARTENRAND

8.01 Kartenmaßstab in numerischer und grafischer Form
8.02 Projektion
8.03 Gradnetz und seine Bezifferung
8.04 Suchfeldbezeichnungen zum Namensverzeichnis
8.05 Seitenzahl der anschließenden Kartenseite
8.06 Kartentitel
8.07 Lagekarte

NORDAMERIKA | MITTELAMERIKA

ab Seite 118

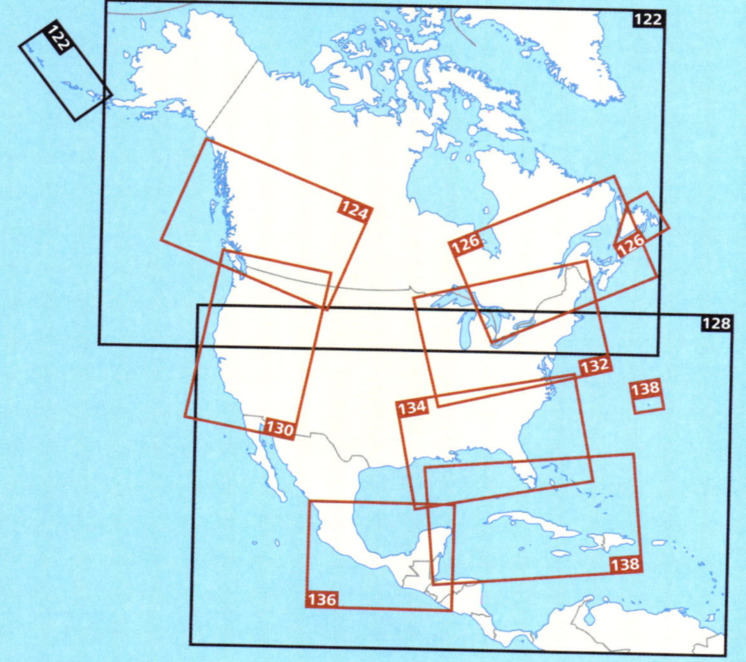

SÜDAMERIKA

ab Seite 140

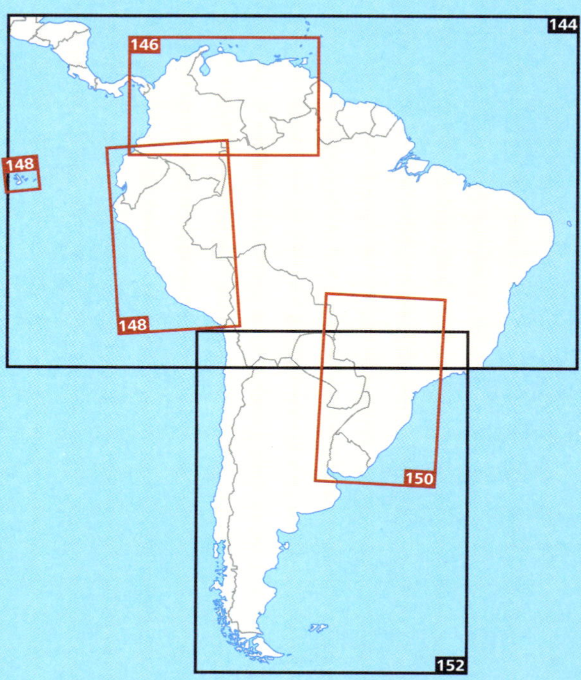

AUSTRALIEN | OZEANIEN

ab Seite 86

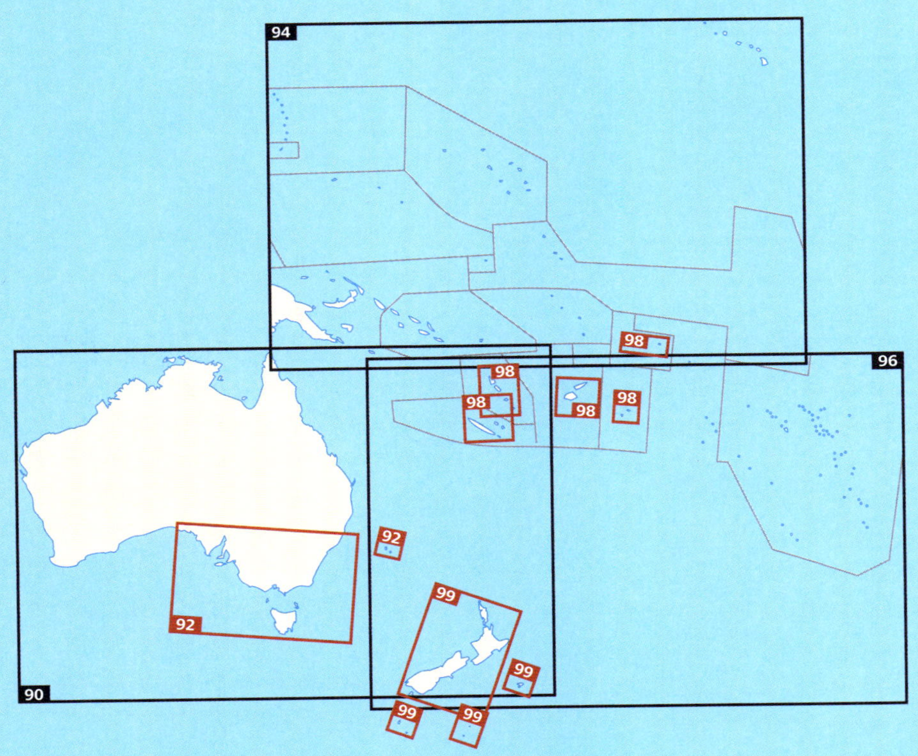

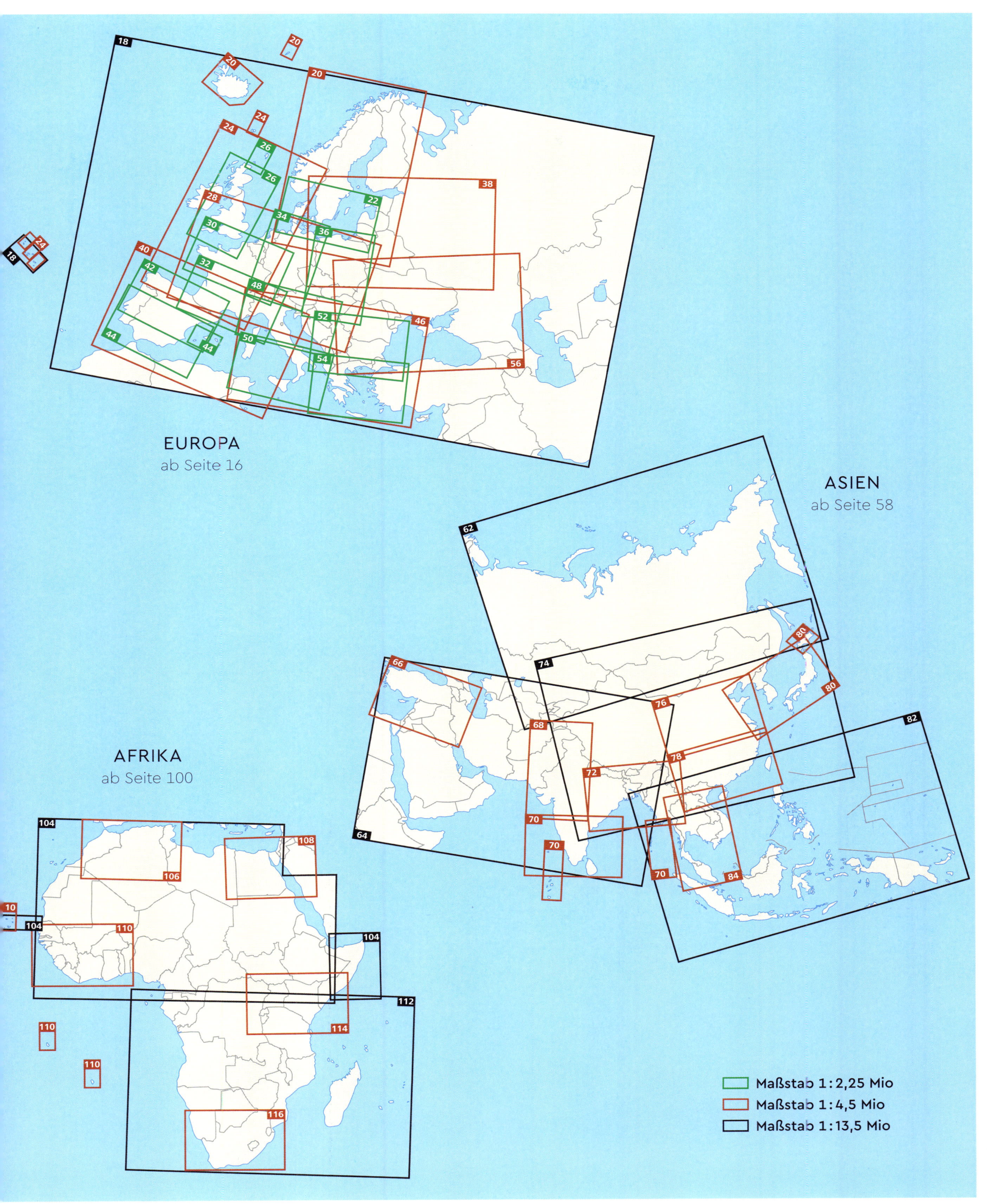
EUROPA
ab Seite 16
ASIEN
ab Seite 58
AFRIKA
ab Seite 100
Maßstab 1:2,25 Mio
Maßstab 1:4,5 Mio
Maßstab 1:13,5 Mio

KARTOGRAFIE

Der Kongo ist nicht nur der zweitlängste Fluss Afrikas, sondern mit einer Wassertiefe von bis zu 220 Metern auch der tiefste Fluss der Erde. Er dient den Menschen vor Ort unter anderem als Hauptverkehrsweg.

NORDAMERIKA
ROCKY MOUNTAINS
Appalachen
Grönland
Labrador
Neufundland
Nova Scotia
Hudson Bay
Beaufortsee
Baffin Bay
Queen Elizabeth Is.
Ellesmere I.
Victoria I.
Banks I.
Alaska
Denali (Mt. McKinley)
Aleutengraben
Alaska Halbinsel
Kodiak I.
Vancouver I.
Great Basin
Mt. Whitney
Mt. Elbert
Los Angeles
New York
C. Hatteras
Bermuda Islands
Golf von Mexiko
Florida
Bahamas
Kuba
Hispaniola
Puerto Rico
Jamaika
Große Antillen
Kleine Antillen
Karibisches Meer
Halbinsel Yucatán
Hochland von Mexiko
Niederkalifornien
C. de México
Zentralamerika
Île Clipperton
Islas Revilla Gigedo
Hawaii-Inseln
Johnston Atoll
PAZIFISCHER OZEAN
Nordpazifisches Becken
Südwestpazifisches Becken
Ostpazifischer Rücken
Line Inseln
POLYNESIEN
Cookinseln
Gesellschaftsinseln
Tuamotu-Archipel
Pitcairn Islands Group
Galápagos-Inseln
Cocos I.
SÜDAMERIKA
ANDEN
Llanos
Bergland von Guayana
Amazonas
Selvas
Brasilianisches Bergland
Pantanal
Gran Chaco
Pampas
Patagonien
Chimborazo
Lima
Ojos del Salado
Aconcagua
Rio de Janeiro
São Paulo
Buenos Aires
Kap Hoorn
Falklandinseln
Südgeorgien
Perubecken
Chilebecken
Chile-Schwelle
Argentinisches Meer
Argentinisches Becken
Drakestraße
Südantillenmeer
ATLANTISCHER OZEAN
Nordamerikanisches Becken
Brasilianisches Becken
MITTELATLANTISCHER RÜCKEN
Azoren
Madeira
Kanarische Inseln
Kapverdische Inseln
Ascension
St. Helena
Tristan da Cunha
Island
Britische Inseln
London
Paris
Iberische Halbinsel
Westeuropäisches Becken
Antarctic Pen.
Marie Byrd Land
Ellsworth Land
Mt. Vinson
Weddellsee
Südpolarbecken
Nördlicher Wendekreis
Südlicher Polarkreis

Franz-Joseph-Land
Sewernaja Semlja
Nowaja Semlja
Barentssee
Karasee
m. Čeljuskin
Laptewsee
Neusibirische Inseln
Ostsibirische See
o. Vrangelja
Nordkapp
Halbinsel Kola
Weißes Meer
Tajmyr
Mittelsibirisches Bergland
Untere Tunguska
Verhojanskij hr.
Kolyma
Lena
Nördlicher Polarkreis
m. Dežneva
Beringstraße
Ural
West-sibirisches Tiefland
Sibirien
Ob'
Jenissej
Wolga
Moskau
Aldan
Stanovoj hrebet
Ochotskisches Meer
Kamtschatka
Komandorskie o-va
Aleuten
Baikalsee
Jablonovyj hr.
Amur
Sachalin
Europa
Dnepr
Karpaten
Don
Irtysch
Altai
Gobi
Dsungarei
Balchaschsee
Aralsee
Tiefland von Turan
Syrdarja
Amudarja
Kaukasus
El'brus
Krim
Kaspisches Meer
Schwarzes Meer
Balkanhalbinsel
Istanbul
Asien
Tienschan
Mandschurei
Kurilen
Kurilengraben
Nordwestpazifisches Becken
Imperatorrücken
Hokkaidō
Anatolien
Pamir
Tarim Pendi
Kunlun Shan
Gelber Fluss
Peking
Japanisches Meer
Ostmeer
Japangraben
Honshū
Kreta
Zypern
Mittelmeer
Teheran
Hindukusch
Karakorum
Tibet
Korea
Seoul
Gelbes Meer
Tōkyō
Shikoku
Kyūshū
Mesopotamien
Euphrat
Tigris
Hochland von Iran
Brahmaputra
Mt. Everest
Himalaya
Shanghai
Chongqing
Jangtsekiang
Ostchinesisches Meer
Nansei-Shotō
Bonin Trench
Bonininseln
Kairo
Libysche Wüste
Nil
Persischer Golf
Indus
Thar
Delhi
Ganges
Taiwan
Kasan-retto
Midway Is.
Hawaii-Inseln
Hawairücken
Pazifischer
Arabien
Nubische Wüste
Rotes Meer
ar-Rub al-Ḥālī
Arabisches Meer
Kolkata
Mumbai
Golf von Bengalen
Deccan
Salween
Mekong
Hainan Dao
Philippinenbecken
Luzon
Philippinen
Philippinengraben
Parece-Vela-Becken
Marianen
Marianengraben
Mittelpazifischer Rücken
Wake
Östliches Marianenbecken
Südchinesisches Meer
Guam
Mikronesien
Sokotra
C. Gwardafuy
Hochland von Äthiopien
Lakkadiven
Arabisches Becken
Andamanen
Palawan
Yap I.
Challengertiefe
Palau Is.
Karolinen
Marshallinseln
Carlsberg-Rücken
C. Comorin
Nikobaren
Sri Lanka
Malaiische Halbinsel
Mindanao
Afrika
Ubangi
Kongobecken
Zaire
L. Turkana
Somalibecken
Malediven
Zentralindischer Rücken
Malakkastraße
Sumatra
T. Piai
Singapur
Kalimantan (Borneo)
Celebessee
Molukken
Halmahera
Ozean
Gilbert-Is.
Howland I.
Baker I.
Mt. Kenya
Victoriasee
Riftvalley
Kilimanjaro
Tanganjikasee
Zentralbecken
P. Siberut
Sulawesi (Celebes)
Bismarck Arch.
New Britain
New Ireland
Nauru
Phoenix Is.
Kinshasa
Kasai
Amirantes Group
Seychellen
Cocosbecken
Große Sundainseln
Javasee
Seram
Bandasee
Melanesien
Neuguinea
Bougainville
Salomon-Inseln
Ellice-Is.
Tokelau Is.
Aldabra Group
Komoren
Farquhar Group
Maskarenenplateau
Tschagos Archipel
indisches
Bengalischer Rücken
Jakarta
Java
Bali
Lombok
Sumbawa
Flores
Timor
Sumba
Kleine Sundainseln
Sundagraben
Kep. Aru
Kep. Tanimbar
Arafurasee
Torres-Str.
C. York
Louisiade Arch.
Sta. Cruz Is.
Samoa-inseln
Cocos Is.
Christmas I.
Timorsee
Arnhem Land
Carpentaria-golf
Cape York Pen.
Korallensee
Wallis
Futuna
Vanua Levu
Viti Levu
Fidschi
Tonga Is.
Niue
Malawisee
Madagaskar
Cargados Carajos Is.
Mauritius
Réunion
Maskarenen
Rodrigues
Straße von Mosambik
Sambesi
Indischer
Beckem
Südlicher Wendekreis
North West C.
Great Sandy Desert
Westaustralisches Becken
Dirk Hartog I.
Great Artesian Basin
Australien
Great Dividing Range
C. Byron
Îles Chesterfield
Neukaledonien
Neue Hebriden
Südfidschibecken
Tongagraben
Kalahari
Mosambikbecken
Oranje
Drakensberge
Great Victoria Desert
Darling R.
Lord Howe I.
Norfolk I.
Raoul
Kermadec Is.
Kermadecgraben
Ozean
C. Leeuwin
Große Australische Bucht
Sydney
Murray
North Cape
North I.
C. Agulhas
Südwestindischer Rücken
Île Amsterdam
Île St-Paul
Südaustralisches Becken
Bass Str.
South East Pt.
Tasmansee
Tasmanien
Neuseeland
Chatham Is.
Agulhasbecken
South East Cape
South I.
Cook Str.
Südostindischer Rücken
Îles Crozet
Pr. Edward Is.
Îles Kerguélen
Stewart I.
Bounty Is.
Auckland Is.
Heard I.
Kerguelenplateau
Campbell I.
Macquarie I.
Australisch-Antarktisches Becken
Indisches Becken
Enderby Land
Elizabeth Land
Queen Mary Land
Terre Adélie
Victoria Land
C. Adare
Wilkes Land
Maud Land
American Highland

AL. ALBANIEN
Am. Sam. Amerikanisch Samoa
Amerik. Jungfern. Amerikanische Jungferninseln
AND. ANDORRA
ARMEN. ARMENIEN
ASB. ASERBAIDSCHAN
ÄQUAT.-G. ÄQUATORIALGUINEA
BOS. BOSNIEN UND HERZEGOWINA
BE. BELGIEN
BUL. BULGARIEN
DOM. REP. DOMINIKANISCHE REPUBLIK
FINNL. FINNLAND
Franz. Guyana Französisch Guyana
GRIECH. GRIECHENLAND
G.-BISSAU GUINEA-BISSAU
HOND. HONDURAS
ISR. ISRAEL
JAM. JAMAICA
KR. KROATIEN
L. LIECHTENSTEIN
LIT. LITAUEN
Alex. Alexandria
Amsterd. Amsterdam
Belg. Belgrad
Brüs. Brüssel
Hambg. Hamburg
Kop. Kopenhagen
Pal. Palermo
Alaska (USA)
Alaska Halbinsel
Aleuten
Golf von Alaska
KANADA
Grönland (Dän.)
Ellesmere I.
Queen Elizabeth Islands
Banks I.
Victoria I.
Baffin I.
Baffin Bay
Beaufortsee
Hudson Bay
Labrador
Labradorsee
Großer Bärensee
Großer Sklavensee
Winnipegsee
Neufundland
VEREINIGTE STAATEN
MEXIKO
Golf von Mexiko
Karibisches Meer
KUBA
BAHAMAS
HAITI
DOM. REP.
JAM.
BELIZE
HOND.
GUATEMALA
EL SALVADOR
NIC.
COSTA RICA
PANAMA
Anguilla (U.K.)
Sint Maarten (Nied.)
ST. KITTS UND NEVIS
ANTIGUA UND BARBUDA
Montserrat (U.K.)
Guadeloupe (Fr.)
DOMINICA
Martinique (Fr.)
SAINT LUCIA
BARBADOS
SAINT VINCENT UND DIE GRENADINEN
GRENADA
TRINIDAD UND TOBAGO
VENEZUELA
KOLUMBIEN
ECUADOR
GUYANA
SURINAME
Franz. Guyana
BRASILIEN
PERU
BOLIVIEN
PARAGUAY
CHILE
URUGUAY
ARGENTINIEN
Argentinisches Meer
Falklandinseln (U.K.)
Feuerland
Magellanstraße
Drakestraße
Südgeorgien (U.K.)
Südsandwichinseln (U.K.)
South Orkneys (U.K.)
Antarctic Peninsula
Marie Byrd Land
ANTAR
PAZIFISCHER OZEAN
ATLANTISCHER OZEAN
Hawaii (USA)
KIRIBATI
COOK INSELN
Französisch Polynesien
Pitcairn Islands (U.K.)
Nördlicher Polarkreis
Nördlicher Wendekreis
Äquator
Südlicher Wendekreis
Südlicher Polarkreis
ISLAND
VEREINIGTES KÖNIGREICH
IRLAND
FRANKREICH
PORTUGAL
SPANIEN
MAROKKO
ALGERIEN
West-sahara
MAURETANIEN
MALI
KAP VERDE
SENEGAL
GAMBIA
G.-BISSAU
GUINEA
SIERRA LEONE
LIBERIA
CÔTE-D'IVOIRE (ELFENBEINKÜSTE)
GHANA
TOGO
BENIN
BURKINA FASO
SÃO TOMÉ UND PRÍNCIPE
Golf von Guinea
Azoren (Port.)
Kanarische Inseln (Span.)
Bermuda (U.K.)
Ascension (U.K.)
St. Helena (U.K.)
Tristan da Cunha (U.K.)
Gough I. (U.K.)

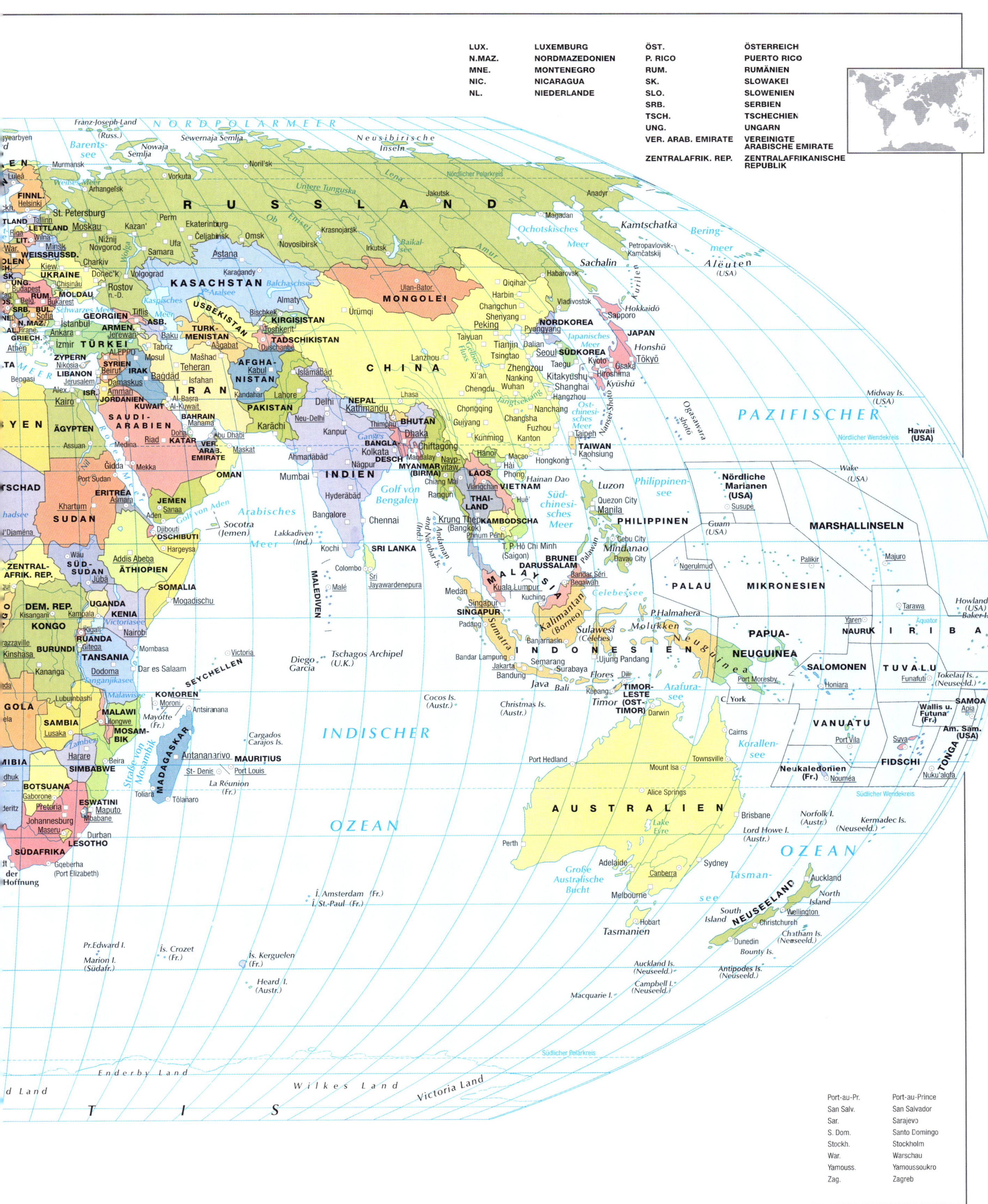

LUX. LUXEMBURG
N.MAZ. NORDMAZEDONIEN
MNE. MONTENEGRO
NIC. NICARAGUA
NL. NIEDERLANDE
ÖST. ÖSTERREICH
P. RICO PUERTO RICO
RUM. RUMÄNIEN
SK. SLOWAKEI
SLO. SLOWENIEN
SRB. SERBIEN
TSCH. TSCHECHIEN
UNG. UNGARN
VER. ARAB. EMIRATE VEREINIGTE ARABISCHE EMIRATE
ZENTRALAFRIK. REP. ZENTRALAFRIKANISCHE REPUBLIK
NORDPOLARMEER
Franz-Joseph-Land (Russ.)
Barents-see
Nowaja Semlja
Sewernaja Semlja
Neusibirische Inseln
Murmansk
Luleå
Weißes Meer
Arhangelsk
Vorkuta
Noril'sk
Nördlicher Polarkreis
FINNL.
Helsinki
St. Petersburg
Moskau
LETTLAND
Tallinn
Riga
Wilna
LIT.
Minsk
WEISSRUSSL.
Kiew
UKRAINE
Chisinău
MOLDAU
Budapest
RUM.
Bukarest
SRB.
BUL.
Sofia
Beog.
N.MAZ.
Tirana
GRIECH.
Athen
Istanbul
Ankara
TÜRKEI
Izmir
ZYPERN
Nikosia
LIBANON
Beirut
SYRIEN
Damaskus
Jerusalem
ISR.
Amman
JORDANIEN
Alex.
Kairo
ÄGYPTEN
Assuan
Bengasi
Schwarzes Meer
GEORGIEN
Tiflis
ARMEN.
Jerewan
ASB.
Baku
Kaspisches Meer
Wolga
Kazan'
Perm
Ekaterinburg
Čeljabinsk
Omsk
Novosibirsk
Krasnojarsk
Irkutsk
Baikal-see
Ufa
Samara
Nižnij Novgorod
Charkiv
Donec'k
Volgograd
Rostov n.-D.
Astana
Karagandy
KASACHSTAN
Balchaschsee
Aralsee
Almaty
USBEKISTAN
Taschkent
TURK-MENISTAN
Aşgabat
KIRGISISTAN
Bischkek
TADSCHIKISTAN
Duschanbe
Tabriz
Mosul
IRAK
Bagdad
Teheran
Mašhad
Isfahan
IRAN
Al-Basra
KUWAIT
Al-Kuwait
AFGHANISTAN
Kabul
Kandahar
Islamabad
Lahore
PAKISTAN
Karachi
SAUDI-ARABIEN
Riad
BAHRAIN
Manama
KATAR
Doha
Abu Dhabi
VER. ARAB. EMIRATE
Maskat
OMAN
Medina
Mekka
Ğidda
Port Sudan
Rotes Meer
Nil
SUDAN
Khartum
ERITREA
Asmara
JEMEN
Sanaa
Aden
Golf von Aden
DSCHIBUTI
Djibouti
Hargeysa
Socotra (Jemen)
Arabisches Meer
TSCHAD
N'Djamena
ZENTRAL-AFRIK. REP.
SÜD-SUDAN
Wau
Juba
ÄTHIOPIEN
Addis Abeba
SOMALIA
Mogadischu
UGANDA
Kampala
KENIA
Victoriasee
Nairobi
DEM. REP. KONGO
Kisangani
Kigali
RUANDA
Gitega
BURUNDI
Brazzaville
Kinshasa
Kananga
Mombasa
TANSANIA
Dodoma
Dar es Salaam
Tanganjikasee
Lubumbashi
Malawisee
SAMBIA
Lusaka
MALAWI
Lilongwe
MOSAM-BIK
KOMOREN
Moroni
Mayotte (Fr.)
Antsiranana
Harare
SIMBABWE
Beira
Straße von Mosambik
MADAGASKAR
Antananarivo
Toliara
Tôlanaro
MAURITIUS
Port Louis
St- Denis
La Réunion (Fr.)
BOTSUANA
Gaborone
Pretoria
Johannesburg
Maseru
ESWATINI
Maputo
Mbabane
Durban
LESOTHO
SÜDAFRIKA
Gqeberha (Port Elizabeth)
Kap der Guten Hoffnung
SEYCHELLEN
Victoria
Diego Garcia
Tschagos Archipel (U.K.)
Cargados Carajos Is.
RUSSLAND
Untere Tunguska
Lena
Jakutsk
Anadyr
Magadan
Ochotskisches Meer
Kamtschatka
Petropavlovsk-Kamčatskij
Bering-meer
Aléuten (USA)
Sachalin
Kurilen
Habarovsk
Amur
Ob
Enisej
Ulan-Bator
MONGOLEI
Ürümqi
Qiqihar
Harbin
Changchun
Shenyang
Vladivostok
Peking
Pyongyang
NORDKOREA
Hokkaidō
Sapporo
JAPAN
Honshū
Tōkyō
Japanisches Meer
Seoul
SÜDKOREA
Taegu
Kyoto
Ōsaka
Hiroshima
Kyūshū
Nansei-Shotō
Ogasawara shoto
Taiyuan
Tianjin
Dalian
Tsingtao
Gelber Fluss
Lanzhou
CHINA
Zhengzou
Nanking
Xi'an
Wuhan
Shanghai
Chengdu
Kitakyushu
Hangzhou
Yangtsekiang
Chongqing
Nanchang
Changsha
Guiyang
Fuzhou
Kunming
Kanton
Ost-chinesi-sches Meer
Taipeh
TAIWAN
Kaohsiung
Hongkong
Macao
Lhasa
NEPAL
Kathmandu
Thimphu
BHUTAN
Neu-Delhi
Delhi
Kanpur
Ganges
Dhaka
BANGLA-DESCH
Kolkata
Chittagong
Ahmadabad
Nagpur
INDIEN
Mumbai
Hyderabad
Bangalore
Chennai
Golf von Bengalen
Lakkadiven (Ind.)
Kochi
SRI LANKA
Colombo
Sri Jayawardenepura
MALEDIVEN
Malé
MYANMAR (BIRMA)
Mandalay
Naypyitaw
Rangun
Chiang Mai
LAOS
Vientiane
Hanoi
Hai Phong
Hainan Dao
THAI-LAND
Krung Thep (Bangkok)
KAMBODSCHA
Phnum Penh
VIETNAM
Hue
T. P. Hồ Chí Minh (Saigon)
Andaman and Nicobar Is. (Ind.)
Süd-chinesi-sches Meer
Luzon
Quezon City
Manila
PHILIPPINEN
Philippinensee
Palawan
Cebu City
Mindanao
Davao City
BRUNEI DARUSSALAM
Bandar Seri Begawan
MALAYSIA
Kuala Lumpur
Kuching
Medan
SINGAPUR
Singapur
Padang
Sumatra
Kalimantan (Borneo)
Celebessee
Sulawesi (Celebes)
Molukken
P. Halmahera
Banjarmasin
INDONESIEN
Bandar Lampung
Jakarta
Bandung
Semarang
Surabaya
Java
Bali
Ujung Pandang
Flores
Dili
Kupang
TIMOR-LESTE (OST-TIMOR)
Timor
Arafura-see
Neuguinea
PAPUA-NEUGUINEA
Port Moresby
Christmas Is. (Austr.)
Cocos Is. (Austr.)
INDISCHER OZEAN
Darwin
C. York
Cairns
Korallen-see
Townsville
Port Hedland
Mount Isa
Alice Springs
AUSTRALIEN
Lake Eyre
Brisbane
Perth
Adelaide
Sydney
Canberra
Melbourne
Große Australische Bucht
Tasmanien
Hobart
Tasman-see
Lord Howe I. (Austr.)
Norfolk I. (Austr.)
Kermadec Is. (Neuseeld.)
NEUSEELAND
Auckland
North Island
Wellington
South Island
Christchurch
Dunedin
Chatham Is. (Neuseeld.)
Bounty Is.
Antipodes Is. (Neuseeld.)
Auckland Is. (Neuseeld.)
Campbell I. (Neuseeld.)
Macquarie I.
Î. Amsterdam (Fr.)
Î. St.-Paul (Fr.)
Pr.Edward I.
Marion I. (Südafr.)
Îs. Crozet (Fr.)
Îs. Kerguelen (Fr.)
Heard I. (Austr.)
Südlicher Polarkreis
Enderby Land
Wilkes Land
Victoria Land
PAZIFISCHER OZEAN
Midway Is. (USA)
Hawaii (USA)
Nördlicher Wendekreis
Wake (USA)
Nördliche Marianen (USA)
Susupe
Guam (USA)
MARSHALLINSELN
Majuro
Ngerulmud
PALAU
Palikir
MIKRONESIEN
Tarawa
Howland I. (USA)
Baker I.
Yaren
NAURU
KIRIBA
Äquator
SALOMONEN
Honiara
TUVALU
Funafuti
Tokelau Is. (Neuseeld.)
SAMOA
Apia
Wallis u. Futuna (Fr.)
Am. Sam. (USA)
VANUATU
Port Vila
Suva
FIDSCHI
TONGA
Nuku'alofa
Neukaledonien (Fr.)
Nouméa
Südlicher Wendekreis
Port-au-Pr. Port-au-Prince
San Salv. San Salvador
Sar. Sarajevo
S. Dom. Santo Domingo
Stockh. Stockholm
War. Warschau
Yamouss. Yamoussoukro
Zag. Zagreb

118

58

100

0 200 400 600 800 1000 Kilometer

Maßstab 1:27 Mio. Flächentreue Azimutalprojektion (Lambert)

KANADA
Nunavut
Baffin Island
Grönland (Dän.)
ISLAND
ATLANTISCHER OZEAN
Norwegische See
Barentssee
Nordsee
Ostsee
NORWEGEN
SCHWEDEN
FINNLAND
RUSSLAND
Republik Sacha
Republik der Komi
VEREINIGTES KÖNIGREICH
IRLAND
DÄNEMARK
NIEDERLANDE
BELGIEN
DEUTSCHLAND
POLEN
LITAUEN
LETTLAND
ESTLAND
WEISSRUSSLAND
UKRAINE
FRANKREICH
SCHWEIZ
ÖSTERREICH
TSCHECHIEN
SLOWAKEI
UNGARN
RUMÄNIEN
MOLDAU
SLOWENIEN
KROATIEN
SERBIEN
BULGARIEN
ALBANIEN
GRIECHENLAND
ITALIEN
SPANIEN
PORTUGAL
ANDORRA
MONACO
SAN MARINO
MALTA
TÜRKEI
ZYPERN
SYRIEN
IRAK
IRAN
KASACHSTAN
USBEKISTAN
TURKMENISTAN
GEORGIEN
ARMENIEN
ASERBAIDSCHAN
Schwarzes Meer
Kaspisches Meer
Mittelmeer
MAROKKO
ALGERIEN
TUNESIEN
LIBYEN
ÄGYPTEN
SUDAN
TSCHAD
NIGER
MALI
MAURETANIEN
West-sahara
SAUDI-ARABIEN
JORDANIEN
ISRAEL
LIBANON
KUWAIT
BAHRAIN
JEMEN
LONDON
PARIS
BERLIN
MOSKAU
OSLO
STOCKHOLM
HELSINKI
KIEW
ROM
MADRID
LISSABON
WIEN
PRAG
BUDAPEST
WARSCHAU
ATHEN
ISTANBUL
ANKARA
KAIRO
TEHERAN
BAGDAD
1 = Adygische Republik
2 = Republik Karatscha-Tscherkessien
3 = Republik der Kabardiner und Balkaren
4 = Nordossetische Republik
5 = Republik Inguschetien
6 = Republik der Tschetschenen
7 = Aut. Rep. Abchasien
8 = Südossetischer Autonomer Kreis
9 = Aut. Rep. Adscharien
Maßstab 1:27 Mio.
Flächentreue Azimutalprojektion (Lambert)

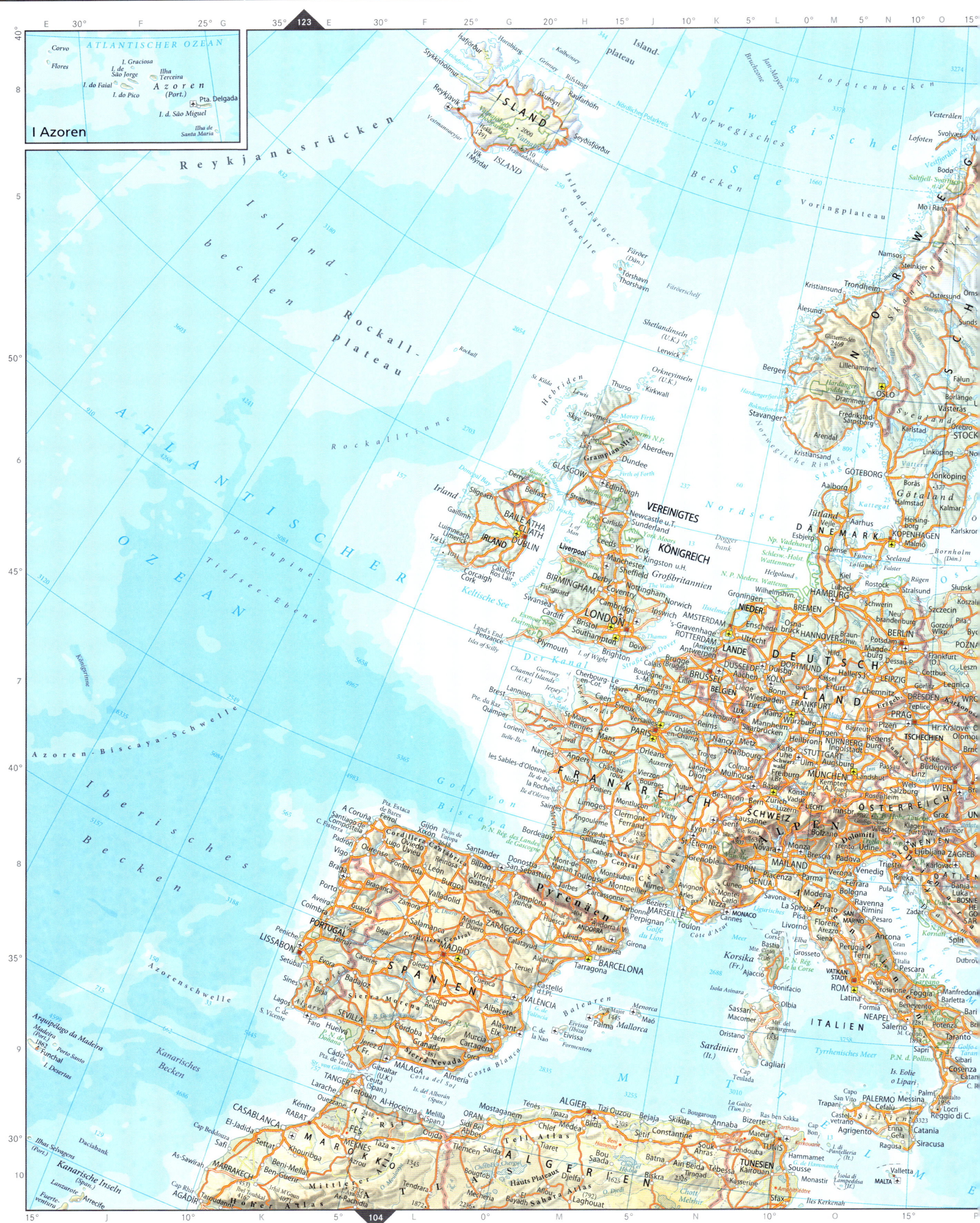

Maßstab 1:13,5 Mio. Flächentreue Azimutalprojektion (Lambert)

FINNLAND
RUSSLAND
KASACHSTAN
UKRAINE
WEISSRUSSLAND
LETTLAND
LITAUEN
ESTLAND
RUMÄNIEN
BULGARIEN
TÜRKEI
IRAN
IRAK
SYRIEN
TURKMENISTAN
USBEKISTAN
ASERBAIDSCHAN
Schwarzes Meer
Kaspisches Meer
Barentssee
Weißes Meer
Halbinsel Kola
Karelien
Republik der Komi
Westsibirisches Tiefland
Timanrücken
Uralgebirge
Pontisches Gebirge
Sagrosgebirge
Hochland von Iran
Persischer Golf
MOSKAU
ST. PETERSBURG
HELSINKI
KIEW
MINSK
BUKAREST
SOFIA
İSTANBUL
ANKARA
TEHERAN
BAGDAD
DAMASKUS
BEIRUT
BAKU
TIFLIS
JEREWAN
WARSCHAU
CHISINAU
ATHEN
SAMARA
KAZAN'
NIŽNIJ NOVGOROD
PERM
EKATERINBURG
ČELJABINSK
UFA
OMSK
VOLGOGRAD
ORENBURG
SARATOV
CHARKIV
ODESSA
TABRIZ
MOSUL
HALAB (ALEPPO)
HAMAH
HIMS
KONYA
ADANA
IZMIR
BURSA
ANTALYA
GAZIANTEP
ERZURUM
DIYARBAKIR
TRABZON
SAMSUN
KAYSERI
SIVAS
ARBIL
KIRKUK
AL-BASRA
KERMANSHAH
HAMADAN
ESFAHAN
AHVAZ
QOM
RIGA
WILNA
KAUNAS
TALLINN
ASTRAHAN'
MAHAČKALA
ROSTOV-NA-DONU
DNIPRO
ZAPORIŽŽJA
DONECK

I Island
Grönlandsee
ISLAND
II Jan Mayen
Norwegische See
RUSSLAND
FINNLAND
SCHWEDEN
NORWEGEN
Maßstab 1:4,5 Mio.
Flächentreuer Schnittkegel (Albers)

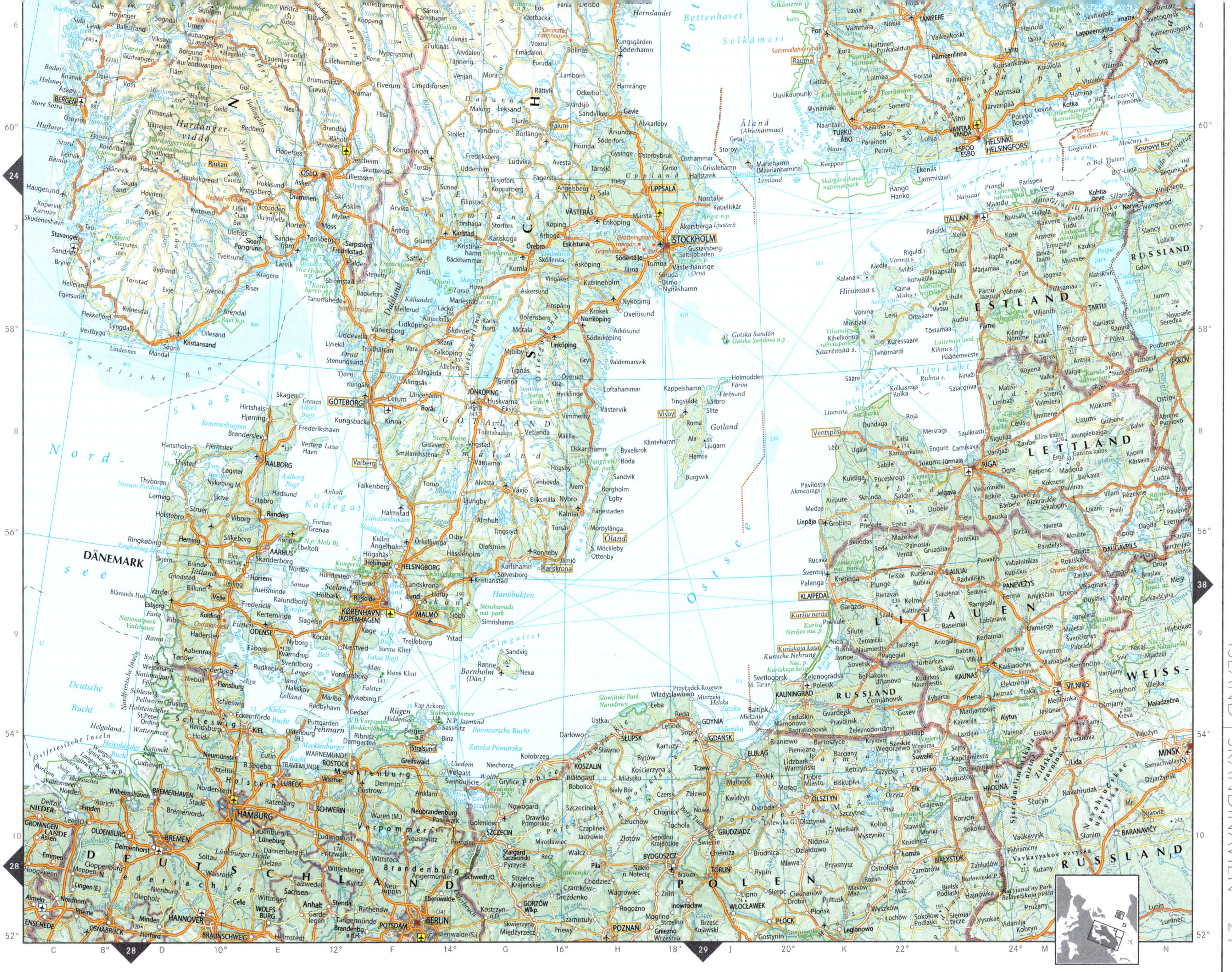
STOCKHOLM
OSLO
HELSINKI
HELSINGFORS
TALLINN
RIGA
VILNIUS
KØBENHAVN
(KOPENHAGEN)
BERLIN
HAMBURG
GÖTEBORG
MALMÖ
KAUNAS
GDAŃSK
SZCZECIN
DÄNEMARK
ESTLAND
LETTLAND
LITAUEN
RUSSLAND
WEISS-
POLEN
Gotland
Öland
Bornholm
Nord-
see
Ostsee
Kattegat
Bottenhavet
Deutsche
Bucht
24
28
29
38

21
34
NORWEGEN
DÄNEMARK
DEUTSCHLAND
SCHWEDEN
OSLO
KØBENHAVN (KOPENHAGEN)
GÖTEBORG
Stavanger
Kristiansand
Drammen
Skien
Porsgrunn
Fredrikstad
Sarpsborg
Halden
Tønsberg
Larvik
Arendal
Grimstad
Mandal
Flekkefjord
Egersund
Haugesund
Rogaland
Telemark
Vestfold
Agder
Skagerrak
Kattegat
Norwegische Rinne
Nordsee
Skagen
Hirtshals
Hjørring
Frederikshavn
Nordjylland
AALBORG
Thisted
Skive
Viborg
Randers
Grenaa
AARHUS
Silkeborg
Herning
Ikast
Horsens
Vejle
Kolding
Esbjerg
Fanø
Rømø
Ribe
Haderslev
Aabenraa
Sønderborg
Tønder
Odense
Fünen
Svendborg
Langeland
Ærø
Lolland
Falster
Møn
Seeland
Roskilde
Helsingør
Hillerød
Næstved
Nakskov
Nykøbing Falster
Samsø
Anholt (Dän.)
Læsø
Bornholm (Dän.)
HELSINGBORG
Malmö
Lund
Landskrona
Trelleborg
Ystad
Kristianstad
Skåne
Halmstad
Hallands län
Falkenberg
Varberg
Kungsbacka
Borås
Alingsås
Trollhättan
Uddevalla
Vänersborg
Lidköping
Skövde
Mariestad
Jönköping
Värnamo
Ljungby
Kronobergs län
Karlstad
Värmlands län
Säffle
Åmål
Vänern
Vättern
Västra Götalands län
Flensburg
Schleswig
Husum
Rendsburg
KIEL
Neumünster
Lübeck
Wismar
ROSTOCK
Stralsund
Greifswald
Rügen
Fehmarn
Mecklenburg-Vorpommern
Schleswig-Holstein
Niedersachsen
Cuxhaven
Helgoland
Deutsche Bucht
Kieler Bucht
Mecklenburger Bucht
Nordfriesische Inseln
Ostfriesische Inseln
Pommersche Bucht

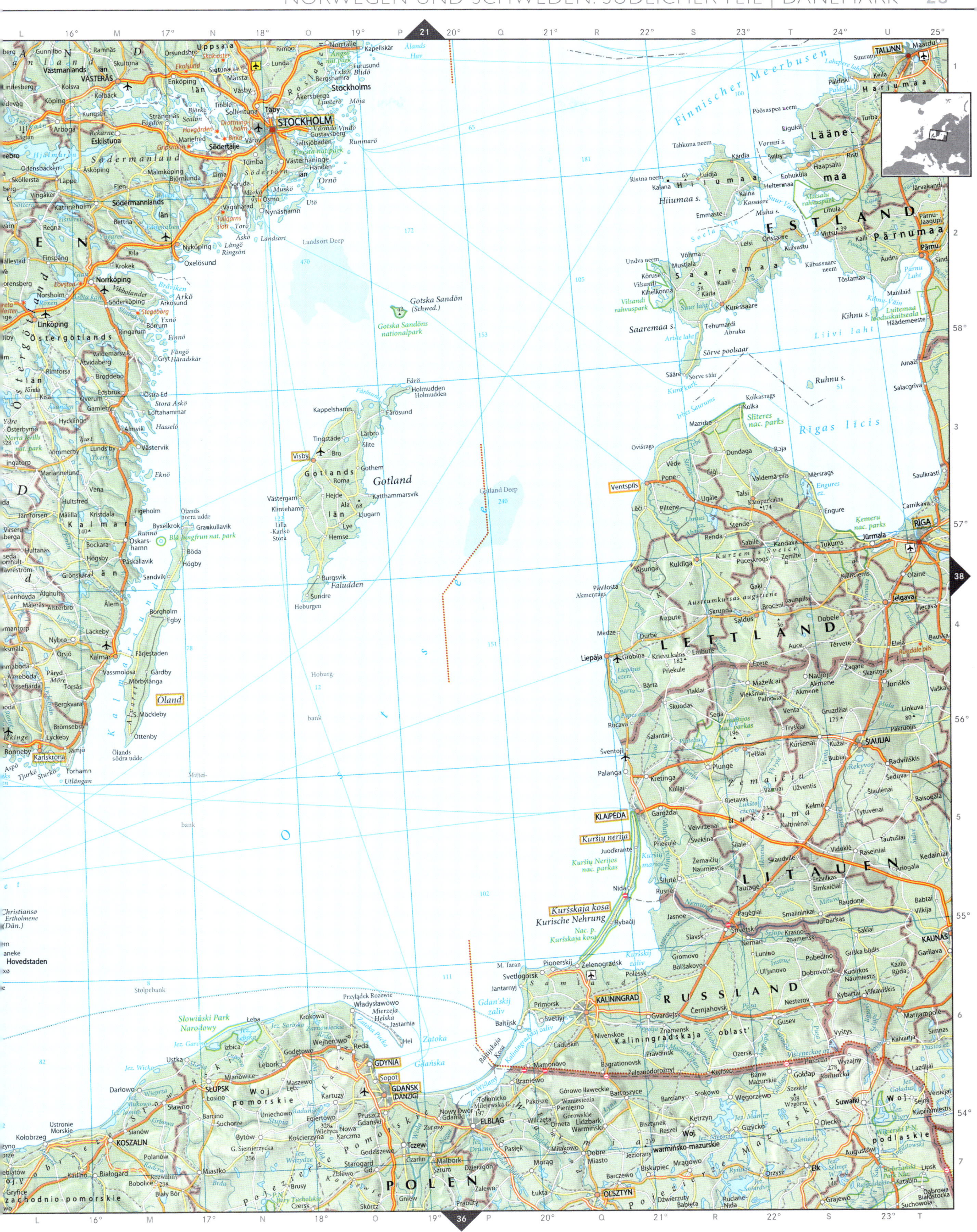
STOCKHOLM
Gotland
ESTLAND
LETTLAND
LITAUEN
RUSSLAND
POLEN
Finnischer Meerbusen
Rigas līcis
Ostsee
TALLINN
RIGA
KALININGRAD
GDAŃSK (DANZIG)
GDYNIA
KLAIPĖDA
Visby
Öland
Gotska Sandön
Saaremaa s.
Hiiumaa s.
Kurische Nehrung
Gotland Deep
Landsort Deep

Maßstab 1:4,5 Mio. Flächentreuer Schnittkegel (Albers)

ATLANTISCHER OZEAN
Golf von Biscaya
Keltische See
SPANIEN
BELGIEN
SCHWEIZ
LONDON
PARIS
BORDEAUX
TOULOUSE
NANTES
LYON
MARSEILLE
BRUXELLES BRUSSEL
Channel Islands (UK)
Golfe de St. Malo
Costa Verde
Costa Esmeralda
Costa Vasca
Golfe du Lion

0 20 40 60 80 100 Kilometer Maßstab 1:2,25 Mio. Flächentreuer Schnittkegel (Albers)

IRLAND
Irische See
BAILE ÁTHA CLIATH
DUBLIN
Anglesey
Lleyn Peninsula
Cardigan Bay
St. George's Channel
Wales
England
LONDON
BIRMINGHAM
MANCHESTER
LIVERPOOL
BRISTOL
CARDIFF
SOUTHAMPTON
PLYMOUTH
NORWICH
Bristol Channel
Keltische See
Cornwall
Isles of Scilly
Isle of Wight
English Channel
Englischer Kanal
FRANKREICH
Channel Islands (U.K.)
Kanalinseln
Hauts-de-France
Normandie
LE HAVRE
ROUEN
CAEN

VEREINIGTES KÖNIGREICH
IRLAND
FRANKREICH
NIEDERLANDE
BELGIEN
SPANIEN
GROSS-BRITANNIEN
Nordsee
Der Kanal
Keltische See
Irische See
ATLANTISCHER OZEAN
Golf von Biscaya
LONDON
PARIS
BAILE ÁTHA CLIATH DUBLIN
AMSTERDAM
BRÜSSEL BRUXELLES
Maßstab 1:4,5 Mio.
Flächentreuer Schnittkegel (Albers)

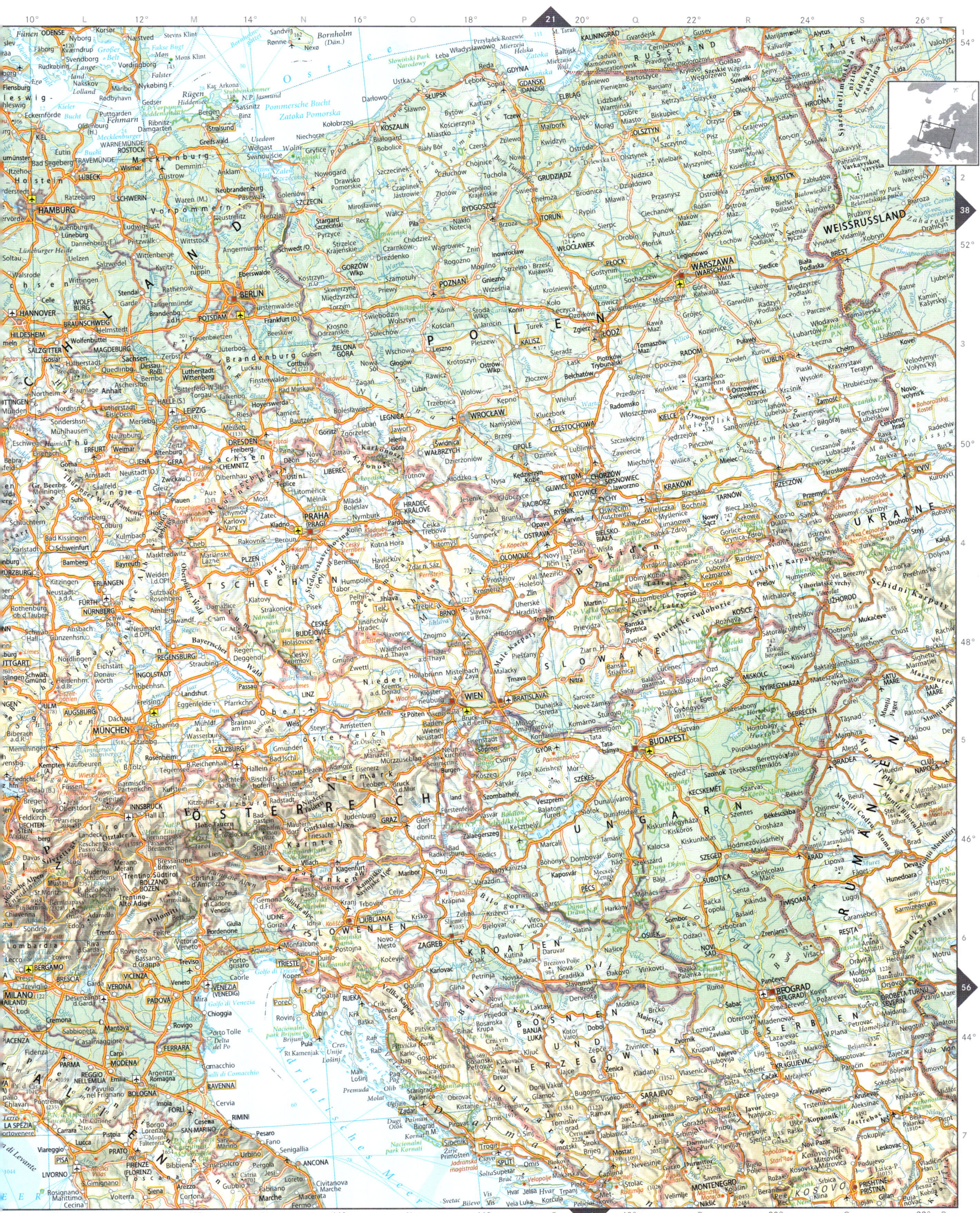
Ostsee
Bornholm (Dän.)
RUSSLAND
LITAUEN
POLEN
WEISSRUSSLAND
UKRAINE
DEUTSCHLAND
TSCHECHIEN
SLOWAKEI
ÖSTERREICH
UNGARN
RUMÄNIEN
SLOWENIEN
KROATIEN
BOSNIEN UND HERZEGOWINA
SERBIEN
MONTENEGRO
KOSOVO
ITALIEN
Adriatisches Meer
HAMBURG
BERLIN
WARSZAWA (WARSCHAU)
PRAHA (PRAG)
WIEN
BRATISLAVA
BUDAPEST
LJUBLJANA
ZAGREB
BEOGRAD (BELGRAD)
SARAJEVO
MÜNCHEN
KRAKÓW
GDAŃSK (DANZIG)
KALININGRAD
ŁÓDŹ
POZNAŃ
WROCŁAW
DRESDEN
LEIPZIG
MILANO
VENEZIA (VENEDIG)
TRIESTE
Karpaten
Beskiden
Hohe Tatra
Balaton
Donau
Weichsel
Oder
Elbe
Dolomiti
Thüringer Wald
Bayerischer Wald
Erzgebirge
Riesengebirge
Dinarisches Gebirge

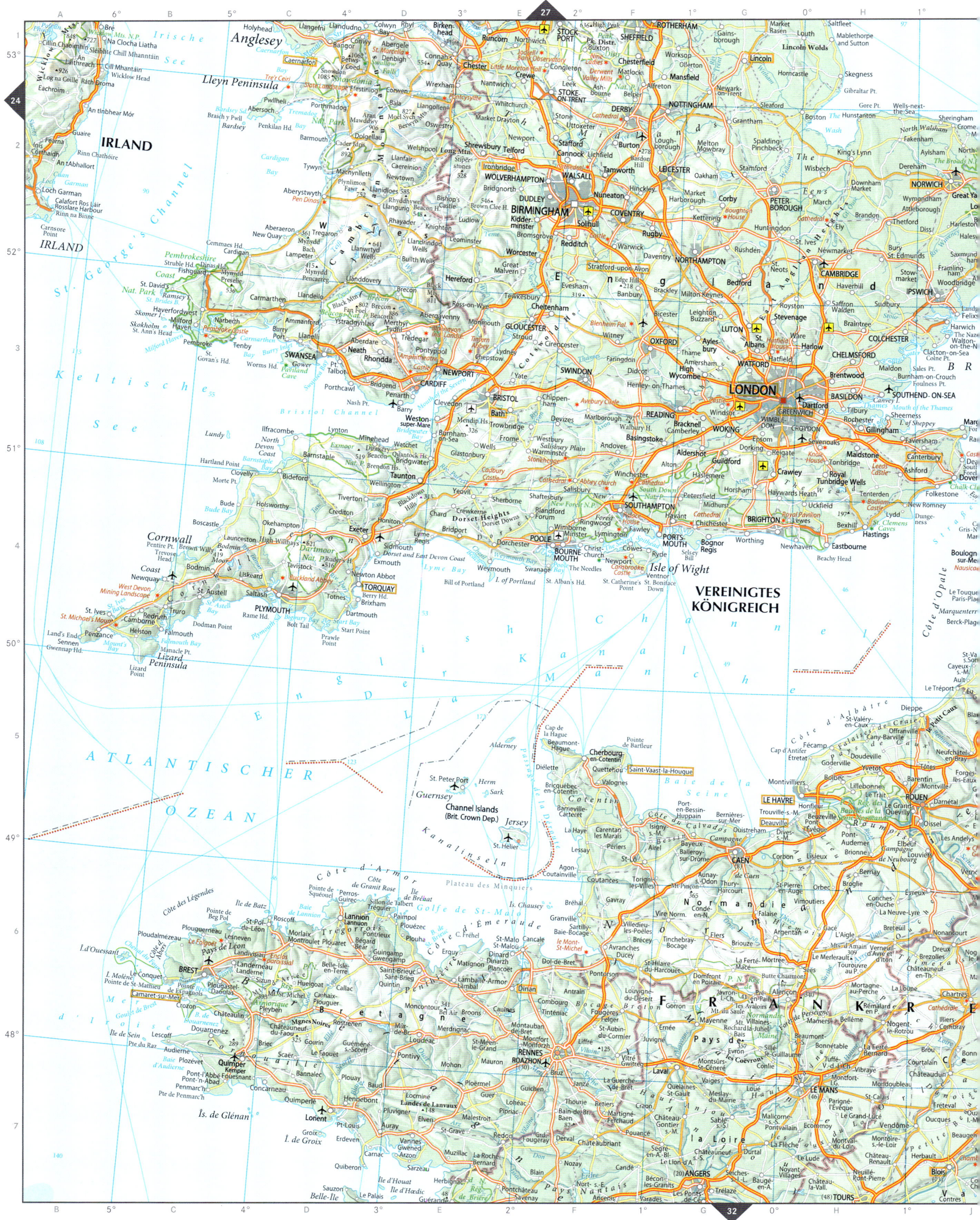

0 20 40 60 80 100 Kilometer Maßstab 1:2,25 Mio. Flächentreuer Schnittkegel (Albers)

30

ATLANTISCHER OZEAN
Golf von Biscaya
Costa Vasca
Adour Canyon
FRANKREICH
SPANIEN
Pays de la Loire
Nouvelle Aquitaine
Occitanie
Centre-Val de Loire
Massif Central
Pyrenäen
Navarra
Aragón
Catalunya
La Rioja
Castilla y León
Euskadi
Belle-Île
Île de Noirmoutier
Île d'Yeu
Île de Ré
Île d'Oléron
ANGERS
NANTES
TOURS
Blois
Cholet
Saumur
Poitiers
Niort
La Rochelle
Rochefort
Saintes
Angoulême
Cognac
Limoges
Châteauroux
Bourges
Montluçon
CLERMONT-FERRAND
BORDEAUX
Mérignac
Pessac
Arcachon
Périgueux
Brive-la-Gaillarde
Agen
Montauban
TOULOUSE
Albi
Rodez
Tarbes
Pau
Bayonne
Biarritz
Carcassonne
Béziers
PERPIGNAN
ANDORRA
Andorra la Vella
DONOSTIA S.SEBASTIÁN
BARAKALDO
BILBAO
VITORIA-GASTEIZ
PAMPLONA IRUÑA
LOGROÑO
Huesca
ZARAGOZA
LLEIDA
Manresa
TERRASSA
SABADELL
MATARÓ
Girona
Figueres
Mont-Louis
Pic du Midi de Bigorre
Monte Perdido
Pico de Aneto 3404
Canal du Midi
Lac d'Hourtin et de Carcans
Dune du Pilat
Côte d'Argent
Landes de Gascogne
Montagne Noire
Cévennes
Causse du Larzac

42

43

31
35
48
50
ITALIEN
ÖSTERREICH
Korsika
Corse (Fr.)
M I T T E L M E E R
Ligurisches Meer
Tyrrhenisches Meer
Golfe du Lion
Golfo di Genova
Riviera di Ponente
Riviera di Levante
Côte d'Azur
Provence
Franche-Comté
Bourgogne
Lombardia
Piemonte
Liguria
Toscana
Emilia-Romagna
Alpes
Alpi Pennine
Apennino Ligure
Massif des Maures
Îles d'Hyères
MARSEILLE
TOULON
NICE (NIZZA)
MONACO
GENOVA (GENUA)
MILANO (MAILAND)
TORINO (TURIN)
GENÈVE (GENF)
LAUSANNE
BERN
ZÜRICH
BASEL
LYON
GRENOBLE
AVIGNON
NÎMES
DIJON
BESANÇON
AIX-EN-PROVENCE
LA SPEZIA
LIVORNO
PISA
PARMA
BERGAMO
BRESCIA
Ajaccio
Bastia

DÄNEMARK
SCHWEDEN
POLEN
NIEDERLANDE
DEUTSCHLAND
Nordsee
Ostsee
Nordfriesische Inseln
Ostfriesische Inseln
Westfriesische Inseln
Deutsche Bucht
Pommersche Bucht
Kieler Bucht
Mecklenburger Bucht
HAMBURG
BERLIN
BREMEN
HANNOVER
KØBENHAVN (KOPENHAGEN)
SZCZECIN (STETTIN)
Maßstab 1:2,25 Mio.
Flächentreuer Schnittkegel (Albers)

BELGIEN
LUXEMBURG
FRANKREICH
TSCHECHIEN
ÖSTERREICH
SCHWEIZ
ITALIEN
SLOWENIEN
LIECHTENSTEIN
PRAHA (PRAG)
MÜNCHEN
NÜRNBERG
REGENSBURG
INGOLSTADT
AUGSBURG
ULM
STUTTGART
HEILBRONN
KARLSRUHE
PFORZHEIM
MANNHEIM
HEIDELBERG
DARMSTADT
FRANKFURT am Main
OFFENBACH A.M.
WIESBADEN
MAINZ
KOBLENZ
WÜRZBURG
Bayreuth
ERLANGEN
FÜRTH
SAARBRÜCKEN
TRIER
FREIBURG
STRASBOURG (Straßburg)
MULHOUSE
BASEL
ZÜRICH
BERN
LAUSANNE
GENÈVE (GENF)
BESANÇON
NANCY
METZ
INNSBRUCK
SALZBURG
LINZ
Passau
PLZEŇ
ČESKÉ BUDĚJOVICE
LJUBLJANA
BOLZANO BOZEN
Trentino-Südtirol
Trentino-Alto Adige
Trento
Lombardia
Veneto
Venezia Giulia
Kempten (Allgäu)
Friedrichshafen
Konstanz
Landshut
Rosenheim
Winterthur
Luzern
Villach
Klagenfurt a.W.
UDINE
Como
Lugano
Bellinzona
Annecy

23
34
38

Ostsee
RUSSLAND
LITAUEN
WEISS-RUSSLAND
POLEN
DEUTSCH-LAND
Kaliningradskaja oblast'
Zatoka Gdańska
Zatoka Pomorska
Pommersche Bucht
Bornholm (Dän.)
Hovedstaden
Kuršskaja kosa
Kurische Nehrung
Słowiński Park Narodowy
Pojezierze Pomorskie
KALININGRAD
KAUNAS
HRODNA
BREST
GDAŃSK (DANZIG)
GDYNIA
Sopot
ELBLĄG
OLSZTYN
BIAŁYSTOK
WARSZAWA (WARSCHAU)
LUBLIN
RADOM
KIELCE
ŁÓDŹ
CZĘSTOCHOWA
PŁOCK
WŁOCŁAWEK
TORUŃ
BYDGOSZCZ
GRUDZIĄDZ
SŁUPSK
KOSZALIN
SZCZECIN (STETTIN)
GORZÓW WLKP.
POZNAŃ
ZIELONA GÓRA
LEGNICA
WROCŁAW
WAŁBRZYCH
JELENIA GÓRA
KALISZ
LIBEREC
Mecklenburg-Vorpommern
Brandenburg
Sachsen
Frankfurt (Oder)
Woj. pomorskie
Woj. zachodniopomorskie
Woj. warmińsko-mazurskie
Woj. podlaskie
Woj. mazowieckie
Woj. kujawsko-pomorskie
Woj. wielkopolskie
Woj. lubuskie
Woj. łódzkie
Woj. dolnośląskie
Woj. opolskie
Woj. lubelskie
Maßstab 1:2,25 Mio.
Flächentreuer Schnittkegel (Albers)
0 20 40 60 80 100 Kilometer

UKRAINE
SLOWAKEI
ÖSTERREICH
UNGARN
RUMÄNIEN
TSCHECHIEN
SERBIEN
KROATIEN
SLOWENIEN
BUDAPEST
WIEN
BRATISLAVA
PRAHA (PRAG)
KRAKÓW
KATOWICE
RZESZÓW
LVIV
KOŠICE
UŽHOROD
MISKOLC
DEBRECEN
NYÍREGYHÁZA
ORADEA
TIMIȘOARA
SZEGED
KECSKEMÉT
PÉCS
GYŐR
SZÉKESFEHÉRVÁR
KAPOSVÁR
GRAZ
ZAGREB
BRNO
OLOMOUC
OSTRAVA
56
52
49
35

21
29
56

0 40 80 120 160 200 Kilometer Maßstab 1:4,5 Mio. Flächentreuer Schnittkegel (Albers)

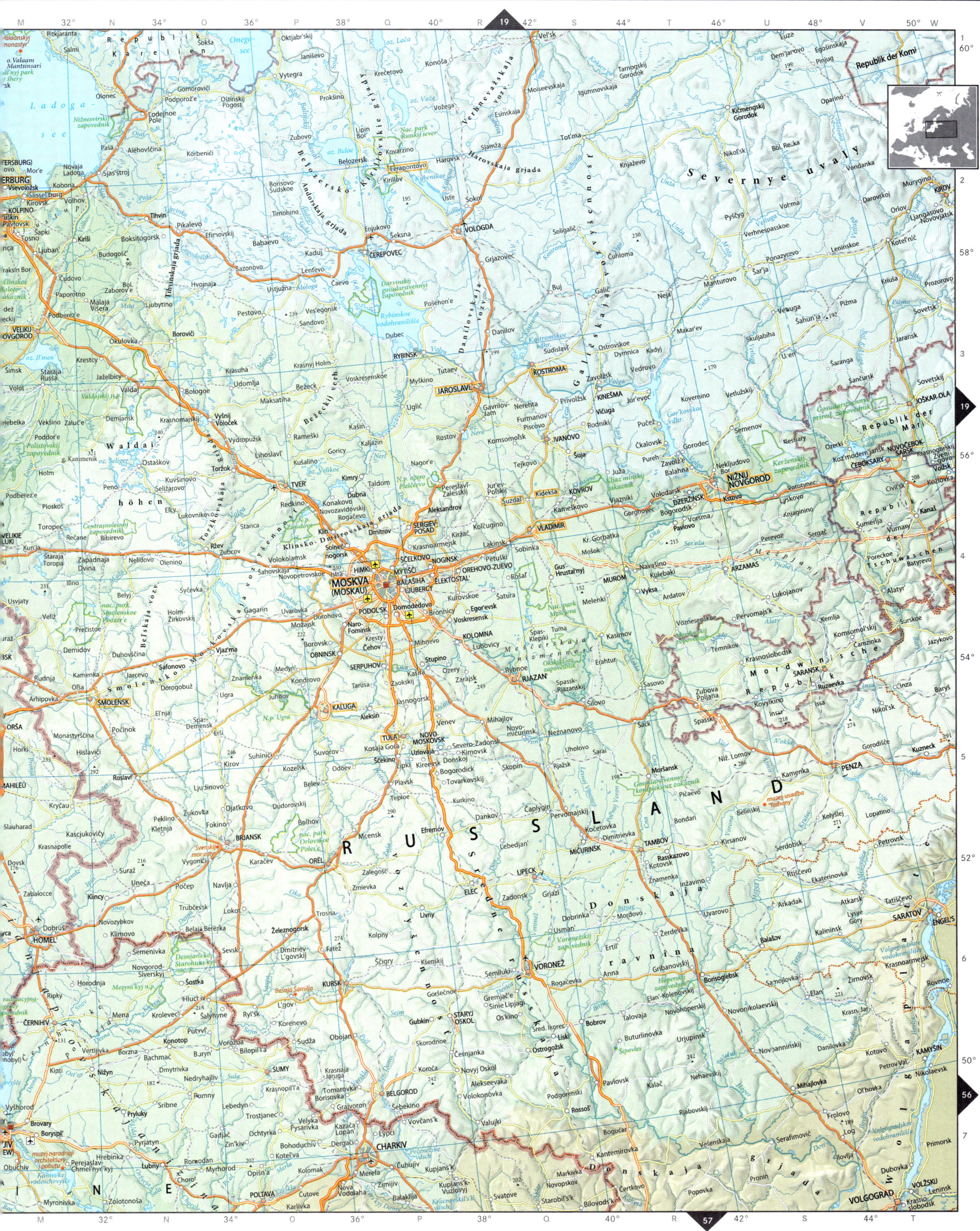
R U S S L A N D
MOSKVA (MOSKAU)
Severnye uvaly
Republik der Komi
Ladoga-see
Waldai-höhen
Donskaja ravnina
Srednerusskaja vozvyšennosť
NIŽNIJ NOVGOROD
JAROSLAVL'
VOLOGDA
KOSTROMA
SMOLENSK
KALUGA
TULA
RJAZAN
VORONEŽ
KURSK
BELGOROD
CHARKIV
SARATOV
VOLGOGRAD
PENZA
TAMBOV
LIPECK
ORËL
BRJANSK
TVER
VLADIMIR
ČEBOKSARY
HOMEL'

I Azoren: westliche Inseln
Ilha do Corvo
Corvo
Ilha das Flores
Santa Cruz das Flores
Fajã Grande
Lajes das Flores
Açores
(Port.)
ATLANTISCHER OZEAN
II Azoren: mittlere Inseln
Ilha Graciosa
Santa Cruz d.G.
Praia
Luz
Ilha Terceira
Ilha de São Jorge
Biscoitos
Velas
Sto. António
Serra do Topo
Praia da Vitória
Angra do Heroísmo
Cedros
Capelo
Horta
Lombega
São Roque do Pico
Topo
Ilha do Faial
Madalena
Piedade
Sta. Bárbara
Ilha do Pico
Açores
(Port.)
ATLANTISCHER OZEAN
III Azoren: östliche Inseln
Bretanha
Ribeira Grande
Nordeste
Ponta Delgada
Lagoa
Furnas
Ilha de São Miguel
Açores
(Port.)
ATLANTISCHER OZEAN
Anjos
Feteiras
Maia
Vila do Porto
Ilha de Santa Maria
ATLANTISCHER OZEAN
Golf von Biscaya
Costa Verde
Costa Esmeralda
Costa Vasca
PORTUGAL
SPANIEN
Costa de Prata
Costa Verde
Costa de Lisboa
Galicia
Castilla y León
Extremadura
Castilla-La Mancha
Andalucía
Aragón
Valenciana
Navarra
Pyrenäen
FRANKREICH
Nouvelle-Aquitaine
Guyenne
A CORUÑA
Santiago de Compostela
Lugo
OURENSE
Pontevedra
VIGO
BRAGA
PORTO
COIMBRA
LISBOA (LISSABON)
Setúbal
Évora
Faro
Sagres
OVIEDO
GIJÓN
SANTANDER
BILBAO
DONOSTIA
VITORIA-GASTEIZ
PAMPLONA
LOGROÑO
BURGOS
LEÓN
VALLADOLID
Salamanca
Segovia
Ávila
MADRID
Toledo
Cuenca
Guadalajara
ZARAGOZA
Huesca
Teruel
Castelló
VALÈNCIA
ALACANT
Elx
MURCIA
CARTAGENA
ALBACETE
Ciudad Real
BADAJOZ
Mérida
Cáceres
CÓRDOBA
Jaén
GRANADA
ALMERÍA
MÁLAGA
SEVILLA
HUELVA
CÁDIZ
Gibraltar (U.K.)
ALGECIRAS
Ceuta (Sebta) (Span.)
Melilla (Span.)
TANJA (TANGER)
TITWAN (TETOUAN)
AR-RIBAT (RABAT)
AD-DĀR-AL-BAYDA (CASABLANCA)
MIKNAS (MEKNES)
FĀS (FES)
ORAN (WAHRAN)
TLEMCEN
MOSTAGANEM
RELIZANE
Rif
Golf von Cádiz
Costa del Sol
Costa de Almería
Costa Cálida
Costa Blanca
Costa del Azahar
Golfo de València
Alboran Sea
Isla del Alborán (Span.)
Islas Columbretes
Eivissa (Ibiza)
Sierra Nevada
Sierra de Gredos
Sierra Morena
Montes de Toledo
BORDEAUX
LIMOGES
TOULOUSE
Bayonne
Biarritz
Pau
Lourdes
Andorra
Golf von Biscaya
Arte Rupestre

ITALIEN
Korsika
Sardinien
Mallorca
Menorca
TUNESIEN
Tyrrhenisches Becken
Tyrrhenisches Meer
Ligurisches Meer
Algerisch-Provenzalisches Becken
Golfe du Lion
ROMA
NAPOLI
PALERMO
CAGLIARI
TUNIS
MILANO
TORINO
GENOVA
MARSEILLE
FIRENZE
BARCELONA
AL-JAZAIR (ALGIER)
Isole Pelagie
Sicilia (It.)
Sardegna (It.)
Corse (Fr.)
KROATIEN
Adriatisches Meer

Mar Cantábrico
Golf von
Costa Verde
Costa Esmeralda
ATLANTISCHER OZEAN
Rías Altas
Rías Baixas
Costa Verde
Costa de Prata
PORTUGAL
Cordillera Cantábrica
Picos de Europa
Montes de León
Tierra de Campos
Sistema Central
Sierra de Gredos
Montes de Toledo
Extremadura
Sierra Morena
Sierra de la Peña de Francia
Serra da Estrela
A CORUÑA
Ferrol
Santiago d.C.
Lugo
OURENSE
Pontevedra
VIGO
OVIEDO UVIÉU
GIJÓN XIXÓN
Avilés
SANTANDER
Torrelavega
LEÓN
Ponferrada
Astorga
BURGOS
Palencia
VALLADOLID
Zamora
SALAMANCA
Ávila
Segovia
MADRID
ALCORCÓN
MÓSTOLES
LEGANÉS
GETAFE
Toledo
Talavera de la Reina
Plasencia
Cáceres
Mérida
BADAJOZ
Ciudad Real
Puertollano
Don Benito
Bragança
Chaves
BRAGA
Guimarães
PORTO
Vila Nova de Gaia
Aveiro
Viseu
Guarda
COIMBRA
Leiria
Santarém
AMADORA
LISBOA (LISSABON)
Setúbal
Évora
Elvas
Portalegre
Castelo Branco
Covilhã
Ciudad-Rodrigo
Benavente
Sintra
Cascais
Baía de Setúbal
10° 9° 8° 7° 6° 5° 4°
44° 43° 42° 41° 40° 38°

44

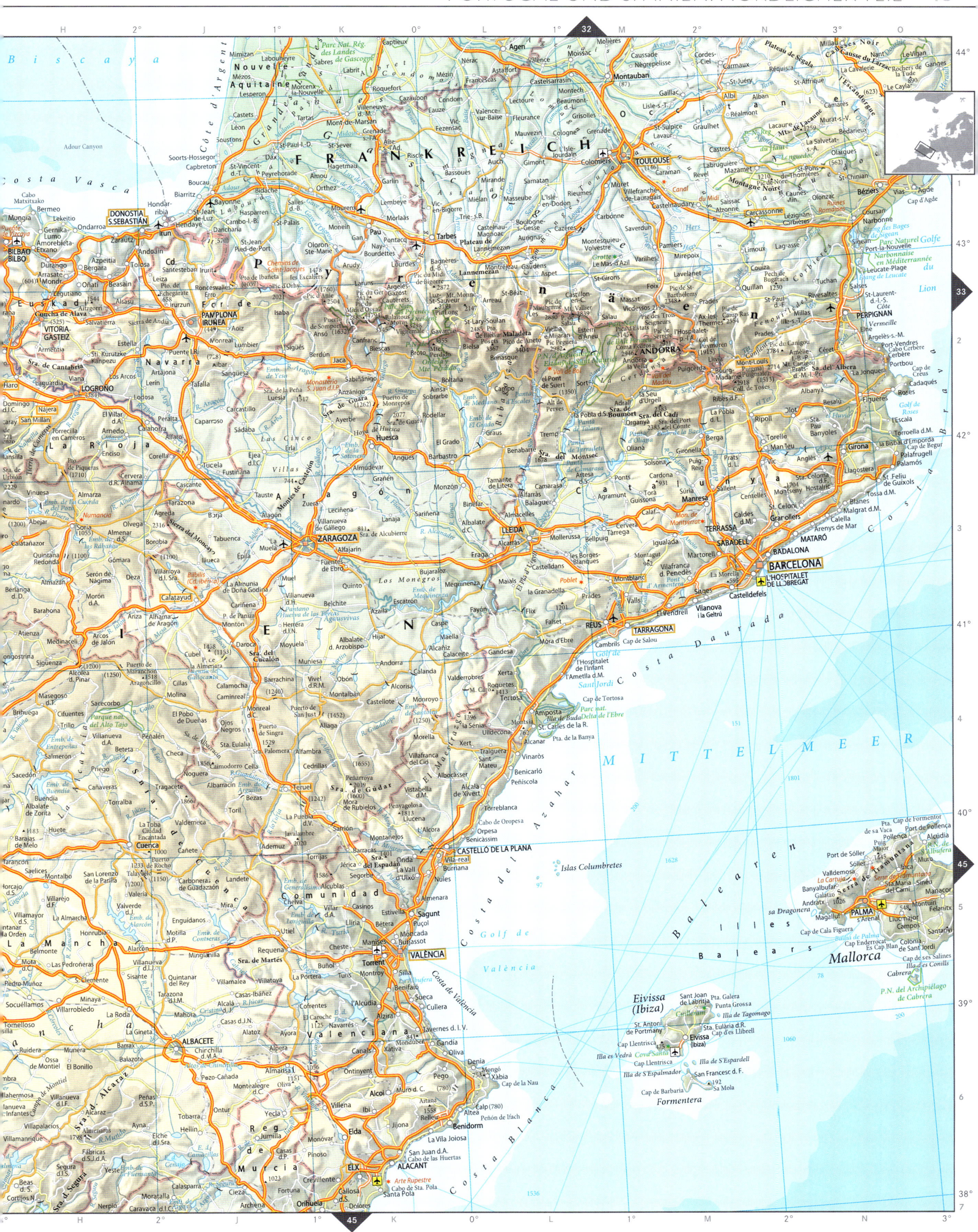
Biscaya
Costa Vasca
FRANKREICH
Nouvelle-Aquitaine
Pyrenäen
ANDORRA
TOULOUSE
Agen
Montauban
Pau
Tarbes
Bayonne
DONOSTIA S.SEBASTIÁN
BILBAO BILBO
VITORIA-GASTEIZ
PAMPLONA IRUÑEA
Navarra
LOGROÑO
La Rioja
Euskadi
Aragón
ZARAGOZA
Huesca
LLEIDA
Catalunya
BARCELONA
L'HOSPITALET DE LLOBREGAT
BADALONA
TARRAGONA
REUS
Girona
PERPIGNAN
Béziers
Narbonne
Golfe du Lion
Costa Brava
Costa Daurada
MITTELMEER
Teruel
Cuenca
CASTELLÓ DE LA PLANA
VALÈNCIA
Comunidad Valenciana
Golf de València
Costa del Azahar
Costa Blanca
Islas Columbretes
Illes Balears
Mallorca
PALMA
Eivissa (Ibiza)
Formentera
ALBACETE
ALACANT
ELX
Murcia
La Mancha
Sierra del Moncayo
Sra. de Gúdar
32
45
H
J
K
L
M
N
O
44°
43°
42°
41°
40°
39°
38°
2°
1°
0°
1
2
3
4
5
6
7

PORTUGAL
MAROKKO
ATLANTISCHER OZEAN
Golfo de Cádiz
Alboran See
Costa de Prata
Costa Dourada
Costa de la Luz
Costa del Sol
MADRID
LISBOA (LISSABON)
SEVILLA
CÓRDOBA
MÁLAGA
BADAJOZ
SALAMANCA
COIMBRA
CÁDIZ
ALGECIRAS
Gibraltar (U.K.)
TANJA (TANGER)
TITWÁN (TETOUAN)
Extremadura
Sierra Morena
Andalucía
Sistema Central
Castilla y León
P.N. de Doñana
Str. von Gibraltar
Las Palmas de Gran Canaria, Santa Cruz de Tenerife
Las Palmas de Gran Canaria, Puerto del Rosario, Arrecife, Santa Cruz de la Palma, Santa Cruz de Tenerife
Barcelona, Sète, Genova, Livorno
42
106

MITTELMEER
Illes Balears
I Balearen
Mallorca
Menorca
Eivissa (Ibiza)
Formentera
ALGERIEN
Costa Blanca
Costa Cálida
Costa de Almería
Golf de València
VALÈNCIA
MURCIA
ALACANT
CARTAGENA
ALMERÍA
PALMA
Comunidad Valenciana
Murcia
Islas Columbretes

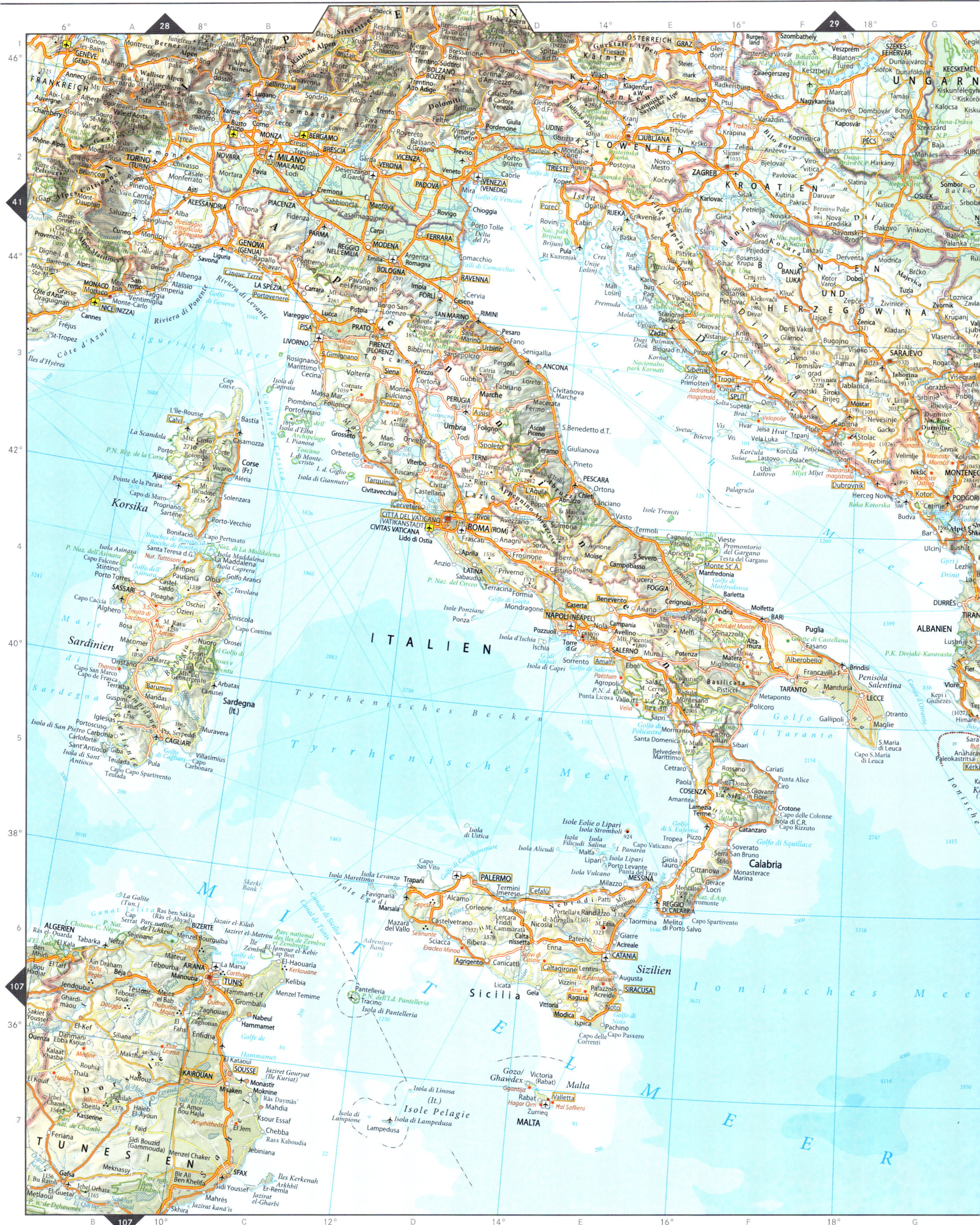
ITALIEN
FRANKREICH
UNGARN
SLOWENIEN
KROATIEN
BOSNIEN UND HERZEGOWINA
ALBANIEN
TUNESIEN
ALGERIEN
MONTENEGRO
Korsika
Corse (Fr.)
Sardinien
Sardegna (It.)
Sizilien
Sicilia
Malta
MALTA
Calabria
Puglia
Ligurisches Meer
Tyrrhenisches Becken
Tyrrhenisches Meer
Ionisches Meer
MITTELMEER
Adriatisches Meer
Golfo di Taranto
ROMA (ROM)
CITTÀ DEL VATICANO (VATIKANSTADT)
NAPOLI (NEAPEL)
MILANO (MAILAND)
TORINO (TURIN)
GENOVA (GENUA)
FIRENZE (FLORENZ)
VENEZIA (VENEDIG)
BOLOGNA
PALERMO
MESSINA
CATANIA
BARI
TARANTO
CAGLIARI
LJUBLJANA
ZAGREB
SARAJEVO
TUNIS
Valletta
SAN MARINO
MONACO
NICE (NIZZA)
ANCONA
PESCARA
REGGIO DI CALABRIA
SIRACUSA
TRIESTE
SPLIT
Dubrovnik
Isole Eolie o Lipari
Isole Pelagie
Maßstab 1:4,5 Mio.
Flächentreuer Schnittkegel (Albers)
200 Kilometer

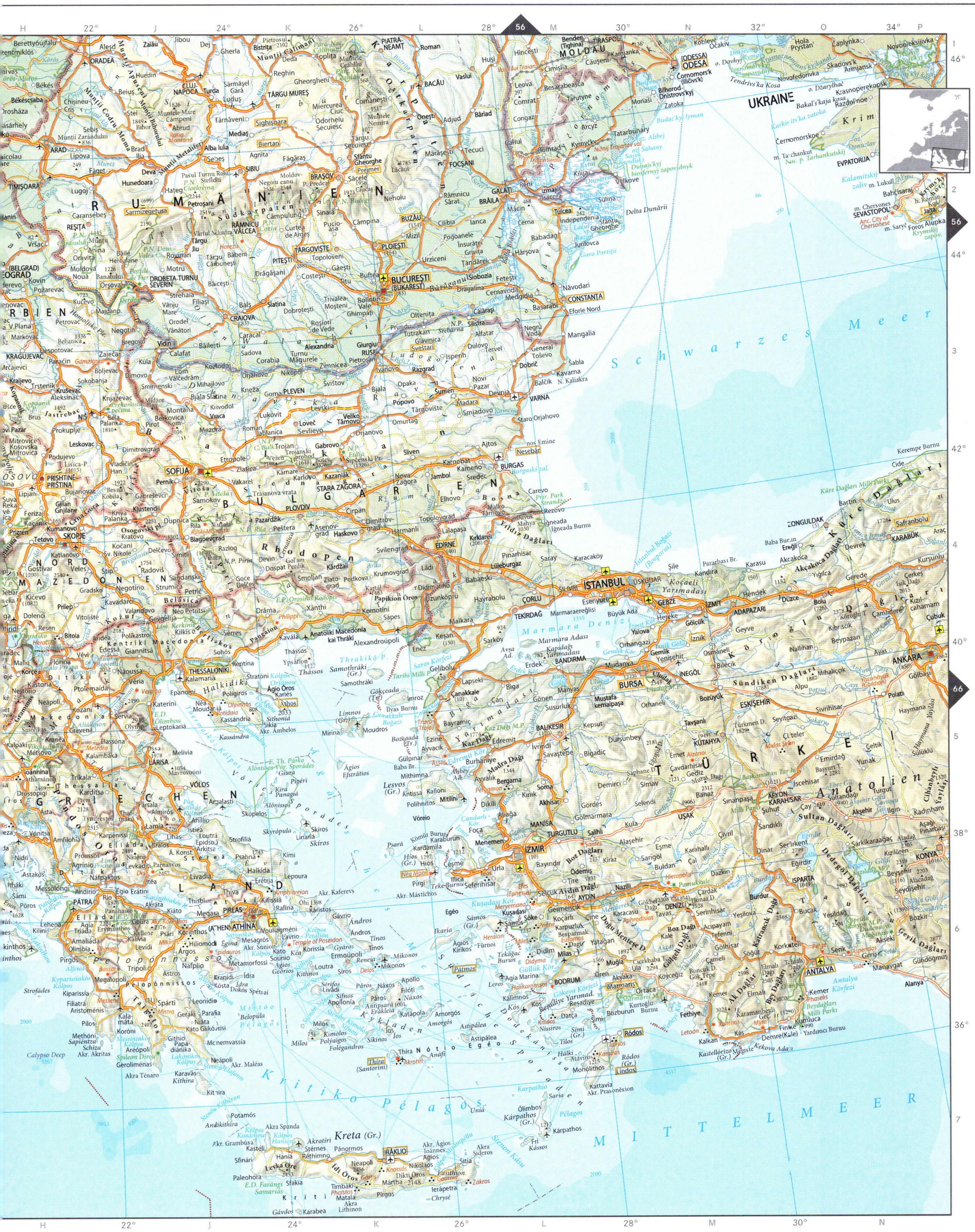
R U M Ä N I E N
MOLDAU
UKRAINE
BUCUREŞTI (BUKAREST)
B U L G A R I E N
SOFIJA
PLOVDIV
VARNA
BURGAS
CONSTANŢA
Schwarzes Meer
Krim
SEVASTOPOL
ODESA
İSTANBUL
Marmara Denizi
ANKARA
BURSA
İZMIR
ANTALYA
Anatolien
T Ü R K E I
G R I E C H E N L A N D
ATHINA
THESSALONÍKI
SKOPJE
PRISHTINË
Kreta (Gr.)
Ródos
Lesvos (Gr.)
Kykladen
Kritiko Pélagos
Egéo Pélagos
M I T T E L M E E R
Delta Dunării
Rhodopen
Sporaden
Dodekanes
Zakros
Karpathos
Thíra (Santoríni)

35

ITALIEN
MITTELMEER
Ligurisches Meer
Golfo di Genova
Riviera di Ponente
Riviera di Levante
Côte d'Azur
Korsika
Corse (Fr.)
Toscana
Umbria
Emilia Romagna
Liguria
Lombardia
Veneto
Piemonte
Alpi Pennine
Walliser Alpen
Berner Alpen
Dolomiti
Provence
Franche-Comté
Bourgogne
Auvergne-Rhône-Alpes
MILANO (MAILAND)
TORINO (TURIN)
GENOVA (GENUA)
FIRENZE (FLORENZ)
BOLOGNA
VENEZIA (VENEDIG)
ROMA (ROM)
CITTÀ DEL VATICANO (VATIKANSTADT)
CIVITAS VATICANA
MONACO
NICE (NIZZA)
GENÈVE (GENF)
BERN
ZÜRICH
LAUSANNE
INNSBRUCK
LIECHTENSTEIN
BESANÇON
GRENOBLE
VERONA
PADOVA
BRESCIA
BERGAMO
PARMA
MODENA
FERRARA
RAVENNA
LIVORNO
PISA
LA SPEZIA
ALESSANDRIA
NOVARA
PIACENZA
Ajaccio
Bastia
Savona
Sanremo
Cannes
Siena
Perugia
Trento
Bolzano Bozen
Isola d'Elba
Isola di Capraia
Isola di Gorgona
Isola di Montecristo
Isola del Giglio
Cap Corse
Îles d'Hyères
Golfe de Porto
Golfe d'Ajaccio
Golfe de Valinco

33
50

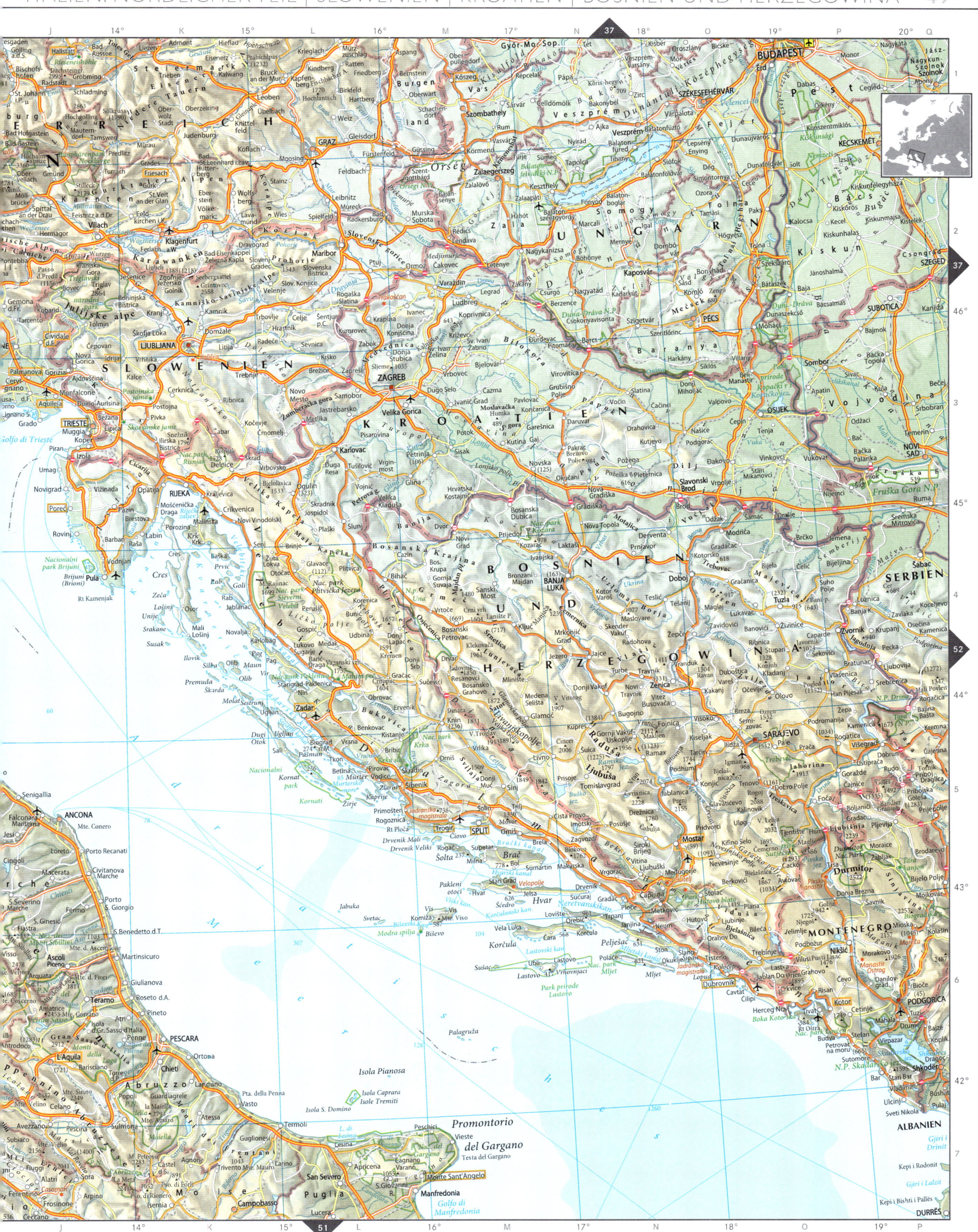
SLOWENIEN
KROATIEN
BOSNIEN
UND
HERZEGOWINA
UNGARN
SERBIEN
MONTENEGRO
ALBANIEN
LJUBLJANA
ZAGREB
SARAJEVO
BUDAPEST
PODGORICA
GRAZ
TRIESTE
RIJEKA
SPLIT
ZADAR
ANCONA
PESCARA
Promontorio del Gargano
Isola Pianosa
Palagruža
Golfo di Trieste

48
107
Korsika
Corse (Fr.)
Ajaccio
Bastelica
Ghisonaccia
Solenzara
Pinarellu
Porto-Vecchio
Propriano
Sartène
Figari
Bonifacio
Golfe d'Ajaccio
Golfe de Valinco
Bouches de Bonifacio
Bocche di Bonifacio
La Maddalena
Santa Teresa d.G.
Isola Asinara
Golfo dell' Asinara
Stintino
Porto Torres
SASSARI
Alghero
Olbia
Gallura
Tempio Pausania
Siniscola
Nuoro
Oristano
Golfo di Oristano
Sardinien
Sardegna (It.)
Capo Comino
Orosei
Golfo di Orosei
Arbatax
Tortolì
Lanusei
Barumini
Campidano
Iglesias
Carbonia
Isola di San Pietro
Carloforte
Sant'Antioco
Isola di Sant' Antioco
CAGLIARI
Quartu S. Elena
Golfo di Cagliari
Villasimius
Capo Carbonara
Capo Teulada
Capo Spartivento
Muravera
Capo Ferrato
Mare di Sardegna
Tyrrhenisches Becken
Tyrrhenisches Meer
MITTELMEER
Civitavecchia
ROMA
CIVITAS VATICANA (VATIKANSTADT)
CITTÀ DEL VATICANO
Fiumicino
Lido di Ostia
Ostia
Tivoli
Frascati
Velletri
Aprilia
Anzio
LATINA
Lazio
Terracina
Gaeta
Frosinone
Isola di Ponza
Isole Ponziane o Pontine
I. Ventotene
ITALIEN
Isola di Ustica
PALERMO
Trapani
Marsala
Isole Egadi
Mazara del Vallo
Castelvetrano
Sciacca
Agrigento
Porto Empedocle
Sicilia (It.)
Canale di Sicilia
Canale di Tunisi
Pantelleria
Isola di Pantelleria (It.)
La Galite (Tun.)
Îles Cani
Cap Blanc
BIZERTE
Menzel Bourguiba
ARIANA
ETTADHAMEN
La Marsa
Carthage
La Goulette
TUNIS
Ben Arous
Hammam-Lif
Golfe de Tunis
Cap Bon
Kelibia
Menzel Temime
Korba
Nabeul
Hammamet
Golfe de Hammamet
TUNESIEN
Zaghouan
Béja
Jendouba
Le Kef
Siliana
Tabarka
Kroumirie
Mogod
ALGERIEN
ANNABA
EL BOUNI
SOUK AHRAS
Ouenza
Dorsale
Monts de Téboursouk
Kesra
Marseille
Genova
Salerno
Palermo

UNGARN
KROATIEN
BOSNIEN UND HERZEGOWINA
SERBIEN
MONTENEGRO
KOSOVO
ALBANIEN
MAZEDONIEN
GRIECHENLAND
RUMÄNIEN
BULGARIEN
ITALIEN
MITTELMEER
Adriatisches Meer
Golfo di Taranto
Penisola Salentina
Puglia
Canale d'Otranto
Thermaikós Kólpos
Halkidikí
BEOGRAD (BELGRAD)
NOVI SAD
SUBOTICA
TIMIȘOARA
SARAJEVO
PODGORICA
PRISHTINE PRISTINA
SKOPJE
TIRANE
DURRËS
SOFIJA
THESSALONÍKI
KRAGUJEVAC
NIŠ
OSIJEK
BANJA LUKA
Mostar
Dubrovnik
Shkodër
Bitola
Ohrid
Korçë
Vlorë
Kérkira (Korfu)
LECCE
Brindisi
Vojvodina
Fruška Gora
Dunav
Donau
Drina
Sava
Morava
Timok
Vardar
Strymónas
Maßstab 1:2,25 Mio. Flächentreuer Schnittkegel (Albers)
0 20 40 60 80 100 Kilometer
37
49
51
54
56

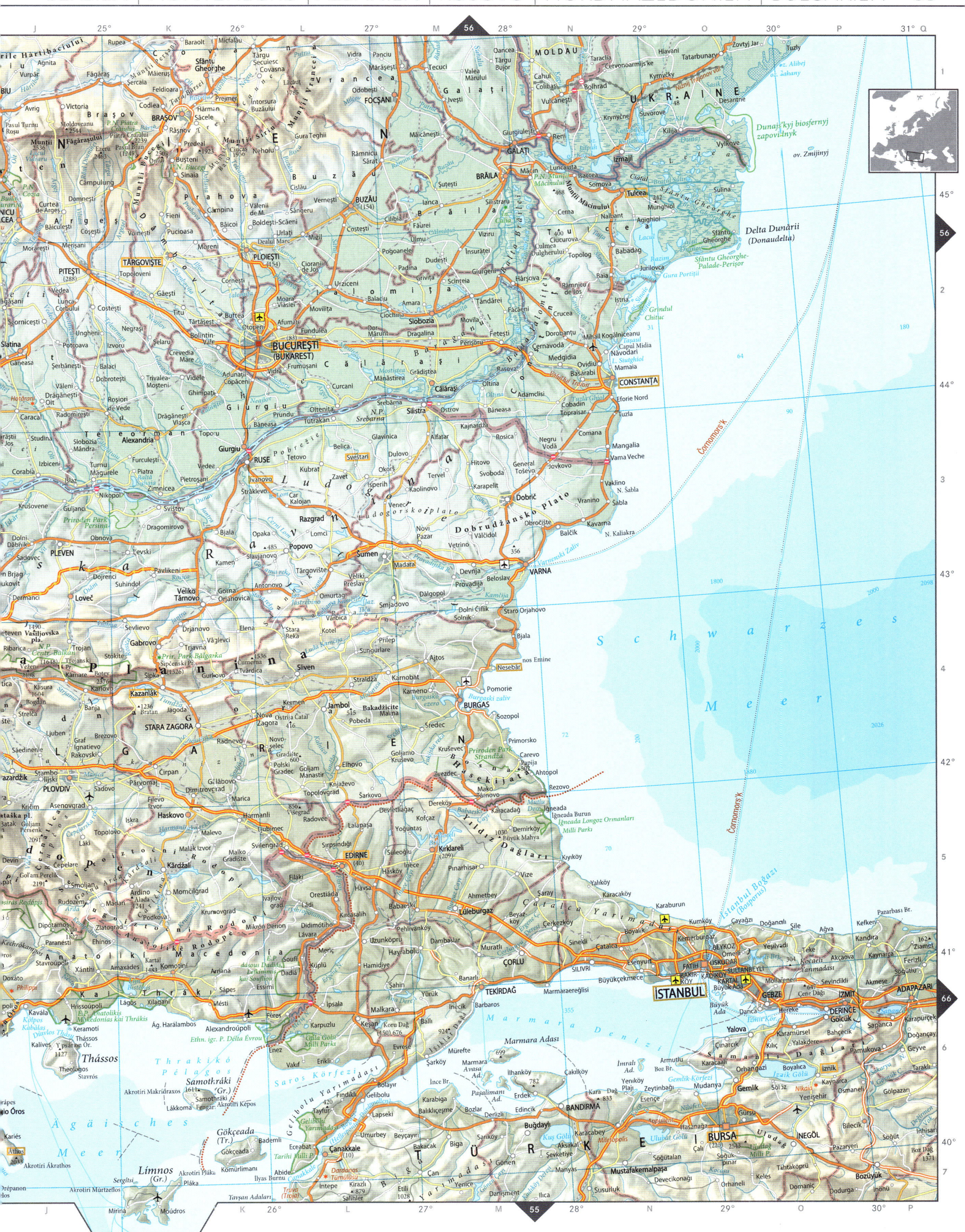
MOLDAU
UKRAINE
Schwarzes Meer
Ägäisches Meer
Marmara Denizi
Delta Dunării (Donaudelta)
Dunajs'kyj biosfernyj zapovidnyk
BUCUREŞTI (BUKAREST)
CONSTANŢA
GALAŢI
BRĂILA
BUZĂU
PLOIEŞTI
TÂRGOVIŞTE
PITEŞTI
BRAŞOV
FOCŞANI
Tulcea
Călăraşi
Silistra
RUSE
Giurgiu
Dobrič
VARNA
Šumen
Razgrad
PLEVEN
Loveč
Veliko Tărnovo
Gabrovo
Kazanlăk
STARA ZAGORA
Jambol
BURGAS
Sliven
PLOVDIV
Haskovo
Kărdžali
Smoljan
EDIRNE
Kırklareli
Lüleburgaz
ÇORLU
TEKİRDAĞ
İSTANBUL
GEBZE
İZMİT
ADAPAZARI
BURSA
BANDIRMA
Çanakkale
Marmara Adası
Thássos
Samothráki
Límnos
Gökçeada
Xánthi
Komotini
Alexandroúpoli
Stara Planina
Rodopi
Dobrudžansko Plato
Ludogorie
Bărăgan
Strandža
Istranca Dağları
Istanbul Boğazı (Bosporus)
Saros Körfezi
Burgaski zaliv
Nesebăr
Čornomors'k

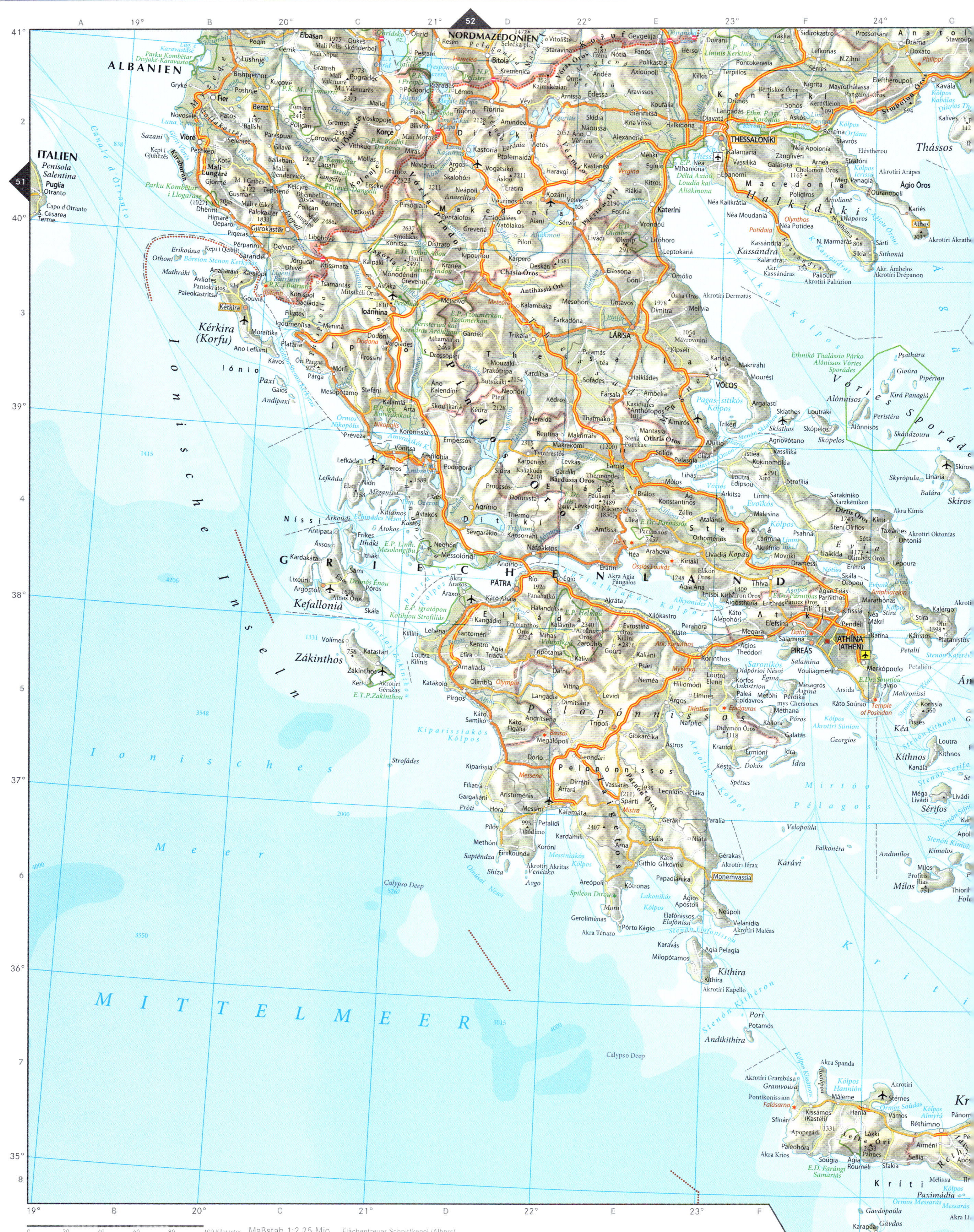

NORDMAZEDONIEN
ALBANIEN
ITALIEN
Penisola Salentina
Puglia
Otranto
Capo d'Otranto
S. Cesarea Terme
Canale d'Otranto
Sazani
Vlorë
Fier
Berat
Korçë
Gjirokastër
Sarandë
Ohrid
Bitola
Florina
Kastoriá
Thessaloníki
Kateríni
Thássos
Kavála
Drama
Sérres
Kilkís
Kentrikí Makedonía
Makedonía
Halkidikí
Ágio Óros
Athos
Kassándra
Sithonía
Kérkira (Korfu)
Paxí
Andípaxi
Ioánnina
Ípiros
Tríkala
Lárisa
Vólos
Thessalía
Pagasitikós Kólpos
Vóries Sporádes
Alónnisos
Skiáthos
Skópelos
Skíros
Lefkáda
Kefalloniá
Zákinthos
Itháki
Ionische Inseln
Ionisches Meer
Préveza
Árta
Agrinio
Messolóngi
Náfpaktos
Pátra
Ámfissa
Lamía
Stereá Elláda
Halkída
Évia
Athína (Athen)
Piréas
Elefsína
Megara
Kórinthos
Argos
Náfplio
Tripoli
Kalamáta
Spárti
Pelopónnisos
Pírgos
Olimbía
Kiparissía
Monemvassía
Kíthira
Andikíthira
Mirtóo Pélagos
Kéa
Kíthnos
Sérifos
Mílos
Kríti
Haniá
Réthimno
Gávdos
Calypso Deep
MITTELMEER

İSTANBUL
BURSA
İZMİR
AYDIN
DENİZLİ
ANTALYA
ESKİŞEHİR
KÜTAHYA
AFYON KARAHİSAR
ISPARTA
BALIKESİR
MANİSA
MUĞLA
BODRUM
UŞAK
TEKİRDAĞ
ÇORLU
BANDIRMA
GEBZE
İZMİT
ADAPAZARI
DERİNCE
Düzce
Yalova
Gemlik
İnegöl
Çanakkale
Fethiye
Ródos
Lindos
IRÁKLIO
Schwarzes Meer
Marmara Denizi
Saros Körfezi
Gelibolu Yarımadası
T Ü R K E I
M I T T E L M E E R
Sámos
Ikaria
Lesvos (Gr.)
Híos (Gr.)
Límnos (Gr.)
Samothráki
Gökçeada (Tr.)
Náxos
Páros
Tinos
Míkonos
Pátmos
Kós (Gr.)
Astipálea
Thira (Santorini)
Kárpathos (Gr.)
Kássos
Ródos (Gr.)
Tílos
Nissiros
Simi (Gr.)
Kastellórizo (Gr.)
Antalya Körfezi
Uludağ
Sultan Dağları
Kaz Dağı
Madra Dağı
Aydın Dağları
Bozdağlar
Egeo
Vóreio
Nótio Egéo
Karpathio Pélagos
Sporaden
Dodekanes
Kykladen

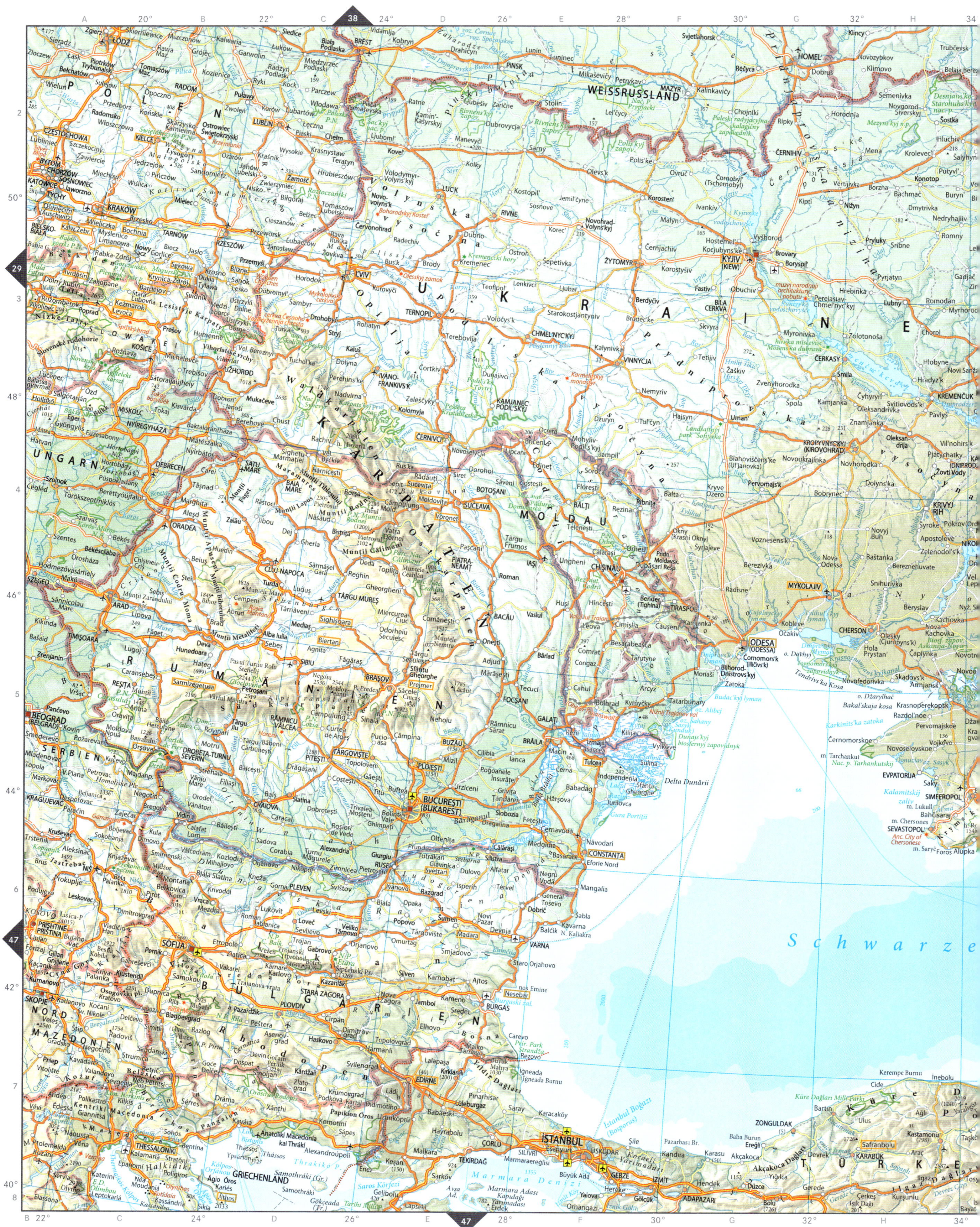

Maßstab 1:4,5 Mio. Flächentreuer Schnittkegel (Albers)

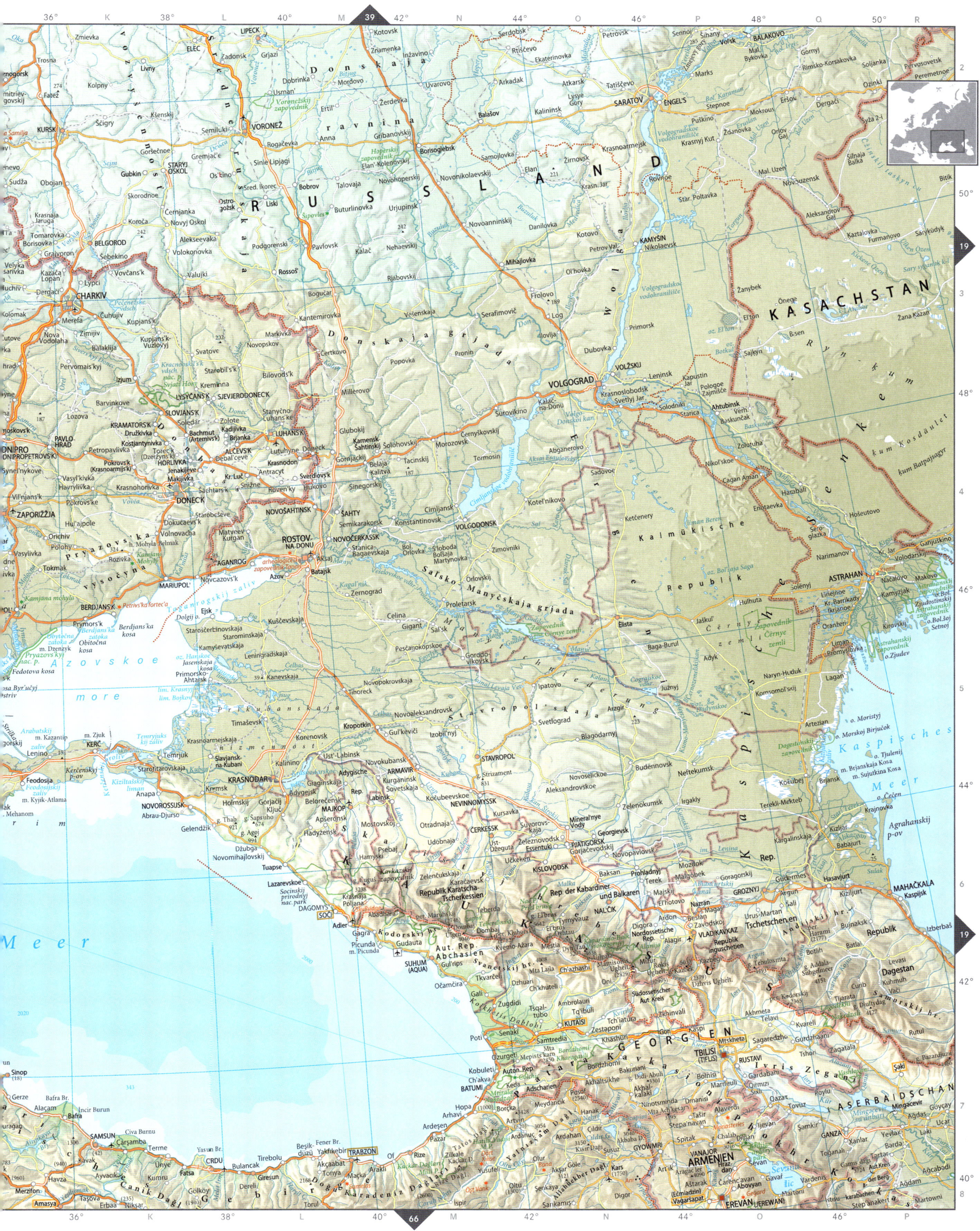
R U S S L A N D
KASACHSTAN
G E O R G I E N
ARMENIEN
ASERBAIDSCHAN
Azovskoe more
Kaspisches Meer
Meer
Donskaja ravnina
Donskaja grjada
Sal'sko-Manyčskaja grjada
Stavropol'skaja
Kalmükische Republik
Rep. Dagestan
K A U K A S U S
Rep. der Kabardiner und Balkaren
Republik Karatschaier-Tscherkessien
Nordossetische Republik
Republik Inguschetien
Tschetschenien
Aut. Rep. Abchasien
Adscharien
Südossetischer Aut. Kreis
Čërnye zemli
Ryn-kum
VOLGOGRAD
ROSTOV-NA-DONU
KRASNODAR
STAVROPOL'
SARATOV
VORONEŽ
CHARKIV
DONECK
LUHANS'K
ZAPORIŽŽJA
ASTRAHAN'
Elista
MAHAČKALA
GROZNYJ
NAL'ČIK
VLADIKAVKAZ
TBILISI (TIFLIS)
EREVAN (JEREWAN)
BATUMI
SUHUM (AQUA)
SOČI
NOVOROSSIJSK
TRABZON
SAMSUN
KURSK
BELGOROD
LIPECK
KAMYŠIN
ENGEL'S
VOLŽSKIJ
MARIUPOL'
BERDJANSK
KERČ
Anapa
Taganrogskij zaliv
Cimljanskoe vodohranilišče
Volgogradskoe vodohranilišče
36°
38°
40°
42°
44°
46°
48°
50°
50°
48°
46°
44°
42°
40°
39
66
19

ATLANTISCHER OZEAN
LISSABON
MADRID
CASABLANCA
RABAT
ALGIER
TUNIS
BARCELONA
PARIS
LONDON
BRÜSSEL
AMSTERDAM
HAMBURG
BERLIN
KOPENHAGEN
OSLO
STOCKHOLM
HELSINKI
RIGA
WILNA
MINSK
WARSCHAU
PRAG
WIEN
BUDAPEST
ROM
NEAPEL
BELGRAD
SOFIA
BUKAREST
ATHEN
ISTANBUL
ANKARA
KIEW
MOSKAU
ST. PETERSBURG
CHARKIV
DNIPRO
ODESSA
VOLGOGRAD
ROSTOV-NA-DONU
SAMARA
KAZAN'
PERM'
UFA
EKATERINBURG
CELJABINSK
OMSK
NOVOSIBIRSK
NUR-SULTAN (ASTANA)
Karagandy
TRIPOLIS
BENGASI
ALEXANDRIA
KAIRO
Assuan
Port Sudan
KHARTUM
ASMARA
ADDIS ABEBA
DSCHIBUTI
MOGADISCHU
NAIROBI
KAMPALA
KIGALI
MOMBASA
DAR ES SALAAM
KINSHASA
KISANGANI
KANANGA
LUBUMBASHI
LUSAKA
N'DJAMENA
BANGUI
JERUSALEM
AMMAN
BEIRUT
DAMASKUS
Nikosia
BAGDAD
TEHERAN
ISFAHAN
MASHAD
AL-BASRA
AL-KUWAIT
RIAD
MEKKA
DJIDDA
SANAA
ADEN
MASKAT
DUBAI
ABU DHABI
Doha
Manama
KARACHI
KABUL
ISLAMABAD
LAHORE
DELHI
MUMBAI
PUNE
HYDERABAD
BENGALURU
CHENNAI
KOLKATA
COLOMBO
Malé
TOSHKENT
BISHKEK
ALMATY
DUSCHANBE
ÜRÜMQI
SAHARA
SUDAN
Arabien
Schwarzes Meer
Kaspisches Meer
Mittelländisches Meer
Rotes Meer
Persischer Golf
Arabisches Meer
Golf von Aden
Golf von Bengalen
INDISCHER OZEAN
Arabisches Becken
Somalibecken
Zentralindisches Becken
Skandinavien
Ural
Kaukasus
Hindukusch
Kunlun
Tarim Pendi (Takla Makan)
Westsibirisches Tiefland
Kasachische Schwelle
Seychellen
Komoren
Sri Lanka
Malediven
Maßstab 1:32 Mio.
Flächentreuer Entwurf nach Bonne
0 200 400 600 800 1000 Kilometer

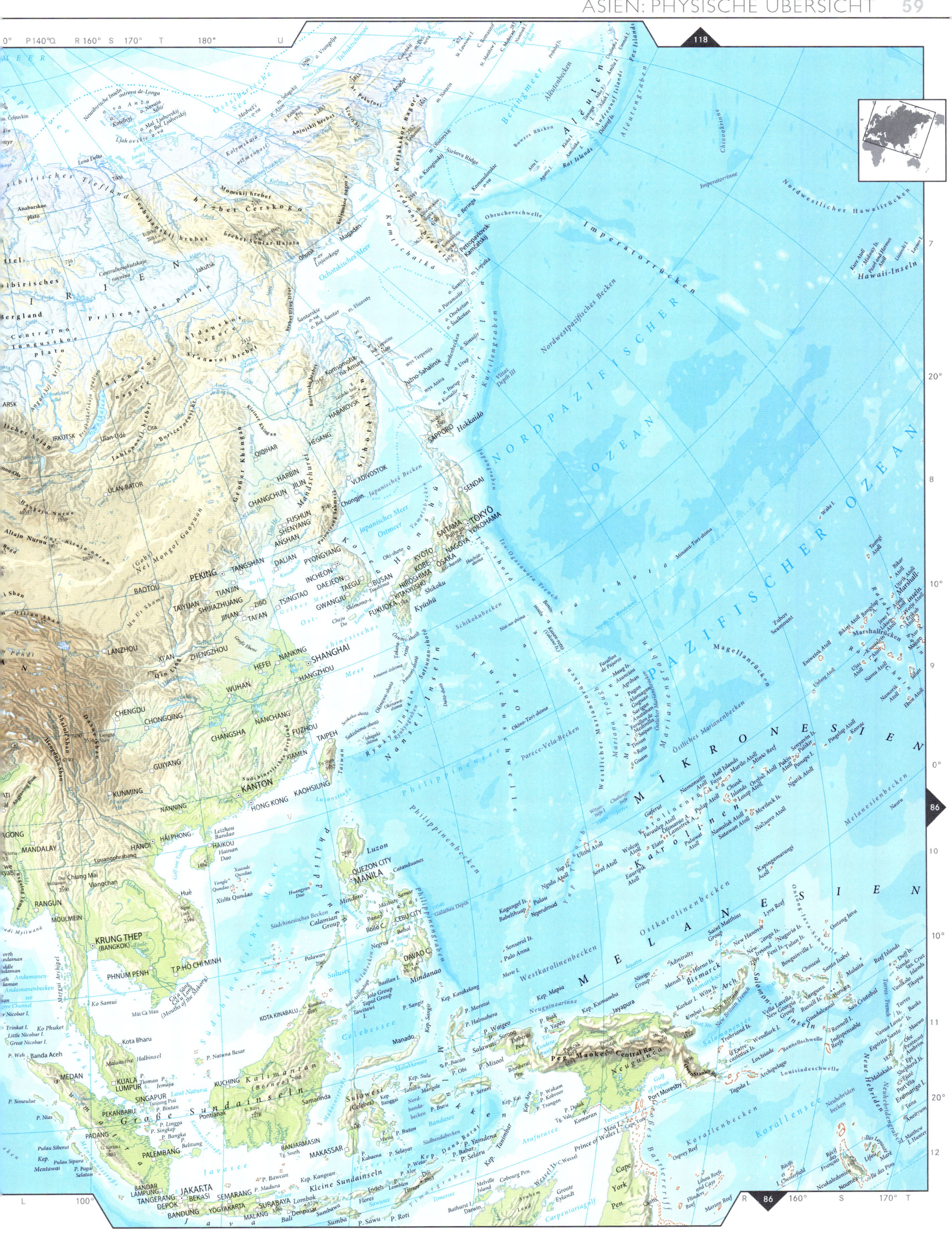
118
86
NORDPAZIFISCHER OZEAN
PAZIFISCHER OZEAN
MIKRONESIEN
MELANESIEN
Beringmeer
Aleuten
Aleutenbecken
Aleutengraben
Fox Islands
Andreanof Islands
Rat Islands
Bowers Rücken
Imperatorrinne
Imperatorrücken
Nordwestlicher Hawaiirücken
Hawaii-Inseln
Kure Atoll
Midway Is.
Chinookrinne
Obruchevschwelle
Nordwestpazifisches Becken
Ochotskisches Meer
Kamtschatka
Petropavlovsk-Kamčatskij
Korjakskoe nagor'e
Anadyr
Beringstraße
Tschuktschensee
Ostsibirische See
Laptewsee
Neusibirische Inseln
Lena Delta
Anabarskoe plato
Nordsibirisches Tiefland
Mittelsibirisches Bergland
Zentralsibirisches Bergland
Centralnoja Jakutskaja ravnina
Jakutsk
Verchojanskij hrebet
hrebet Čerskogo
Momskij hrebet
Kolymskaja nizmennost'
Anjujskij hrebet
Magadan
Ochotsk
hrebet Suntar-Hajata
Prilenskoe plato
Aldanskoe nagor'e
Stanovoj hrebet
Stanovoe nagor'e
Ilimpijskaja ravnina
Angarskij krjaž
IRKUTSK
Ulan-Ude
Čita
Jablonovyj hrebet
ULAN-BATOR
Chentij
Hangaj Nuruu
Altajn Nuruu
Gobi
Nei Mongol Gaoyuan
Großer Khingan
Kleiner Khingan
Mandschurei
QIQIHAR
HARBIN
JILIN
CHANGCHUN
SHENYANG
FUSHUN
ANSHAN
DALIAN
PEKING
TANGSHAN
TIANJIN
BAOTOU
TAIYUAN
SHIJIAZHUANG
JINAN
ZIBO
TSINGTAO
Gelbes Meer
LANZHOU
XI'AN
ZHENGZHOU
Qin Ling
NANKING
SHANGHAI
HEFEI
HANGZHOU
WUHAN
NANCHANG
CHENGDU
CHONGQING
CHANGSHA
FUZHOU
XIAMEN
GUIYANG
KUNMING
NANNING
KANTON
HONG KONG
KAOHSIUNG
TAIPEH
Taiwan
Luzonstraße
Ostchinesisches Meer
Südchinesisches Meer
Hainan Dao
HAIKOU
HANOI
HAI PHONG
Golf von Tonking
Louangphrabang
Viangchan
Chiang Mai
MANDALAY
RANGUN
MOULMEIN
KRUNG THEP (BANGKOK)
Golf von Thailand
PHNUM PENH
T.P. HÔ CHI MINH
Mekong
Hue
Xisha Qundao
Andamanensee
Malaiische Halbinsel
KUALA LUMPUR
SINGAPUR
MEDAN
Banda Aceh
Sumatra
PEKANBARU
PADANG
PALEMBANG
JAKARTA
BANDAR LAMPUNG
TANGERANG
BEKASI
DEPOK
BANDUNG
SEMARANG
YOGYAKARTA
SURABAYA
MALANG
Denpasar
Bali
Lombok
Sumbawa
Flores
Sumba
Timor
Dili
Javasee
Kleine Sundainseln
Große Sundainseln
Kalimantan (Borneo)
KUCHING
Pontianak
Samarinda
BANJARMASIN
KOTA KINABALU
Sulawesi (Celebes)
MAKASSAR
Manado
Celebessee
Sulusee
Palawan
Mindanao
DAVAO
Mindoro
Panay
Negros
Cebu
CEBU CITY
Luzon
QUEZON CITY
MANILA
Philippinen
Philippinensee
Philippinenbecken
Philippinengraben
Molukken
Molukkensee
Halmahera
Seram
Buru
Bandasee
Arafurasee
Timorsee
Neuguinea
Jayapura
Port Moresby
Golf von Papua
Torres Strait
Cape York Pen.
Carpentariagolf
Darwin
Melville Island
Korallensee
Korallenbecken
Louisiadeschwelle
Bismarckarchipel
Bismarcksee
Salomon-Inseln
Neubritannien
Neuirland
Bougainville I.
Guadalcanal
Neue Hebriden
Nouméa
Neukaledonien
Karolinen
Westkarolinenbecken
Ostkarolinenbecken
Palau
Yap
Guam
Saipan
Marianen
Marianengraben
Westlicher Marianenrücken
Marianenbecken
Parece-Vela-Becken
Kyushu-Palau-Rücken
Shikokubecken
Bonin-Inseln
Izu-Ogasawara Trench
Marshall-Inseln
Magellanrücken
Melanesienbecken
Japan
Japanisches Meer
Japangraben
Honshu
Hokkaido
Kyushu
Shikoku
TOKYO
YOKOHAMA
SAITAMA
NAGOYA
KYOTO
OSAKA
KOBE
HIROSHIMA
KITAKYUSHU
FUKUOKA
SENDAI
SAPPORO
Korea
PYONGYANG
SEOUL
INCHEON
DAEJEON
DAEGU
GWANGJU
BUSAN
Ryukyu-Inseln
Nansei-Inseln
Sachalin
Kurilen
Kurilengraben
Amur
Komsomolsk-na-Amure
HABAROVSK
VLADIVOSTOK
Sichote-Alin
P 140°
R 160°
S
170°
T
180°
U
L
100°
R
160°
S
170°
T
10°
20°
7
8
9
0°
10
11
12

ATLANTISCHER OZEAN
IRLAND
VEREINIGTES KÖNIGREICH
LONDON
PORTUGAL
LISSABON
SPANIEN
MADRID
FRANKREICH
PARIS
BELGIEN
NIEDERLANDE
DEUTSCHLAND
BERLIN
DÄNEMARK
NORWEGEN
SCHWEDEN
FINNLAND
HELSINKI
ESTLAND
LETTLAND
LITAUEN
POLEN
WARSCHAU
WEISSRUSSLAND
MINSK
UKRAINE
KIEW
MOLDAU
RUMÄNIEN
BUKAREST
BULGARIEN
SOFIA
UNGARN
SERBIEN
ITALIEN
ROM
GRIECHENLAND
ATHEN
ISTANBUL
ANKARA
TÜRKEI
ZYPERN
SYRIEN
DAMASKUS
LIBANON
BEIRUT
ISRAEL
JERUSALEM
JORDANIEN
IRAK
BAGDAD
IRAN
TEHERAN
KUWAIT
SAUDI-ARABIEN
RIAD
MEKKA
BAHRAIN
KATAR
VEREINIGTE ARABISCHE EMIRATE
OMAN
MASKAT
JEMEN
SANAA
ADEN
GEORGIEN
TIFLIS
ARMENIEN
ASERBAIDSCHAN
BAKU
RUSSLAND
MOSKAU
ST. PETERSBURG
Republik der Komi
EKATERINBURG
NOVOSIBIRSK
OMSK
KASACHSTAN
ASTANA
ALMATY
TURKMENISTAN
USBEKISTAN
TOSHKENT
KIRGISISTAN
BISCHKEK
TADSCHIKISTAN
DUSCHANBE
AFGHANISTAN
KABUL
PAKISTAN
ISLAMABAD
KARACHI
LAHORE
Autonomes Gebiet Sinkiang
Autonomes Gebiet Tibet
NEPAL
KATHMANDU
INDIEN
DELHI
Neu-Delhi
MUMBAI
KOLKATA
CHENNAI
BENGALURU
HYDERABAD
SRI LANKA
COLOMBO
MALEDIVEN
Arabisches Meer
Golf von Bengalen
INDISCHER OZEAN
MAROKKO
ALGERIEN
ALGIER
TUNESIEN
TUNIS
LIBYEN
TRIPOLIS
ÄGYPTEN
KAIRO
NIGER
TSCHAD
N'DJAMENA
NIGERIA
KAMERUN
SUDAN
KHARTUM
SÜDSUDAN
ERITREA
ASMARA
DSCHIBUTI
ÄTHIOPIEN
ADDIS ABEBA
SOMALIA
MOGADISCHU
ZENTRALAFRIKANISCHE REPUBLIK
KONGO
DEM. REP. KONGO
KINSHASA
UGANDA
KAMPALA
KENYA
NAIROBI
RUANDA
BURUNDI
TANSANIA
Dodoma
DAR ES SALAAM
ANGOLA
SAMBIA
LUSAKA
MALAWI
MOSAMBIK
SIMBABWE
NAMIBIA
BOTSUANA
SEYCHELLEN
KOMOREN
Schwarzes Meer
Kaspisches Meer
Maßstab 1:32 Mio.
Flächentreuer Entwurf nach Bonne

Republik Sacha
(Jakutien)
Ostsibirische See
Beringmeer
Alaska
(USA)
Aleuten
Kamtschatka
Ochotskisches Meer
Sachalin
Kurilen
Nordpazifischer Ozean
MONGOLEI
ULAN-BATOR
Innere Mongolei
NORDKOREA
SÜDKOREA
SEOUL
JAPAN
TOKYO
Hokkaidō
Japanisches Meer
Ostmeer
PEKING
SHANGHAI
Ostchinesisches Meer
TAIWAN
TAIPEH
KANTON
HONG KONG
Philippinensee
PHILIPPINEN
MANILA
MYANMAR
(BIRMA)
THAILAND
KRUNG THEP
(BANGKOK)
LAOS
VIETNAM
HANOI
KAMBODSCHA
Südchinesisches Meer
MALAYSIA
KUALA LUMPUR
SINGAPUR
BRUNEI DARUSSALAM
INDONESIEN
JAKARTA
Kalimantan
(Borneo)
Sulawesi
Neuguinea
PAPUA-NEUGUINEA
TIMOR-LESTE
(OSTTIMOR)
AUSTRALIEN
Northern Territory
Queensland
Korallensee
Coral Sea Islands Territory
PAZIFISCHER OZEAN
MIKRONESIEN
MELANESIEN
Nördliche Marianen
(USA)
Karolinen
MARSHALLINSELN
PALAU
NAURU
SALOMONEN
VANUATU
Neukaledonien
(Fr.)
Hawaii-Inseln

0 120 240 360 480 600 Kilometer Maßstab 1:13,5 Mio. Flächentreuer Entwurf nach Bonne

NORDPOLARMEER
Ostsibirische See
Tschuktschensee
Neusibirische Inseln
Ljahovskie ostrova
Sunday
Monday
Alaska (USA)
North Slope
Barrow
Wevok
Beringstraße
o. Vrangelja
Čukotskij p-ov
Ėkvyvatapskij hr.
Pevek
Bilibino
Anadyr'
Korjakskoe nagor'e
Kolymskaja nizmennost'
Jukagirskoe ploskogor'e
Momskij hrebet
hrebet Čerskogo
Verhojanskij hrebet
Jano-Indigirskaja nizmennost'
Tiksi
Omsukčanskij hrebet
Kolymskoe nagor'e
Magadan
Ohotsk
Ochotskisches Meer
Kamtschatka
Sredinnyj hrebet
Petropavlovsk-Kamčatskij
Kamtschatkabecken
Kurilen
Kurilenbecken
Kurilengraben
Central'nojakutskaja ravnina
Jakutsk
Lenskie stolby
Aldanskoe nagor'e
Stanovoj hrebet
Stanovoe nagor'e
Patomskoe nagor'e
Vitim
Čita
Skovorodino
Blagoveščensk
Harbin
Kleiner Chingan
Großer Chingan
Innere Mongolei
CHINA
Mandschurei
Sichote-Alin
HABAROVSK
Komsomol'sk-na-Amure
Sachalin
Tatarskij proliv
Japanisches Meer
Japanisches Becken
JAPAN
Hokkaidō
SAPPORO
NORDPAZIFISCHER OZEAN
Bureinskij hrebet
Džugdžur
Šantarskie o-va
Nikolaevsk-na-Amure
Južno-Sahalinsk
Vladivostok

Schwarzes Meer
Kaspisches Meer
MITTELMEER
Rotes Meer
Persischer Golf
Golf von Aden
Golf von Oman
Aralsee
RUSSLAND
TÜRKEI
SYRIEN
IRAK
SAUDI-ARABIEN
JEMEN
OMAN
ÄGYPTEN
SUDAN
ERITREA
ÄTHIOPIEN
SOMALIA
TURKMENISTAN
USBEKISTAN
ISRAEL
LIBANON
JORDANIEN
KUWAIT
BAHRAIN
KATAR
VEREINIGTE ARABISCHE EMIRATE
DSCHIBUTI
SÜDSUDAN
ZYPERN
ARMENIEN
ASERBAIDSCHAN
GEORGIEN
Hochland von Iran
Hochland von Äthiopien
Sagrosgebirge
Kaukasus
Taurus
Pontisches Gebirge
Nubische Wüste
Syrische Wüste
an-Nafūd
ar-Rub al-Hālī
Owen-Bruchzone
ISTANBUL
ANKARA
İZMIR
BURSA
ADANA
KONYA
TIFLIS
JEREWAN
BAKU
TEHERAN
BAGDAD
MOSUL
AL-BASRA
DAMASKUS
HALAB (ALEPPO)
BEIRUT
JERUSALEM
AMMAN
KAIRO
ALEXANDRIA
RIAD
MEKKA
MEDINA
DJIDDA
SANAA
ADEN
MASKAT
DUBAI
ABU DHABI
DOHA
KUWAIT
ISFAHAN
ŠĪRĀZ
MASHAD
KHARTUM
OMDURMAN
ADDIS ABEBA
ASMARA
HARGEYSA
Socotra (Jemen)

Tienschan
Autonomes Gebiet Sinkiang
Tarimbecken
Takla Makan
KUNLUN SHAN
Aut. Geb. Tibet
HIMALAYA
INDIEN
Golf von Bengalen
Arabisches Meer
INDISCHER OZEAN
SRI LANKA
KARACHI
DELHI
MUMBAI
KOLKATA
CHENNAI
BENGALURU
HYDERĀBĀD
DHAKA
KATHMANDU
KABUL
ISLAMABAD
COLOMBO

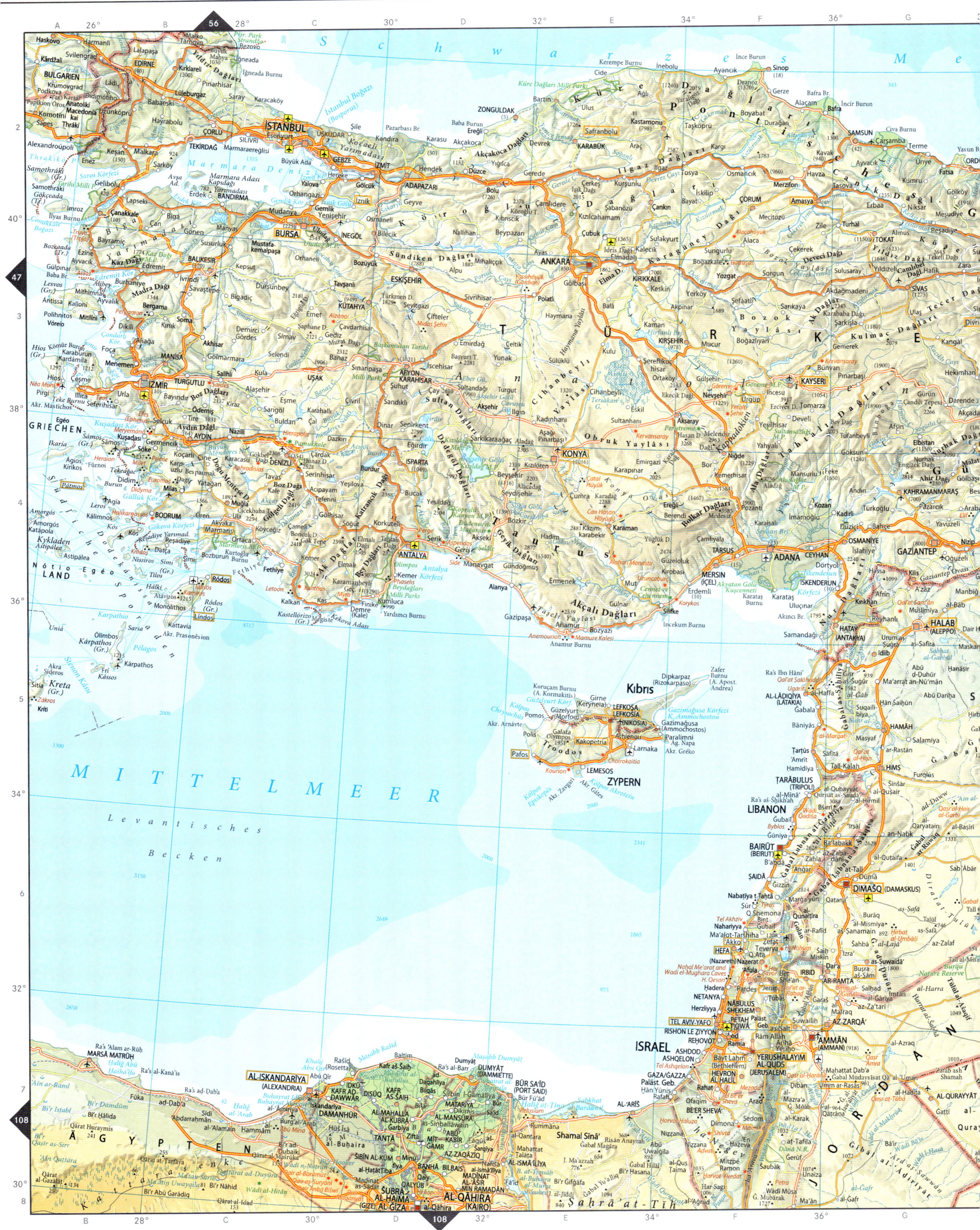
Schwarzes Meer
MITTELMEER
Levantisches Becken
TÜRKEI
BULGARIEN
GRIECHENLAND
Kıbrıs
ZYPERN
LIBANON
ISRAEL
JORDANIEN
ÄGYPTEN
İSTANBUL
ANKARA
İZMİR
BURSA
KONYA
ANTALYA
ADANA
MERSİN
KAYSERİ
SAMSUN
ESKİŞEHİR
GAZİANTEP
HALAB (ALEPPO)
DIMAŠQ (DAMASKUS)
BAIRŪT (BEIRUT)
TARĀBULUS (TRIPOLI)
ḤIMṢ
ḤAMĀH
ʿAMMĀN
YERUSHALAYIM AL-QUDS (JERUSALEM)
TEL AVIV-YAFO
AL-ISKANDARĪYA (ALEXANDRIA)
AL-QĀHIRA (KAIRO)
BŪR SAʿĪD (PORT SAID)
LEFKOŞA LEFKOSIA (NIKOSIA)
LEMESOS
Kreta
Rodos
Marmara Denizi
Ak Dağlar
Toros Dağları
Karadeniz Dağları
Kuzey Anadolu Dağları
Maßstab 1:4,5 Mio.
Flächentreuer Schnittkegel (Albers)
200 Kilometer

Kaspisches Meer
GEORGIEN
TBILISI (TIFLIS)
RUSSLAND
Rep. Dagestan
ASERBAIDSCHAN
BAKI (BAKU)
ARMENIEN
EREVAN (JEREWAN)
Aut. Rep. Naxçıvan
TRABZON
ERZURUM
Van Gölü
DIYARBAKIR
ŞANLIURFA
MOSUL
KIRKÛK
ARBÎL
AS-SULAIMANIYA
TABRIZ
ORUMIYE
ARDABIL
RAŠT
QAZVIN
HAMADAN
KERMANSHAH
BAGDAD
KARBALA
AL-HILLA
AN-NAGAF
AN-NASIRIYA
AL-BASRA
KUWAIT
AHVAZ
Persischer Golf
IRAK
IRAN
ARABIEN
Kurdistan
Zagros
Euphrat
Tigris
H 40° J 42° K 44° L 46° M 48° N 50° O
56
64
109

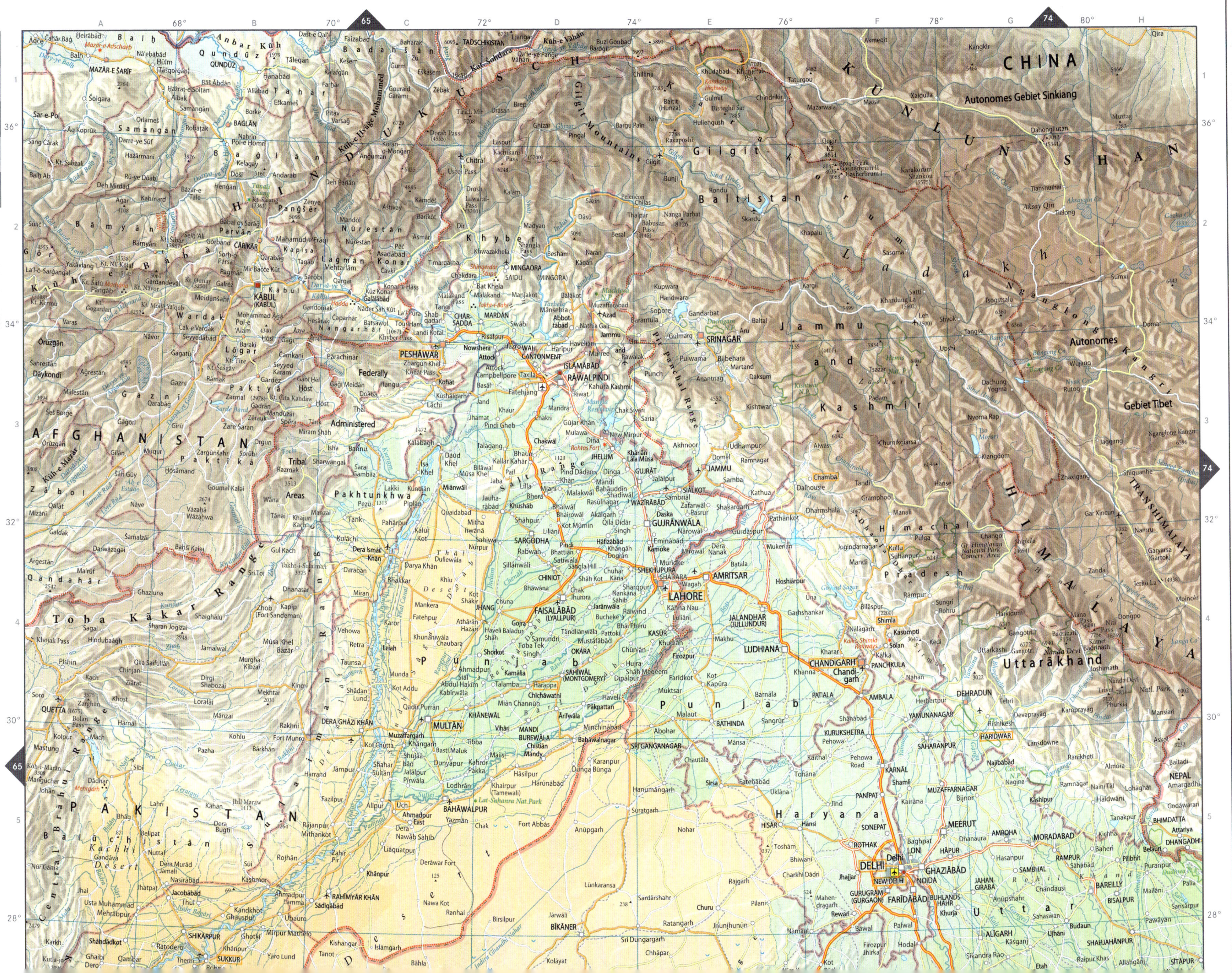
CHINA
Autonomes Gebiet Sinkiang
Autonomes Gebiet Tibet
KUNLUN SHAN
TRANSHIMALAYA
HIMALAYA
Uttarākhand
Jammu and Kashmir
Pir Panchal Range
Gilgit Mountains
Gilgit
Baltistan
Ladakh
AFGHANISTAN
PAKISTAN
Pakhtunkhwa
Punjab
Haryana
Toba Kakar Range
DELHI
NEW DELHI
LAHORE
AMRITSAR
ISLAMABAD
RAWALPINDI
PESHAWAR
KABUL
MULTAN
QUETTA
SRINAGAR
CHANDIGARH
LUDHIANA
FAISALĀBĀD
MEERUT
SUKKUR
Maßstab 1:4,5 Mio.
Flächentreuer Schnittkegel (Albers)

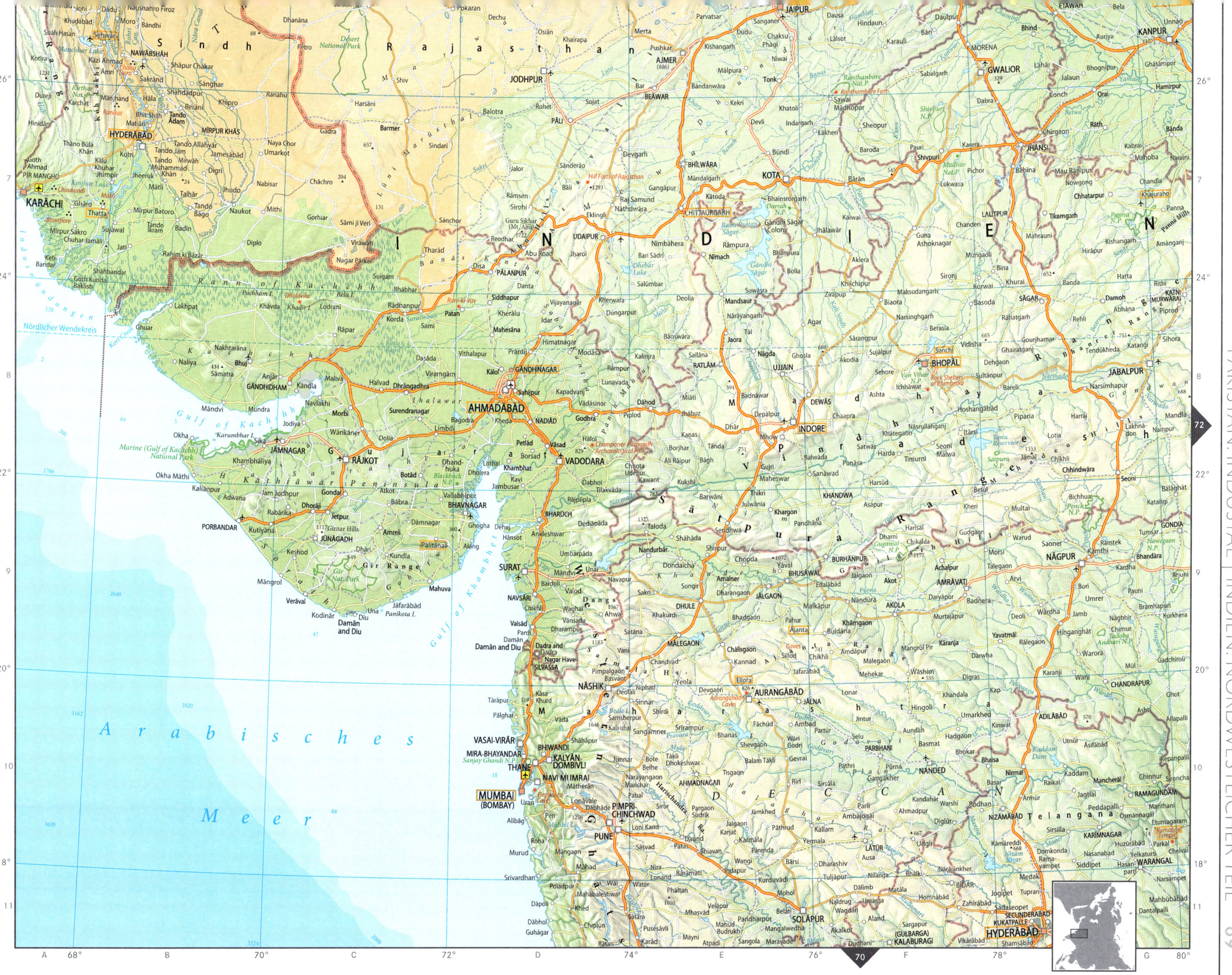
Arabisches Meer
Gulf of Khambhat
Gulf of Kachchh
Rann of Kachchh
Kathiawar Peninsula
Sindh
Rajasthan
INDIEN
Telangana
KARACHI
HYDERABAD
JODHPUR
JAIPUR
KANPUR
GWALIOR
KOTA
AHMADABAD
VADODARA
RAJKOT
SURAT
INDORE
BHOPAL
JABALPUR
NAGPUR
AURANGABAD
NASHIK
PUNE
MUMBAI (BOMBAY)
SOLAPUR
HYDERABAD

Arabisches Meer
INDIEN
Lakshadweep
(Cannanore Is.)
Lakkadiven
Amindivi Is.
Nine Degree Channel
Eight Degree Channel
Lakshadweep Sea
Minicoy I.
Malediven
MALEDIVEN
MALÉ
Makunudu Atoll
Tiladummati Atoll
Miladummadulu Atoll
North Malosmadulu Atoll
South Malosmadulu Atoll
Horsburgh Atoll
Kardiva Channel
North Male Atoll
South Male Atoll
Ari Atoll
Felidu Atoll
North Nilandu Atoll
South Nilandu Atoll
Mulaku Atoll
Kolumadulu Atoll
Veimandu Channel
Haddummati Atoll
One and Half Degree Channel
Suvadiva Atoll
I Maledivén
Arabisches Meer
Malabar Coast
Westghats
Maharashtra
Karnataka
Kerala
Goa
INDISCHER OZEAN
Srivardhan
SOLAPUR
KOLHAPUR
SANGLI
BELAGAVI (BELGAUM)
DHARWAD
HUBBALLI
Panaji
Margao
GADAG
HOSPET
DAVANGERE
SHIVAMOGGA
MANGALURU
MYSURU
KANNUR (CANNANORE)
KOZHIKODE (CALICUT)
THRISSUR (TRICHUR)
ERNAKULAM
KOCHI (COCHIN)
ALAPPUZHA
KOLLAM (QUILON)
THIRUVANANTHAPURAM (TRIVANDRUM)
Cherbaniani Reef
Byramgore Reef
Bitra I.
Chetlat I.
Kiltan I.
Kadmat I.
Perumal Par
Agatti I.
Androth I.
Kavaratti
Suheli Par
Cheriyam I.
Kalpeni I.
Sesostris Bank
Bassas de Pedro Bank
Cora Divh
Kuredu
Fadiffolu Atoll

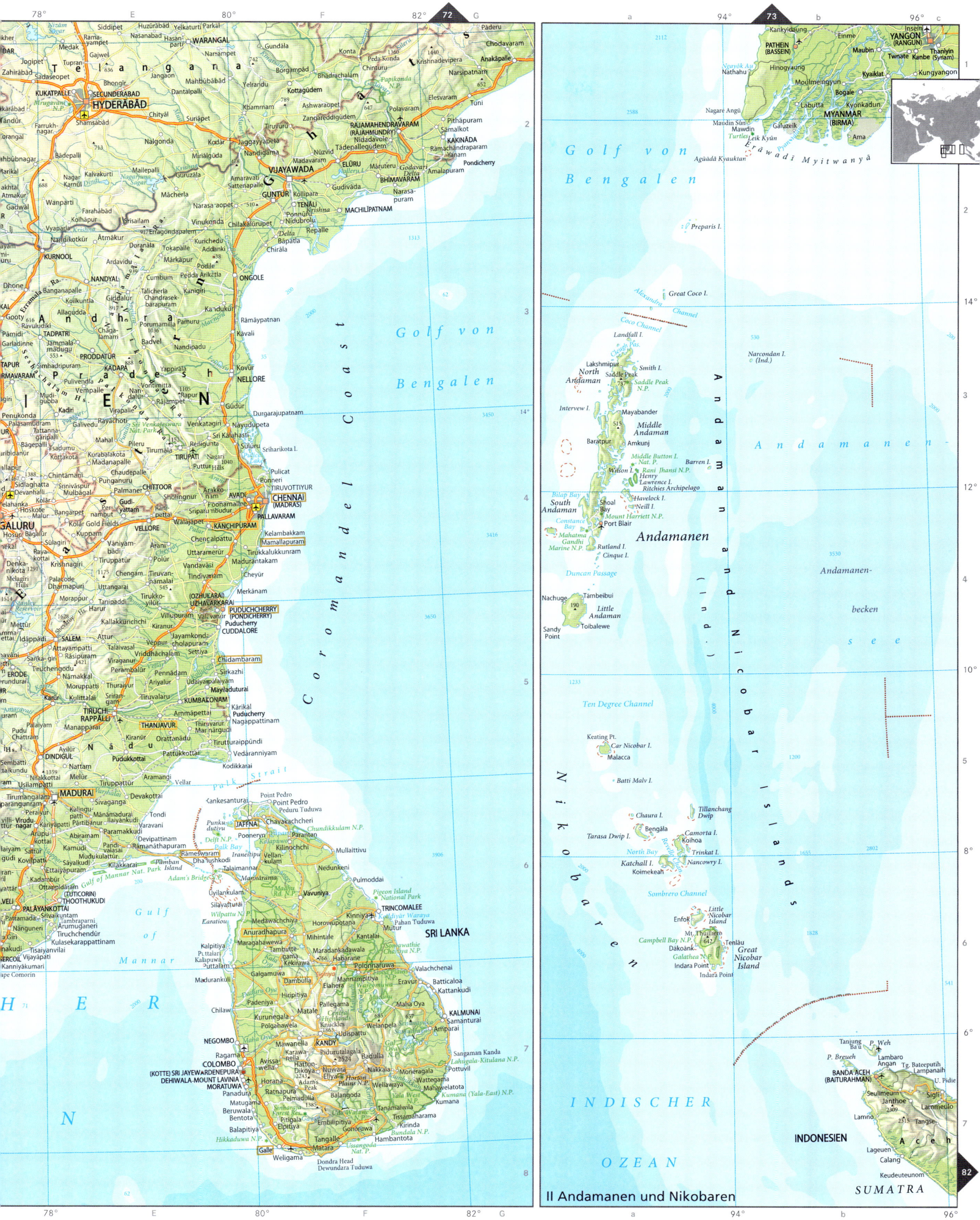
Golf von Bengalen
Coromandel Coast
Andamanen
Andaman and Nicobar Islands (Ind.)
Nikobaren
Andamanenbecken
SRI LANKA
Gulf of Mannar
INDISCHER OZEAN
INDONESIEN
SUMATRA
HYDERABAD
CHENNAI (MADRAS)
COLOMBO
MADURAI
VIJAYAWADA
YANGON (RANGUN)
MYANMAR (BIRMA)
Ten Degree Channel
Duncan Passage
Palk Strait
II Andamanen und Nikobaren

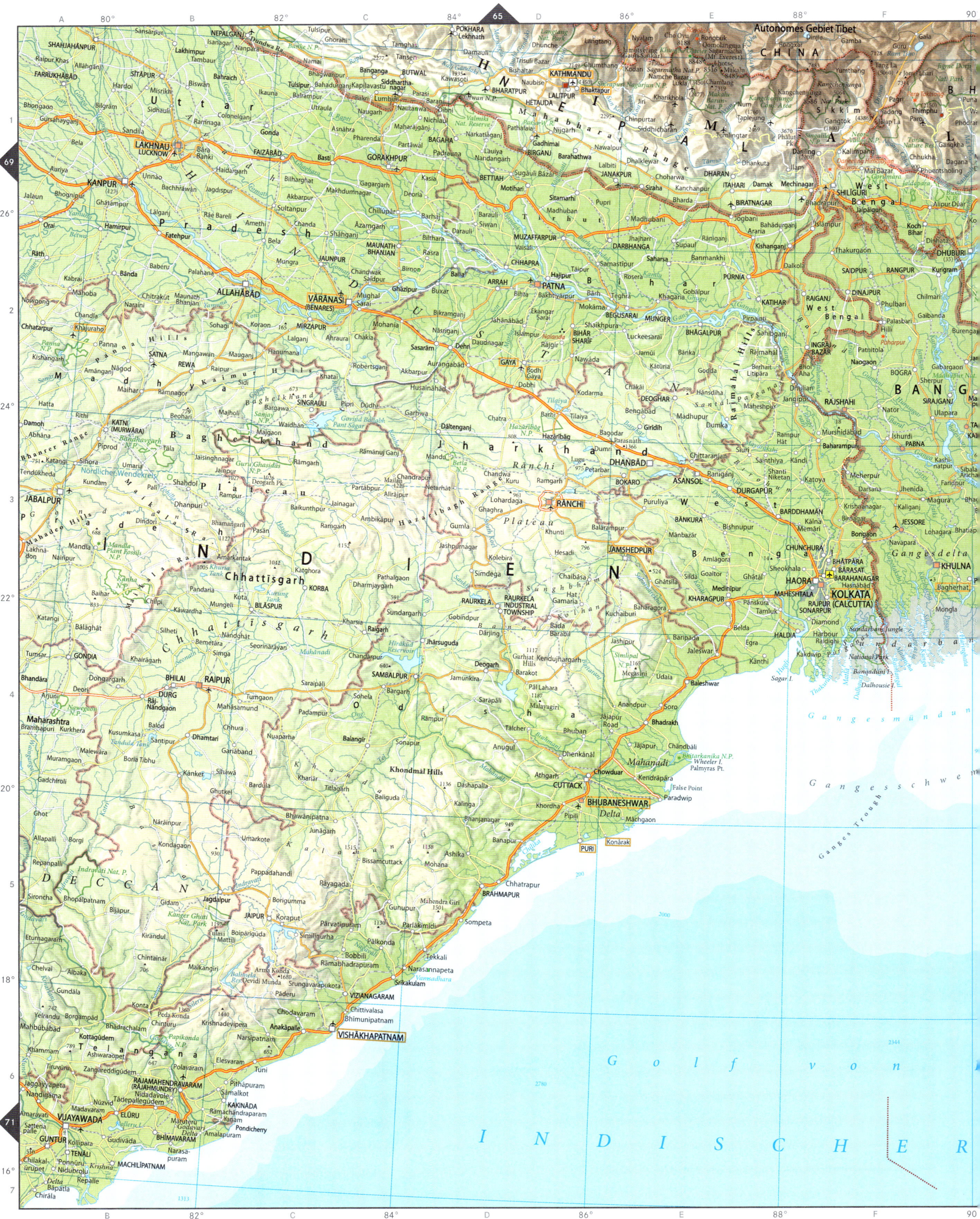
Autonomes Gebiet Tibet
CHINA
NEPAL
Kathmandu
Lalitpur
Bhaktapur
Sikkim
Gangtok
Thimphu
Darjiling
Shiliguri
West Bengal
Uttar Pradesh
Bihar
Jharkhand
Chhattisgarh
Orissa
Telangana
BANG
INDIEN
LAKHNAU (LUCKNOW)
KANPUR
ALLAHABAD
VĀRĀNASI (BENARES)
GORAKHPUR
PATNA
MUZAFFARPUR
DARBHANGA
GAYA
BHAGALPUR
DHANBĀD
RANCHI
JAMSHEDPUR
ASANSOL
DURGAPUR
KOLKATA (CALCUTTA)
HAORA
JABALPUR
RAIPUR
BHILAI
DURG
BILĀSPUR
KORBA
RAURKELA
SAMBALPUR
CUTTACK
BHUBANESHWAR
PURI
BRAHMAPUR
VISHĀKHAPATNAM
VIZIANAGARAM
RAJAHMUNDRY
VIJAYAWADA
GUNTUR
MACHILĪPATNAM
KATNI
SATNA
REWA
BHATPARA
KHULNA
RAJSHAHI
Chota Nagpur Plateau
Khondmal Hills
Mahanadi Delta
DECCAN
Gangesmündung
Gangesschwelle
Ganges Trough
Golf von
INDISCHER

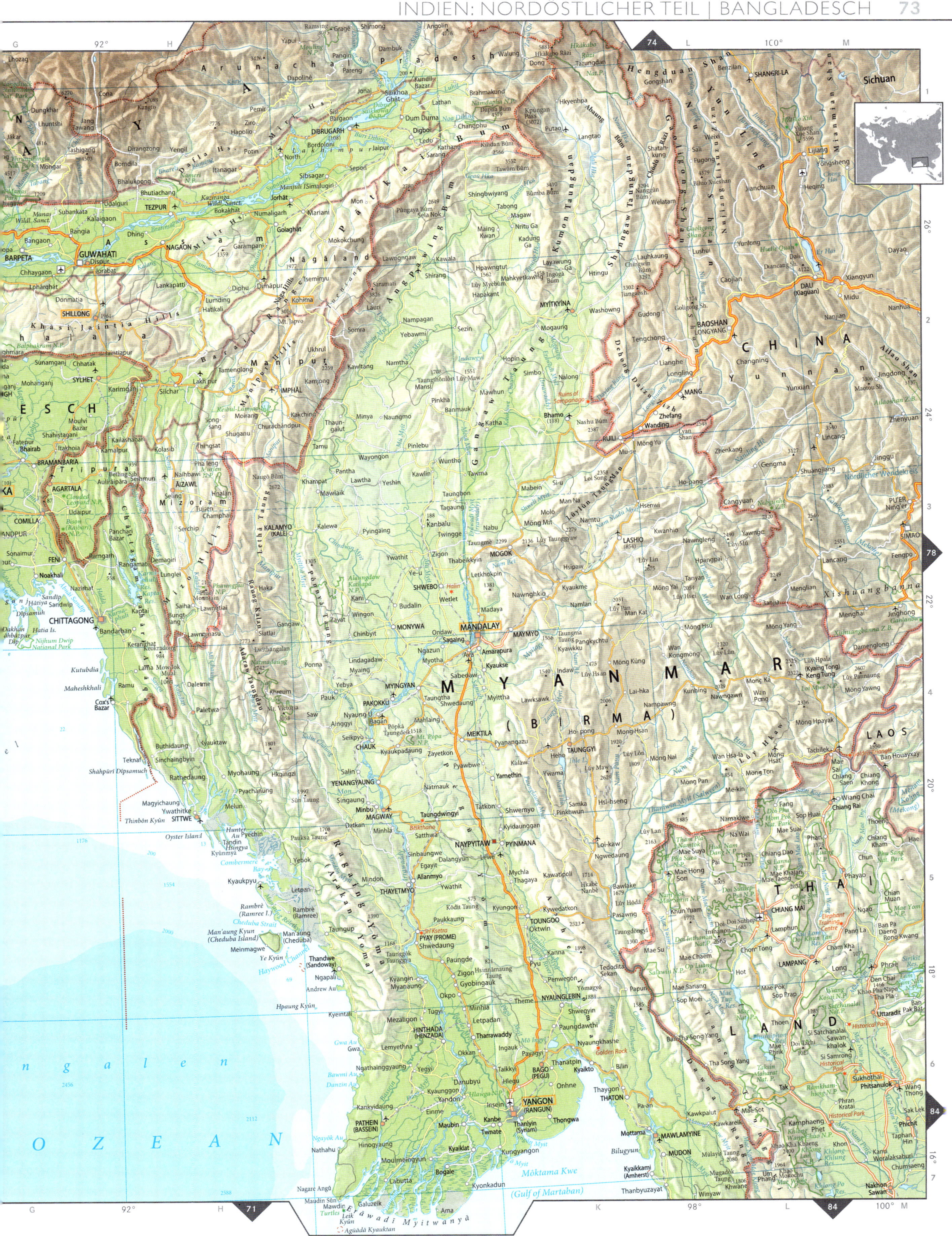

Arunachal Pradesh
Sichuan
CHINA
Yunnan
MYANMAR
(BIRMA)
LAOS
THAILAND
Bangalen
OZEAN
Hengduan Shan
Nagaland
Manipur
Mizoram
Tripura
Assam
SHANGRI-LA
Lijiang
DALI (Xiaguan)
BAOSHAN LONGYANG
DIBRUGARH
GUWAHATI
SHILLONG
SYLHET
IMPHAL
AIZAWL
AGARTALA
COMILLA
CHITTAGONG
MYITKYINA
MANDALAY
MAYMYO
SHWEBO
MONYWA
PAKOKKU
MEIKTILA
TAUNGGYI
LASHIO
MOGOK
KALAMYO (KALE)
SITTWE
YENANGYAUNG
MAGWAY
NAYPYITAW
PYINMANA
TOUNGOO
THAYETMYO
PYAY (PROME)
HINTHADA (HENZADA)
PATHEIN (BASSEIN)
YANGON (RANGUN)
BAGO (PEGU)
THATON
MAWLAMYINE
MUDON
CHIANG MAI
LAMPANG
Sukhothai
Móktama Kwe
(Gulf of Martaban)
Éàwadi Myitwanyá
Nördlicher Wendekreis
Cox's Bazar
Bhamo
Namtu

KASACHSTAN
Kasachische Schwelle
Steppe
Betpakdala
KIRGISISTAN
TADSCHIKISTAN
AFGHANISTAN
PAKISTAN
INDIEN
NEPAL
BHUTAN
BANGLADESCH
MYANMAR (BIRMA)
THAILAND
LAOS
VIETNAM
CHINA
MONGOLEI
RUSSLAND
Tien-schan
Dsungarei
Mongolischer Altai
Westlicher Sajan
Östlicher Sajan
Hangajn Nuruu
Gobi-Altai
Autonomes Gebiet Sinkiang
Tarimbecken
Takla Makan
Kunlun Shan
Altun Shan
Qilian Shan
Qaidam
Hoh Xil Shan
Tanggula Shan
Autonomes Gebiet Tibet
Nyainqentanglha Shan
Transhimalaya
Himalaya
Karakorum
Hindukusch
Pamir
Ghats
Golf von Bengalen
Gangesschwemmkegel
ALMATY
BISCHKEK
TOSHKENT
ÜRÜMQI
ISLAMABAD
DELHI
KATHMANDU
THIMPHU
DHAKA
KOLKATA
LANZHOU
XINING
CHENGDU
KUNMING
GUIYANG
HANOI
IRKUTSK
Lhasa

RUSSLAND
NORDKOREA
SÜDKOREA
JAPAN
TAIWAN
Japanisches Meer
Ostmeer
Gelbes Meer
Ostchinesisches Meer
Südchinesisches Meer
PAZIFISCHER OZEAN
Philippinensee
Japanisches Becken
Schikokubecken
Parece-Vela-Becken
Philippinenbecken
Kurilenbecken
Kurilen
Japangraben
Boningraben
Ryukyugraben
Kyuschu-Palau-Rücken
Nansei-Inseln
Izu-shotō
Ogasawara-shotō
Luzonstraße
Großer Chingan
Kleiner Chingan
Sichote-Alin
Changbai Shan
Nangrim Sanmaek
Hokkaidō
Honshū
Shikoku
Kyūshū
Taiwan (Formosa)
Luzon
Sachalin
PEKING
TIANJIN
SHANGHAI
NANKING
WUHAN
HANGZHOU
HARBIN
CHANGCHUN
SHENYANG
DALIAN
TSINGTAO
JINAN
ZHENGZHOU
TAIYUAN
DATONG
BAOTOU
HOHHOT
SHIJIAZHUANG
CHANGSHA
NANCHANG
FUZHOU
XIAMEN
KANTON
SHENZHEN
HONG KONG
TAIPEH
KAOHSIUNG
TAICHUNG
TAINAN
PYŎNGYANG
SEOUL
INCHEON
BUSAN
DAEGU
GWANGJU
DAEJEON
ULSAN
TŌKYŌ
YOKOHAMA
KAWASAKI
NAGOYA
KYŌTO
ŌSAKA
KŌBE
HIROSHIMA
FUKUOKA
KITAKYŪSHŪ
SAPPORO
SENDAI
NIIGATA
VLADIVOSTOK
HABAROVSK
Blagoveščensk
Birobidžan
Južno-Sahalinsk
Hailar
Qiqihar
Mudanjiang
Jilin
Anshan
Fushun
Hainan
HAIKOU
ZHANJIANG
Okinawa-shotō
Naha
Sakishima-shotō
Amami-shotō
Tokara-rettō
Ōsumi-shotō
Yaku-shima N.P.
Daitō-shotō
Oki-shoto
Sado-shima
Nördlicher Wendekreis
Okino-Tori-shima (Japan)

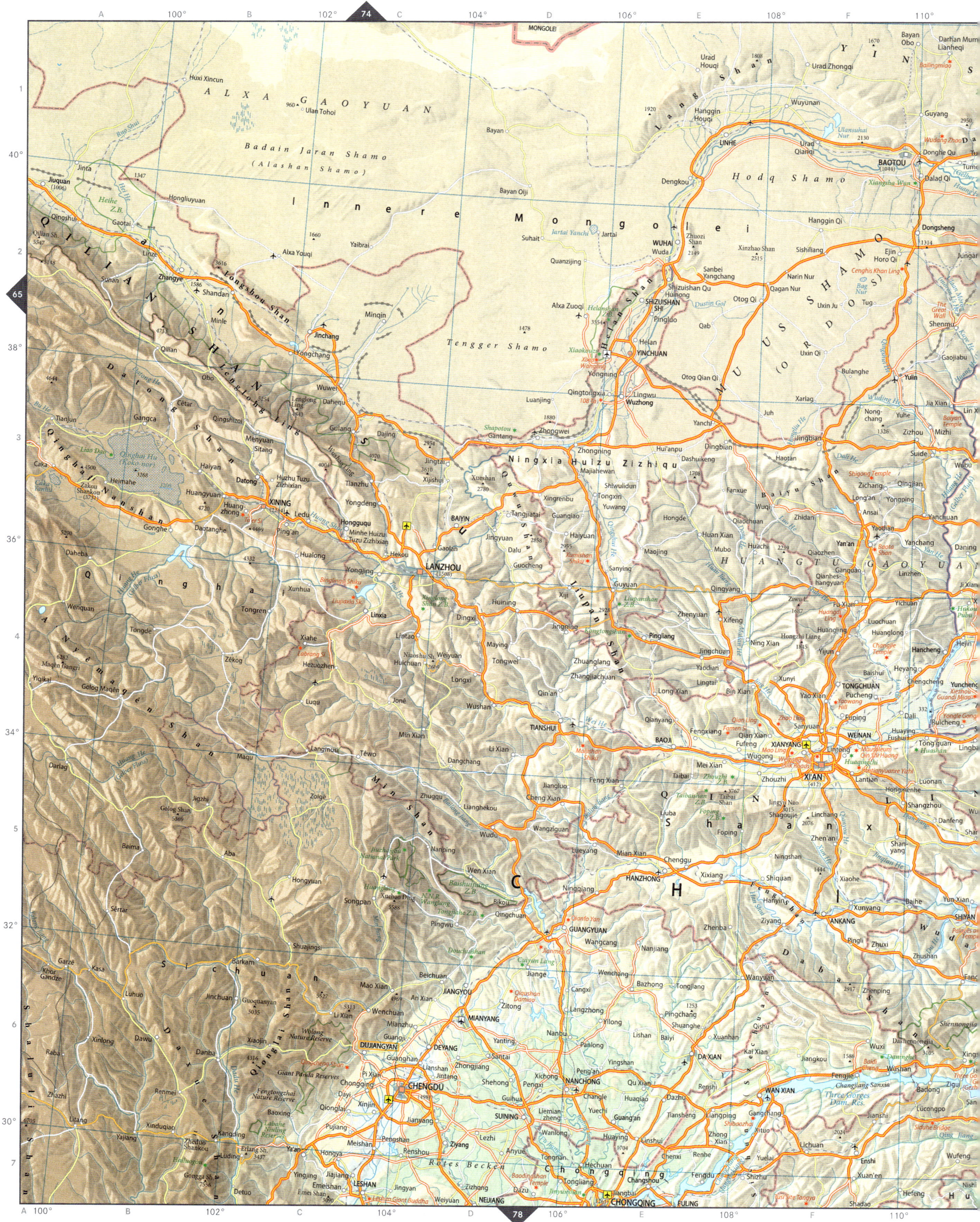

MONGOLEI
ALXA GAOYUAN
Badain Jaran Shamo
(Alashan Shamo)
Inner Mongolei
Tengger Shamo
Hodq Shamo
MU US SHAMO (ORDOS)
YIN SHAN
Lang Shan
Helan Shan
QILIAN SHAN
Datong Shan
Lenglong Ling
Qinghai Nanshan
Qinghai Hu (Koko-nor)
Ningxia Huizu Zizhiqu
Liupan Shan
HUANGTU GAOYUAN
Qinghai
Anyêmaqên Shan
Min Shan
Qin Shan
Shaanxi
Sichuan
Daxue Shan
Qionglai Shan
Shaluli Shan
Daba Shan
Rotes Becken
Chongqing
Jiuquan
Zhangye
Jinchang
Wuwei
Xining
LANZHOU
YINCHUAN
Wuhai
BAOTOU
Dongsheng
Yulin
Yan'an
TIANSHUI
BAOJI
XIANYANG
XI'AN
WEINAN
TONGCHUAN
HANZHONG
GUANGYUAN
MIANYANG
DEYANG
CHENGDU
NANCHONG
SUINING
DA XIAN
WAN XIAN
LESHAN
NEIJIANG
CHONGQING
FULING
ANKANG
Three Gorges Dam Res.
Changjiang Sanxia
Jialing Jiang
Huang He
Ruo Shui
Yellow River
The Great Wall
Giant Panda Reserves
Jiuzhaigou National Park

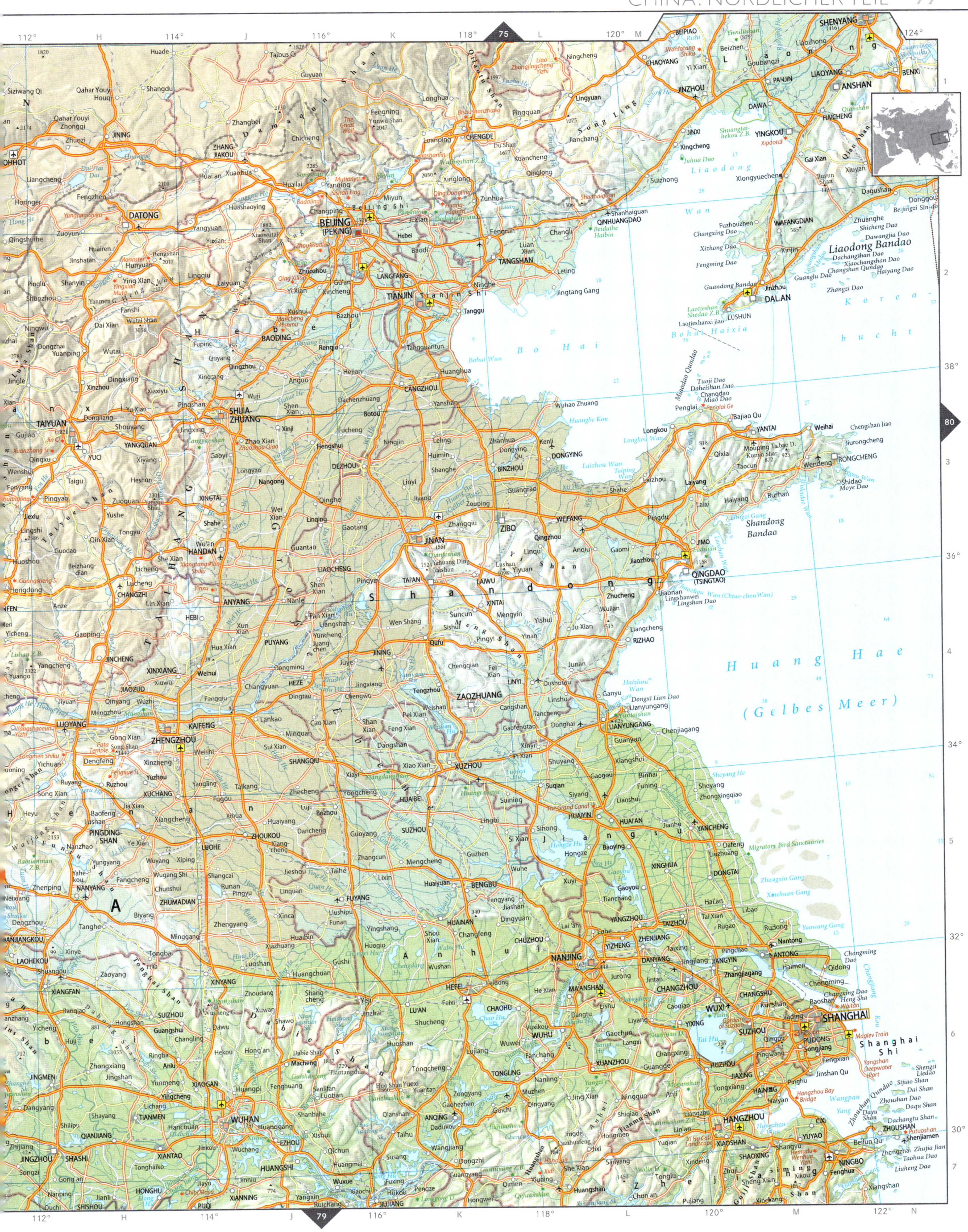
BEIJING (PEKING)
TIANJIN
SHANGHAI
Bo Hai
Huang Hae (Gelbes Meer)
Koreabucht
Liaodong Bandao
Shandong Bandao
JINAN
QINGDAO (TSINGTAO)
ZHENGZHOU
NANJING
HEFEI
WUHAN
HANGZHOU
DALIAN
SHENYANG
TAIYUAN
SHIJIAZHUANG
DATONG
XUZHOU
SUZHOU
NINGBO
Shanghai Shi
Tianjin Shi
Beijing Shi
Hebei
Shandong
Anhui
Jiangsu
Zhejiang
Liaoning

Maßstab 1:4,5 Mio.
Flächentreuer Schnittkegel (Albers)
VIETNAM
LAOS
Golf von Tonkin
HAINAN DAO

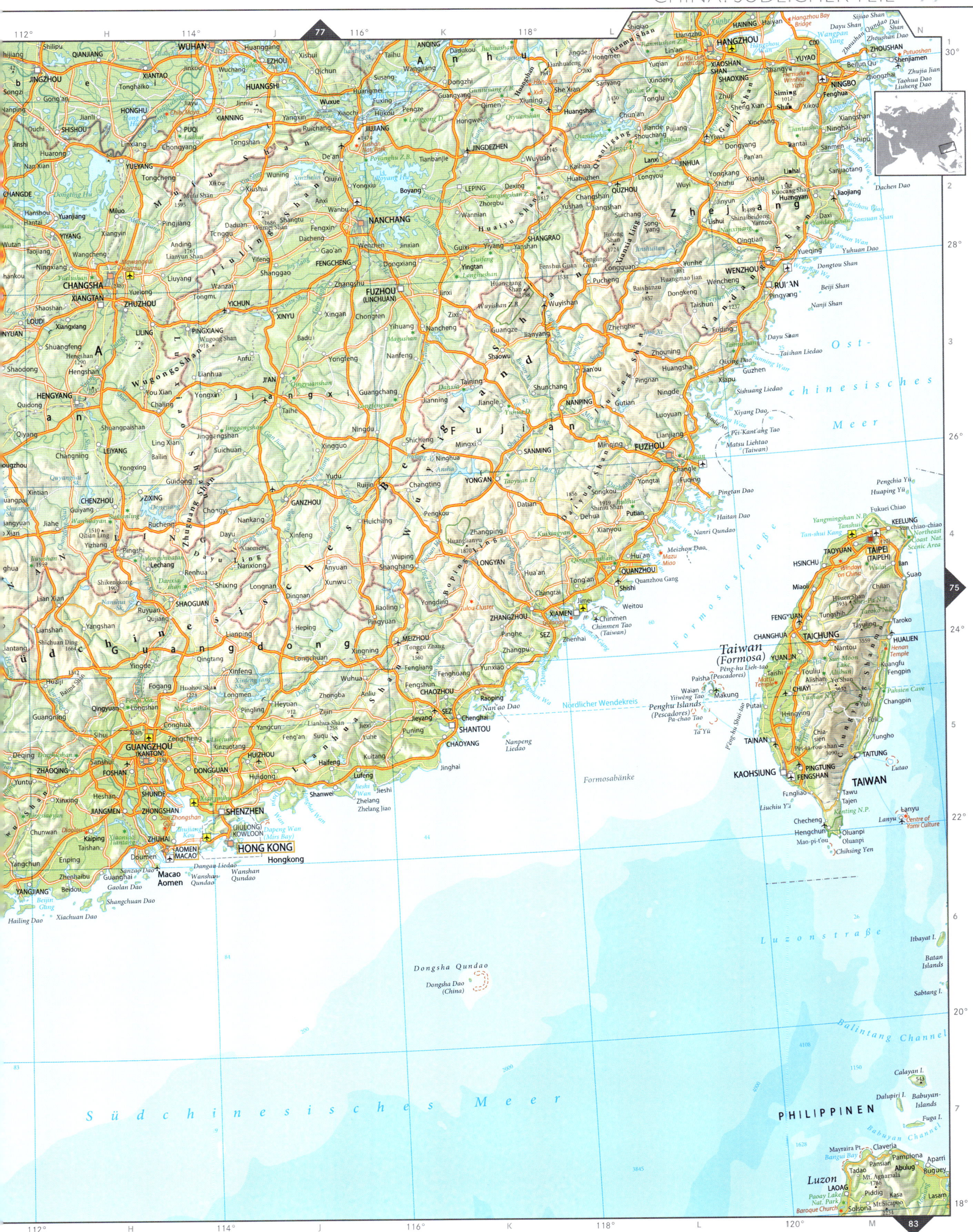

CHINA
NORDKOREA
SÜDKOREA
KORE
Innere Mongolei
Liaoning
Jilin
Hebei
Shandong
Jiangsu
Anhui
Zhejiang
Shanghai Shi
Tianjin Shi
Bo Hai
Bohai Wan
Liaodong Wan
Liaodong Bandao
Bohai Haixia
Koreabucht
Shandong Bandao
Huang Hae
(Gelbes Meer)
Ostchinesisches Meer
Korea
Kyūshū
SHENYANG
FUSHUN
ANSHAN
DALIAN
YINGKOU
DANDONG
BENXI
LIAOYANG
JINZHOU
FUXIN
CHAOYANG
CHIFENG
CHENGDE
QINHUANGDAO
TANGSHAN
Tanggu
YANTAI
WEIFANG
ZIBO
QINGDAO (TSINGTAO)
RIZHAO
LIANYUNGANG
YANCHENG
NANJING
NANTONG
CHANGZHOU
WUXI
SUZHOU
SHANGHAI
HANGZHOU
TAIZHOU
YANGZHOU
ZHENJIANG
HUAI'AN
MA'ANSHAN
P'YŎNGYANG
NAMP'O
HAEJU
KAESŎNG
SINŬIJU
HAMHŬNG
WŎNSAN
SEOUL
INCHEON
SUWON
GOYANG
BUCHEON
ANYANG
SEONGNAM
CHEONGJU
DAEJEON
JEONJU
GWANGJU
MOKPO
SUNCHEON
YEOSU
JINJU
CHANGWON
MASAN
GIMHAE
BUSAN
ULSAN
POHANG
GYEONGJU
DAEGU
GUMI
ANDONG
GANGNEUNG
CHUNCHEON
Jeju
Ulleungdo
Tsushima
Socotra Rock (Suyanjiao) (Ieo-do)
Maßstab 1:4,5 Mio.
Flächentreuer Schnittkegel (Albers)
0 40 80 120 160 200 Kilometer

Japanisches Meer
Ostmeer
Japanisches Becken
Yamatobank
Yamatobecken
Oki-tai
JAPAN
HONSHŪ
PAZIFISCHER OZEAN
RUSSLAND
VLADIVOSTOK
Hokkaidō
Shikoku
Kii-hantō
Bōsō-hanto
Izu-hantō
Noto-hantō
Oki-shoto
Sado-shima
TOKYO
YOKOHAMA
KAWASAKI
NAGOYA
KYŌTO
ŌSAKA
KOBE
HIROSHIMA
OKAYAMA
SENDAI
NIIGATA
AOMORI
AKITA
MORIOKA
FUKUSHIMA
KANAZAWA
SHIZUOKA
HAMAMATSU
MATSUYAMA
KŌCHI
TOKUSHIMA
WAKAYAMA
NARA
Ulleung
Tokdo (Südkorea)
Ochotskisches Meer
SAPPORO
HAKODATE
ASAHIKAWA
KUSHIRO
OBIHIRO
I Hokkaido

MYANMAR
LAOS
THAILAND
KAMBODSCHA
VIETNAM
CHINA
MALAYSIA
INDONESIEN
SINGAPUR
BRUNEI DARUSSALAM
TIMOR-LESTE
BANGLA-DESCH
HANOI
KRUNG THEP
BANGKOK
PHNUM PENH
T.P. HỒ CHÍ MINH
KUALA LUMPUR
JAKARTA
RANGUN
MANDALAY
NAYPYITAW
HONG KONG
KANTON
SHENZHEN
NANNING
HAIPHONG
KOTA KINABALU
MEDAN
PALEMBANG
BANDUNG
SURABAYA
SEMARANG
MAKASSAR
Golf von Bengalen
Andamanensee
Golf von Thailand
Golf von Tonkin
Südchinesisches Meer
Malaiische Halbinsel
Melakastraße
Javasee
Sundagraben
INDISCHER OZEAN
Sumatra
Kalimantan (Borneo)
Sulawesi (Celebes)
Java
Kleine Sundainseln
Andamanen
Nikobaren
Hainan Dao
Spratly Islands
Palawan
Sulusee
Celebessee
Bali
Lombok
Sumbawa
Flores
Sumba
Timor
Äquator
Maßstab 1:13,5 Mio. Flächentreuer Entwurf nach Bonne

120° H 125° J 75 130° K 135° L 140° M 145° N 150° O

JAPAN
TAIPEH
Keelung
Hsinchu
TAICHUNG
Hualien
TAIWAN
Chiayi
Taiwan (Formosa)
Taitung
Lutao
Lanyu
Oluanpi
Sakishima-shotō
Miyako-rettō
Yonaguni-shima
Iriomote-shima
Ishigaki-shima
Yaeyama-rettō
Ryukyu-Inseln
Ryukyugraben
Oki-daitō-shima
Nördlicher Wendekreis
Okino-Tori-shima (Nippon)
Batan Is.
Babuyan Is.
Camiguin I.
Santa Ana
Tuguegarao
Banaue
Casiguran
Luzon
QUEZON
ANTIPOLO
MANILA
MARINAS
Lucena
Daet
Naga
Catanduanes I.
Boac
Lopez
Virac
Legazpi
Sorsogon
Burias I.
Sibuyan
Masbate
Laoang
Calbayog
PHILIPPINEN
Kalibo
Roxas
Masbate
Samar
Panay
Iloilo
Tacloban
Ormoc
Cebu
CEBU CITY
BACALOD
Maasin
Leyte
Naga
Talibon
Negros
Bohol
Bohol Sea
Surigao
Tanjay
Dipolog
CAGAYAN DE ORO
Butuan
Bislig
Mindanao
Iligan
Cotabato
DAVAO
Tagum
Mati
Mt. Apo
Mt. Hamiguitan Ra. Wildlife Sanct.
Banga
GENERAL SANTOS
P. Miangas
Philippinenbecken
Philippinensee
Philippinengraben
Kyushu-Palau-Schwelle
Galathea Depth
PAZIFISCHER OZEAN
Parece-Vela Becken
Westlicher Marianenrücken
Mariana Trough
Marianen
Östlicher Marianenrücken
Marianengraben
Farallon de Pajaros
Maug Is.
Asuncion
Nördliche Marianen (USA)
Agrihan
Pagan
Alamagan
Guguan
Sarigan
Anatahan
Farallon de Medinilla
Saipan
Tinian
Rota
Agana
Guam (USA)
Challenger-tiefe
Witjas-tief I
MIKRONESIEN
McLaughlin Bank
Namonuito Atoll
Hall Islands
Fayu
Gaferut
Karolinenrücken
Fais
Ulithi Atoll
Faraulep Atoll
West Fayu
Olimarao Atoll
Lamotrek Atoll
Pikelot
Pulap Atoll
Chuuk Islands
Colonia
Yap Is.
Yap Trench
Sorol Atoll
Woleai Atoll
Ifalik Atoll
Elato Atoll
Satawal I.
Puluwat Atoll
Ngulu Atoll
Eauripik Atoll
Karolinen
Lanthe Shoal
Kayangel Is.
Babelthuap
Ngerulmud
Palau Islands
Rock Islands
Peleliu
Angaur I.
Palau Trench
PALAU
Eauripik Rise
Sonsorol Is.
Pulo Anna
Merir I.
Westkarolinenbecken
Ostkarolinenbecken
Äquator
Tobi I.
Helen I.
Kep. Talaud
Kep. Kawio
P. Sangir
Tahuna
P. Kaburuang
Kep. Sangir
P. Siau
Tahulandang
Bitung
Tondano
Sopi
P. Morotai
Tobelo
Aketajawe-Lolobata Nat. Park
Jailolo
Ternate
P. Halmahera
Soa-Siu
Kobe
Halmahera-see
Kep. Asia
Kep. Ayu
P. Waigeo
Kabarai
Kep. Mapia
Kep. Raja Ampat
P. Batanta
P. Salawati
Sorong
Mega
Manokwari
P. Numfor
P. Supiori
P. Biak
Biak
P. Yapen
Neuguinea-rinne
Kep. Kumamba
Doberai Pen.
Ransiki
Inanwatan
Bintuni
Wendesi
Rakwa
P. Kayoa
P. Kasiruta
Kep. Bacan
P. Bacan
P. Bisa
Sakata
P. Gebe
P. Misool
Adua
Sesepe
Kawassi
P. Mangole
P. Obi
P. Sanana
Seramsee
P. Buru
Namlea
Piru
Amahai
Ambon
P. Seram
Wahai
Manusela Nat. Park
Fakfak
Bomberai Pen.
Kaimana
Nabire
Kep. Gorong
Kep. Watubela
Kep. Banda
Kep. Lucipara
Kep. Penyu
Bandasee
Südbanda-becken
Weber Basin
Kep. Kai
P. Kai Besar
P. Kola
P. Wokam
P. Kobroor
P. Trangan
Kep. Aru
Daya Barat
Lelingluang
P. Yamdena
Saumlakki
Kep. Tanimbar
P. Damar
Kep. Sermata
P. Babar
P. Selaru
Arafurasee
Timorsee
AUSTRALIEN
C. Wessel
Marchinbar I.
Sarmi
Demta
Jayapura
Vanimo
Waren
Titiwaifuru
Peg. Van Rees
Drome
Lumi
Maprik
Wewak
Angoram
Timbunke
Bogia
Karkar I.
Madang
Schouten Is.
Neuguinea
Puncak Jaya
Puncak Mandala
Peg. Maoke
Lorentz Nat. Park
Uta
Amamapare
Telefomin
Ama
Central Ra.
Eram
Koroba
Wabag
Mt. Hagen
Mt. Wilhelm
Bismarck Ra.
Goroka
Saidor
Waterais
Huon Pen.
Finschhafen
Lae
Kiunga
Mendi
Mt. Bosavi
Lake Murray
Kikori
Baimuru
Kerema
Wau
Malama
Huon Gulf
PAPUA
NEUGUINEA
Bado
Digul
P. Dolak
Kumbe
Merauke
Wasur Nat. Park
Morehead
P. Komoran
Tg. Vals
Daru
Gulf of Papua
Bereina
Port Moresby
Tapini
Popondetta
Waiwa
Tufi
Owen Stanley Ra.
Kupiano
Alotau
Salamo
Eastern Fields
Torres-Straße
Moa I.
Prince of Wales I.
Warrior Reefs
Cape York
Jardine River Nat. P.
Bamaga
Shelburne Bay
MELANESIEN
Ninigo Group
Wuvulu I.
Hermit Is.
Admiralty Is.
Lorengau
Manus I.
Purdy I.
Horno Is.
Mussau Island
Saint Matthias Group
Ysabel Channel
New Hanover
Kavieng
Lakuramau
New Ireland
Tabar Is.
Lihir Group
Tanga Is.
Lyra Reef
Feni Is.
Tulun Is.
Namatanai
Lamassa
Lemankoa
Bismarck Arch.
Bismarcksee
Witu Is.
Rabaul
Ulamona
Millim
Talasea
Kimbe
Pomio
Kandrian
Sag Sag
Long I.
Umboi I.
Vitiaz Str.
Neubritannien
Neubritanniengraben-Bougainvillegraben
Bougainville I.
Mt. Balbi
Wakunai
Arawa
Buin
Salomonensee
Salomon-Inseln
Vella Lavella
Kilimbangara
Gizo
New Georgia Group
SALOMONEN
Trobriand Is.
Kiriwina I.
Woodlark I.
Goodenough I.
Fergusson I.
D'Entrecasteaux Is.
Normanby I.
Misima I.
Louisiade Archipelago
Yela I.
Pocklington Reef
Tagula I.
The Calvados Chain
Korallensee
Korallenbecken
VANUATU

130° K 135° 90 L 140° M 145° N 91 150° O 155° P 160°

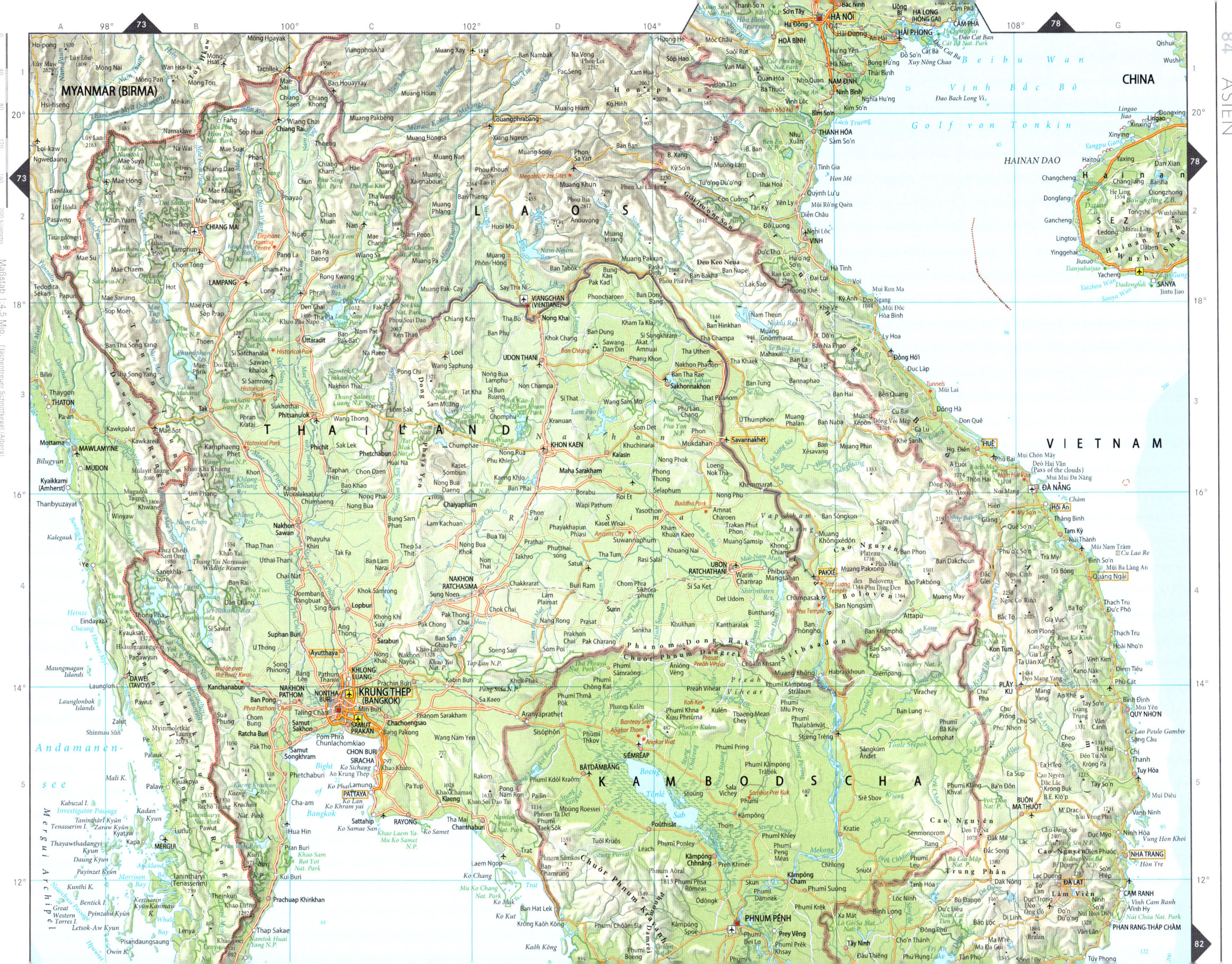
MYANMAR (BIRMA)
CHINA
LAOS
THAILAND
VIETNAM
KAMBODSCHA
HAINAN DAO
Golf von Tonkin
Vinh Bắc Bộ
Beibu Wan
HÀ NỘI
VIANGCHAN (VIENTIANE)
KRUNG THEP (BANGKOK)
PHNUM PÉNH
Andamanensee
Mergui Archipel
Maßstab 1:4,5 Mio.
Flächentreuer Schnittkegel (Albers)

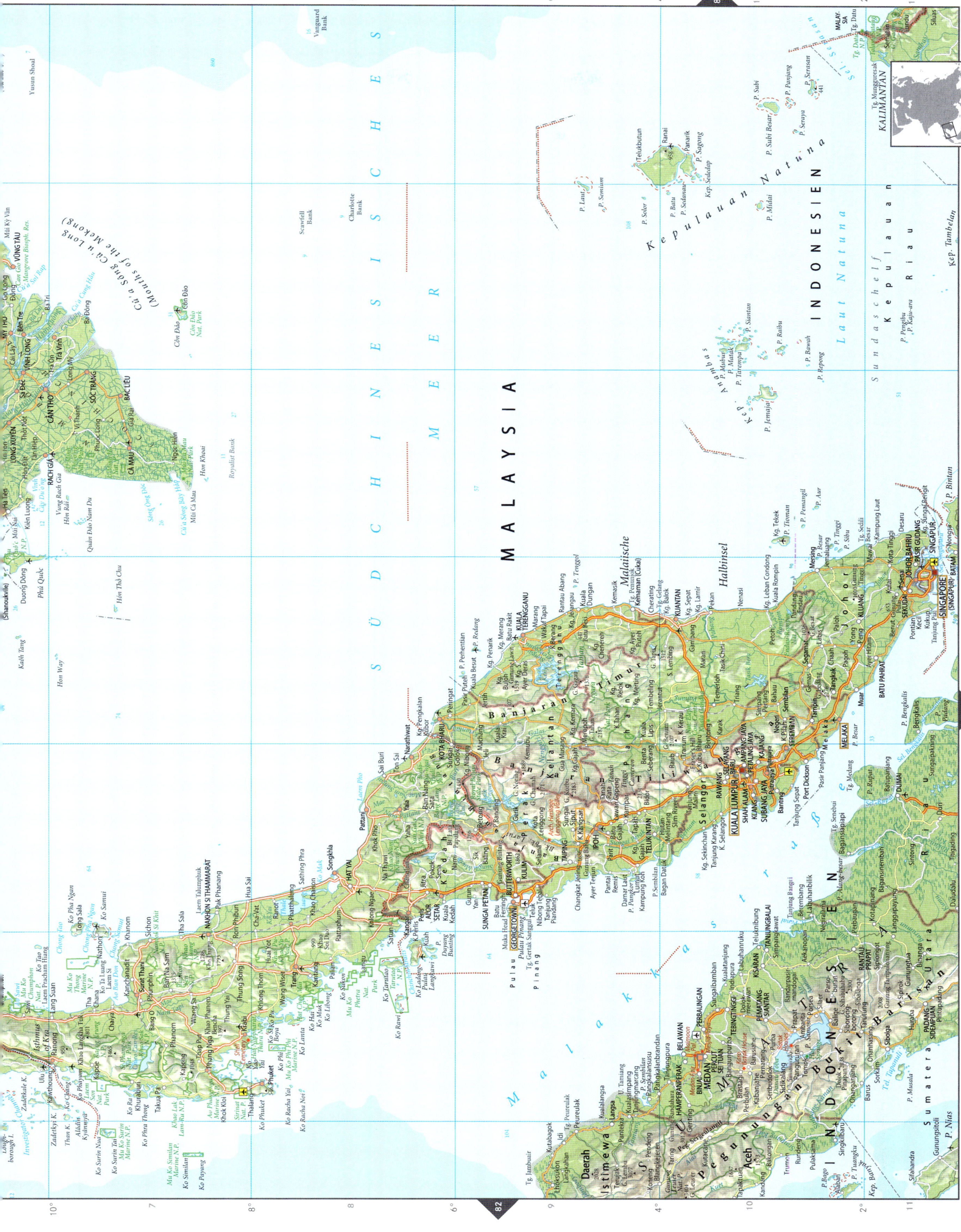
MALAYSIA
INDONESIEN
SÜDCHINESISCHES MEER
Malakkastraße
Malaiische Halbinsel
KUALA LUMPUR
SINGAPORE
JOHOR BAHRU
GEORGETOWN
IPOH
KOTA BHARU
KUALA TERENGGANU
KUANTAN
MELAKA
HAT YAI
Songkhla
Pattani
MEDAN
Sumatera
KALIMANTAN
Kepulauan Natuna
Laut Natuna
Kepulauan Riau
Sundaschelf
CÀ MAU
CẦN THƠ
VŨNG TÀU
Côn Đảo
Phú Quốc
Isthmus of Kra
Phuket
Pulau Pinang
Banjaran Titiwangsa
Pegunungan Bukit Barisan
Daerah Istimewa Aceh
MALAY. SIA
82

0 200 400 600 800 1000 Kilometer Maßstab 1:27 Mio. Flächentreue Azimutalprojektion (Lambert)

PAZIFISCHER OZEAN
POLYNESIEN
Südpazifischer
Südwest-Pazifisches Becken
Hawaii-Inseln
Hawaiirücken
HONOLULU
Hawaii
Mauna Kea 4205
Johnston Atoll
Horizon Tablemount
Vitiaz Seamount
Wilder Seamount
Zentralpazifisches Becken
Kingman Reef
Palmyra Island
Teraina
Tabuaeran
Kiritimati
Line-Inseln
Jarvis I.
Malden Island
Starbuck I.
Howland Is.
Baker I.
Phoenix Islands
Canton Island
Enderbury Island
Rawaki
Manra
Orona
Nikumaroro
Mac Kean I.
Atafu Atoll
Tokelau Is.
Nukunonu Atoll
Fakaofo Atoll
Swain's Atoll
Samoainseln
Apia
Pukapuka Atoll
Nassau I.
Northern Cook Islands
Penrhyn Atoll
Penrhynbecken
Manihiki Atoll
Manihikiplateau
Suvorov Atoll
Samoabecken
Millenium Island
Vostock I.
Flint I.
Cookinseln
Niue
Antiope Reef
Palmerston Atoll
Aitutaki Atoll
Rarotonga Island
Mangaia I.
Southern Cook Islands
Gesellschaftsinseln
I. Tahiti
Papeete
Moorea
Tuamotu-Archipel
Îles Marquises
I. Nuku Hiva
I. Hiva Oa
I. Fatu Hiva
Austral-Inseln
Île Rurutu
Île Tubuai
Île Rapa
Îlots de Bass
Îles Gambier
Mururoa Atoll
Pitcairn Islands
Pitcairn I.
Henderson I.
Ducie I.
Oeno
Tikibecken
Marquises-Bruchzone
Galápagos-Bruchzone
Clarión-Bruchzone
Islas Revillagigedo
Isla Clarión
Isla Socorro
Sierra Madre
TORREÓN
CULIACÁN
Los Mochis
Golf von Kalifornien
Nördlicher Wendekreis
Äquator
Südlicher Wendekreis
Tongagraben
Tongarücken
Kermadecgraben
Kermadecrücken
Louisvillerücken
Vitiaz Deep II 10882
Vitiaz Deep IV 10045
Nuku'alofa
Tongatapu Group
Vava'u Group
Ha'apai Group
Niuatoputapu
Chatham Is.
Sophie Kristensen Seamount
119

SHANGHAI
HANGZHOU
CHINA
Ost-chinesisches Meer
TAIPEH
TAIWAN
KAOHSIUNG
JAPAN
Ryukyu-Inseln
Nansei-Inseln
Satsunan-shotō
Daitō-shotō
Ogasawara-shotō
Okino-Tori-shima (Japan)
Minami-Tori-shima (Japan)
Bonin-inseln (Japan)
Kazan-rettō (Volcano Is.)
Nördlicher Wendekreis
Nordpazifischer Ozean
Wake I. (USA)
Philippinensee
Maug Is.
Agrihan
Pagan
Nördliche Marianen (USA)
Marianen
Anatahan
Saipan
Tinian
Rota
Guam (USA)
Agana
Taongi Atoll
MARSHALLINSELN
Eniwetok Atoll
Bikini Atoll
Rongelap
Utirik Atoll
Ratak-Chain
Ralik-Chain
Kwajalein Atoll
Erikub Atoll
Maloelap Atoll
Namu Atoll
Majuro
Jaluit
Mili Atoll
Luzon
QUEZON CITY
MANILA
PHILIPPINEN
Mindoro
Visayas
Panay
CEBU CITY
Iloilo C.
Bohol
Negros
Mindanao
DAVAO C.
Sulusee
Basilan I.
Sulu Archipelago
MIKRONESIEN
Namonuito Atoll
Hall Islands
Yap Is.
Ulithi Atoll
Woleai Atoll
Lamotrek A.
Pulap Atoll
Chuuk Islands
Senyavin Is.
Palikir
Ponape I.
Sorol Atoll
Karolinen
Mortlock Is.
Babelthuap
Palau Islands
Ngerulmud
PALAU
Pulo Anna
Merir I.
Butaritari Atoll
Tarawa
Tarawa Atoll
Gilbert Islands
Yaren
NAURU
MELANESIEN
Kep. Karakelong
Kep. Sangir
P. Halmahera
Manado
P. Waigeo
Sorong
Doberai Pen.
P. Biak
P. Yapen
Jayapura
Saint Matthias Group
Admiralty Is.
New Hanover
Bismarck Arch.
Bismarcksee
Kalimantan (Borneo)
Molukken
P. Obi
P. Misool
Neuguinea
Sepik Riv.
Bougainville I.
Choiseul
Santa Isabel
SALOMONEN
Salomonen-Inseln
Sulawesi (Celebes)
INDONESIEN
P. Seram
P. Buru
PAPUA-NEUGUINEA
Salomonensee
Trobriand Is.
New Georgia Group
Malaita
Honiara
Guadalcanal
Reef Islands
Kep. Aru
P. Dolak
Fly R.
Port Moresby
d'Entrecasteaux Is.
Louisiade Archipelago
San Cristobal
Rennell I.
Sta. Cruz Islands
MAKASSAR
P. Buton
Kep. Tanimbar
P. Wetar
Dili
TIMOR-LESTE (OSTTIMOR)
Timor
Arafurasee
Lombok
Endeh
Flores
Sumbawa
Sumba
P. Sawu
P. Roti
Timorsee
Melville Island
Darwin
Groote Eylandt
Carpentariagolf
Coral Sea Islands Territory
Korallensee
Banks Is.
Espiritu Santo
VANUATU
Malakula
Ambrim
Epi
Shepherd Is.
Éfaté
Port Vila
Neue Hebriden
Cairns
Townsville
Neukaledonien (Fr.)
Neukaledonien
Îles Loyauté
Nouméa
Northern Territory
Mount Isa
Queensland
Broome
L. Mackay
Alice Springs
Fraser I.
BRISBANE
AUSTRALIEN
Norfolk I. (Austr.)
Western Australia
South Australia
Kati Thanda-Lake Eyre
Lake Frome
Darling R.
Lord Howe I. (Austr.)
Südlicher Wendekreis
New South Wales
Lake Torrens
Lake Gairdner
Bathurst
SYDNEY
L. Barlee
Port Augusta
Murray R.
Canberra
Jervis Bay Terr.
Australian Capital Territory
ADELAIDE
Spencer Golf
Port Lincoln
Große Australische Bucht
Kangaroo I.
Victoria
MELBOURNE
Tasmansee
AUCKLAND
PERTH
Bass Strait
King I.
Furneaux Group
Tasmanien
Hobart
Albany
INDISCHER OZEAN
NEUSEELAND
Wellington
Christchurch
South Island
Dunedin
Stewart I.
Bounty Is. (Neuseeld.)
Antipodes Is. (Neuseeld.)
Auckland Is. (Neuseeld.)
0 200 400 600 800 1000 Kilometer
Maßstab 1:27 Mio.
Flächentreue Azimutalprojektion (Lambert)

160° L 150° M 140° N 130° O 120° P 110° Q

Laysan I.
Gardner Pinnacles
Tern I.
Necker I.
Hawaii-Inseln
Kauai
Hawaii (USA)
Oahu
HONOLULU
Maui
Hawaii
Johnston Atoll

MEXIKO
Los Mochis
TORREÓN
CULIACÁN
Golf von Kalifornien
121

Islas Revillagigedo (Mex.)

PAZIFISCHER OZEAN

Palmyra Island (USA)
Line-Inseln
Kiritimati
Howland Is. (USA)
Baker I. (USA)
KIRIBATI
Jarvis I. (USA)
Phoenix Islands
Canton Island
Nikumaroro
Orona
Äquator

Tokelau Is. (Neuseeld.)
...ALU
Wallis u. Futuna (Fr.)
Île Wallis
Mata Utu
Île Futuna
SAMOA
Apia
Amerikanisch Samoa (USA)
Pago Pago
Tutuila I.
POLYNESIEN
Northern Cook Islands
Nassau I.
Cookinseln
Millenium Island
Îles Marquises
Î. Eiao
Î. Nuku Hiva
Î. Hiva Oa
Î. Fatu Hiva
TONGA
Lau Group
Vava'u Group
Otu Tolu Group
Tongatapu Group
Nuku'alofa
Niue (Neuseeld.)
COOKINSELN
Southern Cook Islands
Avarua
Rarotonga Island
Îles sous le Vent
Îles du Roi Georges
Îles du Désappointement
Tuamotu-Archipel
Gesellschaftsinseln
Îles du Vent
Papeete
Î. Tahiti
Groupe Raevski
Französisch-Polynesien (Fr.)
Îles du Duc de Glouchester
Austral-Inseln
Südpazifischer Ozean
Kermadec Is. (Neuseeld.)
Südlicher Wendekreis
Mururoa Atoll
Groupe Actéon
Îles Maria
Îles Gambier
Îlots de Bass
Oeno
(U.K.)
Henderson I.
Pitcairn Islands
Ducie I.
Pitcairn I.
Chatham Is. (Neuseeld.)

20° 2 10° 3 0° 4 10° 5

170° K 160° L 150° M 140° N 130° O 120° P 110° Q 100°

INDONESIEN

Arafurasee

Timorsee

Carpentaria-golf

Sundagraben

Nord-australisches Becken

INDISCHER OZEAN

Kimberley

Great Sandy Desert

Tanami Desert

Northern Territory

Gibson Desert

Western Australia

Great Victoria Desert

Nullarbor Plain

Simpson Desert

South Australia

Queensland

Große Australische Bucht

Naturaliste Plateau

Diamantina-Bruchzone

INDISCHER OZEAN

Südaustralisches Becken

Westaustralisches Becken

PERTH

ADELAIDE

Alice Springs

Darwin

0 120 240 360 480 600 Kilometer Maßstab 1:13,5 Mio. Flächentreue Azimutalprojektion (Lambert)

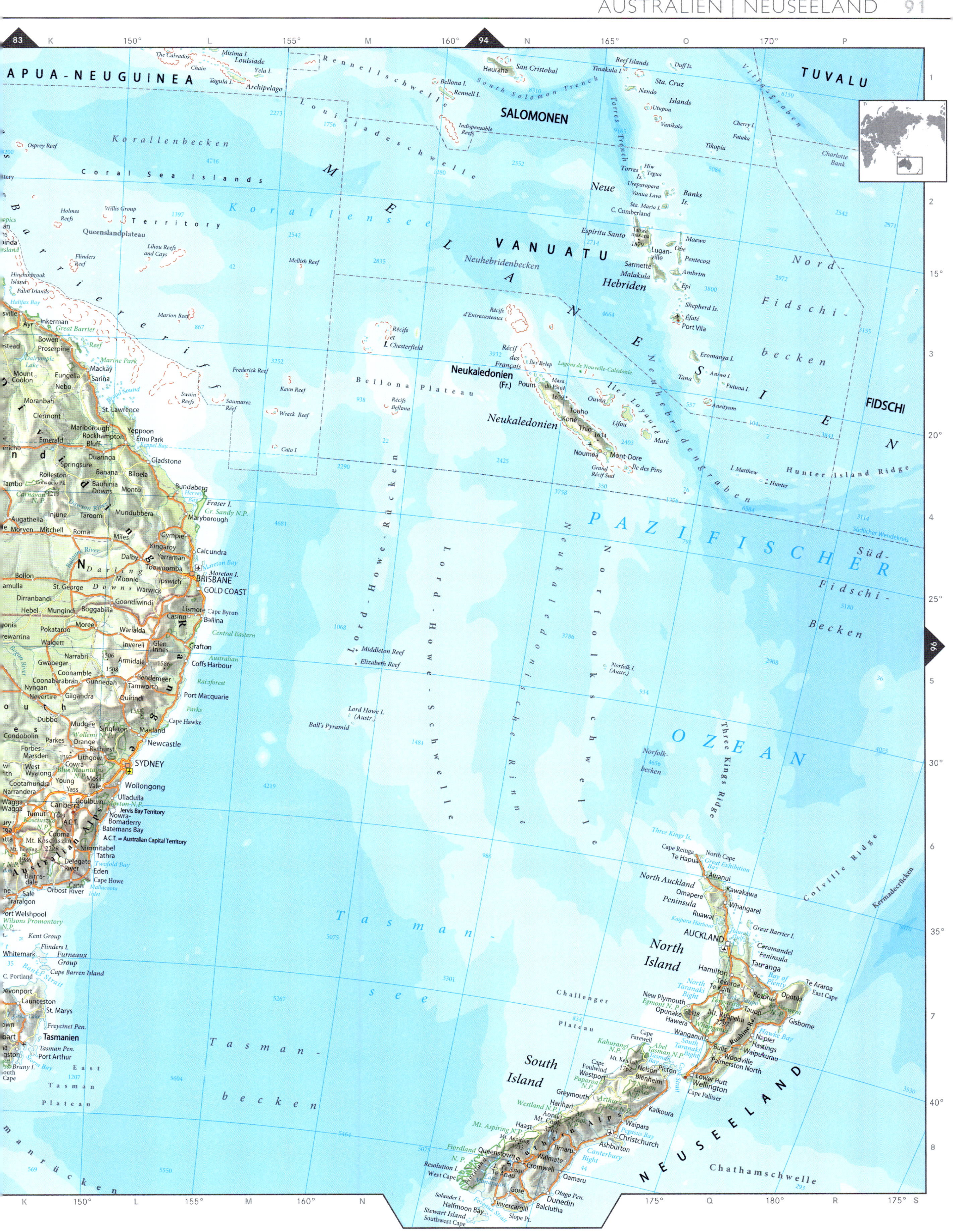
PAPUA-NEUGUINEA
SALOMONEN
VANUATU
TUVALU
FIDSCHI
Neukaledonien (Fr.)
Korallensee
Coral Sea Islands Territory
MELANESIEN
PAZIFISCHER OZEAN
Tasmansee
Tasmanbecken
NEUSEELAND
North Island
South Island
AUCKLAND
Wellington
Christchurch
Dunedin
SYDNEY
BRISBANE
GOLD COAST
Canberra
Tasmanien
Lord-Howe-Schwelle
Lord-Howe-Rücken
Norfolkschwelle
Neukaledonische Rinne
Three Kings Ridge
Colville Ridge
Kermadecrücken
Chathamschwelle
Challenger Plateau
Bellona Plateau
Great Barrier Reef
Great Dividing Range
Australian Alps
A.C.T. = Australian Capital Territory

Große Australische Bucht
South Australia
Südaustralisches Becken
INDISCHER OZEAN
ADELAIDE
Port Lincoln
Maßstab 1:4,5 Mio. Flächentreuer Schnittkegel (Albers)

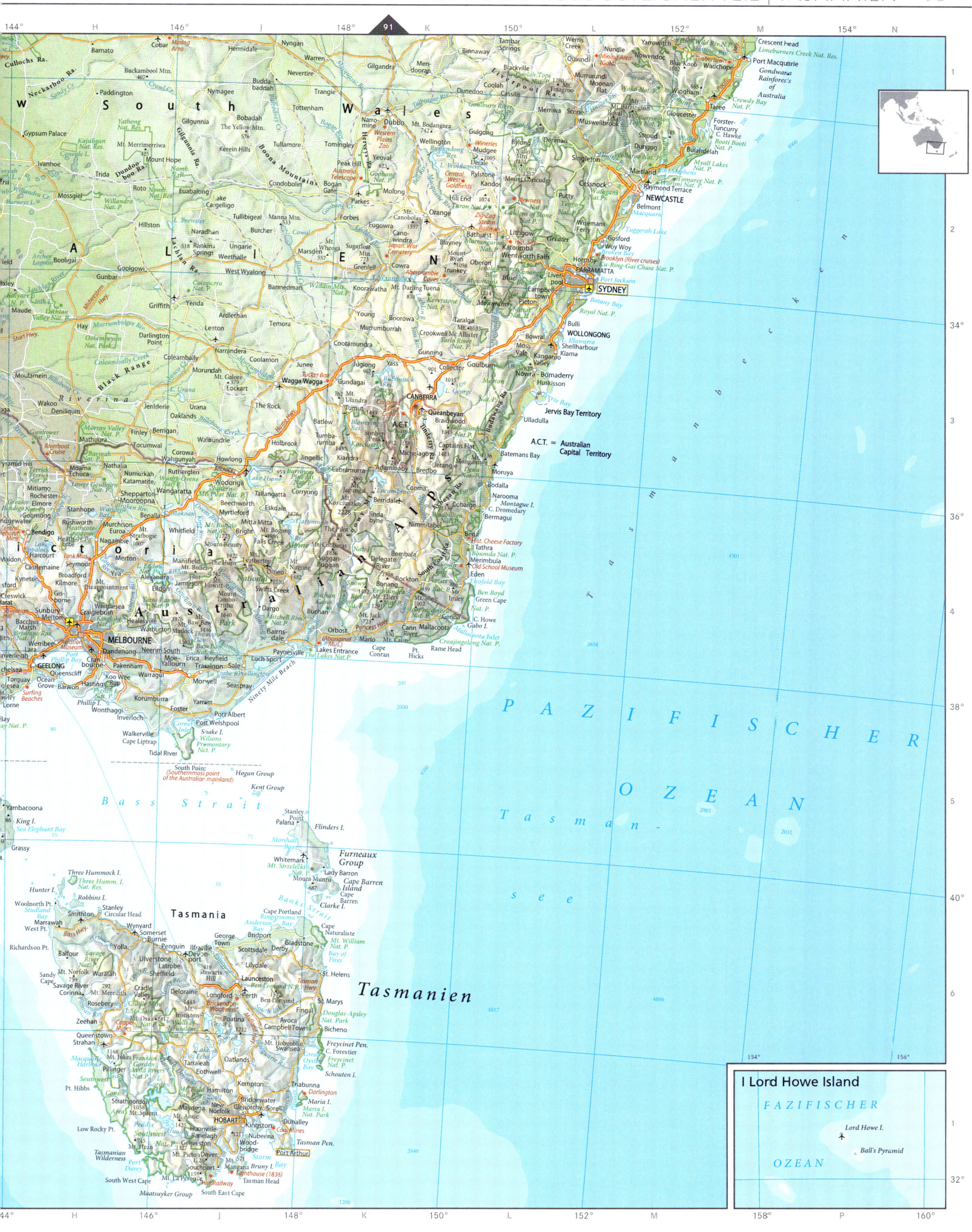
South Wales
Victoria
Australian Alps
SYDNEY
NEWCASTLE
WOLLONGONG
CANBERRA
MELBOURNE
GEELONG
HOBART
Bass Strait
Tasmania
Tasmanien
Furneaux Group
PAZIFISCHER OZEAN
Tasmansee
Jervis Bay Territory
A.C.T. = Australian Capital Territory
I Lord Howe Island
FAZIFISCHER OZEAN
Lord Howe I.
Ball's Pyramid

Nördliche Marianen (USA)
Saipan
Agana
Guam (USA)
MARSHALLINSELN
MIKRONESIEN
Östliches Marianenbecken
Magellanrücken
Karolinenrücken
Karolinen
Ostkarolinenbecken
Melanesienbecken
Marshall-inseln
Ralik-Kette
Ratak-Kette
Zubov Seamount
Wake I. (USA)
Bikini Atoll
Eniwetok
Kwajalein
Majuro
Palikir
Kosrae
Chuuk Islands
Yaren
Nauru
NAURU
Bismarcksee
Bismarck Arch.
New Ireland
New Britain
New Britain Trench
Rabaul
Lae
Wewak
Madang
Neuguinea
PAPUA-NEUGUINEA
Port Moresby
Owen Stanley Ra.
Gulf of Papua
Salomonensee
SALOMONEN
Salomon-Inseln
Bougainville I.
Choiseul
Santa Isabel
Malaita
Guadalcanal
Honiara
San Cristobal
New Georgia Group
Ontong-Java-Schwelle
South Solomon Trench
Rennellschwelle
Louisiadeschwelle
Louisiade Archipelago
Coral Sea Islands Territory
Korallenbecken
Korallensee
AUSTRALIEN
VANUATU
Neue Hebriden
Torres Trench
Santa Cruz Islands
Vitiazgraben
MELANESIEN
Nördlicher Wendekreis
Äquator
Maßstab 1:13,5 Mio.
Flächentreue Azimutalprojektion (Lambert)

Hawaii (USA)
Kauai
Lihue
Oahu
HONOLULU
Kailua
Molokai
Maui
Lanai
Kahului
Kailua-Kona
Honokaa
Hilo
Hawaii
Hawaii-Inseln
Hawaiirücken
Papahānaumokuākea Marine National Monument
Necker I.
Tern I.
La Perouse Pinnacle
Nihoa
Nördlicher Wendekreis
Pazifischer Rücken
Internationale Datumsgrenze
Sonntag
Montag
Horizon Tablemount
Karin Seamount
Johnston Atoll (USA)
Cape Johnson Tablemount
Hess Tablemount
Rional Reef
René Reef
PAZIFISCHER OZEAN
Zentral-pazifisches Becken
Vitiaz Seamount
Magellan Rise
Wilder Seamount
Kingman Reef (USA)
Palmyra Island (USA)
Line-Inseln
Teraina
Tabuaeran
Main Camp
Kiritimati
Jarvis I. (USA)
Äquator
Howland Is. (USA)
Baker I. (USA)
Winslow Reef
Phoenix Islands
Canton Island
Enderbury Island
Mac Kean I.
Birnie I.
Rawaki
Nikumaroro
Orona
Manra
KIRIBATI
Nonouti
Tabiteuea Atoll
Beru
Nikunau
Kingsmill Group
Onotoa Atoll
Tamana
Arorae
Tuvalu Islands
Nanumea
Nanumanga
Nanumanga
Nui
Vaitupu
Nukufetau Atoll
Funafuti Atoll
Funafuti
Nukulaelae Atoll
Niulakita
TUVALU
FIDSCHI
Rotuma
Wallis u. Futuna (Fr.)
SAMOA
Amerikanisch Samoa (USA)
Swain's Atoll
Atafu Atoll
Nukunonu Atoll
Tokelau Is. (Neuseeld.)
Fakaofo Atoll
POLYNESIEN
COOKINSELN
Pukapuka Atoll
Northern Cook Islands
Nassau Island
Penrhyn Atoll
Rakahanga
Starbuck Island
Main Camp
180°
175°
170°
165°
160°
155°
20°
15°
10°
5°
0°
97

0 120 240 360 480 600 Kilometer Maßstab 1:13,5 Mio. Flächentreue Azimutalprojektion (Lambert)

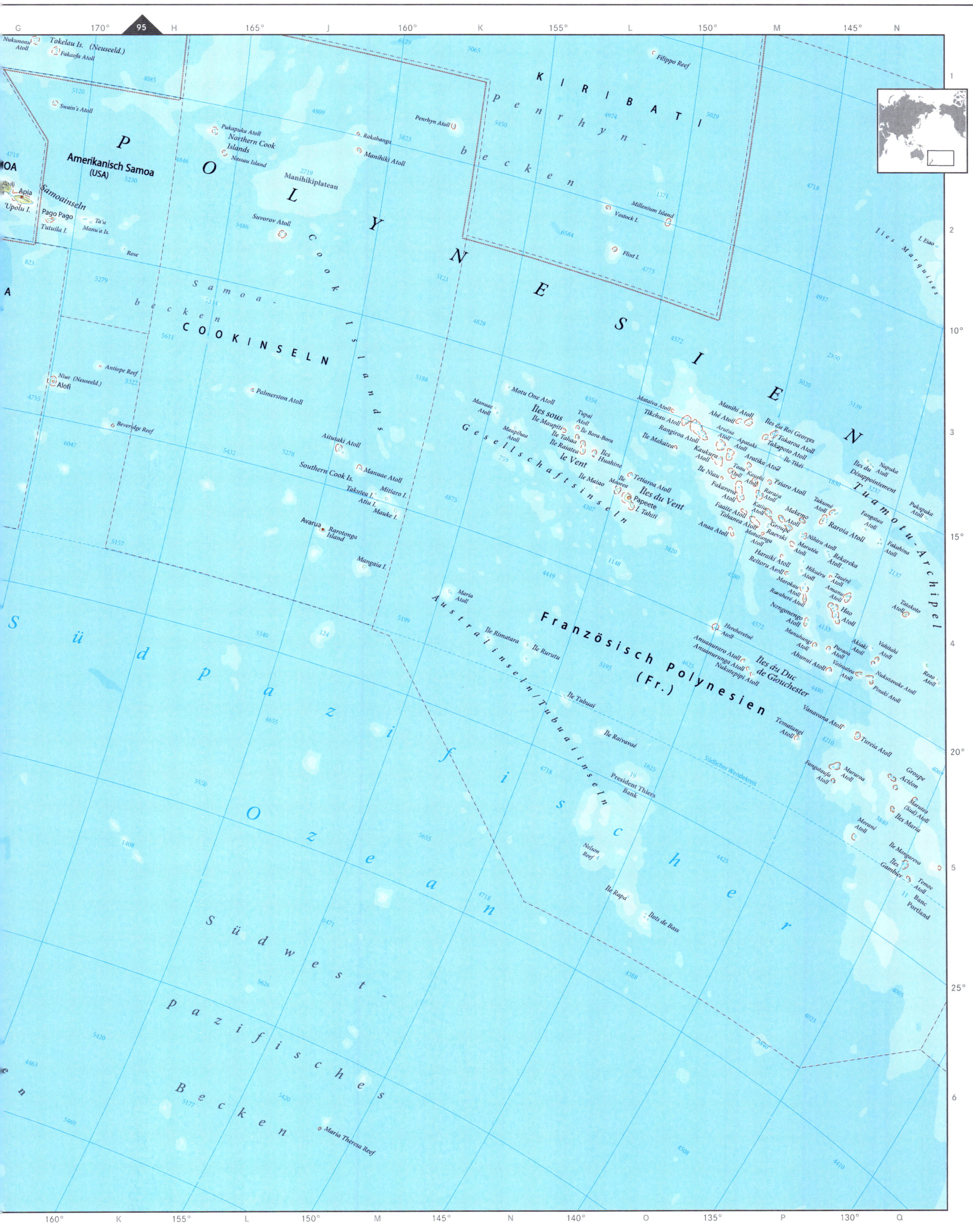

KIRIBATI
Penrhyn-becken
POLYNESIEN
Amerikanisch Samoa (USA)
Samoainseln
Apia
Pago Pago
Tutuila I.
Tokelau Is. (Neuseeld.)
Swain's Atoll
Pukapuka Atoll
Northern Cook Islands
Nassau Island
Manihikiplateau
Suvorov Atoll
Rakahanga
Manihiki Atoll
Penrhyn Atoll
Cook Islands
Samoa-becken
COOKINSELN
Niue (Neuseeld.)
Alofi
Antiope Reef
Palmerston Atoll
Beveridge Reef
Aitutaki Atoll
Southern Cook Is.
Manuae Atoll
Mitiaro I.
Takutea I.
Atiu I.
Mauke I.
Avarua
Rarotonga Island
Mangaia I.
Filippo Reef
Millenium Island
Vostock I.
Flint I.
Gesellschaftsinseln
Îles sous le Vent
Îles du Vent
Papeete
I. Tahiti
Motu One Atoll
Maria Atoll
Französisch Polynesien (Fr.)
Australinseln/Tubuaiinseln
Île Rimatara
Île Rurutu
Île Tubuaï
Île Raivavaé
President Thiers Bank
Nelson Reef
Île Rapa
Îlots de Bass
Tuamotu-Archipel
Îles Marquises
Îles du Duc de Gloucester
Südlicher Wendekreis
Tureia Atoll
Mururoa Atoll
Fangataufa Atoll
Groupe Actéon
Îles Maria
Île Mangareva
Îles Gambier
Temoe Atoll
Banc Portland
Südpazifischer Ozean
Südwest-pazifisches Becken
Maria Theresa Reef

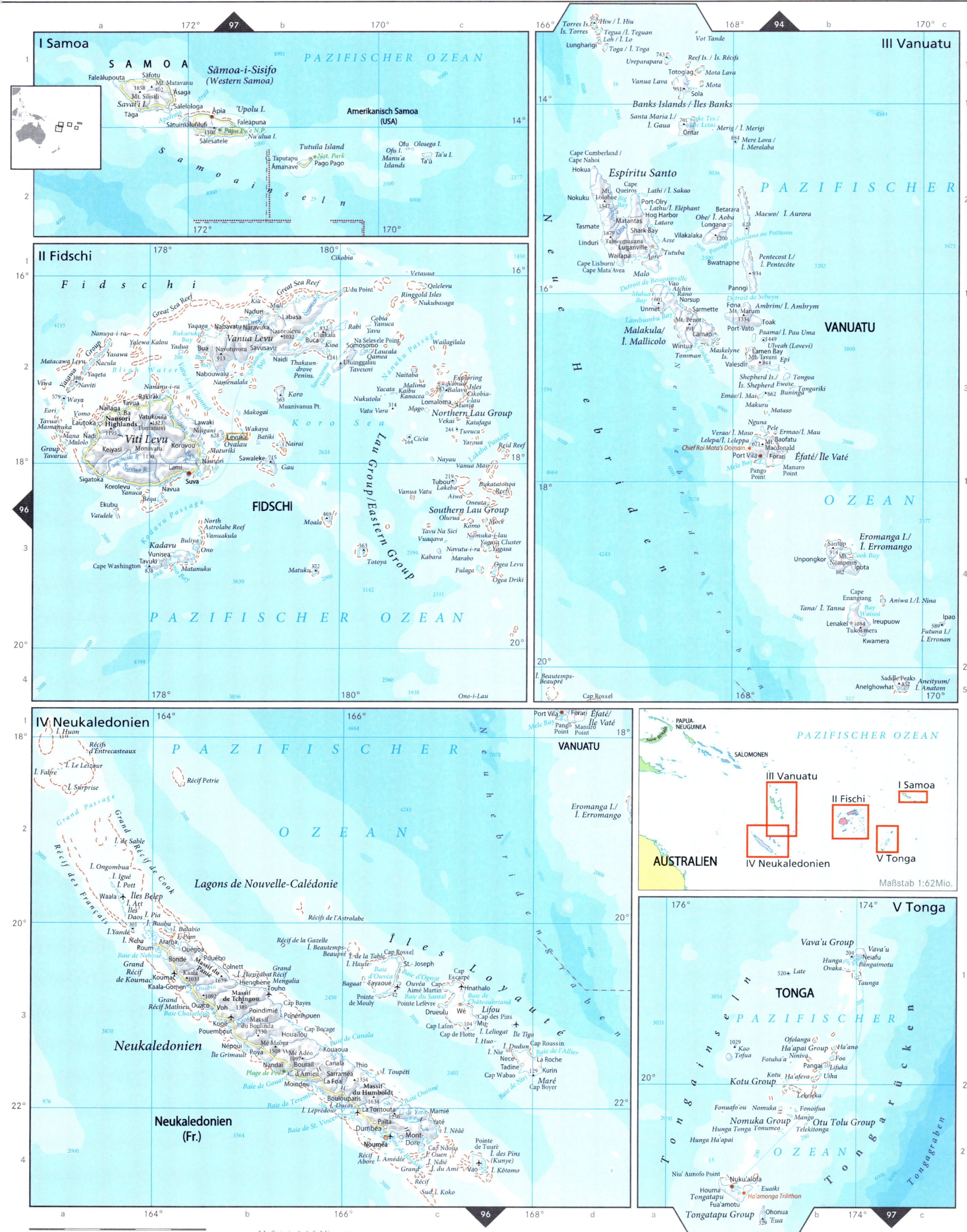

I Samoa

SAMOA
Sāmoa-i-Sisifo (Western Samoa)
PAZIFISCHER OZEAN
Amerikanisch Samoa (USA)
Savai'i I.
'Upolu I.
Āpia
Faleālupouta
Sāfotu
Mt. Matavanu
Mt. Silisili
Āsaga
Tāga
Salelologa
Faleapuna
Sātuimalufilufi
Sālesatele
Papu Pu'e N.P.
Nu'ulua I.
Tutuila Island
Nat. Park
Taputapu
Amanave
Pago Pago
Ofu I.
Olosega I.
Manu'a Islands
Ta'u I.
Ta'ū
Samoainseln
172°
170°
14°

II Fidschi

Fidschi
FIDSCHI
Viti Levu
Vanua Levu
Suva
Levuka
Ovalau
Lautoka
Nadi
Sigatoka
Labasa
Savusavu
Taveuni
Kadavu
Yasawa Group
Mamanuca Group
Koro Sea
Lau Group/Eastern Group
Northern Lau Group
Southern Lau Group
Great Sea Reef
Bligh Water
Kadavu Passage
Nanuku Passage
Lakeba Passage
Cikobia
Vanua Balavu
Lakeba
Moala
Gau
Matuku
Totoya
Kabara
Fulaga
Ono-i-Lau
Cape Washington
PAZIFISCHER OZEAN
178°
180°
16°
18°
20°

III Vanuatu

VANUATU
PAZIFISCHER OZEAN
Neue Hebriden
Neuhebridengraben
Torres Is./Îs. Torres
Banks Islands/Îles Banks
Vanua Lava
Espíritu Santo
Luganville
Maewo/Î. Aurora
Obe/Î. Aoba
Pentecost I./Î. Pentecôte
Malakula/Î. Mallicolo
Ambrim/Î. Ambrym
Paama/Î. Pau Uma
Epi
Shepherd Is./Îs. Shepherd
Éfaté/Île Vaté
Port Vila
Chief Roi Mata's Domain
Eromanga I./Î. Erromango
Tana/Î. Tanna
Aniwa I./Î. Nina
Futuna I./Î. Erronan
Aneityum/Î. Anatom
Cap Rossel
166°
168°
170°
14°
16°
18°
20°

IV Neukaledonien

Neukaledonien
Neukaledonien (Fr.)
PAZIFISCHER OZEAN
Lagons de Nouvelle-Calédonie
Îles Loyauté
Neuhebridengraben
VANUATU
Port Vila
Éfaté/Île Vaté
Eromanga I./Î. Erromango
Î. Huon
Récifs d'Entrecasteaux
Récif Petrie
Grand Passage
Îles Belep
Récif des Français
Grand Récif de Cook
Récifs de l'Astrolabe
Massif de Tchingou
Massif du Boulinda
Massif du Humboldt
Koumac
Poindimié
Houaïlou
Koné
Bourail
Canala
Thio
La Foa
Païta
Dumbéa
Nouméa
Mont-Dore
Yaté
Ouvéa
Lifou
Maré
Tiga
Î. des Pins (Kunyé)
164°
166°
168°
18°
20°
22°

Übersichtskarte

PAPUA-NEUGUINEA
SALOMONEN
PAZIFISCHER OZEAN
AUSTRALIEN
III Vanuatu
II Fischi
I Samoa
IV Neukaledonien
V Tonga
Maßstab 1:62Mio.

V Tonga

TONGA
PAZIFISCHER OZEAN
Tongainseln
Tongarücken
Tongagraben
Vava'u Group
Vava'u
Neiafu
Late
Ha'apai Group
Kotu Group
Nomuka Group
Otu Tolu Group
Tofua
Kao
Lifuka
Pangai
Nuku'alofa
Ha'amonga Trilithon
Tongatapu Group
Tongatapu
'Eua
176°
174°
20°

Maßstab 1:4,5 Mio. Flächentreuer Schnittzylinder (Lambert)
0 40 80 120 160 200 Kilometer

NEUSEELAND
NORTH ISLAND
SOUTH ISLAND
Tasmansee
Challenger-Plateau
PAZIFISCHER OZEAN
Neukaledonische Rinne
Norfolkschwelle
Hikurangi Trench
Chathamschwelle
Southern Alps
AUCKLAND
WELLINGTON
CHRISTCHURCH
DUNEDIN
HAMILTON
TAURANGA
I Chathaminseln
II Aucklandinseln
III Antipoden
Campbell-plateau
Bounty Plateau
Maßstab 1:4,5 Mio. Flächentreuer Schnittkegel (Albers)

0 200 400 600 800 1000 Kilometer Maßstab 1:27 Mio. Flächentreue Azimutalprojektion (Lambert)

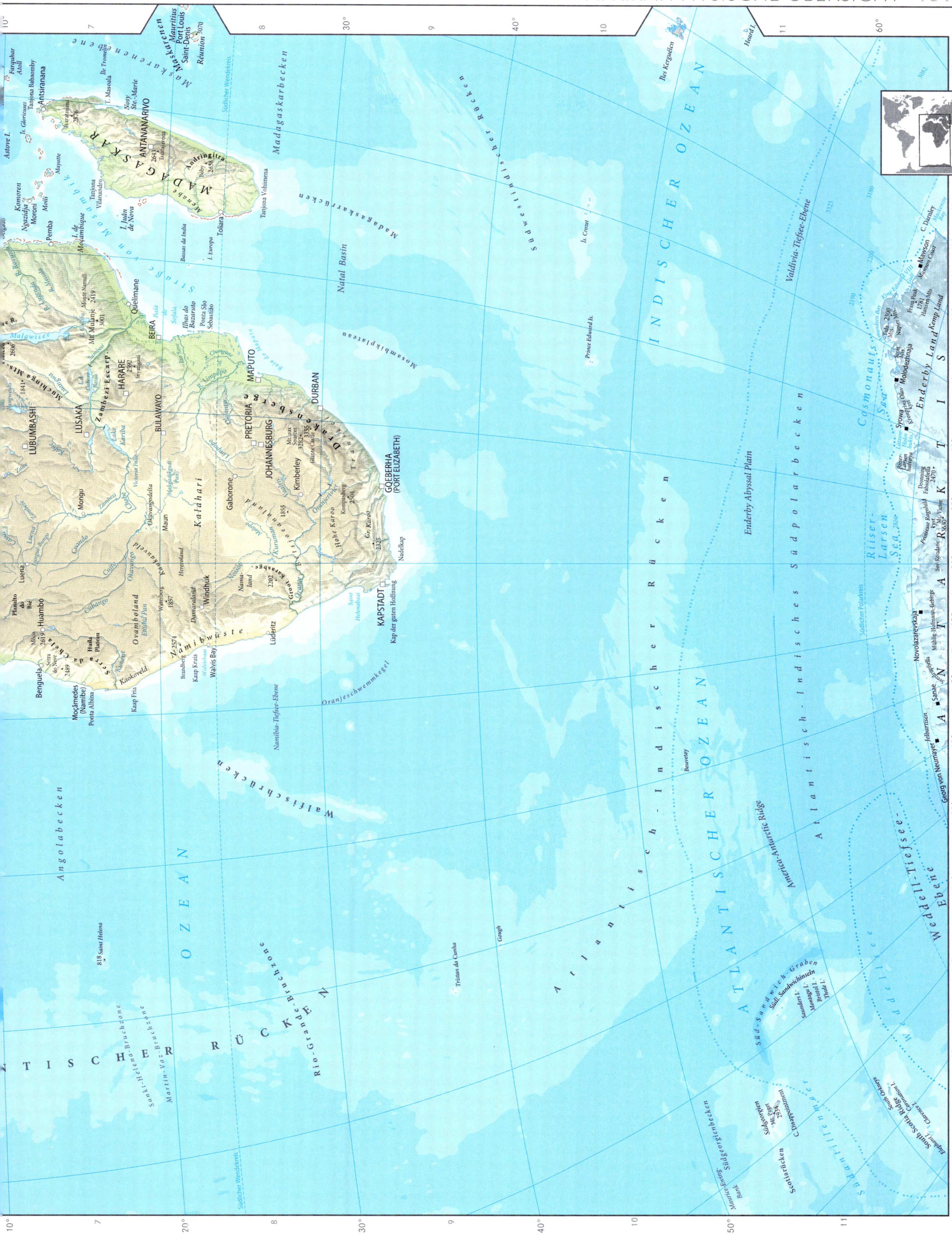
MADAGASKAR
ANTANANARIVO
Antsiranana
Toliara
Komoren
Moroni
Mayotte
Mauritius
Port Louis
Saint-Denis
Réunion
Maskarenen
Madagaskarbecken
Madagaskarrücken
Natal Basin
Mosambikplateau
Straße von Mosambik
Quelimane
BEIRA
HARARE
LUSAKA
LUBUMBASHI
BULAWAYO
MAPUTO
DURBAN
PRETORIA
JOHANNESBURG
Kimberley
Gaborone
Kalahari
Drakensberge
GQEBERHA
(PORT ELIZABETH)
KAPSTADT
Kap der guten Hoffnung
Nadelkap
Windhuk
Lüderitz
Walvis Bay
Namibwüste
Huambo
Benguela
Moçâmedes
(Namibe)
Angolabecken
Walfischrücken
Namibia-Tiefsee-Ebene
Oranjeschwemmkegel
Saint Helena
Tristan da Cunha
Gough
Bouvetøy
Prince Edward Is.
Is. Crozet
Iles Kerguelen
Heard I.
INDISCHER OZEAN
ATLANTISCHER OZEAN
OZEAN
Atlantisch-Indischer Rücken
Atlantisch-Indisches Südpolarbecken
Enderby Abyssal Plain
Valdivia-Tiefsee-Ebene
America-Antarctic Ridge
Süd-Sandwich-Graben
Südl. Sandwichinseln
Südgeorgien
Scotiarücken
Südgeorgienbecken
Weddell-Tiefsee-Ebene
Weddellmeer
Riiser-Larsen Sea
Cosmonauts Sea
Enderby Land
Kemp Land
Mawson
Molodezhnaja
Syowa
Novolazarevskaja
Sanae
Georg von Neumayer
ANTARKTIS
Rio-Grande-Bruchzone
Sankt-Helena-Bruchzone
Martin-Vaz-Bruchzone
Südlicher Wendekreis
Südlicher Polarkreis

RUSSLAND
KASACHSTAN
USBEKISTAN
TURKMENISTAN
IRAN
IRAK
SAUDI-ARABIEN
JEMEN
OMAN
VEREINIGTE ARABISCHE EMIRATE
KATAR
BAHRAIN
KUWAIT
SYRIEN
JORDANIEN
LIBANON
ISRAEL
ZYPERN
TÜRKEI
ARMENIEN
ASERBAIDSCHAN
GEORGIEN
UKRAINE
WEISSRUSSLAND
MOLDAU
RUMÄNIEN
BULGARIEN
GRIECHENLAND
ALBANIEN
SERBIEN
KOSOVO
NORD-MAZEDONIEN
MONTENEGRO
BOSNIEN UND HERZEGOWINA
KROATIEN
SLOWENIEN
UNGARN
SLOWAKISCHE REPUBLIK
TSCHECHISCHE REPUBLIK
ÖSTERREICH
SCHWEIZ
LIECHT.
ITALIEN
SAN MARINO
VATIKANSTADT
MALTA
POLEN
DEUTSCHLAND
NIEDERLANDE
BELGIEN
LUX.
FRANKREICH
MONACO
ANDORRA
SPANIEN
PORTUGAL
VEREINIGTES KÖNIGREICH
IRLAND
MAROKKO
ALGERIEN
TUNESIEN
LIBYEN
ÄGYPTEN
SUDAN
SÜDSUDAN
ERITREA
DSCHIBUTI
ÄTHIOPIEN
SOMALIA
KENYA
UGANDA
RUANDA
BURUNDI
TANSANIA
DEM. REP. KONGO
KONGO
GABUN
ÄQUATORIAL-GUINEA
SÃO TOMÉ UND PRÍNCIPE
KAMERUN
ZENTRALAFRIKANISCHE REPUBLIK
TSCHAD
NIGER
NIGERIA
BENIN
TOGO
GHANA
BURKINA FASO
CÔTE-D'IVOIRE (ELFENBEINKÜSTE)
LIBERIA
SIERRA LEONE
GUINEA
GUINEA-BISSAU
GAMBIA
SENEGAL
MALI
MAURETANIEN
West-Sahara
KAPVERDE
Kanarische Inseln (Span.)
Madeira (Port.)
Azoren (Port.)
ATLANTISCHER OZEAN
INDISCHER OZEAN
Schwarzes Meer
Kaspisches Meer
Rotes Meer
Persischer Golf
Golf von Aden
Golf von Guinea
Golf von Biscaya
Mittelmeer
Adriatisches Meer
Ägäisches Meer
TEHERAN
BAGDAD
RIAD
SANAA
ADDIS ABEBA
NAIROBI
MOGADISCHU
KAMPALA
KIGALI
KHARTUM
KAIRO
TRIPOLIS
TUNIS
ALGIER
RABAT
MADRID
LISSABON
PARIS
LONDON
BERLIN
ROM
ATHEN
ANKARA
DAMASKUS
BEIRUT
JERUSALEM
AMMAN
KINSHASA
BRAZZAVILLE
LIBREVILLE
JAOUNDE
N'DJAMENA
NIAMEY
ABUJA
BAMAKO
OUAGADOUGOU
ACCRA
LOMÉ
ABIDJAN
MONROVIA
FREETOWN
CONAKRY
DAKAR
NUWĀKSHŪT
BANGUI
Maßstab 1:27 Mio.
Flächentreue Azimutalprojektion (Lambert)
0 200 400 600 800 1000 Kilometer

MADAGASKAR
ANTANANARIVO
Antsiranana
Îs. Glorieuses (Fr.)
KOMOREN
Moroni
Ngazidja
Mayotte
Mayotte (Fr.)
MAURITIUS
Mauritius
Port Louis
La Réunion (Fr.)
Saint-Denis
Réunion
Südlicher Wendekreis
Pemba
Î. Juan de Nova (Fr.)
Bassas da India (Fr.)
Î. Europa (Fr.)
MOSAMBIK
Quelimane
BEIRA
MAPUTO
MALAWI
LILONGWE
SAMBIA
LUSAKA
LUBUMBASHI
Mongu
SIMBABWE
HARARE
BULAWAYO
Lake Kariba
BOTSUANA
Gaborone
Maun
Okavango
SÜDAFRIKA
PRETORIA
JOHANNESBURG
Kimberley
DURBAN
Mbabane
ESWATINI
Maseru
LESOTHO
Limpopo
Oranje
GQEBERHA (PORT ELIZABETH)
KAPSTADT
NAMIBIA
Windhuk
Walvis Bay
Lüderitz
Kunene
ANGOLA
Luena
Huambo
Benguela
Moçâmedes (Namibe)
Saint Helena (U.K.)
OZEAN
INDISCHER OZEAN
Îs. Crozet (Fr.)
Prince Edward Is. (S.Afr.)
Îles Kerguelen (Fr.)
Heard I. (Austr.)
Bouvetøya (Nor.)
Gough (U.K.)
Tristan da Cunha (U.K.)
Südl. Sandwichinseln (U.K.)
Südgeorgien (U.K.)
South Orkneys
Elephant I.
Südantillenmeer
Weddellsee
Südlicher Polarkreis
ANTARKTIS
Mawson (Austr.)
Molodjoshnaja (Russ.)
Syowa (Japan)
Novolazarevskaja (Russ.)
Georg von Neumayer (D.)

Maßstab 1:13,5 Mio. Flächentreue Azimutalprojektion (Lambert)

ITALIEN
GRIECHENLAND
TÜRKEI
Ionisches Meer
MITTELMEER
Kreta (Gr.)
ZYPERN
LIBANON
SYRIEN
ISRAEL
JORDAN.
LIBYEN
ÄGYPTEN
Libysche Wüste
Großer Sandsee
Westliche Wüste
Östliche Wüste
Sinai
ALEXANDRIA
KAIRO
BENGASI
Tibesti
TSCHAD
SUDAN
Nubische Wüste
Dârfûr
Kordofan
KHARTUM
OMDURMAN
SÜDSUDAN
ZENTRALAFRIKANISCHE REPUBLIK
BANGUI
DEM. REP. KONGO
UGANDA
KENIA
ÄTHIOPIEN
Hochland von Äthiopien
ADDIS ABEBA
ERITREA
ASMARA
DSCHIBUTI
SOMALIA
JEMEN
SAUDI-ARABIEN
DJIDDA
MEKKA
Rotes Meer
JERUSALEM
BEIRUT
DAMASKUS
AMMAN
JEMEN
ADEN
Golf von Aden
ÄTHIOPIEN
SOMALIA
INDISCHER OZEAN
MOGADISCHU
Socotra
II Somalia

PORTUGAL
SPANIEN
MAROKKO
ALGERIE
MAURETANIEN
West-sahara
ATLANTISCHER OZEAN
Azorenschwelle
Gettysburg Seamount
Golfo de Cádiz
Costa de la Luz
Costa del Sol
Costa de Almería
Costa Cálida
Alboran See
Isla del Alborán (Span.)
Faro
Sagres
SEVILLA
CÓRDOBA
GRANADA
MÁLAGA
ALMERÍA
CARTAGENA
MURCIA
JAÉN
HUELVA
CÁDIZ
JEREZ DE LA FRONTERA
ALGECIRAS
Gibraltar (U.K.)
Ceuta (Sebta) (Span.)
Melilla (Span.)
Cap Spartel
(TANGER) TANJA
TITWĀN (TETOUAN)
EL-ARAICH (LARACHE)
KSAR-EL-KEBIR
AL-QNITRA (KÉNITRA)
(SALÉ) SLĀ
AR-RIBĀT (RABAT)
AL-MUHAMMADIYAH (MOHAMMEDIA)
AD-DĀR-AL-BAYDA (CASABLANCA)
EL-JADIDA
AŞFI (SAFI)
As-Sawirah (Essaouira)
MARRAKUSH (MARRAKECH)
AGADIR
MIKNĀS (MEKNÈS)
FĀS (FÈS)
TAZA
UJDA (OUJDA)
NADOR
Al-Hoceima
BENI MELLAL
KHOURIBGA
SETTAT
BERRECHID
Tiznit
GUELMIM
Tan-Tan
Tarfaya
Tindouf
BÉCHAR
WAHRĀN (ORAN)
TLEMCEN
SIDI BEL ABBES
Aïn Temouchent
MOSTAGANEM
Rif
Hoher Atlas
Mittlerer Atlas
Anti Atlas
Jbel Bani
Jbel Ouarkziz
Hamada du Drâa
Hamada de Tindouf
Hamada du Guir
Hamada de la Daoura
Erg er Raoui
Erg Iguidi
Erg Chech
Grand Erg Occidental
Plaine de Tamlelt
Monts des Ksour
Monts de Tlemcen
Hauts Plateaux
Adrar
Touat
Tafilalt
Ouarzazate
Zagora
Er-Rachidia
Figuig
Midelt
Ifrane
Adrar
Reggane
Timimoun
Maßstab 1:4,5 Mio.
Flächentreue Azimutalprojektion (Lambert)
0 40 80 120 160 200 Kilometer

M I T T E L M E E R
AL-JAZÂIR (ALGIER)
Tizi Ouzou
Bejaia
Jijel
Skikda
Annaba
Constantine
Sétif
Médéa
Blida
Chlef
Tiaret
Djelfa
Laghouat
Biskra
Batna
Tébessa
Bordj Bou Arreridj
M'Sila
Bou Saada
Messaad
Touggourt
El-Oued
Ghardaïa
Ouargla
Hassi Messaoud
El-Goléa
Guerara
Metlili Chaamba
Tunis
Bizerte
Ariana
Sousse
Monastir
Mahdia
Kairouan
Sfax
Gabès
Gafsa
Tozeur
Nefta
Kebili
Medenine
Zarzis
Tataouine
Ben Guerdane
Ghadâmis
Nâlût
Zuwârah
Gharyân
Mizdah
Îles de Kerkenah
Île de Jerba
Golfe de Gabès
Golfe de Hammamet
Golfe de Tunis
Chott Melrhir
Chott el Jerid
T U N E S I E N
L I B Y E N
Östlicher Großer Erg
Großer Erg
Plateau du Tinrhert
Plateau du Tademaït
Hamadet el Atchane
Al Hamadah al Hamrâ'
Tripolitanien
Parc National de l'Ahaggar
In Amenas
Illizi
Djanet
Isola Marettimo
Pantelleria
Massif de l'Aurès
Monts du Hodna
Erg Issaouane
Erg Tifernine
Gassi Touil
Wâdî ash Shâṭi'
Ḥamâdat Zegher

MITTELMEER
Levantisches Becken
LIBYEN
ÄGYPTEN
SUDAN
SAHARA
Libysche Wüste
Großer Sandsee
Westliche Wüste
Al-Buṭnān
Al-Kufrah
Barqat al-Baḥrīya
ad-Diffa
Qaṭṭāra-Senke
Maṭrūḥ
al-Wādī al-Ǧadīd
al-Wāḥāt
al-Farāfira
ad-Dāḫila
al-Baḥrīya
Ǧurd Abū Muḥarrik
al-Minyā
al-Ǧīza
al-Qāhira
al Baḥr al Aḥmar
Ḥaḍbat al-Ǧilf al-Kabīr
ash Shamālīyah
Nördlicher Wendekreis
Darnah
Tubruq
Al Jaghbūb
Siwa
Marsā Maṭrūḥ
AL-ISKANDARIYA (ALEXANDRIA)
DAMANHŪR
ṬANṬĀ
AL-MANṢŪRA
DUMYĀṬ (DAMMIETTE)
BŪR SAʿĪD (PORT SAID)
AL-ISMĀʿĪLIYA
AZ-ZAQĀZĪQ
AL-QĀHIRA (KAIRO)
AL-ǦĪZA (GIZE)
AS-SUWAIS (SUES)
AL-FAYYŪM
BANĪ SUWAIF
AL-MINYĀ
ASYŪṬ
SŪHAG
QINĀ
AL-UQṢUR (LUXOR)
ASWĀN (ASSUAN)
Aswān
Ǧabal Kāmil
Jabal Al Awaynat
Al-Awaynat
Wādī Ḥalfā
Buḥairat Nāṣir
Ṣaḥrā' at-Tīh

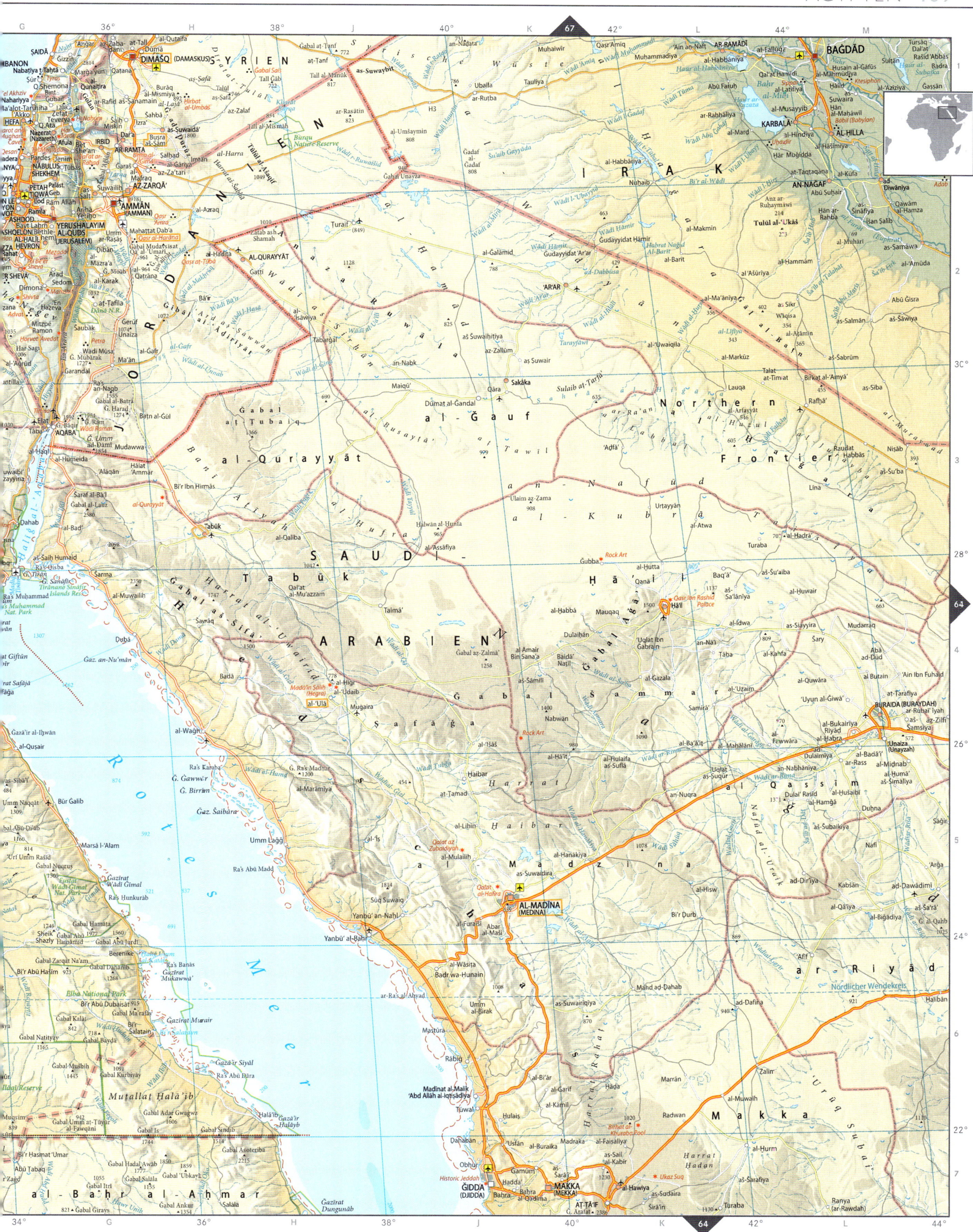
SYRIEN
IRAK
JORDANIEN
SAUDI-ARABIEN
Rotes Meer
DIMAŠQ (DAMASKUS)
BAĠDĀD
KARBALĀ'
AL-ḤILLA
AN-NAĠAF
AR-RAMĀDĪ
'AMMĀN
AZ-ZARQĀ'
AL-QUDS (JERUSALEM)
YERUSHALAYIM
'AQABA
AL-MADĪNA (MEDINA)
MAKKA (MEKKA)
ĠIDDA (DJIDDA)
AṬ-ṬĀ'IF
BURAIDA (BURAYDAH)
Tabūk
Ḥā'il
al-Ǧauf
an-Nafūd al-Kubrā
al-Qurayyāt
Northern Frontier
al-Qaṣīm
ar-Riyāḍ
Makka
al-Madīna
Ḥarrat Haibar
Ǧabal Šammar
Nördlicher Wendekreis
al-Baḥr al-Aḥmar
Mutallat Halā'ib
Elba National Park
Yanbu' al-Baḥr
Rābiġ
Sakākā
'Ar'ar
Turaif
Haibar
Taimā'
Dūmat al-Ǧandal
Qal'at al-Mu'azzam
al-'Ulā
Madā'in Ṣāliḥ (Hegra)
'Unaiza (Unayzah)
Ḥaql
Duba
al-Wağh
Umm Lağğ
Bi'r Ibn Hirmās
Qasr Ibn Rashid Palace
Rock Art
Historic Jeddah
Ukaz Suq
Madīnat al-Malik 'Abd Allāh al-Iqtiṣādīya
Mahd ad-Dahab
Ḥarrat Haḍan
'Urūq Subai'
Wadi Rum
Dana N.R.
Petra
Burqu Nature Reserve
Azraq
Qaṣr 'Amra
Babil (Babylon)
Ktesiphon
64
67
34°
36°
38°
40°
42°
44°
30°
28°
26°
24°
22°
G
H
J
K
L
M

104
SENEGAL
MAURETANIEN
GUINEA-BISSAU
GUINEA
SIERRA LEONE
LIBERIA
DAKAR
BANJUL
BISSAU
CONAKRY
FREETOWN
MONROVIA
BAMAKO
ATLANTISCHER OZEAN
Arquipélago dos Bijagós
Pfefferküste
Fouta Djalon
I Kap Verde
KAP VERDE
Kapverdische Inseln
Ilhas de Barlavento
Ilhas de Sotavento
Ilha de Santo Antão
Ilha de São Vicente
Ilha de São Nicolau
Ilha do Sal
Ilha da Boa Vista
Ilha do Maio
Ilha de Santiago
Ilha de Fogo
Ilha Brava
Praia
II Ascension
Ascension
Georgetown
Saint Helena, Ascension and Tristan da Cunha (U.K.)
III St. Helena
Sankt Helena
Jamestown
Longwood House
Speery Island
ATLANTISCHER OZEAN

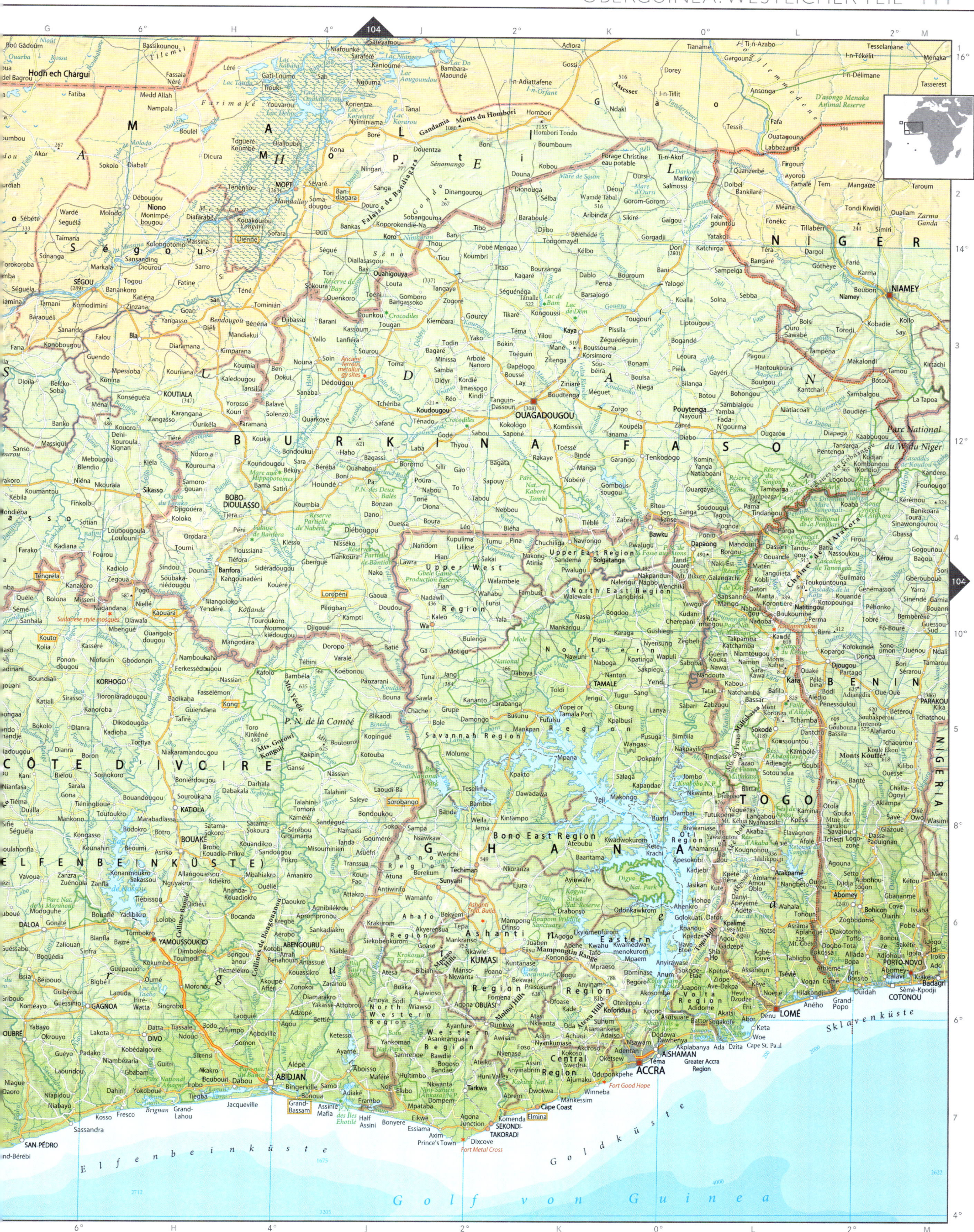
BURKINA FASO
NIGER
GHANA
TOGO
BENIN
CÔTE D'IVOIRE (ELFENBEINKÜSTE)
NIGERIA
OUAGADOUGOU
NIAMEY
ABIDJAN
YAMOUSSOUKRO
ACCRA
LOMÉ
PORTO NOVO
COTONOU
KUMASI
TAMALE
BOBO-DIOULASSO
KOUTIALA
SÉGOU
MOPTI
KORHOGO
BOUAKÉ
SAN-PÉDRO
TAKORADI
Golf von Guinea
Elfenbeinküste
Goldküste
Sklavenküste
Parc National du W du Niger
P.N. de la Comoé
104

104
Golf von Guinea
ATLANTISCHER OZEAN
Angola-becken
Walfischrücken
Namibia-Tiefsee-Ebene
Kongoschwemmkegel
Oranjeschwemmkegel
Äquator
Südlicher Wendekreis
KAMERUN
ÄQUATORIAL-GUINEA
SÃO TOMÉ UND PRÍNCIPE
São Tomé
Príncipe
Annobón (Äqu.-Guin.)
GABUN
LIBREVILLE
Port-Gentil
KONGO
BRAZZAVILLE
POINTE-NOIRE
DEM. REP. KONGO
KINSHASA
Kisangani
Kananga
Mbuji-Mayi
Lubumbashi
Kolwezi
Likasi
Cabinda (Angola)
Matadi
ANGOLA
LUANDA
Benguela
Lobito
Huambo
Lubango
Moçâmedes (Namibe)
Huíla Plateau
SAMBIA
LUSAKA
Livingstone
Ndola
Kitwe
SIMBABWE
Bulawayo
NAMIBIA
Windhuk
Swakopmund
Walvis Bay
Lüderitz
Ovamboland
Kaokoveld
Namib
Damaraland
Hereroland
Namaland
BOTSUANA
Kalahari Desert
Kaukauveld
Okavangobecken
SÜDAFRIKA
PRETORIA
JOHANNESBURG
SOWETO
Bloemfontein
Kimberley
KAPSTADT
GQEBERHA (PORT ELIZABETH)
East London
Kap der Guten Hoffnung
Maseru
LESOTHO
Drakensberge
Hohe Karoo
Betschuanaland
Maßstab 1:13,5 Mio. Flächentreue Azimutalprojektion (Lambert)
0 120 240 360 480 600 Kilometer

105
SOMALIA
MOGADISCHU
MARKA
Cadale
Baraawe
Jamaame
Kismaayo
Bur Gavo
Somalibecken
INDISCHER OZEAN
Aquator
NAIROBI
Nakuru
Naivasha
Kisumu
Kakamega
Eldoret
Jinja
Tororo
Entebbe
Victoriasee
Musoma
Arusha
Moshi
Mombasa
MOMBASA
Malindi
Lamu
Garissa
Kilifi
Tanga
Wete
Pemba I.
Zanzibar
Zanzibar I.
DAR ES SALAAM
Bagamoyo
Morogoro
Dodoma
Mafia I.
Kilwa Kivinje
Lindi
Mtwara
Mbeya
Iringa
Songea
TANSANIA
Mzuzu
LILONGWE
BLANTYRE
Zomba
NAMPULA
Moçambique
Pemba
Quelimane
BEIRA
Sofala
Inhambane
Chidenguele
Xai-Xai
Maxixe
Vila de Sena
Tete
Nacala
Cuamba
Mocímboa da Praia
Quissanga
Angoche
Moma
Pebane
Chinde
Nova Mambone
Mapinhane
Massinga
Inharrime
Straße von Mosambik
Mosambikbecken
Mosambikplateau
Madagaskarrücken
KOMOREN
Moroni
Ngazidja
Mutsamudu
Moili
Mamoudzou
Mayotte (Fr.)
Komoren
Bassas da India (Fr.)
I. Europa (Fr.)
I. Juan de Nova (Fr.)
I. Chesterfield
Is. Glorieuses (Fr.)
Banc du Geyser
SEYCHELLEN
Seychellen
Victoria
Mahé I.
Praslin I.
La Digue I.
Silhouette I.
Amirantes Group
Alphonse Group
Coëtivy I.
Aldabra Group
Aldabra Atoll
Cosmoledo Atoll
Assumption
Astove I.
Farquhar Group
Farquhar Atoll
Providence I.
Cerf I.
Agalega Is. (Mauritius)
Cargados Carajos Is. (Mauritius)
I. Tromelin (Fr.)
Maskarenenbecken
Maskarenen
Maskarenenebene
Port Louis
MAURITIUS
Saint-Denis
Réunion (Fr.)
I. Rodriguez (Mauritius)
MADAGASKAR
ANTANANARIVO
Antsiranana
Mahajanga
Toamasina (Tamatave)
Fianarantsoa
Toliara (Tuléar)
Taolanaro
Morondava
Antsirabe
Sambava
Antalaha
Maroantsetra
Manakara
Farafangana
Mananjary
Ambovombe
Tsiombe
Tanjona Vohimena
Androka
Ambanja
Nosy Be
Madagaskarbecken
Südlicher Wendekreis
35°
40°
45°
50°
55°
60°
65°
5°
10°
15°
20°
25°
30°

0 40 80 120 160 200 Kilometer Maßstab 1:4,5 Mio. Flächentreue Azimutalprojektion (Lambert)

105
113
ÄTHIOPIEN
Oromiya
Somali
SOMALIA
Bakool
Hiiraan
Galguduud
Gedo
Bay
Shabeellaha Dhexe
Shabeellaha Hoose
Jubbada Dhexe
Jubbada Hoose
MUQDISHO (MOGADISCHU)
MARKA
KISMAAYO
GARISSA
MALINDI
MOMBASA
TANGA
DAR ES SALAAM
ZANZIBAR
Pemba Island
Pemba North
Pemba South
Zanzibar Island
Zanzibar North
Zanzibar Central/South
Z.U. = Zanzibar Urban/West
Lamu
Lamu Island
Kilimanjaro
MOSHI
Kilimanjaro Nat. Park
Mt. Kenya
THIKA
Machakos
Marsabit
Moyale
Mandera
Wajir
Lodwar
Dida Galgalu Desert
Chalbi Desert
Merti Plateau
Lorian Swamp
Tsavo East National Park
Tsavo West Nat. Park
Usambara Mts.
Mega Escarpment
Ras Kamboni
Jasiira Koiama
Jasiira Ngumi
Jasiira Guiba
Jasiira Jula
Bur Gavo
Raas Degdog
Ras Ngomeni
Ras Shaka
Ras Kigomasha
Ras Kiuyu
Ras Nungwi
Kiunga Marine National Reserve
Tana River Primate Nat. Res.
Malindi Marine Nat. P.
Watamu Marine Nat. Park
Mombasa Marine National Park
Diani-Chale Marine Nat. Park
Pemba Channel
Zanzibar Channel
Somalibecken
INDISCHER OZEAN
Äquator
38°
40°
42°
44°
46°
F
G
H
J
K
L

0 40 80 120 160 200 Kilometer Maßstab 1:4,5 Mio. Flächentreue Azimutalprojektion (Lambert)

Maßstab 1:27 Mio. Flächentreue Azimutalprojektion (Lambert)

ATLANTISCHER OZEAN
PAZIFISCHER OZEAN
Nordamerikanisches Becken
Sargassosee
Golf von Mexiko
Karibisches Meer
WESTINDIEN
Große Antillen
Kleine Antillen
Bahamas
Inseln über dem Winde
Inseln unter dem Winde
Leeward Islands
Windward Islands
Cuba
Hispaniola
Neu-England-Rücken
Bermuda-Schwelle
Hatteras-Tiefsee-Ebene
Nares-Tiefsee-Ebene
Puerto-Rico-Graben
Caymangraben
Yucatánbecken
Venezuelabecken
Kolumbienbecken
Mittelamerikanischer Graben
Guatemalabecken
Galápagosschwelle
Galápagos-Inseln
Cocosrücken
Clipperton-Bruchzone
Molokai-Bruchzone
Pionier-Bruchzone
Mendocino-Bruchzone
Tehuantepec-rücken
Peru-Chile-Graben
Äquator
Niederkalifornien
Sierra Madre Occidental
Sierra Madre Oriental
Sierra Madre del Sur
Coastal Plain
Coast Ranges
Sierra Nevada
Great Basin
Edwards Plateau
Llanos del Orinoco
Bergland von Guayana
Cord. Oriental
Cord. Occidental
Cord. Central
NEW YORK
PHILADELPHIA
BALTIMORE
WASHINGTON D.C.
BOSTON
MONTRÉAL
QUÉBEC
OTTAWA
TORONTO
DETROIT
CHICAGO
MILWAUKEE
INDIANAPOLIS
COLUMBUS
CHARLOTTE
ATLANTA
JACKSONVILLE
MEMPHIS
NASHVILLE
OKLAHOMA CITY
DALLAS
HOUSTON
SAN ANTONIO
DENVER
ALBUQUERQUE
EL PASO
PHOENIX
TUCSON
LAS VEGAS
SAN DIEGO
LOS ANGELES
SAN FRANCISCO
SAN JOSE
SACRAMENTO
PORTLAND
SEATTLE
WINNIPEG
CALGARY
Regina
Salt Lake City
CIUDAD JUÁREZ
CHIHUAHUA
MONTERREY
TORREÓN
GUADALAJARA
MEXIKO-STADT
PUEBLA
ECATEPEC
LEÓN
QUERÉTARO
CULIACÁN
TIJUANA
VILLAHERMOSA
MÉRIDA
GUATEMALA-STADT
SAN SALVADOR
TEGUCIGALPA
MANAGUA
PANAMA-STADT
HAVANNA
SANTIAGO DE CUBA
PORT-AU-PRINCE
SANTO DOMINGO
SAN JUAN
KINGSTON
CARACAS
MARACAIBO
BOGOTÁ
MEDELLÍN
CALI
QUITO
GUAYAQUIL
TRUJILLO
MANAUS
PORTO VELHO
CARTAGENA
I Alëuten
Beringmeer
Alëuten
Alëutengraben
II Hawaii
Hawaiirücken
PAZIFISCHER OZEAN
Hawaii-Inseln

ATLANTISCHER OZEAN
NORDPOLARMEER
Grönland (Dän.)
ISLAND
Reykjavík
Norwegische See
Grönlandsee
Barentssee
Laptewsee
Ostsibirische See
Beaufortsee
Beringmeer
Ochotskisches Meer
Golf von Alaska
Baffin Bay
Hudson Bay
Labradorsee
Nordsee
Ostsee
Schwarzes Meer
Spitzbergen
Svalbard (Norw.)
Nordaustlandet
Franz-Josef-Land
Nowaja Semlja
Jan Mayen (Nor.)
Bjørnøya (Nor.)
Färöer (Dän.)
Tórshavn/Thorshavn
Shetlandinseln
Lerwick
Orkneyinseln
Hebriden
Rockall (U.K.)
Lofoten
Vesterålen
VEREINIGTES KÖNIGREICH
IRLAND
DUBLIN
BAILE ÁTHA CLIATH
Belfast
GLASGOW
BIRMINGHAM
Liverpool
Leeds
Sheffield
I. of Man
NIEDERLANDE
AMSTERDAM
DEUTSCHLAND
BERLIN
HAMBURG
HANNOVER
BREMEN
DÄNEMARK
KOPENHAGEN
Malmö
Bornholm
NORWEGEN
OSLO
Bergen
Stavanger
Trondheim
SCHWEDEN
STOCKHOLM
Uppsala
Göteborg
Öland
Gotland
Luleå
FINNLAND
HELSINKI
Tampere
Turku
Åbo
Oulu
ESTLAND
Tallinn
Saaremaa
Hiiumaa
LETTLAND
RIGA
LITAUEN
VILNIUS
Klaipeda
RUSSLAND
Kaliningrad
POLEN
WARSCHAU
Danzig
Stettin
Białystok
ŁÓDŹ
POZNAŃ
WROCŁAW
KRAKÓW
WEISSRUSSLAND
MINSK
Brest
HOMEL'
UKRAINE
KIEW
LVIV
Vinnycja
ODESSA
CHIŞINĂU
MOLDAU
Simferopol'
Sevastopol'
KRASNODAR
Soči
Maikop
ROSTOW-NA-DONU
DONEC'K
CHARKIV
DNIPRO
ZAPORIŽŽA
KRYVYJ RIH
Mariupol'
Asowsches Meer
MOSKAU
ST. PETERSBURG
Velikij Novgorod
Tver'
Smolensk
Orel
Tula
Sergiev Posad
Vladimir
RJAZAN
VORONEŽ
PENZA
SARATOV
NIŽNIJ NOVGOROD
JAROSLAVL
Petrozavodsk
Republik Karelien
Murmansk
Kirkenes
Archangel'sk
Weißes Meer
Sev. Dvina
Syktyvkar
Republik der Komi
Uhta
Pečora
Vorkuta
Salehard
Halbinsel Jamal
Norilsk
Taimyr
Republik Sacha
Jakutsk
Anadyr
Magadan
Kamtschatka
Ochotsk
o. Karaginskij
o. Vajgač
o. Kolguev
o. Komsomolec
Sev. Zemlja
o. Vrangelja
Novosibirskie ostrova
Medvež'i ostrova
CHINA
Innere Mongolei
Heilongjiang
QIQIHAR
Alaska (USA)
Fairbanks
Anchorage
Nome
Prudhoe Bay
Seward
Kodiak Island
Alaska Halbinsel
Aleuten
Nunivak I.
St. Lawrence I.
Beringstraße
Yukon
Whitehorse
Juneau
Alexander Archipelago
Haida Gwaii (Queen Charlotte Is.)
British Columbia
Alberta
Saskatchewan
Northwest Territories
Yellowknife
Mackenzie R.
Fort Simpson
Ft. Nelson
Dawson Creek
Nunavut
Queen Elizabeth Islands
Ellesmere Island
Devon I.
Axel Heiberg Island
Sverdrup Islands
Parry Islands
Melville I.
Bathurst I.
Prince Patrick I.
Banks Island
Victoria Island
Prince of Wales I.
Somerset Island
King William I.
Baffin Island
Prince Charles I.
Southampton I.
Mansel I.
Belcher Islands
Chesterfield Inlet
Arviat
Churchill
Thule
Qaanaaq
Disko O.
Qeqertarsuaq
Sisimiut
Nuuk
Godthåb
Qaqortoq
Julianehåb
Labrador
Newfoundland and Labrador
St. John's
Goose Bay
KANADA

ATLANTISCHER OZEAN
PAZIFISCHER OZEAN
VEREINIGTE STAATEN
MEXIKO
KUBA
BAHAMAS
JAMAIKA
HAITI
DOMINIKANISCHE REP.
GUATEMALA
BELIZE
HONDURAS
EL SALVADOR
NICARAGUA
COSTA RICA
PANAMA
KOLUMBIEN
VENEZUELA
ECUADOR
PERU
BRASILIEN
BOLIVIEN
GUYANA
Ontario
Golf von Mexiko
Karibisches Meer
Große Antillen
Sargassosee
Galápagos-Inseln (Islas Galápagos) (Ecu.)
Mass. = Massachusetts
Conn. = Connecticut
Maryld. = Maryland
R.I. = Rhode Island
WASHINGTON D.C.
NEW YORK
MEXIKO-STADT
HAVANNA
BOGOTÁ
CARACAS
Î. Clipperton (Fr.)
I Alëuten
Beringmeer
Alaska (USA)
Alëuten
II Hawaii
PAZIFISCHER OZEAN
Hawaii (USA)
HONOLULU
Hawaii-Inseln
142

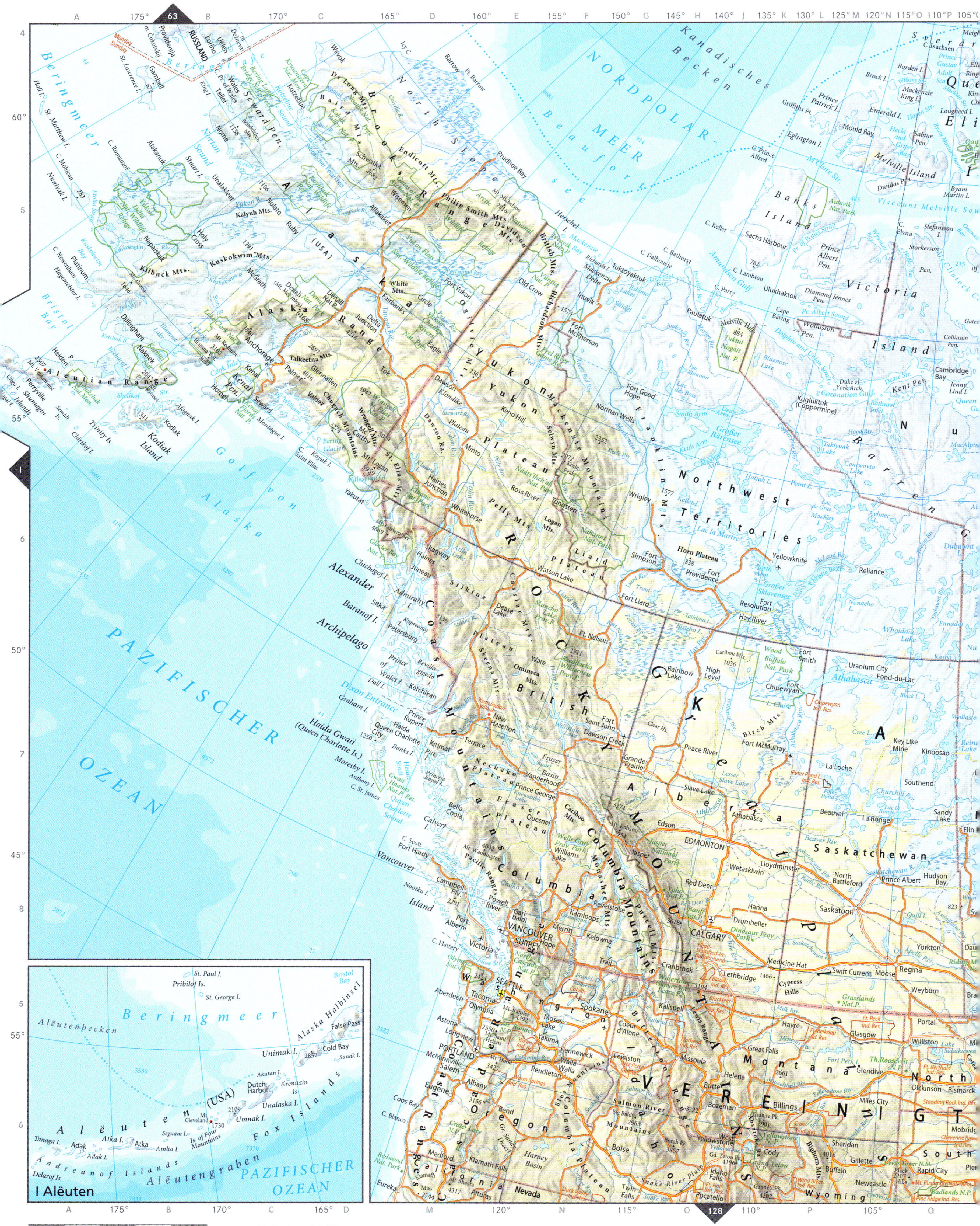

0 120 240 360 480 600 Kilometer Maßstab 1:13,5 Mio. Flächentreue Azimutalprojektion (Lambert)

Grönland
(Dän.)
Baffin Bay
Baffin Island
Davisstraße
Labradorsee
ATLANTISCHER OZEAN
Hudson Bay
Hudsonstraße
Ungava Bay
Péninsule d'Ungava
Labrador
Labradorküste
Newfoundland and Labrador
Neufundland
Côte Nord
Québec
Ontario
Manitoba
James Bay
Foxe Basin
Ellesmere Island
Devon Island
Southampton I.
Melville Peninsula
Boothia Peninsula
Gulf of Boothia
Reykjanesrücken
Irmingersee
Dänemarkstraße
Kong Christian IX Land
Kong Frederik VI Kyst
Kong Frederik IX Land
Dronning Ingrid Land
Labradorbecken
Neufundlandbank
Golf v. St.-Lorenz
Nova Scotia
Gulf of Maine
Neu-England-Rücken
Oberer See
Michigansee
Huronsee
Eriesee
Ontariosee
Maine
New York
Pennsylvania
Wisconsin
Iowa
Indiana
Ohio
Minnesota
WINNIPEG
MONTRÉAL
QUÉBEC
OTTAWA
TORONTO
BOSTON
NEW YORK
CHICAGO
DETROIT
MILWAUKEE
Halifax
St. John's
Nuuk Godthåb
Churchill
Iqaluit (Frobisher Bay)
Conn. = Connecticut
Mass. = Massachusetts
R.I. = Rhode Island
18
129

0 40 80 120 160 200 Kilometer Maßstab 1:4,5 Mio. Flächentreuer Schnittkegel (Albers)

L 118° M 116° N 114° O 112° P 110° Q 108° 122 R 106° S 104° T 102° U 100°

Wood Buffalo National Park

Lake Athabasca

A l b e r t a

S a s k a t c h e w a n

M a n i t o b a

EDMONTON

CALGARY

SASKATOON

REGINA

V E R E I N I G T E S T A A T E N

M o n t a n a

L 118° M 116° 130 N 114° O 112° P 110° Q 108° R 122 106° S

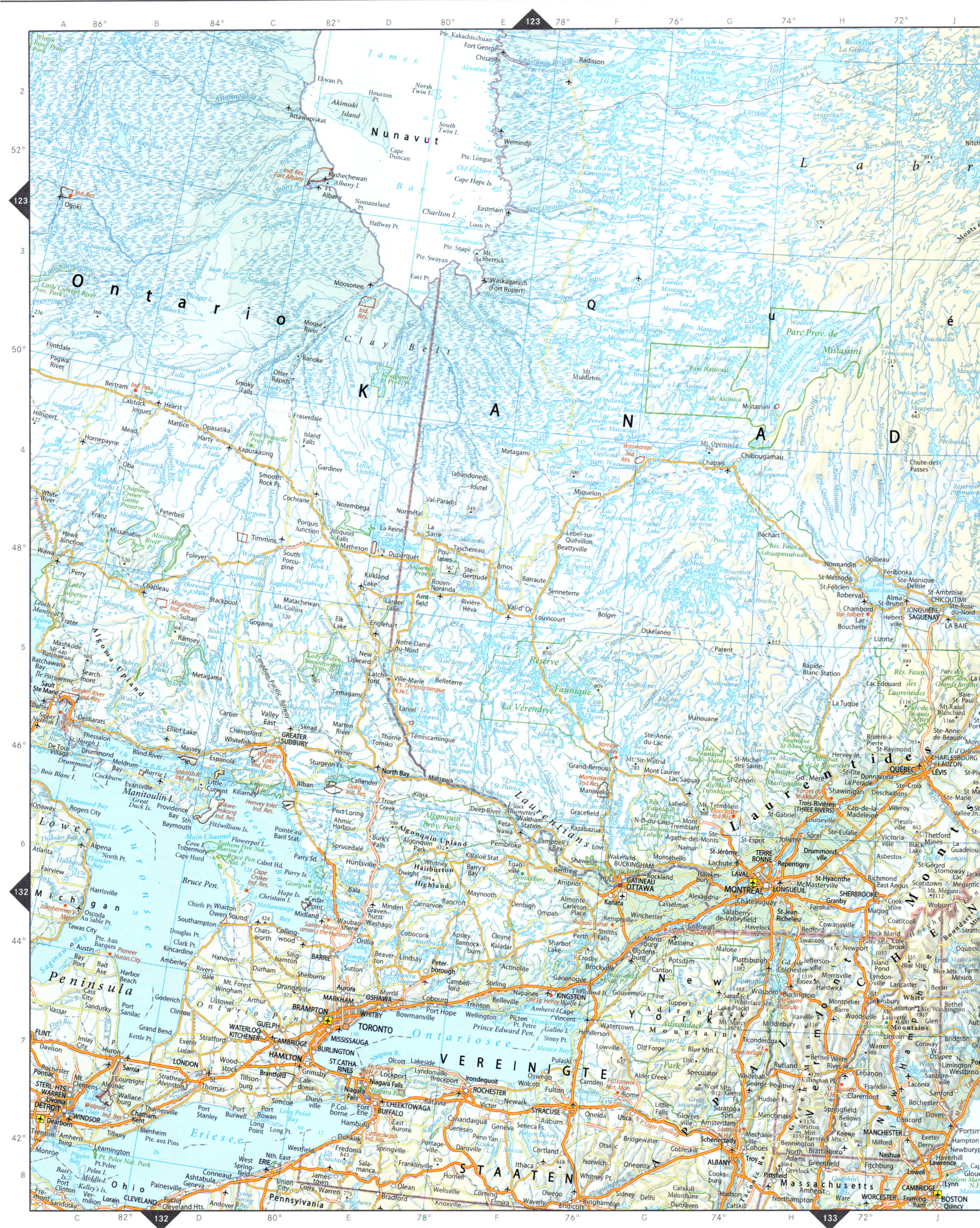
James Bay
Nunavut
Akimiski Island
Ontario
Clay Belt
K A N A D A
Québec
Labrador
Parc Prov. de Mistassini
Réserve Faunique La Vérendrye
Laurentides
Laurentians
Algonquin Prov. Park
Algoma Upland
Manitoulin I.
Huronsee
Lower Michigan Peninsula
Ontariosee
Eriesee
VEREINIGTE STAATEN
Adirondack Mountains
New York
Massachusetts
Pennsylvania
Ohio
Moosonee
Timmins
Sudbury
North Bay
Ottawa
Montréal
Québec
Toronto
Hamilton
Kingston
Buffalo
Rochester
Syracuse
Albany
Detroit
Windsor
London
Sault Ste. Marie
Trois-Rivières
Sherbrooke
Boston
Maßstab 1:4,5 Mio. Flächentreuer Schnittkegel (Albers)

Newfoundland and Labrador
Côte Nord
Mealy Mountains
Goose Bay
Happy Valley-Goose Bay
Churchill Falls
Labrador City
Fermont
Gagnon
Sept-Îles
Port-Cartier
Havre-St.-Pierre
Natashquan
Blanc-Sablon
St. Anthony
Labradorsee
Belle Isle
Strait of Belle Isle
Île d'Anticosti
Détroit de Jacques-Cartier
Détroit d'Honguedo
St.-Lorenz-Golf
Îles de la Madeleine
Cabot Strait
Cape Breton Island
Prince Edward Island
Charlottetown
Nova Scotia
HALIFAX
DARTMOUTH
Sydney
Gaspé
Péninsule Gaspésie
Monts Chic-Chocs
Rimouski
Baie des Chaleurs
New Brunswick
Fredericton
Moncton
Saint John
Bay of Fundy
Gulf of Maine
Bangor
Corner Brook
Stephenville
Long Range Mountains
Great Northern Peninsula
Gros Morne
Grand Falls
Gander
Burin Peninsula
St-Pierre und Miquelon (Fr.)
Saint-Pierre Bank
ATLANTISCHER OZEAN
Avalon Pen.
ST. JOHN'S
Bonavista Pen.
I Neufundland

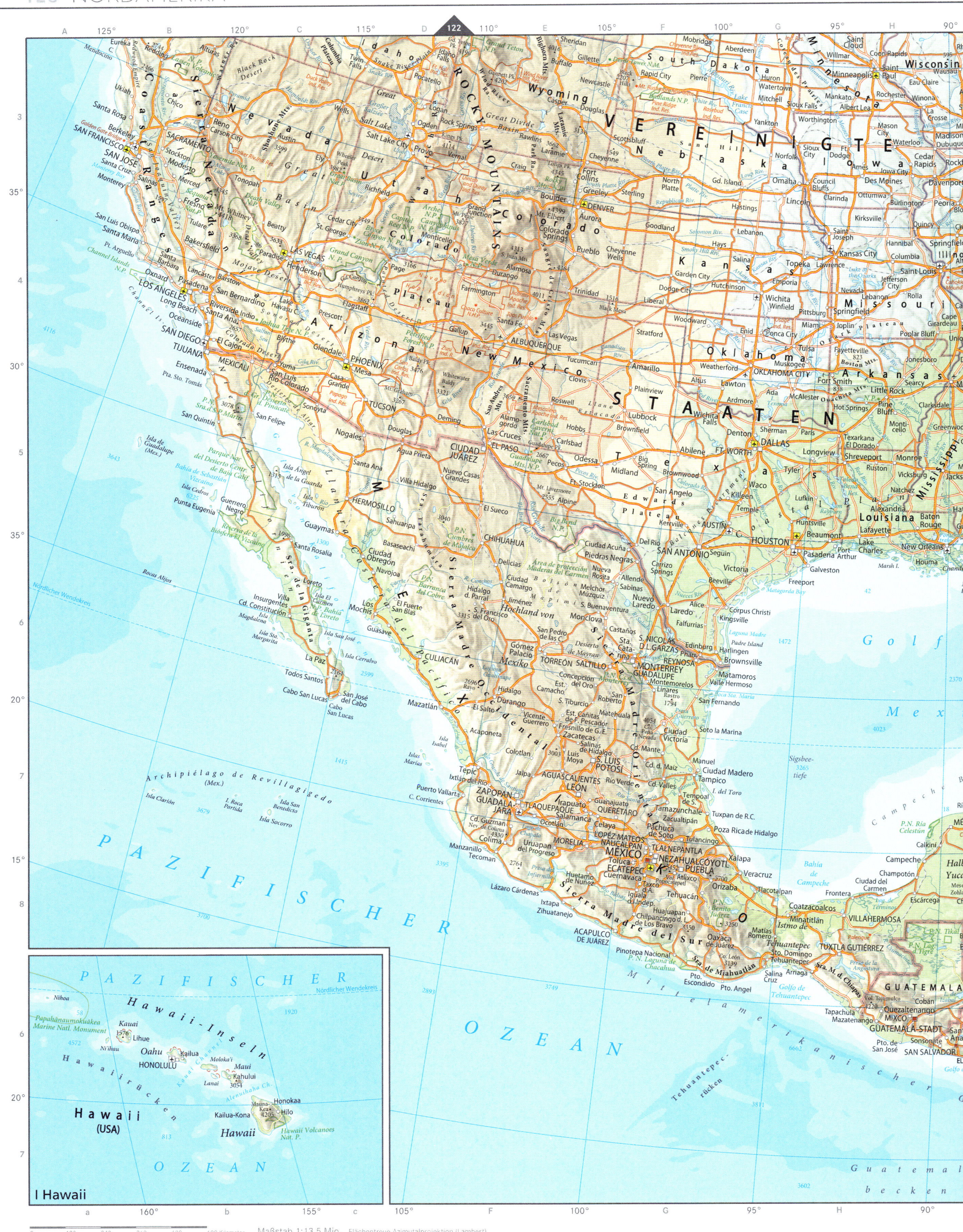
VEREINIGTE STAATEN
PAZIFISCHER OZEAN
Golf von Mexiko
Hawaii (USA)
I Hawaii
Maßstab 1:13,5 Mio. Flächentreue Azimutalprojektion (Lambert)

0 40 80 120 160 200 Kilometer Maßstab 1:4,5 Mio. Flächentreuer Schnittkegel (Albers)

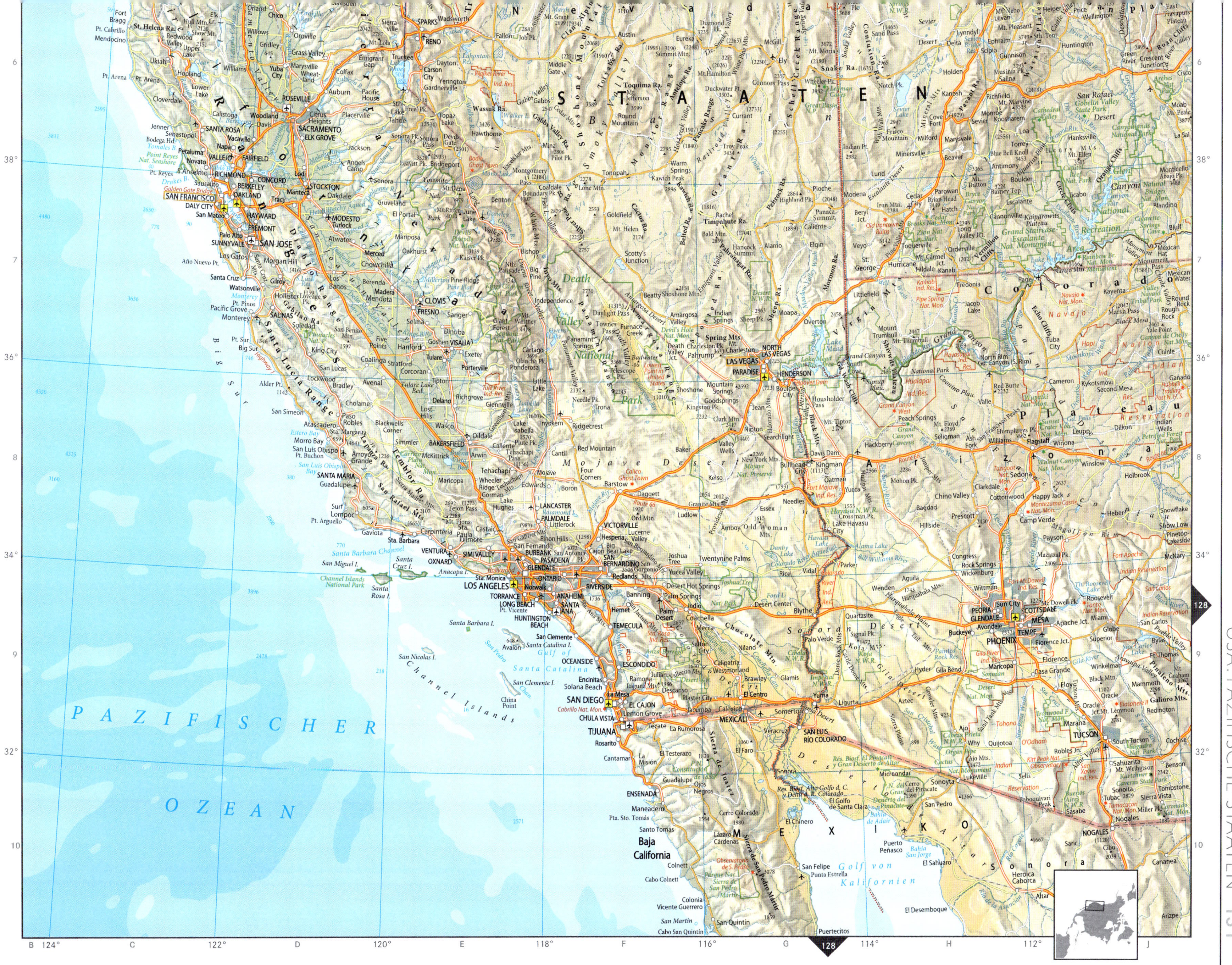
PAZIFISCHER OZEAN
Channel Islands
Golf von Kalifornien
Baja California
LOS ANGELES
SAN DIEGO
TIJUANA
MEXICALI
LAS VEGAS
PHOENIX
TUCSON
SACRAMENTO
SAN FRANCISCO
SAN JOSE
FRESNO
BAKERSFIELD
Santa Lucia Range
Diablo Range
Mojave Desert
Sonoran Desert
Death Valley National Park
128

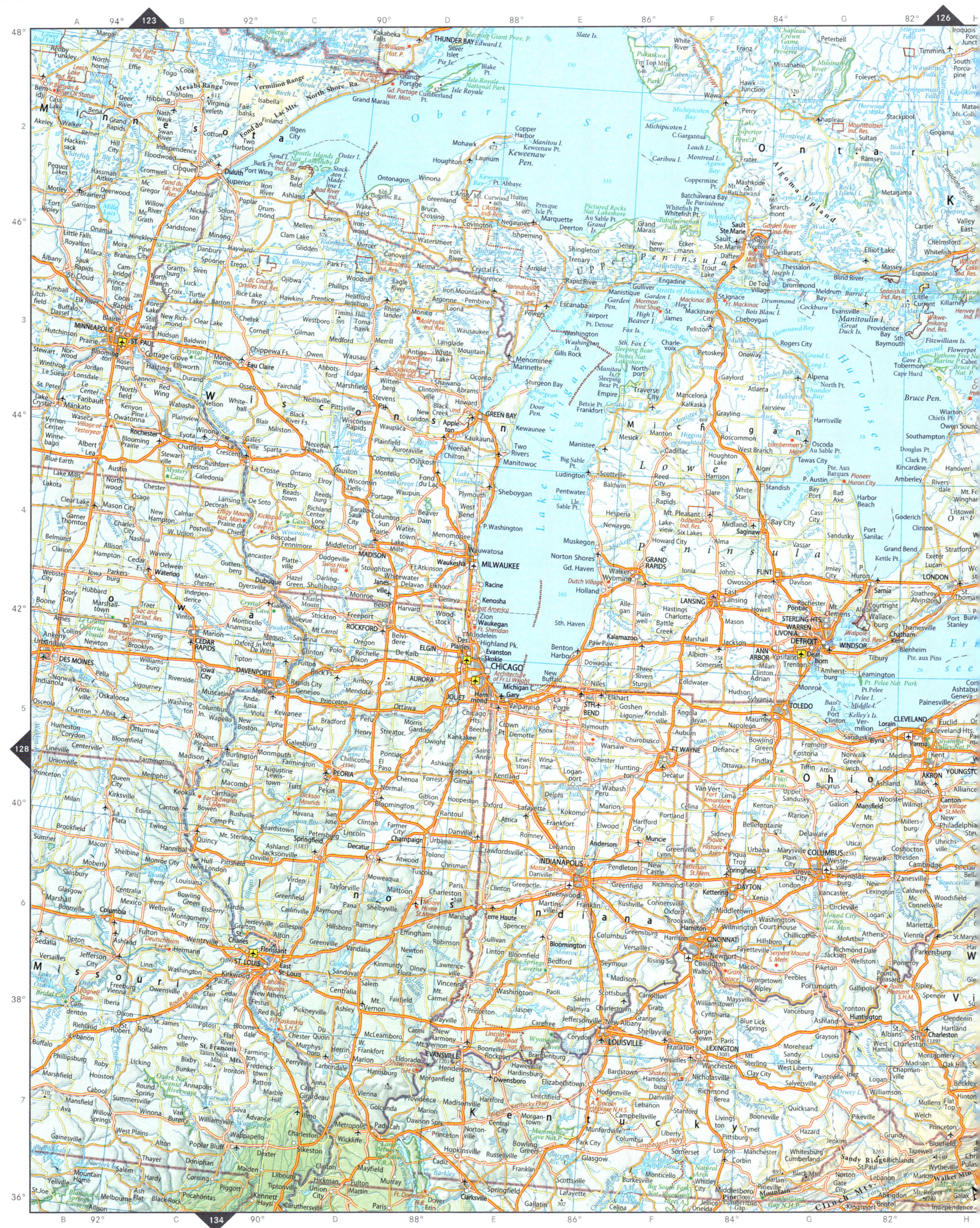
Oberer See
Lake Michigan
Huronsee
Ontario
Minnesota
Wisconsin
Michigan
Iowa
Illinois
Indiana
Ohio
Missouri
Kentucky
Upper Peninsula
Lower Peninsula
MINNEAPOLIS
ST. PAUL
DULUTH
GREEN BAY
MILWAUKEE
MADISON
CHICAGO
DETROIT
WINDSOR
TOLEDO
CLEVELAND
AKRON
COLUMBUS
DAYTON
CINCINNATI
INDIANAPOLIS
LOUISVILLE
LEXINGTON
ST. LOUIS
DES MOINES
DAVENPORT
PEORIA
GRAND RAPIDS
LANSING
FLINT
FT. WAYNE
EVANSVILLE
ROCKFORD
CEDAR RAPIDS
THUNDER BAY
Keweenaw Pen.
Isle Royale
Bruce Pen.
Manitoulin I.
Mesabi Range
Algoma Upland

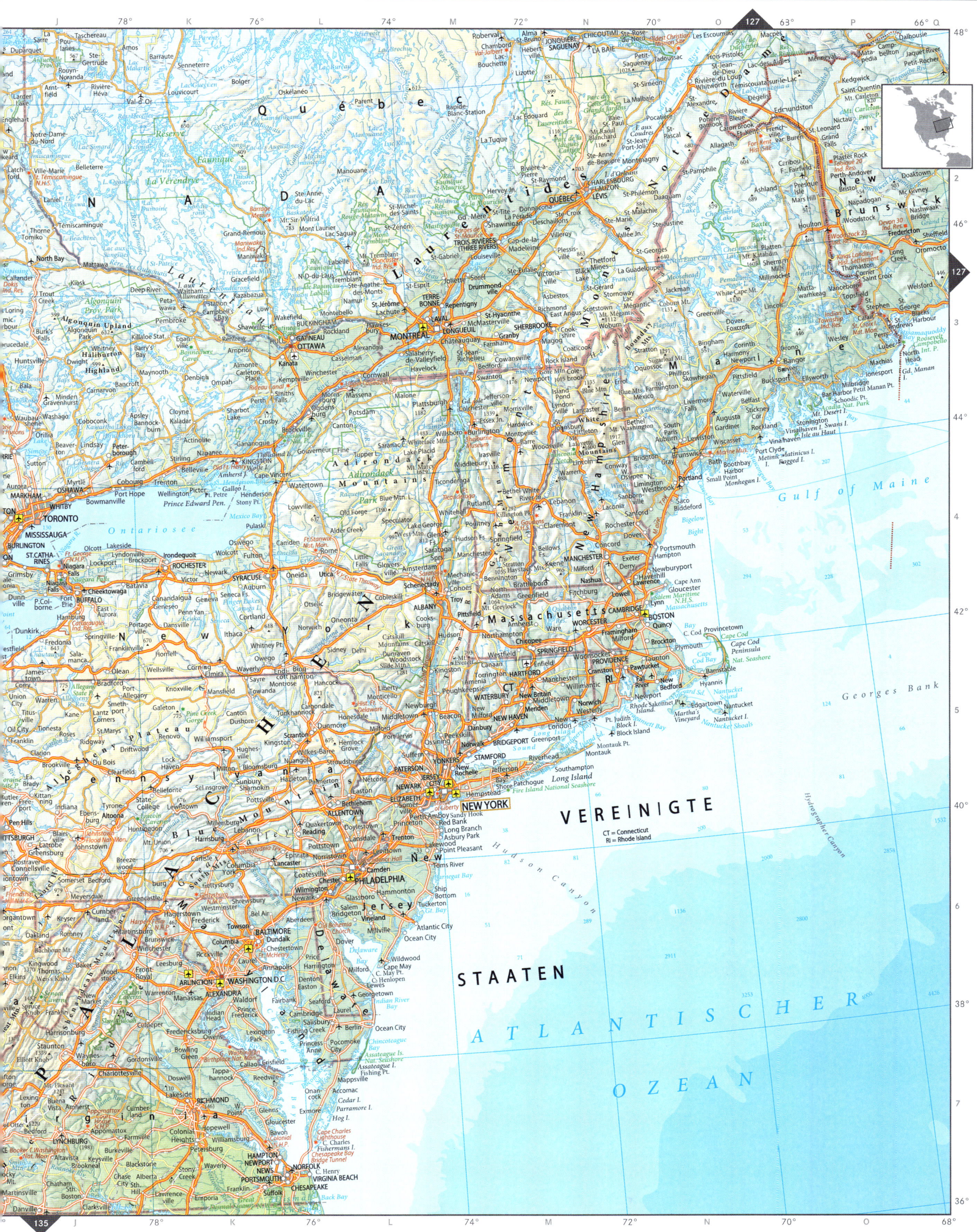
Québec
KANADA
Laurentides
Notre Dame
New Brunswick
Maine
New Hampshire
Vermont
Adirondack Mountains
New York
Massachusetts
Connecticut
Rhode Island
New Jersey
Pennsylvania
Delaware
Maryland
Virginia
Appalachen
Allegheny plateau
Blue Mountains
Lake Ontario
Gulf of Maine
Georges Bank
Hudson Canyon
Hydrographer Canyon
VEREINIGTE STAATEN
CT = Connecticut
RI = Rhode Island
ATLANTISCHER OZEAN
MONTRÉAL
QUÉBEC
OTTAWA
TORONTO
BOSTON
NEW YORK
PHILADELPHIA
BALTIMORE
WASHINGTON D.C.
PROVIDENCE
HARTFORD
ALBANY
PORTLAND
RICHMOND
NORFOLK
Long Island
Cape Cod
Prince Edward Pen.
127
135

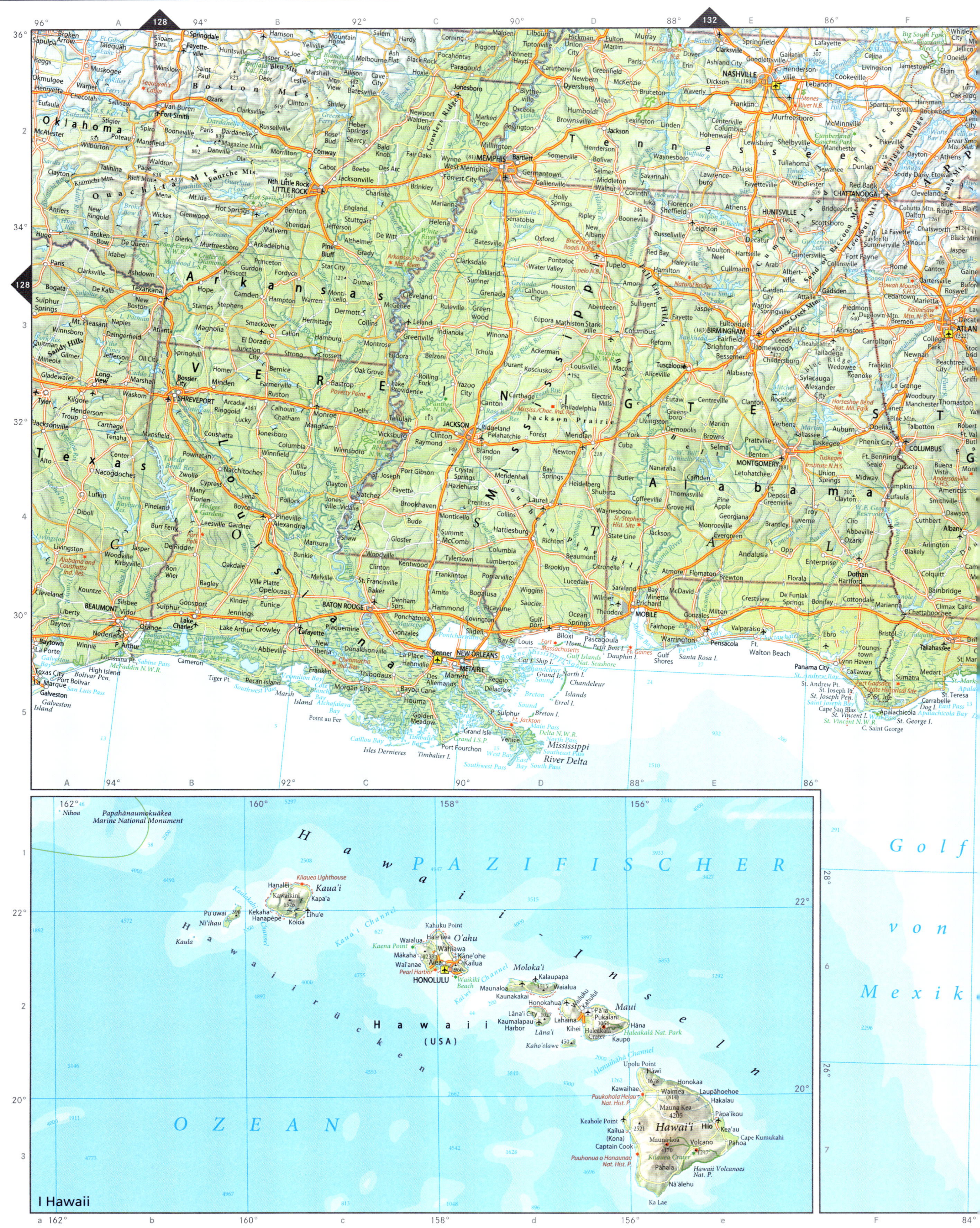

0 40 80 120 160 200 Kilometer Maßstab 1:4,5 Mio. Flächentreuer Schnittkegel (Albers)

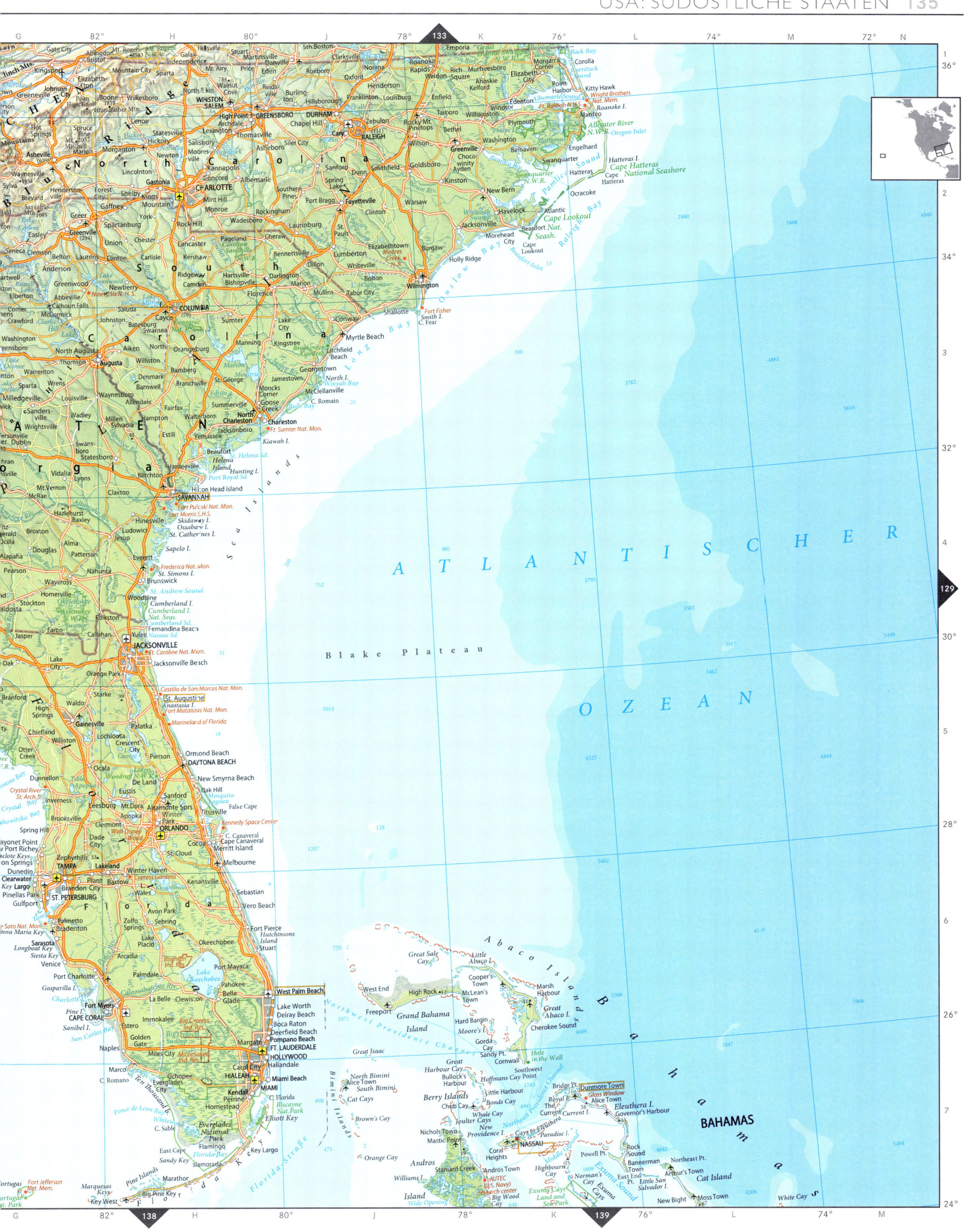
ATLANTISCHER OZEAN
Blake Plateau
North Carolina
South Carolina
Georgia
Florida
BAHAMAS
Bahamas
Abaco Islands
Sea Islands
Florida Keys
Florida-Straße
Bimini Islands
Onslow Bay
Long Bay
Raleigh Bay
Pamlico Sound
Albemarle Sound
Blue Ridge
CHARLOTTE
RALEIGH
COLUMBIA
SAVANNAH
JACKSONVILLE
ORLANDO
TAMPA
ST. PETERSBURG
MIAMI
FT. LAUDERDALE
HOLLYWOOD
NASSAU
Charleston
Wilmington
Myrtle Beach
Augusta
Gainesville
St. Augustine
Daytona Beach
Melbourne
West Palm Beach
Miami Beach
Fort Myers
Key West
Cape Hatteras
Cape Lookout
Cape Canaveral
Lake Okeechobee
Grand Bahama Island
Andros Island
Eleuthera I.
Cat Island
133
129
138
139

0 40 80 120 160 200 Kilometer Maßstab 1:4,5 Mio. Flächentreuer Schnittkegel (Albers)

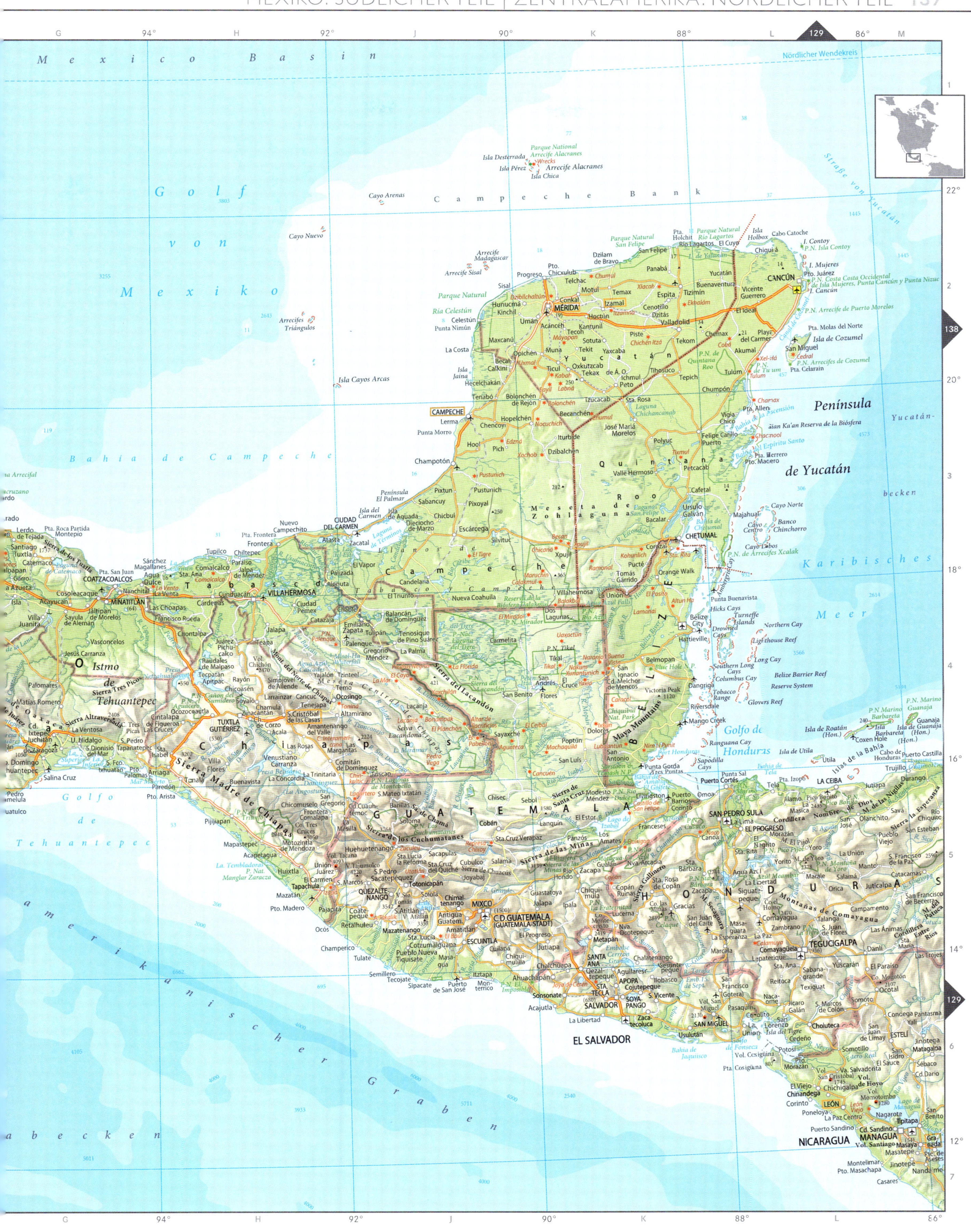
Mexico Basin
Golf von Mexiko
Campeche Bank
Bahía de Campeche
Nördlicher Wendekreis
Straße von Yucatán
Península de Yucatán
Yucatán-becken
Karibisches Meer
Golfo de Honduras
Golfo de Tehuantepec
Mittelamerikanischer Graben
Istmo de Tehuantepec
Sierra Madre de Chiapas
Maya Mountains
Belize Barrier Reef
Reserve System
Isla Desterrada
Arrecife Alacranes
Cayo Arenas
Cayo Nuevo
Arrecife Sisal
Arrecifes Triángulos
Isla Cayos Arcas
MÉRIDA
CANCÚN
Isla de Cozumel
CAMPECHE
CIUDAD DEL CARMEN
VILLAHERMOSA
COATZACOALCOS
MINATITLÁN
CHETUMAL
Belize City
Belmopan
Flores
TUXTLA GUTIÉRREZ
Tapachula
QUEZALTENANGO
MIXCO
C.D. GUATEMALA (GUATEMALA-STADT)
SAN PEDRO SULA
EL PROGRESO
LA CEIBA
TEGUCIGALPA
SANTA ANA
SAN SALVADOR
SAN MIGUEL
EL SALVADOR
LEÓN
MANAGUA
NICARAGUA
Yucatán
Campeche
Tabasco
Chiapas
Quintana Roo
BELIZE
GUATEMALA
HONDURAS
Islas de la Bahía
Isla de Roatán (Hon.)
Isla de Utila
Turneffe Islands
Lighthouse Reef
Glovers Reef
Banco Chinchorro
Sian Ka'an Reserva de la Biósfera
Bahía de la Ascensión
Bahía del Espíritu Santo
Laguna de Términos
Meseta de Zohlaguna
Sierra de los Cuchumatanes
Sierra de las Minas
Sierra de Santa Cruz
Montañas de Comayagua
Lago de Izabal
Golfo de Fonseca
Lago de Managua

Golf von Mexiko
VEREINIGTE STAATEN
Florida
Fort Myers
CAPE CORAL
Naples
Port Charlotte
Sarasota
Venice
Lake Okeechobee
West Palm Beach
Boca Raton
FT. LAUDERDALE
HOLLYWOOD
MIAMI
Miami Beach
HIALEAH
Homestead
Everglades National Park
Key Largo
Marathon
Key West
Florida Keys
Floridastraße
Dry Tortugas
Nördlicher Wendekreis
KUBA
LA HABANA (HAVANNA)
MATANZAS
SANTA CLARA
CIENFUEGOS
PINAR DEL RIO
Trinidad
Archipiélago de los Colorados
Archipiélago de los Canarreos
Archipiélago de Sabana
Isla de la Juventud (Isla de Pinos)
Nueva Gerona
Golfo de Batabanó
Straße von Yucatán
Yucatánbecken
Caymanrücken
Caymangraben
Grand Cayman
Georgetown
Cayman Islands (U.K.)
Little Cayman
Cayman Brac
Península de Yucatán
MEXIKO
Quintana Roo
Yucatán
CANCÚN
Isla Mujeres
Isla de Cozumel
Playa del Carmen
Tulum
Chetumal
BELIZE
Belize City
Belmopan
Belize Barrier Reef
Golfo de Honduras
HONDURAS
SAN PEDRO SULA
LA CEIBA
Isla de Roatán (Hon.)
Guanaja
Islas del Cisne/Islas Santanilla (Hon.)
Cayos Cocorocuma
Banco de Serranilla (Kol.)
GUATEMALA
Cabo Catoche
C. de S. Antonio

I Bermuda
ATLANTISCHER OZEAN
Bermuda Islands
Bermuda (U.K.)
St. George
Hamilton
Bermuda Island
Bermuda-Schwelle
BAHAMAS
Bahamas
ATLANTISCHER OZEAN
Nördlicher Wendekreis
Abaco Islands
NASSAU
Dunmore Town
Eleuthera I.
Cat Island
Long Island
Exuma Sound
Exuma Cays
Great Exuma Island
San Salvador (Guanahani I.)
Rum Cay (Mamana I.)
Samana Cay
Crooked Island
Acklins I.
Mayaguana I.
Great Inagua I.
Little Inagua I.
Turks and Caicos Islands (U.K.)
Caicos Islands
Turks Islands
Cockburn Town
Grand Turk Island
Caicos Passage
Silver Bank
Navidad Bank
Große Antillen
HAITI
PORT-AU-PRINCE
Cap-Haïtien
Golfe de la Gonâve
Île de la Gonâve
Île de la Tortue
Massif de la Selle
Jérémie
Les Cayes
Jacmel
Paso de los Vientos
Passe du Vent
DOMINIKANISCHE REPUBLIK
STO.DOMINGO
SANTIAGO D.L. CABALLEROS
Cordillera Central
Cordillera Septentrional
Cordillera Oriental
Puerto Plata
La Romana
Isla Saona
Hispaniola
Isla Beata
CAMAGÜEY
HOLGUÍN
BAYAMO
SANTIAGO DE CUBA
GUANTÁNAMO
Guantánamo Bay Naval Station (USA)
Sierra Maestra
Cayo Romano
JAMAIKA
KINGSTON
Montego Bay
Spanish Town
Jamaica Channel
Navassa (USA)
Pedro Cays
Karibisches Meer
129

Maßstab 1:27 Mio.   Flächentreue Azimutalprojektion (Lambert)

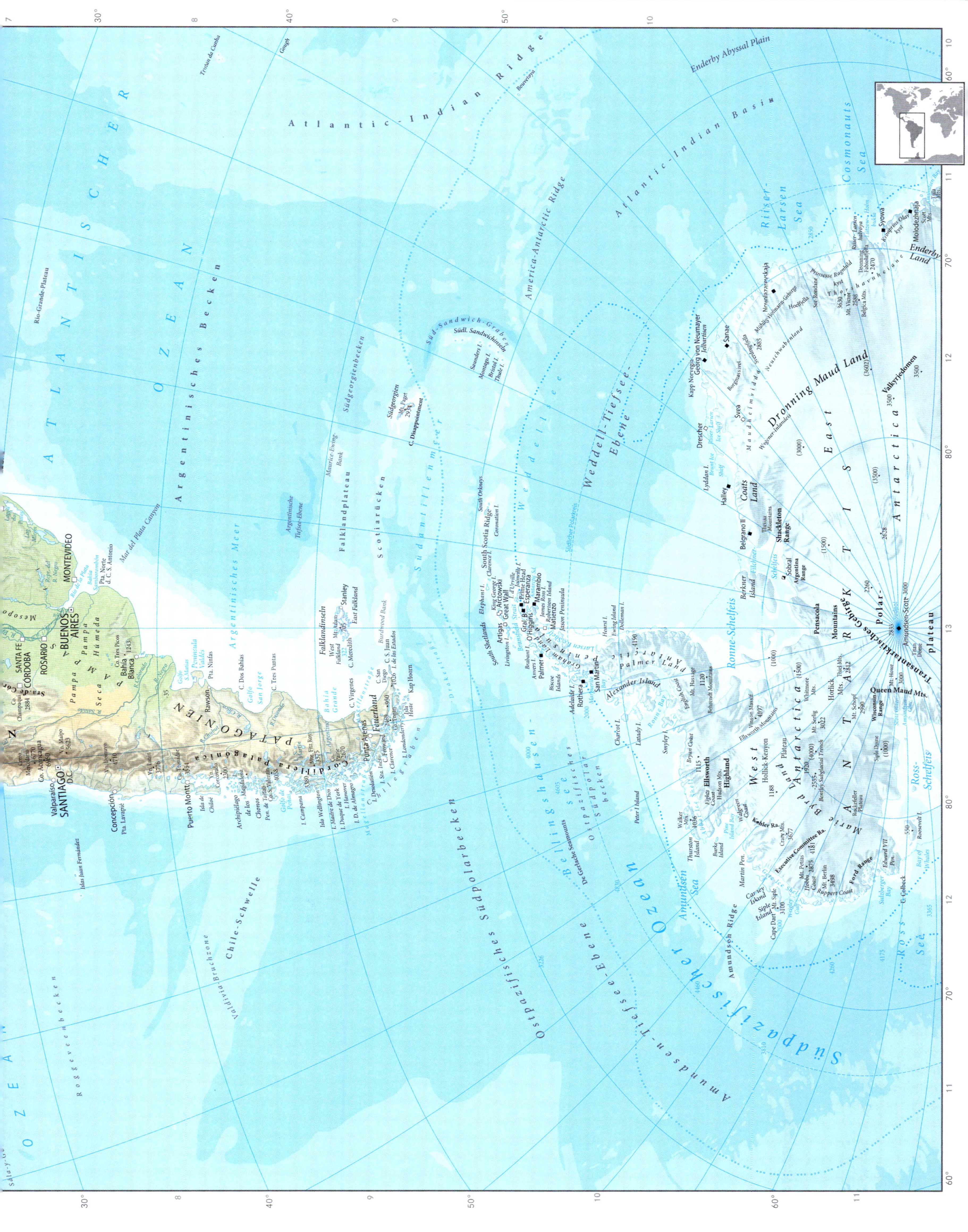

ATLANTISCHER OZEAN
Argentinisches Becken
Atlantic-Indian Ridge
Atlantic-Indian Basin
Enderby Abyssal Plain
America-Antarctic Ridge
Rio-Grande-Plateau
Argentinisches Meer
Falklandplateau
Südgeorgienbecken
Scotiarücken
Südantillenmeer
Süd-Sandwich-Graben
Weddell-Tiefsee-Ebene
Weddellsee
Südpazifischer Ozean
Ostpazifisches Südpolarbecken
Amundsen-Tiefsee-Ebene
Südpolarbecken
Chile-Schwelle
Bellingshausensee
Amundsen Sea
Ross Sea
Riiser-Larsen Sea
Cosmonauts Sea
PATAGONIEN
Feuerland
Falklandinseln
Südgeorgien
South Orkneys
South Shetlands
Alexander Island
Palmer Land
Ronne-Schelfeis
Ross-Schelfeis
Coats Land
Dronning Maud Land
Enderby Land
East Antarctica
West Antarctica
Marie Byrd Land
Ellsworth Land
Transantarktisches Gebirge
Polar-Plateau
Queen Maud Mts.
Pensacola Mountains
Shackleton Range
BUENOS AIRES
MONTEVIDEO
SANTIAGO
ROSARIO
CÓRDOBA
SANTA FE
Valparaíso
Concepción
Puerto Montt
Punta Arenas
Bahía Blanca
Rawson
Stanley
Kap Hoorn
Drakestraße
Amundsen-Scott

ATLANTISCHER OZEAN
PAZIFISCHER OZEAN
Karibisches Meer
Golf von Mexiko
Sargassosee
Große Antillen
KAP VERDE
Praia
VEREINIGTE STAATEN
MEXIKO
GUATEMALA
BELIZE
HONDURAS
EL SALVADOR
NICARAGUA
COSTA RICA
PANAMA
KUBA
BAHAMAS
HAITI
DOMINIKANISCHE REP.
JAMAIKA
Puerto Rico (USA)
ANTIGUA UND BARBUDA
ST. KITTS UND NEVIS
DOMINICA
ST. LUCIA
BARBADOS
SAINT VINCENT UND DIE GRENADINEN
GRENADA
TRINIDAD UND TOBAGO
Guadeloupe (Fr.)
Martinique (Fr.)
Aruba (Nied.)
Curacao (Nied.)
Bonaire (Nied.)
Turks and Caicos Islands (U.K.)
Amerik. Jungferninseln
Brit. Jungferninseln
Anguilla (U.K.)
Montserrat (U.K.)
Cayman Is. (U.K.)
Hamilton
Bermuda (U.K.)
VENEZUELA
KOLUMBIEN
ECUADOR
PERU
BOLIVIEN
BRASILIEN
GUYANA
SURINAME
Französisch Guyana
PARAGUAY
CARACAS
BOGOTÁ
QUITO
LIMA
LA PAZ
Sucre
BRASÍLIA
ASUNCIÓN
Georgetown
Paramaribo
Cayenne
MANAUS
BELÉM
FORTALEZA
NATAL
JOÃO PESSOA
RECIFE
MACEIÓ
ARACAJU
SALVADOR
SÃO LUÍS
TERESINA
BELO HORIZONTE
RIO DE JANEIRO
SÃO PAULO
CURITIBA
GOIÂNIA
CUIABÁ
CAMPO GRANDE
PORTO VELHO
Rio Branco
Boa Vista
Macapá
Palmas
Santarém
Vitória
MARACAIBO
MEDELLÍN
CALI
CARTAGENA de Indias
GUAYAQUIL
TRUJILLO
Iquitos
Cuzco
AREQUIPA
SANTA CRUZ DE LA SIERRA
Antofagasta
SAN MIGUEL DE TUCUMÁN
HAVANNA
KINGSTON
SANTO DOMINGO
PORT-AU-PRINCE
SAN JUAN
SANTIAGO
Camagüey
Nassau
Miami
Key West
West Palm Beach
Orlando
JACKSONVILLE
Tallahassee
St. Petersburg
Savannah
HOUSTON
DALLAS
AUSTIN
SAN ANTONIO
New Orleans
Baton Rouge
Mobile
Jackson
Birmingham
Montgomery
Matamoros
Tampico
Poza Rica
Veracruz
PUEBLA
Oaxaca
VILLAHERMOSA
TUXTLA GUTIÉRREZ
Campeche
MÉRIDA
Chetumal
Belmopan
GUATEMALA-STADT
SAN SALVADOR
TEGUCIGALPA
MANAGUA
León
San José
Pto. Limón
PANAMA-STADT
Colón
Galápagos-Inseln (Islas Galápagos) (Ecu.)
I. del Coco (C. Rica)
I. de Malpelo (Kol.)
I. Fernando de Noronha (Bras.)
I. da Trindade
I. M. Vaz (Bras.)
S. Pedro e S. Paulo (Bras.)
Nördlicher Wendekreis
Äquator
Maßstab 1:27 Mio.
Flächentreue Azimutalprojektion (Lambert)
0 200 400 600 800 1000 Kilometer

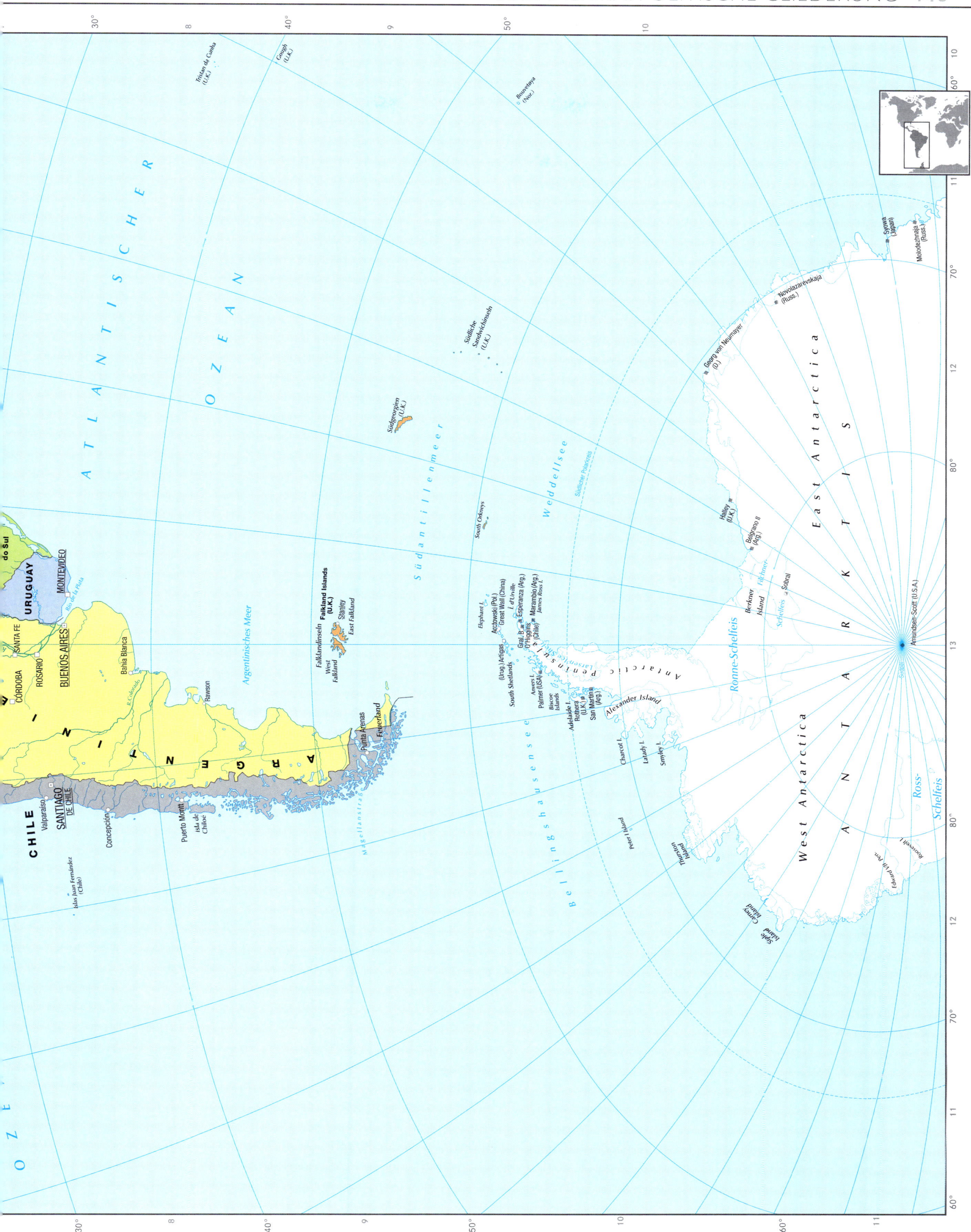
ATLANTISCHER OZEAN
Tristan da Cunha (U.K.)
Gough (U.K.)
Bouvetøya (Nor.)
Südliche Sandwichinseln (U.K.)
Südgeorgien (U.K.)
Südantillenmeer
Weddellsee
Südlicher Polarkreis
South Orkneys
Falklandinseln
Falkland Islands (U.K.)
Stanley
West Falkland
East Falkland
Argentinisches Meer
URUGUAY
MONTEVIDEO
Rio de la Plata
BUENOS AIRES
SANTA FE
ROSARIO
CÓRDOBA
Bahía Blanca
R. Colorado
Rawson
ARGENTINIEN
CHILE
SANTIAGO DE CHILE
Valparaíso
Concepción
Puerto Montt
Isla de Chiloé
Islas Juan Fernández (Chile)
Punta Arenas
Feuerland
Magellanstraße
Elephant I.
Arctowski (Pol.)
Great Wall (China)
I. d'Urville
Esperanza (Arg.)
Marambio (Arg.)
James Ross I.
Gral. B. O'Higgins (Chile)
(Urug.) Artigas
South Shetlands
Antarctic Peninsula
Anvers I.
Palmer (USA)
Biscoe Islands
Adelaide I.
Rothera (U.K.)
San Martin (Arg.)
Alexander Island
Charcot I.
Latady I.
Smyley I.
Bellingshausensee
Peter I Island
Thurston Island
Carney Island
Siple Island
Edward VII Pen.
Roosevelt I.
Ross-Schelfeis
West Antarctica
East Antarctica
ANTARKTIS
Ronne-Schelfeis
Berkner Island
Filchner-Schelfeis
Sobral
Belgrano II (Arg.)
Halley (U.K.)
Georg von Neumayer (D.)
Novolazarevskaja (Russ.)
Syowa (Japan)
Molodezhnaja (Russ.)
Amundsen-Scott (U.S.A.)
do Sul

Karibisches Meer
Kolumbienbecken
Kleine Antillen
PAZIFISCHER OZEAN
Mittelamerikanischer Graben
Guatemalabecken
Cocosrücken
Galápagos-Inseln (Islas Galápagos) (Ecu.)
Galápagosschwelle
Perubecken
Peru-Chile-Graben
Nazcarücken
Chilebecken
Mendana-Bruchzone
GUATEMALA
HONDURAS
EL SALVADOR
NICARAGUA
COSTA RICA
PANAMA
KOLUMBIEN
VENEZUELA
ECUADOR
PERU
BRASILIEN
BOLIVIEN
CHILE
ARGENTINIEN
Amazonas
Llanos del Orinoco
Anden
Cord. Occidental
Cord. Central
Cord. Oriental
Altiplano
GUATEMALA-STADT
TEGUCIGALPA
SAN SALVADOR
MANAGUA
San José
PANAMA-STADT
BARRANQUILLA
CARTAGENA DE INDIAS
MARACAIBO
CARACAS
VALENCIA
BARQUISIMETO
MEDELLÍN
BOGOTÁ
CALI
CÚCUTA
BUCARAMANGA
QUITO
GUAYAQUIL
Iquitos
CHICLAYO
TRUJILLO
LIMA
CALLAO
AREQUIPA
Cuzco
LA PAZ
EL ALTO
COCHABAMBA
Iquique
Arica
Rio Branco
Manaus

Guyana-becken
MITTELATLANTISCHER RÜCKEN
ATLANTISCHER OZEAN
Demerara-Tiefsee-Ebene
Amazonas-schwemmkegel
Ceara-Tiefsee-Ebene
Guyanaplateau
BERGLAND VON GUAYANA
BRASILIANISCHES BERGLAND
Mato Grosso
SURINAME
Französisch Guyana
Georgetown
Paramaribo
Cayenne
MANAUS
BELÉM
SÃO LUÍS
FORTALEZA
TERESINA
NATAL
JOÃO PESSOA
RECIFE
MACEIÓ
ARACAJU
SALVADOR
BRASÍLIA
GOIÂNIA
CUIABÁ
BELO HORIZONTE
PARAGUAY
ST. LUCIA
BARBADOS
GRENADA
TRINIDAD UND TOBAGO
Port of Spain
Äquator

I Malpelo
PAZIFISCHER OZEAN
I. de Malpelo (Kol.)
Malpelo Ridge
Karibisches Meer
PAZIFISCHER OZEAN
Golfo de Panamá
PANAMA
Golfo del Darién
Golfo de Urabá
Golfo de Venezuela
Pen. de la Guajira
Lago de Maracaibo
Sierra Nevada de Santa Marta
Serranía de Perijá
Cordillera Occidental
Cordillera Central
Cordillera Oriental
Serranía del Baudó
Serranía del Darién
Serranía de San Lucas
Sierra de la Macarena
Serranía de Chiribiquete
Mesa de Yambí
Reserva Nacional Natural Nukak
Llanos
KOLUMBIEN
ECUADOR
BARRANQUILLA
CARTAGENA
SANTA MARTA
RIOHACHA
VALLEDUPAR
MARACAIBO
CÚCUTA
BUCARAMANGA
MEDELLÍN
BOGOTÁ
CALI
IBAGUÉ
MANIZALES
PEREIRA
ARMENIA
NEIVA
POPAYÁN
PASTO
QUIBDÓ
BUENAVENTURA
TUNJA
VILLAVICENCIO
YOPAL
MONTERÍA
SINCELEJO
MÉRIDA
SAN CRISTÓBAL
TUMACO
Arauca
Maßstab 1:4,5 Mio.
Flächentreue Azimutalprojektion (Lambert)

144
148

Kleine Antillen
Inseln unter dem Winde
Windward Islands
Inseln über dem Winde
Curaçao
WILLEMSTAD
Bonaire
Golfo Triste
CARACAS
VALENCIA
MARACAY
BARCELONA
CUMANÁ
I. de Margarita
MATURÍN
Trinidad
TRINIDAD UND TOBAGO
Tobago
GRENADA
SAINT VINCENT UND DIE GRENADINEN
Golfo de Paria
Delta del Orinoco
CIUDAD GUAYANA
CIUDAD BOLÍVAR
SAN FERNANDO DE APURE
Orinoco
VENEZUELA
GUYANA
BERGLAND VON GUYANA
Sierra Pacaraima
Pakaraima Mountains
Sierra Parima
Serra Mucajaí
Roraima
BOA VISTA
BRASILIEN
Amazonas
P. N. El Tuparro
Parque Nacional do Pico da Neblina
Sierra de Maigualida
Serranía de Imataca
Pto. Ayacucho
129
144
145

146
144
K O L U M B I E N
E C U A D O R
B R A S I L I E N
A m a z o n a s
QUITO
GUAYAQUIL
IQUITOS
CUENCA
AMBATO
IBARRA
PASTO
RIOBAMBA
ESMERALDAS
MANTA
MACHALA
LOJA
PIURA
SULLANA
CHICLAYO
CAJAMARCA
TARAPOTO
Golfo de Guayaquil
Serra do Traíra
Pampas de Sacramento
Desierto de Sechura
Cordillera del Condor
Cordillera Central
Maßstab 1:4,5 Mio.
Flächentreue Azimutalprojektion (Lambert)

PAZIFISCHER OZEAN
Peru-Chile-Graben
Nazcarücken
LIMA
CALLAO
CUZCO
AREQUIPA
AYACUCHO
HUANCAYO
ICA
Pisco
CHINCHA ALTA
HUÁNUCO
HUARAZ
CHIMBOTE
PUNO
JULIACA
TACNA
BOLIVIEN
Acre
Cord. Vilcabamba
Cord. de Vilcanota
Cord. de Carabaya
Cord. de Chila
Cord. de Huanzo
Cord. de Ampato
Alto Purús
Parque Nacional
I Galápagos-Inseln
Galápagos-Inseln
(Is. Galápagos)
(Ecu.)
Parque Nacional de Galápagos
I. Darwin
I. Wolf
I. Pinta
(Abingdon)
I. Marchena
(Bindloe)
I. Genovesa
(Tower)
I. San Salvador
(Santiago o James)
I. Baltra
I. Santa Cruz
(Indefatigable, Chávez)
I. San Cristóbal
(Chatham)
I. Española
(Hood)
I. Santa María
(Floreana o Charles)
I. Santa Fé
(Barrington)
I. Pinzón
I. Isabela
(Albemarle)
I. Fernandina
(Narborough)
Can. Isabela
Ba. Banks
Äquator
PAZIFISCHER OZEAN
144

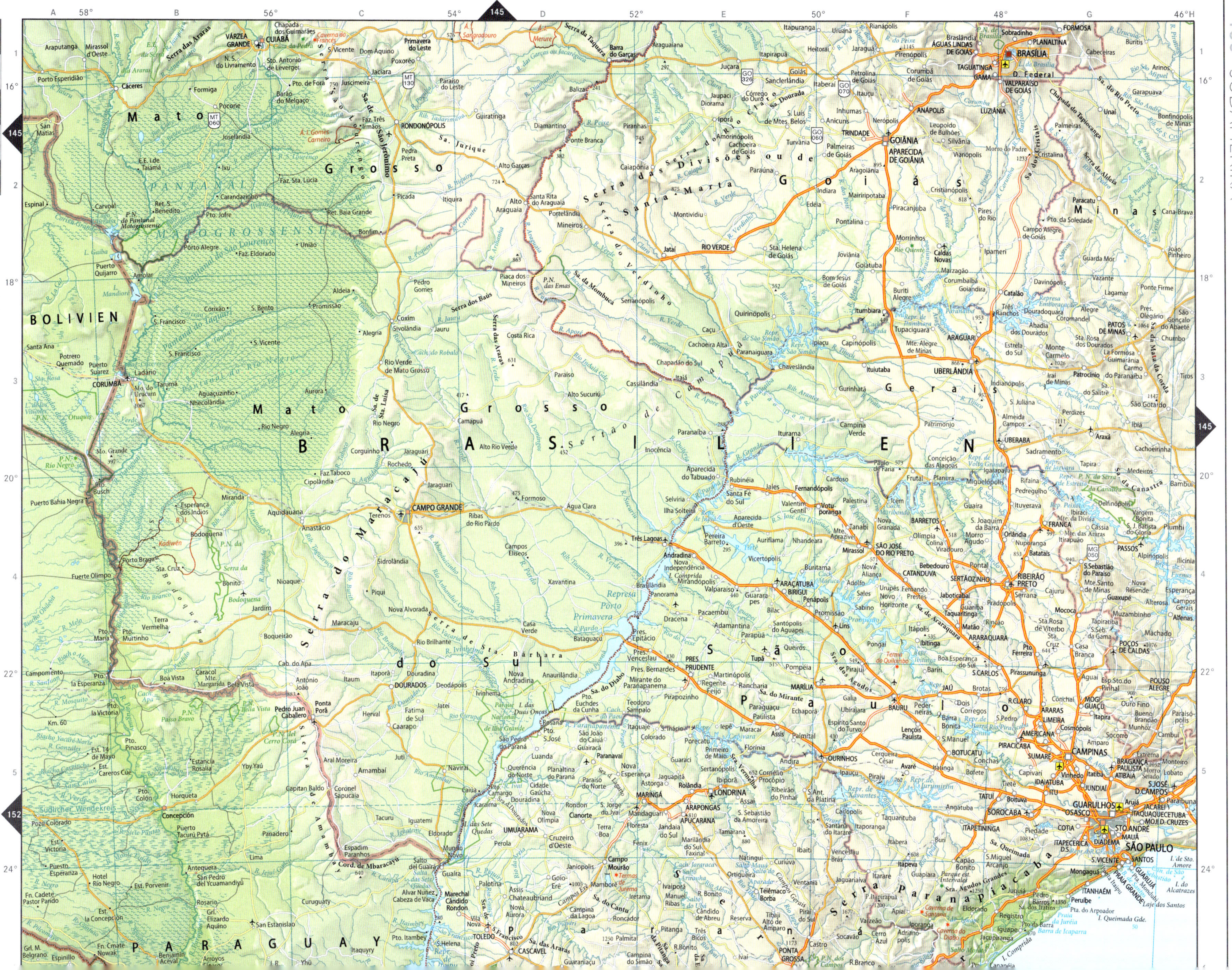

Maßstab 1:4,5 Mio. Flächentreue Azimutalprojektion (Lambert)

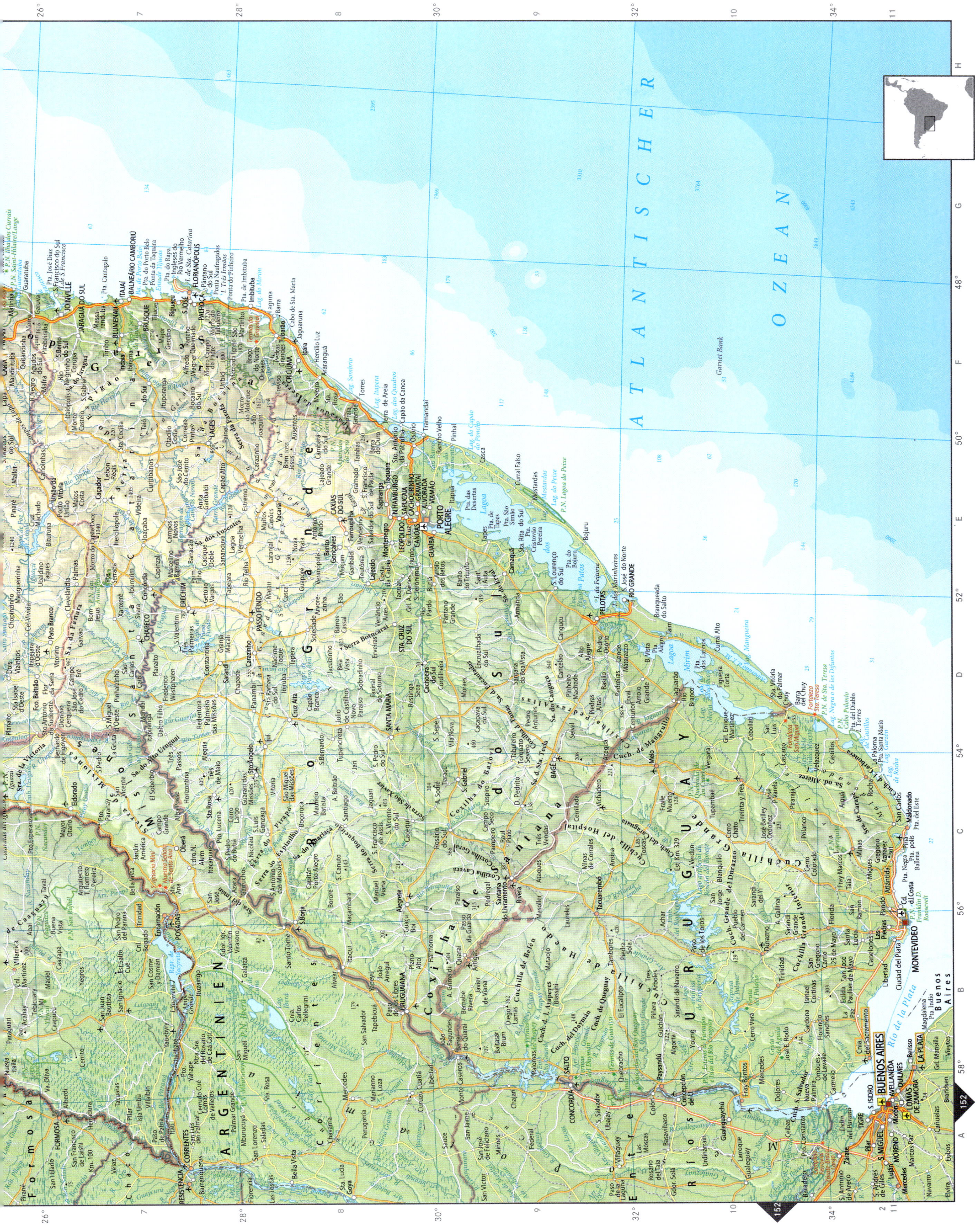

ATLANTISCHER OZEAN
URUGUAY
ARGENTINIEN
Rio Grande do Sul
Santa Catarina
Corrientes
Entre Ríos
Formosa
PORTO ALEGRE
FLORIANÓPOLIS
MONTEVIDEO
BUENOS AIRES
Río de la Plata
152

SÜDAMERIKA: SÜDLICHER TEIL

ARKTIS & OZEANE

Eisberge, besonders Tafeleisberge, die aus Schelfeis entstehen, sind typisch für das Südpolarmeer. Für Pinguine sind sie Startplatz, aber gelegentlich auch eine Barriere bei der Nahrungssuche.

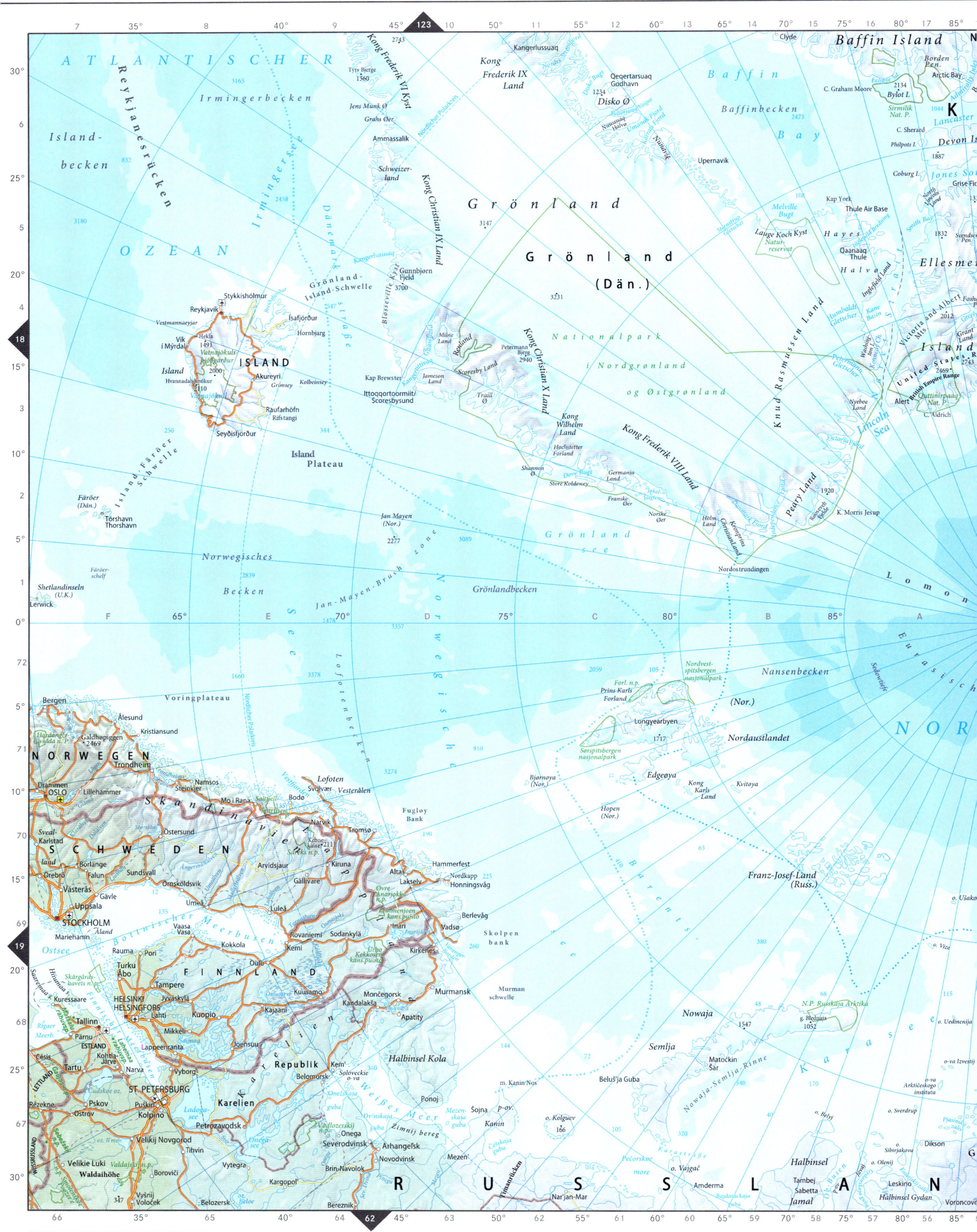

Maßstab 1:13,5 Mio. Flächentreue Azimutalprojektion (Lambert)

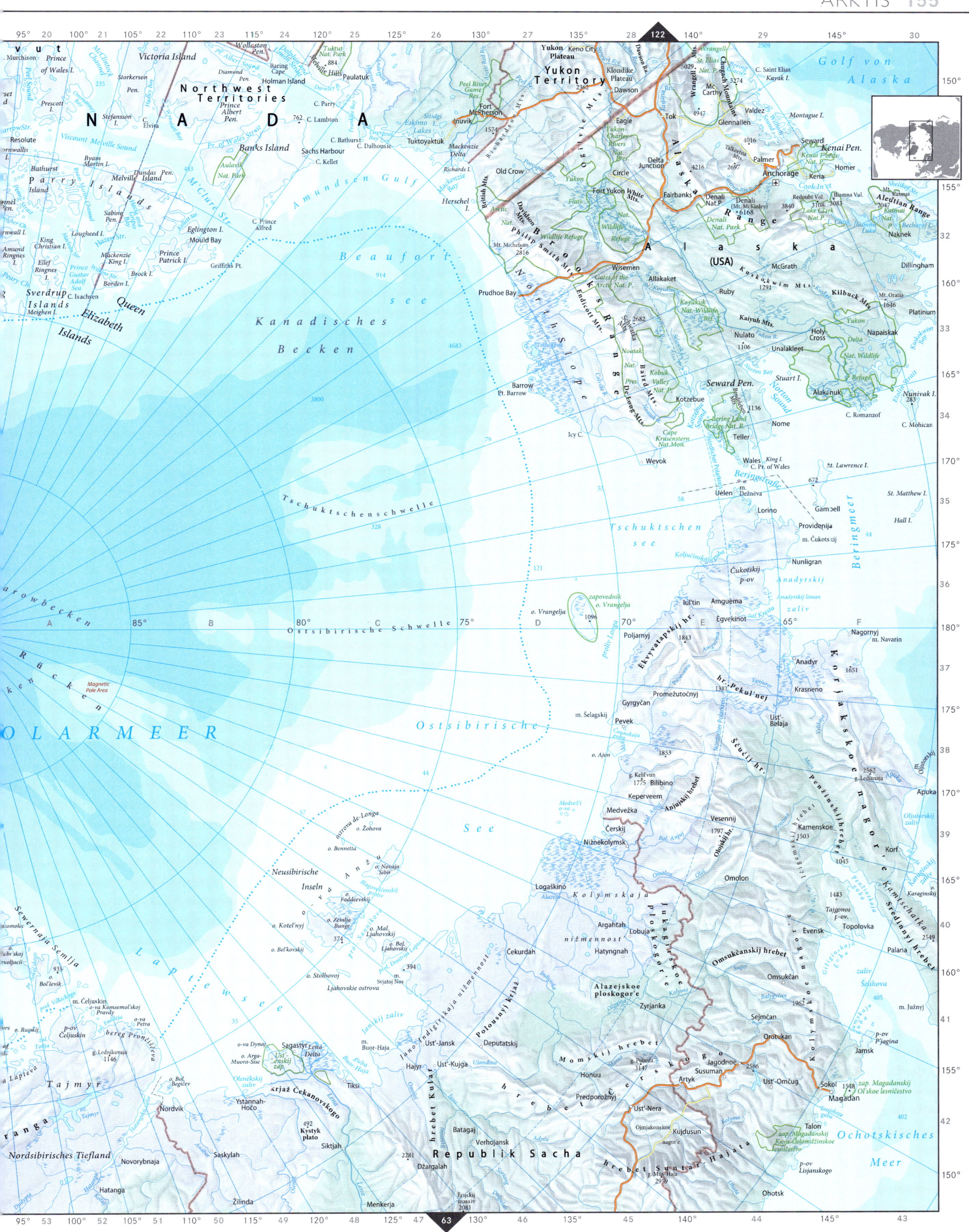
Victoria Island
Northwest Territories
Banks Island
Sachs Harbour
Holman Island
Paulatuk
Tuktoyaktuk
Inuvik
Fort McPherson
Amundsen Gulf
Beaufort-see
Kanadisches Becken
Tschuktschenschwelle
Ostsibirische Schwelle
Ostsibirische See
Tschuktschen see
Polarmeer
Magnetic Pole Area
Queen Elizabeth Islands
Sverdrup Islands
Melville Island
Bathurst Island
Prince Patrick I.
Yukon Territory
Dawson
Old Crow
Herschel I.
Brooks Range
North Slope
Prudhoe Bay
Barrow
Pt. Barrow
Icy C.
Kotzebue
Seward Pen.
Nome
Teller
Wales
Beringstraße
Beringmeer
Fairbanks
Circle
Fort Yukon
Eagle
Tok
Valdez
Anchorage
Palmer
Seward
Kenai Pen.
Homer
Golf von Alaska
Alaska (USA)
Alaska Range
Denali Nat. P.
Denali (Mt. McKinley) 6168
Wrangell Mts.
Chugach Mountains
Kuskokwim Mts.
McGrath
Ruby
Nulato
Unalakleet
Norton Sound
Stuart I.
St. Lawrence I.
St. Matthew I.
Hall I.
Nunivak I.
Dillingham
Naknek
Aleutian Range
o. Vrangelja
Anadyrskij zaliv
Čukotskij p-ov
Uėlen
Lorino
Providenija
Egvekinot
Anadyr
Korjakskoe nagor'e
Kamčatka
Apuka
Korf
Pevek
Bilibino
Keperveem
Čerskij
Nižnekolymsk
Kolymskaja nizmennost'
Omolon
Evensk
Magadan
Ochotskisches Meer
Ohotsk
Susuman
Jagodnoe
Ust'-Nera
Momskij hrebet
Hrebet Čerskogo
Republik Sacha
Verhojansk
Batagaj
Deputatskij
Neusibirische Inseln
Laptewsee
Tiksi
Sewernaja Semlja
Tajmyr
Nordsibirisches Tiefland
Hatanga
Saskylah
Žilinda
Novorybnaja
Menkerja
Nordvik

Maßstab 1:13,5 Mio. Flächentreue Azimutalprojektion (Lambert)

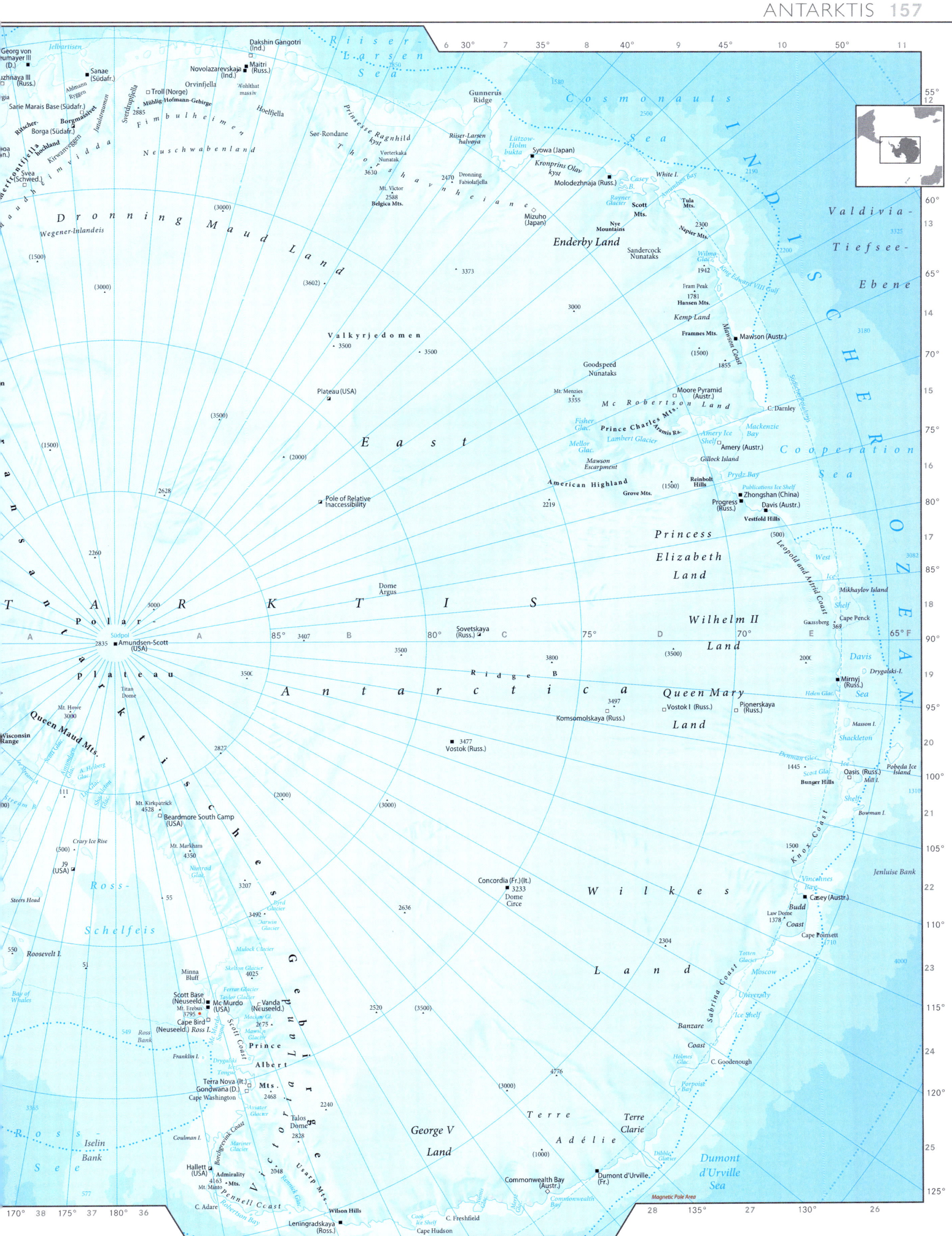

Dronning Maud Land
East Antarctica
ANTARKTIS
Polar-plateau
Transantarktisches Gebirge
Enderby Land
Princess Elizabeth Land
Wilhelm II Land
Queen Mary Land
Wilkes Land
George V Land
Terre Adélie
Victoria Land
Prince Albert Mts.
Queen Maud Mts.
Ross-Schelfeis
Ross Sea
Cosmonauts Sea
Cooperation Sea
Davis Sea
Dumont d'Urville Sea
Riiser-Larsen Sea
INDISCHER OZEAN
Valdivia-Tiefsee-Ebene
Südpol
Amundsen-Scott (USA)
Vostok (Russ.)
Concordia (Fr.)(It.)
Dome Argus
Pole of Relative Inaccessibility
Mc Murdo (USA)
Scott Base (Neuseeld.)
Mawson (Austr.)
Davis (Austr.)
Casey (Austr.)
Mirnyj (Russ.)
Dumont d'Urville (Fr.)
Syowa (Japan)
Neuschwabenland
Valkyrjedomen
Ridge B
Magnetic Pole Area

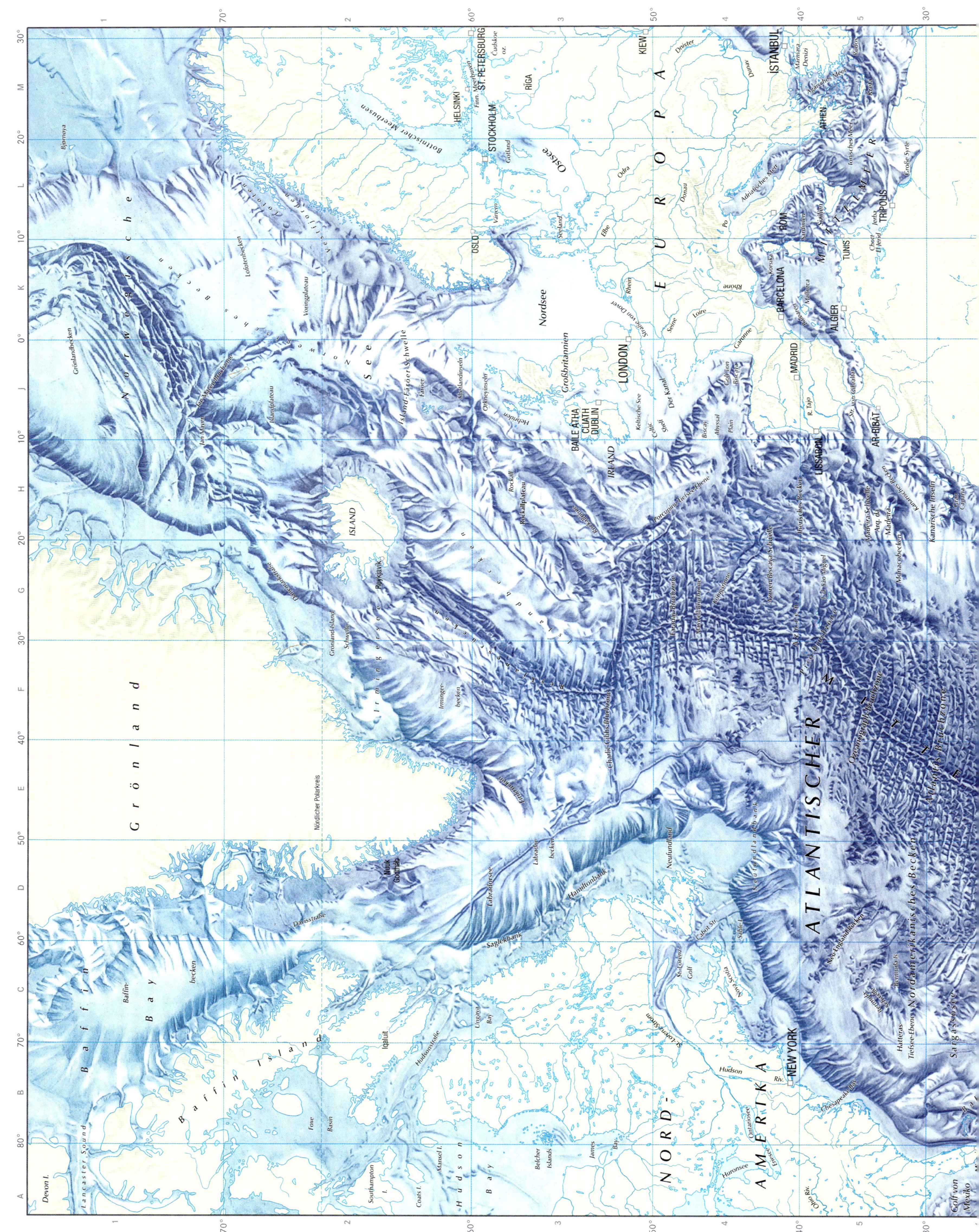
Grönland
ISLAND
Reykjavík
Irmingersee
Irminger-becken
Norwegische See
Nordsee
Ostsee
Bottnischer Meerbusen
HELSINKI
ST. PETERSBURG
STOCKHOLM
RIGA
OSLO
KIEW
ISTANBUL
ATHEN
ROM
TUNIS
TRIPOLIS
ALGIER
BARCELONA
MADRID
LISSABON
AR-RIBAT
LONDON
BAILE ATHA CLIATH DUBLIN
IRLAND
Großbritannien
E U R O P A
Odra
Donau
Elbe
Rhein
Seine
Loire
Garonne
Rhone
Po
Dnjestr
Korsika
Sardinien
Mallorca
Adriatisches Meer
Ionisches Meer
Ägäisches Meer
Marmara Denizi
Große Syrte
Gotland
Vänern
Seeland
Lofotenbecken
Vøringplateau
Jan Mayen
Grönlandbecken
Bjørnøya
Island-Färöer-Schwelle
Färöer
Shetlandinseln
Orkneyinseln
Hebriden
Rockall
Rockallplateau
Keltische See
Der Kanal
Biscaya
Kanarische Inseln
Madeira
Azoren
Kanarisches Becken
Madeira-Becken
Iberisches Becken
Nördlicher Polarkreis
Davisstraße
Labradorsee
Labrador-becken
Neufundland
Hamiltonbank
Saglekbank
Nuuk Godthåb
Baffin Bay
Baffin-becken
Baffin Island
Foxe Basin
Hudson Bay
Hudsonstraße
Ungava Bay
Iqaluit
Southampton I.
Coats I.
Mansel I.
Belcher Islands
James Bay
Lancaster Sound
Devon I.
St.-Lorenz-Strom
St.-Lorenz-Golf
Cabot-Str.
Sable I.
Nova Scotia
NEW YORK
Hudson Riv.
Ontariosee
Eriesee
Huronsee
Ohio Riv.
Chesapeake Bay
Hatteras Tiefsee-Ebene
Nordamerikanisches Becken
Sargassosee
Golf von Mexiko
NORD-AMERIKA
ATLANTISCHER
Atlantis-Bruchzone
Nordamerikanisches Becken
Neu-England-Seeberge
Bermuda
Charlie-Gibbs-Bruchzone
Porcupine-Tiefsee-Ebene
Reykjanesrücken

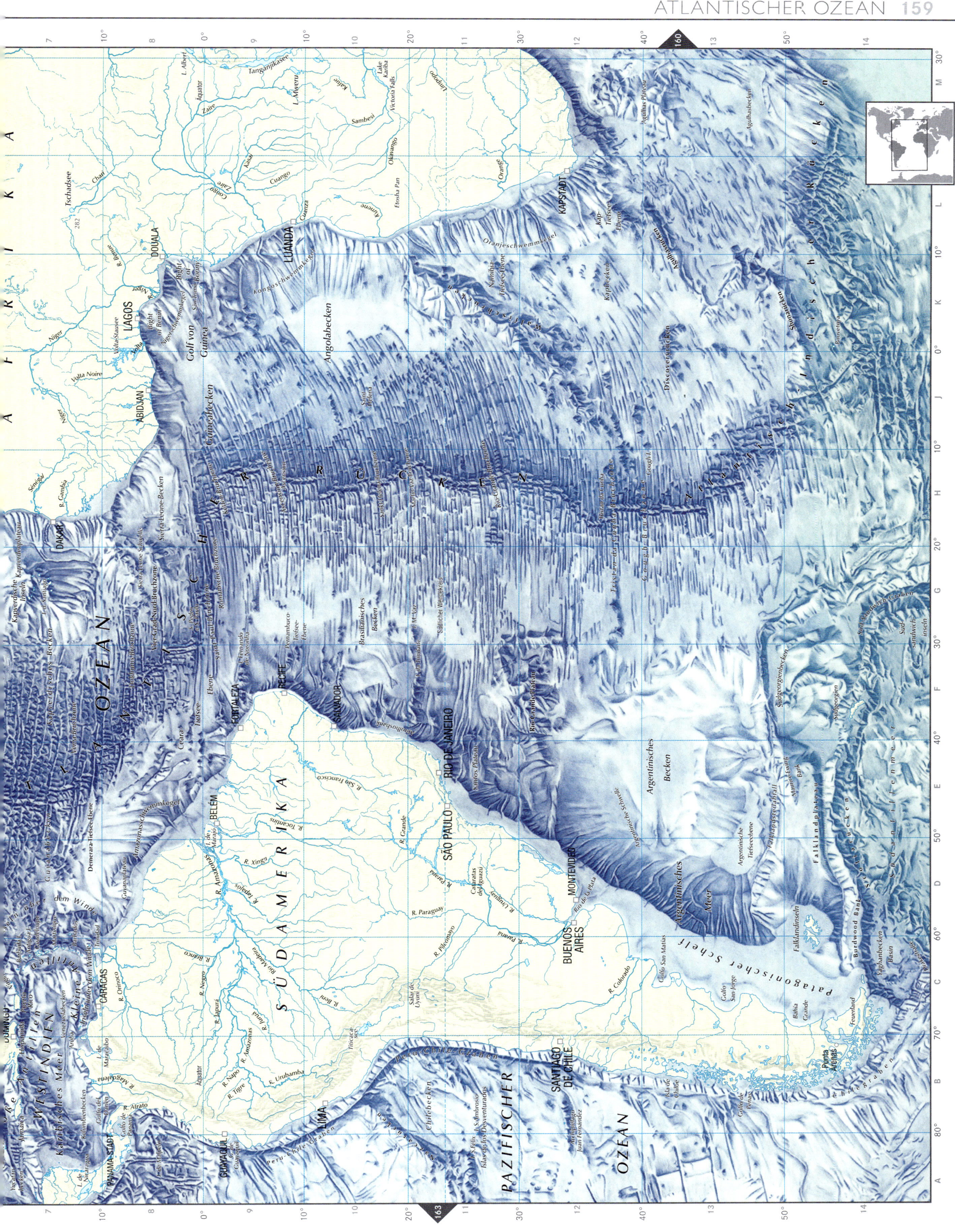
A F R I K A
SÜDAMERIKA
OZEAN
PAZIFISCHER
OZEAN
WESTINDIEN
Karibisches Meer
DAKAR
ABIDJAN
LAGOS
DOUALA
LUANDA
KAPSTADT
FORTALEZA
RECIFE
SALVADOR
RIO DE JANEIRO
SÃO PAULO
MONTEVIDEO
BUENOS AIRES
SANTIAGO DE CHILE
LIMA
GUAYAQUIL
PANAMÁ-STADT
CARACAS
BELÉM
Golf von Guinea
Guineabecken
Angolabecken
Brasilianisches Becken
Argentinisches Becken
Argentinisches Meer
Falklandinseln
Patagonischer Schelf
Tschadsee
Niger
Zaire
Sambesi
Oranje
Chilebecken
160
163

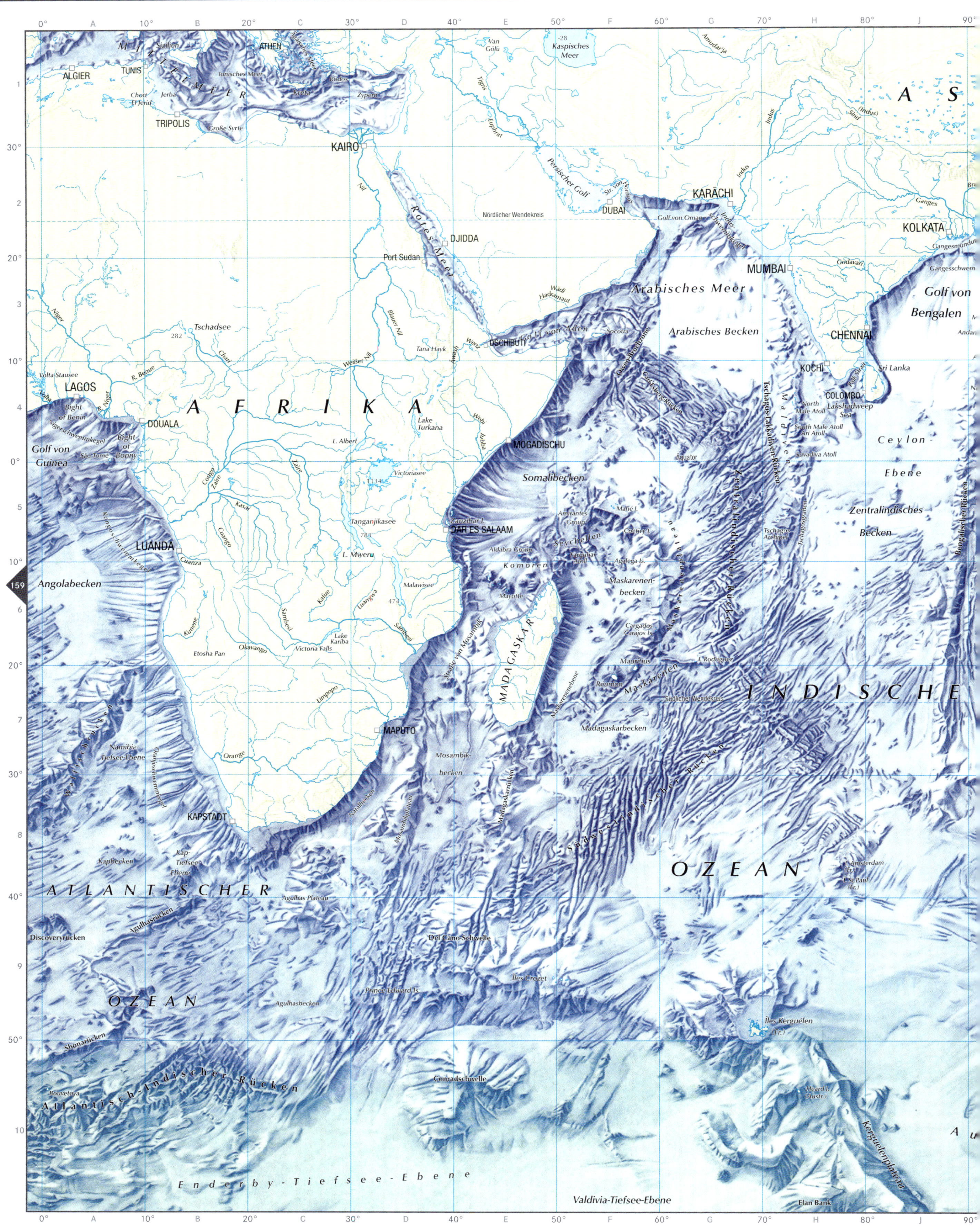

AFRIKA
INDISCHER OZEAN
ATLANTISCHER OZEAN
AS
Mittelmeer
ALGIER
TUNIS
ATHEN
TRIPOLIS
KAIRO
Kaspisches Meer
Persischer Golf
DUBAI
KARACHI
Golf von Oman
KOLKATA
MUMBAI
Rotes Meer
DJIDDA
Port Sudan
Nördlicher Wendekreis
Arabisches Meer
Arabisches Becken
Golf von Bengalen
CHENNAI
KOCHI
Sri Lanka
COLOMBO
DSCHIBUTI
Golf von Aden
Tschadsee
LAGOS
DOUALA
Golf von Guinea
MOGADISCHU
Somalibecken
Victoriasee
Tanganjikasee
DAR ES SALAAM
L. Mweru
Malawisee
LUANDA
Angolabecken
Seychellen
Komoren
Maskarenenbecken
Ceylon-Ebene
Zentralindisches Becken
Zentralindischer Rücken
MADAGASKAR
Mauritius
Réunion
Madagaskarbecken
Südlicher Wendekreis
MAPUTO
Mosambikbecken
KAPSTADT
Kap-Tiefsee-Ebene
Kapbecken
Agulhas Plateau
Agulhasrücken
Discoveryrücken
Del Cano-Schwelle
Iles Crozet
Prince Edward Is.
Agulhasbecken
Iles Kerguelen (Fr.)
Shonarücken
Atlantisch-Indischer Rücken
Conradschwelle
Bouvetøya
Kerguelenplateau
Enderby-Tiefsee-Ebene
Valdivia-Tiefsee-Ebene
Elan Bank

AUSTRALIEN
PAZIFISCHER OZEAN
MIKRONESIEN
MELANESIEN
Neuguinea
Tasmansee
NEUSEELAND
AUCKLAND
SYDNEY
MELBOURNE
PERTH
JAKARTA
MANILA
SEOUL
TŌKYO
SHANGHAI
HONG KONG
SINGAPORE
Große Sundainseln
Südaustralisches Becken
Westaustralisches Becken
Tasmanbecken
Philippinensee
Arafurasee
Südchinesisches Meer
Hawaii-Inseln
Zentralpazifisches Becken
162

ASIEN
PAZIFISCHER OZEAN
INDISCHER OZEAN
AUSTRALIEN
MIKRONESIEN
MELANESIEN
Ochotskisches Meer
Beringmeer
Aleutenbecken
Nordwestpazifisches Becken
Japanisches Meer
Ostchinesisches Meer
Gelbes Meer
Philippinensee
Südchinesisches Meer
Golf von Bengalen
Golf von Thailand
Javasee
Timorsee
Arafurasee
Korallensee
Tasmansee
Carpentaria-golf
Große Australische Bucht
Südaustralisches Becken
Südostindischer Rücken
Australisch-Antarktisches Becken
Zentralpazifisches Becken
Melanesien-becken
Süd-Fidschi-Becken
Nordpazifischer Rücken
Südpazifischer
Westaustralisches Becken
Nordaustralisches Becken
Tasmanbecken
Neuguinea
Kalimantan (Borneo)
Sulawesi (Celebes)
Große Sundainseln
Kleine Sundainseln
Neuseeland
Tasmanien
Hokkaido
Luzon
Baikalsee
Lop Nur
Lake Eyre
PEKING
SEOUL
TOKYO
SHANGHAI
TAIPEH
HONG KONG
MANILA
BANGKOK
RANGUN
KOLKATA (CALCUTTA)
CHITTAGONG
T.P.HÔ CHI MINH (SAIGON)
SINGAPUR
MEDAN
JAKARTA
SURABAYA
UJUNG PANDANG
PYONGYANG
VLADIVOSTOK
SAPPORO
Port Moresby
Darwin
PERTH
SYDNEY
MELBOURNE
Auckland
Christchurch
Samoainseln
Marshallinseln
Phoenix Islands
Amur
Lena
Mekong
Jangtsekiang
Gelber Fluss
Brahmaputra
Murray R.
Darling R.

NORDAMERIKA
ATLANTISCHER OZEAN
SÜDAMERIKA
PAZIFISCHER OZEAN
NEW YORK
SAN FRANCISCO
LOS ANGELES
New Orleans
Miami
HAVANNA
MEXIKO-STADT
GUATEMALA-STADT
PANAMA-STADT
PORT-AU-PRINCE
SANTO DOMINGO
CARACAS
GUAYAQUIL
LIMA
BELÉM
RIO DE JANEIRO
SÃO PAULO
BUENOS AIRES
MONTEVIDEO
SANTIAGO DE CHILE
Golf von Mexiko
Karibisches Meer
Westindien
Galápagos-Inseln
Ostpazifischer Rücken
Patagonischer Schelf
Argentinisches Meer
Falklandinseln
Golf von Alaska
Peru-Chile-Graben
Chilebecken
Perubecken
Gallegoschwelle
Galápagos Bruchzone
Marquises-Bruchzone
Clipperton-Bruchzone
Molokai-Bruchzone
Austral-Bruchzone
Menard-Bruchzone
Mornington-Tiefsee-Ebene
Ostpazifisches Südpolarbecken
Roggeveenbecken
Nordamerikanisches Becken
Sargassosee
Pitcairn Islands Group
Äquator
150° 140° 130° 120° 110° 100° 90° 80° 70° 60° 50°
159

Von dem einstmals viertgrößten Binnensee der Erde sind heute nur noch mehrere kleine Teile übrig. In Folge eines enormen Bewässerungsprojekts ist der Aralsee zu großen Teilen ausgetrocknet und hat die Landschaft in eine Salzwüste verwandelt.

INDEX

ZUM GEBRAUCH

Das Register enthält die auf den Kartenseiten vorkommenden Namen. Die alphabetische Ordnung des Registers entspricht der Reihenfolge der Buchstaben im lateinischen Alphabet. Diakritische Zeichen und Sonderbuchstaben wurden beim Alphabetisieren nicht berücksichtigt,
z. B.: A Á, À, Â, Ă, Å, Ą, Ã

Umlaute ä, ö, ü sind als ae, oe, ue, die Ligaturen æ, œ als ae, oe und ß wie ss in die Buchstabenfolge eingeordnet.

Bei den geografischen Namen sind die Gattungsbegriffe oft nachgestellt, z. B. Mexiko, Golf von; Ventoux, Mont.

Ausnahmen: Farben (z. B. Mont Blanc), Adjektive (z. B. Groß, Klein) werden nicht umgestellt. Amtliche Zusätze, z. B. Rothenburg ob der Tauber, sind in die Alphabetisierung mit einbezogen.

In gewissem Umfang werden auch amtliche Zweitformen, Sprachvarianten, Umbenennungen und andere sekundäre Bezeichnungen im Register erfasst, wobei auf den in der Karte stehenden Namen verwiesen wird, z. B. Meran = Merano. Gleichlautende Namen reihen sich nach ihrer Nationalitätszugehörigkeit ein. Nationen und einige Teilgebiete werden durch das internationale Kraftfahrzeugkennzeichen oder eine Abkürzung dargestellt. Bei Namensgleichheit innerhalb eines Landes sind vielfach Abkürzungen von Verwaltungseinheiten wie Provinzen, Regionen o. Ä. angegeben.
Die Erläuterung der geografischen Grundbegriffe erfolgt durch Piktogramme, die dem Namen unmittelbar folgen.

STRUKTUR DER REGISTEREINTRÄGE

Berlin	Suchbegriff
★	Piktogramm
D	Nation
34	Seite
J4	Suchfeldangabe

NATIONEN UND GEBIETE

A Österreich
AFG Afghanistan
AG Antigua und Barbuda
AL Albanien
AM Armenien
AND Andorra
ANG Angola
ANT Antarktis
AUS Australien
AUT Autonome Regionen
AX Åland
AZ Aserbaidschan
B Belgien
BD Bangladesch
BDS Barbados
BF Burkina Faso
BG Bulgarien
BHT Bhutan
BIH Bosnien und Herzegowina
BJ Benin
BOL Bolivien
BR Brasilien
BRN Bahrain
BRU Brunei Darussalam
BS Bahamas
BW Botsuana
BY Belarus/ Weißrussland
BZ Belize
C Kuba
CAM Kamerun
CDN Kanada
CGO Kongo, Demokratische Republik
CH Schweiz
CI Côte d'Ivoire
CK Cookinseln
CL Sri Lanka
CN China
CO Kolumbien
COM Komoren
CR Costa Rica
CV Kap Verde
CY Zypern
CZ Tschechische Republik
D Deutschland
DJI Dschibuti
DK Dänemark
DOM Dominikanische Republik
DZ Algerien
E Spanien
EAK Kenia
EAT Tansania
EAU Uganda
EC Ecuador
ER Eritrea
ES El Salvador
EST Estland
ET Ägypten
ETH Äthiopien
F Frankreich
FIN Finnland
FJI Fidschi
FL Liechtenstein
FO Färöer
FSM Mikronesien
G Gabun
GB Vereinigtes Königreich Großbritannien und Nordirland
GBA Alderney
GBG Guernsey
GBJ Jersey
GBM Isle of Man
GBZ Gibraltar
GCA Guatemala
GE Georgien
GH Ghana
GQ Äquatorialguinea
GR Griechenland
GUY Guyana
H Ungarn
HN Honduras
HR Kroatien
I Italien
IL Israel
IND Indien
IR Iran
IRL Irland
IRQ Irak
IS Island
J Japan
JA Jamaika
JOR Jordanien
K Kambodscha
KG Kirgisistan
KIR Kiribati
KN Saint Kitts und Nevis
KP Korea, Demokratische Volksrepublik
KSA Saudi-Arabien
KWT Kuwait
KZ Kasachstan
L Luxemburg
LAO Laos
LAR Libyen
LB Liberia
LS Lesotho
LT Litauen
LV Lettland
M Malta
MA Marokko
MAL Malaysia
MC Monaco
MD Moldau
MEX Mexiko
MGL Mongolei
MH Marshallinseln
MK Nordmazedonien
MNE Montenegro
MOC Mosambik
MS Mauritius
MV Malediven
MW Malawi
MYA Myanmar
N Norwegen
NAM Namibia
NAU Nauru
NEP Nepal
NGR Nigeria
NIC Nicaragua
NL Niederlande
NZ Neuseeland
OM Oman
P Portugal
PA Panama
PAL Palau
PE Peru
PK Pakistan
PL Polen
PNG Papua-Neuguinea
PY Paraguay
Q Katar
RA Argentinien
RC Taiwan
RCA Zentralafrikanische Republik
RCB Kongo, Republik
RCH Chile
RG Guinea
RGB Guinea-Bissau
RH Haiti
RI Indonesien
RIM Mauretanien
RKS Kosovo
RL Libanon
RM Madagaskar
RMM Mali
RN Niger
RO Rumänien
ROK Korea, Republik
ROU Uruguay
RP Philippinen
RSM San Marino
RU Burundi
RUS Russland
RWA Ruanda
S Schweden
SD Eswatini
SGP Singapur
SK Slowakei
SLO Slowenien
SME Suriname
SN Senegal
SO Somalia
SOL Salomonen
SRB Serbien
SSD Südsudan
STP São Tomé und Príncipe
SUD Sudan
SY Seychellen
SYR Syrien
T Thailand
TCH Tschad
TG Togo
TJ Tadschikistan
TL Timor-Leste
TM Turkmenistan
TN Tunesien
TO Tonga
TR Türkei
TT Trinidad und Tobago
TUV Tuvalu
UA Ukraine
UAE Vereinigte Arabische Emirate
USA Vereinigte Staaten von Amerika
UZ Usbekistan
V Vatikanstadt
VN Vietnam
VU Vanuatu
WAG Gambia
WAL Sierra Leone
WD Dominica
WG Grenada
WL Saint Lucia
WS Samoa
WSA Westsahara
WV Saint Vincent und die Grenadinen
YEM Jemen
YV Venezuela
Z Sambia
ZA Südafrika
ZW Simbabwe

PIKTOGRAMME:

★ Hauptstadt (Staat) ☆ Hauptstadt (Bundesland, Provinz, o.ä.) ⊙ Ort ▲ Gebirge ⌒ Insel, Halbinsel ≐ Landschaft ≈ Ozean, Meer ~ Fluss

0–9

3rd Cataract = ash-Shallāl ath-Thālith ~ SUD 105 L5
4th Cataract = ash-Shallāl ar-Rābi' ~ SUD 105 M5
5th Cataract = ash-Shallāl al-Khāmis ~ SUD 105 M5
6th Cataract = ash-Shallal as-Sablūkah ~ SUD 105 M5

A

Aabenraa ◉ DK 22 E5
Aabenraa Fjord ≈ DK 22 E5
Aachen ☆ D 34 B6
Aalborg ☆ DK 22 E3
Aalborg Bugt ≈ DK 21 E8
Aalen ☆ D 35 F8
Aarau ☆ CH 35 D9
Aare ~ CH 28 J5
Aare ~ CH 35 C9
Aare ~ CH 35 D10
Aarhus ◉ DK 22 F4
Aarhus Bugt ≈ DK 22 F4
Aarlen = Arlon ☆ B 31 N5
Abaco Islands ⌒ BS 129 L5
Ābādān ☆ IR 64 F4
Ābāde ◉ IR 64 G4
Abaiang Atoll ⌒ KIR 94 G5
Abakaliki ☆ NGR 104 G7
Abakan ☆ RUS 62 P7
Abakan ~ RUS 62 O7
Abar Ghidir Aer ≐ SO 115 L1
Abariringa = Canton Island ⌒ KIR 95 K6
Abaung Bûm ▲ MYA 73 K1
Abay Wenz ~ ETH 105 N6
'Abd al-Kūrī ⌒ YEM 105 Q6
Abdānān ☆ IR 67 M6
Abéché ☆ TCH 105 K6
Abemama Atoll ⌒ KIR 95 G5
Abengourou ☆ CI 111 H6
Åbenrå = Aabenraa ◉ DK 22 E5
Åbenrå Fjord = Aabenraa Fjord ≈ DK 22 E5
Abeokuta ☆ NGR 104 F7
Abercrombie River ~ AUS 93 K2
Aberdare Range ▲ EAK 114 F4
Aberdeen ◉ GB 26 G4
Aberhonddu = Brecon ◉ GB 27 F10
Abers, Côte des ≐ F 30 C6
Āb-e Seimarre ~ IR 67 M6
Āb-e Sīrvān ~ IR 67 M5
Āb-e Zīmkān ~ IR 67 L5
Abgal Ghed Rer ▲ SO 115 L2
Abhā ☆ KSA 64 E7
Abib, Oued el- ~ MA 106 C4
Abibe, Serranía de ▲ CO 146 B4
Abidjan ☆ CI 111 J7
Abiseo, Río ~ PE 148 C5
Abi Sirwan ~ IRQ 67 L5
Abo, Massif d' ▲ TCH 105 J4
Åbo = Turku ☆ FIN 21 K6
Abomey ☆ BJ 111 L6
Abore, Récif ⌒ F 98 b4
Abra Pampa ◉ RA 152 D2
Abrene = Pytalovo ☆ RUS 38 K3
Abruzzi ▲ I 46 D3
Absaroka Range ▲ USA 122 O7
Abū 'Alī, Ğazīrat ⌒ KSA 64 F5
Abū Ğafaf, Wādī ~ IRQ 67 K6
Abū Hamad ◉ SUD 105 M5
Abū Hašhā'ifa, Haliğ ≈ ET 108 C2
Abu Hills ▲ IND 69 D7
Abuja ★ NGR 104 G7
Abū Kamāl ☆ SYR 67 J5
Abukuma-kōti ▲ J 81 N5
Abu l-Abyad ⌒ UAE 64 G6
Abū l-Ḥaṣīb ☆ IRQ 67 M7
Abū Muharrik, Gurd ≐ ET 105 L3
Abuña, Río ~ BOL 144 F7
Abū Qīr, Haliğ ≈ ET 108 D2
Abū Suhair ☆ IRQ 67 K7
Abū Zabī ★ UAE 64 G6
Aby, Lagune ≈ CI 111 J7
Acadie ≐ CDN 123 X7
Acaill ⌒ IRL 24 B6
Acaponeta, Río ~ MEX 136 B1
Acapulco de Juárez ◉ MEX 136 D4
Acara ou Acari, Serra ▲ BR 145 H4
Accra ★ GH 111 K7
Achelóos ~ GR 47 H5
Achéron ~ GR 54 C3
Acheron River ~ AUS 93 H4
Achill Island = Acaill ⌒ IRL 24 B6
Acholi Mountains ▲ SUD 114 C1
Ačinsk ☆ RUS 62 P6
Acklins, Bight of ≈ BS 139 H3
Acklins Island ⌒ BS 129 M6
Açores, Arquipélago dos ⌒ P 18 F8
A Coruña ☆ E 42 B1
Acqui Terme ◉ I 48 D4
Acre, Rio ~ BR 144 F6
Actéon, Groupe ⌒ F 97 O5
Ada ◉ SRB 52 E1
Adaja, Río ~ E 40 D4
Adak Island ⌒ USA 122 A6
Adamaoua, Massif de l' ▲ CAM 104 H7
Adamello, Gruppo dell' ▲ I 48 F2
Adams Island ⌒ NZ 99 b1
Adams River ~ CDN 125 L6
'Adan ◉ YEM 64 E8
Adapazarı ☆ TR 55 N2
Ādaraw Taungdau ▲ MYA 73 H4
Adda ~ I 46 B2
ad-Dāḫila, al-Wāḥāt ≐ ET 105 L3
ad-Dahnā' ≐ KSA 64 F5
ad-Dakhla ☆ WSA 104 B4
ad-Dāmir ☆ SUD 105 M5
ad-Dammām ☆ KSA 64 G5
ad-Dār-al-Bayda ☆ MA 106 B4
ad-Dauha ★ Q 64 G5
ad-Dawādimi ◉ KSA 64 E6
ad-Daww ≐ SYR 66 G5
ad-Dibdiba ▲ KSA 64 F5
ad-Diffa ≐ ET 105 L2
ad-Dikāka ≐ KSA 64 G7
Addis Abeba = Adis Abeba ★ ETH 105 N7
ad-Diwānīya ☆ IRQ 67 L7
Adelaide ☆ AUS 92 D3
Adelaide Peninsula ≐ CDN 123 R3
Adelaide River ◉ AUS 90 G2
Adelsberg = Postojna ☆ SLO 49 K3
Aden = 'Adan ◉ YEM 64 E8
Aden, Gulf of ≈ 105 O6
Adharbayejan-Bakhtari ☆ IR 67 L3
Adige ~ I 46 C1
Adiri ☆ LAR 104 H3
Adirondack Mountains ▲ USA 123 W8
Adıyaman ☆ TR 66 G4
Adjiro ~ BJ 111 L5
Admer, Erg d' ≐ DZ 104 G4
Admiralitätsinseln = Admiralty Islands ⌒ PNG 83 N7
Admiralty Gulf ≈ AUS 90 E2
Admiralty Inlet ≈ USA 123 T2
Admiralty Island ⌒ USA 122 J5
Admiralty Islands ⌒ PNG 83 N7
Admont ◉ A 35 K9
Ado-Ekiti ☆ NGR 104 G7
Adour ~ F 25 G11
Adour ~ F 25 H11
Adrar ☆ DZ 106 F7
Adrar ▲ DZ 106 F7
Adrar, Massif de l' ▲ RIM 104 C4
Adrar Afratir ≐ WSA 104 C3
Adrar Ahellakane ▲ DZ 107 J7
Adrar des Iforas ▲ RMM 104 F4
Adrar n-Deren ▲ MA 106 B5
Adrar Soula, Djebel ▲ DZ 104 G4
Adriatic Sea ≈ 18 O7
Adriatisches Meer = Adriatic Sea ≈ 18 O7
Adyča ~ RUS 63 Y4
Adygejsk ☆ RUS 57 L5
Æbelø ⌒ DK 22 F5
Ägäisches Meer = Egéo Pélagos ≈ 19 Q8
'Afak ☆ IRQ 67 L6
Afar Ducubo ≐ SO 115 F2
Afar Triangle = Danakil ≐ 105 O6
Affissès, Oued ~ DZ 107 G6
Afollé ▲ RIM 104 C5
Affon = Ouémé ~ BJ 111 L5
Afognak Island ⌒ USA 122 F5
Afram ~ GH 111 K6
Afwein ~ EAK 115 G3
Afyon = Afyonkarahisar ☆ TR 55 N4
Afyonkarahisar ☆ TR 55 N4
Agadez ☆ RN 104 G5
Agadir ☆ MA 106 A5
Agādīr = Agadir ☆ MA 106 A5
Agaho-gawa ~ J 81 M5
Agalega Islands ⌒ MS 113 N4
Agana = Hagåtña ☆ USA 83 M4
Agargar ≐ WSA 104 B4
Agartala ☆ IND 73 G3
Agathonissi ⌒ GR 55 J5
Agatti Island ⌒ IND 70 B5
Agbado ~ BJ 111 M6
Agbo ~ CI 111 H6
Agen ☆ F 32 E4
Agenais ≐ F 32 E4
Agersø ⌒ DK 22 F5
Aghlab ≐ DZ 106 D7
Agia Napa ◉ CY 66 F5
Ağı Çay ~ IR 67 M4
'Ağīğ, Wādī l- ~ IRQ 67 J5
Aginskoe ☆ RUS 63 T7
Ágios Efstrátios ⌒ GR 47 K5
Ágios Nikólaos ◉ GR 55 H7
Agíou Órous, Kólpos ≈ GR 47 J4
Ağlı ☆ TR 66 E2
Agly ~ F 32 G6
Agnébi ~ CI 111 H7
Agout ~ F 25 J11
Agra ◉ IND 68 F6
Agrahanskij poluostrov ≐ RUS 57 P6
Agram = Zagreb ★ HR 49 L3
Agri ~ I 51 K2
Ağrı ☆ TR 67 K3
Agrigento ☆ I 50 G5
Agrihan ⌒ USA 83 N3
Agro Pontino ≐ I 50 F1
Agter Roggeveld ≐ ZA 116 E5
Agua Azul Falls ~ BZ 137 K4
Agua Caliente ☆ PE 149 D6
Aguacanta, Raudal ~ YV 147 J4
Agüādā Kyauktan ⌒ MYA 73 J7
Agua Fria River ~ USA 131 H8
Aguán, Río ~ HN 129 J7
Aguán, Río ~ HN 137 L5
Aguanus, Rivière ~ CDN 127 N3
Aguapey, Río ~ RA 151 B8
Aguara, Rio ~ PY 150 B6
Aguarico, Río ~ EC 148 C1
Aguarico, Río ~ EC 148 C2
Aguascalientes ☆ MEX 128 F6
Aguasvivas, Río ~ E 43 K3
Aguaytia, Río ~ PE 148 D6
Agudos, Serra dos ▲ BR 150 F4
Agudos Grandes, Serra ▲ BR 150 F6
Águeda, Río ~ E 40 C4
Águeda, Río ~ P 42 D4
Aguemour ≐ DZ 107 H7
Aguemour, Oued ~ DZ 107 J7
Agues Verdes, Raudal ~ CO 148 E1
Aguga ~ EAU 114 D2
Ahad Rāfida ◉ KSA 64 E7
Ahalcihe ◉ GE 19 U7
Ahar ☆ IR 67 M3
Ahar Čay ~ IR 67 M3
Ahe Atoll ⌒ F 97 M3
Ahellakane, Adrar ▲ DZ 107 J7
Ahelóos ~ GR 47 H5
Ahelóos ~ GR 54 D4
Ahır Dağı ▲ TR 66 G4
Ahlat ◉ TR 67 K3
Ahmadābād ◉ IND 69 D8
Ahmadnagar ◉ IND 69 E10
Ahmetli ☆ TR 55 K4
Ahreifel ▲ D 35 B6
Ahrweiler, Bad Neuenahr- ☆ D 35 C6
Ahtuba ~ RUS 57 P4
Ahtubinsk ☆ RUS 57 P3
Ahuachapán ☆ ES 137 J6
Ahunui Atoll ⌒ F 97 N4
Ahurjan ~ AM 67 K2
Åhus ◉ S 22 K5
Ahvāz ☆ IR 64 F4
Ahvenanmaa = Åland ⌒ AX 19 P3
Ai-|Ais ◉ NAM 116 C3
Aichach ☆ D 35 G8
Aigues ~ F 25 K10
Aigues-Mortes ◉ F 33 J5
Aigues-Mortes, Golfe d' ≈ F 32 H5
Aigurande ◉ F 32 F2
Ai He ~ CN 80 E3
Ailao Shan ▲ CN 73 M2
Ailinginae Atoll ⌒ MH 94 E3
Ailinglapalap Atoll ⌒ MH 94 F4
Ailipi Escarpment ≐ EAT 114 E5
Ailsa Craig ⌒ GB 26 D6
Ailuk Atoll ⌒ MH 94 G3
Ain ~ F 25 K9
Ain ~ F 33 K3
Ain Defla ☆ DZ 107 G2
Ain Sefra ◉ DZ 106 F4
Ain Tamr ~ TN 107 L4
Airain ~ F 32 G2
Aire ~ F 25 K8
Airedale ≐ GB 27 H8
Aire-sur-l'Adour ◉ F 32 D5
Air Force Island ⌒ CDN 123 W3
Air ou Azbine ▲ RN 104 G5
Aisch ~ D 35 F7
Aisne, l' ~ F 25 J8
Aissa, Djebel ▲ DZ 106 F4
Aït-Aissa, Oued ~ MA 106 E4
Aït-Benhaddou ◉ MA 106 C5
Ait-Morghad ▲ MA 106 D5
Aitutaki Atoll ⌒ CK 97 J4
Aiwa ⌒ FJI 98 c3
Aiwan Wan ≈ CN 79 M2
Aix-en-Provence ◉ F 33 K5
Aizawl ☆ IND 73 H3
Aizkraukle ☆ LV 38 J3
Aizuwakamatsu ◉ J 81 M5
Ajaccio ☆ F 33 N7
Ajaccio, Golfe d' ≈ F 33 N7
Ajacciu = Ajaccio ☆ F 33 N7
Ajajú, Río ~ CO 148 E1
Ajan ~ RUS 62 P4
Ajanta ◉ IND 69 E9
Ajanta Range ▲ IND 69 F9
Ajay ~ IND 72 E3
Ajdābiyā ☆ LAR 105 K2
Ajdar ~ UA 57 L3
Ajdovščina ◉ SLO 49 J3
Aji, Isla ⌒ CO 146 B6
Ajjer, Tassili n' ▲ DZ 104 G3
Ajmer ◉ IND 69 D6
Ajon, ostrov ⌒ RUS 63 e4
Aka ~ CGO 114 B1
Aka ~ CGO 114 B2
Aka ~ GH 111 L6
Akademii, zaliv ≈ RUS 63 Y7
Akagera ~ RWA 114 C5
Akaishi-sanmyaku ▲ J 81 L6
Akanyaru ~ RWA 114 B5
Akarnaniká ≐ GR 54 C4
Akaroa ◉ NZ 99 D5
Akçakoca ☆ TR 55 O1
Akçakoca Dağları ▲ TR 66 D2
Akçalı Dağları ▲ TR 66 E4
Akçay ~ TR 66 C4
Akdağ ▲ TR 55 L5
Ak Dağlar ▲ TR 66 C4
Ak Dağlar ▲ TR 66 F3
Akdeniz = Mediterranean Sea ≈ 104 F1
Akébou ≐ TG 111 L6
Åkersberga ☆ S 23 O1
Akiaki Atoll ⌒ F 97 N4
Akimiski Island ⌒ CDN 123 U6
Akita ☆ J 81 M4
Akjoujt ☆ RIM 104 C5
Akloa, Cascade d' ~ TG 111 L6
Akmola = Nur-Sultan ★ KZ 62 L7
Akmolinsk = Nur-Sultan ★ KZ 62 L7
Akosombo ◉ GH 111 K6
Akpatok Island ⌒ CDN 123 X4
Akposso ≐ TG 111 L6
Akrotíri ≐ GR 47 K7
Akrotiriou, Kolpos ≈ CY 66 E5
Aksaj ☆ KZ 19 W5
Aksaj ~ RUS 57 M4
Aksaj ~ RUS 57 P6
Aksaj Esaulovskij ~ RUS 57 N3
Aksaray ☆ TR 66 F3
Akşehir ☆ TR 66 D3
Akseki ☆ TR 66 D4
Aksu ☆ KZ 62 M7
Aksu Çayı ~ TR 66 D4
Aksum ◉ ETH 105 N6
Aktjubinsk = Aktöbe ☆ KZ 19 X5
Aktöbe ☆ KZ 19 X5
Akure ☆ NGR 104 G7
Akureyri ☆ IS 20 d2
Akutan Island ⌒ USA 122 C6
Akvinu River ~ CDN 125 N4
Akyab = Sittwe ☆ MYA 73 H4
Alà, Monti di ▲ I 50 C2
Alabama River ~ USA 129 J4
Alabama River ~ USA 134 E4
Alabo ~ GH 111 L6
Alaçam Dağları ▲ TR 55 L3
Alacant ☆ E 45 K3
Alacranes, Arrecife ⌒ MEX 137 K1
Ala Dağlar ▲ TR 66 F4
Ala Dağlar ▲ TR 67 K3
Alādīn ⌒ MYA 85 A7
Alagón, Río ~ E 40 C5
Al-'Ain ◉ OM 64 H6
Alaj kyrka ▲ KG 65 L3
Alajskij hrebet = Alaj kyrka ▲ KG 65 L3
al-'Alamain ◉ ET 108 D2
al-'Amādīya ◉ IRQ 67 K4
Alamagan ⌒ USA 83 N3
al-'Amāra ☆ IRQ 67 M7
Åland ⌒ AX 19 P3
Ålands Hav ≈ 21 J6
Alantika Mountains ▲ NGR 104 H7
Alapaha River ~ USA 135 G4
Al-'Arab, Bahr ~ SUD 105 L6
Alarcón ◉ E 43 H5
Alas, Selat ≈ RI 82 G8
Alaşehir ◉ TR 55 L4
Alashan Shamo = Badain Jaran Shamo ≐ CN 76 B1
Alaska, Gulf of ≈ 122 G5
Alaska Range ▲ USA 122 F4
Alassio ◉ I 48 D4
Alatri ◉ I 49 J7
Alatskivi ◉ EST 38 K2
Alatyr' ~ RUS 39 T4
Al-'Ayūn = Laâyoune ☆ WSA 104 C3
Alazani ~ AZ 57 P7
Alazeja ~ RUS 63 b3
Alazejskoe ploskogor'e ▲ RUS 63 a4
Alba ◉ I 48 D4
Albacete ☆ E 45 J3
al-Bādiya l-Ğanūbīya ≐ IRQ 67 M7
Albæk Bugt ≈ DK 21 E8
al-Bāha ☆ KSA 64 E6
al-Bahr al-Abyad (White Nile) ~ SUD 114 C1
al-Bahrīya, al-Wāḥāt ≐ ET 105 L3
Alba Iulia ☆ RO 56 C4
Albani, Colli ▲ I 48 H7
Albany ◉ AUS 90 D6
Albany ☆ USA 133 L4
Albany River ~ CDN 123 U6
Albardão d. J. M. ~ BR 151 D10
Albarracín ◉ E 43 J4
Albarracín, Sierra de ▲ E 43 J4
al-Başra ☆ IRQ 67 M7
Albâtre, Côte ≐ F 30 H5
Albatros Island ⌒ MS 113 N5
Albatross Bay ≈ AUS 90 J2
al-Bayād ≐ KSA 64 F6
al-Bayda ☆ LAR 105 K2
Albegna ~ I 48 G6
Albemarle Sound ≈ USA 129 L3
Albenga ◉ I 48 D4
Alberca, La ◉ E 42 D4
Alberche, Río ~ E 40 D4
Alberobello ◉ I 51 L2
Albert Nile ~ EAU 105 M8
Albertville ◉ F 33 L3
Albi ☆ F 32 G5
Albina ☆ SME 145 J3
al-Biqā' ≐ RL 66 F6
Alborán, Isla del ⌒ E 18 L8
Alboran Sea ≈ 44 F6
Ålborg = Aalborg ☆ DK 22 E3
Alborz, Kūhhā-ye ▲ IR 64 F3
Albreda ◉ WAG 110 B3
Albret, Pays d' ≐ F 32 D5
Albuch ≐ D 35 F8
Alburquerque ◉ E 44 C2
Alcalá de Henares ◉ E 42 G4
Alcanadre, Río ~ E 43 K3
Alcaraz, Sierra de ▲ E 40 E5
Alcarria, La ≐ E 40 E4
Alcatrazes, Ilha do ⌒ BR 150 H6
Alcobaça ◉ P 42 B5
Alcubierre, Sierra de ▲ E 43 K3
Alcúdia, Badia d' ≈ E 45 O2
Aldabra Atoll ⌒ SY 113 L3
Aldabra Group ⌒ SY 113 L3
Aldan ☆ RUS 63 W6
Aldan ~ RUS 63 V6
Aldan ~ RUS 63 X5
Aldanskoe nagor'e ▲ RUS 63 W6
Aldeia, Serra da ▲ BR 150 G2
Alderney ⌒ GBA 25 F8
Aleg ☆ RIM 104 C5
Alegre, Rio ~ BR 150 B2
Aleksandrov ☆ RUS 39 Q3
Aleksandrovsk-Sahalinskij ☆ RUS 63 Z7
Aleksin ☆ RUS 39 P4
Ålen ☆ N 20 E5
Alençon ☆ F 30 H6
Alentejo ≐ P 18 K8
'Alenuihāhā Channel ≈ USA 128 b6
Aléria, Plaine d' ≐ F 33 O7
Ålesund ☆ N 20 B5
Aleuten = Aleutian Islands ⌒ USA 122 A6
Aleutian Islands ⌒ USA 122 A6
Aleutian Range ▲ USA 122 E5
Alexander Archipelago ⌒ USA 122 H5
Alexandra Channel ≈ MYA 82 B4
Alexandria ☆ RO 56 D6
Alexandria = Alessandria ☆ I 48 D4
Alexis Bay ≈ CDN 127 R2
Alexis River ~ CDN 127 Q2
al-Fallūğa ☆ IRQ 67 K6
Alfambra, Río ~ E 40 F4
Al-Fāshir ☆ SUD 105 L6
al-Fāw ☆ IRQ 67 M7
Alfeld (Leine) ◉ D 34 E5
Alföld ≐ H 37 F10
al-Furāt ~ SYR 64 E4
al-Ğāb ≐ SYR 66 G5
al-Ğahra ☆ KWT 64 F5
Algarve ≐ P 18 K8
al-Ğawlān ▲ SYR 64 D4
al-Ğazīra ≐ IRQ 67 J5
Al-Ğazīra ≐ SUD 105 M6
Alghero ◉ I 50 B2
Algier = Al-Jazā'ir ★ DZ 107 H2
Algoa Bay ≈ ZA 117 G6
Algodón, Río ~ PE 148 E3
Algodor, Río ~ E 42 G5
Algoma Upland ▲ CDN 126 C5
Algonquin Upland ▲ CDN 126 E6
al-Ḥābūr, Nahr ~ IRQ 67 K4
al-Ḥadar ☆ IRQ 67 K5
al-Ḥağar ▲ OM 64 H6
al-Ḥağara ≐ IRQ 64 E4
al-Ḥağara ▲ KSA 64 E5
al-Ḥallāniyāt ⌒ YEM 64 H7
al-Hamadah al-Hamrā' ≐ LAR 104 H2
Alhambra ◉ E 45 G3
Al-Ḫarṭūm ★ SUD 105 M5
al-Harūj al-Aswad ▲ LAR 105 J3
al-Ḥasā' ▲ KSA 64 F5
al-Ḥasaka ☆ SYR 67 J4
al-Hāšimīya ☆ IRQ 67 K6
al-Hawūz = El-Haouz ≐ MA 106 B5
al-Hiğāz ▲ KSA 64 D5
al-Ḥilla ☆ IRQ 67 L6
al-Hindīya ☆ IRQ 67 K6
Al-Hoceima ◉ MA 44 G6
Alhucemas, Peñón de ⌒ E 44 G6
al-Hulayq al-Kabīr ▲ LAR 105 J3
Aliákmonas ~ GR 47 H4
Aliákmonas ~ GR 54 D2
Aliákmonas ~ GR 54 E2
'Alī al-Ġarbī ☆ IRQ 67 L6
Alibey Adası ⌒ TR 47 L5
Alicante = Alacant ☆ E 45 K3
Alicudi, Isola ⌒ I 46 D5
Alikazgan ~ RUS 57 P6
Alima ~ RCB 112 D2
Alimata ⌒ MV 70 B9
Alingar, Darre-ye ~ AFG 68 C2
Alingsås ☆ S 22 H3
Aliste, Río ~ P 42 D3
al-Jabal al-Akhḍar ▲ LAR 105 K2
al-Jawf ☆ LAR 105 K4
Al-Jazā'ir ★ DZ 107 H2
Al-Junaynah ☆ SUD 105 K6
al-Karak ☆ JOR 64 D4
al-Khums ☆ LAR 105 H2
Alkmaar ◉ NL 31 M2
al-Kūfa ☆ IRQ 67 L6
al-Kūt ☆ IRQ 67 L6
al-Kuwait ★ KWT 64 F5
Allagash River ~ USA 133 O2
Allahābād ◉ IND 72 B2
Allah-Jun' ~ RUS 63 Y5
Allahuekber Dağları ▲ TR 67 K2
al-Lajā' ≐ SYR 66 G6
'Allāqī, Wādī l- ~ ET 108 F6
Allatzkiwi = Alatskivi ◉ EST 38 K2
Allegheny Plateau ▲ USA 133 J5
Allegheny River ~ USA 133 J5
Allenstein = Olsztyn ☆ PL 36 G3
Aller ~ D 29 K2
Aller ~ D 34 E4
Allgäu ≐ D 29 K5
Allgäuer Alpen ▲ 35 F9
Allier ~ F 25 J10
Allier ~ F 25 J9
Allier ~ F 32 H2
Allier ~ F 32 H3
Allier, Baie de l' ≈ F 98 c3
Alligator River ~ USA 135 K2
Al'ma ~ UA 56 H5
Almadén ◉ E 44 F3
al-Madīna ☆ KSA 64 D6
al-Mahākik ≐ KSA 64 G6
al-Mahmūdīya ☆ IRQ 67 L6
al-Mahra ≐ YEM 64 G7
Almansor, Rio ~ P 44 B3
Almanzora, Río ~ E 40 E6
Almar, Río ~ E 42 E4
al-Marj ☆ LAR 105 K2
Almas, Rio das ~ BR 150 F1
al-Mauṣil ☆ IRQ 67 K4
Almeida ◉ P 42 D4
Almeirim, Serra do ▲ BR 145 J5
Almendralejo ◉ E 44 D3
Almería ☆ E 45 H5
Almería, Costa de ≐ E 40 E6
Almería, Golfo de ≈ E 40 E6
al-Mihrād ≐ KSA 64 G6
al-Miqdādīya ☆ IRQ 67 L6
Almodóvar del Campo ◉ E 44 F3
Almond ~ GB 26 F5
Almonte, Río ~ E 44 E2
Almora ◉ IND 68 G5
al-Muharraq ◉ BRN 64 G5
Al-Mukallā ◉ YEM 64 G8
al-Musayyib ☆ IRQ 67 K6
Alofi ☆ NZ 97 H4
Alofi, Île ⌒ F 96 F3
Alónnisos ⌒ GR 47 J5
Alor, Pulau ⌒ RI 82 H8
Alor Setar ☆ MAL 85 B8
Alotau ☆ PNG 83 O9
Alpen ▲ 18 N7
Alpen ▲ 18 N7
Alpes Cottiennes ▲ F 33 L4
Alpes de Provence ▲ F 33 L5
Alpes Graies ▲ F 25 L10
Alpes Maritimes ▲ F 25 L10
Alpet e Shqipërisë ▲ AL 46 G3
Alphonse Group ⌒ SY 113 M3
Alpi Apuane ▲ I 48 F4
Alpi Carniche = Karnische Alpen ▲ A 35 H10
Alpie Cozie ▲ I 48 B4
Alpi Lepontine ▲ 35 D10
Alpilles, Chaîne des ▲ F 33 J5
Alpi Ticinese ▲ CH 46 B1
Alpi Transilvanici ≐ RO 56 C5
Alpi Transilvaniei = Carpații Meridionali ▲ RO 19 Q7
Alpouro ~ BJ 111 M5
Alps, Australian ▲ AUS 91 K7
al-Qa'āmiyāt ≐ KSA 64 F7
al-Qadarif ☆ SUD 105 N6
al-Qaṣr ◉ ET 108 D5
al-Qurna ☆ IRQ 67 M7
Als ⌒ DK 22 E5
Alsace ≐ F 25 L9
Alsfeld ◉ D 34 E6
Alsterån ~ S 23 M3
Alta ◉ N 20 L2
Altaelva ~ N 20 L2
Altai = Altaj ▲ KZ 62 O8
Altaj ▲ KZ 62 O8
Altaj ☆ MGL 74 H2
Altajn Caadah Gov' ≐ MGL 74 H3
Altamaha River ~ USA 129 K4
Altar, Desierto de ≐ MEX 128 D4
Altar Valley ≐ USA 131 J10
Altas, Rías ≈ E 42 A1
Altdorf (UR) ☆ CH 35 D10
Altenburg ☆ D 34 H6
Altenkirchen (Westerwald) ☆ D 34 C6
Altentreptow ◉ D 34 J3
Altes Land ≐ D 34 E3
Alte Weser ~ D 18 N5
Altın Dağları ▲ TR 67 K4
Altıntaş ☆ TR 55 N4
Altiplanicie de Nuria ▲ YV 147 K4
Altiplanicie Mexicana ≐ MEX 128 E5
Altiplano ≐ 144 F8
Altmark ≐ D 34 G4
Altmühl ~ D 29 L4
Altmühltal ≐ D 35 G8
Alto, Raudal ~ YV 147 H4
Alto Chandless, Rio ~ PE 149 F7
Altötting ☆ D 35 H8
Alto Madre de Dios, Río ~ PE 149 F8
Alto Purús, Río ~ PE 144 E7
Alto Velo, Isla ⌒ DOM 139 K6
Altravesada, Sierra ▲ MEX 137 G4
Altun Shan ▲ CN 74 F4
Alturas del Nordeste ▲ C 138 F3
Alturas de Trinidad ▲ C 138 E4
Al-Ubayyid ☆ SUD 105 M6
Aluize, Río ~ MOC 117 L1
Alūksne ☆ LV 38 K3
al-'Ulā ◉ KSA 64 D5
A Lu'ó'i ☆ VN 84 F3
Alupka ◉ UA 56 H5
Alušta ◉ RUS 56 J5
al-'Uzaym, Nahr ~ IRQ 67 L6
Alva, Rio ~ P 42 B4
Alvdal ☆ N 20 E5
Alvesta ☆ S 22 K4
Alvord Valley ≐ USA 130 E4
al-Wādī al-Ğadīd ≐ ET 108 D5
al-Wāḥāt ad-Dāḫila ≐ ET 105 L3
al-Wāḥāt al-Bahrīya ≐ ET 105 L3
al-Wāḥāt al-Farāfira ≐ ET 105 L3
al-Wāḥāt Sīwa ≐ ET 108 B3
Alwar ◉ IND 68 E6
al-Widyān ≐ 64 D4
Alxa Gaoyuan ≐ CN 74 J3
Alytus ☆ LT 38 J4
Alz ~ D 35 H8
Alzette ~ L 31 O5
Alzey ☆ D 35 D7
Amacuro, Río ~ YV 147 K3
Amacuzac, Río ~ MEX 136 E3
'Amādīya, al- ◉ IRQ 67 K4
Amager ⌒ DK 22 H5
Amajac, Río ~ MEX 136 E2
Amakusa-nada ≈ J 80 G7
Amakusa-shotō ⌒ J 80 G7
Amala ~ EAK 114 E4
Amalfi ◉ I 51 H2
Amambay, Sierra de ▲ PY 150 C5
Amami-shotō ⌒ J 75 O6
Amana, Río ~ YV 147 J3
Amantani, Isla ⌒ PE 149 G9
Amanu Atoll ⌒ F 97 N4
'Amāra, al- ☆ IRQ 67 M7
Amarapura ◉ MYA 73 K4
Amaravati ◉ IND 71 E2
Amaravati ~ IND 71 D5
Amargosa Desert ≐ USA 131 F7
Amargosa Range ▲ USA 131 F7
Amargosa River ~ USA 131 F7
Amasya ☆ TR 66 F2
Amatique, Bahía de ≈ GCA 137 K5
Amatitlán ◉ GCA 137 J5
Amazonas ☆ PE 148 B4
Amazonas, Estuário do Rio ~ BR 145 K4
Amazonas, Río ~ BR 145 J5
Amazonas, Río ~ PE 144 E5
Amazonas = Rio Amazonas ~ BR 145 J5
Ambato ☆ EC 148 B2
Amber ◉ IND 69 E6
Amberg ☆ D 35 G7
Ambergris Cay ⌒ BZ 137 L4
Ambleside ◉ GB 26 G7
Ambon ☆ RI 83 J7
Ambrim ⌒ VU 96 C4
Ameca, Río ~ MEX 136 B2
Amédée, Île ⌒ F 98 c4
Amelân, It ⌒ NL 28 H2
Ameland = It Amelân ⌒ NL 28 H2
Amersfoort ◉ NL 31 N2
Amga ~ RUS 63 W5
Amguèma ~ RUS 63 g4
Amgun' ~ RUS 63 Y7
Amherst Island ⌒ CDN 126 F6
Amiens ☆ F 31 K5
Amīndīvi Islands ⌒ IND 65 L8
'Amīq, Wādī ~ IRQ 67 J6
Amirantes Group ⌒ SY 113 M2
Amizmiz ◉ MA 106 B5
Amlapura = Karangasem ◉ RI 82 G8
Åmli ☆ N 22 D2
Amlia Island ⌒ USA 122 B6
Ammassalik ◉ DK 123 d3
Ammer ~ D 29 L4
Ammerland ≐ D 34 C3
Ammouliani ⌒ GR 54 F2
Amnat Charoen ☆ T 84 E4
Amnok Gang ~ KP 80 F3
Āmol ☆ IR 64 G3
Amorgós ⌒ GR 47 K6
Åmot ☆ N 22 D1
Amotape, Cerros de ▲ PE 148 A4
Amou ~ TG 111 L6
Amour, Djebel ▲ DZ 107 G4
Amoy = Xiamen ◉ CN 79 K4
Ampato, Cordillera de ▲ PE 149 E9
Amper ~ D 35 G8
Amphitrite Group = Xuande Qundao ⌒ CN 82 F3
Ampiyacu, Río ~ PE 148 E3
'Amrān ☆ YEM 64 E7
Amritsar ◉ IND 68 E4
Amrum ⌒ D 34 D2
Amsterdam ★ NL 31 M2
Amstetten ☆ A 37 A8
Amtaedo ⌒ ROK 80 E6
Am Timan ☆ TCH 105 K6
Amudarë ~ UZ 64 J2
Amudarja = Amudarë ~ UZ 64 J2
Amudarja = Amyderja ~ TM 65 K3
Amund Ringnes Island ⌒ CDN 123 R1
Amundsen Gulf ≈ CDN 122 L2
Amur ~ RUS 63 V3
Amur ~ RUS 63 Y8
Amur ~ RUS 63 Z7
Amvrakikós Kólpos ≈ GR 47 H5
Anaa Atoll ⌒ F 97 M4
Anabar ~ RUS 62 T3
Anabarskoe plato ▲ RUS 62 S3
Anacapa Islands ⌒ USA 131 E8
Anaconda Range ▲ USA 130 H2
Ana Deresi ~ TR 66 B2
Anadolu ▲ TR 64 C3

★ Hauptstadt (Staat) ☆ Hauptstadt (Bundesland, Provinz, o.ä.) ◉ Ort ▲ Gebirge ⌒ Insel, Halbinsel ≐ Landschaft ≈ Ozean, Meer ~ Fluss

Anadyr' ☆ RUS 63 g5
Anadyr' ~ RUS 63 f4
Anadyrgolf = Anadyrskij zaliv ≈ RUS 63 h5
Anadyrskij liman ≈ RUS 63 g5
Anadyrskij zaliv ≈ RUS 63 h5
Anáfi ⌒ GR 47 K6
Anagni ◉ I 49 J7
Ana María, Golfo de ≈ C 138 F4
Anambas, Kepulauan ⌒ RI 82 E6
Anapa ◉ RUS 57 K5
Anár = Inari ◉ FIN 20 N2
Ánarjohka ~ FIN 20 M2
Anaselítsa ≐ GR 54 D2
Anastasia Island ⌒ USA 135 H5
Anatahan ⌒ USA 83 M3
Anatolien = Anadolu ≐ TR 64 C3
Anatoikė Rodópe ▲ GR 53 K5
'Anaza Ruwāla ▲ KSA 64 D4
An Bhearbha ~ IRL 27 B9
An Cabhán ☆ IRL 26 B8
Anchorage ◉ USA 122 G4
Anclitas, Cayos ⌒ C 138 F4
An Clochán = Clifden ◉ IRL 24 B6
Anclote Keys ⌒ USA 134 G5
Ancona ☆ I 49 J5
Ancón de Sardinas, Bahía de ≈ 148 B1
Ancud, Golfo de ≈ RCH 152 C6
Åndalsnes ☆ N 20 C5
Andamanen = Andaman Islands ⌒ IND 82 B4
Andamanensee = Andaman Sea ≈ 82 B4
Andaman Islands ⌒ IND 82 B4
Andaman Sea ≈ 82 B4
Anden ▲ 144 D5
Andenes ◉ N 20 G2
Andernach ◉ D 35 C6
Anderson River ~ CDN 122 L3
Andes, Cordillera de los ▲ 144 D5
Andfjorden ≈ N 20 H2
Andía, Sierra de ▲ E 43 H2
Andijon = Andižon ☆ UZ 65 L2
Andijskij chr. ▲ RUS 57 O6
Andijskoe Kojsu ~ RUS 57 O6
Andikíthira ⌒ GR 47 J7
Andímilos ⌒ GR 54 F6
Andíparos ⌒ GR 47 K6
Andipaxí ⌒ GR 54 B3
Andižon ☆ UZ 65 L2
Andoga ~ RUS 39 P2
Andogskaja grjada ▲ RUS 39 P2
Andong ☆ ROK 80 G5
Andørja ⌒ N 20 H2
Andorra la Vella ★ AND 32 F6
Andøya ⌒ N 20 G2
Andreanof Islands ⌒ USA 122 A6
Andrijevica ◉ MNE 52 D4
Andringitra ▲ RM 113 L6
Andropov = Rybinsk ☆ RUS 39 P2
Ándros ⌒ GR 47 K6
Androscoggin River ~ USA 133 N3
Andros Island ⌒ BS 129 L6
Andros Town ◉ BS 139 G2
Androth Island ⌒ IND 70 B5
An Éirne ~ IRL 27 B8
Anegada, Bahía ≈ RA 152 E6
Anegada Passage ≈ 129 O7
Aného ◉ TG 111 L6
Aneityum ⌒ VU 96 C5
An Fheoir ~ IRL 27 B9
Angara ~ RUS 62 Q6
Angarskij krjaž ≐ RUS 62 R6
Angaur Island ⌒ PAL 83 K5
Ángel de la Guarda, Isla ⌒ MEX 128 D5
Angèle, Montagne d' ▲ F 33 K4
Angeln ≐ D 34 E2
Angerburg = Węgorzewo ◉ PL 36 H2
Ångermanälven ~ S 18 P3
Ångermanälven ~ S 20 H5
Ångermanland ≐ S 20 G5
Angermünde ◉ D 34 K3
Angers ☆ F 32 D1
Angijak Island ⌒ CDN 123 Y3
Angístri ⌒ GR 54 F5
Anglesey ⌒ GB 24 E6
Anglona Turritano ≐ I 50 B2
Angoulême ☆ F 32 E3
Angoumois ≐ F 25 G10
Angpawing Bum ▲ MYA 65 P5
Angra do Heroísmo ☆ P 40 b1
Angrapa ~ RUS 38 H4
Ang Thong ☆ T 84 C4
Anguilla ⌒ GB 129 O7
Anguilla Cays ⌒ BS 138 E3
Anguille Mountains ▲ CDN 127 P5
An Hải ☆ VN 84 F1
Anhanduizinho, Rio ~ BR 150 C4
Anholt ⌒ DK 21 E8
Anhui ≐ CN 77 L6
Anié ~ TG 111 L5
Aniene ~ I 49 J7
Aniva, zaliv ≈ RUS 63 Z8
Aniwa Island ⌒ VU 96 C4
Anjou ≐ F 25 G9
Anjuj, Boľšoj ~ RUS 63 d4
Anjuj, Malyj ~ RUS 63 e4
Anjujskij hrebet ▲ RUS 63 d4
Ankara ★ TR 66 D3
Ankara Çayı ~ TR 66 D3
Anklam ☆ D 34 J3
Ankobra ~ GH 104 E7
An Láithreach ◉ IRL 27 C8
Anllóns, Río ~ E 42 A1
Anmyeondo ⌒ ROK 80 E5
Annaba ☆ DZ 107 K2
Annaberg-Buchholz ☆ D 35 J6
an-Nafūd al-Kubrā ≐ KSA 64 D5
an-Naǧaf ☆ IRQ 67 K7
Anna Maria Island ⌒ USA 134 G6
Annan ~ GB 26 F6
An Nás ☆ IRL 27 C8
an-Nāṣirīya ☆ IRQ 67 M7
Annecy ☆ F 33 L3
Annette Island ⌒ USA 124 E4
an-Nīl ~ ET 105 M5
Annobón, Isla de ⌒ GQ 112 C2
an-Nūba ≐ SUD 105 L5
an-Nu'mānīya ☆ IRQ 67 L6
Anoia, l' ~ E 43 M3
An Ómaigh = Omagh ◉ GB 26 B7
Anpo Gang ≈ CN 75 K7
Ansbach ☆ D 35 F7
Antalya ☆ TR 55 N6
Antalya Körfezi ≈ TR 64 C3
Antananarivo ★ RM 113 L5
Antarctic Sound ≈ ANT 156 F61
Antelope Island ⌒ USA 130 H5
Antelope Range ▲ USA 131 F6
Antequera ◉ E 44 F4
Anthony Island ⌒ CDN 122 K6
Anti Atlas ▲ MA 104 D3
Antiatlas = Anti Atlas ▲ MA 104 D3
Antica, Isla ⌒ YV 147 J2
Anticosti, Île d' ⌒ CDN 123 Y7
Antigua ◉ MEX 136 F3
Antigua Guatemala ☆ GCA 137 J5
Antigua Island ⌒ AG 129 O7
Antihássia Óri ▲ GR 54 D3
Antilles, Greater ⌒ 129 L6
Antilles, Lesser ⌒ 129 M8
Antiope Reef ⌒ 97 H4
Antipodes Island ⌒ NZ 99 a2
Antipodes Islands ⌒ NZ 99 a2
An tIúr = Newry ◉ GB 26 C7
Antofagasta ☆ RCH 152 C2
Antongila, Helodrano ≈ RM 113 L5
Antrim ◉ GB 26 C7
Antrim Mountains ▲ GB 26 C6
Antsiranana ☆ RM 113 L4
Antwerpen ☆ B 31 M3
An Uaimh ◉ IRL 27 C8
Anuanuraro Atoll ⌒ F 97 M5
Anuanurunga Atoll ⌒ F 97 M5
Añueque, Sierra ▲ RA 152 D6
An Uhelgoad = Huelgoat ◉ F 30 D6
Anuradhapura ◉ CL 71 E6
Anvers = Antwerpen ☆ B 31 M3
Anvers Island ⌒ ANT 156 F59
Anxious Bay ≈ AUS 90 G6
Anyau ~ EAU 114 C2
Anykščiai ◉ LT 38 J4
Anžu, ostrova ⌒ RUS 63 Y2
Ao Ban Don ≈ T 85 B7
Ao-go-shima ⌒ J 75 Q5
Aoke = Auki ☆ SOL 94 E7
Aomen ☆ CN 79 H5
Aomori ☆ J 81 N3
Aóos ~ GR 54 C2
Aore ⌒ VU 98 a2
Ao Sawi ≈ T 85 B6
Aosta ☆ I 48 C3
Ao Trat ≈ T 84 D5
Aouk, Bahr ~ TCH 105 J7
Aoukâr ≐ RIM 104 C5
Aoukâr ≐ RMM 104 D4
Apa, Cachoeira ~ PY 150 B5
Apa, Río ~ PY 150 B5
Apac ☆ EAU 114 D3
Apalachee Bay ≈ USA 129 J5
Apalachicola ◉ USA 134 F5
Apalachicola River ~ USA 134 F4
Apáporis, Río ~ CO 144 E4
Apáporis, Río ~ CO 148 F2
Aparados da Serra ▲ BR 151 E8
Apataki Atoll ⌒ F 97 M3
Apeldoorn ◉ NL 31 N2
Apenninen = Appennini ▲ I 18 N7
Apia ★ WS 98 b1
Apiaí-Guaçu, Rio ~ BR 150 F6
Apipe Grande, Ilha ⌒ RA 151 B7
Apolima Strait ≈ WS 98 b1
Aporé, Rio ~ BR 145 J8
Aporé, Rio ~ BR 150 D3
Apóstoli ◉ GR 54 G7
Appalachen = Appalachian Mountains ▲ USA 129 K3
Appalachian Mountains ▲ USA 129 K3
Appennini ▲ I 18 N7
Appennino Abruzzese ▲ I 46 D3
Appennino Calabrese ▲ I 51 K4
Appennino Campano ▲ I 51 H1
Appennino Ligure ▲ I 48 D4
Appennino Lucano ▲ I 51 J1
Appennino Tosco-Emiliano ▲ I 48 G4
Appennino Umbro-Marchigiano ▲ I 48 H5
Appenzell ☆ CH 35 E9
Appleton ◉ JA 139 G5
Apuka ~ RUS 63 f5
Apure, Río ~ YV 144 E3
Apure, Río ~ YV 146 E4
Apure, Río ~ YV 147 G4
Apurímac, Río ~ PE 144 E7
Apuseni, Munții ▲ RO 56 C4
'Aqaba, Ḫalīǧ al- ≈ ET 109 G3
'Aqaba, Wādī l- ~ ET 108 F2
'Aqra ☆ IRQ 67 K4
Āq Šū ~ IRQ 67 L5
Aqua = Suhum ◉ GE 19 U7
Aquarius Plau. ≐ USA 131 J7
Aquidabán, Río ~ PY 150 B5
Aquidauana, Rio ~ BR 150 B3
Aquidauana, Rio ~ BR 150 C4
Aquila, L' ☆ I 49 J6
Aquileia ◉ I 49 J3
Aquio, Río ~ CO 147 F6
'Araba, Wādī ~ ET 108 F3
Arabats'ka Strilka, kosa ≐ UA 57 J4
Arabats'ka zatoka = Arabatskij zaliv ≈ RUS 57 J5
Arabatskij zaliv ≈ RUS 57 J5
Arabian Peninsula ≐ KSA 64 F6
Arabian Sea ≈ 64 J7
Arabien ≐ KSA 64 F6
Arabische Halbinsel = Arabian Peninsula ≐ KSA 64 F6
Arabisches Meer = Arabian Sea ≈ 64 J7
Arabische Wüste = as-Sahrā' aš-Šarqīya ≐ ET 105 M3
Araç ☆ TR 66 E2
Aracaju ☆ BR 145 M7
Aracena, Sierra de ▲ E 44 D4
Arad ☆ RO 37 H10
Arafura Sea ≈ 83 K8
Arafurasee = Arafura Sea ≈ 83 K8
Aragón, Río ~ E 40 F3
Aragón, Río ~ E 43 K2
Araguá ☆ PY 151 B6
Araguaia, Rio ~ BR 145 J8
Araguaia, Rio ~ BR 150 D2
Araguaimujo, Caño ~ YV 147 K3
Araguao, Boca de ≈ YV 147 K3
Araguari, Rio ~ BR 145 J4
Araguari, Rio ~ BR 150 F3
Araguari, Rio ~ BR 150 G3
Árahthos ~ GR 47 H5
Arail Khan ~ BD 73 G3
Árainn Mhór ⌒ IRL 24 C5
Arāk ☆ IR 64 F4
Arakan Yoma = Ragaing Yōma ▲ MYA 73 J5
Aral ☆ KZ 19 Y6
Aranca ~ RO 52 E1
Arani ~ IND 71 E4
Aran Island = Árainn Mhór ⌒ IRL 24 C5
Aranjuez ◉ E 42 G4
Arantes, Ribeiro ~ BR 150 E3
Aranuka Atoll ⌒ KIR 95 G5
Arapawa Island ⌒ NZ 99 E4
Arapey Grande, Río ~ ROU 151 B9
'Ar'ar ☆ KSA 64 E4
Araras, Serra das ▲ BR 150 B1
Araripe, Chapada do ▲ BR 145 L6
Aras, Rūd-e ~ IR 67 L3
Aras Nehri ~ TR 67 K2
Aratika Atoll ⌒ F 97 M4
Arauca ☆ CO 146 E4
Arauca, Río ~ CO 146 E4
Arauca, Río ~ YV 144 F3
Aravaipa Valley ≐ USA 131 J9
Arāvalli Range ▲ IND 69 D7
Arawa ☆ PNG 83 P8
Araya, Península de ≐ YV 147 H2
Arba, Río ~ E 43 J2
Arbatax ◉ I 50 C3
Arbīl ☆ IRQ 67 L4
Arboga ☆ S 23 L1
Arbogaån ~ S 23 L1
Arbois ◉ F 33 K2
Arborea ≐ I 50 B3
Arcachon ◉ F 32 C4
Archipelago of the Recherche ⌒ AUS 90 E6
Archipel des Comores ⌒ COM 113 K4
Archipiélago de Camagüey ⌒ C 129 L6
Archipiélago de Colón ⌒ EC 144 A4
Archipiélago de los Canarreos ⌒ C 138 D4
Archipiélago de los Colorados ⌒ C 138 C3
Archipiélago de los Jardines de la Reina ⌒ C 129 K6
Archipiélago de Revillagigedo ⌒ MEX 128 C7
Archipiélago de Sabana ⌒ C 129 K6
Archipiélago de las Perlas ⌒ PA 129 K9
Arcone ~ F 33 J2
Arctic Harbour ≈ CDN 123 X3
Arctic Red River ~ CDN 122 K3
Arcyz ☆ UA 56 F5
Arda ~ BG 47 K4
Arda ~ BG 53 J5
Ardabīl ☆ IR 67 N3
Ardahan ☆ TR 67 K2
Ardèche ~ F 25 K10
Ardeni = Ardennes ▲ B 25 K8
Ardennes ▲ B 25 K8
Ardila, Ribeira de ~ P 40 C6
Ard Mhacha = Armagh ◉ GB 26 C7
Ardnamurchan ≐ GB 26 C5
Ardon ~ RUS 57 O6
Ards Peninsula ≐ GB 24 E5
Åre ◉ S 20 F5
Arenas, Cayo ⌒ MEX 137 J1
Arenas de San Pedro ◉ E 42 E4
Arenas Gordas ~ E 44 D4
Arendal ☆ N 22 D2
Arensburg = Kuressaare ☆ EST 38 H2
Arévalo ◉ E 42 F3
Arga, Río ~ E 43 J2
Arga-Muora-Sise, ostrov ⌒ RUS 63 V3
Arga Sala ~ RUS 62 S4
Argens ~ F 33 L5
Argentinisches Meer = Mar Argentino ≈ 152 E6
Argentino, Mar ≈ 152 E6
Argenton ~ F 32 D2
Argeș ~ RO 56 E5
Argolikos Kólpos ≈ GR 47 J6
Argonne ≐ F 31 N5
Árgos ◉ GR 54 E5
Argos, Río ~ E 45 J3
Argun ~ RUS 57 O6
Argun' ~ RUS 63 U7
Arhangel'sk ☆ RUS 19 U3
arhipelag Nordenšel'da ⌒ RUS 62 O2
Århus = Aarhus ◉ DK 22 F4
Århus Bugt = Aarhus Bugt ≈ DK 22 F4
Ariake-kai ≈ J 81 H7
Ariana ☆ TN 107 L2
Ariari, Río ~ CO 146 C6
Ariari, Río ~ CO 146 D6
Ari Atoll ⌒ MV 70 B9
Aribinda ◉ BF 111 K2
Arica ☆ RCH 144 E8
Ariège ~ F 25 H11
Arilje ◉ SRB 52 E3
Arinhanha, Rio ~ BR 150 D2
Arinos, Rio ~ BR 145 H7
Aripora, Río ~ CO 146 E4
Aripuanã, Rio ~ BR 145 G6
'Ariš, Wādī al- ~ ET 108 F2
'Ariš, Wādī l- ~ ET 108 F3
Arisaig, Sound of ≈ GB 26 C5
Aristazabal Island ⌒ CDN 124 E5
Arkalyk ☆ KZ 62 K7
Arkansas River ~ USA 128 G3
Arkansas River ~ USA 128 H4
Arkhbil ~ TN 107 M3
Arkö ⌒ S 23 N2
Arkoúdi ⌒ GR 54 C4
Arktičeskogo instituta, ostrova ⌒ RUS 62 M2
Arlanza, Río ~ E 40 E4
Arlanzón, Río ~ E 40 D4
Arles ◉ F 33 J5
Arlon ☆ B 31 N5
'Armā' ▲ KSA 64 F5
Armagh ◉ GB 26 C7
Armagnac ≐ F 25 G11
Armançon ~ F 31 L6
Armathia ⌒ GR 55 J7
Armenia ☆ CO 146 B5
Armenia = Armenija ≐ 64 E3
Armenien = Armenija ≐ 64 E3
Armenija ≐ 64 E3
Arnå ~ DK 22 D6
Arnaud (Payne), Rivière ~ CDN 123 W5
Arnhem ☆ NL 31 N3
Arnhem Land ≐ AUS 90 G2
Arno ~ I 46 C3
Arno Atoll ⌒ MH 94 G4
Arnon ~ F 32 G2
Arnøy ⌒ N 20 K1
Arnstadt ☆ D 34 F6
Arø ⌒ DK 22 E5
Aro, Río ~ YV 147 J4
Aroostock River ~ USA 133 O2
Arorae ⌒ KIR 95 H6
Arosa ◉ CH 35 E10
Arousa, Illa de ⌒ E 42 A2
Arousa, Ría de ≈ E 42 A2
Arpa Çayı ~ TR 67 K2
Arpangasia ~ BD 72 F3
Arquipélago da Madeira ⌒ P 104 B2
Arquipélago de Cabo Verde ⌒ CV 104 A5
Arquipélago dos Açores ⌒ P 18 F8
Arquipélago dos Bijagós ⌒ RGB 110 B4
Arquipélago Fernando de Noronha ⌒ BR 145 M5
ar-Ramādī ☆ IRQ 67 K6
Arran ⌒ GB 24 E5
Arranmore Island = Árainn Mhór ⌒ IRL 24 C5
Arras ☆ F 31 K4
Ar-Rashidiyah = Er-Rachidia ☆ MA 106 D5
Arrats ~ F 32 E5
Arrecife ◉ E 104 C3
Arrecife Alacranes ⌒ MEX 137 K1
Arrecife Madagaskar ⌒ MEX 137 J2
Arrecife Sisal ⌒ MEX 137 J2
Arrecifes Triángulos ⌒ MEX 137 H2
Arrecife Tanhuijo ⌒ MEX 136 F2
Arrée, Monts d' ▲ F 30 C6
Arriaga ◉ MEX 137 G4
Ar-Ribāt ★ MA 106 C4
ar-Rifā'ī ☆ IRQ 67 M7
ar-Rihab ≐ IRQ 67 L7
ar-Riyāḍ ★ KSA 64 F6
Arros ~ F 32 E5
Arroux ~ F 33 J2
Arroyo Avalos ~ RA 151 A8
Arroyo Barrancas ~ RA 151 A8
Arroyo Batelito ~ RA 151 A8
Arroyo Cololo ~ ROU 151 B10
Arroyo de la Luz ◉ E 44 D2
Arroyo El Tigre ~ RA 151 A9
Arroyo Feliciano ~ RA 151 A9
Arroyo Grande ~ ROU 151 B10
Arroyo Laureles Grande ~ ROU 151 B9
Arroyo Lucas ~ RA 151 A9
Arroyo María Grande ~ RA 151 A8
Arroyo Nancay ~ RA 151 A10
Arroyo Negro ~ ROU 151 B10
Arroyo Sarandí ~ RA 151 A9
Arroyo Villaguay Grande ~ RA 151 A9
Arroyo Yaguari ~ RA 151 A8
ar-Rub' al-Ḫālī ≐ KSA 64 F7
Art, Île ⌒ F 98 a2
Árta ◉ GR 54 C3
Artemisa ☆ C 138 D3
Arthur River ~ AUS 93 H6
Artigas ☆ ROU 151 B9
Artois ≐ F 24 H7
Artois, Collines de l' ▲ F 31 J4
Artuby ~ F 33 L5
Artvin ☆ TR 67 J2
Aru, Kepulauan ⌒ RI 83 L8
Arua ☆ EAU 114 C2
Aruba ⌒ NL 129 M8
Arun ~ GB 27 J10
Arutua Atoll ⌒ F 97 M3
Aruvi Aru ~ CL 71 F6
Aruwimi ~ CGO 105 L8
Arvajhèèr ☆ MGL 74 J2
Arve, l' ~ F 33 L2
Arvidsjaur ◉ S 20 J4
Arvika ☆ S 22 H1
Aryanah = Ariana ☆ TN 107 L2
Arz ~ F 30 E7
Asadābād ☆ AFG 68 C2
Asahi-gawa ~ J 81 J6
Asanman ≈ ROK 80 F5
Asbesberge ▲ ZA 116 F4
Ascensión, Bahía de la ≈ MEX 137 L3
Aschaffenburg ◉ D 35 E7
Aschchabad = Aşgabat ★ TM 64 H3
Aschersleben ◉ D 34 G5
Ascoli Piceno ☆ I 49 J6
Åseda ◉ S 23 L3
Asedjrad ▲ DZ 104 F3
Åsele ◉ S 20 H4
Åseral ☆ N 22 C2
Aşgabat ★ TM 64 H3
Ašhabad = Aşgabat ★ TM 64 H3
Ashanti Traditional Building ◉ GH 111 K6
Ashburton River ~ AUS 90 D4
Asheville ◉ USA 135 G2
Ashe Yōma ▲ MYA 73 K5
Ashmore Reef ⌒ AUS 90 E2
ash-Shallāl al-Khāmis ~ SUD 105 M5
ash-Shallāl ar-Rābi' ~ SUD 105 M5
ash-Shallal as-Sablūkah ~ SUD 105 M5
ash-Shallāl ath-Thālith ~ SUD 105 L5
'Āṣī, Nahr al- ~ SYR 66 G5
Asia, Kepulauan ⌒ RI 83 K6
Asif Melloul ~ MA 106 C4
Asilah ◉ MA 44 D6
Asinara, Golfo dell' ≈ I 46 B4
Asinara, Isola ⌒ I 18 N7
Asi Nehri ~ TR 66 F4
Asino ☆ RUS 62 O6
Asīr ≐ KSA 64 E6
Asker ☆ N 21 D7
Askersund ☆ S 22 K2
Askim ☆ N 22 G1
Askö ⌒ S 23 N2
Asmara = Āsmera ★ ER 105 N5
Āsmera ★ ER 105 N5
Aso ~ I 49 J6
Asopós ~ GR 54 F4
Asowsches Meer = Azovskoe more ≈ 19 T6
Aspö ⌒ S 23 L4
Aspromonte ▲ I 46 F5
Aspy Bay ≈ CDN 127 O5
aṣ-Ṣafā ≐ SYR 66 G6
aṣ-Ṣāhilīya, Ǧabal ▲ SYR 66 G5
as-Sahrā' al-Garbīa ≐ ET 105 L3
as-Sahrā' al-Lībīyā ≐ LAR 105 K3
as-Sahrā' aš-Šarqīya ≐ ET 105 M3
as-Samāwa ☆ IRQ 67 L7
aš-Šāmīya ≐ IRQ 67 M7
as-Sanām ≐ KSA 64 G6
Assateague Island ⌒ USA 133 L7
aš Šaṭra ☆ IRQ 67 L7
As-Sawīrah = Essaouira ◉ MA 104 C2
Assegai ~ SD 117 K3
Assen ☆ NL 31 O1
Assesser ▲ RMM 111 K2
Assiniboine River ~ CDN 122 Q6
Assinié Mafia ◉ CI 111 J7
Assisi ◉ I 48 H5
Assumption ⌒ SY 113 L3
as-Sulaimānīya ☆ IRQ 64 F3
aṣ-Ṣummān ▲ KSA 64 F5
As-Sūs = Souss ~ MA 104 D3
aš-Šuwaira ☆ IRQ 67 L6
aš-Šuwār ◉ SYR 67 J5
as-Suwaybit ▲ IRQ 67 H6
as-Suways, Ḫalīǧ ≈ ET 105 M3
Assynt ≐ GB 26 D3
Astakidá ⌒ GR 55 J7
Astana = Nur-Sultan ★ KZ 62 L7
Āstārā ◉ IR 67 N3
Astarac ≐ F 32 E5
Asti ☆ I 48 D4
Astipálea ⌒ GR 47 L6
Astorga ◉ E 42 D2
Astoria ◉ USA 130 C2
Astove Island ⌒ SY 113 L4
Astrahan' ☆ RUS 57 P4
Astrolabe, Récifs de l' ⌒ F 98 b2
Asunción ★ PY 151 A6
Asuncion ⌒ USA 83 N3
Asunción, La ☆ YV 147 J2
Aswa ~ EAU 105 M8
Asyūṭī, Wādī l- ~ ET 108 E4
Atabapo, Río ~ CO 147 G6
Atacama, Puna de ≐ RA 152 D3
Atafi, Massif d' ▲ RN 105 H4
Atafu Atoll ⌒ NZ 95 K7
Atakora, Chaîne de l' ▲ BJ 111 L4
Atakpamé ☆ TG 111 L6
Atâr ☆ RIM 104 C4
Atasu ☆ KZ 62 L8
Atauro, Pulau ⌒ TL 82 J8
'Atbara ~ ETH 105 M5
Atbasar ☆ KZ 62 K7
Atchane, Erg el- ≐ DZ 106 F6
Atchane, Hamadet el- ≐ DZ 107 J6
Atenquillo, Río ~ MEX 136 B2
Ateppi ~ SSD 114 D2
Athabasca River ~ CDN 122 O5
Athabasca River ~ CDN 125 M5
Athabasca River ~ CDN 125 O4
Athen = Athína ★ GR 54 F5
Athi ~ EAK 113 J2
Athína ★ GR 54 F5
Áthos ≐ GR 54 G2
Ati ☆ TCH 105 J6
Atiu Island ⌒ CK 97 K5
Atka Island ⌒ USA 122 A6
Atlanta ☆ USA 134 F3
Atlantischer Ozean ≈ 158 D5
Atlas = Atlas Mountains ▲ 104 D2
Atlas Mountains ▲ 104 D2
Atlasova, ostrov ⌒ RUS 63 b7
Atlas Saharien ▲ DZ 104 F2
Atlas Tellien ▲ DZ 104 E2
Atmis ~ RUS 39 S5
Átokos ⌒ GR 54 C4
Atol das Rocas ⌒ BR 145 M5
Atoyac, Río ~ MEX 136 E3
Atoyac, Río ~ MEX 136 F4
Atrai ~ BD 72 F2
Atrato, Río ~ CO 144 D3
Atrek ~ TM 64 G3
Atsumi-hantō ≐ J 81 L6
at-Ṭā'if ☆ KSA 64 E6
Attapu ☆ LAO 84 F4
Attar, Oued el- ~ DZ 107 J4
Attawapiskat River ~ CDN 123 T6
at-Tīh, Ǧabal ▲ ET 105 M3
at-Tīh, Ṣaḥrā' ≐ ET 105 M2
at-Tīna, Ḫalīǧ ≈ ET 108 F2
Attock ◉ PK 68 C3
Åtvidaberg ☆ S 23 M2
Atwood Cays = Samana Cay ⌒ BS 139 J3
Atyrau ☆ KZ 19 W6
Atyrau = Gur'ev ☆ KZ 19 W7
Aual Aden Dugal ≐ SO 115 H3
Ausberge ▲ NAM 116 C1
Aube ~ F 25 K8
Aube ~ F 31 M6
Aubrac ▲ F 25 J10
Aubusson ◉ F 32 G3
Auch ☆ F 32 E5
Auckland ◉ NZ 99 D2
Auckland Bay ≈ MYA 84 B5
Auckland Island ⌒ NZ 99 b1
Aude ~ F 25 J11
Audern = Audru ◉ EST 38 H2
Audierne, Baie d' ≈ F 30 C7
Audo Range ▲ ETH 105 O7
Audru ◉ EST 38 H2
Aue ~ D 35 H6
Aue ~ D 34 D4
Auge, Pays d' ≐ F 30 H5
Augrabies Falls ~ ZA 116 D4
Augsburg ☆ D 35 F8
Augusta ◉ AUS 90 D6
Augusta ☆ USA 133 O3
Augusta, Golfo di ≈ I 51 J5
Augustowska, Puszcza ≐ PL 36 K4
Auki ☆ SOL 94 E7
Aulne ~ F 30 D6
Aunis ≐ F 25 G10
Auob ~ NAM 116 D2
Auob ~ ZA 116 E2
Aupouri Peninsula ≐ NZ 99 D1
Aur, Pulau ⌒ MAL 85 E10
Aur Atoll ⌒ MH 94 G4
Aurès, Massif de l' ▲ DZ 107 J3
Aurich (Ostfriesland) ☆ D 34 C3
Aurigny = Alderney ⌒ GBA 25 F8
Aurillac ☆ F 32 G4
Auron ~ F 32 G2
Aurunci, Monti ▲ I 50 G1
Au Sable River ~ USA 132 F3
Auschwitz = Oświęcim ◉ PL 37 F6
Aussee, Bad ☆ A 35 J9
Aussig = Ústí nad Labem ☆ CZ 34 K6
Austin ☆ USA 128 G4
Australes, Îles ⌒ F 97 K5
Australian Alps ▲ AUS 91 K7
Australinseln = Îles Australes ⌒ F 97 K5
Austvågøy ⌒ N 20 F2
Autun ◉ F 33 J2
Auvergne ▲ F 32 G2
Auxerre ☆ F 31 L7
Auzance ~ F 32 E2
Ava ◉ MYA 73 J4
Avadh ≐ IND 72 B1
Avalon Peninsula ≐ CDN 123 a7
Avalos, Arroyo ~ RA 151 A8
Avarskoe Kojsu ~ RUS 57 P6
Avarua ★ CK 97 K5
Avasa Adası ⌒ TR 66 B2
Aveiro ☆ P 42 B4
Aveiro, Ria de ~ P 42 A4
Avellino ☆ I 51 H2
Aven ~ F 30 D6
Aves, Islas de ⌒ YV 147 F1
Aves de Barlovento ⌒ YV 147 G2
Avesta ☆ S 21 G6
Aveyron ~ F 25 J10
Aveyron ~ F 32 G4
Avgó ⌒ GR 54 D6
Avignon ☆ F 33 J5
Ávila ◉ E 42 F4
Ávila, Sierra de ▲ E 42 F4
Avilés ◉ E 42 E1
Avisio ~ I 48 G2
Avoca River ~ AUS 92 G4
Avon ~ GB 27 G10
Avon ~ GB 27 H10
Avre ~ F 30 H6
Avre ~ F 31 K5
Awara Plain ≐ EAK 115 H2
Āwasa ☆ ETH 105 N7
Awashima ⌒ J 81 M4
Āwash Wenz ~ ETH 105 O7
Awasibberge ▲ NAM 116 B2
Awatere River ~ NZ 99 D4
Awbārī ☆ LAR 104 H3
Awwal, Wādī ~ LAR 107 L5
Axiós ~ GR 47 J4
Ayapel, Serranía de ▲ CO 146 C4
Aydın ☆ TR 55 K5
Aydın Dağları ▲ TR 55 L4
Aydinlik Dağl. ▲ TR 67 J3
Ayer Hitam ◉ MAL 85 D11
Ayllón, Sierra de ▲ E 42 G3
Aylsham ◉ GB 27 L9
'Ayoûn el 'Atroûs ☆ RIM 104 D5
Ayr ◉ GB 26 E6
Ayr ~ GB 26 E6
Ayu, Kepulauan ⌒ RI 83 K6
Ayutthaya ☆ T 84 B4
Ayvacık ◉ TR 55 J3
Ayvalık ◉ TR 55 J3
Azahar, Costa del ≐ E 40 G5
Azaouagh ~ RMM 104 F5
Azaz ▲ DZ 107 H7
Až Bogd ▲ MGL 74 H3
Azeffâl ≐ RIM 104 B4
Azogues ☆ EC 148 B3
Azoren = Arquipélago dos Açores ⌒ P 18 F8
Azov ◉ RUS 57 L4
Azovskoe more ≈ 19 T6
Azowsches Meer = Azovskoe more ≈ 19 T6
Azrou ◉ MA 106 D4
Azua ☆ DOM 139 K5
Azuaga ◉ E 44 E3
Azuer, Río ~ E 40 E5
Azuero, Península de ≐ PA 129 K9
Azul, Rio ~ BR 148 E5
Azul, Río ~ MEX 136 E4
Azul, Río ~ MEX 137 K4
az-Zāb al-Kabīr, Nahr ~ IRQ 67 K5
az-Zāb aṣ-Ṣaġīr, Nahr ~ IRQ 67 K5
az-Zamul al-Akbar ≐ DZ 107 K6
az-Zāwiyah ☆ LAR 104 H2
az-Zubair ☆ IRQ 67 M7
az-Zuqur ⌒ YEM 105 O6

B

Ba ~ CI 111 J6
Baaba, Île ⌒ F 98 a3
Baar ≐ D 35 D9
Bābā, Kūh-e ▲ AFG 65 K4
Babadag ◉ RO 56 E5
Babaeski Çayı ~ BG 53 M5
Babahoyo ☆ EC 148 B2
Bāb al-Mandab ≈ YEM 64 E8
Babar, Pulau ⌒ RI 83 J8
Babelthuap ⌒ PAL 83 K5

★ Hauptstadt (Staat) ☆ Hauptstadt (Bundesland, Provinz, o.ä.) ◉ Ort ▲ Gebirge ⌒ Insel, Halbinsel ≐ Landschaft ≈ Ozean, Meer ~ Fluss

Babička gora ▲ SRB 52 G3
Babine Range ▲ CDN 124 G4
Babine River ~ CDN 124 G4
Bābol ◉ IR 64 G3
Babrujsk ☆ BY 38 L5
Babuna ▲ MK 52 F5
Babuna ~ MK 52 F5
Bābūr ≐ DZ 107 J2
Babuyan Islands ◠ RP 83 H3
Bacajagua ◉ C 139 H5
Bacan, Kepulauan ◠ RI 83 J7
Bacan, Pulau ◠ RI 83 J7
Bacău ☆ RO 56 E4
Bắc Giang ☆ VN 78 E6
Bắc Hà ☆ VN 78 D5
Bachčysaraj = Bahčisaraj ☆ RUS 56 H5
Bačka ≐ SRB 46 G2
Back Bay ≈ USA 135 L1
Back River ~ CDN 122 P4
Back River ~ CDN 123 R3
BackRiver ~ NAM 116 D3
Backstairs Passage ≈ AUS 92 D3
Backwaters ≐ IND 70 D6
Bắc Mê ☆ VN 78 D5
Bắc Ninh ☆ VN 82 E2
Bacolod ☆ RP 83 H4
Bad Addan ◠ SO 115 H4
Bad Aussee ☆ A 35 J9
Bad Belzig ☆ D 34 H4
Bad Bentheim ◉ D 34 C4
Bad Bergzabern ◉ D 35 C7
Bad Doberan ☆ D 34 G2
Bad Dürkheim ☆ D 35 D7
Bad Ems ☆ D 35 C6
Bad Fallingbostel ☆ D 34 E4
Bad Freienwalde (Oder) ◉ D 34 K4
Bad Gastein ◉ A 35 J9
Bad Hersfeld ☆ D 34 E6
Bad Hofgastein ◉ A 35 J9
Bad Homburg vor der Höhe ☆ D 35 D6
Bad Honnef ◉ D 35 C6
Bad Ischl ◉ A 35 J9
Bad Kissingen ☆ D 35 F6
Bad Königshofen im Grabfeld ◉ D 35 F6
Bad Kreuznach ☆ D 35 C7
Bad Mergentheim ◉ D 35 E7
Bad Muskau ◉ D 34 K5
Bad Neuenahr-Ahrweiler ☆ D 35 C6
Bad Neustadt an der Saale ☆ D 35 F6
Bad Oldesloe ☆ D 34 F3
Bad Pyrmont ◉ D 34 E5
Bad Rapids ~ CDN 125 N3
Bad Reichenhall ☆ D 35 H9
Bad Salzungen ☆ D 34 F6
Bad Schmiedeberg ◉ D 34 H5
Bad Segeberg ☆ D 34 F3
Bad Tölz ☆ D 35 G9
Bad Waldsee ◉ D 35 E9
Bada ▲ ETH 105 N7
Badain Jaran Shamo ≐ CN 76 B1
Badajoz ☆ E 44 D3
Bāda K. ~ MYA 85 A6
Badalona ◉ E 43 N3
Baddo ~ PK 65 J5
Baden ☆ A 37 C8
Badena ~ SO 115 H4
Baden-Baden ☆ D 35 D8
Badénou ~ CI 111 G4
Badia d'Alcúdia ≈ E 45 O2
Badia de Palma ≈ E 41 H5
Badiara ~ SN 110 D2
Badinn-Ko ~ RMM 110 F3
Bādiyat aš-Šām ≐ SYR 64 D4
Badra ☆ IRQ 67 L6
Baegnyeongdo ◠ KP 80 D5
Baena ◉ E 44 F4
Bäreninseln = Medvež'i ostrova ◠ RUS 63 d3
Baeza ◉ E 45 G4
Baezaeko River ~ CDN 124 H5
Bafata ☆ RGB 110 C3
Baffin Bay ≈ 123 W2
Baffin Island ◠ CDN 123 V2
Bafi ~ WAL 110 E5
Bafing ~ CI 110 G5
Bafing ~ RG 110 E4
Bafing ~ RMM 104 C6
Bafini ~ RMM 111 G4
Bafoussam ☆ CAM 104 H7
Bafu Bay ≈ LB 110 F7
Bagaat ◠ F 98 b3
Bagan ◉ MYA 73 J4
Bagbé ~ CI 110 G5
Bagbe ~ WAL 110 E5
Bagdad = Baġdād ★ IRQ 67 L6
Bagdarin ☆ RUS 63 T7
Bāgh ◉ IND 69 E8
Baghelkhand ≐ IND 72 B2
Baghelkhand Plateau ▲ IND 65 N6
Bagherhat ◉ BD 72 F3
Baglān ☆ AFG 65 K3
Bagmati ~ NEP 72 D1
Bag Nur ~ CN 76 F2
Bågø ◠ DK 22 E5
Bago ☆ MYA 73 K6
Bagoé ~ CI 111 G5
Bagoé ~ RMM 104 D6
Bagoé ~ RMM 111 G4
Bagrationovsk ☆ RUS 38 G4
Bagru ~ WAL 110 D6
Baguio ☆ RP 83 H3
Bagzane, Monts ▲ RN 104 G5
Bāha, al- ☆ KSA 64 E6
Bahama Island, Grand ◠ BS 129 L5
Bahamas ◠ BS 133 G1
Baharija-Oasen = al-Wāḥāt al-Baḥrīya ≐ ET 105 L3
Bahāwalpur ◉ PK 68 C5
Bahčisaraj ☆ RUS 56 H5
Bahía, Islas de la ◠ HN 137 L5
Bahía Anegada ≈ RA 152 E6
Bahía Banks ≈ EC 149 a2
Bahía Buena Vista ≈ C 138 F3
Bahía de Amatique ≈ GCA 137 K5
Bahía de Ancón de Sardinas ≈ 148 B1
Bahía de Banderas ≈ MEX 136 B2
Bahía de Banes ≈ C 139 H4
Bahía de Buenaventura ≈ CO 144 D4
Bahía de Caballos ≈ PE 149 C9
Bahía de Cádiz ≈ E 44 D5
Bahía de Campeche ≈ MEX 128 H7
Bahía de Chetumal ≈ MEX 128 J7
Bahía de Cochinos ≈ C 138 E3
Bahía de Coronado ≈ CR 129 K9
Bahía de Corrientes ≈ C 138 C4
Bahía de Guadiana ≈ C 138 C3
Bahía de la Ascención ≈ MEX 137 L3
Bahía de la Gloria ≈ C 139 G4
Bahía de La Independencia ≈ PE 149 C8
Bahía de la Isabella ≈ DOM 139 K5
Bahía del Espíritu Santo ≈ MEX 137 L3
Bahía de Malagueta ≈ C 139 G4
Bahía de Manta ≈ EC 148 A2
Bahía de Nipe ≈ C 139 H4
Bahía de Nuevitas ≈ C 139 G4
Bahía de Ocoa ≈ DOM 139 K5
Bahía de Paita ≈ PE 148 A4
Bahía de Paracas ≈ PE 149 C8
Bahía de Petacalco ≈ MEX 136 C4
Bahía de Salinas ≈ PE 149 B7
Bahía de Samaná ≈ DOM 139 L5
Bahía de San Juan del Norte ≈ NIC 129 K8
Bahía de Santa Clara ≈ C 138 E3
Bahía de Santiago de Cuba ≈ C 139 G5
Bahía de Sebastián Vizcaíno ≈ MEX 128 C5
Bahía de Sechura ≈ PE 148 A4
Bahía de Setúbal ≈ P 40 B5
Bahía de Tela ≈ HN 137 L4
Bahía de Yuma ≈ DOM 139 L5
Bahía Grande ≈ RA 152 D8
Bahía Samborombón ≈ RA 152 F5
Bahía San Juan ≈ PE 149 C9
Bahía San Nicolás ≈ PE 149 C9
Bahir Dar ☆ ETH 105 N6
Bahla ◉ OM 64 H6
Bahoruco, Sierra de ▲ DOM 139 K5
Bahr al-'Arab ~ SUD 105 L6
Bahr al-Azraq, Al- ~ SUD 105 M6
Bahr al-Jabal ~ SSD 105 M6
Bahr Aouk ~ TCH 105 J7
Bahr ar Ramla al Kabīr ≐ ET 105 L3
Bahrīya, Barqat al- ≐ ET 105 K2
Bahr Keita ou Doukа ~ TCH 105 J7
Bahr Salamat ~ TCH 105 K6
Bāḫtarān = Kermānšāh ☆ IR 67 M5
Bahtemir ~ RUS 57 P5
Baía de Guaratuba ≈ BR 151 F6
Baía de Inhambane ≈ MOC 113 J6
Baía de Maputo ≈ MOC 113 H7
Baía de Marajó ≈ BR 145 K5
Baía de Porto Belo ≈ BR 151 F7
Baía de Santos ≈ BR 150 G5
Baía de Varela ≈ RGB 110 B3
Baia Mare ☆ RO 56 C4
Baie Chasseloup ≈ F 98 a3
Baie d'Audierne ≈ F 30 C7
Baie de Boulari ≈ F 98 c4
Baie de Bradore ≈ CDN 127 Q3
Baie de Canala ≈ F 98 b3
Baie de Corisco ≈ G 112 C1
Baie de Douarnenez ≈ F 30 C6
Baie de Gaspé ≈ CDN 127 M4
Baie de Gouaro ≈ F 98 b3
Baie de l'Allier ≈ F 98 c3
Baie de Lannion ≈ F 30 D6
Baie de la Seine ≈ F 25 G8
Baie de Nehoué ≈ F 98 a3
Baie de Niri ≈ F 98 c4
Baie de Saint-Brieuc ≈ F 30 E6
Baie de Saint-Vincent ≈ F 98 b4
Baie des Chaleurs ≈ CDN 127 M4
Baie des Sept-Îles ≈ CDN 127 L3
Baie de Téremba ≈ F 98 b3
Baie d'Ognat ≈ F 98 c3
Baie d'Ouvéa ≈ F 98 c3
Baie du Santal ≈ F 98 c3
Baie Ouinné ≈ F 98 c3
Bai He ~ CN 77 H5
Baile Átha Cliath = Dublin ★ IRL 27 C8
Baile Átha Troim = Trim ☆ IRL 24 D6
Baile Átha Troim = Trim ☆ IRL 27 C8
Bailong Jiang ~ CN 76 D5
Baird Mountains ▲ USA 122 D3
Baird Peninsula ◠ CDN 123 V3
Baiš, Wādī ~ KSA 64 E7
Baise ~ F 32 E5
Baitarani ~ IND 72 D4
Bait Range ▲ CDN 124 G4
Baiturahman = Banda Aceh ☆ RI 82 C5
Baixas, Rías ≈ E 42 A2
Baiyu Shan ▲ CN 76 F3
Baja ◉ H 37 E10
Baja California ≐ MEX 128 C4
Bajanaul ◉ KZ 62 M7
Bajanhongor ☆ MGL 74 J2
Bajdarackaja guba ≈ RUS 62 J4
Bajina Bašta ◉ SRB 52 D3
Bajo de Masinloc / Panatag Shoal = Huangyan Dao ◠ CN 82 G3
Bajo Nuevo ◠ CO 129 L7
Bajram Curri ◉ AL 52 E4
Bakal'skaja kosa ◠ UA 56 G5
Bakau ◉ WAG 110 B3
Bakel ◉ SN 110 D2
Baker Creek ~ CDN 124 J5
Baker Island ◠ USA 95 J5
Baker Island ◠ USA 124 C4
Bakhounou ≐ RMM 110 F2
Bakı ★ AZ 64 F2
Bakır Çay ~ TR 66 B3
Bakkaflói ≈ IS 20 f1
Baklan ☆ TR 55 M5
Bakony ≐ H 37 D9
Bakoye ~ RG 110 F4
Bakoye ~ RMM 110 E3
Baksan ◉ RUS 57 N6
Baksan ~ RUS 57 N6
Baku = Bakı ★ AZ 64 F2
Balā ☆ TR 66 E3
Balabac Island ◠ RP 82 G5
Balabac Sel = Balabac Strait ≈ MAL 82 G5
Balabac Strait ≈ MAL 82 G5
Balabalangan, Kepulauan ◠ RI 82 G7
Balabio, Île ◠ F 98 b3
Balaghat Range ≐ IND 69 E10
Balagne ◠ F 33 N6
Ba Lai, Sông ~ VN 85 F6
Balakovo ☆ RUS 19 V5
Balanda ~ RUS 57 O2
Balára ◠ GR 54 G4
Balašiha ☆ RUS 39 P4
Balcones Escarpment ≐ USA 128 G5
Baldenburg = Biały Bór ◉ PL 36 C3
Balé ~ RG 110 E5
Balé ~ RG 110 E4
Bale ~ RMM 110 F4
Bâle = Basel ☆ CH 35 C9
Balearen = Illes Balears ◠ E 18 M8
Balears, Illes ◠ E 18 M8
Baleine, Rivière à la ~ CDN 123 X5
Balelesberge ▲ ZA 117 K3
Balestrand ☆ N 21 B6
Bali, Laut ≈ RI 82 F8
Bali, Pulau ◠ RI 82 F8
Bali, Selat ≈ RI 82 F8
Balīḫ, Nahr al- ~ SYR 67 H4
Balıkesir ☆ TR 55 K3
Balingen ☆ D 35 D8
Balinn ~ RMM 110 E3
Balisee = Laut Bali ≈ RI 82 F8
Balkan = Stara Planina ▲ BG 19 Q7
Balleroy-sur-Drôme ◉ F 30 G5
Ballestas, Islas ◠ PE 149 C8
Ballsh ◉ AL 52 D6
Ball's Pyramid ◠ AUS 91 M6
Balneario del Sol ◉ C 139 H5
Balonne River ~ AUS 91 K5
Balsas, Río ~ MEX 128 F7
Balsas, Río ~ MEX 136 E4
Balta ☆ UA 56 F4
Balta Brăilei ≐ RO 56 E5
Bălți ☆ MD 56 E4
Baltic Sea ≈ 18 O5
Baltijas Jūra = Baltic Sea ≈ 18 O5
Baltra, Isla ◠ EC 149 b2
Baltrum ◠ D 28 J2
Bălūčestan = Baluchistan ≐ 64 J5
Baluchistan ≐ 64 J5
Bāluchistān = Baluchistan ≐ 64 J5
Baluchistan = Baluchistan ≐ 64 J5
Balutschistan = Baluchistan ≐ 64 J5
Balvi ☆ LV 38 K3
Balygyčan ~ RUS 63 b5
Bam ◉ IR 64 H5
Bama ◉ BF 111 H4
Bamako ★ RMM 110 F3
Bambari ☆ RCA 105 K7
Bamberg ☆ D 35 F7
Bambey ◉ SN 110 B2
Bamboesberg ▲ ZA 117 H5
Bambouk ≐ RMM 110 D2
Bamenda ☆ CAM 104 H7
Bāmyān ☆ AFG 65 K4
Banaba ◠ KIR 94 F6
Banai ≐ IND 72 D3
Bananal, Ilha do ◠ BR 145 J7
Banās ~ IND 69 F6
Banās Kantha ≐ IND 69 C7
Banat ≐ 47 H2
Banat = Banat ≐ 47 H2
Banaz Çayı ~ TR 66 C3
Banc du Geyser ◠ RM 113 L4
Banchory ◉ GB 26 G4
Banco Chinchorro ◠ MEX 129 J7
Banco de Serrana ◠ CO 129 K8
Banda, Kepulauan (Nutmeg Kepulauan) ◠ RI 83 J7
Banda, Laut ≈ 83 J7
Banda Aceh ☆ RI 82 C5
Bandama ~ CI 111 H6
Bandama Blanc ~ CI 111 H5
Bandama Rouge ~ CI 111 G5
Bandar-e Anzalī ◉ IR 64 F3
Bandar-e Būšehr ☆ IR 64 G5
Bandar-e Lenge ◉ IR 64 G5
Bandar Lampung ☆ RI 82 E8
Bandar Seri Begawan ★ BRU 82 F6
Bandasee = Laut Banda ≈ 83 J7
Banderas, Bahía de ≈ MEX 136 B2
Bandiagara ◉ RMM 104 E6
Bandiagara, Falaise de ▲ RMM 111 J2
Bandiala ~ SN 110 B3
Bandiat ~ F 32 E3
Bandırma ☆ TR 55 K2
Bandundu ☆ CGO 112 E2
Bandung ☆ RI 82 E8
Banes, Bahía de ≈ C 139 H4
Banff ◉ GB 26 G4
Banfora ◉ BF 111 H4
Bangalore = Bengaluru ☆ IND 71 D4
Bangassou ☆ RCA 105 K8
Banggai, Kepulauan ◠ RI 82 H7
Banggi, Pulau ◠ MAL 82 G5
Banghāzī ☆ LAR 105 J2
Banghiang ~ LAO 84 E3
Bangka, Pulau ◠ RI 82 E7
Bangka, Selat ≈ RI 82 D7
Bangkok, Bight of ≈ T 82 D4
Bangkok = Krung Thep Maha Nakhon ★ T 84 C5
Bangor ◉ GB 26 D7
Bangor ◉ GB 27 E8
Bangui ★ RCA 105 J8
Ban Houayxay ☆ LAO 84 C1
Banī ☆ DOM 139 K5
Bani ~ RMM 104 D6
Bani, Jbel ▲ MA 104 D3
Banī 'Atīya ≐ KSA 64 D5
Banié ~ RG 110 E4
Banie = Vanikoro ◠ SOL 94 F8
Banifeng ~ RMM 111 G4
Banifing ~ RMM 111 G3
Banifing ~ RMM 111 G4
Banī-Mallāl = Beni-Mellal ☆ MA 106 C4
Baninko ≐ RMM 111 G4
Banī Rikāb ≐ IRQ 67 L6
Banī Sa'īd ≐ IRQ 67 M7
Banī Walīd ☆ LAR 105 H2
Banja Koviljača ◉ SRB 52 D2
Banja Luka ☆ BIH 49 N4
Banjaran Bintang ▲ MAL 85 C9
Banjaran Timur ▲ MAL 85 D9
Banjaran Titiwangsa ▲ MAL 82 D5
Banjarmasin ☆ RI 82 F7
Banjul ★ WAG 110 B3
Bankberg ▲ ZA 117 G6
Banko ~ RG 110 E4
Banks, Bahía ≈ EC 149 a2
Banks Island ◠ CDN 122 K6
Banks Island ◠ CDN 122 M2
Banks Islands ◠ VU 96 C3
Banks Peninsula ≐ NZ 99 D5
Banks Strait ≈ AUS 91 K8
Ban Lung ☆ K 84 E5
Bann ~ GB 26 C6
Bannaanka Saraar ≐ SO 105 P6
Bannock Range ▲ USA 130 H4
Bannu ◉ PK 68 C3
Ban Phon ☆ LAO 84 F4
Banqaduni Island ◠ IND 72 F4
Banská Bystrica ☆ SK 37 F8
Banská Štiavnica ◉ SK 37 E8
Bantala ~ RG 110 D4
Bantry Bay ≈ IRL 25 C7
Banyak, Kepulauan ◠ RI 82 C6
Banyoles ◉ E 43 N2
Bao, Río ~ DOM 139 K5
Baopendi ~ BF 111 L3
Baoulé ~ CI 110 G5
Baoulé ~ RMM 104 D6
Baoulé ~ RMM 111 G4
Baoule, Collines ▲ CI 111 H6
Bāqarganj ≐ BD 73 G3
Ba'qūba ☆ IRQ 67 L6
Baracoa ◉ C 139 H4
Bărăganul ≐ RO 56 E5
Barahona ☆ DOM 139 K5
Barail Range ▲ IND 73 H2
Bara-Issa ~ RMM 111 H2
Barāk ~ IND 73 H2
Baral ~ BD 72 F2
Baranavičy ☆ BY 38 K5
Baranof Island ◠ USA 122 J5
Baranovičі = Baranavičy ☆ BY 38 K5
Barbagia ≐ I 46 B5
Barbate, Río ~ E 44 D5
Barberton Makhonjwa Mountains ▲ ZA 117 K2
Barbuda Island ◠ AG 129 O7
Barcelona ☆ E 43 N3
Barcelona ☆ YV 147 H2
Barcelonnette ◉ F 33 L4
Barco ≐ CO 146 D3
Barco de Ávila, El ◉ E 42 E4
Bardejov ◉ SK 37 H7
Bardsey Island ◠ GB 27 E9
Barduelva ~ N 20 J2
Bardúsia Óros ▲ GR 54 E4
Barentshavet = Barents Sea ≈ 62 C2
Barents Sea ≈ 62 C2
Barentssee = Barents Sea ≈ 62 C2
Barga ◉ CN 74 E5
Barguzin ~ RUS 63 T7
Barguzinskij hrebet ▲ RUS 63 T6
Bari ☆ I 51 K1
Bāri Doāb ≐ PK 68 D4
Barika, Oued ~ DZ 107 J3
Barima River ~ GUY 147 K3
Barinas ☆ YV 146 E3
Barind ≐ IND 72 F2
Barisal ☆ BD 73 G3
Barjūj, Wādī ~ LAR 107 M8
Barkerville ◉ CDN 124 K5
Barkley Sound ≈ CDN 130 B1
Barkly Tableland ▲ AUS 90 G3
Bârlad ☆ RO 56 E5
Barlavento, Ilhas de ◠ CV 104 AA5
Bar-le-Duc ☆ F 31 N6
Barletta ☆ I 51 K1
Barlovento, Islas de ◠ 129 O7
Barnard Castle ◉ GB 26 H7
Barnard River ~ AUS 93 L1
Barnaul ☆ RUS 62 N7
Barneys Brook ~ CDN 127 Q4
Barnim Lebus ≐ D 34 J4
Barnstaple ◉ GB 27 E10
Barnstaple Bay ≈ GB 27 E10
Barossa Valley ≐ AUS 92 E3
Barotse ≐ Z 112 F5
Barqah ≐ LAR 105 K2
Barqat al-Bahrīya ≐ ET 105 K2
Barquisimeto ☆ YV 146 E2
Barr ◉ F 31 P6
Barra ◠ GB 24 D4
Barra, Sound of ≈ GB 26 B4
Barra de Navidad ◉ MEX 136 B3
Barra de Palmas ≈ MEX 136 F2
Barrancas, Arroyo ~ RA 151 A8
Barranquilla ☆ CO 146 B2
Barren Grounds ≐ CDN 122 O3
Barren Island ◠ IND 82 B4
Barren River ~ USA 132 E7
Barren Sage Plains ≐ USA 130 F4
Barrie Island ◠ CDN 126 C6
Barrīyat al-Bayyūda ≐ SUD 105 M5
Barros, Tierra de ≐ E 44 D3
Barrow ~ IRL 24 D6
Barrow Island ◠ AUS 90 C4
Barrow Strait ≈ CDN 123 R2
Barsa ≐ SYR 67 H4
Baršć Łužyca = Forst (Lausitz) ☆ D 34 K5
Barsø ◠ DK 22 E5
Bartica ☆ GUY 145 H3
Bartın ☆ TR 66 D2
Barumini ◉ I 50 C3
Baruun-Urt ☆ MGL 75 L2
Barycz ~ PL 29 O3
Bârzava ~ RO 52 F1
Basāk ~ K 84 E6
Bas Anjou ≐ F 25 G9
Bascán, Río ~ MEX 137 H4
Basel ☆ CH 35 C9
Basento ~ I 51 J2
Bas Gévaudan ≐ F 32 H4
BasheeRiver ~ ZA 117 J6
Basheeriver ~ ZA 117 H5
Ba Shui ~ CN 77 J6
Basilan Island ◠ RP 83 H5
Bas Limousin ≐ F 32 F3
Bas Poitou ≐ F 32 C2
Bas Quercy ≐ F 25 H10
Basra, al- ☆ IRQ 67 M7
Bass, Îlots de ◠ F 97 N6
Bassari Country ≐ SN 110 D3
Bassas da India ◠ F 113 J6
Bassein ~ MYA 73 J6
Bassein = Pathein ☆ MYA 73 H6
Basse Marche ≐ F 32 F2
Basse Santa Su ☆ WAG 110 C3
Basseterre ★ KN 129 O7
Bassin minier ≐ F 31 K4
Bassin minier du Nord-Pas de Calais ≐ F 31 K4
Bass Islands ◠ USA 132 G5
Bass Strait ≈ AUS 90 J7
Bass-Straße = Bass Strait ≈ AUS 90 J7
Bastar ≐ IND 72 B5
Bastia ☆ F 33 O6
Bata ☆ GQ 112 C1
Batabanó, Golfo de ≈ C 129 K6
Batalpažinsk = Čerkessk ☆ RUS 57 M5
Batangas ☆ RP 83 H4
Batan Islands ◠ RP 83 H2
Batanta, Pulau ◠ RI 83 J7
Bataška Planina ▲ BG 53 J5
Batavia = Jakarta ★ RI 82 E8
Bath ◉ GB 27 G10
Batha ~ TCH 105 J6
Bá Thu'ớc ☆ VN 84 E1
Bathurst = Banjul ★ WAG 110 B3
Bathurst Inlet ≈ CDN 122 O3
Bathurst Island ◠ AUS 90 F2
Bathurst Island ◠ CDN 122 Q1
Batiki ◠ FJI 98 b2
Batiscan, Rivière ~ CDN 126 H5
Batman ☆ TR 67 J4
Batn, Ġal al- ▲ IRQ 67 K7
Batna ☆ DZ 107 K3
Baton Rouge ☆ USA 128 H4
Batovi, Coxilha do ▲ BR 151 C9
Batticaloa ◉ CL 71 F7
Batti Malv Island ◠ IND 71 a5
Battle Creek ~ CDN 125 Q7
Battle River ~ CDN 122 P6
Battle River ~ CDN 125 N5
Batu, Kepulauan ◠ RI 82 C7
Batumi ☆ GE 19 U7
Batu Pahat ◉ MAL 85 D11
Batz, Île de ◠ F 30 C6
Bauchi ☆ NGR 104 G6
Baudó, Río ~ CO 146 B5
Baudó, Serranía de ▲ CO 146 B4
Bauland ≐ D 35 E7
Baule, La ◉ F 32 B1
Baume-les-Dames ◉ F 33 L1
Bauska ☆ LV 38 J3
Bauske = Bauska ☆ LV 38 J3
Bautzen ☆ D 34 K5
Bawé ~ CI 111 H5
Bawean, Pulau ◠ RI 82 F8
Bawlei Myit ~ MYA 73 J5
Baya ~ CI 111 J5
Bayād, al- ≐ KSA 64 F6
Bayakoré ~ CI 111 J6
Bayamo ☆ C 139 G4
Bayan Har Shan ▲ CN 74 H5
Bayburt ☆ TR 67 J2
Baydhabo ☆ SO 115 J2
Bayerischer Wald ▲ D 29 M4
Bayeux ◉ F 30 G5
Bay of Bengal ≈ 65 O8
Bay of Biscay ≈ 18 K7
Bay of Fundy ≈ CDN 123 X8
Bay of Islands ≈ CDN 127 P4
Bay of Islands ≈ NZ 99 E1
Bay of Plenty ≈ NZ 96 E8
Bayonne ◉ F 32 C5
Bayreuth ☆ D 35 G7
Baza, Sierra de ▲ E 45 H4
Bazaruto, Ilhas do ◠ MOC 113 J6
Bazavluk ~ UA 56 J4
Bazin, Rivière ~ CDN 126 G5
Be, Nosy ◠ RM 113 L4
Beach ≐ CDN 127 N5
Beach ≐ CDN 127 O5
Beach ≐ CDN 127 R5
Beach (River Jordan) ≐ CDN 124 J7
Bearhead Creek ~ CDN 125 M4
Bear Island ◠ CDN 123 U6
Bearma ~ IND 69 G8
Bearnaraigh = Berneray ◠ GB 26 B4
Bear River ~ USA 128 D2
Bear River ~ USA 130 J5
Bear River Bay ≈ USA 130 H5
Beas ~ IND 68 E4
Beata, Isla ◠ DOM 139 K6
Beatton River ~ CDN 124 K3
Beaufort ◉ USA 135 K2
Beaufort Sea ≈ 122 G2
Beaufortsee = Beaufort Sea ≈ 122 G2
Beaujolais ≐ F 25 J9
Beaujolais, Monts du ▲ F 33 J2
Beauly ◉ GB 26 E4
Beaumont-de-Lomagne ◉ F 32 E5
Beautemps-Beaupré, Île ◠ F 98 b3
Beauvais ☆ F 31 K5
Beaver Creek Mountain ▲ USA 134 E3
Beaverhead Mountains ▲ USA 130 H3
Beaverhead River ~ USA 130 H3
Beaver Island ◠ USA 132 E3
Beaver River ~ CDN 122 P6
Beaver River ~ CDN 125 P4
Beaver River = Ruisseau du Castor ~ CDN 126 E2
Becal ◉ MEX 137 J2
Beccles ◉ GB 27 L9
Becerro, Cayos ◠ HN 129 K7
Béchar ☆ DZ 106 E5
Beeskow ☆ D 34 K4
Beffa ~ BJ 111 M5
Bega ~ RO 52 G1
Bega, Canal ~ RO 56 B5
Begna ~ N 21 D6
Behbahān ◉ IR 64 G4
Behm Canal ≈ USA 124 E4
Beichuan He ~ CN 76 G3
Beifei He ~ CN 77 K5
Bei Jiang ~ CN 79 H5
Beijie He ~ CN 78 F7
Beijing ★ CN 77 J2
Beijin Gang ≈ CN 79 G6
Beijingzi ◠ CN 80 D4
Beiji Shan ◠ CN 79 M3
Beinn a'Ghlo ▲ GB 26 F5
Beipan Jiang ~ CN 78 D4
Beira ☆ MOC 113 H5
Beira Alta ≐ P 40 C4
Bei Shan ▲ CN 74 G3
Beitstadfjorden ≈ N 20 E5
Beja ☆ P 44 C3
Béja ☆ TN 107 L2
Bejaïa ☆ DZ 107 J2
Béjar ◉ E 42 E4
Bej Jiao ◠ CN 82 F3
Bejneu ☆ KZ 19 X6
Bejsug ~ RUS 57 L5
Bejsugskij liman ≈ RUS 57 L4
Békéscsaba ☆ H 37 H10
Bekija ≐ BIH 49 N5
Bela Crkva ◉ SRB 52 F2
Belagavi ◉ IND 70 B3
Bela Island ◠ IND 69 C8
Belaja ~ RUS 19 X5
Belaja ~ RUS 57 M5
Belaja Cerkov' = Bila Cerkva ☆ UA 56 F3
Bela Palanka ◉ SRB 52 G3
Belasica ▲ MK 52 G5
Bel'c' = Bălți ☆ MD 56 E4
Belcher Channel ≈ CDN 123 R1
Belcher Islands ◠ CDN 123 U5
Bel'cy = Bălți ☆ MD 56 E4
Bélédougou ≐ RMM 110 F3
Beledweyne ☆ SO 115 K1
Belém ☆ BR 145 K5
Belén, Cuchilla de ▲ ROU 151 B9
Belep, Îles ◠ F 96 B4
Belet Uen = Beledweyne ☆ SO 115 K1
Belev ☆ RUS 39 O5
Belezma, Monts de ▲ DZ 107 J3
Belfast ☆ GB 26 D7
Belfast Lough ≈ GB 26 D7
Belfort ☆ F 31 O7
Belgaum = Belagavi ◉ IND 70 B3
Belgorod ☆ RUS 57 K2
Belgrad = Beograd ★ SRB 52 E2
Béli ~ BF 111 K2
Beli ~ BG 52 H4
Belice ~ I 46 D6
Beli Lom ~ BG 47 L3
Beli Manastir ☆ HR 49 O3
Beli Timok ~ SRB 52 G3
Belitung, Pulau ◠ RI 82 E7
Belize River ~ BZ 137 K4
Bel'kovskij, ostrov ◠ RUS 63 W2
Bell, Rivière ~ CDN 126 F4
Bella Coola River ~ CDN 124 G5
Bellagio ◉ I 48 E3
Belledonne, Chaîne de ▲ F 33 L3
Belle-Île ◠ F 18 L6
Belle Isle ◠ CDN 123 Z6
Belle Isle, Strait of ≈ CDN 123 Z6
Bellinzona ☆ CH 35 E10
Bell-Irving River ~ CDN 124 E3
Bell Island ◠ CDN 127 S5
Bell Island ◠ CDN 123 Z6
Belliu Jiang ~ CN 78 G5
Bellona Island ◠ SOL 94 D8
Bellone du Nord-Ouest ~ F 96 A5
Bell Peninsula ≐ CDN 123 U4
Belluno ☆ I 48 H2
Belly River ~ AUS 93 K2
Belly River ~ CDN 125 O7
Belmopan ★ BZ 137 K4
Beloe more ≈ RUS 19 T2
Belogorsk ☆ RUS 56 H5
Belovo ☆ RUS 62 O7
Belskaja vozvyšennosť ▲ RUS 39 N4
Belső-Somogy ≐ H 37 D10
Belted Range ▲ USA 131 F7
Belutschistan = Baluchistan ≐ 64 J5
Belyj ☆ RUS 39 N4
Belyj, ostrov ◠ RUS 62 K3
Belyj Jar ☆ RUS 62 O6
Belzig, Bad ☆ D 34 H4
Bemaraha ≐ RM 113 K5
Benabarre ◉ E 43 L2
Benares = Vārānasi ◉ IND 72 B2
Benasque ◉ E 43 L2
Benbecula ◠ GB 24 C4
Benda Range ▲ AUS 92 E2
Bendeleben Mountains ▲ USA 122 D3
Bender ◉ MD 56 F4
Bender Qaasim = Boosaaso ☆ SO 105 P6
Bendery = Bender ◉ MD 56 F4
Bendougou ≐ RMM 111 H3
Benevento ☆ I 51 H1
Bengal, Bay of ≈ 65 O8
Bengaluru ☆ IND 71 D4
Bengasi = Banghāzī ☆ LAR 105 J2
Beng He ~ CN 77 K4
Bengkulu ☆ RI 82 D7
Benguela ☆ ANG 112 D4
Beni, Río ~ BOL 144 F7
Beni-Abbès ◉ DZ 106 E5
Beni-Mellal ☆ MA 106 C4
Benin, Bight of ≈ NGR 104 F7
Benin City ☆ NGR 104 G7
Beni-Snassen, Monts des ▲ MA 106 E3
Benithora ~ IND 70 D2
Ben Klibreck ▲ GB 26 E3
Benkovac ☆ HR 49 L4
Bennetta, ostrov ◠ RUS 63 a2
Ben Tadjine, Djebel ▲ DZ 106 E6
Bentheim, Bad ◉ D 34 C4

★ Hauptstadt (Staat) ☆ Hauptstadt (Bundesland, Provinz, o.ä.) ◉ Ort ▲ Gebirge ◠ Insel, Halbinsel ≐ Landschaft ≈ Ozean, Meer ~ Fluss

Bentick Island ◠ MYA 84 A6
Bentinck Sound ≈ MYA 73 K7
Bentiu ☆ SSD 105 L7
Bento Gomes, Rio ~ BR 150 B2
Bến Tre ☆ VN 85 F6
Benue, River ~ NGR 104 G7
Beograd ★ SRB 52 E2
Beqa ◠ FJI 96 E4
Berach ~ IND 69 E7
Berane ◉ MNE 52 D4
Berat ☆ AL 52 D6
Berbérati ☆ RCA 105 J8
Berdičev = Berdyčiv ☆ UA 56 F3
Berdjans'ka kosa ≐ UA 57 K4
Berdjans'ka zatoka ◠ UA 57 K4
Berdyčiv ☆ UA 56 F3
Béré ~ CI 111 H6
bereg Haritona Lapteva ≐ RUS 62 O3
Beregove = Berehove ☆ UA 37 J8
bereg Prončiščeva ≐ RUS 62 S2
Berehove ☆ UA 37 J8
Berens River ~ CDN 123 R6
Berent = Kościerzyna ◉ PL 36 D2
Beretău ~ RO 29 Q5
Berettyó ~ H 37 H9
Berg, Montagne de ▲ F 33 J4
Bergama ☆ TR 55 K3
Bergamasker Alpen = Alpi Orobie ▲ I 48 E2
Bergamo ☆ I 48 E3
Bergantiños ≐ E 42 A1
Bergara ◉ E 43 H1
Bergen ☆ N 21 B6
Bergen ◉ NL 31 M2
Bergen auf Rügen ☆ D 34 J2
Bergen = Mons ☆ B 31 L4
Bergisch Gladbach ☆ D 34 C6
Bergland von Guayana = Macizo Guayanes ▲ 144 F3
Bergzabern, Bad ◉ D 35 C7
Berhala, Selat ≈ RI 82 D7
Berici, Monti ▲ I 48 G3
Beringmeer = Bering Sea ≈ 122 A4
Beringovo more = Bering Sea ≈ 122 A4
Bering Sea ≈ 122 A4
Berkåk ☆ N 20 E5
Berland River ~ CDN 125 L5
Berlin ★ D 34 J4
Bermeja, Sierra ▲ E 40 D6
Bermejo, Río ~ RA 151 A7
Bermejo, Río ~ RA 152 E2
Bermeo ◉ E 43 H1
Bermuda Inseln = Bermuda Islands ◠ GB 129 O4
Bermuda Island ◠ GB 139 b1
Bermuda Islands ◠ GB 129 O4
Bern ★ CH 35 C10
Bernam ~ MAL 85 C10
Bernau ◉ D 34 J4
Bernburg (Saale) ☆ D 34 G5
Berner Alpen ▲ CH 28 J5
Berneray ◠ GB 26 B4
Bernier Bay ≈ CDN 123 S2
Bernkastel-Kues ◉ D 35 C7
Berounka ~ CZ 29 M4
Berry ≐ F 25 H9
Berry Islands ◠ BS 138 F2
Bertiskos ▲ GR 47 J4
Bertoua ☆ CAM 104 H8
Beru Atoll ◠ KIR 95 H6
Beru He ~ CN 77 H4
Berwick ◉ GB 26 G6
Berwick-upon-Tweed ◉ GB 26 G6
Berwyn Mountains ▲ GB 27 F9
Besançon ☆ F 33 L1
Besar, Pulau ◠ MAL 85 E10
Besa River ~ CDN 124 J3
Besbes, Oued ~ DZ 107 J3
Besbre ~ F 32 H2
Besedz' ~ BY 39 N5
Beskiden = Beskidy ▲ PL 19 P6
Beskid Niski ▲ PL 37 G7
Beskidy ▲ PL 19 P6
Beskydy = Beskidy ▲ PL 19 P6
Bessarabien = Bessarabija ≐ MD 56 E3
Bessarabija ≐ MD 56 E3
Bessin ≐ F 30 F5
Betbakdala ≐ KZ 62 K8
Beth, Oued ~ MA 106 D4
Béthune ~ F 30 J5
Betschuanaland = Betsjoeanaland ≐ ZA 112 F7
Betsiamites, Rivière ~ CDN 126 J3
Betsiamites, Rivière ~ CDN 127 K4
Betsjoeanaland ≐ ZA 112 F7
Bet Touadjine, Hamadet ≐ DZ 106 F5
Betuwe ≐ NL 31 N3
Betwa ~ IND 69 G7
Betws-y-Coed ◉ GB 27 F8
Beuvron ~ F 31 K7
Beveridge Reef ◠ 97 H4
Beverley ◉ GB 27 J8
Bewcastle Fells ▲ GB 26 F6
Beya ~ RG 110 F5
Beydağ ☆ TR 55 L4
Bey Dağları ▲ TR 55 N6
Beyonėsu-Retsugan ◠ J 75 Q5
Beypazarı ☆ TR 66 D2
Beypore ~ IND 70 C5
Beyşehir ☆ TR 66 D4
Bežeck ☆ RUS 39 P3
Bežeckij verh ▲ RUS 39 P3
Béziers ◉ F 32 H5
Bhador ~ IND 69 C9
Bhagirathi ~ IND 68 G4
Bhagirathi ~ IND 72 F2
Bhaktapur ◉ NEP 65 O5
Bhanrer Range ▲ IND 69 G8
Bharatpur ◉ IND 68 F6
Bhareli ~ IND 73 H1
Bhavāni ~ IND 70 D5
Bhavnagar ◉ IND 69 C9
Bhima ~ IND 70 C2
Bhima ~ IND 70 D2
Bhisho ☆ ZA 117 H6
Bhopāl ☆ IND 69 F8
Bhubaneshwar ☆ IND 72 D4
Bia ~ CI 111 J6
Biak, Pulau ◠ RI 83 L7
Biała ~ PL 37 G7
Białystok ☆ PL 36 K3
Biankouma ◉ CI 110 F6
Bia River ~ GH 111 J6
Biarritz ◉ F 32 C5
Biasi ~ CGO 114 A4
Biban, Chaîne de ▲ DZ 107 H2
Biberach an der Riß ☆ D 35 E8
Bicaj ◉ AL 52 E5
Bickerton Island ◠ AUS 90 H2
Bidar ◉ IND 71 D2
Bideford ◉ GB 27 E10
Biebrza ~ PL 29 R2
Biecz ◉ PL 37 H7
Biel ◉ CH 35 C9
Bielefeld ☆ D 34 D4
Biella ☆ I 48 D3
Biely Váh ~ SK 37 F7
Biena ~ CGO 114 B3
Biển Đông = South China Sea ≈ 75 L8
Biên Hòa ☆ VN 84 F6
Bienne ~ F 33 K2
Bienne = Biel ◉ CH 35 C9
Biertan ◉ RO 56 D4
Bieszczady ▲ PL 37 J7
Bièvre ≐ F 33 K3
Biferno ~ I 51 H1
Big Ambergris Cay ◠ GB 139 J4
Biga Yarımadası ≐ TR 66 B3
Big Bay ≈ VU 98 a2
Big Bay de Noc ≈ USA 132 E3
Big Belt Mountains ▲ USA 130 J2
Big Black River ~ USA 134 D3
Bigbury Bay ≈ GB 27 E11
Big Desert ≐ AUS 92 F3
Bigelow Bight ≈ USA 133 N4
Bigeumdo ◠ ROK 80 E6
Big Hole River ~ USA 130 H3
Bighorn Mountains ▲ USA 122 P8
Bighorn River ~ USA 122 P8
Bight of Acklins ≈ BS 139 H3
Bight of Bangkok ≈ T 82 D4
Bight of Benin ≈ NGR 104 F7
Bight of Bonny ≈ 104 G8
Big Island ◠ CDN 123 W4
Big Lost River ~ USA 130 H4
Bigoray River ~ CDN 125 N5
Bigorre ≐ F 32 E5
Big River ~ CDN 125 R5
Big Sandy River ~ USA 131 H8
Big Smoky Valley ≐ USA 131 F7
Big Wood Cay ◠ BS 139 G2
Big Wood River ~ USA 130 G4
Bihać ◉ BIH 49 L4
Bihorului, Muntii ▲ RO 56 C4
Bijagos, Arquipélago dos ◠ RGB 110 B4
Bijāpur = Vijayapura ◉ IND 70 C2
Bijeli Drim ~ RKS 52 E4
Bijsk ☆ RUS 62 O7
Bikaner ◉ IND 68 D5
Bikar Atoll ◠ MH 94 G3
Bikin ~ RUS 63 Y8
Bikini ◠ MH 94 E3
Bila Cerkva ☆ UA 56 F3
Bilati ~ CGO 114 B4
Bilauktaung Range ▲ MYA 84 B4
Bilbao ◉ E 43 H1
Bilbo = Bilbao ◉ E 43 H1
Bilecik ☆ TR 55 M2
Bílé Karpaty ▲ CZ 37 D8
Bilesha Plains ≐ EAK 115 H3
Biļgoraj ◉ PL 36 J6
Bilibino ◉ RUS 63 e4
Billabong Creek ~ AUS 93 H3
Billingen ▲ S 22 J2
Billund ◉ DK 22 E5
Bill Williams River ~ USA 131 H8
Billy, Chutes de ~ RMM 110 E3
Bilma, Grand Erg de ≐ RN 104 H5
Bilogora ▲ HR 46 F1
Bilohirs'k = Belogorsk ☆ RUS 56 H5
Biltine ☆ TCH 105 K6
Bilugyun ◠ MYA 73 K6
Bimini, North ◠ BS 138 F2
Bimini, South ◠ BS 138 F2
Bimini Islands ◠ BS 138 F2
Bîm So'n ☆ VN 84 E1
Binarowa ◉ PL 37 H7
Binboğa Dağları ▲ TR 66 G3
Binche ◉ B 31 M4
Bindura ☆ ZW 112 H5
Bineda ~ CI 111 J5
Bingöl ☆ TR 67 H3
Bingöl Dağları ▲ TR 67 J3
Binh Gia ☆ VN 78 D6
Bintan, Pulau ◠ RI 82 D6
Bintang, Banjaran ▲ MAL 85 C9
Bintang Bôlon ~ WAG 110 C3
Bioco, Isla de ◠ GQ 104 G8
Biograd na moru ☆ HR 49 L5
Biokovo ▲ HR 49 N5
Biqā', al- ≐ RL 66 F6
Birač ≐ BIH 49 P4
Birao ☆ RCA 105 K6
Bir Bel Kacem ~ TN 107 L4
Bir Berbia ~ TN 107 L4
Birch Mountains ▲ CDN 122 O5
Bir el-Asli ~ TN 107 K4
Bir el-Ghorafia ~ TN 107 M4
Bir Fegoussi ~ TN 107 K4
Birğand ☆ IR 64 H4
Birgo ≐ RMM 110 F3
Birim ~ GH 111 K7
Birimba ~ RG 110 E5
Birjusa (Ona) ~ RUS 62 Q6
Birkeland ◉ N 22 D2
Birkenfeld ◉ D 35 C7
Birmingham ◉ GB 27 H9
Birnie Island ◠ KIR 95 K6
Birobidžan ☆ RUS 63 X8
Birohum ≐ IND 72 E3
Bir Oum ~ TN 107 K4
Birrim, Ğazīrat ◠ KSA 109 G5
Bi'r Šalatain ~ ET 109 G6
Bir Soltane ~ TN 107 L4
Bi'r Tāfīst ~ LAR 107 M5
Birthälm = Biertan ◉ RO 56 D4
Bir Touila ~ TN 107 L4
Biržai ◉ LT 38 J3
Bi'r Zaltan ~ LAR 105 J3
Bisa, Pulau ◠ RI 83 J7
Biscay, Bay of ≈ 18 K7
Biscayne Bay ≈ USA 135 H7
Bischkek = Biškek ★ KG 65 L2
Biševo ◠ HR 46 E3
Biševski kanal ≈ HR 49 L5
Bishkhali ~ BD 72 G3
Bisho = Bhisho ☆ ZA 117 H6
Bishtqethm ◉ AL 52 D6
Biškek ★ KG 65 L2
Biskra ☆ DZ 107 J3
Bismarck ☆ USA 122 Q7
Bismarck Archipelago ◠ PNG 83 N7
Bismarck Range ▲ PNG 83 M7
Bismarck Sea ≈ 83 N7
Bismarcksee = Bismarck Sea ≈ 83 N7
Bisotūn ◉ IR 67 M5
Bissau ★ RGB 110 B4
Bissora ☆ RGB 110 C3
Bistra ▲ MK 52 E5
Bistrița ☆ RO 56 D4
Bistrița ~ RO 56 E4
Bistritz = Bistrița ☆ RO 56 D4
Bita, Río ~ CO 147 F4
Bitburg ☆ D 35 B7
Bitin Myit ~ MYA 73 K6
Bitjug ~ RUS 39 R5
Bitjug ~ RUS 57 M2
Bitlis ☆ TR 67 K3
Bitola ◉ MK 52 F5
Bitovnja ▲ BIH 49 N5
Bitterroot Range ▲ USA 122 O7
Bitterroot River ~ USA 130 G2
Bizerte ☆ TN 107 L2
Bizigui ~ BF 111 K3
Bjarèzina ~ BY 38 L4
Bjelasica ▲ MNE 52 D4
Bjelašnica ▲ BIH 49 O5
Bjelašnica ▲ BIH 49 O6
Bjelovar ☆ HR 49 M3
Björkö ◠ RUS 23 N1
Björneborg = Pori ◉ FIN 21 K6
Bjørnafjorden ≈ N 21 B6
Bjorne Peninsula ≐ CDN 123 T1
Bjurholm ◉ S 20 J5
Black Belt ≐ USA 134 D3
Blackdown Hills ▲ GB 27 F11
Blackfoot River ~ USA 130 H2
Black Hills ▲ USA 128 F2
Black Isle ≐ GB 26 E4
Black Mbuluzi ~ SD 117 K3
Black Mountain ▲ GB 27 F10
Black Mountains ▲ GB 27 F10
Black Mountains ▲ USA 131 G8
Blackpool ◉ GB 27 F8
Black Range ▲ AUS 93 H3
Black River ◠ JA 138 F6
Black River ~ USA 131 J9
Black River ~ USA 132 C3
Black River ~ USA 132 G4
Black River ~ USA 133 L4
Black Rock Desert ≐ USA 128 C2
Black Sea ≈ 64 C2
Blacks Fork ~ USA 130 J5
Black Volta ~ GH 111 J5
Blackwater ~ GB 27 K10
Blagoevgrad ☆ BG 19 Q7
Blagoevgrad ☆ BG 52 H4
Blagoveščenka ☆ RUS 62 M7
Blagoveščensk ☆ RUS 63 W7
Blagoveščenskij proliv ≈ RUS 63 a2
Blahoviščens'ke ☆ UA 56 G3
Blaikfjallet ▲ S 20 H4
Blanca, Cordillera ▲ PE 148 C6
Blanco, Río ~ PE 148 E4
Blancos del Sur, Cayos ◠ C 138 E3
Blandá ~ IS 20 d2
Bland Creek ~ AUS 93 J2
Blankenburg (Harz) ◉ D 34 F5
Blanquilla, Isla ◠ YV 144 G2
Blantyre ☆ MW 113 J5
Blata ≐ CZ 35 K7
Blaubeuren ◉ D 35 E8
Blauer Nil = Abay Wenz ~ ETH 105 N6
Blavet ~ F 30 D7
Blaye ◉ F 32 D3
Blednaja, gory ▲ RUS 62 J2
Blekinge ≐ DK 23 L4
Blenheim ☆ NZ 99 E4
Bleus, Monts ▲ CGO 114 C2
Blida ☆ DZ 107 H2
Blido ◠ S 23 O1
Bligh Water ≈ FJI 98 a2
Blizne ◉ PL 37 J7
Block Island ◠ USA 133 N5
Block Island Sound ≈ USA 133 M5
Bloed River ~ ZA 117 K4
Bloemfontein ☆ ZA 117 G4
Bloemspruit River ~ ZA 117 H3
Blois ☆ F 30 J7
Bludenz ☆ A 35 E9
Blueberry River ~ CDN 124 K3
Bluefields ☆ NIC 129 K8
Blue Hills of Couteau ▲ CDN 127 Q5
Blue Mountains ▲ JA 139 G5
Blue Mountains ▲ USA 122 N8
Blue Mountains ▲ USA 133 K5
Blue Nile = Abay Wenz ~ ETH 105 N6
Blue Ridge ▲ USA 135 G2
Blue Stack Mountains ▲ IRL 26 A7
Blumenau ◉ BR 151 F7
Blunt Peninsula ≐ CDN 123 X4
Bø ☆ N 22 E1
Bo ☆ WAL 110 E6
Boa ~ CI 110 G5
Boac ☆ RP 83 H4
Boali, Chutes de ~ RCA 105 J8
Boarnaraigh = Great Bernera ◠ GB 26 B3
Boat of Garten ◉ GB 26 F4
Boa Vista ☆ BR 145 G4
Boa Vista, Ilha da ◠ CV 104 A5
Bobo-Dioulasso ☆ BF 111 H4
Bobonaza, Río ~ EC 148 C2
Bóbr ~ PL 29 N3
Bobrujsk = Babrujsk ☆ BY 38 L5
Boca Cacaguaí ◠ CO 146 A5
Boca Candelaria ◠ CO 146 A6
Boca Chica ◉ DOM 139 L5
Bocage Breton ≐ F 30 F6
Boca Grande ≈ YV 147 K3
Boca Santa María ≈ MEX 128 G6
Bocas de Ceniza ≈ CO 146 C2
Bocas del Dragón ≈ 147 J2
Bocche di Bonifacio ≈ I 41 L4
Bochnia ◉ PL 37 G7
Bochum ◉ D 34 C5
Bodajbo ☆ RUS 63 T6
Bode ~ D 34 G4
Bodélé ≐ TCH 105 J5
Boden ◉ S 20 K4
Bodh Gaya ◉ IND 72 D2
Bodmin Moor ≐ GB 27 E11
Bodø ☆ N 20 F3
Bodrum ☆ TR 55 K5
Bödva ~ H 37 G8
Bodva ~ SK 37 G8
Boé ◉ RGB 110 C4
Böblingen ◉ D 35 E8
Böhmen = Čechy ≐ CZ 29 N4
Böhmerwald ▲ D 35 H7
Böhmerwald = Šumava ▲ CZ 18 O6
Böhmisch-Mährische Höhe = Českomoravská vrchovina ▲ CZ 29 N4
Borzsony ▲ H 37 E9
Boesmansrivier ~ ZA 117 H6
Bofon ~ RG 110 D5
Bogal, Lagh ~ EAK 105 N8
Bogal, Lagh ~ EAK 115 G3
Bogan River ~ AUS 91 K5
Boğazkale ☆ TR 66 E3
Bogda Shan ▲ CN 74 F3
Bogho ~ RG 110 F6
Bogildo ◠ ROK 80 F6
Boğnürd ☆ IR 64 H3
Bogø ◠ DK 22 H6
Bogorodick ☆ RUS 39 Q5
Bogotá ★ CO 146 C5
Bo Hai ≈ CN 75 M4
Bohai Haixia ≈ CN 75 N4
Bohai Wan ≈ CN 77 K2
Bohol ◠ RP 83 H5
Bohol Sea ≈ RP 83 H5
Boí, Vall de ≐ E 43 L2
Bois, Rio dos ~ BR 150 F2
Bois Blanc Island ◠ USA 132 F3
Boischaut ≐ F 32 F2
Boise ☆ USA 130 F4
Boise River ~ USA 130 F4
Boji Plain ≐ EAK 115 G3
Bojkov, liman ≈ RUS 57 K5
Boké ☆ RG 110 C4
Bokhol Plain ≐ EAK 115 G2
Bokkeveldberge ▲ ZA 116 D5
Bokn ◠ N 22 A1
Boknafjorden ≈ N 18 M4
Boksitogorsk ☆ RUS 39 N2
Bol ☆ HR 49 M5
Bol ☆ TCH 105 H6
Bolama ☆ RGB 110 B4
Bolaños, Río ~ MEX 136 C2
Bolgatanga ☆ GH 111 K4
Bolhov ☆ RUS 39 O5
Bolhrad ☆ UA 56 F5
Bolkar Dağları ▲ TR 66 F4
Bollons Island ◠ NZ 99 a2
Bologna ☆ I 48 G4
Bologoe ☆ RUS 39 O3
Bololedi ~ EAT 114 E5
Bolonchén de Rejón ◉ MEX 137 J2
Bolovens, Plateau des ▲ LAO 84 F4
Bol'šaja Kuonamka ~ RUS 62 S4
Bol'šaja Murta ☆ RUS 62 P6
Bol'ševik, ostrov ◠ RUS 62 Q2
Bol'šezemel'skaja tundra ≐ RUS 19 W2
Bol'šoj Anjuj ~ RUS 63 d4
Bol'šoj Begičev, ostrov ◠ RUS 62 T3
Bol'šoj Kavkaz ▲ 19 T7
Bol'šoj Ljahovskij, ostrov ◠ RUS 63 Z3
Bol'šoj Šantar, ostrov ◠ RUS 63 Y7
Bol'šoj Setnoj, ostrov ◠ RUS 57 Q5
Bol'šoj Tjuters, ostrov ◠ RUS 38 K2
Bol'šoj Zelenčuk ~ RUS 57 M6
Bol'šoj Zjudostinskij, ostrov ◠ RUS 57 Q5
Bolsón de Mapimí ≐ MEX 128 F5
Bolu ☆ TR 66 D2
Bolvadin ◉ TR 55 O4
Bolwa = Balvi ☆ LV 38 K3
Bolzano ☆ I 48 G2
Bombay = Mumbai ☆ IND 69 C10
Bomberai Peninsula ≐ RI 83 K7
Bømlafjorden ≈ N 21 B7
Bømlo ◠ N 21 B7
Bomokandi ~ CGO 105 L8
Bomokandi ~ CGO 114 A2
Bomokandi ~ CGO 114 B2
Bomu ~ CGO 105 L7
Bonaire ◠ NL 129 N8
Bonao ☆ DOM 139 K5
Bonaparte Archipelago ◠ AUS 90 E2
Bonaparte River ~ CDN 124 K6
Bonavista Bay ≈ CDN 127 S4
Bonavista Peninsula ≐ CDN 123 a7
Bondoukou ☆ CI 111 J5
Bonds Cay ◠ BS 139 G2
Bone, Teluk ≈ RI 82 G7
Bonerate, Kepulauan ◠ RI 82 G8
Bông Hu'ng ☆ VN 84 F1
Bongor ☆ TCH 105 J6
Bongouanou ☆ CI 111 H6
Bongouanou, Collines de ▲ CI 111 H6
Bonifacio ◉ F 33 O7
Bonifacio, Bocche di ≈ I 41 L4
Bonifacio, Bouches de ≈ F 41 L4
Bonito, Rio ~ BR 150 E2
Bonn ☆ D 35 B6
Bonne Bay ≈ CDN 127 P4
Bonneville Salt Flats ≐ USA 130 H5
Bonny, Bight of ≈ 104 G8
Bonsoaga ~ BF 111 L3
Boona Mountains ▲ AUS 93 J2
Boosaaso ☆ SO 105 P6
Boothia, Gulf of ≈ CDN 123 S2
Boothia Isthmus ≐ CDN 123 R3
Boothia Peninsula ≐ CDN 123 R2
Booth's River ~ BZ 137 K4
Boots Bay ≈ NAM 112 D7
Boping Ling ▲ CN 79 K4
Boppard ◉ D 35 C6
Boqueirão, Serra do ▲ BR 145 L7
Boqueirão, Serra do ▲ BR 151 C8
Bor ☆ SSD 105 M7
Bor ☆ TR 66 F4
Bor, Lagh ~ EAK 105 N8
Bora-Bora, Île ◠ F 97 L4
Borba ◉ P 44 C3
Borborema, Planalto da ▲ BR 145 M6
Bordeaux ☆ F 32 D4
Borden Island ◠ CDN 122 O1
Borden Peninsula ≐ CDN 123 U2
Bordj Bou Arreridj ☆ DZ 107 J2
Boreray ◠ GB 26 A4
Borgå = Porvoo ◉ FIN 21 M6
Borgarnes ☆ IS 20 c2
Børgefjellet ▲ N 20 F4
Borgholm ☆ S 23 M4
Borken ◉ D 34 B5
Borkou ≐ TCH 105 J5
Borkum ◠ D 28 J2
Borlänge ☆ S 21 G6
Bormida di Millesimo ~ I 46 A2
Borneo = Kalimantan ◠ 82 F6
Bornholm ◠ DK 18 O4
Bornholmsgattet ≈ 21 G9
Borohoro Shan ▲ CN 62 N9
Boromo ◉ BF 111 J4
Borovići ☆ RUS 39 N2
Borovsk ☆ RUS 39 O4
Borščevočnyj, hrebet ▲ RUS 63 T7
Bort-les-Orgues ◉ F 32 G3
Borüğerd ☆ IR 64 F4
Bory Tucholskie ≐ PL 29 P2
Borzja ☆ RUS 63 U7
Bosa ◉ I 50 B2
Bosanska Krajina ≐ BIH 49 L4
Bošava ~ MK 52 G5
Boscastle ◉ GB 27 E11
Bosna ▲ BG 47 L3
Bosna ~ BIH 46 F2
Bōsō-hanto ≐ J 81 N6
Bosplaat ◠ NL 31 O1
Bossangoa ☆ RCA 105 J7
Bosso ~ RN 104 F6
Bosso, Dallol ~ RN 111 M3
Boston Mountains ▲ USA 128 H3
Botan Çayı ~ TR 67 J4
Botany Bay ≈ AUS 93 L3
Botha, Oued el- ~ DZ 107 H7
Bothnia, Gulf of ≈ 19 Q3
Bothnian Bay = Bottenviken ≈ 20 L4
Bothnian Bay = Perämeri ≈ 20 L4
Bothnian Sea = Bottenhavet ≈ 21 J6
Botoşani ☆ RO 56 E4
Bottenhavet ≈ 21 J6
Bottenviken ≈ 20 L4
Bottenviken = Perämeri ≈ 20 L4
Bottnischer Meerbusen = Gulf of Bothnia ≈ 19 Q3
Bou ~ CI 111 G5
Bou ~ CI 111 H5
Bouaflé ☆ CI 111 G6
Bouaké ☆ CI 111 H6
Bou Ali, Oued ~ DZ 107 H5
Bou Allala, Hassi ~ DZ 106 E5
Bouar ☆ RCA 105 J7
Bouble ~ F 32 H2
Boubo ~ CI 111 H7
Bouches de Bonifacio ≈ F 41 L4
Bougainville, Détroit de ≈ VU 98 A3
Bougainville Island ◠ PNG 83 O8
Bougouriba ~ BF 111 H4
Bou Iblane, Jbel ▲ MA 106 D4
Bouillon ◉ B 31 N5
Bouira ☆ DZ 107 H2
Bou Izakarn ◉ MA 104 D3
Bouka ~ RG 110 E4
Bou Kahil, Djebel ▲ DZ 107 H3
Boulari, Baie de ≈ F 98 c4
Boulogne ~ F 32 C2
Boulogne-sur-Mer ◉ F 30 J4
Boumerdes ☆ DZ 107 H2
Bouna ☆ CI 111 J5
Boundary Mountains ▲ USA 133 N3
Boundary Ranges ▲ CDN 124 E3
Boundiali ☆ CI 111 G5
Bounty Islands ◠ NZ 99 a1
Bourarhet, Erg ≐ DZ 107 L7
Bourbonnais ≐ F 25 J9
Bourg-en-Bresse ☆ F 33 K2
Bourges ☆ F 32 G1
Bourgogne ≐ F 25 K9
Bourouma ~ RG 110 C4
Bou Saada ◉ DZ 107 J3
Boutonne ~ F 32 D3
Boutourou, Monts ▲ CI 111 J5
Bouzghaïa ☆ DZ 107 G2
Bowen Island ◠ CDN 124 H7
Bowman Island ◠ ANT 157 E21
Bow River ~ CDN 122 O6
Bowron River ~ CDN 124 K5
Boxholm ☆ S 23 L2
Boyne ~ IRL 27 C8
Boyne Valley ≐ IRL 24 D6
Bozburun Yarımadası ≐ TR 55 K6
Bozcaada ◠ TR 47 K5
Boz Dağı ▲ TR 55 M5
Bozdağlar ▲ TR 66 B3
Boz Dağları ▲ TR 55 K4
Bozen = Bolzano ☆ I 48 G2
Bozok Yaylâsı ≐ TR 66 F2
Bozok Yaylâsı ≐ TR 66 F3
Bozoum ☆ RCA 105 J7
Bozüyük ☆ TR 55 N3
Brač ◠ HR 46 F3
Bračkí kanal ≈ HR 49 M5
Bradano ~ I 51 K2
Bradford ◉ GB 27 H8
Bradore, Baie de ≈ CDN 127 Q3
Brämön ◠ S 20 H5
Braga ☆ P 42 B3
Bragança ☆ P 42 D3
Brahmani ~ IND 72 D4
Brahmaputra ~ 65 P5
Brahmaputra = Yarlung Zangbo Jiang ~ CN 65 N5
Brăila ☆ RO 56 E5
Brake (Unterweser) ◉ D 34 D3
BrakRiver ~ ZA 116 F5
Brakrivier ~ ZA 117 J1
Branco, Ilhéu ◠ CV 110 B1
Branco, Rio ~ BR 145 G5
Brandenburg an der Havel ☆ D 34 H4
Bransfield Strait ≈ ANT 156 F61
Brasileiro, Planalto ▲ BR 145 K8
Brasília ★ BR 150 G1
Brasilianisches Bergland = Planalto Brasileiro ▲ BR 145 K8
Braşov ☆ RO 56 D5
Bratislava ★ SK 37 D8
Bratsk ☆ RUS 62 R6
Braţul Sfântu Gheorghe ~ RO 56 F5
Braţul Sulina ~ RO 56 F5
Braunau am Inn ☆ A 35 J8
Braunau = Broumov ◉ CZ 36 C6
Braunsberg = Braniewo ◉ PL 36 F2
Braunschweig ☆ D 34 F4
Brava, Ilha ◠ CV 110 B2
Bråviken ≈ S 23 M2
Bravo, Valle de ◉ MEX 136 D3
Bravo del Norte, Río ~ MEX 128 E4
Bravo River ~ BZ 137 K4
Bray Island ◠ CDN 123 V3
Brazeau River ~ CDN 125 M5
Brazo Cinaruco ~ YV 147 F4
Brazo de Loba ~ CO 146 C3
Brazos River ~ USA 128 G4
Brazzaville ★ RCB 112 E2
Brčko ☆ BIH 49 O4
Brda ~ PL 36 D3
Brdy ▲ CZ 29 M4
Breaksea Sound ≈ NZ 99 A6
Bream Bay ≈ NZ 99 E1
Brecon ◉ GB 27 F10
Breda ◉ NL 31 M3
Breederivier ~ ZA 116 E7
BreeRiver ~ ZA 116 D6
Bregalnica ~ MK 47 J4
Bregenz ☆ A 35 E9
Bréhat, Île de ◠ F 30 E6
Breiðafjörður ≈ IS 18 J2
Breisgau ≐ D 35 D9
Bremangerlandet ◠ N 21 A6
Bremen ☆ D 34 D3
Brendon Hills ▲ GB 27 F10
Brenne ≐ F 32 F2
Brenne ~ F 25 H9
Brenta ~ I 46 C2
Brescia ◉ I 48 F3
Breslau = Wrocław ☆ PL 36 D5
Bresle ~ F 30 J5
Bressay ◠ GB 24 G2
Bresse ≐ F 25 K9
Brėst ☆ BY 36 K4
Brest = Brėst ☆ BY 36 K4
Brest, Rade de ≈ F 30 C6
Bretagne ≐ F 18 L6
Bretagne ≐ F 30 C6
Brežnev = Naberežnye Čelny ☆ RUS 19 W4
Brezovica = Brezovicë ◉ RKS 52 F4
Brezovicë ◉ RKS 52 F4
Bria ☆ RCA 105 K7
Briançon ◉ F 33 L4
Bričany = Briceni ☆ MD 56 E3
Bričen' = Briceni ☆ MD 56 E3
Briceni ☆ MD 56 E3
Bridge River ~ CDN 124 J6
Bridgetown ★ BDS 129 P8
Bridgnorth ◉ GB 27 G9
Bridgwater Bay ≈ GB 27 F10
Bridlington Bay ≈ GB 26 J7
Brie ≐ F 25 J8
Brieg = Brzeg ◉ PL 36 D6
Brig ◉ CH 35 D10
Brignan ≐ CI 111 H7
Brijun, Veli ◠ HR 46 D2
Brindisi ☆ I 51 L2
Brion, Île ◠ CDN 127 O5
Bristol ◉ GB 27 G10
Bristol Bay ≈ 122 D5
Bristol Channel ≈ GB 24 E7
British Mountains ▲ USA 122 H3
Brjansk ☆ RUS 39 O5
Brno ☆ CZ 37 C7
Broa, Ensenada de la ≈ C 138 D3
Broad Bay ≈ GB 26 C3
Broad River ~ USA 135 H2
Broad Sound ≈ AUS 91 K4
Brock Island ◠ CDN 122 N1
Brodeur Peninsula ≐ CDN 123 T2
Brodnica ◉ PL 36 F3
Brok ~ PL 36 H4
Broken Bay ≈ AUS 93 L2
Broken River ~ AUS 93 H4
Brokopondo ☆ SME 145 H3
Bromberg = Bydgoszcz ◉ PL 36 E3
Brommö ◠ S 22 J2
Bronnicy ◉ RUS 39 Q4
Brooks Range ▲ USA 122 D3
Brothers, The ◠ YEM 64 G8
Broumov ◉ CZ 36 C6
Brown's Cay ◠ BS 138 F2
Bruce Peninsula ≐ CDN 123 U8
Bruck an der Leitha ☆ A 37 C8
Bruck an der Mur ☆ A 37 B9
Brühl ◉ D 34 B6
Brünn = Brno ☆ CZ 37 C7
Brüssel = Bruxelles ★ B 31 M4
Bruges = Brugge ☆ B 31 L3
Brugge ☆ B 31 L3
Brugge = Bruges ☆ B 31 L3
Brumunddal ☆ N 21 D6
Bruneau River ~ USA 130 G4
Bruneau River, East Fork ~ USA 130 G4
Brunette Island ◠ CDN 127 Q5
Brunner, Lake ~ NZ 99 C5
Brunswick, Peninsula de ≐ RCH 152 C8

★ Hauptstadt (Staat) ☆ Hauptstadt (Bundesland, Provinz, o.ä.) ◉ Ort ▲ Gebirge ◠ Insel, Halbinsel ≐ Landschaft ≈ Ozean, Meer ~ Fluss

Bruny Island ⌒ AUS 91 K8
Bruxelles = Brussel ★ B 31 M4
Bryher ⌒ GB 27 C12
Bryne ☆ N 22 A2
Brzozówka ~ PL 36 K3
Bua Bay ≈ FJI 98 b2
Bubaque ◉ RGB 110 B4
Bubiai ◉ LT 38 H4
Būbiyān, Ğazīrat ⌒ KWT 64 F5
Bubu ~ EAT 113 J3
Bucaramanga ☆ CO 146 D4
Bucareli Bay ≈ USA 124 D4
Buccaneer Archipelago ⌒ AUS 90 E3
Buchan ≐ GB 26 G4
Buchanan ☆ LB 110 E7
Buchara = Buhoro ☆ UZ 64 J3
Buchholz, Annaberg- ☆ D 35 J6
Bucklige Welt ▲ A 37 C9
Bucovina ≐ RO 56 D4
Bucureşti ★ RO 56 D5
Buda, Illa de ⌒ E 43 L4
Budac'kyj lyman ≈ UA 56 G5
Budapest ★ H 37 F9
Budawang Range ▲ AUS 93 L3
Bude ◉ GB 27 E11
Bude Bay ≈ GB 27 E11
Budj Bim Cultural Landscape ≐ AUS 92 F5
Budva ◉ MNE 52 C4
Budweis = České Budějovice ☆ CZ 35 K8
Budyšin = Bautzen ☆ D 34 K5
Buëch ~ F 33 K4
Bückeburg ◉ D 34 E4
Buefjorden ≈ N 21 B6
Bükk ▲ H 29 Q5
Bükkalja ≐ H 37 G9
Buenaventura, Bahía de ≈ CO 144 D4
Buena Vista, Bahía ≈ C 138 F3
Bueng Kan ☆ T 84 D2
Buenos Aires ★ RA 151 A11
Büren ◉ D 34 D5
Bütow = Bytów ◉ PL 36 D2
Büyük Ada ◉ TR 53 O6
Büyük Ada ⌒ TR 53 N6
Büyük-menderes Nehri ~ TR 55 M4
Büyük-menderes Nehri ~ TR 66 B4
Buffalo ◉ USA 133 J4
Buffalo Creek ~ CDN 125 O3
Buffalo Head Hills ▲ CDN 125 N3
Buffalo River ~ CDN 125 M3
Buffalo River ~ USA 134 E2
BuffelsRiver ~ ZA 116 E6
Buffelsrivier ~ ZA 116 C4
Buffelsrivier ~ ZA 117 K4
Bug ~ PL 19 Q5
Bug ~ PL 29 R2
Bug ~ PL 36 J4
Bugac ◉ H 37 F10
Bugaia Island ⌒ EAU 114 D4
Bugala Island ⌒ EAU 114 C4
Bugul'ma ☆ RUS 19 W5
Buhara = Buhoro ☆ UZ 64 J3
Buharkent ☆ TR 55 L5
Buhoro ☆ UZ 64 J3
Bujumbura ★ RU 114 B5
Bukarabe Island ⌒ EAT 114 D4
Bukarest = Bucureşti ★ RO 56 D5
Bukasa Island ⌒ EAU 114 D4
Bukavu ☆ CGO 114 B5
Bukit Barisan, Pegunungan ▲ RI 82 C6
Bukittinggi ◉ RI 82 D7
Bukovica ≐ HR 49 L4
Bulawayo ☆ ZW 112 G6
Bulbodney Creek ~ AUS 93 J1
Bulgan ☆ MGL 74 J2
Buliya ⌒ FJI 98 b3
Bulkley Ranges ▲ CDN 124 G4
Bulkley River ~ CDN 124 G4
Bullaque, Río ~ E 42 F5
Bulle ◉ CH 35 C10
Buller River ~ NZ 99 C4
Bull River ~ CDN 125 N7
Bulls Bay ≈ USA 135 J3
Bulqizë ◉ AL 52 E5
Bumbire Island ⌒ EAT 114 C4
Bundibugyo ☆ EAU 114 C3
Bunë, Lumi ~ AL 52 D5
Bungo-suido ≈ J 81 J7
Bungo-takada ≐ J 81 H7
Bunifaziu = Bonifacio ◉ F 33 O7
Buninga ⌒ VU 98 B3
Bunyu, Pulau ⌒ RI 82 G6
Bunzlau = Bolesławiec ◉ PL 36 B5
Buôn Ma Thuột ☆ VN 84 F5
Buor-Haja, guba ≈ RUS 63 X3
Bura ~ BD 73 G4
Buraida ☆ KSA 64 E5
Buraydah = Buraida ☆ KSA 64 E5
Burco ☆ SO 105 P7
Bur Curis ▲ SO 115 J2
Burdur ☆ TR 55 N5
Bureinskij hrebet ▲ RUS 63 X7
Burejagebirge = Bureinskij hrebet ▲ RUS 63 X7
Burg ☆ D 34 G4
Burgas ☆ BG 53 M4
Burgaski Zaliv ≈ BG 47 L3
Bur Gavo ▲ SO 115 J2
Burgaz Çayı ~ TR 53 M5
Burgos ◉ E 42 G2
Bur Gossia ▲ SO 115 J2
Burgund = Bourgogne ≐ F 25 K9
Burhi Dihing ~ IND 73 J1
Burhi Rapti ~ IND 72 C1
Buri ~ T 85 C8
Burias Island ⌒ RP 83 H4
Burin Peninsula ≐ CDN 123 Z7
Buri Ram ☆ T 84 D4
Buriti, Ribeiro ~ BR 150 C4
Burke Channel ≈ CDN 124 G6
Bur Meiran ▲ SO 115 K2
Burnaby Island ⌒ CDN 124 E5
Burni Gandak ~ IND 72 D1
Burnt River ~ USA 130 E3
Burray ⌒ GB 26 G3
Burrel ◉ AL 52 D5
Bursa ☆ TR 55 M2
Būr Sūdān ☆ SUD 105 M5
Buru, Pulau ⌒ RI 83 J7
Bury Saint Edmunds ◉ GB 27 K9
Bushenyi ☆ EAU 114 C4
Busiasch = Buziaş ◉ RO 52 F1
Bus'k ◉ UA 56 D2
Busko-Zdrój ◉ PL 37 G6
Butare ◉ RWA 114 B5
Butaritari Atoll ⌒ KIR 94 G5
Bute ⌒ GB 26 D6
Bute, Sound of ≈ GE 26 D6
Bute Inlet ≈ CDN 124 H6
Butjadingen ≐ D 34 D3
Buton, Pulau ⌒ RI 82 H7
Buto River ~ LB 110 F7
Button Islands ⌒ CDN 123 Y4
Butuan ☆ RP 83 J5
Butzbach ◉ D 35 D6
Buuraha Cal Miskaat ▲ SO 105 P6
Buuraha Godobay ▲ SO 115 J2
Buvuma Island ⌒ EAU 114 D3
Buxtehude ◉ D 34 E3
Buxton ◉ GB 27 H8
Buyogoma ▲ RU 114 C5
Buzan ~ RUS 57 Q4
Buzău ☆ RO 56 E5
Buzău ~ RO 56 E5
Buziaş ◉ RO 52 F1
Buzuluk ☆ RUS 19 W5
Buzuluk ~ RUS 57 N2
Buzzards Bay ≈ USA 133 N5
Bwere ~ CGO 114 A2
Byam Martin Channel ≈ CDN 122 P1
Byam Martin Island ⌒ CDN 122 P2
Bydgoszcz ◉ PL 36 E3
Bygdeå ◉ S 20 K4
Byk ~ MD 56 F4
Bylot Island ⌒ CDN 123 U2
Byrjučyj Ostriv, kosa ≐ UA 57 J4
Byron, Isla ⌒ RCH 152 B7
Byrranga, Gory ▲ RUS 62 N3
Byrrangagebirge = Gory Byrranga ▲ RUS 62 N3
Byskeälven ~ S 20 K4
Bystrzyca Kłodzka ◉ PL 37 C6
Bytantaj ~ RUS 63 X4
Bzura ~ PL 29 P2
Bzyb' ~ GE 57 M6

C

Caacupé ☆ PY 151 B6
Caamaño Sound ≈ CDN 124 F5
Caatinga ≐ BR 145 L7
Caazapá ☆ PY 151 B7
Caballones, Cayo ⌒ C 138 F4
Caballos, Bahía de ≈ PE 149 C9
Cabano = Témiscouata-sur-le-Lac ◉ CDN 127 K5
Čabar ☆ HR 49 K3
Cabarete ◉ DOM 135 K5
Cabeza del Este, Cayo ⌒ C 138 F4
Cabinda ☆ ANG 112 D3
Cabinet Mountains ▲ USA 130 F1
Cabo Frio ◉ BR 152 J2
Cabot Strait ≈ 123 Z7
Cabo Verde, Arquipélago de ⌒ CV 104 A5
Cabrera ◉ DOM 139 L5
Cabrera, Illa de ⌒ E 41 H5
Cabrera Baja, Sierra ▲ E 42 D2
Cabriel, Río ~ E 40 F5
Cabriel, Río ~ E 43 J5
Čabulja ▲ BIH 49 N5
Cáceres ◉ E 44 D2
Cacheu ☆ RGB 110 B3
Cacheu, Rio ~ RGB 110 C3
Cachi ◉ RA 152 D3
Cachimbo, Serra do ▲ BR 145 H6
Cachoeira Apa ~ PY 150 B5
Cachoeira das Três Ilhas ~ BR 145 H6
Cachoeira do Robalo ~ BR 150 C3
Cachoeira Uacaca ~ CO 148 F1
Cactus Range ▲ USA 131 F7
Cada, Río ~ CO 146 E6
Cadaqués ◉ E 43 O2
Cadena de Cerro de la Sal ▲ PE 149 D7
Cadena de Huamuco ▲ PE 149 C6
Cader Idris ▲ GB 27 F9
Cádiz ☆ E 44 D5
Cádiz, Bahía de ≈ E 44 D5
Cádiz, Golfo de ≈ E 40 C6
Cadotte River ~ CDN 125 M3
Caen ☆ F 30 G5
Caen, Campagne de ≐ F 30 G5
Caerdydd = Cardiff ☆ GB 27 F10
Caernarfon ◉ GB 27 E8
Caernarfon Bay ≈ GB 27 E8
Cagan Aman ☆ RUS 57 O4
Cagayan de Oro ☆ RP 83 H5
Cagayan de Tawi-Tawi Island ⌒ RP 82 G5
Cagayan Islands ⌒ RP 82 G5
Cagayan Sulu = Cagayan de Tawi-Tawi Island ⌒ RP 82 G5
Čağčaran ☆ AFG 65 K4
Cagliari ☆ I 50 C3
Cagliari, Golfo di ≈ I 46 B5
Čagodošča ~ RUS 39 O2
Caguán, Río ~ CO 148 D1
Cahabón, Río ~ GCA 137 K5
Čāh Bahār ◉ IR 64 J5
Cahors ☆ F 32 F4
Cahuinari, Río ~ CO 148 E2
Cahul ☆ MD 56 F5
Caiapó, Rio ~ BR 150 E2
Caicos Islands ⌒ GB 129 M6
Caicos Passage ≈ 139 J3
Cairngorm Mountains ▲ GB 26 F4
Cairns ☆ AUS 91 K3
Caiseal ◉ IRL 27 B9
Cajamarca ☆ PE 148 B5
Cajones, Río ~ MEX 136 F4
Čakovec ☆ HR 49 M2
Čakva ◉ GE 67 J2
Cal, Río La ~ BOL 150 A3
Calabar ☆ NGR 104 G8
Calahorra ◉ E 43 J2
Calais ◉ F 31 J4
Calamba ☆ RP 83 H4
Calamian Group ⌒ RP 82 G4
Calapan ☆ RP 83 H4
Călăraşi ☆ MD 56 F4
Călăraşi ☆ RO 56 E5
Cal Arm River ~ CDN 127 Q3
Calatayud ◉ E 43 J3
Calavon ~ F 33 K5
Calcutta = Kolkata ☆ IND 72 F3
Caldeirão, Serra do ▲ P 44 B4
Caledonia Hills ▲ CDN 127 M6
Caledonrivier ~ ZA 117 H5
Caledonrivier ~ 117 H4
Calf of Man ⌒ GBM 26 D7
Calgary ◉ CDN 125 O6
Cali ☆ CO 146 B6
Cálida, Costa ≐ E 40 F6
California, Golfo de ≈ MEX 128 D4
Călimani, Munţii ▲ RO 56 D4
Callana, Río ~ PE 148 D5
Callander ◉ GB 26 E5
Callanish ◉ GB 26 C3
Cal Miskaat, Buuraha ▲ SO 105 P6
Caloosahatchee River ~ USA 135 H6
Calore ~ I 51 H1
Caltagirone ◉ I 51 H5
Caltanissetta ☆ I 51 H5
Čalūs ◉ IR 64 G3
Calvert Island ⌒ CDN 122 L6
Calvert River ~ AUS 90 H3
Calvi ◉ F 33 N6
Calvi, Golfe de ≈ F 33 N6
Calw ☆ D 35 D8
Cam ~ GB 27 K9
Camagüey ☆ C 139 F4
Camagüey, Archipiélago de ⌒ C 129 L6
Camaquã, Rio ~ BR 151 D9
Camaret-sur-Mer ◉ F 30 C6
Camargo, Ciudad ◉ MEX 128 E5
Camargue, Plaine de la ≐ F 25 K11
Camas Creek ~ USA 130 H3
Cà Mau ☆ VN 85 E7
Cambrai ◉ F 31 L4
Cambrésis ≐ F 31 L4
Cambrian Mountains ▲ GB 24 F6
Cambridge ☆ GB 27 K9
Camden ◉ USA 135 H2
Čam-e Qezel Ozan Qol ~ IR 67 M5
Čam-e Rāvand ~ IR 67 L5
Cameron ◉ MAL 85 C9
Cameros, Tierra de ≐ E 43 H2
Camiguin Island ⌒ RP 83 H3
Camlibel Dağı ▲ TR 66 G3
Çamlıdere ☆ TR 66 D2
Camonica, Val ≐ I 48 F3
Camorta Island ⌒ IND 71 a5
Campagna di Roma ≐ I 50 F1
Campagne de Caen ≐ F 30 G5
Campagne de Neubourg ≐ F 30 H5
Campana, Isla ⌒ RCH 152 B7
Campania ≐ I 51 H2
Campanquiz, Cerros ▲ PE 148 C4
Campaspe River ~ AUS 93 H4
Campbell Island ⌒ NZ 99 c2
Campeche ☆ MEX 137 J3
Campeche ☆ MEX 137 J3
Campeche, Bahía de ≈ MEX 128 H7
Câmpia Olteniei ≐ RO 56 C5
Campidano ≐ I 46 B5
Câmpina ◉ RO 56 D5
Campo ◉ CAM 104 G8
Campobasso ☆ I 51 H1
Campo de Criptana ◉ E 43 G5
Campo de la Villa ≐ E 42 E2
Campo de Montiel ≐ E 45 H3
Campo Grande ☆ BR 150 C4
Campos, Tierra de ≐ E 40 D3
Campos da Vacaria ≐ BR 151 E8
Campos de Lapa ≐ BR 151 E7
Campos Erê ≐ BR 150 D6
Campos Gerais ≐ BR 150 E6
Câmpulung ◉ RO 56 D5
Câmpulung Moldovenesc ◉ RO 56 D4
Campuya, Río ~ PE 148 D2
Camú, Río ~ DOM 139 K5
Camuya, Río ~ CO 146 D7
Canada Bay ≈ CDN 127 Q3
Canadian River ~ USA 128 F3
Canaguá, Río ~ YV 146 F4
Canáil Laighean ~ IRL 27 B8
Canáil na Mídhe ~ IRL 27 C8
Çanakkale ☆ TR 55 J2
Çanakkale Boğazı ≈ TR 66 B2
Canala, Baie de ≈ F 98 b3
Canal Bega ~ RO 56 B5
Canal de Jambelí ≈ EC 148 A3
Canal de la Galite ≈ TN 107 L2
Canal de los Indios ≈ C 138 D4
Canal de Morro ≈ EC 149 b2
Canal de Pinta ≈ EC 149 b1
Canal de Pinzon ≈ EC 149 b2
Canal de Saint Marc ≈ RH 139 J5
Canal de San Salvador ≈ EC 149 b2
Canal de São Jorge ≈ P 40 a1
Canal de Sud ≈ RH 139 J5
Canal do Gêba ≈ RGB 110 B4
Canale di Corsica ≈ I 46 B3
Canale di Piombino ≈ I 48 F6
Canale di Sicilia ≈ 46 C6
Canale d'Otranto ≈ I 19 P7
Canal Isabela ≈ EC 149 b2
Cananari, Río ~ CO 148 F1
Canarias, Islas ⌒ E 104 B3
Canarreos, Archipiélago de los ⌒ C 138 D4
Canastra, Serra da ▲ BR 150 G3
Canberra ★ AUS 93 K3
Cancale ◉ F 30 F6
Canche ~ F 31 J4
Cancún ◉ MEX 137 L2
Cancún, Isla ⌒ MEX 137 L2
Çandarlı Körfezi ≈ TR 47 L5
Candelaria ◉ MEX 137 J3
Candelaria, Río ~ MEX 137 J3
Candelaro ~ I 51 J1
Caneima, Isla ⌒ YV 147 K3
Canelones ☆ ROU 151 B11
Cañete, Río de ~ PE 149 C8
Cangaime, Río ~ EC 148 C3
Canguçu, Serra do ▲ BR 151 D9
Cangüle, Rūdhāne-ye ~ IRQ 67 L6
Caniapiscau, Rivière ~ CDN 123 X5
Canik Dağları ▲ TR 66 G2
Çankırı ☆ TR 66 E2
Canna ⌒ GB 26 C4
Cannanore = Kannur ◉ IND 70 C5
Cannanore Islands = Laccadive Islands ⌒ IND 65 L9
Cannes ◉ F 33 M5
Cann River ~ AUS 93 K4
Caño Araguaimujo ~ YV 147 K3
Caño Basama ~ YV 147 K3
Caño Bocón ~ CO 147 F6
Caño Chupabe ~ CO 146 F5
Canoe Reach ~ CDN 125 L5
Caño Guaritico ~ YV 146 E4
Caño Guirripa ~ CO 146 E5
Caño La Fortaleza ~ CO 146 E4
Caño Las Viejitas ~ CO 146 E6
Caño Lionio ~ CO 147 F5
Caño Los Lobos ~ CO 146 C7
Caño Macareo ~ YV 147 K3
Caño Manamo ~ YV 147 J3
Caño Mariusa ~ YV 147 K3
Caño Minisiare ~ CO 146 F6
Caño Mono ~ CO 147 F5
Caño Nabuquen ~ CO 147 F6
Canosa di Puglia ◉ I 51 K1
Caño San Miguel o Conorochito ~ YV 147 G6
Caño Tucupita ~ YV 147 K3
Caño Tuparrilo ~ CO 146 E5
Caño Tuparrito ~ CO 147 F5
Canso, Strait of ≈ CDN 123 Y7
Cantábrica, Cordillera ▲ E 18 K7
Cantábrico, Mar ≈ 42 C0
Cantal, Monts du ▲ F 25 J10
Canterbury ◉ GB 27 L10
Canterbury Bight ≈ NZ 96 D9
Canterbury Plain ≐ NZ 99 C5
Cần Thơ' ☆ VN 85 E7
Canthyuaya, Cerros de ▲ PE 148 D5
Cantiles, Cayo ⌒ C 138 D4
Canton Island ⌒ KIR 95 K6
Canvey Island ◉ GB 27 K10
Cao Bằng ☆ VN 78 E5
Caonao ~ C 139 F4
Cao Nguyên ▲ K 84 F5
Cao Nguyên Boloven ▲ LAO 84 E4
Capadocia = Kapadokya ≐ TR 66 F4
Čapaev = Čapaevo ☆ KZ 19 W5
Čapaevo ☆ KZ 19 W5
Capahuari, Río ~ EC 148 C2
Caparaó, Serra do ▲ BR 152 J2
Cape Barren Island ⌒ AUS 91 K8
Cape Breton Island ⌒ CDN 123 Y7
Cape Coast ☆ GH 111 K7
Cape Cod Bay ≈ USA 133 N5
Cape Cod Peninsula ≐ USA 133 N5
Cape Fear River ~ USA 129 L4
Cape Sable ≐ USA 135 H7
Cape Sable Island ⌒ CDN 127 M7
Cape Town ☆ ZA 116 C6
Cape Town = Kaapstad ☆ ZA 116 C6
Cape York Peninsula ≐ AUS 90 J2
Cap-Haïtien ☆ RH 139 J5
Capim, Rio ~ BR 145 K5
Capirona ≐ PE 148 C3
Capitachouane, Rivière ~ CDN 126 F5
Capitanata ≐ I 51 J1
Capivari, Rio ~ BR 150 B3
Capodistria = Koper ◉ SLO 49 J3
Capraia, Isola di ⌒ I 46 B3
Capraia o Caprara, Isola ⌒ I 49 L6
Caprera, Isola ⌒ I 46 B4
Capri ◉ I 51 H2
Capri, Isola di ⌒ I 46 D4
Caprivi Strip ≐ NAM 112 F5
Caprivizipfel = Caprivi Strip ≐ NAM 112 F5
Capua ◉ I 51 H1
Caquetá, Río ~ CO 144 D4
Caquetá, Río ~ CO 144 E5
Caquetá, Río ~ CO 148 E2
Čara ~ RUS 63 U6
Carabaya, Río ~ PE 149 G9
Caracas ★ YV 147 F2
Caracas, Islas ⌒ YV 147 H2
Carajás, Serra dos ▲ BR 145 J6
Caramulo, Serra do ▲ P 42 B4
Cara-Paraná, Río ~ CO 148 E2
Carapé, Sierra de ▲ ROU 151 C11
Carapelle ~ I 51 J1
Carapo, Río ~ YV 147 J4
Caraquet ◉ CDN 127 M5
Caratasca, Cayo ⌒ HN 138 C6
Caratasca, Laguna de ≈ HN 129 K7
Carbonia ☆ I 50 B3
Carcassonne ☆ F 32 G5
Çardak ☆ TR 55 M5
Cardamom Island = Kadmat Island ⌒ IND 70 B5
Cardamon Hills ▲ IND 70 D6
Cárdenas ◉ MEX 137 H4
Cardiff ☆ GB 27 F10
Cardigan Bay ≈ GB 24 E6
Cardoso, Ilha do ⌒ BR 150 G6
Čardžou = Turkmanabad ☆ TM 64 J3
Cargados Carajos Islands ⌒ MS 113 M5
Cargèse ◉ F 33 N6
Carghjese = Cargèse ◉ F 33 N6
Cariaco, Golfo de ≈ YV 147 H2
Caribbean Sea ≈ 129 K8
Caribe, Río ~ MEX 137 J3
Cariboo Mountains ▲ CDN 122 M6
Caribou Mountains ▲ CDN 122 N5
Caribou Range ▲ USA 130 J4
Caribou River ~ CDN 124 K5
Caričina ≐ BG 53 K5
Čārīkār ☆ AFG 68 B2
Caris, Río ~ YV 147 H3
Carmarthen Bay ≈ GB 24 E7
Carmen, Ciudad del ◉ MEX 137 H3
Carmen, Isla ⌒ MEX 128 D5
Carmen, Isla del ⌒ MEX 137 H3
Carmen, Laguna del ≈ MEX 137 H3
Carnac ◉ F 30 D7
Car Nicobar Island ⌒ IND 82 B5
Carnot ◉ RCA 105 J7
Caroline Island = Millenium Island ⌒ KIR 97 L2
Caroline Islands ⌒ FSM 83 L5
Caroní, Río ~ YV 145 G3
Caroní, Río ~ YV 147 J5
Carpaţii = Karpaty ▲ 19 Q6
Carpaţii Meridionali ▲ RO 19 Q7
Carpaţii Orientali ▲ RO 56 D4
Carpentaria, Gulf of ≈ AUS 90 H2
Carpentariagolf = Gulf of Carpentaria ≈ AUS 90 H2
Carpentras ◉ F 33 K4
Carrao, Río ~ YV 147 J4
Carrara ◉ I 48 F4
Carrbridge ◉ GB 26 F4
Carrickfergus ◉ GB 26 D7
Carrick on Shannon = Cora Droma Rúisc ☆ IRL 26 A8
Carrington Island ⌒ USA 130 H5
Carrión, Río ~ E 40 D3
Carron ~ GB 26 E4
Carsamba ~ TR 66 E4
Carson City ☆ USA 131 E6
Cartagena de Indias ☆ CO 146 B2
Cartier Islet ⌒ AUS 90 E2
Carún, Río ~ YV 147 J5
Casabe ≐ CO 146 C4
Casablanca = Ad-Dār-al-Bayda ☆ MA 106 B4
Casale Monferrato ◉ I 48 D3
Casamance ≐ SN 110 C3
Casamance ~ SN 110 B3
Casamance ~ SN 110 C3
Casanare, Río ~ CO 146 E4
Casavieja ◉ E 42 F4
Cascade d'Akloa ~ TG 111 L6
Cascade de Kpimé ~ TG 111 L6
Cascade Range ▲ USA 122 M7
Cascades de Koudou ~ BJ 111 M4
Cascades de la Kota ~ BJ 111 L4
Cascades de Tanougou ~ BJ 111 L4
Cascajal, Río ~ PE 148 A4
Casco Bay ≈ USA 133 N4
Cascumpeque Bay ≈ CDN 127 M5
Caserta ☆ I 51 H1
Cashel = Caiseal ◉ IRL 27 B9
Casiquiare, Río ~ YV 147 G6
Čáslav ◉ CZ 37 B7
Caspian Sea ≈ 19 V6
Cassai, Rio ~ ANG 112 F4
Cassange, Rio ~ BR 150 B2
Cassiar Mountains ▲ CDN 122 L5
Cass River ~ USA 132 G4
Castagniccia ≐ F 33 O6
Castejón, Montes de ▲ E 43 K3
Castelfranco Veneto ◉ I 48 G3
Castellammare, Golfo di ≈ I 46 D6
Castellane ◉ F 33 L5
Castelló de la Plana ☆ E 45 K1
Castellón de la Plana = Castelló de la Plana ☆ E 45 K1
Castelnaudary ◉ F 32 F5
Castelo Branco ☆ P 42 C5
Castelsardo ◉ I 50 B2
Castilla, Playa de ≐ E 44 D4
Castilla la Vieja ≐ E 42 F4
Castillon-la-Bataille ◉ F 32 D4
Castillos, Los ◉ YV 147 J3
Castle Island ⌒ BS 139 H3
Castle Valley ≐ USA 131 J6
Castres ◉ F 32 G5
Castries ★ WL 129 O8
Castro Urdiales ◉ E 42 G1
Çatak ☆ TR 67 K4
Çatak Çayı ~ TR 67 K4
Çatalca Yarımadası ≐ TR 53 M5
Catalina, Isla ⌒ DOM 139 L5
Catanduanes Island ⌒ RP 83 H4
Catania ☆ I 51 J5
Catania, Golfo di ≈ I 51 J5
Catanzaro ☆ I 51 K4
Catarata Gocta ~ PE 148 C4
Cataratas del Iguazú ~ RA 152 G3
Catatumbo, Río ~ YV 146 D3
Cat Cays ⌒ BS 138 F2
Catena Costiera ▲ I 51 K3
Cathair na Mart = Westport ◉ IRL 24 B6
Catió ☆ RGB 110 C4
Catire, Sierra el ▲ YV 147 J4
Cat Island ⌒ BS 129 L6
Cat Island ⌒ USA 128 J5
Catlins, The ≐ NZ 99 B7
Cato Island ⌒ AUS 91 M4
Catrimani, Rio ~ BR 145 G4
Cauca, Río ~ CO 144 D3
Čaunskaja guba ≈ RUS 63 e4
Caupolican ≐ BOL 144 F7
Caura, Río ~ YV 144 F3
Caura, Río ~ YV 147 H4
Căuşeni ☆ MD 56 F4
Causse de Sauveterre ▲ F 25 J10
Causse du Larzac ▲ F 32 G4
Causse Méjan ▲ F 32 H4
Causse Noir ▲ F 32 H4
Causses et les Cévennes, Les ≐ F 32 H4
Cauto ~ C 139 G4
Cauvery = Kaveri ~ IND 70 C4
Cauvery = Kaveri ~ IND 71 D5
Caux, Pays de ≐ F 25 G8
Cávado, R. ~ P 42 B3
Cavalla River ~ LB 104 D8
Cavalli Islands ⌒ NZ 99 E1
Cavallo, Île ⌒ F 33 O7
Cavally ~ CI 110 F6
Cavan = An Cabhán ☆ IRL 26 B8
Çavdır ☆ TR 55 M5
Caviana de Fora, Ilha ⌒ BR 145 K4
Cavtat ◉ HR 49 O6
Caxito ☆ ANG 112 D3
Çay ☆ TR 55 N4
Cayambe, Isla ⌒ CO 146 A6
Cayenne ☆ F 145 J4
Cayes, Les ☆ RH 139 J5
Cay Lobos ⌒ BS 139 G3
Caylus ◉ F 32 F4
Cayman Brac ⌒ GB 138 E5
Cayman Islands ⌒ GB 129 K7
Cayo Arenas ⌒ MEX 137 J1
Cayo Caballones ⌒ C 138 F4
Cayo Cabeza del Este ⌒ C 138 F4
Cayo Cantiles ⌒ C 138 D4
Cayo Caratasca ⌒ HN 138 C6
Cayo Centro ⌒ MEX 137 L3
Cayo Coco ⌒ C 138 F3
Cayo del Rosario ⌒ C 138 D4
Cayo Fragoso ⌒ C 138 F3
Cayo Grande ⌒ C 138 F4
Cayo Guajaba ⌒ C 139 G4
Cayo Guillermo ◉ C 138 F3
Cayo Largo ◉ C 138 E4
Cayo Largo del Sur ⌒ C 129 K6
Cayo Levisa ⌒ C 138 D3
Cayo Lobos ⌒ MEX 137 L3
Cayo Norte ⌒ MEX 137 L3
Cayo Nuevo ⌒ MEX 137 H2
Cayo Romano ⌒ C 139 F3
Cayo Sabinal ⌒ C 139 G4
Cayos Anclitas ⌒ C 138 F4
Cayos Arcas, Isla ⌒ MEX 137 J2
Cayos Becerro ⌒ HN 129 K7
Cayos Blancos del Sur ⌒ C 138 E3
Cayos Cinco Balas ⌒ C 138 F4
Cayos Cocorocuma ⌒ NIC 138 D7
Cayos de San Felipe ⌒ C 138 D3
Cayos los Indios ⌒ C 138 D4
Cayos Miskitos ⌒ NIC 129 K8
Cayos Vivorillo ⌒ HN 138 C7
Cay Sal ⌒ BS 138 E3
Cay Santo Domingo ⌒ BS 139 H4
Cays to Eleuthera ⌒ BS 139 G2
Cay Verde ⌒ BS 139 H3
Čazma ☆ HR 49 M3
Cazones, Golfo de ≈ C 138 E4
Cazorla ◉ E 45 G4
Cazorla, Sierra de ▲ E 45 G4
Cea, Río ~ E 40 D3
Cea, Río ~ E 42 E2
Čeboksary ☆ RUS 19 V4
Cebollati, Río ~ ROU 151 C10
Cebu ⌒ RP 83 H4
Cebu City ☆ RP 83 H4
Čečen, ostrov ⌒ RUS 57 P5
Cècèrlèg ☆ MGL 74 J2
Čechy ≐ CZ 29 N4
Cecina ~ I 48 F5
Cedar Creek ~ USA 133 J6
Cedar Island ⌒ USA 133 L7
Cedar Mountain ▲ USA 131 F6
Cederberg ▲ ZA 116 D6
Cedrino ~ I 50 C2
Cedrón, Río ~ E 42 G5
Cedros, Isla ⌒ MEX 128 C5
Ceerigaabo ☆ SO 105 P6
Cefalù ◉ I 51 H4
Cega, Río ~ E 40 D4
Čehov ☆ RUS 39 P4
Ceiba, La ☆ HN 137 L5
Čekanovskogo, krjaž ▲ RUS 63 V3
Çekerek Irmağı ~ TR 66 F2
Čelbas ~ RUS 57 L4
Čelbas ~ RUS 57 M5
Célé ~ F 32 F4
Celebes Sea ≈ 82 G6
Celebessee = Celebes Sea ≈ 82 G6
Celestún ◉ MEX 137 J2
Čeljabinsk ☆ RUS 62 J6
Celje ☆ SLO 49 L2
Čeljuskin, poluostrov ⌒ RUS 62 R2
Čelkar = Šalkar ☆ KZ 19 X6
Celle ☆ D 34 F4
Celtic Sea ≈ 18 K5
Çeltik ☆ TR 66 D3
Čemernica ▲ BIH 49 N4
Cenderawasih, Teluk ≈ RI 83 L7
Cenepa, Río ~ PE 148 B3
Ceniza, Bocas de ≈ CO 146 C2
Ceno ~ I 48 E4
Central, Cordillera ▲ DOM 139 K5
Central = Hong Kong ☆ CN 79 J5
Central Brăhui Range ▲ PK 65 K5
Central Highlands ≐ CL 71 F7
Central Island ⌒ EAK 114 E2
Central Makrān Range ▲ PK 65 J5
Central'nojakutskaja ravnina ≐ RUS 63 U5
Central'no-Tungusskoe, plato ▲ RUS 62 P5
Central Range ▲ LS 117 J5
Central Range ▲ PNG 83 M7
Centro, Cayo ⌒ MEX 137 L3
Čepelarska Reka ~ BG 53 J5
Čepino ≐ BG 52 H4
Cerbatana, Serranía de la ▲ YV 147 G4
Cerbicale, Îles ⌒ F 33 O7
Cère ~ F 32 G4
Čeremhovo ☆ RUS 62 R7
Čerepovec ☆ RUS 39 Q2
Cerf Island ⌒ SY 113 M3
Čerkassy = Čerkasy ☆ UA 56 G3
Čerkasy ☆ UA 56 G3
Çerkeş ☆ TR 66 E2
Čerkessk ☆ RUS 57 M5
Çermenike ▲ AL 52 E5
Černatica ▲ BG 53 J5
Černatica ▲ BG 47 K4
Černigov = Černihiv ☆ UA 39 M6
Černihiv ☆ UA 39 M6
Černihivs'ke polissja ≐ UA 56 G2
Černi Iskăr ~ BG 52 H4
Černi Lom ~ BG 53 L3
Černivci ☆ UA 56 D3
Černjahovsk ☆ RUS 38 G4
Černoe more = Black Sea ≈ 64 C2
Černo more = Black Sea ≈ 64 C2
Černovcy = Černivci ☆ UA 56 D3

Černye Bratja, ostrova ⌒ RUS 63 a8
Černye zemli ≐ RUS 57 O4
Cero, Corredeira ~ BR 150 B2
Cerralvo, Isla ⌒ MEX 128 E6
Cërrik ◉ AL 52 D5
Cerro de Pasco ☆ PE 149 C7
Cerros de Amotape ▲ PE 148 A4
Cerros de Araracuara ≐ CO 148 E2
Cerros de Calla-Calla ▲ PE 148 B5
Čerskogo, hrebet ▲ RUS 63 Y4
Cerveteri ◉ I 48 H6
Červien' ☆ BY 38 L5
César, Río ~ CO 146 D3
Cēsis ☆ LV 38 J3
České Budějovice ☆ CZ 35 K8
České středohoří ▲ CZ 35 J6
Českézeme ≐ CZ 35 J7
Českomoravská vrchovina ▲ CZ 29 N4
Český Krumlov ◉ CZ 35 K8
Český les ▲ CZ 35 H7
Česma ~ HR 49 M3
Çeşme ◉ TR 55 J4
Češskaja guba ≈ RUS 19 U2
Češt-e Šarif ◉ AFG 64 J4
Cestos Bay ≈ LB 110 E7
Cestos River ~ LB 104 D7
Cetina ~ HR 49 M5
Cevennen = Cévennes ▲ F 18 M7
Cévennes ▲ F 18 M7
Ceyhan Nehri ~ TR 66 G4
Chabka ≐ DZ 107 H5
Chablais ≐ F 33 L2
Chacahua, Laguna de ≈ MEX 136 E5
Chachapoyas ☆ PE 148 C5
Chachoengsao ☆ T 84 C5
Chăchro ◉ PK 69 C7
Chaco Austral ≐ RA 152 E3
Chaco Boreal ≐ PY 152 E2
Chaco Central ≐ PY 152 E2
Chafarinas, Islas ⌒ E 40 E7
Chafarinas, Islas ⌒ E 45 H6
Chaîne de Belledonne ▲ F 33 L3
Chaîne de Biban ▲ DZ 107 H2
Chaîne de l'Atakora ▲ BJ 111 L4
Chaîne des Alpilles ▲ F 33 J5
Chaîne des Puys ▲ F 25 J10
Chaise-Dieu, La ◉ F 32 H3
Chaiyaphum ☆ T 84 C4
Chakaja = Senaki ◉ GE 57 M6
Chākar ~ PK 68 B5
Chakdara ◉ PK 68 C2
Chalatenango ☆ ES 137 K5
Chalbi Desert ≐ EAK 115 F2
Chaleur Bay ≈ CDN 123 X7
Chaleurs, Baie des ≈ CDN 127 M4
Châlons-en-Champagne ☆ F 31 M6
Châlons-sur-Marne = Châlons-en-Champagne ☆ F 31 M6
Chalosse ≐ F 25 G11
Chaltubo ◉ GE 57 N6
Cham ☆ D 35 H7
Chamaya, Río ~ PE 148 B5
Chamba ◉ IND 68 F3
Chambal ~ IND 69 E8
Chambal ~ IND 69 F7
Chambal ~ IND 69 G6
Chambéry ☆ F 33 K3
Chambira, Río ~ PE 148 D3
Chambira, Río ~ PE 148 D4
Chamelecón, Río ~ HN 137 K5
Chaméli ⌒ GR 55 J7
Chamouchouane, Rivière ~ CDN 126 H4
Champagne ≐ F 25 K8
Champagne Berrichonne ≐ F 32 F2
Champasak ◉ LAO 84 E4
Champotón ◉ MEX 137 J3
Chança, Río ~ P 40 C6
Chancay, Río ~ PE 148 B5
Chandalar River ~ USA 122 G3
Chandeleur Islands ⌒ USA 128 H5
Chandigarh ☆ IND 68 E4
Chandrabhāga ~ IND 68 F3
Changane, Rio ~ MOC 113 H6
Changbai Shan ▲ CN 80 F3
Changchun ☆ CN 75 O3
Changdang Hu ~ CN 77 L6
Changhua ~ CN 78 F7
Chang Jiang ~ CN 75 K5
Changjiang Kou ≈ CN 80 D8
Changjin Gang ~ KP 80 F3
Changsha ☆ CN 79 G2
Changshan Qundao ⌒ CN 80 D4
Changwon ☆ ROK 80 F6
Ch'angwon = Changwon ☆ ROK 80 F6
Changxing Dao ⌒ CN 77 M6
Changxing Dao ⌒ CN 80 C4
Chanler's Falls ~ EAK 115 F3
Channel, English ≈ 18 K6
Channel Islands ⌒ USA 128 B4
Channel Rock ⌒ BS 139 G3
Chantan Gol ~ CN 77 G1
Chanthaburi ☆ T 84 C5
Chantrey Inlet ≈ CDN 123 R3
Chao, Isla ⌒ PE 149 B6
Chaouia ≐ MA 106 C4
Chapada das Mangabeiras ▲ BR 145 K6
Chapada Diamantina ▲ BR 145 L7
Chapada do Araripe ▲ BR 145 L6
Chapada dos Parecis ▲ BR 145 G7
Chapada do Tapiocanga ▲ BR 150 G2
Chardzhev = Turkmanabad ☆ TM 64 J3
Charef, Oued ~ MA 106 E4
Charente ~ F 25 H9
Charentes ~ F 32 D3
Charentes ~ F 32 E2
Chari ~ TCH 105 J6
Charkiv ☆ UA 57 K2
Charkow = Charkiv ☆ UA 57 K2
Charles Island ⌒ CDN 123 V4
Charleston ◉ NZ 99 C4
Charleston ◉ USA 135 J3
Charleville-Mézières ☆ F 31 M5
Charlotte ☆ USA 135 H2
Charlotte Amalie ☆ USA 129 O7
Charlotte Harbor ≈ USA 135 G6
Charlottetown ☆ CDN 127 N5
Charlton Island ⌒ CDN 123 V6
Charollais ≐ F 25 K9
Chārsadda ◉ PK 68 C2
Charters Towers ◉ AUS 91 K4
Chartres ☆ F 30 J6
Chásia Óros ▲ GR 54 D3
Chassahowitzka Bay ≈ USA 135 G5
Chasseloup, Baie ≈ F 98 a3
Châteaubriand, Baie de ≈ F 98 c3
Châteauroux ☆ F 32 F2
Chatham Island ⌒ NZ 96 F9
Chatham Islands ⌒ NZ 96 F9
Chatham Sound ≈ CDN 124 E4
Chatham Strait ≈ USA 124 C3
Châtillon-sur-Seine ◉ F 31 M7
Chāttagām Pāhāṛ ▲ BD 73 H3
Chattahoochee River ~ USA 129 J4
Chattahoochee River ~ USA 134 F4
Chattanooga ◉ USA 134 F2
Chaudière, Rivière ~ CDN 126 J5
Châu Đốc ◉ VN 85 E6
Chaumont ☆ F 31 N6
Chaŭn-do ⌒ ROK 80 E6
Chaung ~ MYA 73 K2
Chaung ~ MYA 73 K5
Chaura Island ⌒ IND 71 a5
Chauri ◉ IND 70 B3
Chausey, Îles ⌒ F 30 E6
Chauvigny ◉ F 32 E2
Chaux-de-Fonds, La ◉ CH 35 B9
Chaves ◉ P 42 C3
Chavón, Río ~ DOM 139 L5
Cheat Mountain ▲ USA 133 J6
Cheat River ~ USA 133 J6
Cheb ◉ CZ 35 H6
Chebaba, Oued ~ DZ 107 H6
Chech, Erg ≐ DZ 104 E4
Chedabucto Bay ≈ CDN 127 O6
Cheduba Island = Man'aung Kyûn ⌒ MYA 73 H5
Cheduba Strait ≈ MYA 73 H5
Cheecham Hills ▲ CDN 125 O4
Chefchaouèn ◉ MA 44 E6
Chéfu, Rio ~ MOC 117 L1
Chehalis River ~ USA 130 C2
Chehong jiang ~ CN 78 C3
Cheju = Jeju ☆ ROK 80 F7
Chela, Serra da ▲ ANG 112 D5
Chelaslie River ~ CDN 124 G5
Chelif, Oued ~ DZ 106 G3
Chełmińskie, Pojezierze ≐ PL 36 E3
Chełmno ◉ PL 36 E3
Cheltenham ◉ GB 27 G10
Chemnitz ☆ D 34 H6
Chenab ~ IND 68 E3
Chenāb ~ PK 68 D4
Chengde ◉ CN 77 K1
Chengdu ☆ CN 76 D6
Chenini ◉ TN 107 L4
Chennai ☆ IND 71 F4
Cheongju ☆ ROK 80 F5
Cheongsando ⌒ ROK 80 F6
Cher ~ F 25 H9
Cher ~ F 32 G2
Cherangany Hills ▲ EAK 114 E3
Cherchell ◉ DZ 107 G2
Cheriyam Island ⌒ IND 70 B5
Cherry Island ⌒ SOL 94 F8
Cherson ☆ UA 56 G4
Chesapeake Bay ≈ USA 129 L3
Chesea, Rio ~ PE 149 E6
Chesil Beach ≐ GB 27 G11
Chester ◉ GB 27 G8
Chesterfield, Île ⌒ RM 113 K5
Chesterfield, Îles ⌒ F 96 A4
Chesterfield Inlet ≈ CDN 123 S4
Chetaibi ◉ DZ 107 K2
Chetlat Island ⌒ IND 65 L8
Chetumal ☆ MEX 137 K3
Chetumal, Bahía de ≈ MEX 128 J7
Cheviot Hills ▲ GB 24 F5
Chewack River ~ USA 130 D1
Cheyenne ☆ USA 128 F2
Cheyyar ~ IND 71 E4
Chhattīsgarh ≐ IND 65 N6
Chiang Mai ☆ T 84 B2
Chianti, Monti del ▲ I 48 G5
Chiapa, Río ~ MEX 137 H4
Chiapa de Corzo ◉ MEX 137 H4
Chiavari ◉ I 48 E4
Chibougamau, Rivière ~ CDN 126 G4
Chica, Isla ⌒ MEX 137 K1
Chicago ◉ USA 132 E5
Chicapa, Rio ~ ANG 112 F3
Chic-Chocs, Monts ▲ CDN 127 L4
Chichagof Island ⌒ USA 122 J5
Chichester ◉ GB 27 J11
Chiclayo ☆ PE 148 B5
Chico, Río ~ RA 152 D6
Chico, Río ~ RA 152 D7
Chidambaram ◉ IND 71 E5
Chienti ~ I 49 J5
Chiers ~ F 31 N5
Chiese ~ I 48 F3
Chieti ☆ I 49 K6
Chifre, Serra do ▲ BR 145 L8
Chifuri-shima ⌒ J 81 J6
Chignecto Bay ≈ CDN 127 M6
Chigombe, Rio ~ MOC 117 L1
Chihsing Yen ⌒ RC 79 M6
Chihuahua ☆ MEX 128 E5
Chilako River ~ CDN 124 H5
Chilanko River ~ CDN 124 H5
Chilas ◉ PK 68 E2
Chilca, Cordillera de ▲ PE 149 E9
Chilcotin River ~ CDN 124 H5
Chilecito ◉ RA 152 D3
Chilika ≈ IND 72 D5
Chilko River ~ CDN 124 H6
Chiloé, Isla de ⌒ RCH 152 B6
Chilpancingo de los Bravo ☆ MEX 136 D4
Chiltern Hills ▲ GB 27 J10
Chimaltenango ☆ GCA 137 J5
Chimanimani ◉ ZW 113 H5
Chimanta, Macizo de ▲ YV 147 J5
Chimay ◉ B 31 M4
Chimbo, Río ~ EC 148 B3
Chimoio ☆ MOC 113 H5
Chinandega ☆ NIC 137 K5
Chinchin Straits ≈ 85 B8
Chinchipe, Río ~ PE 148 B4
Chinchorro, Banco ⌒ MEX 129 J7
Chincoteague Bay ≈ USA 133 L6
Chindwin Myit ~ MYA 73 J2
Chindwin Myit ~ MYA 73 J3
Chinguetti ◉ RIM 104 C4
Chinhoyi ☆ ZW 112 H5
Chiniot ◉ PK 68 D4
Chinko ~ RCA 110 D3
Chinmen Tao ⌒ RC 79 L4
Chinvali = Zkhinvali ☆ GE 57 O6
Chioggia ◉ I 48 H3
Chipata ☆ Z 113 H4
Chippewa River ~ USA 132 C3
Chiputneticook Lakes ~ USA 133 O3
Chiquimula ☆ GCA 137 K5
Chiquitina, Isla ⌒ PE 149 B7
Chiquitos, Llanos de ≐ BOL 145 G8
Chira, Río ~ PE 148 A4
Chiribiquete, Raudal ~ CO 146 D7
Chiribiquete, Sierra de ▲ CO 148 E1
Chirikof Island ⌒ USA 122 E5
Chiris, Rio ~ PE 149 D8
Chishui He ~ CN 78 D2
Chişinău ★ MD 56 F4
Chitradurga ◉ IND 70 D3
Chitrāl ◉ PK 68 C2
Chitré ☆ PA 129 K9
Chittagong ☆ BD 73 G3
Chittaranjan ◉ IND 72 E3
Chittaurgarh ◉ IND 69 E7
Chiumbe, Rio ~ ANG 112 F3
Chiwa = Heva ☆ UZ 64 J2
Chixoy o Negro, Río ~ GCA 137 J5
Chlef ☆ DZ 107 G2
Chmeľnyc'kyj ☆ UA 56 E3
Chobe ~ BW 112 F5
Choch'iwon = Sejong ☆ ROK 80 F5
Chocolate Mountains ▲ USA 131 G9
Choctawhatchee Bay ≈ USA 134 E4
Choctawhatchee River ~ USA 134 F4
Chodelka ~ PL 36 H5
Ch'o-do ⌒ KP 80 E4
Ch' o-do ⌒ ROK 80 F6
Choiseul ⌒ SOL 94 D7
Chojna ◉ PL 36 A4
Cholula ◉ MEX 136 E3
Choluteca ☆ HN 137 L6
Choluteca, Río ~ HN 137 L6
Chona ~ EAT 114 D6
Chongchon Gang ~ KP 30 E4
Ch'ŏngjin ☆ KP 80 G3
Ch'ŏngju = Cheongju ☆ ROK 80 F5
Chongling Shui ~ CN 73 H4
Chongming Dao ⌒ CN 77 M6
Chong Pha Ngan ⌒ T 85 B7
Chongqing ☆ CN 78 E2
Chong Samui ⌒ T 85 B7
Chong Tao ⌒ T 85 B7
Chongyang Xi ~ CN 79 L3
Chŏnju = Jeonju ☆ ROK 80 F6
Chorol ~ UA 56 H3
Chorro la Libertad ~ CO 148 F2
Chośebuz = Cottbus ☆ D 34 K5
Cho-shui His ~ RC 79 M5
Chowan River ~ USA 135 K1
Chřiby ▲ CZ 37 D7
Christchurch ☆ NZ 99 D5
Christian Island ⌒ CDN 126 D6
Christiansfeld ◉ DK 22 E5
Christiansø ⌒ DK 23 L5
Christian Sound ≈ USA 124 C3
Christina Range ▲ CDN 125 L7
Christina River ~ CDN 125 P3
Christmas Island ⌒ AUS 82 E9
Chrysochou Bay ≈ CY 66 E5
Chuanchang He ~ CN 77 L4
Chubut, Río ~ RA 152 D6
Chŭdŭ Rāzī ▲ MYA 73 L1
Chugach Mountains ▲ USA 122 H4
Chūgoku-sanchi ▲ J 81 J6
Chuja-gundo ⌒ ROK 80 F7
Chukchi Sea ≈ 63 h4
Chulas, Raudal las ~ CO 146 E6
Chumphon ☆ T 85 B6
Chunchanga, Pampa de ≐ PE 149 C8
Chuncheon ☆ ROK 80 F5
Ch'unch'ŏn = Chuncheon ☆ ROK 80 F5
Chung Wan = Hong Kong ☆ CN 79 J5
Chungyang Shanmo ▲ RC 79 M5
Chuŏr Phnum Dâmrei ▲ K 84 D6
Chuŏr Phnum Dângrek ▲ K 84 D4
Chuŏr Phnum Kravanh ▲ K 84 D5
Chur ☆ CH 35 E10
Churchill ◉ CDN 123 S5
Churchill River ~ CDN 123 R5
Churchill River ~ CDN 123 Y6
Churchill River ~ CDN 125 Q4
Chust ☆ UA 37 K8
Chute de la Lafoi ~ CGO 112 G4
Chute Penge ~ CGO 114 A3
Chutes de Billy ~ RMM 110 E3
Chutes de Boali ~ RCA 105 J8
Chutes de Félou ~ RMM 110 E2
Chutes de Gouina ~ RMM 110 E2
Chutes de Kembé ~ RCA 105 K8
Chutes de Kinkon ~ RG 110 D4
Chutes de Matakil ~ RCA 105 K7
Chutes Tshunga ~ CGO 112 F1
Chute Toky ~ CGO 114 B3
Chute Walfe ~ CGO 112 F2
Chuuk Islands ⌒ FSM 94 C4
Chyulu Hills ▲ EAK 115 F5
Ch'*zsano ⌒ KP 80 E4
Cibrica ~ BG 52 H3
Čičarija ▲ HR 49 K3
Cicia ⌒ FJI 98 c2
Cicolano ≐ I 49 J6
Cidacos, Río ~ E 43 H2
Cide ☆ TR 66 E2
Cidlina ~ CZ 37 B6
Ciechanów ◉ PL 36 G4
Ciego de Ávila ☆ C 138 E4
Ciénaga Grande de Santa Marta ≈ CO 146 C2
Cienfuegos ☆ C 138 E3
Čierny Váh ~ SK 37 G8
Cíes, Illas ⌒ E 42 A2
Cihanbeylı Yaylâsı ▲ TR 66 E3
Cikobia ⌒ FJI 96 F4
Čikoj ~ RUS 62 S7
Cilento ≐ I 51 J2
Cill Airne ◉ IRL 24 C6
Cill Chainnigh ☆ IRL 27 B9
Cill Dara ◉ IRL 27 C8
Cilli = Celje ◉ SLO 49 L2
Cill Mhantáin ☆ IRL 27 C9
Cilo Hağı ▲ IRQ 67 K4
Cimarron River ~ USA 128 G3
Cimişlia ☆ MD 56 F4
Cinaruco, Río ~ YV 147 G4
Cinca, Río ~ E 40 G4
Cinco Balas, Cayos ⌒ C 138 F4
Cinco Villas, Las ≐ E 43 J2
Çine ☆ TR 55 L5
Cinque Island ⌒ IND 71 a4
Cinque Terre ≐ I 48 E4
Čiovo ⌒ HR 46 E3
Cipa ~ RUS 63 T6
Čir ~ RUS 57 M3
Circle Cliffs ▲ USA 131 J6
Cirebon ◉ RI 82 E8
Ciron ~ F 32 D4
Cisne, Islas del ⌒ HN 129 K7
Čita ☆ RUS 63 T7
Cittadella ◉ I 48 G3
Ciuc, Miercurea- ☆ RO 56 D4
Ciudad Bolívar ☆ YV 147 J3
Ciudad Camargo ◉ MEX 128 E5
Ciudad Constitución ◉ MEX 128 D5
Ciudad Darío ◉ NIC 137 L6
Ciudad de Guatemala ★ GCA 137 J5
Ciudad del Carmen ◉ MEX 137 H3
Ciudad del Este ☆ PY 151 C6
Ciudad de México ★ MEX 136 D3
Ciudad Guayana ◉ YV 147 J3
Ciudad Guzmán ◉ MEX 136 C3
Ciudad Juárez ◉ MEX 128 E4
Ciudad Real ☆ E 44 G3
Ciudad Rodrigo ◉ E 42 D4
Ciudad Victoria ☆ MEX 128 G6
Cıvan Dağı ▲ TR 55 L3
Cividale del Friuli ◉ I 49 J2
Civita Castellana ◉ I 48 H6
Civitas Vaticana ★ V 48 G7
Clain ~ F 25 H9
Clan Alpine Mountains ▲ USA 131 F6
Clanwilliam Dam ~ ZA 116 C6
Clara Island ⌒ MYA 84 A6
Clarence, Isla ⌒ RCH 152 C8
Clarence Island ⌒ ANT 156 F62
Clarence River ~ NZ 99 D5
Clarence Strait ≈ USA 124 D3
Clarence Town ◉ BS 139 H3
Clarines ◉ YV 147 H3
Clarión, Isla ⌒ MEX 128 D7
Clarion River ~ USA 133 J5
Clarke Island ⌒ AUS 93 K6
Clarke River ~ AUS 90 J3
Clark Fork River ~ USA 122 N7
Clarks Fork River ~ USA 130 H2
Claro, Rio ~ BR 150 D2
Claro, Rio ~ BR 150 E1
Clay Belt ≐ CDN 123 U6
Clayoquot Sound ≈ CDN 124 G7
Clear Hills ▲ CDN 122 N5
Clearwater Mountains ▲ USA 130 G2
Clearwater River ~ CDN 125 M6
Clearwater River ~ CDN 125 P3
Clearwater River ~ CDN 125 Q3
Clearwater River ~ USA 130 F2
Clearwater River, North Fork ~ USA 130 G2
Clemesi, Pampa de la ≐ PE 149 F10
Clermont-Ferrand ☆ F 32 H3
Cleugh Passage ≈ IND 71 a3
Cleveland Peninsula ≐ USA 124 D4
Clifden ◉ IRL 24 B6
Clinch Mountains ▲ USA 135 G1
Cloppenburg ◉ D 34 D4
Cloudy Bay ≈ NZ 99 E4
Clouère ~ F 32 E2
Clovelly ◉ GB 27 E11
Cluj-Napoca ☆ RO 56 C4
Cluny ◉ F 33 J2
Clutha River ~ NZ 99 B6
Clutha River ~ NZ 99 B6
Clyde ~ GB 26 F6
Clyde, Firth of ≈ GB 24 E5
Cna ~ BY 38 K5
Cna ~ RUS 39 R5
Čna ~ RUS 39 S4
Côa, Rio ~ P 40 C4
Coahuayana, Río ~ MEX 136 C3
Coalcomán, Río ~ MEX 136 C3
Coalcomán, Sierra de ▲ MEX 136 C3
Coari, Rio ~ BR 144 G6
Coastal Plain ≐ USA 128 G4
Coast Mountains ▲ CDN 122 K5
Coast Ranges ▲ USA 122 M7
Coats Island ⌒ CDN 123 U4
Coatzacoalcos ◉ MEX 137 G3
Coatzacoalcos, Río ~ MEX 137 G4
Cobán ☆ GCA 137 J5
Cobardes, Cordillera de los ▲ CO 146 D4
Cobequid Mountains ▲ CDN 127 N6
Cobia ⌒ FJI 98 c2
Cobija ☆ BOL 144 F7
Cobourg Peninsula ≐ AUS 90 G2
Cobres, Ribeira de ~ P 44 B4
Coburg ◉ D 35 F6
Coburg Island ⌒ CDN 123 V1
Coca, Rio ~ EC 148 C2
Cochabamba ☆ BOL 144 F8
Coche, Isla ⌒ YV 147 H2
Cochem ◉ D 35 C6
Cochin = Kochi ◉ IND 70 C6
Cochinos, Bahía de ≈ C 138 E3
Cockburn Island ⌒ CDN 132 G3
Cockburn Town ☆ GB 139 K4
Coco, Cayo ⌒ C 138 F3
Coco, Isla del ⌒ CR 144 B3
Coco, Río ~ NIC 137 L6
Coco Channel ≈ 82 B4
Coco Island ⌒ MS 113 N5
Coco o Segovia ~ HN 129 J8
Cocora, Valle de ≐ CO 146 C5
Cocorocuma, Cayos ⌒ NIC 138 D7
Codfish Island ⌒ NZ 99 A7
Codrii ▲ MD 56 E3
Codru-Moma, Munţii ▲ RO 56 B4
Coemani, Rápidos ~ CO 148 E2
Coesfeld ◉ D 34 C5
Coëtivy Island ⌒ SY 113 N3
Coeur d'Alene River ~ USA 130 F1
Coëvrons, les ▲ F 30 G6
Coffin Bay ≈ AUS 92 C3
Cognac ◉ F 32 D3
Čohkkiras = Jukkasjärvi ◉ S 20 K3
Coiba, Isla de ⌒ PA 144 C3
Coihaique = Coyhaique ☆ RCH 152 C7
Coimbra ☆ P 42 B4
Čojbalsan ☆ MGL 75 L2
Cojedes, Río ~ YV 147 F3
Cojutepeque ☆ ES 137 K6
Colbitz-Letzlinger Heide ≐ D 34 G4
Colca, Río ~ PE 144 E8
Colca, Río ~ PE 149 F9
Colchester ◉ GB 27 K10
Coleambally Creek ~ AUS 93 H3
Coleroon = Kollidam ~ IND 71 E5
Colgrave Sound ~ GB 26 J1
Colima ☆ MEX 136 C3
Colin Archer Peninsula ≐ CDN 123 S1
Coll ⌒ GB 24 D4
Colli Albani ▲ I 48 H7
Colli Euganei ▲ I 48 G3
Colline Metallifere ▲ I 48 F5
Collines Baoulé ▲ CI 111 H6
Collines de Bongouanou ▲ CI 111 H6
Collines de Grabo ▲ CI 110 G7
Collines de l'Artois ▲ F 31 J4
Collines du Nivernais ▲ F 31 K7
Collines du Sancerrois ▲ F 32 G1
Collinson Peninsula ≐ CDN 122 Q2
Collo ◉ DZ 107 K2
Cologne ◉ F 32 E5
Cololo, Arroyo ~ ROU 151 B10
Colón ☆ PA 129 L9
Colón, Archipiélago de ⌒ EC 144 A4
Colonche, Cordillera de ▲ EC 148 A2
Colonia ☆ FSM 83 L5
Colonia del Sacramento ☆ ROU 151 B11
Colonsay ⌒ GB 24 D4
Colorado, Río ~ MEX 136 F4
Colorado, Río ~ RA 152 D5
Colorado, Río ~ RCH 152 D5
Colorado Desert ≐ USA 128 C4
Colorado Plateau ▲ USA 128 D3
Colorado River ~ USA 128 D3
Colorado River ~ USA 128 E3
Colorado River ~ USA 128 G4
Colorado River ~ USA 131 H7
Colorado River ~ USA 131 J7
Colorados, Archipiélago de los ⌒ C 138 C3
Colorado Springs ◉ USA 128 F3
Columbia ☆ USA 135 H3
Columbia Basin ≐ USA 130 E2
Columbia Mountains ▲ CDN 122 M6
Columbia Plateau ▲ USA 122 N8
Columbia Reach ~ CDN 122 N6
Columbia River ~ CDN 125 L6
Columbia River ~ USA 122 M7
Columbia River ~ USA 122 N7
Columbia River ~ USA 130 C3
Columbia River ~ USA 130 D2
Columbretes, Islas ⌒ E 40 G5
Columbus Cay ⌒ BZ 137 L4
Colville Channel ≈ NZ 99 E2
Colville River ~ USA 122 E3
Comayagua ☆ HN 137 L5
Comayagua, Montañas de ▲ HN 137 L5
Combermere Bay ≈ MYA 73 H5
Combourg ◉ F 30 F6
Combrailles ≐ F 32 G2
Comeragh Mountains ▲ IRL 27 B9
Comilla ☆ BD 73 G3
Comino ⌒ M 51 H6
Comminges ≐ F 32 E5
Committee Bay ≈ CDN 123 T3
Como ☆ I 48 E3
Comoé ~ CI 104 E7
Comoé ~ CI 111 H5
Comores, Archipel des ⌒ COM 113 K4
Compiègne ◉ F 31 K5
Comprida, Ilha ⌒ BR 150 G6
Čona ~ RUS 62 S5
Conakry ★ RG 110 C5
Concarneau ◉ F 30 D7
Concepción ◉ BOL 145 G8
Concepción ☆ PY 150 B5
Concepción ☆ RCH 152 C5
Conception Bay ≈ CDN 127 S5
Conception Bay ≈ NAM 116 A1
Conception Island ⌒ BS 139 H3
Concha de Alava ▲ E 43 H2
Conchos, Río ~ MEX 128 E5
Concord ☆ USA 133 N4
Con Cuông ☆ VN 84 E2
Côn Đảo ⌒ VN 82 E5
Condom ◉ F 32 E5
Condomois ≐ F 32 D4
Cóndor, Cordillera del ▲ PE 148 B4
Conecuh River ~ USA 134 E4
Conflent ≐ F 32 G6
Confusion Bay ≈ CDN 127 R3
Confusion Range ▲ USA 131 H6
Confuso, Río ~ PY 150 A6
Congo = Zaïre ~ RCA 112 E2
Connaught ≐ IRL 24 C5
Connecticut River ~ USA 133 M4
Cononaco, Río ~ EC 148 C2
Conquet, Le ◉ F 30 C6
Constance Bay ≈ IND 71 a4
Constanța ☆ RO 56 F5
Constantina ◉ E 44 E4
Constantine ☆ DZ 107 K2
Constanza ◉ DOM 139 K5
Constitución, Ciudad ◉ MEX 128 D5
Consuegra ◉ E 42 G5
Contamana, Sierra ▲ PE 144 E6
Contas, Rio de ~ BR 145 L7
Contoy, Isla ⌒ MEX 137 L2
Contreras, Isla ⌒ RCH 152 B8
Contrexéville ◉ F 31 N6
Convento, Montañas de ▲ EC 148 A2
Conwy ◉ GB 27 F8
Cook, Grand Récif de ⌒ F 98 a2
Cook Bay ≈ VU 98 B4
Cook Inlet ≈ USA 122 F5
Cookinseln = Cook Islands ⌒ CK 97 J3
Cook Islands ⌒ CK 97 J3
Cook Strait ≈ NZ 96 D9
Cooktown ☆ AUS 91 K3
Coonino Plau. ▲ USA 131 H7
Cooperation Sea ≈ 157 E16
Cooper Creek ~ AUS 90 J5
Coosa River ~ USA 134 E3
Coosa River ~ USA 134 F2
Coos Bay ≈ USA 130 B4
Copacabana, Península de ≐ BOL 149 G10
Copeland Island ⌒ GB 26 D7
Copiapó ☆ RCH 152 C3
Coppermine River ~ CDN 122 N3
Coqueiro, Ribeiro ~ BR 150 B2
Coquilhatville = Mbandaka ☆ CGO 112 E1
Cora Droma Rúisc ☆ IRL 26 A8
Coralaque, Río ~ PE 149 F10
Coral Sea ≈ 91 L3
Corbières ≐ F 25 J11
Corbières ≐ F 32 G6
Corcaigh ☆ IRL 25 C7
Córcoles, Río ~ E 43 H5
Corcovado, Golfo ≈ RCH 152 C6
Corcubión, Ría de ≈ E 42 A2
Cordes-sur-Ciel ◉ F 32 F4
Cordillera Béticas ▲ E 44 E5
Cordillera Blanca ▲ PE 148 C6
Cordillera Cantábrica ▲ E 18 K7
Cordillera Central ▲ BOL 144 F8
Cordillera Central ▲ CO 144 D4
Cordillera Central ▲ DOM 139 K5
Cordillera Central ▲ PE 144 D6
Cordillera Central ▲ RP 83 H3
Cordillera Central = Sistema Central ▲ E 18 K7
Cordillera Cutucú ▲ EC 148 C3
Cordillera de Ampato ▲ PE 149 E9
Cordillera de Caaguazú ▲ PY 151 B6
Cordillera de Chilca ▲ PE 149 E9
Cordillera de Colonche ▲ EC 148 A2
Cordillera de Cumullca ▲ PE 148 B5
Cordillera de Guamaní ▲ PE 148 A4
Cordillera de Guaniguanico ▲ C 138 D3
Cordillera de Huanzo ▲ PE 149 E9
Cordillera de Julcamarca ▲ PE 149 D8
Cordillera de la Costa ▲ RCH 152 C5
Cordillera de la Costa ▲ YV 147 G2
Cordillera del Condor ▲ PE 148 B4
Cordillera de Lipez ▲ BOL 144 F9
Cordillera de los Andes ▲ 144 D5
Cordillera de los Cobardes ▲ CO 146 D4
Cordillera de Mbaracayú ▲ PY 150 C6
Cordillera de Mérida ▲ YV 144 E3
Cordillera de Merida ▲ YV 146 E3
Cordillera de San Pablo de Balzar ▲ EC 148 A2
Cordillera de Turpicotay ▲ PE 149 D8
Cordillera de Vilcanota ▲ PE 149 F8
Cordillera Entre Ríos ▲ HN 137 L5
Cordillera Isabela ▲ NIC 129 J8
Cordillera Negra ▲ PE 149 B6
Cordillera Nombre de Dios ▲ HN 137 L5
Cordillera Occidental ▲ CO 144 D4
Cordillera Occidental ▲ PE 144 D6
Cordillera Oriental ▲ CO 144 D4
Cordillera Oriental ▲ DOM 139 L5
Cordillera Oriental ▲ PE 144 D6
Cordillera Patagónica ▲ RCH 152 C8
Cordillera Septentrional ▲ DOM 139 K5
Cordillera Vilcabamba ▲ PE 144 E7
Córdoba ☆ E 44 F4
Córdoba ☆ RA 152 E4
Córdoba, Sierra de ▲ RA 152 E4

Cordon de Puntas Negras ▲ RCH 152 D2
Cordova Bay ≈ USA 124 D4
Coria ◉ E 44 D1
Corisco, Baie de ≈ G 112 C1
Corixa Grande ~ BR 150 A2
Corixão, Rio ~ BR 150 B3
Cork = Corcaigh ☆ IRL 25 C7
Çorlu ☆ TR 19 R7
Çorlu ☆ TR 53 M5
Çorlu Deresi ~ TR 53 M5
Corme e Laxe, Ría de ≈ E 40 B3
Čorne more = Black Sea ≈ 64 C2
Corner Inlet ≈ AUS 93 J5
Cornia ~ I 48 F6
Corniche des Dahra ≐ DZ 107 G2
Čornomors'k ☆ UA 56 G4
Cornouaille ≐ F 25 E9
Cornwall ≐ GB 24 E7
Cornwall Coast ≐ GB 24 E7
Cornwallis Island ⌒ CDN 123 R1
Cornwall Island ⌒ CDN 123 R1
Čornyj Čeremoš ~ UA 56 D3
Coro ☆ YV 146 E2
Coro, Golfete de ≈ YV 146 E2
Coro, Raudal ~ CO 148 F2
Corocoro, Isla ⌒ YV 147 K3
Coromandel Coast ≐ IND 65 N8
Coromandel Peninsula ≐ NZ 96 E8
Coronado, Bahía de ≈ CR 129 K9
Coronation Gulf ≈ CDN 122 O3
Coronel Oviedo ☆ PY 151 B6
Çorovodë ◉ AL 52 E6
Corozal ☆ BZ 137 K3
Corredeira Cero ~ BR 150 B2
Corredeira Uranı ~ BR 146 F7
Corrente, Rio ~ BR 145 K7
Corrente, Rio ~ BR 150 E3
Correntes, Rio ~ BR 150 C2
Corrientes ≐ PE 148 D4
Corrientes ☆ RA 151 A7
Corrientes, Bahía de ≈ C 138 C4
Corrientes, Río ~ EC 148 C3
Corrientes, Río ~ PE 148 D3
Corrientes, Río ~ RA 151 A8
Corse ⌒ F 18 N7
Corsica, Canale di ≈ I 46 B3
Cortaderas, Pampa de ≐ PE 149 E10
Corte ◉ F 33 O6
Cortés, Ensenada de ≈ C 138 C3
Corti = Corte ◉ F 33 O6
Čortkiv ☆ UA 56 D3
Cortona ◉ I 48 G5
Corubal, Rio ~ RGB 110 C4
Çoruh Nehri ~ TR 67 J2
Çorum ☆ TR 66 F2
Corumba, Rio ~ BR 150 F1
Corumba, Rio ~ BR 150 F2
Coruña, A ☆ E 42 B1
Corvette, Rivière de la ~ CDN 126 G2
Corvo, Ilha do ⌒ P 18 E8
Cosenza ☆ I 51 K3
Cosmoledo Atoll ≐ SY 113 L3
Cossonay ◉ CH 35 B10
Costa, Cordillera de la ▲ RCH 152 C5
Costa, Cordillera de la ▲ YV 147 G2
Costa Azul ≐ P 44 A3
Costa Blanca ≐ E 18 L8
Costa Brava ≐ E 41 H4
Costa Cálida ≐ E 40 F6
Costa da Galé ≐ P 44 B3
Costa de Almería ≐ E 40 E6
Costa de la Luz ≐ E 40 C6
Costa del Azahar ≐ E 40 G5
Costa del Cocos ≐ DOM 139 L5
Costa del Sol ≐ E 18 L8
Costa de Mosquitos ≐ NIC 129 K8
Costa de Prata ≐ P 40 B5
Costa de València ≐ E 45 K2
Costa Dourada ≐ P 44 A4
Costa Esmeralda ≐ E 40 D3
Costa Vasca ≐ E 40 E3
Costa Verde ≐ E 40 C3
Costa Verde ≐ P 40 B4
Costera del Pacífico, Llanura ≐ MEX 128 D5
Cotabato City ☆ RP 83 H5
Cotahuasi, Río ~ PE 149 E9
Coteau des Prairies ▲ USA 123 R7
Coteau du Missouri ▲ USA 122 Q7
Côte d'Albatre ≐ F 30 H5
Côte d'Argent ≐ F 25 G11
Côte d'Armor ≐ F 30 D6
Côte d'Azur ≐ F 18 N7
Côte des Abers ≐ F 30 C6
Côte des Légendes ≐ F 30 C6
Côte d'Or ▲ F 25 K9
Côte d'Or ≐ F 33 J1
Côte du Calvados ≐ F 30 F5
Côte Nord ≐ CDN 123 X6
Cotentin ≐ F 25 G8
Côtes de Meuse ▲ F 25 K8
Côtes de Meuse ≐ F 31 N5
Côte Vermeille ≐ F 32 H6
Cotingo, Rio ~ BR 147 K5
Cotonou ☆ BJ 111 M6
Cotswold Hills ▲ GB 24 F7
Cottbus ☆ D 34 K5
Cotuhe, Río ~ PE 148 F3
Cotui ☆ DOM 139 K5
Coudres, Île aux ⌒ CDN 126 J5
Coulonge, Rivière ~ CDN 126 F5
Courantyne ~ GUY 145 H4
Cove Island ⌒ CDN 126 C6
Cowall ≐ GB 26 D6
Cow Creek ~ USA 130 E2
Coxilha Caverá ▲ BR 151 C9
Coxilha de Santana ▲ BR 151 B8
Coxilha do Batovi ▲ BR 151 C9
Coxilha d. Tunas ▲ BR 151 D9
Coxilha Geral ▲ BR 151 C9
Coxilha Grande ▲ BR 152 G3
Coxilha Grande ≐ BR 151 D8
Coxilha Pedras Altas ▲ ROU 151 C10
Cox's Bazar ☆ BD 73 G4
Coyhaique ☆ RCH 152 C7
Coyolate, Río ~ GCA 137 J6
Cozie, Alpie ▲ I 48 B4
Cozumel, Isla de ⌒ MEX 129 J6
Crab Creek ~ USA 130 E2
Craiova ☆ RO 56 C5
Cranz = Zelenogradsk ☆ RUS 38 G4
Crasna ~ RO 56 C4
Crater Highlands ▲ CGO 114 E5
Crati ~ I 46 F5
Crau ~ F 25 K11
Cravo Sur, Río ~ CO 146 E5
Cree ~ GB 26 E6
Crema ◉ I 48 E3
Cremona ☆ I 48 F3
Cres ◉ HR 49 K4
Cres ⌒ HR 18 O7
Crescent Group = Yongle Qundao ⌒ CN 82 F3
Crespi d'Adda ◉ I 48 E3
Créteil ☆ F 31 K6
Creuse ~ F 25 H9
Creuse ~ F 32 E2
Creuse ~ F 32 F2
Crikvenica ◉ HR 49 K3
Crişana ≐ RO 56 B4
Cristais, Serra dos ▲ BR 150 G2
Crişul Alb ~ RO 56 B4
Crişul Negru ~ RO 56 B4
Crna Gora ▲ MK 47 H3
Crna reka ~ MK 47 H4
Crna reka ~ SRB 52 F3
Crni Drim ~ MK 52 E5
Cromarty Firth ≈ GB 26 E4
Cromer ◉ GB 27 L9
Crooked Island ⌒ BS 129 L6
Crooked Island Passage ≈ BS 139 H3
Crooked River ~ CDN 124 J4
Crooked River ~ USA 130 D3
Cross Sound ≈ USA 122 J5
Crotone ☆ I 51 L3
Crowl Creek ~ AUS 93 H2
Crown Prince Frederik Island ⌒ CDN 123 T2
Crvanj ▲ BIH 49 O5
Crystal Bay ≈ USA 135 G5
Csepel-sziget ⌒ H 37 F9
Cserehát ▲ H 37 G8
Cserhát ▲ H 29 P5
Cù'a Cung Hâu ≈ VN 85 F7
Cuando, Rio ~ ANG 112 E4
Cuango ~ ANG 112 E3
Cuanza, Rio ~ ANG 112 D3
Cuanza, Rio ~ ANG 112 E4
Cuao, Río ~ YV 147 G5
Cuareim, Río ~ ROU 151 B9
Cù'a Soi Rap ≈ VN 85 F6
Cù'a Sông Bảy Hóp ≈ VN 85 E7
Cù'a Sông Cù'u Long ≈ VN 82 E5
Cuba ⌒ C 138 E3
Cubagua, Isla ⌒ YV 147 H2
Cubango, Rio ~ ANG 112 E4
Cubango, Rio ~ ANG 112 E5
Çubuk ☆ TR 66 E2
Cuchi ~ ANG 112 E4
Cuchilla de Belén ▲ ROU 151 B9
Cuchilla de Haedo ▲ ROU 151 B10
Cuchilla del Hospital ▲ ROU 151 C10
Cuchilla de Mangrullo ▲ ROU 151 C9
Cuchilla Grande ≐ RA 151 A9
Cuchilla Grande ▲ ROU 151 C10
Cuchilla Grande del Durazno ▲ ROU 151 B10
Cuchilla Grande Inferior ▲ ROU 151 B10
Cuchivero, Río ~ YV 147 H4
Cuchumatanes, Sierra de los ▲ GCA 137 J5
Cúcuta ☆ CO 146 D4
Cuenca ☆ E 43 H4
Cuenca ☆ EC 148 B3
Cuenca, Serranía de ▲ E 40 E4
Cuernavaca ☆ MEX 136 D3
Cuetzalán ◉ MEX 136 F2
Cuiabá ☆ BR 150 D1
Cuiabá, Rio ~ BR 145 H7
Cuiabá, Rio ~ BR 150 B2
Cuilapa ☆ GCA 137 J5
Cuilcagh Mountains ▲ IRL 26 B7
Cuillin Hills ▲ GB 26 C4
Cuillin Sound ≈ GB 24 D4
Cuito, Rio ~ ANG 112 E5
Cujar, Río ~ PE 149 E7
Čukotskij poluostrov ≐ RUS 63 h4
Čukotskoe more = Chukchi Sea ≈ 63 h4
Cula ~ MD 56 F4
Cù Lao Chàm ⌒ VN 84 G4
Cu Lao Poulo Gambir ⌒ VN 84 G5
Cu Lao Re ⌒ VN 84 G4
Culebra, Sierra de la ▲ E 42 D3
Culiacán Rosales ☆ MEX 128 E6
Cultural Landscape of Honghe Hani Rice Terraces ≐ CN 78 C5
Culuene, Rio ~ BR 145 J7
Čulym ☆ RUS 62 N6
Čulym ~ RUS 62 N6
Čulymskaja ravnina ≐ RUS 62 O6
Cumaná ☆ YV 147 H2
Cumaral, Raudal ~ CO 146 E6
Cumberland ≐ GB 24 F5
Cumberland Island ⌒ USA 129 K4
Cumberland Peninsula ≐ CDN 123 X3
Cumberland Plateau ▲ USA 129 J4
Cumberland River ~ USA 129 J3
Cumberland Sound ≈ CDN 123 X3
Cumbria ≐ GB 26 F7
Cumbrian Mountains ▲ GB 24 F5
Čumikan ☆ RUS 63 Y7
Cuminá, Rio ~ BR 145 H4
Čuna ~ RUS 62 Q6
Cunambo, Río ~ EC 148 C3
Cundinamarca ≐ CO 146 C5
Cunene, Rio ~ ANG 112 D5
Cuneo ☆ I 48 C4
Čunja ~ RUS 62 Q5
Čun'skij ☆ RUS 62 Q6
Cupica, Golfo de ≈ CO 146 B4
Ćuprija ◉ SRB 52 F3
Curaçao ⌒ NL 129 N8
Curanja, Río ~ PE 149 F7
Čurapča ☆ RUS 63 X5
Curaray, Río ~ EC 144 D5
Curaray, Río ~ PE 148 D2
Cure ~ F 31 L7
Curly Cut Cays ⌒ BS 139 G3
Currais, Ilha dos ⌒ BR 151 F6
Current Island ⌒ BS 139 G2
Currituck Sound ≈ USA 135 L1
Curtea de Argeş ◉ RO 56 D5
Curtis Island ⌒ NZ 96 E7
Curuá, Rio ~ BR 145 H6
Curuçá, Rio ~ BR 148 E4
Cururú, Raudal ~ CO 148 F1
Cushabatay, Río ~ PE 148 D5
Cusiana, Río ~ CO 146 D5
Cusis, Río ~ BOL 150 A2
Čusovoj ☆ RUS 19 X4
Cutbank River ~ CDN 125 L4
Cutucú, Cordillera ▲ EC 148 C3
Cuvier Island ⌒ NZ 99 E2
Cuxhaven ☆ D 34 D3
Cuyo Islands ⌒ RP 83 H4
Cuyuni, Río ~ YV 145 G3
Čyčoklija ~ UA 56 G4
Cypress Hills ▲ CDN 125 P7
Cyrenaica = Barqah ≐ LAR 105 K2
Czaplinek ◉ PL 36 C3
Czarna ~ PL 36 G5
Czarna Hańcza ~ PL 36 K2
Czarna Nida ~ PL 36 G6
Częstochowa ◉ PL 36 F6

D

Dabakala ☆ CI 111 H5
Daba Shan ▲ CN 76 F6
Dabie Shan ▲ CN 77 J6
Dābraš ▲ BG 52 H5
Dacca = Dhaka ★ BD 73 G3
Dachangshan Dao ⌒ CN 80 D4
Dachau ☆ D 35 G8
Dachen Dao ⌒ CN 79 M2
Dachsteingruppe ▲ A 35 J9
Dadès, Oued ~ MA 106 C5
Dadès, Vallée du ≐ MA 106 C5
Dadiangas = General Santos ☆ RP 83 J5
Dadou ~ F 32 G5
Dādu Canal ~ PK 69 B6
Dadu He ~ CN 76 C6
Đa Dung ~ VN 84 F6
Daduru Oya ~ CL 71 E7
Daebudo ⌒ ROK 80 E5
Daecheongdo ⌒ KP 80 D5
Daegu ☆ ROK 80 G6
Daeheuksando ⌒ ROK 80 E6
Daejeonpyeongdo ⌒ ROK 80 E5
Dänischer Wohld ≐ D 34 E2
Daet ☆ RP 83 H4
Dafla Hills ▲ IND 73 H1
Dafu Shui ~ CN 77 H6
Daga ~ MYA 73 J6
Dagana ◉ SN 104 B5
Dagö = Hiiumaa saar ⌒ EST 19 Q4
Dagu He ~ CN 77 M3
Daheishan Dao ⌒ CN 77 M2
Da Hinggan Ling ▲ CN 75 M3
Dahlak Archipelago ⌒ ER 105 N5
Dahme ~ D 34 J4
Dahnā', ad- ≐ KSA 64 F5
Dahra, Corniche des ≐ DZ 107 G2
Dahra, Massif de ▲ DZ 107 G2
Dahsa, Wādī d- ~ ET 108 E4
Dahūk ☆ IRQ 67 K4
Dahuo Jiao ⌒ CN 78 G7
Daïa ≐ DZ 107 H4
Daïa, Monts de ▲ DZ 106 F3
Dair az-Zaur ☆ SYR 67 H5
Dai Shan ⌒ CN 80 D8
Daito-Inseln = Minami-daitō-shima ⌒ J 75 P6
Daitō-shotō ⌒ J 75 P7
Daiyun Shan ▲ CN 79 L4
Dajabón ☆ DOM 139 K5
Daka ~ GH 111 K5
Dakar ★ SN 110 A2
Dakhan Shāhbāzpūr Dīp ⌒ BD 73 G3
Dakhla, Ad- ☆ WSA 104 B4
Dakhla = Ad-Dakhla ☆ WSA 104 B4
Dakhla-Oasen = al-Wāhāt ad-Dāḫila ≐ ET 105 L3
Đăk Nông = Gia Nghĩa ☆ VN 84 F6
Đakovo ☆ HR 49 O3
Dak Pókô ~ VN 84 F4
Dalaba ◉ RG 110 D4
Dalälven ~ S 18 O3
Dalälven ~ S 21 G6
Dalaman Çayı ~ TR 66 C4
Dalane ≐ N 22 A2
Dalanzadgad ☆ MGL 74 J3
Dalarna ≐ S 21 F6
Đà Lat ☆ VN 84 G6
Dale ☆ N 21 B6
Dalen ☆ N 22 D1
Dalhousie Island ⌒ IND 72 F4
Dali ◉ CN 73 L2
Daliang Shan ▲ CN 75 K5
Daliet Damya ≐ WSA 106 B7
Dali He ~ CN 76 F3
Dall Island ⌒ USA 122 K6
Dallol Bosso ~ RN 111 M3
Dalmacija ≐ HR 18 P7
Dalmatien = Dalmacija ≐ HR 18 P7
Daloa ☆ CI 111 G6
Dalsland ≐ S 21 F7
Dalton Island ⌒ GB 24 F5
Dalu Shan ▲ CN 78 E2
Dálvvadis = Jokkmokk ◉ S 20 J3
Damān ☆ IND 69 D9
Damaqun Shan ▲ CN 77 J1
Damar, Pulau ⌒ RI 83 J8
Damaraland ≐ NAM 112 E6
Damas Cays ⌒ BS 138 F3
Damaturu ☆ NGR 104 H6
Damazine ☆ SUD 105 M6
Damba Island ⌒ EAU 114 D4
Dambulla ◉ CL 71 E7
Dāmgān ◉ IR 64 G3
Dammām, ad- ☆ KSA 64 G5
Dāmodar ~ IND 72 E3
Dampier Archipelago ⌒ AUS 90 D4
Danakil ≐ 105 O6
Danané ☆ CI 110 F6
Đà Nẵng ☆ VN 84 G3
Dangan Liedao ⌒ CN 79 H5
Dangëlli ≐ AL 52 E6
Dangriga ☆ BZ 137 K4
Dangs ▲ IND 69 D9
Dan He ~ CN 77 H4
Danilovskaja vozvyšennost ▲ RUS 39 R2
Dan Jiang ~ CN 76 F5
Danjiangkou ◉ CN 77 G5
Danjo-guntō ⌒ J 80 F7
Dan River ~ USA 135 H1
Dans, Monts des ▲ CI 110 F6
Danson Bay ≈ MYA 73 H6
Danzig = Gdańsk ☆ PL 36 E2
Danziger Bucht = Zatoka Gdańska ≈ PL 29 P1
Dão, Rio ~ P 42 C4
Đảo Bạch Long Vĩ ⌒ VN 84 F1
Đảo Cát Bà ⌒ VN 84 F1
Đao Cat Ban ⌒ VN 84 F1
Đao Kersaint ⌒ VN 78 E6
Daos, Îles ⌒ F 98 a2
Dao Shui ~ CN 77 J6
Đao Tching Lan Xan ⌒ VN 78 E6
Daoura, Hamada de la ≐ DZ 106 D6
Daoura, Oued ~ DZ 104 E3
Dapaong ☆ TG 111 L4
Đa Phúc ☆ VN 78 D6
Daqu Shan ⌒ CN 80 D8
Dardanelles = Çanakkale Boğazı ≈ TR 66 B2
Dar el Beida = Ad-Dār-al-Bayda ☆ MA 106 B4
Dārfūr ≐ SUD 105 K6
Darhan ☆ MGL 74 K2
Darién, Serranía del ▲ PA 129 L9
Darling Downs ≐ AUS 91 K5
Darling Range ▲ AUS 90 D6
Darling River ~ AUS 90 J6
Darling River ~ AUS 92 G2
Darłowo ◉ PL 36 C2
Darmstadt ☆ D 35 D7
Darnah ☆ LAR 105 K2
Darnis = Darnah ☆ LAR 105 K2
Darnley Bay ≈ CDN 122 M3
Darouma ~ RMM 110 F2
Darre-ye Alīngār ~ AFG 68 C2
Darryā-ye Pol-e Ḫomrī ~ AFG 68 B2
Darß ≐ D 34 H2
Dart ~ GB 27 F11
Dartmouth ◉ GB 27 F11
Daruvar ☆ HR 49 N3
Darwin ☆ AUS 90 G2
Darwin, Isla ⌒ EC 144 A4
Daryā-ye Gaznī ~ AFG 68 B3
Daryā-ye Kābul ~ AFG 68 B2
Daryā-ye Konar ~ AFG 68 C2
Dasha He ~ CN 77 J2
Dasht-e Moghān ▲ IR 67 M3
Dassaboulo ~ RMM 110 E3
Dasseneiland ⌒ ZA 116 C6
Dašt-e Kavīr ≐ IR 64 G4
Dašt-e Lūt ≐ IR 64 H4
Datça ◉ TR 55 K6
Datı Menteşe Dağları ▲ TR 55 L5
Datong ◉ CN 77 H1
Datu, Teluk ≈ MAL 82 E6
Daugava ~ LV 19 R4
Daugavpils ☆ LV 38 K3
Daule, Río ~ EC 148 A2
Daun ☆ D 35 B6
Daung Kyun ⌒ MYA 84 A5
Daunia, Monti delle ▲ I 51 H1
Dauphiné ≐ F 25 K10
Dauphin Island ⌒ USA 134 D4
Daurada, Costa ≐ E 40 G4
Davao City ☆ RP 83 J5
David ☆ PA 129 K9
Davidson Mountains ▲ USA 122 H3
Davis Strait ≈ 123 Y2
Davisstraße = Davis Strait ≈ 123 Y2
Davo ~ CI 111 G7
Davos ◉ CH 35 E10
Dawādimī, ad- ◉ KSA 64 E6
Dawangjia Dao ⌒ CN 80 D4
Dawa Wenz ~ ETH 115 G1
Dawna Range ▲ MYA 73 L6
Dawson Range ▲ CDN 122 J4
Dawson River ~ AUS 91 K5
Daww, ad- ≐ SYR 66 G5
Daxue Shan ▲ CN 74 J5
Daya Barat, Kepulauan ⌒ RI 83 J8
Dayang Bunting, Pulau ⌒ MAL 85 B8
Dayang He ~ CN 80 D3
Daya Wan ≈ CN 79 J5
Daybabān, Shut'bat ad- ~ LAR 107 M6
Dayi ~ GH 111 L6
Daying Jiang ~ MYA 73 K2
Daymán, Río ~ ROU 151 B9
Dayu Ling ▲ CN 79 H4
Da Yunhe ~ CN 77 J3
Da Yunhe ~ CN 77 K4
Da Yunhe ~ CN 77 M6
Dayu Shan ⌒ CN 77 M6
Dayu Shan ⌒ CN 79 M3
Dazhang Xi ~ CN 79 L4
Dazhou Dao ⌒ CN 78 G7
Dažhovuz ☆ TM 64 H2
Dazu ◉ CN 78 D2
Deadman Bay ≈ USA 134 F5
Deadman's Cay ◉ BS 139 H3
Dealurile Lipovei ▲ RO 52 F1
Dean Channel ≈ CDN 124 G5
Dean River ~ CDN 124 H5
Dease Arm ≈ CDN 122 M3
Dease Strait ≈ CDN 122 P3
Death Valley ≐ USA 128 C3
Deauville ◉ F 30 H5
Debar ◉ MK 52 E5
Débéré ~ BF 111 J3
Dębno ◉ PL 36 A4
Debno ◉ PL 37 G7
Debrecen ☆ H 37 H9
Deccan ≐ IND 65 M7
Dedegöl Dağları ▲ TR 66 D3
Dédougou ☆ BF 111 H3
Dee ~ GB 24 F4
Dee ~ GB 27 F9
Deep River ~ USA 135 J2
Deeps, the ≈ GB 26 H1
Degerfors ☆ S 22 K1
Deggendorf ☆ D 35 H8
Değirmen Deresi ~ TR 55 N2
Dégou ~ RMM 110 G4
De Grey River ~ AUS 90 D4
Dehong Daizu Zizh ▲ CN 73 K2
Dehra Doon = Dehradūn ☆ IND 68 F4
Dehradūn ☆ IND 68 F4
Deister ≐ D 34 E4
Dejës, Mali i ▲ AL 52 E5
Delaware Bay ≈ USA 129 L3
Delaware River ~ USA 133 L5
Delčevo ◉ MK 52 G5
Delémont ☆ CH 35 C9
Delet Teili ≈ AX 21 K6
Delft ◉ NL 31 M3
Delhi ☆ IND 68 F5
Deliceırmak ~ TR 66 F3
Deli-Jovan ▲ SRB 52 G2
Delitzsch ☆ D 34 H5
Delmenhorst ☆ D 34 D3
Delnice ☆ HR 49 K3
De-Longa, ostrova ⌒ RUS 63 a2
De Long Mountains ▲ USA 122 D3
De Long-Straße = proliv Longa ≈ RUS 63 g3
Delsberg = Delémont ☆ CH 35 C9
Delta de l'Ebre ⌒ E 40 G4
Delta del Orinoco ≐ YV 145 G3
Delta del Paraná ≐ RA 151 A11
Delta del Po ≐ I 46 D2
Delta Dunării ≐ RO 56 F5
Delvinë ◉ AL 52 E7
Dembī Dolo ◉ ETH 105 M7
Demer ~ B 31 M3
Demidov ☆ RUS 39 M4
Demini, Rio ~ BR 145 G5
Dem'janka ~ RUS 62 L6
Demjansk ☆ RUS 39 N3
Demmin ☆ D 34 J3
Denakil = Danakil ≐ 105 O6
Dengfeng ◉ CN 77 H4
Den Haag ☆ NL 31 M2
Den Haag = 's-Gravenhage ☆ NL 31 M2
Denial Bay ≈ AUS 92 B2
Denizli ☆ TR 55 M5
Denman Island ⌒ CDN 124 H7
Denpasar ☆ RI 82 G8
Densu ~ GH 111 K7
D'Entrecasteaux Islands ⌒ PNG 83 O8
Denver ☆ USA 128 F3
Đeo Keo Neua ▲ LAO 84 E2
Deokjeok-gundo ⌒ ROK 80 E5
Depression del Balsas ≐ MEX 136 D3
Depression du Mourdi ≐ TCH 105 K5
Deputatskij ☆ RUS 63 Y4
Dera ~ SO 113 K1
Dera Ghāzi Khān ◉ PK 68 B4
Dera Jāt ≐ PK 68 C5
Derāwar Fort ◉ PK 68 C5
Derbent ◉ RUS 19 V7
Đerdap ≐ SRB 52 F2
Dereli ☆ TR 67 H2
Deren, Adrar n- ▲ MA 106 B5
Derewo ~ RI 83 L7
Der Kanal = English Channel ≈ 18 K6
Derry ◉ GB 26 B6
Derry Doire = Derry ◉ GB 26 B6
Derryveagh Mountains = Sléibhte Dhoire Bheatha ▲ IRL 26 A7
Derwent ~ GB 27 J8
Derwent, River ~ AUS 93 J7
Deržavinsk ☆ KZ 62 K7
Désappointement, Îles du ⌒ F 97 N3
Descharme River ~ CDN 125 Q3
Deschutes River ~ USA 122 M8
Deseado, Río ~ RA 152 C7
Desertas, Ilhas ⌒ P 18 H9
Desierto de Altar ≐ MEX 128 D4
Desierto de Mayran ≐ MEX 128 F5
Desierto de Sechura ≐ PE 144 C6
Des Moines ☆ USA 128 H2
Desna ~ RUS 39 N4
Desna ~ RUS 39 N5
Desna ~ UA 19 S5
Desna ~ UA 56 G2
Desnăţui ~ RO 56 C5
Desolación, Isla ⌒ RCH 152 B8
Desolation Canyon ≐ USA 131 J6
Despoblado de Pabur ≐ PE 148 A4
Despotikó ⌒ GR 55 G6
Desroches, Île ⌒ SY 113 M3
Dessau ◉ D 34 H5
Dessau-Roßlau ☆ D 29 L3
Desterrada, Isla ⌒ MEX 137 J1
D'Estrees Bay ≈ AUS 92 D3
Detmold ☆ D 34 D5
Detrital Valley ≐ USA 131 G8
D'etroit de Bougainville ≈ VU 98 A3
Détroit de Jacques-Cartier ≈ CDN 123 X7
Détroit de Selwyn ≈ VU 98 A3
Détroit d'Honguedo ≈ CDN 123 Y7
Detroit River ~ USA 132 G4
Dettifoss ~ IS 20 e2
Deutsche Bucht ≈ D 28 J1
Deutsch Krone = Wałcz ◉ PL 36 C3
Deutsch Ostrau = Ostrów Wielkopolski ◉ PL 36 D5
Deva ☆ RO 56 C5
Deveci Dağları ▲ TR 66 F2
Develi ◉ TR 66 F3
Deventer ◉ NL 31 O2
Deveron ~ GB 26 G4
Devica ~ RUS 57 L2
Devoll, Lumi ~ AL 47 H4
Dévoluy ≐ F 33 K4
Devon ≐ GB 24 E7
Devon Island ⌒ CDN 123 S1
Devrek ☆ TR 66 D2
Devrez Çayı ~ TR 66 E2
Deza, Río ~ E 42 B2
Dezfūl ◉ IR 64 F4
Dhaka ★ BD 73 G3
Dhaleswari ~ BD 72 F2
Dhansiri ~ IND 73 H2
Dhaola Dhar ▲ IND 68 F3
Dhariā ~ IND 72 F1
Dhasān ~ IND 69 G7
Dhauliganga ~ IND 68 G4
Dhërmi ◉ AL 52 D6
Dhivër ◉ AL 52 E7
Dhūndār ≐ IND 69 E7
Dhuusa Mareeb ☆ SO 105 P7
Día ⌒ GR 55 H7
Diablo Range ▲ USA 131 D7
Diaka ~ RMM 111 H2
Diale ~ SN 110 E3
Diamantina, Chapada ▲ BR 145 L7
Diamantina River ~ AUS 90 J5
Diamantino, Rio ~ BR 150 D2
Diamond Jenness Peninsula ≐ CDN 122 N2
Diamongou ~ BF 111 L3
Diani ~ RG 110 F5
Diaoyu Dao = Senkaku-shotō ⌒ J 75 N6
Diápora Nissiá ≐ GR 54 E5
Diáporos, Nísos ⌒ GR 54 F2
Diávlos Oréon ≈ GR 54 E4
Diávlos Skiáthou ≈ GR 54 F3
Diávlos Thássou ≈ GR 54 G2
Diávlos Trikeríou ≈ GR 54 E3
Díavlos Zakinthou ≈ GR 47 H5
Dibdiba, ad- ▲ KSA 64 F5
Dida Galgalu Desert ≐ EAK 115 G2
Dídimo ▲ GR 54 F5
Didinga Hills ▲ SUD 114 D1
Diego de Almagro, Isla ⌒ RCH 152 B8
Diégo Suarez = Antsiranana ☆ RM 113 L4
Diemel ~ D 34 E5
Diemrich = Deva ☆ RO 56 C5
Điện Biên Phu ☆ VN 78 C6
Diễn Châu ☆ VN 84 E2
Dienkoa ~ BF 111 H4
Dienné ◉ RMM 111 H3
Diepholz ☆ D 34 D4
Dieppe ☆ F 30 J5
Diffa ☆ RN 104 H6
Diffa, ad- ≐ ET 105 L2
Diğla ~ IRQ 64 E3
Digne-les-Bains ☆ F 33 L4
Digor ◉ TR 67 K2
Digul ~ RI 83 M8
Dijle ~ B 31 M3
Dijon ☆ F 33 K1
Dijon ~ RG 110 F5
Dikāka, ad- ≐ KSA 64 G7
Dikson ☆ RUS 62 N3
Dili ★ TL 82 J8
Dilia ~ RN 104 H5
Di Linh ◉ VN 84 F6
Dilj ▲ HR 46 F2
Dillingen an der Donau ☆ D 35 F8
Dillon River ~ CDN 125 P4
Dimbokro ☆ CI 111 H6
Dimitrovgrad ☆ RUS 19 V5
Dimitrovgrad ◉ SRB 52 G3
Dinajpur ☆ BD 72 F2
Dinan ◉ F 30 E6
Dinant ◉ B 31 M4
Dinara ▲ 46 E2
Dinarisches Gebirge = Dinara ▲ 46 E2
Dinbych-y-pysgodm = Tenby ◉ GB 27 E10
Dindi ~ IND 71 E2
Dingle Bay ≈ IRL 24 B6
Dingolfing ☆ D 35 H8
Dinh Lập ☆ VN 78 E6
Dinkelsbühl ◉ D 35 F7
Diombos ~ SN 110 B3
Diourbel ☆ SN 110 B2
Dipolog ☆ RP 83 H5
Dīrat at-Tulūl ≐ SYR 66 G6
Dirē Dawa ☆ ETH 105 O7
Dirschau = Tczew ◉ PL 36 E2
Dirty Devil River ~ USA 131 J6
Discovery Bay ≈ AUS 92 F5
Disko Bugt ≈ DK 123 a3
Disko Ø ⌒ DK 123 Z3
Dispur ☆ IND 73 G1
Dithmarschen ≐ D 34 E2
Ditaino ~ I 51 H5
Dives ~ F 30 G6
Divisões ou de Santa Marta, Serra das ▲ BR 150 E2
Divisor, Serra do ▲ BR 144 E6
Divo ☆ CI 111 H7
Divoká Orlice ~ CZ 37 C6
Dizor, Ribeira do ~ P 44 B3
Diriği ◉ TR 66 G3
Dīwānīya, ad- ☆ IRQ 67 L7
Dixon Entrance ≈ CDN 122 J6
Diyāla ~ IRQ 67 L6
Diyarbakır ☆ TR 67 J4
Diyarbakır Havzası ▲ TR 67 J3
Dja ~ CAM 104 H8
Djado, Plateau du ▲ RN 104 H4
Djakarta = Jakarta ★ RI 82 E8
Djambala ☆ RCB 112 D2
Djanet ☆ DZ 104 G4
Djaret, Oued ~ DZ 107 G7
Djebel In Azzene ▲ DZ 106 G7
Djebel Adrar Soula ▲ DZ 104 G4
Djebel Aissa ▲ DZ 106 F4
Djebel Amour ▲ DZ 107 G4
Djebel Ben Tadjine ▲ DZ 106 E6
Djebel Bou Kahil ▲ DZ 107 H3
Djebel el-Titri ≐ DZ 107 H2
Djebel Timétrine ▲ RMM 104 E5
Djeci, Oued ~ DZ 104 F2
Djedi, Oued ~ DZ 107 J3
Djelfa ☆ DZ 107 H3
Djerem ~ CAM 104 H3

★ Hauptstadt (Staat) ☆ Hauptstadt (Bundesland, Provinz, o.ä.) ◉ Ort ▲ Gebirge ⌒ Insel, Halbinsel ≐ Landschaft ≈ Ozean, Meer ~ Fluss

Djibouti ★ DJI 105 O6
Djibouti = Ğībūtī ★ DJI 105 O6
Djidda = Ğidda ◉ KSA 105 N4
Djorf-Torba ~ DZ 106 E5
Djourab, Erg du ≐ TCH 105 J5
Djursland ≐ DK 22 F4
Dla ~ RMM 110 F3
Dmitrija Lapteva, proliv ≈ RUS 63 Y3
Dmitrov ☆ RUS 39 P3
Dnepr = Dnipro ~ UA 39 M6
Dnepr = Dnjapro ~ BY 19 S6
Dnestr = Dnister ~ UA 56 E3
Dnestr = Nistru ~ MD 56 F4
Dnipro ☆ UA 57 J3
Dnipro ~ UA 39 M6
Dnipropetrovs'k = Dnipro ☆ UA 57 J3
Dniprovskyj lyman ≈ UA 56 G4
Dnister ~ UA 19 R6
Dnister ~ UA 56 C3
Dnister ~ UA 56 D3
Dnister ~ UA 56 E3
Dnistrovs'kyj lyman ≈ UA 56 F4
Dnjapro ~ BY 19 S6
Dnjepr = Dnipro ~ UA 39 M6
Doangdoangan Besar, Pulau ◠ RI 82 G8
Doba ☆ TCH 105 J7
Dobele ☆ LV 38 H3
Dobeln = Dobele ☆ LV 38 H3
Doberai Peninsula ≐ RI 83 K7
Doberan, Bad ☆ D 34 G2
Doboj ◉ BIH 49 O4
Dobra ~ HR 49 L3
Dobre Miasto ◉ PL 36 G3
Dobrič ☆ BG 53 M3
Dobrudža ≐ BG 47 L3
Dobrudžansko Plato ▲ BG 53 M3
Doce, Rio ~ BR 145 L8
Doce, Rio ~ BR 150 E2
Dochodo ◠ ROK 80 E6
do Côa, Vale ≐ P 42 C3
Dodekánissa ◠ GR 47 L6
Dodge City ◉ USA 128 G3
Dodori ~ EAK 115 H4
Dog Island ◠ USA 134 F5
Dōgo ◠ J 81 J5
Dogpound Creek ~ CDN 125 N6
Doğu Karadeniz Dağları ▲ TR 64 D2
Doğu Menteşe Dağları ▲ TR 66 B4
Doha = ad-Dauha ★ Q 64 G5
Doig River ~ CDN 124 K3
Dokhara, Dunes de ≐ DZ 107 J4
Dokkum ◉ NL 31 O1
Dokós ◠ GR 54 F5
Dol = Dol-de-Bretagne ◉ F 30 F6
Dolak, Pulau ◠ RI 83 L8
Dol-de-Bretagne ◉ F 30 F6
Dolenjsko ≐ SLO 49 K2
Dolgij o. ◠ RUS 57 K4
Dolisie ☆ RCB 112 D2
Dollart ≈ D 31 P1
Dolnomoravský úval ≐ CZ 37 D8
Dolomiten = Dolomiti ▲ I 18 O6
Dolomiti ▲ I 18 O6
Dolores Hidalgo ◉ MEX 136 D2
Dolores River ~ USA 128 E3
Dolphin and Union Strait ≈ CDN 122 N3
Dolsando ◠ ROK 80 F6
Đô Lư'o'ng ☆ VN 84 E2
Dolyna ☆ UA 37 L8
Dombaj ◉ RUS 57 M6
Dombes ≐ F 33 J3
Dome Rock Mountains ▲ USA 131 G9
Domfront-en-Poiraie ◉ F 30 G6
Domodedovo ☆ RUS 39 P4
Don ~ F 30 F7
Don ~ GB 24 F4
Don ~ RUS 19 T5
Don ~ RUS 39 Q5
Don ~ RUS 57 M4
Donatra Creek ~ AUS 92 F2
Donau ~ A 18 O6
Donau ~ D 29 L4
Donau = Duna ~ H 29 P5
Donau = Dunărea ~ RO 47 J2
Donau = Dunav ~ BG 47 K3
Donaueschingen ◉ D 35 D9
Donaumoos ≐ D 35 G8
Donauried ≐ D 35 F8
Donauwörth ☆ D 35 F8
Donbass = Donec'kyj krjaž ▲ UA 57 K3
Donec'k ☆ UA 57 K4
Doneck = Donec'k ☆ UA 57 K4
Donec'kyj krjaž ▲ UA 57 K3
Donegal Bay ≈ IRL 18 J5
Donga, River ~ NGR 104 H7
Dongbei ≐ CN 75 N3
Dong Dao ◠ CN 82 E3
Donggala ◉ RI 82 G7
Đông Hà ☆ VN 84 F3
Dong Hai = East China Sea ≈ 79 M3
Donghai Dao ◠ CN 78 G6
Dong He ~ CN 76 E3
Đông Hới ☆ VN 84 F3
Dong Jiang ~ CN 79 J5
Dongnan Qiuling ▲ CN 75 L7
Dongola = Donqula ☆ SUD 105 M5
Dongoroma ▲ RG 110 F5
Dongotona Mountains ▲ SSD 114 D1
Dong Phaya Yen ▲ T 84 C3
Dongsha Dao ◠ CN 79 J6
Dongshan Wan ≈ CN 79 K5
Dongsha Qundao ◠ CN 75 M7
Dongtou Shan ◠ CN 79 M3
Dongxi Lian Dao ◠ CN 77 L4
Donja Stubica ☆ HR 49 L3
Donji Lapac ☆ HR 49 L4
Donji Miholjac ☆ HR 49 O3
Donji Milanovac ◉ SRB 52 G2
Donji Srb ☆ HR 49 M4
Dønna ◠ N 20 E3
Donostia / San Sebastián ◉ E 43 J1
Donoússa ◠ GR 55 H5
Don Peninsula ◠ CDN 124 F5
Donqula ☆ SUD 105 M5
Donskaja grjada ▲ RUS 57 L3
Dônthami ~ MYA 73 K6
Doon ~ GB 26 E6
Doornik = Tournai ◉ B 31 L4
Door Peninsula ◠ USA 132 E3
Dopeth ~ EAU 114 D2
Dora Baltea ~ I 46 A2
Dora Riparia ~ I 48 B4
Dorchester ◉ GB 27 G11
Dordogne ~ F 25 H10
Dordogne ~ F 32 E4
Dordrecht ◉ NL 31 M3
Dore ~ F 32 H3
Dore, Monts ▲ F 32 G3
Dore River ~ CDN 125 R4
Dori ☆ BF 111 K3
Doringrivier ~ ZA 116 D6
Dornbirn ☆ A 35 E9
Dornoch Firth ≈ GB 24 F4
Dorpat = Tartu ☆ EST 38 K2
Dorsale ▲ TN 107 L3
Dorset Downs ▲ GB 27 G11
Dorset Heights ▲ GB 27 G11
Dortmund ☆ D 34 C5
Đồ Sơ'n ☆ VN 84 F1
Dospat ~ BG 52 H5
Dosse ~ D 34 H4
Dosso ☆ RN 104 F6
Douarnenez ◉ F 30 C6
Douarnenez, Baie de ≈ F 30 C6
Double ≐ F 32 E3
Doubodo ~ BF 111 L4
Doubs ~ F 25 L9
Doubtless Bay ≈ NZ 99 D1
Doughboy Bay ≈ NZ 99 A7
Dougherty Plain ≐ USA 134 F4
Douglas ☆ GBM 26 E7
Douglas Channel ≈ CDN 124 F5
Douglas Reef = Okino-Tori-Shima ◠ J 75 Q7
Doukkala ≐ MA 106 B4
Doupovské hory ▲ CZ 35 J6
Dourada, Serra ▲ BR 145 K7
Dourados, Serra dos ▲ BR 150 D5
Dourbie ~ F 32 H5
Douro ~ RMM 111 J2
Douro, Rio ~ P 40 B4
Douro, Rio ~ P 42 C3
Douz ◉ TN 107 L4
Douze ~ F 32 D5
Dover ◉ GB 27 L10
Dover, Strait of ≈ 18 M5
Dovinė ~ LT 36 J2
Drâa, Hamada du ≐ DZ 106 C6
Drâa, Oued ~ MA 104 D3
Drâa, Oued ~ MA 106 B6
Drâa, Oued ~ MA 106 C5
Drâa, Vallée du ▲ MA 106 C5
Drac ~ F 33 K4
Drage = Drawa ~ PL 29 N2
Dragonáda ◠ GR 55 J7
Dragonera, sa ◠ E 40 G5
Dragoníssi ◠ GR 55 H5
Drakensberg ☆ ZA 117 K2
Drakensberge ▲ ZA 112 G8
Drakes Bay ≈ USA 131 C7
Drammen ☆ N 21 D7
Drangedal ☆ N 22 E1
Drau ~ A 29 M5
Drau ~ A 35 K10
Drava ~ HR 18 P6
Drava ~ HR 49 M2
Dravinja ~ SLO 49 L2
Dravograd ◉ SLO 49 L2
Drawa ~ PL 29 N2
Drejø ◠ DK 22 F6
Dreketi River ~ FJI 98 b2
Dresden ☆ D 34 J5
Drin, Lumi ~ AL 46 G3
Drina ~ BIH 19 P7
Drina ~ SRB 49 P4
Drini Bardhë ~ SRB 47 H3
Drin i Zi ~ AL 47 H4
Drniš ☆ HR 49 M5
Drobeta-Turnu Severin ☆ RO 56 C5
Drogheda = Droichead Átha ◉ IRL 27 C8
Drogobyč = Drohobyč ☆ UA 37 K7
Drohobyč ☆ UA 37 K7
Droichead Átha ◉ IRL 27 C8
Drôme ~ F 25 K10
Dromo ~ CN 72 F1
Dronne ~ F 25 H10
Dronne ~ F 32 D3
Dronning Ingrid Land ≐ DK 123 a3
Dropf ~ F 32 E4
Dropull ≐ AL 52 D6
Drowned Cays ◠ BZ 137 K4
Drummond Island ◠ USA 132 F3
Druno ~ AL 52 E6
Druskininkai ◉ LT 29 R2
Drwęca ~ PL 36 F3
Drygalski-Island ◠ ANT 157 E19
Dry Hartsriver ~ ZA 117 G3
Drysa ~ BY 38 L4
Drysdale River ~ AUS 90 F3
Dry Tortugas ◠ USA 134 G7
Dschambul = Taras ☆ KZ 62 L9
Dschugdschur-Gebirge = hrebet Džug-Džur ▲ RUS 63 Y6
Dubai = Dubayy ◉ UAE 64 H5
Dubăsari ☆ MD 56 F4
Dubawnt River ~ CDN 122 Q4
Dubayy ◉ UAE 64 H5
Dube River ~ LB 110 F7
Dubėsar' = Dubăsari ☆ MD 56 F4
Dublin = Baile Átha Cliath ★ IRL 27 C8
Dubna ~ RUS 39 Q3
Dubossary = Dubăsari ☆ MD 56 F4
Dubrovnik ☆ HR 49 O6
Dubuque ◉ USA 123 S8
Dubysa ~ LT 38 H4
Duc de Glouchester, Îles du ◠ F 97 N5
Duchesne River ~ USA 130 J5
Duck River ~ USA 134 E2
Duc Lập ☆ VN 84 F3
Ducos, Île ◠ F 98 b3
Dú'c Thọ ☆ VN 84 E2
Duda, Río ~ CO 146 C6
Duderstadt ◉ D 34 F5
Dudinka ☆ RUS 62 O4
Dudna ~ IND 69 E10
Dudun, Île ◠ F 98 c3
Dudypta ~ RUS 62 P3
Düna = Daugava ~ LV 19 R4
Dünaburg = Daugavpils ☆ LV 38 K3
Düren ☆ D 34 B6
Dürkheim, Bad ☆ D 35 D7
Duerna, Río ~ E 42 D2
Duero, Río ~ E 18 L7
Duero, Río ~ E 40 D4
Duero, Río ~ E 40 E4
Duero, Río ~ E 43 H3
Duesmois ≐ F 31 M7
Düsseldorf ☆ D 34 B5
Duff Islands ◠ SOL 94 F7
Duga Resa ☆ HR 49 L3
Dugbe vRiver ~ LB 110 F7
Dugi otok ◠ HR 46 E3
Dugo Selo ☆ HR 49 M3
Du He ~ CN 76 G5
Duhovščina ☆ RUS 39 N4
Duisburg ☆ D 34 B5
Dujiangyan ◉ CN 76 C6
Dukat ▲ SRB 52 G4
Duke Island ◠ USA 124 E4
Duke of York Archipelago ◠ CDN 122 O3
Dukla ◉ PL 37 H7
Dulce, Río ~ GCA 137 K5
Dulgalah ~ RUS 63 X4
Duma ~ CGO 114 A1
Duma ~ EAT 114 D5
Dumaran Island ◠ RP 82 G4
Dūmat al-Ǧandal ◉ KSA 64 D5
Dumfries ◉ GB 26 F6
Dumoine, Rivière ~ CDN 126 F5
Dumont d'Urville Sea ≈ ANT 157 F27
Dumyāṭ, Maṣabb ~ ET 108 E2
Duna ~ H 29 P5
Dunajec ~ PL 29 Q4
Dunántúl ≐ H 37 D10
Dunántúli-Középhegység ≐ H 37 D9
Dunărea ~ RO 47 J2
Dunării, Delta ≐ RO 56 F5
Duná-Tiszaköze ≐ H 37 F10
Dunav ~ BG 47 K3
Dunav ~ SRB 46 G2
Dunavska Ravnina ≐ BG 47 J3
Duncan River ~ CDN 125 M6
Dundaga ◉ LV 38 G3
Dundalk = Dún Dealgan ◉ IRL 26 C7
Dundalk Bay ≈ IRL 26 C8
Dundas Island ◠ CDN 124 E4
Dundas Peninsula ≐ CDN 122 O2
Dún Dealgan ◉ IRL 26 C7
Dundee Island ◠ ANT 156 F61
Dundooboo Range ▲ AUS 93 H2
Dundrum Bay ≈ GB 26 D7
Dunedin ☆ NZ 99 C6
Dunes de Dokhara ≐ DZ 107 J4
Dungan, Kuala ◉ MAL 85 D9
Dungau ≐ D 35 H8
Dungu ~ CGO 114 B2
Dunhuang ◉ CN 74 G3
Dunkelsteiner Wald ▲ A 37 B8
Dún Laoghaire ☆ IRL 27 C8
Dunmore Town ◉ BS 139 G2
Dunmunkle Creek ~ AUS 92 G3
Dunois ≐ F 30 J6
Du'o'ng Đông ◉ VN 85 D6
Dupang Ling ▲ CN 79 G4
Duque de York, Isla ◠ RCH 152 B8
Durack River ~ AUS 90 F3
Dūr al-Fawākhir ≐ LAR 105 K3
Durance ~ F 25 K10
Durango ~ E 43 H1
Durango ☆ MEX 128 F6
Durango ◉ USA 128 E3
Duratón, Río ~ E 42 F3
Durazno ☆ ROU 151 B10
Durban ◉ ZA 117 K4
Đurđevac ☆ HR 49 N2
Durgāpur ◉ IND 72 E3
Durham ◉ GB 26 H7
Durrës ☆ AL 52 D5
Dursunbey ☆ TR 55 L3
Duru ~ CGO 114 B2
D'Urville Island ◠ NZ 99 D4
Dušanbe ★ TJ 65 K3
Duschanbe = Dušanbe ★ TJ 65 K3
Dustin Gol ~ CN 76 E2
Duye ~ CGO 114 B3
Dvina ~ BY 38 K4
Dvinskaja guba ≈ RUS 19 T3
Dvor ☆ HR 49 M3
Dwarsberge ≐ ZA 117 H2
Dwinabucht = Dvinskaja guba ≈ RUS 19 T3
Dwykarivier ~ ZA 116 E6
Dyereiland ◠ ZA 116 D7
Dyje ~ CZ 29 N4
Dyje ~ CZ 37 C8
Dyjsko-svratecký úval ≐ CZ 37 C8
Dynaj, ostrova ◠ RUS 63 V3
Džankoj ☆ UA 56 H5
Džerman ~ BG 52 G4
Działdowo ◉ PL 36 G3
Džibuti = Djibouti ★ DJI 105 O6
Dzierżoniów ◉ PL 36 C6
Dzisna ~ BY 38 K4
Dziwna ~ PL 36 A3
Džug-Džur, hrebet ▲ RUS 63 Y6
Džurak-Sal ~ RUS 57 N4

E

Eagle Creek ~ CDN 125 R6
Eagle River ~ CDN 127 P2
Eagletail Mountains ▲ USA 131 H9
Ea Krong ~ VN 84 F5
Earn ~ GB 24 F4
East Anglian Heights ▲ GB 24 H7
Eastbourne ◉ GB 27 K11
East Caicos ◠ GB 139 K4
East China Sea ≈ 79 M3
Eastern Fields ◠ PNG 83 N9
Eastern Ghāts ▲ IND 65 M8
Eastern Group = Lau Group ◠ FJI 96 F4
East Falkland ◠ GB 152 F8
East Fork Bruneau River ~ USA 130 G4
East Fork White River ~ USA 132 E6
East London = Oos-Londen ◉ ZA 117 H6
Eastmain, Rivière ~ CDN 123 V6
Eastmain, Rivière ~ CDN 126 H2
East Passage ≈ USA 134 F5
East Prairie River ~ CDN 125 M4
East Sea = Sea of Japan ≈ 75 P3
Eau Claire River ~ USA 132 D3
Eauripik Atoll ◠ FSM 83 M5
Eauze ◉ F 32 E5
Ebbegebirge ▲ D 34 C5
Ebeltoft ☆ DK 22 F4
Eberswalde ☆ D 34 J4
Eberswalde-Finow = Eberswalde ☆ D 34 J4
Ebola ~ CGO 105 K8
Ebolowa ☆ CAM 104 H8
Ebon Atoll ◠ MH 94 F5
Ebre, l' ~ E 40 G4
Ebre, l' ~ E 43 L4
Ebrié, Lagune ≈ CI 111 H7
Ebro, Río ~ E 18 L7
Ebro, Río ~ E 40 E3
Ech-Chaouya ≐ MA 106 C4
Ech-Chiadma ≐ MA 106 B5
Echigo-sanmyaku ▲ J 81 M5
Echo Cliffs ▲ USA 131 J7
Eclipse Sound ≈ CDN 123 V2
Ēčmiadzin ◉ AM 67 K2
Eday ◠ GB 26 F2
ed-Doukel, Hamada ≐ DZ 106 B7
Eddrachillis Bay ≈ GB 26 D3
Edehine Ouarene ≐ DZ 107 L6
Eden ~ GB 26 G7
Eder ~ D 28 K3
Édessa ◉ GR 54 E2
Edgell Island ◠ CDN 123 Y4
Edinburgh ◉ GB 26 F6
Edincik ◉ TR 55 K2
Edincy = Edineţ ☆ MD 56 E3
Edinec = Edineţ ☆ MD 56 E3
Edineţ ☆ MD 56 E3
Edirne ☆ TR 53 L5
Edisto River ~ USA 135 H3
Edmonton ☆ CDN 125 N5
Edremit ☆ TR 55 J3
Edremit Körfezi ≈ TR 66 B3
Edward River ~ AUS 93 G3
Edwards Plateau ▲ USA 128 F4
Eel River ~ USA 130 C5
Eel River ~ USA 132 E5
Eems ≈ NL 31 O1
Éfaté ◠ VU 96 C4
Eferding ☆ A 35 K8
Eforie Nord ◉ RO 56 F5
Ega, Río ~ E 43 H2
Egadi, Isole ◠ I 46 C6
Ege Denizi = Egéo Pélagos ≈ 19 Q8
Egéo Pélagos ≈ 19 Q8
Eger ☆ H 37 G9
Eger ~ H 37 G8
Eger = Cheb ◉ CZ 35 H6
Eger = Ohře ~ CZ 29 M3
Egersund ☆ N 22 B2
Eggegebirge ▲ D 34 E5
Eg gol ~ MGL 74 J1
Egilsstaðir ☆ IS 20 J2
Égina ◠ GR 47 J6
Eğirdir ☆ TR 55 N5
Eglinton Island ◠ CDN 122 L1
Egmont Bay ≈ CDN 127 M5
Egor'evsk ☆ RUS 39 Q4
Egorlyk ~ RUS 57 M4
Egorlyk ~ RUS 57 M5
Eh-Eh, Riacho ~ RA 150 A6
Eiao, Île ◠ F 97 N2
Eichsfeld ≐ D 34 E5
Eichstätt ☆ D 35 G8
Eide ☆ N 20 C5
Eider ~ D 34 E2
Eiderstedt ≐ D 34 D2
Eifel ▲ D 28 J3
Eigerøya ◠ N 22 A2
Eigg ◠ GB 24 D4
Eight Degree Channel ≈ IND 70 B6
Einbeck ◉ D 34 E5
Einsamkeitinsel = ostrov Uedinenija ◠ RUS 62 M2
Éire ◠ 18 J5
Eiseb ~ NAM 112 F6
Eisenach ☆ D 34 F6
Eisenerzer Alpen ▲ A 35 K9
Eisenmarkt = Hunedoara ☆ RO 56 B5
Eisenstadt ☆ A 37 C9
Eisenwurzen ≐ A 35 K9
Eisleben, Lutherstadt ◉ D 34 G5
Eisling ≐ L 31 N5
Eivissa ◉ E 45 M3
Eivissa ◠ E 18 M8
Eja ~ RUS 57 L4
Eja ~ RUS 57 M4
Ekarma, ostrov ◠ RUS 63 b8
Ekaterinburg ☆ RUS 19 Y4
Ekenäs ◉ FIN 21 L7
Ekibastūz ☆ KZ 62 M7
Ekno ◠ S 23 M3
Eksjö ☆ S 22 K3
Ėkvyvatapskij hrebet ▲ RUS 63 g4
Ekwan River ~ CDN 123 U6
El-Abiodh Sidi Cheikh ◉ DZ 106 G4
Elafónisos ◠ GR 54 E6
el-Ahmar, Hassi ~ MA 106 E4
ElandsRiver ~ ZA 117 H2
Elandsrivier ~ ZA 117 J2
el-Arab, Oued ~ DZ 107 K3
Elása ◠ GR 55 J7
el-'Asāba ▲ RIM 104 C5
el-Asker, Jebel ▲ TN 107 L3
Elato Atoll ◠ FSM 83 N5
Elâzığ ☆ TR 67 H3
Elba, Isola d' ◠ I 18 N7
El-Bahral Mouttaouassit = Mediterranean Sea ≈ 104 F1
Elbasan ☆ AL 52 E5
El-Bayadh ☆ DZ 107 G4
Elbe ~ D 18 O5
El-Bībān ≐ DZ 107 J2
El Biezro ≐ E 42 C2
Elbing = Elbląg ◉ PL 36 F2
Elbląg ◉ PL 36 F2
Elbsandsteingebirge ▲ D 34 K6
Elbtal ≐ D 34 J5
Elbursgebirge = Kūhhā-ye Alborz ▲ IR 64 G3
Elche = Elx ◉ E 45 K3
El Coca = Puerto Francisco de Orellana ☆ EC 148 C2
Elde ~ D 29 M2
Elde ~ D 34 G3
Elde ~ D 34 H3
Eldorado Mountains ▲ USA 131 G8
Elefantes, Rio dos ~ MOC 117 L1
Eleja ◉ LV 38 H3
Elephant Island ◠ ANT 156 F62
Eleuthera Island ◠ BS 129 L5
Elfenbeinküste = Ivory Coast ≐ CI 111 G7
El-Gaa Taatzebar ≐ DZ 107 H7
El-Gantara ≐ DZ 107 J4
El-Gharb ≐ MA 106 C3
Elgin ◉ GB 26 F4
El-Goléa ◉ DZ 107 H5
El Golfete ≈ GCA 137 K5
el-Hadjadj, Oued ~ DZ 107 J6
el-Hallail, Oued ~ DZ 107 K3
el-Ham, Oued ~ DZ 107 H3
El-Hamada ≐ DZ 106 F5
El Hammâmi ≐ RIM 104 C4
El-Hank ≐ DZ 104 D4
El-Hank ≐ DZ 106 D7
El-Haouz ≐ MA 106 B5
El Hierro ◠ E 104 B3
Elila ~ CGO 112 G2
Elila ~ CGO 114 B5
El-'Irq el-Gharbi el-Kabir ≐ DZ 106 G5
Elista ☆ RUS 57 O4
Elizabeth, Bahía ≈ EC 149 b2
Elizabeth Bay ≈ NAM 116 B3
Elizabeth Reef ◠ AUS 91 M5
Elizavety, mys ▲ RUS 63 Z7
Elizovo ☆ RUS 63 c7
El-Jadida ◉ MA 106 B4
El-Jem ◉ TN 107 M3
El-Kala ☆ DZ 107 K2
El-Kantara ◉ DZ 107 J3
El-Kef ☆ TN 107 L2
El Khnâchîch ▲ RMM 104 E4
el-Korima, Oued ~ DZ 106 F4
Elk River ~ CDN 125 N7
Elk River ~ USA 132 H6
Elk River ~ USA 134 E2
Ellé ~ F 30 D6
Ellef Ringnes Island ◠ CDN 122 Q1
Ellensburg ◉ USA 130 D2
Ellesmere Island ◠ CDN 123 T1
Ellice Islands = Tuvalu Islands ◠ TUV 95 H7
Elliott Key ◠ USA 135 H7
Ellora ◉ IND 69 E9
Ellwangen (Jagst) ◉ D 35 F8
Elm ▲ D 34 F4
Elma Dağı ▲ TR 66 E3
El Maestrazgo ≐ E 45 K1
Elmalı ☆ TR 55 M6
El Ménia = El-Goléa ◉ DZ 107 H5
Elmina ◉ GH 111 K7
El Nido ◉ RP 82 G4
El Obeid = Al-Ubayyiḍ ☆ SUD 105 M6
Elorn, l' ~ F 30 C6
El-Oued ☆ DZ 107 K4
El Plà d' Urgell ≐ E 43 L3
el-Rhorbi, Oued ~ DZ 106 G4
El Salado ~ C 139 G4
Elsaß = Alsace ≐ F 25 L9
El Seibo ☆ DOM 139 L5
El-Tarf ☆ DZ 107 K2
El Tigre, Arroyo ~ RA 151 A9
El Toro, Isla ◠ MEX 128 G6
Elva ◉ EST 38 K2
Elvas ◉ P 44 C3
Elvita, Río ~ CO 146 E5
Elx ◉ E 45 K3
Ely ◉ GB 27 K9
Elz ~ D 35 C8
Emae ◠ VU 98 A3
Emaj. ~ EST 38 K2
Emān ~ S 21 G8
Emba = Embi ☆ KZ 19 X6
Embarrass River ~ USA 132 D6
Embi ☆ KZ 19 X6
Embu ☆ EAK 115 F4
Embudo, Raudal del ~ CO 148 E1
Emden ☆ D 34 C3
Emerald Isle ◠ CDN 122 N1
Émeraude, Côte d' ≐ F 30 E6
Emet Çayı ~ TR 55 M3
Emgwenya ◉ ZA 117 K2
EmigrantValley ≐ USA 131 F7
Emilia Romagna ≐ I 46 B2
Emilion, Saint- ◉ F 32 D4
eMkhondo = Piet Retief ◉ ZA 117 J3
Emmaboda ☆ S 23 L4
Emmendingen ☆ D 35 C8
Ems ~ D 18 N5
Ems, Bad ☆ D 35 C6
Ems = Eems ≈ NL 31 O1
Emsland ≐ D 34 C4
Encantadas, Serra das ▲ BR 151 D9
Encarnación ☆ PY 151 B7
Encarnación de Díaz ◉ MEX 136 C2
Encounter Bay ≈ AUS 92 E3
Endelave ◠ DK 22 F5
Enderbury Island ◠ KIR 95 K6
Enderby Island (Auckland Islands) ◠ NZ 99 b1
Endicott Arm ≈ USA 124 D3
Endicott Mountains ▲ USA 122 F3
Ene, Río ~ PE 149 D7
Engadin ≐ CH 46 B1
Engaruka Basin ≐ EAT 114 E5
Engelsmanplaat ◠ NL 31 N1
Enggano, Pulau ◠ RI 82 D8
Engizek Dağları ▲ TR 66 G4
English Channel ≈ 18 K6
Enisej ~ RUS 62 O4
Enisej, Bol'šoj ~ RUS 62 Q7
Enisejsk ☆ RUS 62 P6
Enisejskij zaliv ≈ RUS 62 M3
Eniwetok ◠ MH 94 E3
Eniwetok Atoll ◠ MH 94 E3
Enkhuizen ◉ NL 31 N2
Enköping ☆ S 23 N1
En Naga, Oued ~ DZ 106 C6
En Namous, Oued ~ DZ 106 F5
Ennedi ▲ TCH 105 K5
Ennis = Inis ☆ IRL 24 C6
Enniskillen ◉ GB 26 B7
Enns ~ A 29 N5
Enns ~ A 35 J9
En Nsa, Oued ~ DZ 107 J4
Enø ◠ DK 22 G5
Énos ▲ GR 54 C4
Enotaevka ☆ RUS 57 P4
Enseada de Tijucas ≈ BR 151 F7
Ensenada ◉ MEX 128 C4
Ensenada de Cortés ≈ C 138 C3
Ensenada de la Broa ≈ C 138 D3
Ensenada de la Singuanea ≈ C 138 D4
Enshū-nada ≈ J 81 L6
Entiako River ~ CDN 124 H5
Entiat River ~ USA 130 D2
Entraygues-sur-Truyère ◉ F 32 G4
Entrecasteaux, Récifs d' ◠ F 96 B4
Entre Rios, Cordillera ▲ HN 137 L5
Enugu ☆ NGR 104 G7
Enza ~ I 48 F4
Eo, Río ~ E 42 C1
Eolie o Lipari, Isole ◠ I 46 E5
Eordaia ≐ GR 54 D2
Épernay ◉ F 31 L5
Epi ◠ VU 96 C4
Épinal ☆ F 31 O6
Épiros ≐ GR 54 C3
Episkopis, Kolpos ≈ CY 66 E5
Epte ~ F 30 J5
Epulu ~ CGO 114 B2
Epupa Falls ~ NAM 112 D5
erā ~ DK 22 E6
Era ~ I 48 F5
Erāwadī Myit ~ MYA 74 G7
Erāwadī Myit (Irrawaddy) ~ MYA 73 K2
Erāwadī Myit (Irrawaddy) ~ MYA 73 K3
Erāwadī Myitwanyā ≐ MYA 82 B3
Erbalonga = Erbalunga ◉ F 33 O6
Erbalunga ◉ F 33 O6
Erdek ◉ TR 55 K2
Erdek Körfezi ≈ TR 66 B2
Erdi ≐ TCH 105 K5
Erding ☆ D 35 G8
Erdinger Moos ≐ D 35 G8
Erdre ~ F 30 F7
Erebato, Río ~ YV 147 H5
Ereğli ☆ TR 66 D2
Erejmentau ☆ KZ 62 L7
Erenler Dağları ▲ TR 66 D4
Eresma, Río ~ E 42 F3
Erétria ◉ GR 54 F4
Erevan ★ AM 64 E2
Erft ~ D 34 B5
Erfurt ☆ D 34 G6
Erg Bourarhet ≐ DZ 107 L7
Erg Chech ≐ DZ 104 E4
Erg d'Admer ≐ DZ 104 G4
Erg du Djourab ≐ TCH 105 J5
Erg el-Angar ≐ DZ 107 G4
Erg el-Atchane ≐ DZ 106 F6
Erg el Krebs ≐ DZ 106 F7
Erg el Ouar ≐ DZ 107 K6
Ergene Çayı ~ TR 66 B2
Ergene Nehri ~ TR 66 B2
Ergeni ▲ RUS 57 N3
Erg er-Raoui ≐ DZ 104 E3
Erg Iabès ≐ DZ 106 E7
Erg Iguidi ≐ DZ 104 D3
Erg Issaouane ≐ DZ 107 K7
Erg Tifernine ≐ DZ 107 K7
Eria, Río ~ E 42 D2
Erikub Atoll ◠ MH 94 F4
Eriskay ◠ GB 26 B4
Erithropótamos ~ GR 53 L5
Eriwan = Erevan ★ AM 64 E2
Erjas, Río ~ E 44 D2
Erlangen ☆ D 35 G7
Erma ~ BG 52 G4
Ermao ◠ VU 98 B3
Ermentau = Erejmentau ☆ KZ 62 L7
Ermland ≐ PL 36 G2
Ermoúpoli ☆ GR 55 G5
Ernest Sound ≈ USA 124 D4
Ernici, Monti ▲ I 49 J7
Eromanga Island ◠ VU 96 C4
Erongoberg ▲ NAM 112 E6
Er-Rachidia ☆ MA 106 D5
Erramala Range ▲ IND 71 E3
er-Raoui, Erg ≐ DZ 104 E3
er-Rif = Rif ▲ MA 104 E2
Erseke ◉ AL 52 E6
Ertholmene ◠ DK 23 L5
Ertis ~ KZ 62 N7
Erzen, Lumi ~ AL 52 D5
Erzgebirge ▲ D 18 O5
Erzgebirge/Krušnohoří Mining Region ▲ CZ 35 H6
Erzgebirge/Krušnohoří Mining Region ▲ D 34 H6
Erzin ☆ RUS 62 Q7
Erzincan ☆ TR 67 H3
Erzurum ☆ TR 67 J3
Escalante Desert ≐ USA 131 H7
Escalante River ~ USA 131 J7
Escambia River ~ USA 134 E4
Escanaba River ~ USA 132 E2
Escárcega ◉ MEX 137 J3
Eschwege ☆ D 34 F5
Escocesa, Bahía ≈ DOM 139 K5
Escondido, Río ~ MEX 137 K3
Escuintla ☆ GCA 137 J5
Escuminac ◠ CDN 127 M5
Eşen Çayı ~ TR 66 C4
Esence Dağları ▲ TR 67 H3
Ésera, Río ~ E 43 L2
Eşfahān ☆ IR 64 F4
Eşğer, Kūh-e ▲ IR 64 H4
Esgueva, Río ~ E 42 F3

★ Hauptstadt (Staat) ☆ Hauptstadt (Bundesland, Provinz, o.ä.) ◉ Ort ▲ Gebirge ◠ Insel, Halbinsel ≐ Landschaft ≈ Ozean, Meer ~ Fluss

Esil ☆ KZ 62 K7
Esil ~ KZ 62 K7
Esino ~ I 49 H5
Esk ~ GB 26 F6
Eski Gediz ◉ TR 55 M3
Eskilstuna ☆ S 23 M1
Eskişehir ☆ TR 55 N3
Esla, Río ~ E 40 D3
Esla, Río ~ E 42 E2
Eşler Dağı ▲ TR 55 M5
Esmeralda, Isla ◠ RCH 152 B7
Esmeraldas ☆ EC 148 A1
Esmeraldas, Río ~ EC 148 B1
Espalion ◉ F 32 G4
Espalmador, Illa S' ◠ E 45 M3
Española, Isla ◠ EC 144 B5
Esperança, Serra da ▲ BR 150 E6
Esperance Bay ≈ AUS 90 E6
Esperance Rock, L' ◠ NZ 96 E7
Esperanza, La ☆ HN 137 K5
Esperanza, Sierra la ▲ HN 138 C7
Espigão, Serra do ▲ BR 151 E7
Espinhaço, Serra do ▲ BR 145 L8
Espinilho, Serra do ▲ BR 151 C8
Espíritu Santo ◠ VU 96 B4
Espíritu Santo, Bahía del ≈ MEX 137 L3
Esquibel, Gulf of ≈ USA 124 D4
Essaouira ◉ MA 104 C2
Essaouira = Essaouira ◉ MA 104 C2
Esseg = Osijek ☆ HR 49 O3
Es-Seggeur, Oued ~ DZ 107 G4
Essen ☆ D 34 C5
Essequibo ~ GUY 145 H4
Esslingen am Neckar ☆ D 35 E8
Ėsso ☆ RUS 63 c6
Estados, Isla de los ◠ RA 152 E8
Eşţahbānāt ◉ IR 64 G5
Este, Laguna del ≈ MEX 137 H3
Estelí ☆ NIC 137 L6
Estena, Río ~ E 42 F5
Esteras, Río ~ E 44 E3
Estero Bay ≈ USA 131 D8
Estero Real ~ NIC 137 L6
Estevan Group ◠ CDN 124 E5
Estrecho de Gibraltar ≈ 104 D1
Estrecho de Le Maire ≈ RA 152 D9
Estrecho de Magallanes ≈ RCH 152 B8
Estrecho de Yucatán = Yucatán Channel ≈ 129 J6
Estremadura ≐ P 40 B5
Estremoz ◉ P 44 C3
Estrondo, Serra do ▲ BR 145 K7
Estuaire de Gabon ≈ G 112 C1
Esztergom ◉ H 37 E9
Ethiopian Highlands ▲ ETH 105 N6
Etolin Island ◠ USA 124 D3
Etolin Strait ≈ USA 122 C4
Etowah River ~ USA 134 F2
Etsch = Adige ~ I 46 C1
'Eua ◠ TO 96 G5
Euaiki ◠ TO 98 b2
Eucla Basin ≐ AUS 90 E6
Eufrat = al-Furāt ~ SYR 64 E4
Euganei, Colli ▲ I 48 G3
Eume, Río de ~ E 42 B1
Euphrat = Firat Nehri ~ TR 64 D3
Eure ~ F 25 H8
Eureka ◉ USA 130 B5
Eureka Sound ≈ CDN 123 T1
Europa, Île ◠ F 113 K6
Europa, Picos de ▲ E 42 F1
Europäisches Nordmeer = Norwegian Sea ≈ 18 K2
Euskirchen ☆ D 35 B6
Eutin ☆ D 34 F2
Evans Strait ≈ CDN 123 U4
Evensk ☆ RUS 63 c5
Évian-les-Bains ◉ F 33 L2
Evinós ~ GR 54 D4
Evje ☆ N 22 C2
Evoïkós Kólpos, Vórios ≈ GR 54 E4
Évora ☆ P 44 C3
Evpatorija ☆ RUS 56 H5
Évreux ☆ F 30 J5
Evros = Meriç Nehri ~ 66 B2
Évry-Courcouronnes ☆ F 31 K6
Évvia ◠ GR 19 Q8
Ewaso Narok ~ EAK 115 F3
Ewaso Ngiro ~ EAK 113 J1
Ewaso Ngiro ~ EAK 114 E4
Ewaso Ngiro ~ EAK 115 F3
Ewaso Ngiro ~ EAK 115 F4
Ewaso Ngiro ~ EAK 115 G3
Ewaso Ngiro Plain ≐ EAK 114 E5
Ewose ◠ VU 98 B3
Excelsior Mountains ▲ USA 131 E6
Exe ~ GB 24 F7
Exeter ◉ GB 27 F11
Exeter Sound ≈ CDN 123 Y3
Exploits Islands ◠ CDN 127 R4
Exploits River ~ CDN 127 Q4
Exuma Cays ◠ BS 129 L6
Exuma Sound ≈ BS 129 L6
Eydehavn ☆ N 22 D2
Eyehill Creek ~ CDN 125 Q5
Eyjafjörður ≈ IS 20 d1
Eyre Mountains ▲ NZ 99 B6
Eyre Peninsula ≐ AUS 90 G6
Eysturoy ◠ FO 24 D1
Ezere ◉ LV 38 H3
Ezguerret ~ RMM 104 F5

F

Faaite Atoll ◠ F 97 M4
Faddeevskij, ostrov ◠ RUS 63 Z2
Faddeja, zaliv ≈ RUS 62 S2
Fadiffolu Atoll ◠ MV 70 B8
Fadnoun, Plateau du ▲ DZ 107 K7
Färgelanda ☆ S 22 G2
Färöer = Føroyar ◠ FO 24 D1
Færøerne = Føroyar ◠ FO 24 D1
Făgăraş ◉ RO 56 D5
Făgăraşului, Munţii ▲ RO 56 D5
Fågelsjö ◉ S 21 G6
Fagersta ☆ S 21 G6
Faget, Munţii ▲ RO 56 C4
Fago ~ BF 111 L3
Fahl, Oued el ~ DZ 107 H5
Faial, Ilha do ◠ P 18 E8
Failaka, Ğazīrat ◠ KWT 64 F5
Fairbanks ◉ USA 122 G4
Fair Isle ◠ GB 24 F2
Fais ◠ FSM 83 M5
Faizabad ☆ AFG 65 L3
Fakahina Atoll ◠ F 97 O4
Fakaofa Atoll ◠ NZ 55 K7
Fakarava Atoll ◠ F 97 M4
Fakijska Reka ~ BG 53 M4
Fala ~ RMM 111 H2
Falaise de Bandiagara ▲ RMM 111 J2
Falaise de Tanbaoura ▲ RMM 110 E3
Falaises de Craie ≐ F 30 H5
Falaises du Gobnangou ▲ BF 111 L4
Falakró Óros ▲ GR 53 J5
Falémé ~ RMM 110 E3
Falémé ~ SN 104 C6
Falima ~ WAL 110 E5
Falkenberg ☆ S 22 H4
Falklandinseln = Falkland Islands ◠ GB 152 E3
Falkland Islands ◠ GB 152 E8
Falkland Sound ≈ GB 152 E8
Falköping ☆ S 22 J2
Falkonéra ◠ GR 54 F5
Fallentimber Creek ~ CDN 125 N6
Fallingbostel, Bad ☆ D 34 E4
Fall Line Hills ▲ USA 134 D2
Fall Line Hills ▲ USA 134 F3
Fallūğa, al- ☆ IRQ 67 K6
Falmouth ◉ GB 27 D11
Falmouth Bay ≈ GB 27 D11
False Bay ≈ ZA 116 D7
Falster ◠ DK 18 O5
Faludden ≐ S 23 O4
Falun ☆ S 21 G6
Fama, Ouidi ~ TCH 105 J5
Famatina, Sierra de ▲ RA 152 D3
Famenne ≐ B 31 N4
Fangatau Atoll ◠ F 97 N4
Fangataufa Atoll ◠ F 97 N5
Fångö ◠ S 23 M2
Fanø ◠ DK 21 C9
Farāfira, al-Wāhāt al- ≐ ET 105 L3
Farafra-Oasen = al-Wāhāt al-Farāfira ≐ ET 105 L3
Farāh ☆ AFG 64 J4
Farāh Rūd ~ AFG 64 J4
Farallon de Medinilla ◠ USA 83 N3
Farallon de Pajaros ◠ USA 83 N2
Faranah ☆ RG 110 E4
Farasān, Ğazā'ir ◠ KSA 105 O5
Faraulep Atoll ◠ FSM 83 M5
Fardes, Río ~ E 45 G4
Farewell Spit ≐ NZ 99 D4
Farg'ona ☆ UZ 65 L2
Faridpur ☆ BD 72 F3
Farimaké ≐ RMM 111 H2
Farmakonissi ◠ GR 55 J5
Farne Islands ◠ GB 26 H6
Faro ~ CAM 104 H7
Faro ☆ P 44 C4
Fårö ◠ S 21 J8
Farofa, Serra da ▲ BR 151 E8
Farquhar Atoll ◠ SY 113 L4
Farquhar Group ◠ SY 113 L3
Farsund ☆ N 22 B2
Fartura, Serra da ▲ BR 151 D7
Fās ☆ MA 106 D3
Fataka ◠ SOL 94 F8
Fatala ~ RG 110 D4
Fatehpur Sikri ◉ IND 63 F6
Fatick ☆ SN 110 B2
Fátima ◉ P 44 B2
Fatki ~ BD 72 F3
Faucilles, Monts ▲ F 31 N6
Fāw, al- ☆ IRQ 67 M7
Faxälven ~ S 20 H5
Faxaflói ≈ IS 20 b2
Faxe ◉ DK 22 H5
Faxe Bugt ≈ DK 21 F9
Faya ~ RMM 110 G3
Faya = Largeau ☆ TCH 105 J5
Faydāt ≐ SYR 67 H5
Fayu ◠ FSM 94 C4
Fazao, Monts du ▲ TG 111 L5
Fazzān ≐ LAR 104 G3
Fdérik ☆ RIM 104 C4
Feather River ~ USA 131 D6
Fedafjord ≈ N 22 B2
Fedotova kosa ≐ UA 57 J4
Féfiné, Rio ~ RGB 110 D3
Fegoh, Wādī ~ ET 109 G6
Fehmarn ◠ D 29 L1
Fehmarnbelt ≈ 34 G2
Fehmarnsund ≈ D 34 F2
Feistritz ~ A 37 B9
Feiyun Jiang ~ CN 79 L3
Fejø ◠ DK 22 G6
Feldbach ☆ A 37 B10
Feldberg ◉ D 34 J3
Feldkirch ☆ A 35 E9
Feldkirchen in Kärnten ☆ A 35 K10
Feldsberg = Valtice ◉ CZ 37 C8
Felger = Fougères ◉ F 30 F6
Feliciano, Arroyo ~ RA 151 A9
Felidu Atoll ◠ MV 70 B9
Felin ~ GH 111 J4
Felipe Carillo Puerto ◉ MEX 137 L3
Fellin = Viljandi ☆ EST 38 J2
Félou, Chutes de ~ RMM 110 E2
Felsengebirge = Rocky Mountains ▲ 122 N6
Femern Bælt = Fehmarnbelt ≈ 34 G2
Femø ◠ DK 22 G6
Fenghuang ◉ CN 78 F2
Fengming Dao ◠ CN 80 C4
Feng Shan ▲ CN 76 F5
Fen He ~ CN 76 G4
Fen He ~ CN 77 G3
Fen He ~ CN 77 H3
Feni Islands ◠ PNG 83 O7
Fenouillèdes ≐ F 32 G6
Fens, The ≐ GB 27 J9
Feodosija ☆ RUS 57 J5
Feodosijs'ka zatoka ≈ UA 57 J5
Ferapontovo ◉ RUS 39 Q2
Ferdo, Le ≐ SN 104 B6
Ferentino ◉ I 49 J7
Fergana = Farg'ona ☆ UZ 65 L2
Ferganskij hrebet ▲ KG 65 L2
Fergusson Island ◠ PNG 83 O8
Ferizaj ◉ RKS 52 F4
Ferkessédougou ☆ CI 111 H5
Ferlo, Vallée du ~ SN 110 C2
Ferlo, Vallée du ~ SN 110 D2
Fermanagh Lakeland ≐ GB 26 B7
Fermo ☆ I 49 J5
Fernando de Noronha, Arquipélago ◠ BR 145 M5
Ferrara ☆ I 48 G4
Ferrol, Isla ◠ PE 149 B6
Fertő-tó / Neusiedler See ≐ 37 C9
Fès = Fās ☆ MA 106 D3
Fessan = Fazzān ≐ LAR 104 G3
Fessi, Oued ~ TN 107 M4
Fethiye ◉ TR 55 M6
Fethiye Körfezi ≈ TR 55 L6
Fetlar ◠ GB 24 G2
Feuchtwangen ◉ D 35 F7
Feuilles, Rivière aux ~ CDN 123 W5
Fez = Fās ☆ MA 106 D3
Fezna ◉ MA 106 D5
Fianarantsoa ☆ RM 113 L6
Fichtelgebirge ▲ D 29 L3
Fidenza ◉ I 48 F4
Fidschi = Fiji Islands ◠ FJI 96 E4
Fier ☆ AL 52 D6
Fiery Creek ~ AUS 92 G4
Fierzë ◉ AL 52 E4
Fierzë, Liqeni i ~ AL 52 E4
Fiesole ◉ I 48 G5
Figuig ◉ MA 106 F4
Fiji Islands ◠ FJI 96 E4
Filabres, Sierra de los ▲ E 40 E6
Filadelfia ☆ PY 152 E2
Filicudi, Isola ◠ I 46 E5
Filippo Reef ◠ KIR 97 L2
Filipstad ☆ S 22 K1
Findhorn ~ GB 26 F4
Fingoland ≐ ZA 117 H6
Finike ◉ TR 55 N6
Finike Körfezi ≈ TR 55 N6
Finke River ~ AUS 90 G5
Finland, Gulf of ≈ 19 Q4
Finlay Ranges ▲ CDN 124 H3
Finlay River ~ CDN 122 L5
Finlay River ~ CDN 124 G3
Finne ▲ D 34 G5
Finnischer Meerbusen = Gulf of Finland ≈ 19 Q4
Finnmark = Finnmarksvidda ≐ N 20 L2
Finnmarksvidda ≐ N 20 L2
Finnøy ◠ N 22 A1
Finnveden ≐ S 22 J4
Finspång ☆ S 23 L2
Fiora ~ I 48 G6
Fiordland ≐ NZ 96 C10
Firat Nehri ~ TR 64 D3
Firebag River ~ CDN 125 P3
Firenze ☆ I 48 G5
Firk, Šaʿīb ~ IRQ 67 L7
Firth of Clyde ≈ GB 24 E5
Firth of Forth ≈ GB 18 L4
Firth of Lorn ≈ GB 24 D4
Firth of Thames ≈ NZ 99 E2
Fischbacher Alpen ▲ A 37 B9
Fishermans Island ◠ USA 133 L7
Fisher Strait ≈ CDN 123 U4
Fish Lake Valley ≐ USA 131 E6
Fitzroy River ~ AUS 90 E3
Fitzwilliam Island ◠ CDN 126 D6
Fiume = Rijeka ☆ HR 49 K3
Fläming ▲ D 29 M2
Flakstadøya ◠ N 20 F2
Flannan Isles ◠ GB 24 C3
Flanning Island = Tabuaeran ◠ KIR 95 N5
Flatey ◠ IS 20 b2
Flathead River ~ USA 125 N7
Flatow = Złotów ◉ PL 36 D3
Flåvatn ~ N 22 E1
Flé ~ RG 110 F4
Flekkefjord ☆ N 22 B2
Flekkerøy ◠ N 22 C2
Flen ☆ S 23 M1
Flensborg = Flensburg ☆ D 34 E2
Flensburg ☆ D 34 E2
Flensburger Förde ≈ D 34 E2
Fleurance ◉ F 32 E5
Fleurieu Peninsula ≐ AUS 92 E3
Flevoland ◠ NL 31 N2
Flinders Bay ≈ AUS 90 C6
Flinders Island ◠ AUS 90 G6
Flinders Island ◠ AUS 91 K7
Flinders Ranges ▲ AUS 90 H6
Flinders Reef ◠ AUS 91 K3
Flinders River ~ AUS 90 J3
Flint Island ◠ KIR 97 L3
Flint River ~ USA 129 K4
Flint River ~ USA 132 G4
Flint River ~ USA 134 F3
Flisa ☆ N 21 E6
Florencia ☆ CO 146 C7
Florenz = Firenze ☆ I 48 G5
Flores ☆ GCA 137 K4
Flores ◠ RI 82 H8
Flores, Ilha das ◠ P 18 E8
Flores, Laut ≈ RI 82 G8
Flores Island ◠ CDN 124 G7
Floressee = Laut Flores ≈ RI 82 G8
Floreşti ☆ MD 56 E4
Floreşty = Floreşti ☆ MD 56 E4
Florianópolis ☆ BR 151 F7
Florida ☆ ROU 151 B11
Florida ≐ USA 129 K4
Florida, Straits of ≈ 129 K6
Florida Bay ≈ USA 129 K6
Florida Keys ◠ USA 129 K6
Florida-Straße = Straits of Florida ≈ 129 K6
Flowerpot Island ◠ CDN 126 D6
Flumendosa ~ I 46 B5
Fluvià, el ~ E 43 N2
Flylân ◠ NL 31 M1
Fly River ~ PNG 83 M8
Foa ◠ TO 98 b1
Foča ◉ BIH 49 O5
Focşani ☆ RO 56 E5
Föhr ◠ D 28 K1
Fogarasch = Făgăraş ◉ RO 56 D5
Fogdön ≐ S 23 M1
Foggia ☆ I 51 J1
Fogo, Ilha de ◠ CV 110 B2
Fogo Island ◠ CDN 123 a7
Foix ☆ F 32 F6
Fojnica ◉ BIH 49 N5
Folda ≈ N 20 G3
Folégandros ◠ GR 47 K6
Foley Island ◠ CDN 123 V3
Folgoët, Le ◉ F 30 C6
Folkestone ◉ GB 27 L10
Folldal ☆ N 20 D5
Follonica, Golfo di ≈ I 48 F6
Fon ▲ RG 110 F5
Fonoifua ◠ TO 98 b2
Fonseca, Golfo de ≈ ES 128 H8
Fontainebleau ◉ F 31 K6
Fonuafo'ou ◠ TO 98 b2
Fonualei ◠ TO 96 F4
Forchheim ☆ D 35 G7
Førde ☆ N 21 B6
Ford River ~ USA 132 E2
Forest of Bowland ≐ GB 26 G7
Forest Strait ≈ MYA 84 B6
Forêt de Perseigne ≐ F 30 H6
Forêt de Tronçais ≐ F 32 G2
Forêt d'Othe ≐ F 31 L7
Forez, Monts du ▲ F 25 J10
Forlì ☆ I 48 H4
Formby Bay ≈ AUS 92 D3
Formentera, Illa de ◠ E 18 M8
Formiche di Grosseto ◠ I 48 F6
Formosa ☆ RA 151 A7
Formosa, Ilha ◠ RGB 110 B4
Formosa = Taiwan ◠ RC 75 N7
Formosastraße = Taiwan Strait ≈ 75 M7
Formoso, Rio ~ BR 150 D3
Føroyar ◠ FO 24 D1
Forst (Lausitz) ☆ D 34 K5
Fortaleza ☆ BR 145 M5
Fortaleza, Caño La ~ CO 146 E4
Fort Augustus ◉ GB 26 E4
Fort-Dauphin = Taolagnaro ◉ RM 113 L6
Fort-de-France ☆ F 129 O8
Forth ~ GB 26 E5
Forth, Firth of ≈ GB 18 L4
Fort Liberté ☆ RH 139 K5
Fort McMurray ◉ CDN 125 P3
Fort Munro ◉ PK 68 B5
Fort Nelson River ~ CDN 122 M5
Fort Portal ☆ EAU 114 C3
Fortune Bay ≈ CDN 123 Z7
Fort Victoria = Masvingo ☆ ZW 112 H6
Fos, Golfe de ≈ F 33 J5
Foshan ◉ CN 79 H5
Fosna ≐ N 20 D5
Fosnavåg ☆ N 20 B5
Fotuha'a ◠ TO 98 b1
Fougani, Hassi ~ MA 106 D5
Fougères ◉ F 30 F6
Foula ◠ GB 24 F2
Fouladougou ≐ RMM 110 F3
Foumban ◉ CAM 104 H7
Foumbou ~ CI 111 G5
Four, Chenal du ≈ F 30 B6
Four Mountains, Islands of ◠ USA 122 B6
Fourni ◠ GR 55 J5
Fourty Fours, The ◠ NZ 96 F9
Fouta Djalon ▲ RG 104 C6
Foveaux Strait ≈ NZ 99 A7
Fowlers Bay ≈ AUS 90 G6
Foxe Basin ≈ CDN 123 V3
Foxe Channel ≈ CDN 123 U3
Foxe Peninsula ≐ CDN 123 V4
Fox Islands ◠ USA 122 C6
Fox River ~ USA 132 D5
Foyle ~ GB 26 B7
Foyle, Lough ≈ GB 24 D5
Fränkische Alb ▲ D 29 L4
Fränkische Saale ~ D 29 K3
Fragoso, Cayo ◠ C 138 F3
Frailes, Islas Los ◠ YV 147 J2
Franca-Iosifa, Zemlja ◠ RUS 62 F2
Français, Récif des ◠ F 96 B4
Franc Alleud ≐ F 32 G3
Franceville ☆ G 112 D2
Francistown ☆ BW 112 G6
Franken ≐ D 35 F7
Frankenberg (Eder) ◉ D 34 D5
Frankenwald ▲ D 29 L3
Frankfort ☆ USA 132 F6
Frankfurt am Main ☆ D 35 D6
Frankfurt (Oder) ☆ D 34 K4
Franklin Bay ≈ CDN 122 L2
Franklin Harbour ≈ AUS 92 D2
Franklin Mountains ▲ CDN 122 M4
Franklin Strait ≈ CDN 123 R2
Franz-Josef-Land = Zemlja Franca-Iosifa ◠ RUS 62 F2
Fraser Basin ≐ CDN 122 M6
Fraser Island ◠ AUS 91 L5
Fraser Plateau ▲ CDN 122 L6
Fraser River ~ CDN 122 M6
Fraser River ~ CDN 124 K5
Frauenbach = Baia Mare ☆ RO 56 C4
Frauenburg = Saldus ☆ LV 38 H3
Frauenfeld ☆ CH 35 D9
Fraustadt = Wschowa ◉ PL 36 C5
Fray Bentos ☆ ROU 151 A10
Frebag River ~ CDN 125 P3
Fredericia ◉ DK 22 E5
Frederick Reef ◠ AUS 91 L4
Frederick Sound ≈ USA 124 C3
Fredericton ☆ CDN 127 L6
Frederikssund ◉ DK 22 H5
Fredrikstad-Sarpsborg ☆ N 22 F1
Freeman River ~ CDN 125 N4
Freetown ★ WAL 104 C7
Fregenal de la Sierra ◉ E 44 D3
Freiberg ☆ D 34 J6
Freiburg = Fribourg ☆ CH 35 C10
Freiburg im Breisgau ☆ D 35 C9
Freienwalde (Oder), Bad ◉ D 34 K4
Freising ☆ D 35 G8
Freistadt ☆ A 35 K8
Freital ◉ D 34 J5
Fremantle ◉ AUS 90 D6
Fremont Mountains ▲ USA 130 D4
Fremont River ~ USA 131 J6
Frenchman River ~ CDN 125 Q7
French Rock = L'Esperance Rock ◠ NZ 96 E7
French Shore ≐ CDN 127 P4
Frentani, Monti dei ▲ I 49 K6
Freudenstadt ☆ D 35 D8
Freundschaftsinseln = Tonga Islands ◠ TO 96 G5
Freycinet Peninsula ≐ AUS 91 K8
Freyung ☆ D 35 J8
Fribourg ☆ CH 35 C10
Friedberg (Hessen) ☆ D 35 D6
Friedland ◉ D 34 J3
Friedland = Frýdlant ◉ CZ 36 B6
Friedrichshafen ☆ D 35 E9
Friedrichstadt ◉ D 34 E2
Friendly Islands = Tonga Islands ◠ TO 96 G5
Friesach ◉ A 35 K10
Frisches Haff = Zalew Wiślany ≈ PL 38 F4
Fritz Hugh Sound ≈ CDN 124 G6
Frobisher Bay ≈ CDN 123 X4
Frobisher Bay = Iqaluit ☆ CDN 123 X4
Frog River ~ CDN 124 G3
Frohavet ≈ N 20 D5
Frontera ◉ MEX 137 H3
Frosinone ☆ I 50 G1
Frøya ◠ N 20 D5
Frozen Strait ≈ CDN 123 U3
Frunze = Biškek ★ KG 65 L2
Fruška gora ▲ SRB 52 D1
Frýdlant ◉ CZ 36 B6
Fuchun Jiang ~ CN 79 L2
Fünen = Fyn ◠ DK 18 O4
Fünfkirchen = Pécs ☆ H 37 E10
Fürstenfeld ☆ A 37 C9
Fürstenfeldbruck ☆ D 35 G8
Fürstenwalde (Spree) ◉ D 34 K4
Fuerte, Isla ◠ CO 146 B3
Fuerte Mayo, Río ~ MEX 128 E5
Fuerte Olimpo ☆ PY 150 A4
Fuerteventura ◠ E 104 C3
Fürth ☆ D 35 F7
Füssen ◉ D 35 F9
Fufu Escarpment ▲ EAT 114 E7
Fuglasker ◠ IS 20 b3
Fu He ~ CN 79 K2
Fuhse ~ D 34 F4
Fu Jiang ~ CN 76 D6
Fukue-shima ◠ J 75 O5
Fukushima ☆ J 81 N5
Fulaga ◠ FJI 98 c3
Fulda ☆ D 35 E6
Fulda, Staatsforst ≐ D 29 K3
Funafuti ★ TUV 95 H7
Funafuti Atoll ◠ TUV 95 H7
Funchal ☆ P 18 H9
Fundy, Bay of ≈ CDN 123 X8
Funing Wan ≈ CN 79 M3
Funiu Shan ▲ CN 77 H5
Funzi Island ◠ EAK 115 G6
Furāt, al- ~ IRQ 67 L7
Furāt, al- ~ SYR 64 E4
Furmanov ☆ RUS 39 R3
Furnas ◉ P 40 B2
Furneaux Group ◠ AUS 91 K7
Furo Carandazinho ~ BR 150 B2
Fury and Hecla Strait ≈ CDN 123 T3
Fushë-Arrëz ◉ AL 52 E4
Fushë Kosovë ≐ RKS 47 H3
Fushë-Krujë ◉ AL 52 D5
Futaoi-shima ≐ J 80 H6
Futuna, Île ◠ F 96 F3
Futuna Island ◠ VU 96 D4
Futun Xi ~ CN 79 K3
Fuyang He ~ CN 77 J3
Fuyi Shui ~ CN 78 G3
Fuzhou ☆ CN 79 L3
Fyn ◠ DK 18 O4
Fyresdal ☆ N 22 D1

G

Gaalkacyo ☆ SO 105 P7
Gaaster-land ≐ NL 31 N2
Ġāb, al- ≐ SYR 66 G5
Ğabal 'Abd al-'Azīz ▲ SYR 67 H4
Ğabal al-Bišrī ▲ SYR 66 G5
Ğabal al-Qarā' ▲ OM 64 G7
Ğabal al-Waǧid ▲ KSA 64 E7
Ğabal ar-Ruwāq ▲ SYR 66 G6
Ğabal as-Sāḥilīya ▲ SYR 66 G5
Ğabal at-Tīh ▲ ET 105 M3
Ğabal Hamrīn ▲ IRQ 67 K5
Ğabal Iškaft ▲ IRQ 67 K4
Ğabal Maḥūl ▲ IRQ 67 K5
Ğabal Marat ▲ YEM 64 G7
Ğabal Marra ▲ SUD 105 K6
Ğabal Rašīd ▲ SYR 66 G5
Ğabal Šammar ▲ KSA 64 D5
Ğabal Sinǧār ▲ IRQ 67 J4
Ğabal Ṭuwaiq ▲ KSA 64 E5
Gabas ~ F 32 D5
Gabbs Valley ≐ USA 131 E6
Gabbs Valley Range ▲ USA 131 E6
Gabès ☆ TN 107 M4
Gabès, Golfe de ≈ TN 104 G2
Gabilan Range ▲ USA 131 D7
Gablonz an der Neiße = Jablonec nad Nisou ◉ CZ 36 B6
Gabo Island ◠ AUS 93 K4
Gabon, Estuaire de ≈ G 112 C1
Gaborone ★ BW 117 G2
Gabrovo ☆ BG 53 K4
Gabú ☆ RGB 110 C3
Gada ~ CGO 114 B2
Gādadhar ~ IND 72 F1
Gadaf, Wādī l- ~ IRQ 67 J6
Ġadīd, al-Wāḥāt al- ≐ ET 108 D5
Gádor, Sierra de ▲ E 45 H5
Gällivare ◉ S 20 K3
Gänserndorf ☆ A 37 C8
Gaeta, Golfo di ≈ I 46 D4
Gävle ☆ S 21 H6
Gaferut ◠ 83 N5
Gafsa ☆ TN 107 L3
Gagarin ◉ RUS 39 O4
Ġaǧǧaga, Nahr ~ SYR 67 J4
Gagnoa ☆ CI 111 H6
Ġahra, al- ◉ KWT 64 F5
Ġahrom ◉ IR 64 G5
Gaià, el ~ E 43 M3
Gail ~ A 29 M5
Gaillac ◉ F 32 F5
Gaillimh ☆ IRL 24 C6
Gainesville ◉ USA 135 G5
Galachipa ~ BD 73 G3
Ğalālābād ☆ AFG 68 C2
Ğāl al-Baṭn ▲ IRQ 67 K7
Galana ~ EAK 115 G5
Galápagos-Inseln = Archipiélago de Colón ◠ EC 144 A4
Galas ~ MAL 85 D9
Galaţi ☆ RO 56 E5
Galé, Costa da ≐ P 44 B3
Galga ~ H 37 F9
Gali ☆ GE 57 M6
Galič ◉ RUS 39 S2
Galicja ≐ PL 37 F7
Galičnik ◉ MK 52 E5
Galičskaja vozvyšennosť ▲ RUS 39 R3
Galinhas, Ilha das ◠ RGB 110 C4
Galiuro Mountains ▲ USA 131 J9
Gallatin River ~ USA 130 J3
Galle ☆ CL 71 E8
Gállego, Río ~ E 40 F4
Gallegos, Río ~ RA 152 C8
Gallikós ~ GR 54 E2
Gallinero, Sierra ▲ HN 137 K5
Gallo, Río ~ E 43 H4
Galloo Island ◠ USA 126 F7
Galloway ≐ GB 24 E5
Gallura ≐ I 50 C2
Gal Oya ~ CL 71 F7
Galty Mountains ▲ IRL 24 C6
Gálvez, Río ~ PE 148 E4
Galway = Gaillimh ☆ IRL 24 C6
Galway Bay ≈ IRL 24 C6
Gāmāsīāb, Rūd-e ~ IR 67 M5
Gambēla ☆ ETH 105 M7
Gambhīr ~ IND 69 F6
Gambia, River ~ WAG 104 B6
Gambie ~ RG 110 D3
Gambie ~ SN 110 D3
Gambier, Îles ◠ F 97 O5
Gambier Islands ◠ AUS 92 C3
Gamkab ~ NAM 116 C4
Gamkarivier ~ ZA 116 E6
Gammelstaden ◉ S 20 K4
Gammouda = Sidi Bouzid ☆ TN 107 L3
Găncă = Ganza ◉ AZ 64 F2
Gand = Gent ☆ B 31 L3
Gandak ~ IND 72 D1
Gandamia ▲ RMM 111 J2
Gander River ~ CDN 127 R4
Gander River, Southwest ~ CDN 127 R4
Gāndhidhām ◉ IND 69 B8
Gāndhīnagar ☆ IND 69 D8
Ganga ~ BD 72 F3
Ganga ~ IND 65 O5
Ganga, Mouths of the ≈ 65 O6
Ganga Delta ≐ IND 72 F3
Gangaw Taung ▲ MYA 73 K3
Gangdisê Shan ▲ CN 74 D5
Ganges = Ganga ~ IND 65 O5
Gangesdelta = Ganga Delta ≐ IND 72 F3
Gangesmündungen = Mouths of the Ganga ≈ 65 O6
Ganghwado ◠ ROK 80 E5
Gangīr, Rūdḫāne-ye ~ IR 67 L6
Gangtok ☆ IND 65 O5
Gan Jiang ~ CN 75 L6
Gan Jiang ~ CN 79 J3
Ganjuškino ◉ KZ 57 Q4
Ganso Azul ≐ PE 148 D5
Ġanūbīya, al-Bādiya l- ≐ IRQ 67 M7
Ganza ◉ AZ 64 F2
Gao ☆ RMM 104 F5
Gaolan Dao ◠ CN 79 H6
Gaoligong Shan ▲ 73 L1
Gaoua ☆ BF 111 J4
Gap ☆ F 33 L4
Garabil ▲ TM 64 J3
Garagum ≐ TM 64 H2
Garamba ~ CGO 114 B2
Garandal, Wādī ~ ET 108 F3
Garbahaarrey ☆ SO 115 H2
Garças ou Jacaréguau, Rio das ~ BR 150 D1
Gard ~ F 33 J4
Gardelegen ◉ D 34 G4
Garden Island ◠ USA 132 E3
Garden Peninsula ≐ USA 132 E3
Gardēz ☆ AFG 68 B3
Gardner Island = Nikumaroro ◠ KIR 95 K6
Gardunha, Serra da ▲ P 40 B4
Garei ~ BD 72 F3
Garešnica ☆ HR 49 M3
Garfa, Oued ~ RIM 110 D2
Gargano, Promontorio del ▲ I 46 F4
Gargždai ◉ LT 38 G4
Garhjāt Hills ▲ IND 72 D4
Garigliano ~ I 51 G1
Garissa ☆ EAK 115 G4
Garmisch-Partenkirchen ☆ D 35 G9
Garmsār ≐ AFG 64 J4
Garonne ~ F 18 L7
Garonne ~ F 25 H11
Garoowe ☆ SO 105 P7
Garoua ☆ CAM 104 H7
Garrigues ≐ F 33 H5
Garsden = Gargždai ◉ LT 38 G4
Gartempe ~ F 25 H9
Garupá, Rio ~ BR 151 A9
Garut ◉ RI 82 E8
Gascogne ≐ F 25 G11
Gascoyne River ~ AUS 90 C4
Gaspar, Selat ≈ RI 82 E7
Gasparilla Island ◠ USA 135 G6
Gaspé, Baie de ≈ CDN 127 M4
Gaspésie, Péninsule de la ≐ CDN 123 X7
Gassi Touil ≐ DZ 107 K6
Gastein, Bad ◉ A 35 J9
Gasteiz, Vitoria- ☆ E 43 H2
Gata, Sierra de ▲ E 40 C4
Gatačko polje ≐ BIH 49 O5
Gatčina ☆ RUS 39 M2

★ Hauptstadt (Staat) ☆ Hauptstadt (Bundesland, Provinz, o.ä.) ◉ Ort ▲ Gebirge ◠ Insel, Halbinsel ≐ Landschaft ≈ Ozean, Meer ~ Fluss

Gateshead Island ⌒ CDN 122 Q2
Gathto Creek ~ CDN 124 H3
Gâtinais ≐ F 25 J8
Gatineau, Rivière ~ CDN 126 G5
Gau ⌒ FJI 96 E4
Gauja ~ LV 38 J3
Gaula ~ N 20 E5
Gaut, Wādī l- ~ SYR 67 J5
Gavdopoúla ⌒ GR 54 G8
Gávdos ⌒ GR 105 K2
Gave de Oloron ~ F 32 D5
Gave de Pau ~ F 32 D5
Gāve Rūd ~ IR 67 M5
Gavnø ⌒ DK 22 G5
Gavrilov-Jam ◉ RUS 39 Q3
Gāwilgarh Hills ▲ IND 69 F9
Ǧawlan, al- ▲ SYR 64 D4
Gawler Ranges ▲ AUS 92 C2
Gawler River ~ AUS 92 E3
Gawwār, Ǧazīrat ⌒ KSA 109 G5
Gaya ◉ IND 72 D2
Gayyāda, Šu'aib ~ IRQ 67 J6
Ǧazā'ir Farasān ⌒ KSA 105 O5
Ǧazā'ir Siyāl ⌒ ET 109 H6
Gazakh = Qazax ◉ AZ 64 F2
Gazelle, Récif de la ⌒ F 98 b3
Gaziantep Ovası ≐ SYR 66 G4
Ǧazīrat Abū 'Alī ⌒ KSA 64 F5
Ǧazīrat an-Nu'mān ⌒ KSA 109 G4
Ǧazīrat Birrim ⌒ KSA 109 G5
Ǧazīrat Būbiyān ⌒ KWT 64 F5
Ǧazīrat Failaka ⌒ KWT 64 F5
Ǧazīrat Ǧawwār ⌒ KSA 109 G5
Ǧazīrat Ǧiftūn al-Kabīr ⌒ ET 109 F4
Ǧazīrat Ǧūbāl ⌒ ET 109 F4
Ǧazīrat Halā'ib ⌒ ET 109 H6
Ǧazīrat Maṣīra ⌒ OM 64 H6
Ǧazīrat Mukawwa' ⌒ ET 109 G6
Ǧazīrat Murair ⌒ ET 109 G6
Ǧazīrat Qaisūm ⌒ ET 109 F4
Ǧazīrat Šadwān ⌒ ET 109 G4
Ǧazīrat Safāǧa ⌒ ET 109 G4
Ǧazīrat Šaibāra ⌒ KSA 109 G5
Ǧazīrat Šarīfa ⌒ KSA 105 N4
Ǧazīrat Ṭawīla ⌒ ET 108 F4
Ǧazīrat Tīrān ⌒ KSA 109 G4
Ǧazīrat Wādī Ǧimal ⌒ ET 109 G5
Ǧazīre-ye Kīš ⌒ IR 64 G5
Ǧazīre-ye Lāvān ⌒ IR 64 G5
Ǧazīre-ye Qešm ⌒ IR 64 G5
Gaznī ☆ AFG 65 K4
Gaznī, Daryā-ye ~ AFG 68 B3
Gbanhala ~ RG 110 F5
Gdańsk ☆ PL 36 E2
Gdańska, Zatoka ≈ PL 29 P1
Gdan'skij Zaliv ≈ RUS 36 F2
Gdingen = Gdynia ◉ PL 36 E2
Gdov ☆ RUS 38 K2
Gdynia ◉ PL 36 E2
Geaŭ Hka ~ MYA 73 K1
Gêba, Canal do ≈ RGB 110 B4
Geba, Rio ~ RGB 110 C3
Gebe, Pulau ⌒ RI 83 J7
Gebenben ~ GH 111 K5
Gediz Nehri ~ TR 55 K4
Gediz Nehri ~ TR 66 B3
Gediz Nehri ~ TR 66 C3
Geelong ◉ AUS 93 H5
Geelvink Channel ≈ AUS 90 C5
Ge Hu ~ CN 77 L6
Geirangerfjorden ≈ N 20 C5
Geislingen an der Steige ◉ D 35 E8
Gelber Fluss = Huang He ~ CN 74 J4
Gelbes Meer = Yellow Sea ≈ 75 N4
Gelendžik ◉ RUS 57 K5
Gelibolu ◉ TR 55 J2
Gelibolu Yarımadası ≐ TR 55 J2
Gelsenkirchen ◉ D 34 C5
Gemlik Körfezi ≈ TR 66 C2
Genalē Wenz ~ ETH 105 O7
Genalē Wenz ~ ETH 115 H1
General Santos ◉ RP 83 J5
Genesee River ~ USA 133 J4
Genève ☆ CH 35 B10
Genévriers, Île des ⌒ CDN 127 P3
Genf = Genève ☆ CH 35 B10
Genil, Río ~ E 40 D6
Genil, Río ~ E 44 F4
Genkai-nada ≈ J 80 G7
Gennargentu, Monti del ▲ I 50 C2
Genova ☆ I 48 D4
Genova, Golfo di ≈ I 46 B3
Genovesa, Isla ⌒ EC 144 A4
Gent ☆ B 31 L3
Genua = Genova ☆ I 48 D4
Geographe Bay ≈ AUS 90 C6
Geographe Channel ≈ AUS 90 C4
Geojedo ⌒ ROK 80 G6
Geomundo ⌒ ROK 80 F6
George, Rivière ~ CDN 123 X5
George Sound ≈ NZ 99 A6
George Town ◉ BS 139 G3
George Town ☆ GB 138 D5
Georgetown ★ GUY 145 H3
George Town ☆ MAL 85 B9
Georgetown ◉ USA 135 J3
Georgetown ◉ WAG 110 C3
Georgetown = George Town ☆ MAL 85 B9
Georgia, Strait of ≈ CDN 122 L6
Geórgios ⌒ GR 47 J6
Gera ☆ D 34 H6
Gerace ◉ I 51 K4
Geral, Serra ▲ BR 152 G2
Geral de Goiás, Serra ▲ BR 145 K7
Gérardmer ◉ F 31 O6
Gerede ☆ TR 66 D2
Gerede Çayı ~ TR 66 E2
Gerik ◉ MAL 85 C9
Geriş ≐ TR 66 D4
Gerje ~ H 37 F9
Germersheim ☆ D 35 D7
Gerona = Girona ◉ E 43 N3
Gerrei ≐ I 50 C3
Gers ~ F 25 H11
Gers ~ F 32 E5
Gesäuse ~ A 35 K9
Gesellschaftsinseln = Îles de la Société ⌒ F 97 K4
Gestro, Wabē ~ ETH 105 O7
Geum Gang ~ ROK 80 F5
Gevar Ovası ≐ TR 67 K4
Gévora, Río de ~ P 44 C2
Gewna, Lough ~ IRL 27 B8
Geyser, Banc du ⌒ RM 113 L4
Geyve ☆ TR 55 N2
Ghadāmis ☆ LAR 107 L5
Ghagghar ~ IND 68 E5
Ghaghara ~ IND 72 B1
Ghanzi ☆ BW 112 F6
Ghardaïa ☆ DZ 107 H4
Gharyān ☆ LAR 104 H2
Ghatprabha ~ IND 70 C2
Ghawdex = Gozo ⌒ M 46 D6
Gheris, Oued ~ MA 106 D5
Ghizar ~ PK 68 D1
Ghod ~ IND 69 E10
Ghotki ◉ PK 68 B6
Ghoufi ◉ DZ 107 K3
Ghugri ~ IND 72 E2
Giải Trư'ờng So'n ▲ VN 84 E2
Gia Nghia ☆ VN 84 F6
Giannutri, Isola di ⌒ I 46 B3
Giáros ⌒ GR 47 K6
Gibraltar ◉ GBZ 44 E5
Gibraltar, Estrecho de ≈ 104 D1
Gibson Desert ≐ AUS 90 E4
Gibsonwüste = Gibson Desert ≐ AUS 90 E4
Gîbūti = Djibouti ★ DJI 105 O6
Giccečokka ▲ N 20 H3
Gidda ◉ KSA 105 N4
Giddat al-Harāsīs ≐ OM 64 H7
Gideån ~ S 20 J5
Gießen ☆ D 35 D6
Giethoorn ◉ NL 31 O2
Gifhorn ☆ D 34 F4
Giftūn al-Kabīr, Ǧazīrat ⌒ ET 109 F4
Giganta, Sierra de la ▲ MEX 128 D5
Gigha Island ⌒ GB 26 C6
Giglio, Isola del ⌒ I 46 C3
Gigüela, Río ~ E 40 E5
Gijón ◉ E 42 E1
Gila Desert ≐ USA 131 H9
Gila River ~ USA 128 D4
Gila River ~ USA 128 E4
Gilbert Islands ⌒ KIR 94 G5
Gilbert River ~ AUS 90 J3
Gilbert River ~ CDN 127 Q2
Ǧilf al-Kabīr, Haḍbat al- ▲ ET 108 B6
Gilgit ☆ PK 68 E2
Gilgit ~ PK 68 E2
Gilgit Mountains ▲ PK 65 L3
Gilgunnia Range ▲ AUS 93 J2
Gil Island ⌒ CDN 124 F5
Gilort ~ RO 56 C5
Ǧimāl, Wādī ~ ET 109 G5
Gimone ~ F 32 E5
Gin Ganga ~ CL 71 F7
Gioúra ⌒ GR 47 K5
Giresun ☆ TR 67 H2
Giresun Dağları ▲ TR 67 H2
Gir Hills ▲ IND 69 C9
Giri ~ CGO 112 E1
Girna ~ IND 69 E9
Girón ◉ CO 146 D4
Girona ◉ E 43 N3
Gironde ≈ F 25 G10
Girou ~ F 32 F5
Gisenyi ◉ RWA 114 B4
Gislaved ☆ S 22 J3
Gitega ☆ RU 114 B5
Giurgiu ☆ RO 56 D6
Ǧīzān ☆ KSA 64 E7
Gižiginskaja guba ≈ RUS 63 c5
Gizo ☆ SOL 94 D7
Giżycko ◉ PL 36 H2
Gjandža = Ganza ◉ AZ 64 F2
Gjerstad ☆ N 22 E2
Gjiri i Drinit ≈ AL 46 G4
Gjiri i Durrësit ≈ AL 52 D5
Gjiri i Lalzit ≈ AL 52 D5
Gjiri i Vlorës ≈ AL 52 D6
Gjirokastër ☆ AL 52 E6
Gjøvik ☆ N 21 E6
Glacier Bay ≈ USA 124 B2
Glåma ~ N 18 O3
Glåma ~ N 21 E7
Glamočko polje ≐ BIH 49 M4
Glarner Alpen ▲ CH 28 K5
Glarus ☆ CH 35 E9
Glasgow ◉ GB 26 E6
Glastonbury ◉ GB 27 G10
Glatz = Kłodzko ◉ PL 37 C6
Glauchau ☆ D 34 H6
Glazov ☆ RUS 19 W4
Gledićske planine ▲ SRB 52 E3
Gleiwitz = Gliwice ◉ PL 37 E6
Glen Albyn = Glen More ≐ GB 24 E4
Glénan, Îles de ⌒ F 25 E9
Glenelg River ~ AUS 92 F4
Glen More ≐ GB 24 E4
Glen Trool ≐ GB 26 E6
Glina ☆ HR 49 M3
Glina ~ HR 49 L3
Gliwice ◉ PL 37 E6
Gliwicki, Kanał ~ PL 37 E6
Glogau = Głogów ◉ PL 36 C5
Głogów ◉ PL 36 C5
Glomma ~ N 22 G1
Gloria, Bahía de la ≈ C 139 G4
Glorieuses, Îles ⌒ F 113 L4
Glover Island ⌒ CDN 127 Q4
Glovers Reef ⌒ BZ 137 L4
Głubczyce ◉ PL 37 D6
Głuchołazy ◉ PL 37 D6
Glymur ~ IS 20 c2
Gmünd ☆ A 37 A8
Gmunden ☆ A 35 J9
Gniew ◉ PL 36 E3
Gnoda ~ PL 29 O2
Gobabis ☆ NAM 116 D1
Gobi = Gov' ≐ MGL 74 J3
Gobnangou, Falaises du ▲ BF 111 L4
Gochang ◉ ROK 80 F6
Gocta, Catarata ~ PE 148 C4
Goðafoss ~ IS 20 e2
Godāvari ~ IND 65 M7
Godāvari ~ IND 69 E10
Godāvari ~ IND 71 F2
Godavari Delta ≐ IND 71 F2
Godavari Plain ≐ IND 69 F10
Godthåb = Nuuk ☆ DK 123 a4
Gödöllő ◉ H 37 F9
Gökçeada ⌒ TR 47 K4
Gökırmak ~ TR 66 F2
Gökova Körfezi ≈ TR 66 B4
Göksu Çayı ~ TR 66 G3
Göksu Nehri ~ TR 66 E4
Gölgeli Dağları ▲ TR 66 C4
Gönen Çayı ~ TR 55 K3
Göppingen ☆ D 35 E8
Goeree ≐ NL 28 G3
Görlitz ☆ D 34 K5
Görlitz = Zgorzelec ◉ PL 36 B5
Göta älv ~ S 21 E8
Götaland ≐ S 18 O4
Göteborg ☆ S 22 G3
Götene ☆ S 22 J2
Göttingen ☆ D 34 E5
Göynük Çayı ~ TR 55 N2
Gō-gawa ~ J 81 J6
Gogland, ostrov ⌒ RUS 38 K2
Gogumdo ⌒ ROK 80 F6
Goiânia ☆ BR 150 F2
Goiás ◉ BR 150 E1
Going ▲ RG 110 F5
Gol ☆ N 21 D6
Gola Hills ▲ WAL 110 E6
Golaj ◉ AL 52 E4
Gol'ama reka ~ BG 53 L3
Golana Gof ~ EAK 115 G3
Gołdapa ~ PL 36 J2
Gold Coast ≐ GH 104 E8
Golden Bay ≈ NZ 99 D4
Goldene Aue ≐ D 34 G5
Golden Vale ≐ IRL 24 C6
Goldingen = Kuldīga ☆ LV 38 G3
Goldküste = Gold Coast ≐ GH 104 E8
Goldstream River ~ CDN 125 L6
Golema Planina ▲ BG 52 H4
Golfa ◉ IR 67 L3
Golf de València ≈ E 18 L8
Golfe d'Aigues-Mortes ≈ F 32 H5
Golfe d'Ajaccio ≈ F 33 N7
Golfe de Calvi ≈ F 33 N6
Golfe de Gabès ≈ TN 104 G2
Golfe de Hammamet ≈ TN 104 H1
Golfe de la Gonâve ≈ RH 129 L7
Golfe de Porto ≈ F 33 N6
Golfe de Porto-Vecchio ≈ F 33 O7
Golfe de Saint-Florent ≈ F 33 O6
Golfe de Saint-Malo ≈ F 18 L6
Golfe de Tunis ≈ TN 107 M2
Golfe di Ventilegne ≈ F 33 N7
Golfe du Lion ≈ F 25 J11
Golfete de Coro ≈ YV 146 E2
Golfo Corcovado ≈ RCH 152 C6
Golfo de Ana María ≈ C 138 F4
Golfo de Ancud ≈ RCH 152 C6
Golfo de Batabanó ≈ C 129 K6
Golfo de Cádiz ≈ E 40 C6
Golfo de California ≈ MEX 128 D4
Golfo de Cariaco ≈ YV 147 H2
Golfo de Cazones ≈ C 138 E4
Golfo de Cupica ≈ CO 146 B4
Golfo de Fonseca ≈ ES 128 H8
Golfo de Guanacayabo ≈ C 139 F4
Golfo de Guayaquil ≈ EC 144 C5
Golfo de Honduras ≈ 129 J7
Golfo dell'Asinara ≈ I 46 B4
Golfo de los Mosquitos ≈ PA 129 K9
Golfo de Mazarrón ~ E 40 F6
Golfo de Moorosquillo ≈ CO 146 B3
Golfo de Panamá ≈ PA 129 K9
Golfo de Papagayo ≈ CR 129 J8
Golfo de Paria ≈ YV 145 G2
Golfo de Penas ≈ RCH 152 B7
Golfo de Tehuantepec ≈ MEX 128 G7
Golfo de Tribugá ≈ CO 146 B5
Golfo de Urabá ≈ CO 146 B3
Golfo de Venezuela ≈ YV 144 E2
Golfo di Augusta ≈ I 51 J5
Golfo di Cagliari ≈ I 46 B5
Golfo di Castellammare ≈ I 46 D6
Golfo di Catania ≈ I 51 J5
Golfo di Follonica ≈ I 48 F6
Golfo di Gaeta ≈ I 46 D4
Golfo di Genova ≈ I 46 B3
Golfo di Manfredonia ≈ I 46 F4
Golfo di Napoli ≈ I 46 D4
Golfo di Oristano ≈ I 50 B3
Golfo di Orosei ≈ I 50 C2
Golfo di Policastro ≈ I 46 E5
Golfo di Salerno ≈ I 46 E4
Golfo di Santa Eufemia ≈ I 46 E5
Golfo di Taranto ≈ I 18 P7
Golfo di Termini Imerese ≈ I 50 G4
Golfo di Trieste ≈ I 46 D2
Golfo di Venezia ≈ I 46 C2
Golfo San Jorge ≈ RA 152 D7
Golfo San Matías ≈ RA 152 E6
Golfo Triste ≈ YV 144 F2
Golf von Aden = Gulf of Aden ≈ 105 O6
Golf von Bengalen = Bay of Bengal ≈ 65 O8
Goli ≐ HR 49 K4
Golija ▲ BIH 49 M5
Golija ▲ MNE 52 C4
Golija ▲ SRB 52 E3
Goljak ▲ SRB 52 F4
Goljama Kamčija ~ BG 53 L4
Golo ~ F 33 O6
Golubac ◉ SRB 52 F2
Goma ☆ CGO 114 B4
Gomati ~ IND 68 G6
Gomati ~ IND 72 B1
Gombe ~ EAT 113 H2
Gombe ☆ NGR 104 H6
Gombe = Igombe ~ EAT 114 D6
Gombo ~ RG 110 E4
Gomel' = Homel' ☆ BY 39 M5
Gomera, La ⌒ E 104 B3
Gomon ◉ CI 111 H7
Gonābād ◉ IR 64 H4
Gonaives ◉ RH 139 J5
Gonam ~ RUS 63 W6
Gonâve, Golfe de la ≈ RH 129 L7
Gonâve, Île de la ⌒ RH 129 L7
Gonbad-e Qabūs ◉ IR 64 H3
Gonder ◉ ETH 105 N6
Gondo ◉ RMM 111 J2
Gondomar ◉ P 42 B3
Gondwan ≐ IND 69 G8
Gongola, River ~ NGR 104 H6
Gong Shui ~ CN 79 J4
Gonzáles, Río ~ PY 150 A5
Goobang Creek ~ AUS 93 J2
Goodenough Island ⌒ PNG 83 N8
Goose Creek ~ USA 130 G5
Goose River ~ CDN 125 M4
Goose River ~ CDN 127 O2
Gopat ~ IND 72 B2
Gora Dudi Plain ≐ EAK 115 G2
Goranlega ~ SO 115 H4
Gorce ▲ PL 37 G7
Gordon River ~ AUS 93 H7
Gordon River ~ AUS 93 J7
Goré ◉ CI 111 G6
Gorée, Île de ⌒ SN 110 B2
Gorenjsko ≐ SLO 49 K2
Gorgān ☆ IR 64 G3
Gorgān, Rūdḫāne-ye ~ IR 64 G3
Gorges du Kéran ≐ TG 111 L5
Gorges du Ziz ≐ MA 106 D4
Gorgona, Isla ⌒ CO 146 A6
Gorgona, Isola di ⌒ I 48 E5
Gorgora ◉ ETH 105 N6
Gori ◉ GE 57 N7
Gori Hills ▲ WAL 110 E5
Gorizia ☆ I 49 J3
Gor'kij = Nižnij Novgorod ☆ RUS 39 T3
Gorlice ◉ PL 37 H7
Gorna Arda ~ BG 53 J5
Gorno-Altajsk ☆ RUS 62 O7
Goroka ☆ PNG 83 N8
Gorong, Kepulauan ⌒ RI 83 K7
Gorontalo ☆ RI 82 H6
Goroubi ~ RN 111 L3
Gorouol ~ BF 111 K2
Gorowi Kongoli, Monts ▲ CI 111 H5
gory Blednaja ▲ RUS 62 J2
Gory Byrranga ▲ RUS 62 N3
Gorzówska, Kotlina ≐ PL 36 B4
Gorzów Wielkopolski ◉ PL 36 B4
Goslar ☆ D 34 F5
Gospić ☆ HR 49 L4
Gostivar ◉ MK 52 E5
Gostyń ◉ PL 36 D5
Gotha ☆ D 34 F6
Gotland ⌒ S 19 P4
Gotō-rettō ⌒ J 80 G7
Gotska Sandön ⌒ S 21 J7
Gottwaldov = Zlín ☆ CZ 37 D7
Gouaro, Baie de ≈ F 98 b3
Gouaya ~ BF 111 K3
Goulburn River ~ AUS 93 L2
Gouda ◉ NL 31 M2
Gouina, Chutes de ~ RMM 110 E2
Goulburn Island, North ⌒ AUS 90 G2
Goulburn River ~ AUS 93 H4
Goulburn River ~ AUS 93 J4
Goulet, Montagne du ▲ F 32 H4
Goulimine = Guelmim ☆ MA 106 A6
Goumal Rūd ~ AFG 68 B3
Gourara ≐ DZ 106 G6
Gourie ◉ JA 139 G5
Gourits ~ ZA 116 E6
Gov' ≐ MGL 74 J3
Gov' Altajn nuruu ▲ MGL 74 J3
Governor's Harbour ◉ BS 139 G2
Gower ≐ GB 27 E10
Gower Peninsula ⌒ GB 24 E7
Goya ◉ RA 151 A8
Goyllarisquizga ≐ PE 149 C7
Gozo ⌒ M 46 D6
Graaff-Reinet ◉ ZA 117 G6
Graafschap ≐ NL 31 O2
Grabo, Collines de ▲ CI 110 G7
Grabowa ~ PL 36 C2
Gračac ☆ HR 49 L4
Graciosa, Ilha ⌒ P 18 F8
Gradačac ◉ BIH 49 O4
Gradaús, Serra dos ▲ BR 145 J6
Gradeška planina ▲ MK 52 G5
Grado ◉ I 49 J3
Grady Island ⌒ CDN 127 Q2
Gränna ◉ S 22 K2
Grästorp ☆ S 22 H2
Graham Creek ~ USA 130 E2
Graham Island ⌒ CDN 122 J6
Graham Island ⌒ CDN 123 S1
Graham River ~ CDN 124 J3
Gråhs Øer ⌒ DK 123 d4
Graie, Alpi ▲ I 48 C3
Grain Coast ≐ LB 104 C7
Grajaú, Rio ~ BR 145 K6
Gramado ◉ BR 151 E8
Grámmos ▲ GR 54 C2
Grampian Mountains ▲ GB 18 L4
Grampians, The ≐ AUS 92 G4
Gramsh ◉ AL 52 E6
Gramvoússa ⌒ GR 54 F7
Granada ☆ E 44 G4
Granada ☆ NIC 137 L7
Gran Altiplanicie Central ≐ RA 152 C7
Gran Canaria ⌒ E 104 B3
Gran Chaco ≐ RA 152 E3
Grand Bahama Island ⌒ BS 129 L5
Grand-Bassam ◉ CI 111 J7
Grand Caicos ⌒ GB 139 K4
Grand Canyon ≐ USA 128 D3
Grand Cayman ⌒ GB 138 D5
Grande, Arroyo ~ ROU 151 B10
Grande, Cayo ⌒ C 138 F4
Grande, Rio ~ BR 145 J8
Grande, Rio ~ BR 145 K7
Grande, Rio ~ BR 150 F4
Grande, Rio ~ BR 150 G4
Grande, Río ~ GCA 137 J5
Grande, Río ~ PE 149 D9
Grande, Río ~ USA 128 F4
Grande, Río ~ USA 128 F4
Grande, Río ~ YV 147 K3
Grande Cayemite ⌒ RH 139 J5
Grande Comore = Ngazidja ⌒ COM 113 K4
Grande de Gurupá, Ilha ⌒ BR 145 J5
Grande de Santiago, Río ~ MEX 128 F6
Grande Kabylie ≐ DZ 107 H2
Grande Leyre ~ F 32 D4
Grande Miquelon ⌒ F 127 Q5
Grande o Guapay, Río ~ BOL 144 G8
Grand Erg de Bilma ≐ RN 104 H5
Grand Erg Occidental ≐ DZ 106 F5
Grand Erg Oriental ≐ DZ 104 F3
Grande Rivière, La ~ CDN 126 E2
Grande Rivière, La ~ CDN 126 G2
Grande Rivière de la Baleine ~ CDN 123 V5
Grande Ronde River ~ USA 130 F3
Grande Terre ⌒ SY 113 L3
Grand Falls ~ EAK 115 F4
Grand Hers ~ F 32 F5
Grand Island ⌒ USA 132 E2
Grand Isle ⌒ USA 133 M3
Grand Junction ◉ USA 128 E3
Grand Manan Island ⌒ CDN 123 X8
Grândola, Serra de ▲ P 44 B3
Grand Passage ≈ F 98 a2
Grand-Popo ◉ BJ 111 L6
Grand Rapids ~ CDN 125 O3
Grand Récif de Cook ⌒ F 98 a2
Grand Récif de Koumac ⌒ F 98 a3
Grand Récif Mathieu ⌒ F 98 a3
Grand Récif Mengalia ⌒ F 98 b3
Grand Récif Sud ⌒ F 96 C5
Grand River ~ CDN 126 D7
Grand Turk Island ⌒ GB 139 K4
Grand Wash Cliffs ▲ USA 131 G7
Granite Range ▲ USA 130 E5
Granite Springs Valley ≐ USA 130 E5
Granit Rose, Côte de ≐ F 30 D6
Gran Pajonal ▲ PE 149 D7
Gran Roque ⌒ YV 147 G1
Gran Sabana, La ≐ YV 145 G3
Gran Sasso d'Italia ▲ I 49 J6
Grant Range ▲ USA 131 G7
Graudenz = Grudziądz ◉ PL 36 E3
Graves ≐ F 32 D4
Gravona ~ F 33 N7
Grays Harbor ≈ USA 130 B2
Graz ☆ A 37 B10
Great Abaco Island ⌒ BS 139 G1
Great Artesian Basin ≐ AUS 90 J5
Great Australian Bight ≈ AUS 90 F6
Great Barrier Island ⌒ NZ 96 E8
Great Barrier Reef ≐ AUS 90 J2
Great Basin ≐ USA 128 C3
Great Bernera ⌒ GB 26 B3
Great Britain ⌒ GB 24 G5
Great Divide Basin ≐ USA 128 E2
Great Dividing Range ▲ AUS 90 J2
Great Duck Island ⌒ CDN 126 C6
Greater Antilles ⌒ 129 L6
Great Exhibition Bay ≈ NZ 96 D7
Great Exuma Island ⌒ BS 139 G3
Great Glen = Glen More ≐ GB 24 E4
Great Guana Cay ⌒ BS 139 G2
Great Harbour Cay ⌒ BS 138 F2
Great Inagua Island ⌒ BS 129 L6
Great Isaac ⌒ BS 138 F1
Great Karoo ≐ ZA 112 F8
Great Mercury Island ⌒ NZ 99 E2
Great Nicobar Island ⌒ IND 82 B5
Great Ouse ~ GB 27 K9
Great Plain of the Koukdjuak ≐ CDN 123 W3
Great Plains ≐ 122 N5
Great Rattling Brook ~ CDN 127 R4
Great Ruaha ~ EAT 113 H3
Great Sale Cay ⌒ BS 138 F1
Great Salt Lake Desert ≐ USA 128 D2
Great Sand Hills ▲ CDN 125 Q6
Great Sandy Desert ≐ AUS 90 E3
Great Sandy Desert ≐ USA 122 M8
Great Sea Reef ⌒ FJI 96 E4
Great Smoky Mountains ▲ USA 134 G2
Great Usutu ~ SD 117 K3
Great Valley ≐ USA 133 K6
Great Victoria Desert ≐ AUS 90 F5
Gredos, Sierra de ▲ E 40 C5
Green Bay ≈ CDN 127 R4
Greenbrier River ~ USA 133 H7
Green Cay ⌒ BS 139 G2
Greenly Island ⌒ AUS 92 C3
Green Mountain ▲ USA 133 M4
Green River ~ USA 128 D2
Green River ~ USA 128 D3
Green River ~ USA 132 D5
Green River ~ USA 132 E7
Greenville ◉ LB 110 F7
Greenwich ◉ GB 27 K10
Greifswald ☆ D 34 J2
Greifswalder Bodden ≈ D 34 J2
Greifswalder Oie ⌒ D 34 J2
Greiz ☆ D 35 H6
Grenada ★ WG 145 G2
Grenade-sur-l'Adour ◉ F 32 D5
Grenen ≐ DK 21 E8
Grenoble ☆ F 33 K3
Grevesmühlen ☆ D 34 G3
Grey Islands Harbour ⌒ CDN 127 R3
Greymouth ☆ NZ 99 C5
Grey Range ▲ AUS 90 J5
Grey River ~ CDN 127 Q4
Grey River ~ NZ 99 C5
Gribbell Island ⌒ CDN 124 F5
Gribës, Mali i ▲ AL 52 D6
Griekwaland-wes ≐ ZA 116 F4
Grijalva, Río ~ MEX 137 H3
Grimault, Île ⌒ F 98 b3
Grimma ☆ D 34 H5
Grimmen ☆ D 34 J2
Grimsby ◉ GB 27 J8
Grimsey ⌒ IS 18 H2
Grimstad ☆ N 22 D2
Grindelwald ◉ CH 35 D10
Grinnell Peninsula ≐ CDN 123 R1
Grmeč ▲ BIH 49 M4
Groais Island ⌒ CDN 127 R3
Grobin = Grobiņa ◉ LV 38 G3
Grodków ◉ PL 36 D6
Grodno = Hrodna ☆ BY 36 K3
Grodzisk Wielkopolski ◉ PL 36 C4
Gröbming ☆ A 35 J9
Grönland ⌒ DK 123 b3
Groenmater-River ~ ZA 116 F4
Groenrivier ~ ZA 116 C5
Groix, Île de ⌒ F 25 E9
Groningen ☆ NL 31 O1
Groningen ☆ SME 145 H3
Grønsund ≈ DK 22 H6
Groot Brakrivier ~ ZA 116 D6
Groot Bosmanland ≐ ZA 116 D4
GrootdUIN ≐ NAM 116 D1
Groote Eylandt ⌒ AUS 90 H2
Groot Karasberge ▲ NAM 116 D3
Groot Karoo = Great Karoo ≐ ZA 112 F8
Groot Kei ~ ZA 117 H6
Groot Letaba ~ ZA 117 K1
Groot Rietrivier ~ ZA 116 E5
Grootrivier ~ ZA 116 E6
Grootrivier ~ ZA 116 F6
Groot Swartberge ▲ ZA 116 F6
Groot VisRiver ~ ZA 117 G5
Groot Visrivier ~ ZA 117 H6
Groot Waterberg ▲ NAM 112 E6
Groot Winterhoekberge ▲ ZA 117 G6
Gros Mécatina, Île du ⌒ CDN 127 P3
Großbritannien = Great Britain ⌒ GB 24 G5
Große Antillen = Greater Antilles ⌒ 129 L6
Große Australische Bucht = Great Australian Bight ≈ AUS 90 F6
Große Ebene = Huabei ≐ CN 75 L4
Große Karoo = Great Karoo ≐ ZA 112 F8
Großendorf = Władysławowo ◉ PL 36 E2
Großer Belt = Storebælt ≈ DK 21 E9
Großer Khingan = Da Hinggan Ling ▲ CN 75 M3
Großer Sandsee = Baḥr ar Ramla al Kabīr ≐ ET 105 L3
Große Salzwüste = Dašt-e Kavīr ≐ IR 64 G4
Große Sandwüste = Great Sandy Desert ≐ AUS 90 E3
Großes Artesisches Becken = Great Artesian Basin ≐ AUS 90 J5
Großes Barriereriff = Great Barrier Reef ≐ AUS 90 J2
Große Sundainseln = Kepulauan Sunda Besar ⌒ RI 82 D7
Grosseto ☆ I 48 G6
Grosseto, Formiche di ⌒ I 48 F6
Große Victoriawüste = Great Victoria Desert ≐ AUS 90 F5
Großnamaland = Namaland ≐ NAM 112 E7
Grosswardein = Oradea ☆ RO 56 B4
Groswater Bay ≈ CDN 123 Z6
Grou, Oued ~ MA 106 C4
Groulx, Les Monts ▲ CDN 127 L3
Groumbo ~ RMM 111 H4
Groundhog River ~ CDN 123 U7
Groupe Actéon ⌒ F 97 O5
Groupe Raevski ⌒ F 97 N4
Grouz, Djbel ▲ DZ 106 E4
Groznyj ☆ RUS 57 O6
Grubišno Polje ☆ HR 49 N3
Grudziądz ◉ PL 36 E3
Grünberg = Zielona Góra ☆ PL 36 B5
Gruinard Bay ≈ GB 26 D4
Grumeti ~ EAT 114 E5
Grums ☆ S 22 J1
Grupo de Maniabon ▲ C 139 G4
Grupo Sagua-Baracoa ▲ C 129 L6
Gruppo dell'Adamello ▲ I 48 F2
Gruža ☆ SRB 52 E3
Gryfino ◉ PL 36 A3
Grytøya ⌒ N 20 G2
Guacamaya, Raudal ~ CO 146 F6
Guachiría, Río ~ CO 146 E5
Guadajoz, Río ~ E 44 F4
Guadalajara ☆ MEX 136 C2
Guadalaviar, Río ~ E 43 J4
Guadalcanal ⌒ SOL 94 D7
Guadalén, Río ~ E 45 G3
Guadalimar, Río ~ E 40 E5
Guadalmez, Río ~ E 40 D5
Guadalope, Río ~ E 40 F4
Guadalquivir, Río ~ E 18 K8
Guadalquivir, Río ~ E 40 C6
Guadalquivir, Río ~ E 44 D5
Guadalquivir, Río ~ E 45 G4
Guadalupe ◉ E 44 E2
Guadalupe, Isla de ⌒ MEX 128 C5
Guadalupe, Sierra de ▲ E 44 E2
Guadámez, Río ~ E 44 E3
Guadarrama, Río ~ E 42 F5
Guadarrama, Sierra de ▲ E 40 D4
Guadiana, Bahía de ≈ C 138 C3
Guadiana, Río ~ E 18 K8
Guadiana, Río ~ E 40 D5
Guadiana, Río ~ E 42 G5
Guadiana, Río ~ P 44 C4
Guadiana Menor, Río ~ E 40 E6
Guadiaro, Río ~ E 44 E5
Guadiela, Río ~ E 43 H4
Guafo, Isla ⌒ RCH 152 B6
Guaimoreto, Laguna ≈ HN 138 C6

Guainía ≐ CO 146 E6
Guainía, Río ~ CO 144 F4
Guainía, Río ~ YV 147 G6
Guaira, La ☆ YV 147 G2
Guajaba, Cayo ⌒ C 139 G4
Guajira, Península de la ≐ CO 144 E2
Gualeguay, Río ~ RA 151 A10
Gualeguaychú, Río ~ RA 151 A10
Guamani, Cordillera de ▲ PE 148 A4
Guamblin, Isla ⌒ RCH 152 B6
Guamués, Río ~ CO 148 C1
Guanacayabo, Golfo de ≈ C 139 F4
Guanahacabibes, Península de ≐ C 138 C3
Guanahani Island = San Salvador ⌒ BS 129 M6
Guanaja, Isla de ⌒ HN 137 L4
Guanajuato ☆ MEX 136 D2
Guañape, Islas de ⌒ PE 149 B6
Guanare ☆ YV 146 E3
Guanare, Río ~ YV 146 F3
Guandong Bandao ⌒ CN 80 C4
Guanglu Dao ⌒ CN 80 C4
Guangzhou ☆ CN 79 H5
Guaniamo, Río ~ YV 147 H4
Guaniguanico, Cordillera de ▲ C 138 D3
Guanipa, Río ~ YV 147 J3
Guan Jiang ~ CN 78 G4
Guantánamo ☆ C 139 H4
Guantou Jiao ⌒ CN 78 F6
Guara, Sierra de ▲ E 43 K2
Guarajambala, Río ~ HN 137 K6
Guaranda ☆ EC 148 B2
Guaratuba, Baía de ≈ BR 151 F6
Guarda ☆ P 42 C4
Guardalavaca ◉ C 139 H4
Guareña, Río ~ E 42 E3
Guárico, Río ~ YV 147 G3
Guaritico, Caño ~ YV 146 E4
Guarrojo, Río ~ CO 146 E5
Guastalla ◉ I 48 F4
Guastatoya ☆ GCA 137 J5
Guatemala = Ciudad de Guatemala ★ GCA 137 J5
Guatemala-Stadt = Ciudad de Guatemala ★ GCA 137 J5
Guaviare, Río ~ CO 144 E4
Guaviare, Río ~ CO 146 D6
Guayabero, Río ~ CO 146 C6
Guayabero, Río ~ CO 146 D6
Guayanes, Macizo ▲ 144 F3
Guayape, Río ~ HN 137 L5
Guayapo, Río ~ YV 147 G5
Guayaquil ☆ EC 148 A3
Guayaquil, Golfo de ≈ EC 144 C5
Guayas, Río ~ CO 146 C7
Guaycurú, Río ~ RA 151 A7
Guayllabamba, Río ~ EC 148 B1
Guaymas ◉ MEX 128 D5
Guayquiraró, Río ~ RA 151 A9
Guba = Quba ◉ AZ 19 V7
guba Buor-Haja ≈ RUS 63 X3
Gûbâl, Ğazîrat ⌒ ET 109 F4
Gubbio ◉ I 48 H5
Gucha ~ EAK 114 E4
Gudauta ☆ GE 57 M6
Gudbrandsdalen ≐ N 21 D6
Gudenå ~ DK 21 D8
Guebwiller ◉ F 31 P7
Guéjar, Río ~ CO 146 D6
Güllük Dere ~ TR 67 H4
Güllük ☆ TR 55 K5
Güllük Körfezi ≈ TR 47 L6
Guelma ☆ DZ 107 K2
Guelmim ☆ MA 106 A6
Gülşehir ◉ TR 66 F3
Gümüşhane ☆ TR 67 H2
Güney Doğu Toroslar ▲ TR 64 D3
Günz ~ D 35 F8
Günzburg ◉ D 35 F8
Guéret ☆ F 32 F2
Guernesey = Guernsey ⌒ GBG 18 L6
Guernsey ⌒ GBG 18 L6
Guerrero Negro ◉ MEX 128 D5
Güssing ☆ A 37 C9
Güstrow ◉ D 34 H3
Gütersloh ◉ D 34 D5
Güzelyurt Körfezi ≈ TR 66 E5
Guguan ⌒ USA 83 N3
Guiba, Jasiira ⌒ SO 115 J4
Guidimaka ≐ RIM 110 D2
Gui Jiang ~ CN 78 G4
Guiji Shan ▲ CN 79 M2
Guildford ☆ GB 27 J10
Guilin ◉ CN 78 G4
Guimarães ◉ P 42 B3
Guinchos Cay ⌒ BS 139 G3
Guinea, Gulf of ≈ 112 B1
Guir, Hamada du ≐ DZ 104 E2
Guir, Oued ~ MA 106 E5
Guir, Oued ~ 104 E2
Guirripa, Caño ~ CO 146 E5
Guiyang ☆ CN 78 E3
Guizhou (Kueichou) ≐ CN 78 F3
Gulbarga = Kalaburagi ◉ IND 70 D2
Gulbin Ka, River ~ NGR 104 F6
Gulf of Aden ≈ 105 O6
Gulf of Alaska ≈ 122 G5
Gulf of Boothia ≈ CDN 123 S2
Gulf of Bothnia ≈ 19 Q3
Gulf of Carpentaria ≈ AUS 90 H2
Gulf of Esquibel ≈ USA 124 D4
Gulf of Finland ≈ 19 Q4
Gulf of Guinea ≈ 112 B1
Gulf of Kachchh ≈ IND 65 K6
Gulf of Khambhāt ≈ IND 65 L6
Gulf of Mannar ≈ IND 65 M9
Gulf of Maṣīra ≈ OM 64 H7
Gulf of Mexico ≈ 128 H5
Gulf of Oman ≈ IR 64 H5
Gulf of Papua ≈ 83 M8
Gulf of Saint Lawrence ≈ CDN 123 Y7
Gulf of Santa Catalina ≈ USA 131 E9
Gulf of Thailand ≈ 82 D4
Gulf of Tonkin ≈ 82 E2
Gulf Saint Vincent ≈ AUS 90 H6
Gulistan = Guliston ☆ UZ 65 K2
Guliston ☆ UZ 65 K2
Gullmarn ≈ S 22 G2
Gullspång ☆ S 22 K2
Gulmarg ◉ IND 68 E2
Gulu ☆ EAU 114 D2
Gumal ~ PK 68 E3
Gumani Hurasagar ~ BD 72 F2
Gummersbach ◉ D 34 C5
Gümtī ~ BD 73 G3
Gundagai ◉ AUS 93 K3
Gundlakamma ~ IND 71 E2
Gunjur ◉ WAG 110 B3
Gunnison Island ⌒ USA 130 H5
Guo He ~ CN 77 K5
Gura Portiţii ≈ RO 56 F5
Gurba ~ CGO 114 A1
Gurd Abū Muharrik ≐ ET 105 L3
Gurdzaani ◉ GE 57 O7
Gur'ev ☆ KZ 19 W7
Gurguéia, Rio ~ BR 145 L6
Gurib ~ NAM 116 C3
Gurk ~ A 35 K10
Gurupi, Rio ~ BR 145 K5
Gurupi, Serra do ▲ BR 145 K5
Gurzuf ◉ RUS 56 J5
Gusau ☆ NGR 104 G6
Gus'-Hrustal'nyj ☆ RUS 39 R4
Gustavsberg ☆ S 23 O1
Guttstadt = Dobre Miasto ◉ PL 36 G3
Guyandot River ~ USA 132 G6
Guzmán, Ciudad ◉ MEX 136 C3
Gvardejsk ☆ RUS 39 G4
Gwa Bay ≈ MYA 72 J6
Gwalior ◉ IND 69 G6
Gwanda ☆ ZW 112 G6
Gwangju ☆ ROK 80 E6
Gwasi Hills ▲ EAK 114 E4
Gwda ~ PL 36 C3
Gwened = Vannes ☆ F 30 E7
Gweru ☆ ZW 112 G5
Gwillim River ~ CDN 125 R3
Gydanskaja guba ≈ RUS 62 M3
Gydanskij poluostrov ≐ RUS 62 M3
Gyeonggiman ≈ ROK 80 E5
Győr ☆ H 37 D9
Gžatsk = Gagarin ☆ RUS 39 O4

H

Ha'afeva ⌒ TO 98 b1
Haag, Den ☆ NL 31 M2
Ha'ano ⌒ TO 98 b1
Ha'apai Group ⌒ TO 96 G4
Haapsalu ☆ EST 38 H2
Haardt ▲ D 35 D7
Haarlem ☆ NL 31 M2
Ḫābūr, Nahr al- ~ SYR 67 J4
Ḫābūr, Nahr al- ~ SYR 67 J5
Hacha, Raudal ~ CO 148 E1
Hachijō-shima ⌒ J 75 Q5
Hacılar ☆ TR 55 N5
Haczów ◉ PL 37 H7
Haḍar, al- ☆ IRQ 67 K5
Hadbat al-Ğilf al-Kabīr ▲ ET 105 L4
Hadbat al-Ğilf al-Kabīr ▲ ET 108 B6
Haddington ◉ GB 26 G6
Haddummati Atoll ⌒ MV 70 B10
Hadeln ≐ D 34 D3
Haderslev ◉ DK 22 E5
Hadhour, Hassi ~ DZ 106 F5
Hadley Bay ≈ CDN 122 P2
Hà Đông ☆ VN 84 E1
Ḥaḍramaut ≐ YEM 64 F8
Ḥaḍramaut, Wādī ~ YEM 64 F7
Hadrametum = Sousse ☆ TN 107 M3
Hadseløya ⌒ N 20 F2
Hadyžensk ◉ RUS 57 L5
Haedo, Cuchilla de ▲ ROU 151 B10
Haeju ☆ KP 80 E4
Hälsingland ≐ S 21 G6
Hämeenlinna ☆ FIN 21 L6
Häradskär ⌒ S 23 M2
Härjedalen ≐ S 20 F5
Härnösand ☆ S 20 J5
Haǧar, al- ▲ OM 64 H6
Haǧara, al ≐ IRQ 64 E4
Haǧara, al- ≐ KSA 64 E5
Hagari ~ IND 70 D3
Hagåtña ☆ USA 83 M4
Hagemeister Island ⌒ USA 122 D5
Hagen ☆ D 34 C5
Hagenau = Haguenau ◉ F 31 P6
Haǧǧa ◉ YEM 64 E7
Hà Giang ☆ VN 78 D5
Hahashima-rettō ⌒ J 75 R6
Haho ~ TG 111 L6
Haib ~ NAM 116 D4
Haida ◉ CDN 124 D4
Haida Gwaii ⌒ CDN 122 J6
Hải Dương ☆ VN 84 E1
Hai He ~ CN 77 K2
Haikou ☆ CN 78 G6
Ḥā'il ☆ KSA 64 E5
Hail, Wādī l- ~ SYR 67 H5
Hailing Dao ⌒ CN 79 G6
Hailuoto ⌒ FIN 20 M4
Hainan Dao ⌒ CN 75 L8
Hainan-Straße = Qiongzhou Haixia ≈ CN 75 K7
Hainaut ≐ F 31 L4
Hainich ▲ D 34 F5
Hải Ninh ☆ VN 78 E6
Hainleite ▲ D 34 G5
Hải Phong ☆ VN 84 F1
Haitan Dao ⌒ CN 79 L4
Haitan Strait ≈ CN 79 L4
Haiyang Dao ⌒ CN 80 D4
Haizhou Wan ≈ CN 75 M4
Hajdúság ≐ H 37 H9
Hajodo ⌒ ROK 80 F6
Hajsyn ☆ UA 56 F3
Haka ☆ MYA 73 H3
Hakkâri ☆ TR 67 K4
Hakkâri Dağları ▲ TR 67 K4
Hala ◉ PK 69 B7
Ḥalā'ib, Ǧazīrat ⌒ ET 109 H6
Hālār ≐ IND 69 B8
Halberstadt ☆ D 34 G5
Halbinsel Yucatan = Península de Yucatán ≐ MEX 128 H7
Haldā ~ BD 73 G3
Halden ☆ N 22 G1
Haldensleben ☆ D 34 G4
Halebid = Halebidu ◉ IND 70 C4
Halebidu ◉ IND 70 C4
Hale River ~ AUS 90 H4
Halfway River ~ CDN 124 J3
Haliburton Highlands ▲ CDN 126 E6
Halifax ☆ CDN 127 N6
Halifax Bay ≈ AUS 91 K3
Ḫalīǧ Abū Hašhā'ifa ≈ ET 108 C2
Ḫalīǧ Abū Qīr ≈ ET 108 D2
Ḫalīǧ al-'Aqaba ≈ ET 109 G3
Ḫalīǧ al-'Arab ≈ ET 108 D2
Ḫalīǧ as-Sallūm ≈ ET 108 B2
Ḫalīǧ as-Suways ≈ ET 105 M3
Ḫalīǧ at-Tīna ≈ ET 108 F2
Ḫalīǧ-e Fārs = Persian Gulf ≈ 64 F5
Hälki ⌒ GR 47 L6
Halkidiki ≐ GR 19 Q8
Halladale ~ GB 26 F3
Halland ≐ S 22 H3
Hallandsåsen ▲ S 22 H4
Hallands Väderö ⌒ S 22 H4
Ḥallāniyāt, al- ⌒ YEM 64 H7
Halle (Saale) ☆ D 34 G5
Hallein ☆ A 35 J9
Hallertau ≐ D 35 G8
Halligen ⌒ DK 34 D2
Hallingdal ≐ N 21 D6
Hallingdalselvi ~ N 21 D6
Hallingskarvet ▲ N 21 C6
Hall Islands ⌒ FSM 94 C4
Hall Peninsula ≐ CDN 123 X4
Hallsberg ☆ S 23 L1
Halls Creek ◉ AUS 90 F3
Hallstatt ◉ A 35 J9
Halmahera, Laut ≈ RI 83 J7
Halmahera, Pulau ⌒ RI 83 J6
Halmaherasee = Laut Halmahera ≈ RI 83 J7
Halmstad ☆ S 22 H4
Ha Long ☆ VN 82 E2
Halverson Ridge ▲ CDN 125 L3
Ham ~ NAM 116 D4
Hamada de la Daoura ≐ DZ 106 D6
Hamada de Tindouf ≐ DZ 106 B7
Hamada de Tinhert ≐ DZ 104 G3
Hamada du Drâa ≐ DZ 106 C6
Hamada du Guir ≐ DZ 104 E2
Hamada ed-Douakel ≐ DZ 106 B7
Hamadān ☆ IR 64 F4
Hamādat Marzūq ≐ LAR 107 M7
Hamada Tounassine ≐ DZ 106 C6
Hamādat Zegher ≐ LAR 104 H3
Hamadet Bet Touadjine ≐ DZ 106 F5
Hamadet el-Atchane ≐ DZ 107 J6
Hamar ☆ N 21 E6
Hamburg ☆ D 34 E3
Hamdallay ≐ RMM 111 H2
Hameln ☆ D 34 E4
Hamersley Range ▲ AUS 90 D4
Hamhŭng ☆ KP 80 F4
Hamilton ☆ GB 139 b1
Hamilton ☆ NZ 99 C3
Hāmir, Wādī ~ KSA 67 J7
Hâm Luông ~ VN 85 F6
Hamm ☆ D 34 C5
Hammamet, Golfe de ≈ TN 104 H1
Hammerfest ◉ N 20 L1
Hammond Bay ≈ USA 132 G3
Hampi ◉ IND 70 D3
Hamra, Oued el- ~ RIM 106 B7
Hamrīn, Ǧabal ▲ IRQ 67 K5
Hana ~ CI 111 G7
Hà Nam ☆ VN 84 E1
Hanamiplato ▲ NAM 116 C2
Hānaqīn ☆ IRQ 67 L5
Hanau ◉ D 35 D6
Handen ☆ S 23 O1
Handwara ◉ IND 68 E2
Handyga ☆ RUS 63 Y5
ha-Negev ≐ IL 64 C4
Hangajn Nuruu ▲ MGL 74 H2
Han Gang ~ ROK 80 F5
Han Giang ~ VN 84 F3
Hangingstone River ~ CDN 125 P4
Hanging Trail ≐ LB 110 F7
Hangö ◉ FIN 21 L7
Hangzhou ☆ CN 77 M6
Hangzhou Wan ≈ CN 77 M6
Hanion, Kólpos ≈ GR 47 J7
Hanīš al-Kabīr ⌒ YEM 64 E8
Han Jiang ~ CN 79 K5
Hankendi ☆ AZ 64 F3
Hankendi = Hankendi ☆ AZ 64 F3
Hanko = Hangö ◉ FIN 21 L7
Hann. Münden ◉ D 34 E5
Hannover ☆ D 34 E4
Hanö ⌒ S 22 K5
Hanöbukten ≈ S 21 G9
Hanoi = Hà Nội ★ VN 84 E1
Hanover, Isla ⌒ RCH 152 B8
Hansag ~ H 37 D9
Han Shui ~ CN 75 K5
Han Shui ~ CN 76 F5
Han Shui ~ CN 76 G5
Hanty-Mansijsk ☆ RUS 62 K5
Hanura de Zapata ≐ C 138 D3
Hao Atoll ⌒ F 97 N4
Hapsal = Haapsalu ☆ EST 38 H2
Harabali ☆ RUS 57 P4
Haraiki Atoll ⌒ F 97 M4
Harangod ≐ H 37 H9
Harappa ☆ PK 68 D4
Harare ★ ZW 112 H5
Harbin ☆ CN 75 O2
Harburg (Schwaben) ◉ D 35 F8
Hardangerfjorden ≈ N 18 M4
Hardangervidda ▲ N 21 C6
Hardeveld ≐ ZA 116 C5
Hardwicke Bay ≈ AUS 92 D3
Hare Bay ≈ CDN 127 Q1
Hareidlandet ⌒ N 20 B5
Hārer ☆ ETH 105 O7
Hargeysa ☆ SO 105 O7
Hari ~ RI 82 D7
Harima-nada ≈ J 81 K6
Haringhata ~ BD 72 F3
Haringvliet ≈ NL 31 M3
Harischandra Range ▲ IND 69 E10
Harīt, Wādī l- ~ ET 108 F5
Haritona Lapteva, bereg ≐ RUS 62 O3
Har'kov = Charkiv ☆ UA 57 K2
Harlingen = Harns ◉ NL 31 N1
Harlinger Land ≐ D 34 C3
Harmanlijska Reka ~ BG 53 K5
Harney Basin ≐ USA 122 N8
Hârnicești ◉ RO 56 C4
Harns ◉ NL 31 N1
Haro ◉ E 43 H2
Haro ~ SO 115 H2
Harper ☆ LB 110 F7
Harquahala Mountains ▲ USA 131 H9
Harquahala Plain ≐ USA 131 H9
Harrat aš-Šabhā ≐ JOR 66 G6
Harrat Haibar ≐ KSA 64 D5
Harricana, Rivière ~ CDN 123 V6
Harris ≐ GB 26 B4
Harris, Sound of ≈ GB 26 B4
Harrogate ◉ GB 26 H8
Harsīn ☆ IR 67 M5
Harşit Çayı ~ TR 67 H2
Hârşova ◉ RO 56 F5
Harsyssel ≐ DK 22 D4
Hartberg ☆ A 37 B9
Hartebeestrivier ~ ZA 116 E4
Harts River ~ ZA 117 G4
Hartsrivier ~ ZA 117 G3
Hārūg ☆ TJ 65 L3
Haryn' ~ BY 38 K6
Harz ▲ D 29 L3
Hasā', al- ≐ KSA 64 F5
Hasaka, al- ☆ SYR 67 J4
Hasaweb ~ NAM 116 C2
Hasdo ~ IND 72 C3
Hase ~ D 34 D4
Hasekijata ▲ BG 53 M4
Hasenpoth = Aizpute ◉ LV 38 G3
Hāšimiya, al- ☆ IRQ 67 K6
Haskovo ☆ BG 53 K5
Haßberge ▲ D 35 F6
Hasselö ⌒ S 23 M3
Hasselt ☆ B 31 N4
Haßfurt ☆ D 35 F6
Hassi Bou Allala ~ DZ 106 E5
Hassi Brahim ~ MA 106 B6
Hassi el-Ahmar ~ MA 106 E4
Hassi el-Kerma ~ MA 106 B6
Hassi Fougani ~ MA 106 D5
Hassi Hadhour ~ DZ 106 F5
Hassi Hassane ~ MA 106 D5
Hassi Merdani ~ MA 106 E5
Hastings River ~ AUS 93 M1
Hataedo ⌒ ROK 80 E6
Hatanga ~ RUS 62 R3
Hatangskij zaliv ≈ RUS 62 S3
Hatchie River ~ USA 134 D2
Hatia Islands ⌒ BD 73 G3
Hà Tiên ◉ VN 85 E6
Hà Tĩnh ☆ VN 84 E2
Hato Mayor ☆ DOM 139 L5
Hattab, Oued el- ~ TN 107 L3
Hatteras Island ⌒ USA 129 L3
Hat Yai ◉ T 85 C8
Haud ≐ ETH 105 O7
Haultain River ~ CDN 125 R3
Haungtharaw Myit ~ MYA 73 L6
Ḥaura, Nahr al- ~ IRQ 67 M7
Hauraki Gulf ≈ NZ 96 D8
Ḥaurān, Wādī ~ IRQ 67 H6
Ḥaurān, Wādī ~ IRQ 67 J6
Hausruck ▲ A 35 J8
Haut, Isle au ⌒ USA 133 O3
Haut Anjou ≐ F 30 F7
Haut Atlas ▲ MA 104 D2
Haute, Île ⌒ F 98 b3
Haute Auvergne ≐ F 32 G4
Hautes Fagnes ▲ B 31 O4
Haute Touraine ≐ F 32 E2
Hauteurs de Gâtine ▲ F 25 G9
Haut Gévaudan ≐ F 32 H4
Haut Limousin ≐ F 32 E3
Haut Maine ≐ F 30 G7
Haut Poitou ≐ F 32 E2
Haut Quercy ≐ F 32 F4
Hauts Plateaux ▲ DZ 104 F2
Hauts Plateaux = Hauts Plateaux ▲ DZ 104 F2
Havanna = La Habana ★ C 138 D3
Havel ~ D 29 M2
Havel ~ D 34 J3
Havelland ≐ D 34 H4
Havelock Island ⌒ IND 71 a4
Havre, Le ☆ F 30 H5
Havsa ☆ TR 53 L5
Hawai'i ⌒ USA 128 a7
Hawaiian Islands ⌒ USA 95 L1
Hawaii-Inseln = Hawaiian Islands ⌒ USA 95 L1
Hawašiya, Wādī ~ ET 108 F3
Hawke Island ⌒ CDN 127 R2
Hawke River ~ CDN 127 Q2
Hawke's Bay ≈ NZ 96 E8
Hawkesbury Island ⌒ CDN 124 F5
Ḥawr az-Zubayr ~ IRQ 67 M7
Hayes Halvø ≐ DK 123 W1
Hayes River ~ CDN 123 S5
Haymana ☆ TR 66 E3
Hay River ~ CDN 122 N4
Hay River ~ CDN 122 N5
Haywood Channel ≈ MYA 73 H5
Hazāribāg ◉ IND 72 D2
Hazaribagh Range ▲ IND 72 C3
Hazelton Mountains ▲ CDN 124 F4
Hazen Strait ≈ CDN 122 O1
Head of Bight ≈ AUS 90 G6
Heart River, South ~ CDN 125 M4
Hebriden = Hebrides ⌒ GB 24 D4
Hebriden = Hebrides or Western Isles ⌒ GB 18 K4
Hebrides, Sea of the ≈ GB 24 D4
Hebrides or Western Isles ⌒ GB 18 K4
Hecate Strait ≈ CDN 122 K6
Hecelchakán ◉ MEX 137 J2
Heceta Island ⌒ USA 124 D4
Hecla and Griper Bay ≈ CDN 122 O1
Hedschas = al-Ḥiǧāz ▲ KSA 64 D5
Hefei ☆ CN 77 K6
Hegura-shima ⌒ J 81 L5
Heide ☆ D 34 E2
Heidekrug = Šilutė ◉ LT 38 G4
Heidelberg ☆ D 35 D7
Heidenheim an der Brenz ☆ D 35 F8
Hei-gawa ~ J 81 N4
Height of Land ≐ USA 133 N3
Heilbad Heiligenstadt ☆ D 34 F5
Heilbronn ☆ D 35 E7
Heiligenblut am Großglockner ◉ A 35 H9
Heiligenstadt, Heilbad ☆ D 34 F5
Heilong Jiang ~ CN 75 N1
Heilsberg = Lidzbark Warmiński ◉ PL 36 G2
Heimaey ⌒ IS 20 c3
Heinze Chaung ≈ MYA 84 A4
Heisker = Monach Islands ⌒ GB 24 C4
Heist, Knokke- ◉ B 31 L3
He Jiang ~ CN 79 G4
Hel ◉ PL 36 E2
Helan Shan ▲ CN 76 D2
Helena ☆ USA 130 H2
Helena Island ⌒ USA 135 H3
Helen Island ⌒ PAL 83 K6
Helge å ~ S 22 J4
Helgenæs ≐ DK 22 F4
Helgoländer Bucht ≈ D 28 J1
Helgoland ⌒ D 18 N5
Hellespontos = Çanakkale Boğazı ≈ TR 66 B2
Hells Canyon ≐ USA 130 F3
Hellweg Haarstrang ▲ D 34 C5
Helmand, Rūd-e ~ AFG 64 J5
Helmsdale ~ GB 26 E3
Helmstedt ☆ D 34 G4
Helnæs ⌒ DK 22 E5
Helodrano Antongila ≈ RM 113 L5
Helsingborg ◉ S 22 H4
Helsingfors = Helsinki ★ FIN 21 N6
Helsingør ◉ DK 22 H4
Helsinki ★ FIN 21 N6
Helska, Mierzeja ≐ PL 29 P1
Hemavati ~ IND 70 C4
Henån ☆ S 22 G2
Hen and Chickens Islands ⌒ NZ 99 E1
Henares, Río ~ E 40 E4
Henares, Río ~ E 43 G4
Hendūkoš ▲ 65 K4
Hengduan Shan ▲ CN 74 H6
Heng Sha ⌒ CN 77 M6
Heng Shan ▲ CN 77 H2
Henry Kater Peninsula ≐ CDN 123 X3
Henry Lawrence Island ⌒ IND 71 a3
Henry Mountains ▲ USA 131 J6
Henry's Fork ~ USA 130 J4
Héraðsvötn ~ IS 20 d2
Heraklion = Iráklio ☆ GR 55 H7
Herāt ☆ AFG 64 J4
Hérault ~ F 32 H5
Herceg Novi ◉ MNE 52 C4
Hereford ◉ GB 27 G9
Hereheretue Atoll ⌒ F 97 N4
Hereroland ≐ NAM 112 E6
Herford ☆ D 34 D4
Herisau ☆ CH 35 E9
Hèrlèn gol ~ MGL 75 L2
Herlen He ~ CN 75 M2
Herm ⌒ GBG 27 G12
Hermagor ☆ A 35 J10
Hermannstadt = Sibiu ☆ RO 56 D5
Hermanos, Islas Los ⌒ YV 147 H2
Hermitage Bay ≈ CDN 127 Q5
Hermit Islands ⌒ PNG 83 N7
Hermosillo ☆ MEX 128 D5
Hernád ~ H 37 H8
Heroica Puebla de Zaragoza = Puebla ☆ MEX 136 E3
Herrenberg ◉ D 35 D8
Herrera del Duque ◉ E 44 E2
Herrick Creek ~ CDN 124 K4
Herrljunga ☆ S 22 J2
Hers ~ F 32 F5
Herschel Island ⌒ CDN 122 H2
Hersfeld, Bad ☆ D 34 E6
Herson = Cherson ☆ UA 56 G4
Hersónissos Rodópis ≐ GR 54 F7
Hertogenbosch, 's- ☆ NL 31 N3
Hervey Bay ≈ AUS 91 L4
Herveys Range ▲ AUS 93 K2
Herzberg (Elster) ☆ D 34 J5
Hesbaye ≐ B 31 M4
Hesselø ⌒ DK 22 G4
Hesselø Bugt ≈ DK 22 G4
Hessisches Ried ≐ D 35 D7
Hestkjølen ▲ N 20 F4
Heta ~ RUS 62 Q3
Heva ☆ UZ 64 J2
Hexham ◉ GB 26 G7
Hexrivierberge ▲ ZA 116 D6
Heywood Islands ⌒ AUS 90 E3
Hicks Cays ⌒ BZ 137 K4
Hidaka-sanmyaku ▲ J 81 O2
Hidalgo del Parral ◉ MEX 128 E5
Hida-sanmyaku ▲ J 81 L5
Hiddensee ⌒ D 29 M1
Hidra ⌒ N 22 B2
Hiemois ≐ F 30 G6
Higashi Shina-kai = East China Sea ≈ 79 M3
Higashi-suidō ≈ J 80 G7
Ḥiǧāz, al- ▲ KSA 64 D5
Highbourn Cay ⌒ BS 139 G2
High Hill River ~ CDN 125 P3
High Island ⌒ USA 132 F3
High Peak ▲ GB 27 H8
Higüey ☆ DOM 139 L5
Higuerote ◉ YV 147 G2
Hiiumaa saar ⌒ EST 19 Q4
Hikueru Atoll ⌒ F 97 N4
Hildburghausen ☆ D 35 F6
Hildesheim ☆ D 34 E4
Hilla, al- ☆ IRQ 67 L6
Hillerød ☆ DK 22 H5
Hillsborough Bay ≈ CDN 127 N5
Hilok ☆ RUS 63 T7
Himalaya ▲ 65 M4
Himār, Wādī l- ~ SYR 67 H4
Himarë ◉ AL 52 D6
Himki ☆ RUS 39 P4
Himmerland ≐ DK 22 E4
Hîncești ☆ MD 56 F4
Hinche ☆ RH 139 J5
Hinchinbrook Island ⌒ AUS 91 K3
Hindīya, al- ☆ IRQ 67 K6
Hindsholm ≐ DK 22 F5
Hindukusch = Hendūkoš ▲ 65 K4
Hindustan ≐ IND 72 B1
Hingol ~ PK 65 K5
Hinnøya ⌒ N 20 G2
Hinojosa del Duque ◉ E 44 E3
Hinterrhein ~ CH 29 K5
Híos ☆ GR 55 J4
Híos ⌒ GR 19 R8
Hirado-shima ⌒ J 80 G7
Hiraman ~ EAK 115 G4
Hirosaki ◉ J 81 M3
Ḥirr, Wādī l- ~ IRQ 67 K7
Hirschberg = Jelenia Góra ◉ PL 36 B6
Hirs'kyj Tikyč ~ UA 56 G3
Hisaka-shima ⌒ J 80 G7
Hisarcık ☆ TR 55 M3
Hisb, Ša'īb ~ IRQ 67 K7
Hisingen ⌒ S 22 G3
Hispaniola ⌒ 129 M6
Hitra ⌒ N 20 D5
Hiw ⌒ VU 96 C3
Hiyyon, Naḥal ~ IL 109 G3
Hjelmsøya ⌒ N 20 L1
Hjo ☆ S 22 K2
Hjørring ◉ DK 22 E3
Hmel'nickij = Chmeľnyc'kyj ☆ UA 56 E3
Hnilec ~ SK 37 G8
Hnilij Tikič ~ UA 56 G3
Ho ☆ GH 111 L6
Hòa Bình ☆ VN 84 E1
Hoare Bay ≈ CDN 123 Y3
Hobart ☆ AUS 93 J7
Hochland von Äthiopien = Ethiopian Highlands ▲ ETH 105 N6
Hodh ≐ RIM 104 D5
Hodna, Monts du ▲ DZ 107 J3
Hodna, Plaine du ≐ DZ 107 J3
Hodq Shamo ≐ CN 74 K4
Hodžejli = Hŭdžajli ☆ UZ 64 H2
Hœdic, Île de ⌒ F 32 B1
Högsby ☆ S 23 M3
Hoei = Huy ◉ B 31 N4
Hoë Karoo = Upper Karoo ≐ ZA 112 F8
Hökensås ▲ S 22 K2
Hoëveld ≐ ZA 117 J3
Hof ☆ D 35 G6
Hoffmans Cay ⌒ BS 139 G2
Hofgastein, Bad ◉ A 35 J9
Hogan Group ⌒ AUS 93 J5
Hog Cay ⌒ BS 139 H3
Hogem Ranges ▲ CDN 124 G4
Hoggar ▲ DZ 104 F4
Hoggar, Tassili du ▲ DZ 104 F5
Hog Island ⌒ USA 132 F3
Hog Island ⌒ USA 133 L7
Hohe Karoo = Upper Karoo ≐ ZA 112 F8
Hohenloher Ebene ≐ D 35 E7
Hohensalza = Inowrocław ◉ PL 36 E4
Hoher Atlas = Haut Atlas ▲ MA 104 D2
Hohe Tauern ▲ A 29 M5
Hohhot ☆ CN 77 G1
Hoh Xil Shan ▲ CN 74 F4
Hội An ◉ VN 84 G4
Hoima ☆ EAU 114 C3
Hokianga Harbour ≈ NZ 99 D1
Hokkaidō ⌒ J 75 R3
Hokksund ◉ N 21 D7
Holašovice ◉ CZ 35 K8
Holbox, Isla ≐ MEX 137 L2
Holderness ≐ GB 26 J7
Holguín ☆ C 139 G4
Hollabrunn ☆ A 37 C8
Holland ◉ USA 132 E4
Holland Bay ≈ JA 139 G6
Hollókő ◉ H 37 F9
Holm ☆ RUS 39 M3
Holmes Reef ⌒ AUS 91 K3
Holmes River ~ CDN 125 L5
Holmestrand ☆ N 22 F1
Holmsland Klint ≐ DK 22 D4
Holsnøy ⌒ N 21 B6
Holstebro ◉ DK 22 D4
Holston River, North Fork ~ USA 132 G7
Holyhead Bay ≈ GB 27 E8
Holy Island ⌒ GB 27 E8
Holy Island ⌒ GB 24 G5
Holzminden ☆ D 34 E5
Homathko River ~ CDN 124 H6
Hombori, Monts du ▲ RMM 111 J2
Homburg ☆ D 35 C7
Homburg vor der Höhe, Bad ☆ D 35 D6
Home Bay ≈ CDN 123 X3
Homel' ☆ BY 39 M5
Homolj ≐ SRB 52 F2
Homoljske planine ▲ SRB 52 F2
Honda ◉ CO 146 C5
Hondo ~ C 138 D3
Hondo = Honshū ⌒ J 75 P4
Hondo River ~ BZ 128 J7
Hondsrug ≐ NL 31 O1
Honduras, Golfo de ≈ 129 J7
Hønefoss ☆ N 21 D6
Hongdo ⌒ ROK 80 E6
Hồng Gai = Ha Long ☆ VN 82 E2
Honghai Wan ≈ CN 79 J5
Hong He ~ CN 77 G1
Hong He ~ CN 77 J5
Honghe Hani Rice Terraces, Cultural Landscape of ≐ CN 78 C5
Hong Kong ☆ CN 79 J5
Hongliu He ~ CN 76 F3
Hongseong ☆ ROK 80 F5
Hongshui He ~ CN 78 E4
Hongsŏng = Hongseong ☆ ROK 80 F5
Honguedo, Détroit d' ≈ CDN 123 Y7
Honiara ★ SOL 94 E7
Hon Khoai ⌒ VN 85 E7
Hòn Mê ⌒ VN 84 E2

★ Hauptstadt (Staat) ☆ Hauptstadt (Bundesland, Provinz, o.ä.) ◉ Ort ▲ Gebirge ⌒ Insel, Halbinsel ≐ Landschaft ≈ Ozean, Meer ~ Fluss

Honnef, Bad ◉ D 35 C6
Honolulu ☆ USA 134 c2
Hon Rái ⌒ VN 85 E7
Honschu = Honshū ⌒ J 75 P4
Honshū ⌒ J 75 P4
Hòn Thô Chu' ⌒ VN 85 D7
Hòn Tre ⌒ VN 84 G5
Honuu ☆ RUS 63 Z4
Hon Way ⌒ K 85 D7
Hood Can. ~ USA 130 C2
Hood River ~ CDN 122 O3
Hope Island ⌒ CDN 126 D6
Hopelchén ◉ MEX 137 J3
Hoper ~ RUS 19 U5
Hoper ~ RUS 57 N2
Hope River ~ AUS 90 D5
Hopkins River ~ AUS 92 G5
Hor ~ RUS 63 Y8
Horinsk ☆ RUS 62 S7
Horki ☆ BY 39 M4
Hormoz, Tange-ye ≈ 64 H5
Horn ☆ A 37 B8
Hornd ~ SK 37 G8
Hornet Islands = Tokdo ⌒ ROK 81 H5
Horn Island ⌒ USA 134 D4
Horno Islands ⌒ PNG 83 N7
Horn Plateau ▲ CDN 122 N4
Hornslandet ≛ S 21 H6
Horodok ☆ UA 37 K7
Horog = Hārug ☆ TJ 65 L3
Horramšahr ◉ IR 64 F4
Horsburgh Atoll ⌒ MV 70 B8
Horse (Saint Barbe) Islands ⌒ CDN 127 R3
Hørsholm ◉ DK 22 H5
Horta ☆ P 40 a1
Horten ☆ N 22 F1
Hortobágy ≛ H 29 Q5
Hortobágy-Berettyó ~ H 37 G9
Horton River ~ CDN 122 L3
Horyn' ~ UA 56 E2
Hose, Pegunungan ▲ MAL 82 F6
Hospitalet de l'Infant, l' ◉ E 43 L4
Ḥōst ☆ AFG 68 B3
Hoste, Isla ⌒ RCH 152 D9
Hotchkiss River ~ CDN 125 L3
Hot Creek Valley ≛ USA 131 F7
Hot Springs ◉ USA 128 H4
Hottentots Bay ≈ NAM 116 B3
Hou ~ BF 111 J3
Houaphan ▲ LAO 84 D1
Houat, Île de ⌒ F 32 A1
Houmt Souk ☆ TN 107 M4
Houndé ◉ BF 111 H4
Houston ◉ USA 128 G5
Hovd ☆ MGL 74 G2
Howe Sound ≈ CDN 124 J7
Howland Island ⌒ USA 95 J5
Hoy ⌒ GB 24 F3
Höy ◉ IR 67 L3
Hoya de Huesca ≛ E 43 K2
Høyanger ☆ N 21 B6
Hoyerswerda ☆ D 34 K5
Hpaung Kyûn ⌒ MYA 73 H5
hrebet Borščëvočnyj ▲ RUS 63 T7
hrebet Čerskogo ▲ RUS 63 Y4
hrebet Džug-Džur ▲ RUS 63 Y6
hrebet Kular ▲ RUS 63 X4
hrebet Suntar-Hajata ▲ RUS 63 Y5
hrebet Ulahan-Bom ▲ RUS 63 Y5
Hrisí ⌒ GR 47 K7
Hristianí ⌒ GR 55 H6
Hrodna ☆ BY 36 K3
Hromtau ☆ KZ 19 X5
Hron ~ SK 29 P4
Hron ~ SK 37 F8
Hrubý Jeseník ▲ CZ 37 D6
Htāwei Myi' ~ MYA 84 A4
Huabei ≛ CN 75 L4
Hua Hin ◉ T 84 B5
Huahine, Îles ⌒ F 97 L4
Huai He ~ CN 75 L5
Huai Samran ~ T 84 E4
Huai Thap Than ~ T 84 D4
Huaiyu Shan ▲ CN 79 K2
Huajuapan de León ◉ MEX 136 F4
Huaki ◉ RI 82 J8
Huallaga, Río ~ PE 148 C4
Huallaga, Río ~ PE 148 C6
Huallaga, Río ~ PE 149 C6
Huambo ☆ ANG 112 E4
Huancabamba, Río ~ PE 148 B4
Huang Hai = Yellow Sea ≈ 75 N4
Huang He ~ CN 74 J4
Huang He ~ CN 77 J5
Huang He (Huang Ho) ~ CN 76 G2
Huang He (Huang Ho) ~ CN 77 G4
Huanghe Kou ≈ CN 77 L3
Huangmao Jian ▲ CN 79 L3
Huangshan ◉ CN 79 L2
Huang Shan ▲ CN 79 K2
Huang Shui ~ CN 76 C3
Huangtu Gaoyuan ≛ CN 76 E3
Huangyan Dao ⌒ CN 82 G3
Huan Jiang ~ CN 76 E3
Huanjiang Karst, Libo Karst ≛ CN 78 E4
Huánuco ☆ PE 149 C6
Huanzo, Cordillera de ▲ PE 149 E9
Huaping Yü ⌒ RC 79 M4
Huaraz ☆ PE 149 C6
Huarmey, Río ~ PE 149 B7
Huasago, Río ~ PE 148 C3
Huaura, Río ~ PE 149 C7
Huayabamba, Río ~ PE 148 C5
Huaynamota, Río ~ MEX 136 B1
Huayuri, Pampa de ≛ PE 149 D9
Huczwa ~ PL 36 K6
Hudain, Wādī ~ ET 109 G6
Hudson Bay ≈ CDN 123 S4
Hudson River ~ USA 123 W8
Hudson Strait ≈ CDN 123 V4
Hudsonstraße = Hudson Strait ≈ CDN 123 V4
Hŭdžajli ☆ UZ 64 H2
Huê ☆ VN 84 F3
Huebra, Río ~ E 42 D3
Huehuetenango ☆ GCA 137 H5
Huelgoat ◉ F 30 D6
Huelva ☆ E 44 D4
Hümmling ≛ D 34 C4
Huenque, Río ~ PE 149 G10
Hueque, Río ~ YV 147 F2
Huesca ☆ E 43 K2
Huesca, Hoya de ≛ E 43 K2
Huftarøy ⌒ N 21 B6
Huğand ☆ TJ 65 K2
Hugli ~ IND 72 E4
Hugli ~ IND 72 F3
Huiarau Range ▲ NZ 99 F3
Huib-Hochplato ▲ NAM 112 E7
Huiji He ~ CN 77 J4
Huíla Plateau ▲ ANG 112 D5
Huisne ~ F 25 H8
Huitoto, Raudal ~ CO 148 E1
Huitoyacu, Río ~ PE 148 C3
Ḥulayq al-Kabīr, al- ▲ LAR 105 J3
Hull ~ GB 27 J8
Hull = Kingston upon Hull ◉ GB 27 J8
Hull Island = Orona ⌒ KIR 95 K6
Hultsfred ☆ S 23 L3
Hulu He ~ CN 76 F3
Humber ≈ GB 27 K8
Humboldt, Massif du ▲ F 98 b3
Humboldt Bay ≈ USA 130 B5
Humboldt Range ▲ USA 130 E5
Humboldt River ~ USA 128 C2
Humboldt River ~ USA 130 E5
Húmeda, Pampa ≛ RA 152 E5
Humina ≛ BIH 49 N5
Hŭn ☆ LAR 105 J3
Húnaflói ≈ IS 18 G2
Hunedoara ◉ RO 56 B5
Hunga ⌒ TO 98 b1
Hunga Ha'apai ⌒ TO 98 a2
Hunga Tonga ⌒ TO 98 b2
Hungersteppe = Betbakdala ≛ KZ 62 K8
Hunsberge ▲ NAM 116 C3
Hunsrück ▲ D 28 J4
Hunte ~ D 28 K2
Hunter, Île ⌒ F 96 D5
Hunter Au Hsingya ⌒ MYA 73 H4
Hunter Island ⌒ AUS 90 J8
Hunter Island ⌒ CDN 124 F5
Hunter River ~ AUS 93 L2
Hunting Island ⌒ USA 135 H3
Huntsville ◉ USA 134 E2
Hun Yiang ~ CN 80 E3
Hunza ~ PK 68 E1
Huo, Île ⌒ F 98 c3
Huon, Île ⌒ F 98 a1
Hu'o'ng Khê ☆ VN 84 E2
Hu'o'ng So'n ☆ VN 84 E2
Huon Gulf ≈ PNG 83 N8
Huon Peninsula ≛ PNG 83 N8
Huon River ~ AUS 93 J7
Huppain, Port-en-Bessin- ◉ F 30 G5
Huri ~ CGO 114 B3
Huri Hills ▲ EAK 115 F2
Hurman Çayı ~ TR 66 G3
Hurunui River ~ NZ 99 D5
Hurzuf = Gurzuf ◉ RUS 56 J5
Húsavík ◉ IS 20 e1
Husum ☆ D 34 E2
Hutchinson Island ⌒ USA 135 H6
Hutuo He ~ CN 77 J2
Huwār, Wādī ~ SUD 105 K5
Huy ◉ B 31 N4
Huy ▲ D 34 G5
Huye = Butare ◉ RWA 114 B5
Hvāğe Mohammad, Kūh-e ▲ AFG 68 C2
Hvaler ⌒ N 22 F1
Hvammsfjörður ≈ IS 20 b2
Hvar ☆ HR 49 M5
Hvar ⌒ HR 46 F3
Hvarski kanal ≈ HR 49 M5
Hvitá ~ IS 20 c2
Hwang Hae = Yellow Sea ≈ 75 N4
Hyderābād ☆ IND 71 E2
Hyderābād ◉ PK 65 K5
Hyères, Îles d' ⌒ F 25 L11
Hyères, Rade d' ≈ F 33 L5
Hyesan ☆ KP 80 G3
Hyltebruk ☆ S 22 J4
Hyncešt' = Hînceşti ☆ MD 56 F4
Hyūga-nada ≈ J 81 H7

I

Iabes, Erg ≛ DZ 106 E7
Iaco, Rio ~ PE 149 F7
Ia Krăng Po' Cô ~ VN 84 F5
Ialomița ~ RO 56 E5
Ialpugul Mare ~ MD 56 F4
Î Amherst ⌒ CDN 127 O5
Iapó, Rio ~ BR 150 E6
Iaşi ☆ RO 56 E4
Ibadan ☆ NGR 104 F7
Ibagué ☆ CO 146 C5
Ibar ~ SRB 47 H3
Ibarra ☆ EC 148 B1
Ibb ☆ YEM 64 E8
Ibba ~ SSD 114 B1
Ibel Grouz ▲ DZ 106 E4
Ibiapaba, Serra da ▲ BR 145 L5
Ibib, Wādī ~ ET 109 G6
Ibicuí, Rio ~ BR 152 F3
Ibina ~ CGO 114 B3
Ibirocaí, Rio ~ BR 151 B8
Ibiza = Eivissa ◉ E 45 M3
Ibiza = Eivissa ⌒ E 18 M8
Iblei, Monti ▲ I 51 H5
Içá, Rio ~ BR 144 F5
Ica, Río de ~ PE 149 D9
Ičigemskij hrebet ▲ RUS 63 d5
Icy Strait ≈ USA 124 C2
Idarwald ▲ D 35 C7
Idhan' Awbāri ≛ LAR 104 H3
Idhan' Marzūq ≛ LAR 104 H4
Idjiwi, Île ⌒ CGO 114 B5
Idolo, Isla del ⌒ MEX 136 F2
Ídra ◉ GR 54 F5
Ídra ⌒ GR 47 J6
Idrija ◉ SLO 49 K3
Idstein ◉ D 35 D6
Ieo-do = Socotra Rock ⌒ 80 E7
Ieper ◉ B 31 K4
Ierissoú, Kólpos ≈ GR 54 F2
Ifalik Atoll ⌒ FSM 83 M5
Ifẹ ◉ NGR 104 F7
Iforas, Adrar des ▲ RMM 104 F4
Iganga ☆ EAU 114 D3
Igara Paraná, Río ~ CO 148 E2
Iğdır ☆ TR 67 K3
Iglau = Jihlava ☆ CZ 37 B7
Iglesiente ≛ I 46 B5
Igman ▲ BIH 49 O5
Igombe ~ EAT 114 D6
Igombe = Gombe ~ EAT 113 H2
Igornachoix Bay ≈ CDN 127 P3
Iguache, Mesas de ≛ CO 144 E4
Iguaçu, Rio ~ BR 151 D6
Iguaçu, Rio ~ BR 152 G3
Iguatemi, Rio ~ BR 150 C5
Iguazú, Cataratas del ~ RA 152 G3
Igué, Île ⌒ F 98 a2
Iguidi, Erg ≛ DZ 104 D3
Ihna = Ina ~ PL 29 N2
Ihavoo ⌒ P 40 B4
Iijoki ~ FIN 20 N4
Ija ~ RUS 62 R7
Ijāfene ≛ RIM 104 D4
IJssel ~ NL 28 J2
IJsselmeer ≈ NL 18 M5
iKapa = Cape Town ☆ ZA 116 C6
Ikaría ⌒ GR 47 K6
Iki ⌒ J 75 O5
Ikitsuki-shima ⌒ J 80 G7
Ikpikpuk River ~ USA 122 E3
Ikrjanoe ☆ RUS 57 P4
Ikšķile ◉ LV 38 J3
Ikuza Island ⌒ EAT 114 C5
Ilām ☆ IR 67 M6
Ilave, Río ~ PE 149 G10
Iława ◉ PL 36 F3
Île ~ KZ 62 M8
Île Alofi ⌒ F 96 F3
Île Amédée ⌒ F 98 c4
Île Anatom = Aneityum ⌒ VU 96 C5
Île Aoba = Obe ⌒ VU 96 C4
Île Art ⌒ F 98 a2
Île Aurora = Maewo ⌒ VU 96 C4
Île aux Coudres ⌒ CDN 126 J5
Île-à-Vache ⌒ RH 139 J5
Île Baaba ⌒ F 98 a3
Île Balabio ⌒ F 98 b3
Île Beautemps-Beaupré ⌒ F 98 b3
Île Bora-Bora ⌒ F 97 L4
Île Brion ⌒ CDN 127 O5
Île Cavallo ⌒ F 33 O7
Île Chesterfield ⌒ RM 113 K5
Île d'Anticosti ⌒ CDN 123 Y7
Île de Batz ⌒ F 30 C6
Île de Bréhat ⌒ F 30 E6
Île de Corps Mort ⌒ CDN 127 N5
Île de Gorée ⌒ SN 110 B2
Île de Groix ⌒ F 25 E9
Île de Hœdic ⌒ F 32 B1
Île de Houat ⌒ F 32 A1
Île de Jerba ⌒ TN 104 H2
Île de la Gonâve ⌒ RH 129 L7
Île de la Réunion ⌒ F 113 M6
Île de la Table ⌒ F 98 b3
Île de l Est' ⌒ CDN 127 O5
Île de Ré ⌒ F 18 L6
Île de Sable ⌒ F 98 a2
Île de Saint Pierre ⌒ F 127 Q5
Île de Sein ⌒ F 30 B6
Île des Genévriers ⌒ CDN 127 P3
Île Desroches ⌒ SY 113 M3
Île d'Oléron ⌒ F 18 L6
Île d'Orleans ⌒ CDN 126 J5
Île d'Ouessant ⌒ F 25 E8
Île du Ami ⌒ F 98 c4
Île Ducos ⌒ F 98 b3
Île Dudun ⌒ F 98 c3
Île du Gros Mécatina ⌒ CDN 127 P3
Île du Petit Mécatina ⌒ CDN 127 P3
Île d'Yeu ⌒ F 25 F9
Île Eiao ⌒ F 97 N2
Île Eléphant = Lathu ⌒ VU 98 a2
Île Erromango = Eromanga Island ⌒ VU 96 C4
Île Erronan = Futuna Island ⌒ VU 96 D4
Île Europa ⌒ F 113 K6
Île Futuna ⌒ F 96 F3
Île Gaua = Santa Maria Island ⌒ VU 96 C3
Île Grimault ⌒ F 98 b3
Île Haute ⌒ F 98 b3
Île Hiengabat ⌒ F 98 b3
Île Hiu = Hiw ⌒ VU 96 C3
Île Idjwi ⌒ CGO 114 B5
Île Igué ⌒ F 98 a2
Île Juan de Nova ⌒ F 113 K5
Île Koko ⌒ F 98 c4
Île Kôtomo ⌒ F 98 c4
Île Kuriat ⌒ TN 107 M3
Île Lameque = Shippegan Island ⌒ CDN 127 M5
Île Le Leizour ⌒ F 98 a2
Île Leleppa = Lelepa ⌒ VU 98 A3
Île Léliogat ⌒ F 98 c3
Île Léprédour ⌒ F 98 b4
Île Lo = Loh ⌒ VU 98 A1
Île Mai = Emae ⌒ VU 98 A3
Île Maiao ⌒ F 97 L4
Île Makatea ⌒ F 97 L4
Île Mallicolo = Malakula ⌒ VU 96 C4
Île Mangareva ⌒ F 97 O5
Île Matthew ⌒ F 96 D5
Île Mau = Ermao ⌒ VU 98 B3
Île Maupiti ⌒ F 97 L4
Île Mayotte ⌒ F 113 L4
Île Meralaba = Mere Lava ⌒ VU 98 B2
Île Merigi = Merig ⌒ VU 98 a2
Île Moso = Verao ⌒ VU 98 A3
Ilemsön ⌒ S 20 J5
Île Ndié ⌒ F 98 c4
Île Néâê ⌒ F 98 c4
Île Neba ⌒ F 98 a3
Île Niau ⌒ F 97 M4
Île Nié ⌒ F 98 c3
Île Nina = Aniwa Island ⌒ VU 96 C4
Île Ongombua ⌒ F 98 a2
Île Ouen ⌒ F 98 c4
Île Pam ⌒ F 98 b3
Île Parisienne ⌒ CDN 132 F2
Île Pentecôte = Pentecost Island ⌒ VU 96 C4
Île Pia ⌒ F 98 a2
Île Pott ⌒ F 98 a2
Île Raiatea ⌒ F 97 L4
Île Raivavae ⌒ F 97 M5
Île Rimatara ⌒ F 97 L5
Île Rodrigues ⌒ MS 113 O5
Île Rurutu ⌒ F 97 L5
Île Saint Mary ⌒ CDN 127 P3
Île Sakao = Lathi ⌒ VU 98 a2
Îles Australes ⌒ F 97 K5
Îles Banks = Banks Islands ⌒ VU 96 C3
Îles Belep ⌒ F 96 B4
Îles Chausey ⌒ F 30 E6
Îles Daos ⌒ F 98 a2
Îles de Kerkennah ⌒ TN 104 H2
Îles de la Madeleine ⌒ CDN 123 Y7
Îles de la Société ⌒ F 97 K4
Îles de Los ⌒ RG 110 C5
Îles de Mingan ⌒ CDN 127 N3
Îles d'Hyères ⌒ F 25 L11
Îles du Duc de Gloucester ⌒ F 97 N5
Îles du Roi Georges ⌒ F 97 M3
Îles du Vent ⌒ F 97 M4
Îles Gambier ⌒ F 97 O5
Îles Glorieuses ⌒ F 113 L4
Îles Huahine ⌒ F 97 L4
Îles Lavezzi ⌒ F 33 O7
Îles Maria ⌒ F 97 O5
Îles Marquises ⌒ F 97 N2
Îles Monger ⌒ CDN 127 P3
Îles Récifs = Reef Islands ⌒ VU 98 A1
Îles Sheperd = Shepherd Islands ⌒ VU 96 C4
Îles sous le Vent ⌒ F 97 L4
Îles Torres = Torres Islands ⌒ VU 96 C3
Îles Tristao ⌒ RG 110 C4
Îles Tuamotu ⌒ F 97 N3
Île Surprise ⌒ F 98 a2
Îles Wallis ⌒ F 96 F3
Île Tahaa ⌒ F 97 L4
Île Tahiti ⌒ F 97 M4
Île Tanna = Tana ⌒ VU 96 C4
Île Teguan = Tegua ⌒ VU 96 C3
Île Tiga ⌒ F 98 c3
Île Tikei ⌒ F 97 N3
Île Toga = Toga ⌒ VU 98 A1
Île Tromelin ⌒ F 113 M5
Île Tubuai ⌒ F 97 M5
Île Tupéti ⌒ F 98 c3
Île Yandé ⌒ F 98 a3
Île Zembra ⌒ TN 107 M2
Ilfracombe ◉ GB 27 E10
Ilgaz Dağları ▲ TR 66 E2
Ilgın ☆ TR 66 D3
Ilha Apipe Grande ⌒ RA 151 B7
Ilha Brava ⌒ CV 110 B2
Ilha Caviana de Fora ⌒ BR 145 K4
Ilha Comprida ⌒ BR 150 E4
Ilha Comprida ⌒ BR 150 G6
Ilha da Boa Vista ⌒ CV 104 A5
Ilha da Feitoria ⌒ BR 151 D9
Ilha da Inhaca ⌒ MOC 117 L2
Ilha da Queimada Grande ⌒ BR 150 G6
Ilha das Areias ⌒ RGB 110 C4
Ilha das Duas Onças ⌒ BR 150 D5
Ilha das Flores ⌒ P 18 E8
Ilha das Galinhas ⌒ RGB 110 C4
Ilha das Peças ⌒ BR 152 H3
Ilha das Sete Quedas ⌒ BR 150 C5
Ilha de Carache ⌒ RGB 110 B4
Ilha de Fogo ⌒ CV 110 B2
Ilha de Jeta ⌒ RGB 110 B4
Ilha de Maio ⌒ CV 104 A5
Ilha de Maracá ⌒ BR 145 J4
Ilha de Marajó ⌒ BR 145 J5
Ilha de Moçambique ⌒ MOC 113 K5
Ilha de Orango ⌒ RGB 104 B6
Ilha de Orangozinho ⌒ RGB 110 C4
Ilha de Pecixe ⌒ RGB 110 B4
Ilha de Santa Catarina ⌒ BR 152 H3
Ilha de Santa Luzia ⌒ CV 110 B1
Ilha de Santa Maria ⌒ P 18 F8
Ilha de Santiago ⌒ CV 110 C2
Ilha de Santo Amore ⌒ BR 150 H5
Ilha de Santo Antão ⌒ CV 104 A5
Ilha de São Francisco ⌒ BR 151 F7
Ilha de São João ⌒ BR 145 L5
Ilha de São Jorge ⌒ P 18 E8
Ilha de São Miguel ⌒ P 18 F8
Ilha de São Nicolau ⌒ CV 104 A5
Ilha de São Sebastião ⌒ BR 152 H2
Ilha de Unhocomo ⌒ RGB 110 B4
Ilha de Uno ⌒ RGB 110 B4
Ilha do Alcatrazes ⌒ BR 150 H6
Ilha do Bananal ⌒ BR 145 J7
Ilha do Cardoso ⌒ BR 150 G6
Ilha do Corvo ⌒ P 18 E8
Ilha do Faial ⌒ P 18 E8
Ilha do Mel ◉ BR 151 F6
Ilha do Pico ⌒ P 18 F8
Ilha do Sal ⌒ CV 104 A5
Ilha dos Currais ⌒ BR 151 F6
Ilha dos Marinheiros ⌒ BR 151 D9
Ilha Formosa ⌒ RGB 110 B4
Ilha Graciosa ⌒ P 18 F8
Ilha Grande de Gurupá ⌒ BR 145 J5
Ilha Mariana ≛ MOC 117 L2
Ilha Roxa ⌒ RGB 110 C4
Ilha Santana ⌒ BR 145 L5
Ilhas de Barlavento ⌒ CV 104 AA5
Ilhas Desertas ⌒ P 18 H9
Ilhas de Sotavento ⌒ CV 104 AA5
Ilhas do Bazaruto ⌒ MOC 113 J6
Ilhas Selvagens ⌒ P 18 H9
Ilha Terceira ⌒ P 18 F8
Ilha Três Irmãos ⌒ BR 151 F7
Ilha Tupinambarana ⌒ BR 145 H5
Ilha Yacyretá ≛ PY 151 B7
Ilhéu Branco ⌒ CV 110 B1
Ilhéu do Meio ⌒ RGB 110 C4
Ilhéu Raso ⌒ CV 110 B1
Ilhéus ◉ BR 145 M7
Ilheus Secos ou do Rombo ⌒ CV 110 B2
Iligan ☆ RP 83 H5
Ill ~ FL 35 E9
Illa de Arousa ⌒ E 42 A2
Illa de Buda ⌒ E 43 L4
Illa de Cabrera ⌒ E 41 H5
Illa de Formentera ⌒ E 18 M8
Illa de l' Aire ⌒ E 41 J5
Illa de Sálvora ⌒ E 42 A2
Illa d'es Conills ⌒ E 41 H5
Illa des Espardell ⌒ E 45 M3
Illa de Tagomago ⌒ E 45 M2
Illa Es Vedrà ⌒ E 45 L3
Illas Cíes ⌒ E 42 A2
Illa S'Espalmador ⌒ E 45 M3
Illas Lobeiras ⌒ E 42 A2
Iller ~ D 29 K4
Iller ~ D 35 F9
Illes Balears ⌒ E 18 M8
Illičivs'k = Čornomors'k ☆ UA 56 G4
Illinois River ~ USA 128 H2
Illinois River ~ USA 130 B4
Illinois River ~ USA 132 C6
Ilmenau ~ D 34 F3
Ilobasco ◉ ES 137 K6
Iloilo City ☆ RP 83 H4
Ilok ◉ HR 49 P3
Ilorin ☆ NGR 104 F7
Îlots de Bass ⌒ F 97 N6
Ilovik ⌒ HR 49 K4
Ilovlja ~ RUS 57 O2
Iłżanka ~ PL 36 H5
Imataca, Serranía de ▲ YV 147 K4
Imatong Mountains ▲ SSD 114 D1
Imjado ⌒ ROK 80 E6
Imjin Gang ~ KP 80 F4
Imnaha River ~ USA 130 F3
Imofossen ~ N 20 K2
Imotski ☆ HR 49 N5
Imperia ◉ I 48 D5
Impfondo ☆ RCB 112 E1
Imphāl ☆ IND 73 J2
Imralı Adası ⌒ TR 55 L2
Imst ☆ A 35 F9
Ina ~ PL 29 N2
Ina ~ PL 36 A3
Inambari, Río ~ PE 149 F8
Inari ◉ FIN 20 N2
In Azzene, Djebel ▲ DZ 106 G7
Incesu ◉ TR 66 F3
Inchulec' ~ UA 56 H4
Incomati, Rio ~ MOC 117 L2
Indalsälven ~ S 20 G5
Indalsälven ~ S 20 H5
Independence Valley ≛ USA 130 G5
Independencia, Bahía de La ≈ PE 149 C8
Independencia, Isla de la ⌒ PE 149 C9
Inderbor ☆ KZ 19 W6
Indianapolis ☆ USA 132 E6
Indian Ocean ≈ 113 L2
Indian River ~ CDN 126 F4
Indian River ≈ USA 135 H5
Indian River Bay ≈ USA 133 L6
Indigirka ~ RUS 63 Z4
Indios, Canal de los ≈ C 138 D4
Indios, Cayos los ⌒ C 138 D4
Indischer Ozean ≈ 160 G7
Indispensable Reefs ⌒ SOL 94 E8
Indispensable Strait ≈ SOL 94 E7
Indo = Sind ~ IND 68 E2
Indore ◉ IND 69 E8
Indravati ~ IND 72 C5
Indre ~ F 25 H9
Indus ~ PK 65 L4
Indus = Indus ~ PK 65 L4
Indus, Mouths of the ≈ PK 65 K6
Indus = Sind ~ IND 65 M4
Indusmündungen = Mouths of the Indus ≈ PK 65 K6
İnece Çayı ~ TR 53 L5
Inferior, Laguna ≈ MEX 137 G4
Ingenika River ~ CDN 124 G3
Ingenio, Río ~ PE 149 D9
Inglefield Bredning ≈ DK 123 W1
Inglefield Land ≛ DK 123 W1
Ingoda ~ RUS 63 T7
Ingolstadt ☆ D 35 G8
Ingøya ⌒ N 20 L1
Inguri ~ GE 57 M6
Ingwempisi ~ ZA 117 K3
Inhaca, Ilha da ⌒ MOC 117 L2
Inhambane ☆ MOC 113 J6
Inhambane, Baía de ≈ MOC 113 J6
Inhamissiba, Rio ~ MOC 117 L1
Inharrime, Rio ~ MOC 117 M2
Inhul ~ UA 56 H4
Inhulec' ~ UA 56 H3
Inírida ☆ CO 147 F6
Inírida, Río ~ CO 144 F4
Inírida, Río ~ CO 146 E6
Inis ☆ IRL 24 C6
Inis Ceithleann = Enniskillen ◉ GB 26 B7
Inishowen ≛ IRL 26 B6
Inishowen Peninsula ≛ IRL 24 D5
Inishtrahull ⌒ IRL 26 B6
Inklin River ~ CDN 124 D2
Inland Kaikoura Range ▲ NZ 99 D5
Inn ~ A 29 M5
Inn ~ A 35 F9
Inn ~ D 18 O6
Inn ~ F 29 K5
Innere Hebriden = Inner Hebrides ⌒ GB 24 D5
Inner Hebrides ⌒ GB 24 D5
Inner Sound ≈ GB 24 E4
Innerste ~ D 34 E4
Innsbruck ☆ A 35 G9
Innviertel ≛ A 35 J8
Inönü ☆ TR 55 N3
Inowrocław ◉ PL 36 E4
In Salah ◉ DZ 107 G7
Inseln über dem Winde = Islas de Barlovento ⌒ 129 O7
Inseln unter dem Winde = Islas de Sotavento ⌒ 144 F2
in Sokki, Oued ~ DZ 107 H6
Insterburg = Černjahovsk ☆ RUS 38 G4
Interlaken ◉ CH 35 C10
Inuvik ◉ CDN 122 K3
Inuya, Río ~ PE 149 E7
Inveraray ◉ GB 26 D5
Invercargill ☆ NZ 99 B7
Inverness ◉ GB 26 E4
Investigator Channel ≈ MYA 85 A6
Investigator Group ⌒ AUS 92 C2
Investigator Passage ≈ MYA 84 A5
Investigator Strait ≈ AUS 90 G7
Inyo Mountains ▲ USA 131 E7
Inza ~ RUS 39 T5
Inzia ~ CGO 112 E3
Ioánnina ☆ GR 54 C3
Iona ⌒ GB 26 C5
Iónia Nisiá ⌒ GR 19 P8
Ionian Sea ≈ 46 F6
Iónio Pélagos = Ionian Sea ≈ 46 F6
Ionische Inseln = Iónia Nissiá ⌒ GR 19 P8
Ionisches Meer = Ionian Sea ≈ 46 F6
Iony, ostrov ⌒ RUS 63 Z6
Iō-rettō = Kasan-rettō ⌒ J 75 Q6
Iori ~ GE 57 O6
Íos ⌒ GR 47 K6
Iō-shima ⌒ J 75 Q7
Iō-shima ⌒ J 80 G8
Ipev ~ H 29 P4
Iphigenia Bay ≈ USA 124 C4
Ipixuma, Rio ~ BR 148 E5
Ipoh ☆ MAL 85 C9
Iput' ~ RUS 39 M5
Iqaluit ☆ CDN 123 X4
Iquique ☆ RCH 152 C2
Iquitos ☆ PE 148 E3
Iráklia ⌒ GR 47 K6
Iráklio ☆ GR 55 H7
Iramba Plateau ≛ EAT 114 E6
Īrān ▲ 64 G4
Iranaitivu North ⌒ CL 71 E6
Irarraren ≛ DZ 107 J7
Irawan, Wādī ~ LAR 107 M7
Irbes Šaurums ≈ LV 38 G3
Iregua, Río ~ E 43 H2
Ireland = Éire ⌒ 18 J5
Irharhar, Oued ~ DZ 104 F3
Irharhar, Oued ~ DZ 107 J7
Irharharan ≛ DZ 107 K7
Iringa ☆ EAT 113 J3
Iringou ~ CI 111 J5
Iriomote-shima ⌒ J 75 N7
Iriri, Rio ~ BR 145 J5
Iriri, Rio ~ BR 145 J6
Irische See = Irish Sea ≈ 18 K5
Irish Sea ≈ 18 K5
Irkutsk ☆ RUS 62 R7
Irland = Éire ⌒ 18 J5
Irminger Sea ≈ 123 d4
Irmingersee = Irminger Sea ≈ 123 d4
Irnogou ~ CI 111 J5
Iroba Island ⌒ EAT 114 C4
Iroise, Mer d' ≈ F 25 E8
Irpin' ~ UA 56 F2
Irrawaddy ~ MYA 74 G8
Irša ~ UA 56 F2
Iršava ☆ UA 37 K8
Irthing ~ GB 26 G7
Irtyš ~ RUS 62 L6
Irtyšsk ☆ KZ 62 M7
Iruñea = Pamplona ☆ E 43 J2
Isaac, Great ⌒ BS 138 F1
Isaaq Jilible ~ SO 115 H3
Isabel, Isla ⌒ MEX 128 E6
Isabela, Canal ≈ EC 149 b2
Isabela, Cordillera ▲ NIC 129 J8
Isabela, Isla ⌒ EC 149 b2
Isabela, La ◉ DOM 139 K5
Isabella, Bahía de la ≈ DOM 139 K5
Ísafjarðardjúp ≈ IS 20 b1
Ísafjörður ☆ IS 20 b1
Isan ~ IND 69 G6
Isar ~ D 29 M4
Ischia ◉ I 51 G2
Ischia, Isola d' ⌒ I 46 D4
Ischl, Bad ◉ A 35 J9
Ischma = Ižma ~ RUS 19 W3
Iscuandé, Río ~ CO 146 A6
Isel ~ A 35 H10
Isère ~ F 25 K10
Isère ~ F 33 K3
Isère ~ F 33 L3
Isernia ☆ I 51 H1
Isfahan = Esfahān ☆ IR 64 F4
Ishasha ~ CGO 114 B4
Ishigaki-shima ⌒ J 75 N7
Ishikari-wan ≈ J 81 N2
Ishulli i Sazanit ⌒ AL 51 M2
Isikari-santi ▲ J 81 O2
Işıklar Dağı ▲ TR 53 M6
Išim ~ RUS 62 L6
Isiolo, Lagh ~ EAK 115 F4
Iškaft, Ğabal ▲ IRQ 67 K4
Iskăr ~ BG 47 J3
İskenderun Körfezi ≈ TR 64 C3
Iskitim ☆ RUS 62 N7
Iskut River ~ CDN 124 E3
Isla Aji ⌒ CO 146 B6
Isla Alto Velo ⌒ DOM 139 K6
Isla Amantani ⌒ PE 149 G9
Isla Ángel de la Guarda ⌒ MEX 128 D5
Isla Antica ⌒ YV 147 J2
Isla Baltra ⌒ EC 149 b2
Isla Barbareta ⌒ HN 137 L4
Isla Blanquilla ⌒ YV 144 G2
Isla Byron ⌒ RCH 152 B7
Isla Cacahual ⌒ CO 146 A5
Isla Campana ⌒ RCH 152 B7
Isla Cancún ⌒ MEX 137 L2
Isla Caneima ⌒ YV 147 K3
Isla Cangrejo ⌒ YV 147 K3
Isla Carmen ⌒ MEX 128 D5

Isla Cayambre ⌒ CO 146 A6
Isla Cayos Arcas ⌒ MEX 137 J2
Isla Cedros ⌒ MEX 128 C5
Isla Cerralvo ⌒ MEX 128 E6
Isla Chao ⌒ PE 149 B6
Isla Chica ⌒ MEX 137 K1
Isla Chiquitina ⌒ PE 149 B7
Isla Clarence ⌒ RCH 152 C8
Isla Clarión ⌒ MEX 128 D7
Isla Coche ⌒ YV 147 H2
Isla Coelleira ⌒ E 42 B1
Isla Contoy ⌒ MEX 137 L2
Isla Contreras ⌒ RCH 152 B8
Isla Corocoro ⌒ YV 147 K3
Isla Cubagua ⌒ YV 147 H2
Isla Darwin ⌒ EC 144 A4
Isla de Annobón ⌒ GQ 112 C2
Isla de Bioco ⌒ GQ 104 G8
Isla de Chiloé ⌒ RCH 152 B6
Isla de Coiba ⌒ PA 144 C3
Isla de Cozumel ⌒ MEX 129 J6
Isla de Guadalupe ⌒ MEX 128 C5
Isla de Guanaja ⌒ HN 137 L4
Isla de la Independencia ⌒ PE 149 C9
Isla de la Juventud ⌒ C 129 K6
Isla del Carmen ⌒ MEX 137 H3
Isla del Coco ⌒ CR 144 B3
Isla del Idolo ⌒ MEX 136 F2
Isla de los Estados ⌒ RA 152 E8
Isla del Sol ⌒ BOL 149 G10
Isla del Tigre ⌒ HN 137 L6
Isla de Macabi ⌒ PE 148 A5
Isla de Malpelo ⌒ CO 144 C4
Isla de Margarita ⌒ YV 144 F2
Isla de Ometepe ⌒ NIC 129 J8
Isla de Providencia ⌒ CO 129 K8
Isla de Roatán ⌒ HN 129 J7
Isla de San Andrés ⌒ CO 129 K8
Isla Desterrada ⌒ MEX 137 J1
Isla de Utila ⌒ HN 137 L4
Isla Diego de Almagro ⌒ RCH 152 B8
Isla Duque de York ⌒ RCH 152 B8
Isla El Toro ⌒ MEX 128 G6
Isla Escalante ⌒ EC 148 A3
Isla Esmeralda ⌒ RCH 152 B7
Isla Española ⌒ EC 144 B5
Isla Ferrol ⌒ PE 149 B6
Isla Fuerte ⌒ CO 146 B3
Isla Genovesa ⌒ EC 144 A4
Isla Gorgona ⌒ CO 146 A6
Isla Guafo ⌒ RCH 152 B6
Isla Guamblin ⌒ RCH 152 B6
Isla Hanover ⌒ RCH 152 B8
Isla Holbox ≐ MEX 137 L2
Isla Hoste ⌒ RCH 152 D9
Isla Iquitos ⌒ PE 148 E3
Isla Isabel ⌒ MEX 128 E6
Isla Isabela ⌒ EC 149 b2
Isla Jaina ⌒ MEX 137 J2
Isla Juan Ramírez ⌒ MEX 136 F2
Isla La Tortuga ⌒ YV 144 F2
Isla La Viuda ⌒ PE 149 B6
Isla Lobos de Tierra ⌒ PE 148 A5
Isla Londonderry ⌒ RCH 152 C9
Isla Loreto ⌒ PE 148 F3
Islāmābād ★ PK 68 D3
Isla Madre de Dios ⌒ RCH 152 B8
Isla Magdalena ⌒ MEX 128 D6
Isla Magdalena ⌒ RCH 152 C6
Isla Marchena ⌒ EC 144 A4
Isla Margarita ⌒ CO 146 C3
Isla Mazorca ⌒ PE 149 B7
Isla Melchor ⌒ RCH 152 B7
Isla Mocha ⌒ RCH 152 B5
Isla Mona ⌒ USA 129 N7
Isla Mornington ⌒ RCH 152 B7
Isla Mujeres ⌒ MEX 129 J6
Isla Navarino ⌒ RCH 152 D9
Ísland ⌒ IS 18 H3
Island = Ísland ⌒ IS 18 H3
Island Magee ⌒ GB 26 D7
Island of Newfoundland ⌒ CDN 127 P4
Island of Rona ⌒ GB 26 C4
Island of Stroma ⌒ GB 26 F3
Islands, Bay of ≈ CDN 127 P4
Islands, Bay of ≈ NZ 99 E1
Islands of Four Mountains ⌒ USA 122 B6
Isla Orchila ⌒ YV 147 G2
Isla Patricio Lynch ⌒ RCH 152 B7
Isla Pérez ⌒ MEX 137 J1
Isla Pinta ⌒ EC 144 A4
Isla Pinzon ⌒ EC 149 b2
Isla Puna ⌒ EC 144 C5
Isla Redonda ⌒ YV 147 K3
Isla Roca Partida ⌒ MEX 128 D7
Isla San Benedicto ⌒ MEX 128 D7
Isla San Cristóbal ⌒ EC 144 B5
Isla San Gallan ⌒ PE 149 C8
Isla San José ⌒ MEX 128 D6
Isla San Lorenzo ⌒ PE 149 C8
Isla San Salvador ⌒ EC 144 A5
Isla San Salvador ⌒ EC 149 b2
Isla Santa ⌒ PE 149 B6
Isla Santa Catalina ⌒ MEX 131 E9
Isla Santa Cruz ⌒ EC 144 A5
Isla Santa Fe ⌒ EC 149 b2
Isla Santa Inés ⌒ RCH 152 B8
Isla Santa Margarita ⌒ MEX 128 D6
Isla Santa María ⌒ EC 149 b2
Isla Santa Rosa ⌒ EC 148 B1
Isla Saona ⌒ DOM 129 N7
Islas Ballestas ⌒ PE 149 C8
Islas Canarias ⌒ E 104 B3
Islas Caracas ⌒ YV 147 H2
Islas Chafarinas ⌒ E 45 H6
Islas Columbretes ⌒ E 40 G5
Islas de Aves ⌒ YV 147 F1
Islas de Barlovento ⌒ 129 O7
Islas de Guañape ⌒ PE 149 B6
Islas de la Bahía ⌒ HN 137 L5
Islas del Cisne ⌒ HN 129 K7
Islas de Lobos ⌒ MEX 136 F2
Islas del Rosario ⌒ CO 146 B2
Islas de San Bernardo ⌒ CO 146 B3
Islas de Sotavento ⌒ 144 F2
Islas Lobos de Afuera ⌒ PE 148 A5
Islas Los Frailes ⌒ YV 147 J2
Islas Los Hermanos ⌒ EC 149 b2
Islas Los Hermanos ⌒ YV 147 H2
Islas Los Monjes ⌒ YV 146 E1
Islas los Roques ⌒ YV 144 F2
Islas Los Testigos ⌒ YV 147 J2
Islas Marias ⌒ MEX 128 E6
Islas Marietas ⌒ MEX 136 A2
Islas Socorro ⌒ MEX 128 D7
Islas Soledad ⌒ CO 146 A6
Isla Soto ⌒ PE 149 G9
Islas Wollaston ⌒ RCH 152 D9
Isla Taquile ⌒ PE 149 G9
Isla Tiburón ⌒ MEX 128 D5
Isla Tigre ⌒ PE 148 F3
Isla Tobejuba ⌒ YV 147 K3
Isla Torres ⌒ ROU 151 D11
Isla Trinidad ⌒ RA 152 E5
Isla Turuepano ⌒ YV 147 J2
Isla Verde ⌒ CO 146 C2
Isla Wellington ⌒ RCH 152 B7
Isla Wolf ⌒ EC 144 A4
Islay ⌒ GB 24 D5
Isle ~ F 25 H10
Isle ~ F 32 E3
Isle of Man ⌒ GBM 18 L5
Isle of Man ⌒ GBM 26 E7
Isle of Noss ⌒ GB 26 J1
Isle of Ponds ⌒ CDN 127 R2
Isle of Portland ⌒ GB 27 G11
Isle of Sheppey ⌒ GB 27 K10
Isle of Walney ⌒ GB 24 F5
Isle of Wight ⌒ GB 18 L5
Isle Royale ⌒ USA 123 T7
Isles of Scilly ⌒ GB 19 K6
Islote del Perejil ⌒ E 44 E6
Isly, Oued ~ MA 106 E3
Isny im Allgäu ◉ D 35 F9
Isola = Izola ◉ SLO 49 J3
Isola Alicudi ⌒ I 46 D5
Isola Asinara ⌒ I 18 N7
Isola Capraia o Capraie ⌒ I 49 L6
Isola Caprera ⌒ I 46 B4
Isola d'Elba ⌒ I 18 N7
Isola del Giglio ⌒ I 46 C3
Isola di Capraia ⌒ I 46 B3
Isola di Capri ⌒ I 46 D4
Isola di Gorgona ⌒ I 48 E5
Isola di Lampedusa ⌒ I 104 H1
Isola di Linosa ⌒ I 46 D7
Isola di Mal di Ventre ⌒ I 50 A3
Isola di Montecristo ⌒ I 46 C3
Isola di Pantelleria ⌒ I 107 M2
Isola di Ponza ⌒ I 50 F2
Isola di Procida ⌒ I 50 G2
Isola di Sant'Antioco ⌒ I 46 A5
Isola d'Ischia ⌒ I 46 D4
Isola di Ustica ⌒ I 46 D5
Isola Lipari ⌒ I 18 O8
Isola Molara ⌒ I 50 C2
Isola Mortorio ⌒ I 50 C1
Isola Pianosa ⌒ I 46 C3
Isola Pianosa ⌒ I 49 L6
Isola Salina ⌒ I 46 E5
Isola San Domino ⌒ I 51 H0
Isola Sant'Andrea ⌒ I 51 L2
Isola Tavolara ⌒ I 46 B4
Isola Ventotene ⌒ I 50 G2
Isola Vulcano ⌒ I 46 E5
Isola Zannone ⌒ I 50 G2
Isole Egadi ⌒ I 46 C6
Isole Eolie o Lipari ⌒ I 46 E5
Isole Ponziane o Pontine ⌒ I 46 D4
Isole Tremiti ⌒ I 46 E3
Isparta ☆ TR 55 N5
Issa-Ber ~ RMM 111 H2
Issac ~ F 32 C1
Issaouane, Erg ≐ DZ 107 K7
Issia ☆ CI 111 G6
İstanbul ☆ TR 53 N6
İstanbul Boğazı (Bosporus) ≈ TR 19 R7
Isthmus of Kra ⌒ T 82 C4
Istmo de Tehuantepec ≐ MEX 128 G7
Istmo Málaga ⌒ CO 146 B5
Istra ☆ RUS 39 P4
Istra ≐ SLO 46 D2
Istrien = Istra ≐ SLO 46 D2
Itämeri = Baltic Sea ≈ 18 O5
It Amelân ⌒ NL 28 H2
Itanagar ☆ IND 73 H1
Itapicuru, Rio ~ BR 145 M7
Itararé, Rio ~ BR 150 F5
Itati ◉ RA 151 A7
Itenes o Guaporé, Río ~ BOL 145 G7
Ith ▲ D 34 E4
Itháki ⌒ GR 54 C4
Itimbiri ~ CGO 112 F1
Itiquira, Rio ~ BR 150 C2
Itiquira ou Piquiri ~ BR 150 B2
Itirr Plain ≐ EAK 115 G2
Iton ~ F 30 H6
Ittel, Oued ~ DZ 107 J4
Itui, Rio ~ BR 144 E6
Ituri ~ CGO 114 A3
Ituri ~ CGO 114 B2
Iturup, ostrov ⌒ RUS 63 a9
Ituxi, Rio ~ BR 144 F6
Itzehoe ☆ D 34 E3
Ivaí, Rio ~ BR 150 D5
Ivanec ☆ HR 49 M2
Ivangrad = Berane ◉ MNE 52 D4
Ivanhoe River ~ CDN 126 C5
Ivanić Grad ☆ HR 49 M3
Ivanjica ◉ SRB 52 E3
Ivano-Frankivs'k ☆ UA 56 D3
Ivano-Frankovsk = Ivano-Frankivs'k ☆ UA 56 D3
Ivanovo ☆ BG 53 K3
Ivanovo ☆ RUS 39 R3
Ivindo ~ G 112 D2
Ivinheima, Rio ~ BR 150 C4
Ivory Coast ≐ CI 111 G7
Ivrea ☆ I 48 C3
Ixmiquilpan ◉ MEX 136 E2
Ixtlán de Juárez ◉ MEX 136 F4
Iyo-nada ≈ J 81 H7
Izamal ◉ MEX 137 K2
Izborsk ◉ RUS 38 K3
Iževsk ☆ RUS 19 W4
Ižma ~ RUS 19 W3
Izmail = Izmajil ☆ UA 56 F5
Izmajil ☆ UA 56 F5
Izmir ☆ TR 55 K4
İzmir Körfezi ≈ TR 55 J4
İzmit ☆ TR 53 O6
İzmit Körfezi ≈ TR 66 C2
Iznik ◉ TR 55 M2
Izola ◉ SLO 49 J3
Izu-hantō ⌒ J 81 M6
Izu-shotō ⌒ J 75 R5
Izvestij CIK, ostrova ⌒ RUS 62 N2

J

Jabal, Bahr al- ~ SSD 105 M6
Jabal Awlād Nāīl ▲ DZ 107 H3
Jabal Nafūsah ▲ LAR 107 M5
Jabal Nuqay ▲ LAR 105 J4
Jabalón, Río ~ E 40 E5
Jabal Tammū ▲ LAR 105 H4
Jablanica ▲ MK 52 E5
Jablanica ~ SRB 52 F4
Jablonec nad Nisou ◉ CZ 36 B6
Jablonovyj hrebet ▲ RUS 63 T7
Jabotablon ≐ CO 146 B4
Jabuka ⌒ HR 49 L5
Jáchal, Río ~ RA 152 D4
Jackson ☆ USA 134 C3
Jackson, Port ≈ AUS 93 L2
Jackson Mountains ▲ USA 130 E5
Jackson Prairie ▲ USA 134 D3
Jacmel ☆ RH 139 J5
Jacobābād ◉ PK 68 B5
Jacquemart Island ⌒ NZ 99 c2
Jacques-Cartier, Détroit de ≈ CDN 123 X7
Jacqueville ◉ CI 111 H7
Jacuba, Rio ~ BR 150 D3
Jacuí, Rio ~ BR 152 G3
Jadar ~ SRB 52 D2
Jade ~ D 34 D3
Jadebusen ≈ D 28 K2
Jadovik ▲ SRB 52 D3
Jādū ◉ LAR 107 N5
Jägerndorf = Krnov ◉ CZ 37 D6
Jämtland ≐ S 20 F5
Jaén ☆ E 44 G4
Jæren ≐ N 21 B7
Jafārah ≐ LAR 107 M4
Jaffna ◉ CL 71 E6
Jagodnja ▲ SRB 52 D2
Jagodnoe ☆ RUS 63 a5
Jagst ~ D 35 E7
Jagua ◉ C 138 E3
Jaguarão, Rio ~ BR 151 D10
Jaguaribe, Rio ~ BR 145 M6
Jahorina ▲ BIH 49 O5
Jaina, Isla ⌒ MEX 137 J2
Jaipur ☆ IND 69 E6
Jaisalmer ◉ IND 69 C6
Jajce ◉ BIH 49 N4
Jajla = Krymskie gory ▲ RUS 56 H5
Jakarta ★ RI 82 E8
Jakobstadt = Jēkabpils ☆ LV 38 J3
Jakupica ▲ MK 52 F5
Jakutsk ☆ RUS 63 W5
Jalán, Río ~ HN 137 L5
Jalapa ☆ GCA 137 J5
Jalapa = Xalapa ☆ MEX 136 F3
Jalaté, Río ~ MEX 137 J4
Jālgaon ◉ IND 69 E9
Jalingo ☆ NGR 104 H7
Jalón, Río ~ E 43 H3
Jalón, Río ~ E 43 J3
Jalpan de Serra ◉ MEX 136 E2
Jalta ◉ RUS 56 J5
Jaluit ⌒ MH 94 F4
Jamaica Channel ≈ JA 139 H6
Jamal, poluostrov ≐ RUS 62 K3
Jamanxim, Rio ~ BR 145 H6
Jambelí, Canal de ≈ EC 148 A3
Jambi ☆ RI 82 D7
Jambol ☆ BG 53 L4
James Bay ≈ CDN 123 U6
James Island ⌒ WAG 110 B3
James River ~ USA 123 R7
James River ~ USA 129 L3
James River ~ USA 133 J7
James Ross Island ⌒ ANT 156 F61
Jamestown ☆ GB 110 a1
Jamestown ◉ USA 123 R7
Jammerbugten ≈ DK 21 D8
Jammu ☆ IND 68 E3
Jāmnagar ◉ IND 69 B8
Jampil' ☆ UA 56 F3
Jamshedpur ◉ IND 72 E3
Jamskaja guba ≈ RUS 63 b6
Jamuna ~ BD 72 F2
Jamuna ~ IND 73 H1
Jana ~ RUS 63 Y4
Janakpur ☆ NEP 72 D1
Jangtsekiang = Chang Jiang ~ CN 75 K5
Jan Mayen ⌒ N 20 b2
Jano-Indigirskaja nizmennost' ≐ RUS 63 X3
Janowo = Jonava ☆ LT 38 J4
Janskij zaliv ≈ RUS 63 X3
Jantra ~ BG 47 K3
Jan Xi ~ CN 79 K3
Japanisches Meer = Sea of Japan ≈ 75 P3
Japurá, Rio ~ BR 144 F5
Jara, La ≐ E 40 D5
Jarabacoa ◉ DOM 139 K5
Jarama, Río ~ E 42 G4
Jarandilla de la Vera ◉ E 44 E1
Jarcevo ☆ RUS 39 N4
Jardines de la Reina, Archipiélago de los ⌒ C 129 K6
Jari, Rio ~ BR 145 J5
Jarocin ◉ PL 36 D5
Jaroslavl' ☆ RUS 39 Q3
Jarosław ◉ PL 37 J6
Jarotschin = Jarocin ◉ PL 36 D5
Jarvis Island ⌒ USA 95 M6
Jasel'da ~ BY 38 J5
Jasenskaja kosa ⌒ RUS 57 K4
Jasiira Guiba ⌒ SO 115 J4
Jasiira Juba ⌒ SO 115 J4
Jasiira Koiama ⌒ SO 115 J4
Jasiira Ngumi ⌒ SO 115 J4
Jašiūnai ◉ LT 38 J4
Jasło ◉ PL 37 H7
Jasmund ≐ D 34 J2
Jasnogorsk ☆ RUS 39 P4
Jastarnia ◉ PL 36 E2
Jastrebac ▲ SRB 47 H3
Jastrebarsko ☆ HR 49 L3
Jatapu, Rio ~ BR 145 H5
Jatibonico del Sur ~ C 138 F3
Jatun Huasi ▲ PE 149 D8
Jaú, Rio ~ BR 145 G5
Jauer = Jawor ◉ PL 36 C5
Jauja ◉ PE 149 D7
Jaunde = Yaoundé ★ CAM 104 H8
Jaunpiebalga ◉ LV 38 J3
Jauquara, Rio ~ BR 150 B1
Jauru, Rio ~ BR 150 A1
Jauru, Rio ~ BR 150 C3
Java = Jawa ⌒ RI 82 E8
Javaj, poluostrov ≐ RUS 62 L3
Javalambre, Sierra de ▲ E 43 J4
Javari, Rio ~ BR 144 E6
Javasee = Laut Jawa ≈ 82 E7
Javor ▲ SRB 46 G3
Javorniky ▲ CZ 37 D7
Javorníky ▲ SK 37 E7
Jawa ⌒ RI 82 E8
Jawa, Laut ≈ 82 E7
Jawor ◉ PL 36 C5
Jayapura = Port Numbay ☆ RI 83 M7
Jazair el-Kilab ⌒ TN 107 M2
Jazirat el-Gharbi ⌒ TN 107 M3
Jazirat kaná'is ⌒ TN 107 M3
Jazireh Quyun ⌒ IR 67 L4
Jaziret el-Matrou ⌒ TN 107 M2
Jbel Atlas el-Ouasti ▲ MA 106 D4
Jbel Bani ▲ MA 104 D3
Jbel Bou Iblane ▲ MA 106 D4
Jbel Ouarkziz ▲ MA 104 C3
Jbel Sarhro ▲ MA 106 C5
Jbilet ≐ MA 106 B5
Jebala ≐ MA 106 D3
Jebel el-Asker ▲ TN 107 L3
Jebel Tebaga ▲ TN 107 L4
Jedburgh ◉ GB 26 G6
Jeddah = Ğidda ◉ KSA 105 N4
Jędrzejów ◉ PL 36 G6
Jeetze ~ D 34 G4
Jefferson City ☆ USA 128 H3
Jeju ☆ ROK 80 F7
Jejudo ⌒ ROK 75 O5
Jeju Haehyeop ≈ ROK 80 E7
Jejuí-Guazú, Río ~ PY 150 B6
Jēkabpils ☆ LV 38 J3
Jekaterinburg = Ekaterinburg ☆ RUS 19 Y4
Jelenia Góra ◉ PL 36 B6
Jelgava ☆ LV 38 H3
Jelica ▲ SRB 52 E3
Jelling ◉ DK 22 E5
Jeløy ⌒ N 22 F1
Jem, El- ◉ TN 107 M3
Jemaja, Pulau ⌒ RI 82 D6
Jemo Island ⌒ MH 94 F3
Jena ☆ D 34 G6
Jendouba ☆ TN 107 L2
Jeneien, Oued ~ TN 107 L5
Jenissej = Enisej ~ RUS 62 O4
Jenny Lind Island ⌒ CDN 122 Q3
Jens Munk Island ⌒ CDN 123 U3
Jens Munk Ø ⌒ DK 123 c4
Jeonju ☆ ROK 80 F6
Jeper = Ieper ◉ B 31 K4
Jequitinhonha, Rio ~ BR 145 L8
Jerba, Île de ⌒ TN 104 H2
Jérémie ☆ RH 139 H5
Jerewan = Erevan ★ AM 64 E2
Jerez de los Caballeros ◉ E 44 D3
Jergenihügel = Ergeni ▲ RUS 57 N3
Jerid ≐ DZ 107 K4
Jersey ⌒ GBJ 18 L6
Jerte, Río ~ E 44 E1
Jervis Bay ≈ AUS 93 L3
Jervis Inlet ≈ CDN 124 J7
Jesselton = Kota Kinabalu ☆ MAL 82 G5
Jessore ☆ BD 72 F3
Jeta, Ilha de ⌒ RGB 110 B4
Jever ☆ D 34 C3
Jevišovka ~ CZ 37 C8
Jevnaker ☆ N 21 E6
Jevpatorija = Evpatorija ☆ RUS 56 H5
Jezero Galadus ~ PL 36 J2
Jeziorka ~ PL 36 G5
Jhelum ~ PK 68 D4
Jialing Jiang ~ CN 76 E5
Jialing Jiang ~ CN 76 E6
Jialu He ~ CN 77 J4
Ji'an ◉ CN 80 E3
Jiang ~ CN 73 L1
Jiang ~ CN 73 L2
Jiang ~ CN 78 F7
Jiang Shan ▲ CN 77 G6
Jian He ~ CN 80 C3
Jiao Xi ~ CN 79 L3
Jiddah = Ğidda ◉ KSA 105 N4
Jieshi Wan ≈ CN 79 J5
Jihlava ☆ CZ 37 B7
Jihlava ~ CZ 29 O4
Jijel ☆ DZ 107 J2
Jilib ☆ SO 115 J3
Jiloca, Río ~ E 43 J3
Jimani ☆ DOM 139 K5
Jinan ☆ CN 77 K3
Jindo ⌒ ROK 80 E6
Jinfoshan Karst ≐ CN 78 E2
Jingdezhen ◉ CN 79 K2
Jing He ~ CN 76 F4
Jinja ☆ EAU 114 D3
Jin Jiang ~ CN 79 J2
Jin Jiang ~ CN 79 L4
Jinotega ☆ NIC 137 L6
Jinotepe ☆ NIC 137 L7
Jinqian He ~ CN 76 F5
Jinsha Jiang = Chang Jiang ~ CN 75 K5
Jiufeng Shan ▲ CN 79 L3
Jiuling Shan ▲ CN 79 J2
Jiulong Jiang ~ CN 79 K4
Jiulong Xi ~ CN 79 K3
Jiuxian He ~ CN 79 K4
Jiyun He ~ CN 77 K2
Jīzān = Ğīzān ☆ KSA 64 E7
Jizera ~ CZ 35 K6
Jizerské Hory ▲ CZ 36 B6
Ji = Île ~ KZ 62 M8
Joal-Fadiout ◉ SN 110 B2
João Belo = Xai-Xai ☆ MOC 117 L2
João Pessoa ☆ BR 145 N6
Jodhpur ◉ IND 69 D6
Jökulsá á Brú ~ IS 20 f2
Jökulsá á Fjöllum ~ IS 20 e2
Jönköping ☆ S 22 K3
Jõgeva ☆ EST 38 J2
Johannesburg ☆ ZA 117 H3
Johannisburg = Pisz ◉ PL 36 H3
Johilla ~ IND 72 B3
John Day River ~ USA 130 D3
John Day River, North Fork ~ USA 130 E3
John Day River, South Fork ~ USA 130 E3
Johnston Atoll ⌒ 95 L2
Johnstone Strait ≈ CDN 124 G6
Johor ~ MAL 85 D11
Johor Bahru ☆ MAL 85 D11
Joinville Island ⌒ ANT 156 F61
Jokkmokk ◉ S 20 J3
Jolo ☆ RP 82 H5
Jolo Group ⌒ RP 82 H5
Jomfruland ⌒ N 22 E2
Jonava ☆ LT 38 J4
Jones Sound ≈ CDN 123 T1
Joowhar ☆ SO 115 K2
Jorgucat ◉ AL 52 E7
Jorskoe ploskogor'e ▲ GE 57 O7
Jos ☆ NGR 104 G7
Josegun River ~ CDN 125 M4
Joseph Bonaparte Gulf ≈ AUS 90 F2
Joškar-Ola ☆ RUS 19 V4
Jos Plateau ▲ NGR 104 G7
Jotunheimen ▲ N 21 D6
Joulter Cays ⌒ BS 139 F2
Joya, Pampa de la ≐ PE 149 E10
Juan Bautista Tuxtepec ◉ MEX 136 F4
Juan de Nova, Île ⌒ F 113 K5
Juan Ramírez, Isla ⌒ MEX 136 F2
Juárez, Ciudad ◉ MEX 128 E4
Juazeiro ◉ BR 145 L6
Juazeiro do Norte ◉ BR 145 M6
Jūbā ★ SSD 114 C1
Jubba, Webi ~ SO 105 O8
Júcar, Río ~ E 18 L8
Júcar, Río ~ E 40 E4
Júcar, Río ~ E 43 J5
Juchitán de Zaragoza ◉ MEX 137 G4
Judenburg ☆ A 35 K9
Judith River ~ USA 130 J2
Judoma ~ RUS 63 Y5
Jüterbog ◉ D 34 J4
Jütland = Jylland ≐ DK 18 N4
Jufra, Wāhāt al- ≐ LAR 105 J3
Jugoiztočni Rodopi ▲ BG 53 J5
Jugorskij poluostrov ≐ RUS 62 J4
Ju He ~ CN 77 G6
Juhor ▲ SRB 52 F3
Juist ⌒ D 28 J2
Jukagirskoe ploskogor'e ▲ RUS 63 b4
Jukkasjärvi ◉ S 20 K3
Jula, Jasiira ⌒ SO 115 J4
Julcamarca, Cordillera de ▲ PE 149 D8
Julijske Alpe ▲ SLO 49 J2
Julische Alpen = Julijske Alpe ▲ SLO 49 J2
Julong Shan ▲ CN 77 G6
Jumentos Cays ⌒ BS 139 H3
Jump River ~ USA 132 C3
Jūnāgadh ◉ IND 69 C9
Junaynah, Al- ☆ SUD 105 K6
Juneau ☆ USA 124 C2
Jungbunzlau = Mladá Boleslav ◉ CZ 35 K6
Juniata River ~ USA 133 K5
Jupiter, Rivière ~ CDN 127 N4
Jur ~ SSD 105 L7
Jura ⌒ GB 24 D4
Jura, Sound of ≈ GB 24 E5
Jurbarkas ☆ LT 38 H4
Jur'ev-Pol'skij ◉ RUS 39 Q3
Juriepe, Río ~ YV 147 F4
Jurique, Serra ▲ BR 150 C2
Jūrmala ☆ LV 38 H3
Juruá, Rio ~ BR 144 E6
Juruá, Rio ~ BR 144 F5
Juruá, Rio ~ BR 148 E5
Juruena, Rio ~ BR 145 H6
Juruena ou Ananiná, Rio ~ BR 145 H7
Justøya ⌒ N 22 D2
Jutaí, Rio ~ BR 144 F6
Jutiapa ☆ GCA 137 J5
Juticalpa ☆ HN 137 L5
Juuka ◉ FIN 20 O5
Juventud, Isla de la ⌒ C 129 K6
Juwa ≐ DZ 107 K6
Južna Morava ~ SRB 47 H3
Južni Bug = Pivdennyj Buh ~ UA 19 R6
Južno-Sahalinsk ☆ RUS 63 Z8
Jylland ≐ DK 18 N4

K

Kaalkaroo ≐ ZA 116 C5
Kaapplato ≐ ZA 116 F4
Kaapstad = Cape Town ☆ ZA 116 C6
Kaart ≐ RMM 110 F3
Kaba ~ RG 110 E4
Kabaena, Pulau ⌒ RI 82 H8
Kabale ☆ EAU 114 B4
Kabankafera ~ WAL 110 E5
Kabara ⌒ FJI 98 c3
Kabbani ~ IND 70 D4
Kabir, Kūh-e ▲ IR 67 M6
Kabompo ~ Z 112 F4
Kābul ★ AFG 68 B2
Kābul, Daryā-ye ~ AFG 68 B2
Kabul = Kābul ★ AFG 68 B2
Kaburuang, Pulau ⌒ RI 83 J6
Kabwe ☆ Z 112 G4
Kaçanik ◉ RKS 52 F4
Kaćanik = Kaçanik ◉ RKS 52 F4
Kachchh ≐ IND 69 B8
Kachchh, Gulf of ≈ IND 65 K6
Kachchh Hills ▲ IND 69 B8
Kačul = Cahul ☆ MD 56 F5
Kaczawa ~ PL 36 B5
Kadan Kyun ⌒ MYA 84 B5
Kadavu ⌒ FJI 96 E4
Kadavu Passage ≈ FJI 98 a3
Kadıköy Deresi ~ TR 66 B3
Kadmat Island ⌒ IND 70 B5
Ka-do ⌒ KP 80 E4
Kadugli ☆ SUD 105 L6
Kaduna ☆ NGR 104 G6
Kaédi ☆ RIM 104 C5
Käina ◉ EST 38 H2
Kärdla ☆ EST 38 H2
Kaesŏng ☆ KP 80 E5
Kafireas, Stenó ≈ GR 54 G5
Kafu ~ EAU 114 C3
Kafue ~ Z 112 G4
Kafuya ~ CGO 114 A6
Kaga Bandoro ☆ RCA 105 J7
Kagal'nik ~ RUS 57 M4
Kagangel Islands ⌒ PAL 83 K5
Kagawa ▲ J 81 K6
Kagera ~ EAT 112 H2
Kagera ~ EAT 114 C4
Kagna ~ IND 70 D2
Kagoshima-wan ≈ J 81 H8
Kaguru Mountains ▲ EAT 115 F7
Kahal Tabelbala ▲ DZ 106 E6
Kahayan ~ RI 82 F7
Kaho'olawe ⌒ USA 134 d2
Kahramanmaraş ☆ TR 66 G4
Kahul = Cahul ☆ MD 56 F5
Kai, Kepulauan ⌒ RI 83 K8
Kai Besar, Pulau ⌒ RI 83 K8
Kaibu ⌒ FJI 98 c2
Kaifeng ◉ CN 77 H4
Kaiingveld ≐ ZA 116 E4
Kaimanawa Mountains ▲ NZ 99 E3
Kaimur Hills ▲ IND 72 B2
Kainab ~ NAM 116 D3
Kaipara Harbour ≈ NZ 96 D8
Kaiparowits Plateau ≐ USA 131 J7
Kairouan ☆ TN 107 M3
Kaisergebirge ▲ A 35 H9
Kaiserslautern ☆ D 35 C7
Kaiserstuhl ▲ D 35 C8
Kaišiadorys ☆ LT 38 J4
Kaisut Desert ≐ EAK 115 F3
Kaitumälven ~ S 20 J3
Kaiwi Channel ≈ USA 134 d2
Kaiyuh Mountains ▲ USA 122 E4
Kakamega ☆ EAK 114 E3
Kakrima ~ RG 110 D4
Kakwa River ~ CDN 125 L4
Kalaburagi ◉ IND 70 D2
Kaladan ~ 73 H3
Kalahandi ≐ IND 72 C5
Kalahari = Kalahari Desert ≐ BW 112 F6
Kalahari Desert ≐ BW 112 F6
Kalamazoo River ~ USA 132 E4
Kalambáka ◉ GR 54 D3
Kalamits'ka zatoka = Kalamitskij zaliv ≈ RUS 56 H5
Kalamitskij zaliv ≈ RUS 56 H5
Kálamos ⌒ GR 54 C4
Kalang ~ IND 73 H1
Kalangala ☆ EAU 114 D4
Kala Oya ~ CL 71 F6
Kalaraš = Călăraşi ☆ MD 56 F4
Kalasin ☆ T 84 D3
Kalāt ◉ PK 65 K5
Kaldakvísl ~ IS 20 d2
Kalecik ☆ TR 66 E2
Kalf ~ NAM 116 C2
Kali ~ NEP 65 N5
Kalibo ☆ RP 83 H4
Kalikata = Kolkata ☆ IND 72 F3
Kalimantan ⌒ 82 F6
Kalimantan = Borneo ⌒ 82 F6
Kalimapus Hills ▲ EAK 114 E2
Kálimnos ⌒ GR 55 J6
Kálimnos ☆ GR 55 J5
Kalinadi ~ IND 70 C3
Kalinin = Tver' ☆ RUS 39 P3
Kaliningrad ☆ RUS 38 F4
Kalinzo Plain ≐ EAK 115 G5
Kalisch = Kalisz ◉ PL 36 E5
Kali Sindh ~ IND 69 F7
Kalitva ~ RUS 57 M3
Kalixälven ~ S 20 K3
Kaljazin ☆ RUS 39 P3
Kalkalpen ▲ A 35 K9
Kalkfontein Dam ~ ZA 117 G4
Kalkutta = Kolkata ☆ IND 72 F3
Kållandsö ⌒ S 21 F7
Kalmar ☆ S 23 M4
Kalmarsund ≈ S 21 H8
Kal'mius ~ UA 57 K4
Kalni ~ BD 73 G2
Kalnica ▲ BG 53 L4
Kalpeni Island ⌒ IND 70 B5
Kaluga ☆ RUS 39 P4
Kalundborg ◉ DK 22 G5
Kaluš ☆ UA 56 D3
Kalvarija ◉ LT 38 H4
Kalwaria Zebrzydowska ◉ PL 37 F7
Kalynivka ☆ UA 56 E3
Kam ~ NAM 116 C1
Kama ~ RUS 19 X3
Kamarān ⌒ YEM 105 O5
Kamčatka, poluostrov ≐ RUS 63 c6
Kamčatskij zaliv ≈ RUS 63 d6
Kamčija ~ BG 47 L3
Kāmdēš ◉ AFG 68 C2
Kameled = Camaret-sur-Mer ◉ F 30 C6
Kameng ~ IND 73 H1
Kamenskoe ☆ RUS 63 e5
Kamensk-Ural'skij ☆ RUS 62 J6
Kamenz ◉ D 34 K5
Kameškovo ☆ RUS 39 R3
Kamienna ~ PL 36 H5
Kamienna Góra ◉ PL 36 C6
Kamiesberge ▲ ZA 116 C5
Kami-koshiki-shima ⌒ J 80 G8
Kamino-shima ⌒ J 80 G6
Kamjenc = Kamenz ◉ D 34 K5
Kamla ~ IND 72 E2
Kamloops Plateau ▲ CDN 124 K6
Kammanassieberge ▲ ZA 116 F6
Kammanassie River ~ ZA 116 F6
Kamnik ◉ SLO 49 K2
Kamniško-Savinjske Alpe ▲ SLO 46 E1
Kamp ~ A 29 N4

★ Hauptstadt (Staat) ☆ Hauptstadt (Bundesland, Provinz, o.ä.) ◉ Ort ▲ Gebirge ⌒ Insel, Halbinsel ≐ Landschaft ≈ Ozean, Meer ~ Fluss

Kampala ★ EAU 114 D3
Kamparkan ~ RI 82 D6
Kampen ◉ NL 31 N2
Kamphaeng Phet ☆ T 73 L6
Kâmpóng Chhnăng ☆ K 84 D5
Kâmpóng Saôm ≈ K 84 D6
Kâmpôt ☆ K 85 E6
Kampung Tekek ◉ MAL 85 E10
Kamrau, Teluk ≈ RI 83 K7
Kamtschatka = poluostrov Kamčatka ≐ RUS 63 c6
Kamuli ☆ EAU 114 D3
Kamyzjak ☆ RUS 57 Q4
Kan ~ CI 111 H6
Kanab Creek ~ USA 131 H7
Kanalinseln = Channel Islands ⌒ GB 25 F8
Kananaskis River ~ CDN 125 N6
Kananga ☆ CGO 112 F3
Kanarische Inseln = Islas Canarias ⌒ E 104 B3
Kanawha River ~ USA 132 G6
Kanbi ~ BF 111 K3
Kānchipuram ◉ IND 71 E4
Kandahār = Qandahār ☆ AFG 65 K4
Kandahār = Qandahār ☆ AFG 65 K4
Kandrzin-Cosel = Kędzierzyn-Koźle ◉ PL 37 E6
Kandy ◉ CL 71 F7
Kangān Čam ~ IR 67 M6
Kangar ☆ MAL 85 B8
Kangari Hs. ▲ WAL 110 D5
Kangaroo Island ⌒ AUS 90 H7
Kangāvar ◉ IR 67 M5
Kangean, Kepulauan ⌒ RI 82 G8
Kangerlussuaq ≈ DK 123 a3
Kangerlussuaq ≈ DK 123 e3
Kanggye ☆ KP 80 E3
Kangsā ~ IND 73 G2
Kangsar, Kuala ◉ MAL 85 C9
Kanhar ~ IND 72 C2
Kani ◉ CI 111 G5
Kanibes ~ NAM 116 C2
Kanin, poluostrov ≐ RUS 19 U2
Kankakee River ~ USA 132 E5
Kankan ☆ RG 110 F4
Kankelaba ~ RMM 111 G4
Kanmaw Kyun ⌒ MYA 84 B6
Kanniyākumāri ◉ IND 71 D6
Kannur ◉ IND 70 C5
Kano ☆ NGR 104 G6
Kanouri ≐ RN 104 H5
Kansas River ~ USA 128 G3
Kansk ☆ RUS 62 Q6
Kantah River ~ CDN 124 K3
Kanto ≐ J 81 M5
Kanton = Canton Island ⌒ KIR 95 K6
Kanton = Guangzhou ☆ CN 79 H5
Kantonfluss = Xi Jiang ~ CN 75 L7
Kanto-sanchi ▲ J 81 M5
Kanyanbie ~ GH 111 J4
Kanye ☆ BW 117 G2
Kao ⌒ TO 96 F5
Kaôh Kông ⌒ K 84 D6
Kaôh Rŭng ⌒ K 85 D6
Kaôh Rŭng Sâmlŏem ⌒ K 85 C6
Kaôh Tang ⌒ K 85 D6
Kaôh Thmei ⌒ K 85 D6
Kaokoveld ≐ NAM 112 D5
Kaolack ☆ SN 110 B2
Kao-ping Hsi ~ RC 79 M5
Kapadokya ≐ TR 66 F4
Kapatu ~ EAT 114 E6
Kapchorwa ☆ EAU 114 E3
Kapenguria ☆ EAK 114 E3
Kapeta ~ EAU 114 D2
Kapıdağı Yarımadası ⌒ TR 66 B2
Kapili ~ CGO 114 B2
Kapingamarangi Atoll ⌒ FSM 94 C5
Kapıorman Dağları ▲ TR 55 N2
Kapiti Island ⌒ NZ 99 E4
Kapos ~ H 29 P5
Kaposvár ☆ H 37 D10
Kapotakshi ~ BD 72 F3
Kappadokien = Kapadokya ≐ TR 66 F4
Kaprije ⌒ HR 49 L5
Kapstadt = Cape Town ☆ ZA 116 C6
Kapsukas = Marijampolė ☆ LT 38 H4
Kapuas ~ RI 82 F6
Kapuluan ng Kalayaan = Spratly Islands ⌒ 82 F4
Kapverdische Inseln = Arquipélago de Cabo Verde ⌒ CV 104 A5
Kap York-Halbinsel = Cape York Peninsula ≐ AUS 90 J2
Kara ☆ TG 111 L5
Kara ~ TG 111 L5
Karabogazgöl aÿlagy = Karabogazköl aÿlagy ≈ TM 64 G2
Karabogazköl aÿlagy ≈ TM 64 G2
Karaborunit, Mali i ▲ AL 51 M2
Karabük ☆ TR 66 E2
Karaca Dağ ▲ TR 67 H4
Karaçal Dağı ▲ TR 67 J2
Karāchi ☆ PK 65 K6
Karadeniz = Black Sea ≈ 64 C2
Karadeniz Boğazi = İstanbul Boğazı (Bosporus) ≈ TR 19 R7
Karağ ☆ IR 64 G3
Karağandy ☆ KZ 62 L8
Karaginskij, ostrov ⌒ RUS 63 d6
Karaginskij zaliv ≈ RUS 63 d6
Karagüney Dağı ▲ TR 66 E3
Karahalli ☆ TR 55 M4
Karaitivu ⌒ CL 71 E6
Karak, al- ☆ JOR 64 D4
Karakelong, Pulau ⌒ RI 83 J6
Kara-Köl ☆ KG 65 M2
Karakoro ~ RMM 110 E2
Karakorum = Karakoram ▲ 65 M3
Karakum = Garagum ≐ TM 64 H2
Karamea Bight ≈ NZ 99 C4
Karamian, Pulau ⌒ RI 82 F7
Karangasem ◉ RI 82 G8
Karapürçek ☆ TR 55 N2
Kara-Sal ~ RUS 57 N4
Karasee = Karskoe more ≈ RUS 62 J3
Karašjokka ~ N 20 M2
Karastraße = proliv Karskie Vorota ≈ RUS 62 H3
Karasu ~ TR 67 J3
Karasu ~ TR 67 K3
Karasu-Aras Dağları ▲ TR 67 J3
Karasu Çayı ~ TR 66 G4
Karasuk ☆ RUS 62 M7
Karasuk Hills ▲ EAK 114 E2
Karatau žotasy ▲ KZ 62 K9
Karatoya ~ BD 72 F2
Karatschi = Karāchi ☆ PK 65 K6
Karavanke = Karawanken ▲ 29 M5
Karavastasë, Laguna e ≈ AL 52 D6
Karávi ⌒ GR 54 F6
Karawanken ▲ 29 M5
Karažal ☆ KZ 62 L8
Karbalā' ☆ IRQ 67 K6
Kardeljevo = Ploče ☆ HR 49 N5
Kardiva Channel ≈ MV 70 B8
Kărdžali ☆ BG 19 R7
Kărdžali ☆ BG 53 K5
Kărdžali ≐ BG 53 K5
Kareeberge ▲ ZA 116 F5
Karelien = Karelija ≐ 19 S2
Karelija ≐ 19 S2
Kargapazarı Dağları ▲ TR 67 J2
Kargasok ☆ RUS 62 N6
Kargat ☆ RUS 62 N6
Kargopol' ☆ RUS 19 T3
Karibisches Meer = Caribbean Sea ≈ 129 K8
Kariega ~ ZA 116 F6
Kariés ☆ GR 54 G2
Karimata, Kepulauan ⌒ RI 82 E7
Karimata, Selat ≈ 82 E7
Karimunjawa, Kepulauan ⌒ RI 82 E8
Karjala = Karelija ≐ 19 S2
Karkar Island ⌒ PNG 83 N7
Karkinits'ka zatoka ≈ UA 56 G5
Karkonosze ▲ PL 36 B6
Karksi-Nuia ◉ EST 38 J2
Karleby = Kokkola ☆ FIN 20 L5
Karlik ▲ CN 74 G3
Karlo = Hailuoto ⌒ FIN 20 M4
Karlovac ☆ HR 49 L3
Karlovy Vary ☆ CZ 35 H6
Karlsbad = Karlovy Vary ☆ CZ 35 H6
Karlsborg ☆ S 22 K2
Karlsburg = Alba Iulia ☆ RO 56 C4
Karlshamn ☆ S 22 K4
Karlskoga ☆ S 22 K1
Karlskrona ☆ S 23 L4
Karlsruhe ☆ D 35 D7
Karlstad ☆ S 22 J1
Karlstadt ☆ D 35 E7
Karlstadt = Karlovac ☆ HR 49 L3
Karma ◉ SUD 105 M5
Karmāla ◉ IND 69 E10
Karmøy ⌒ N 21 B7
Karnavati = Ahmadābād ☆ IND 69 D8
Karnische Alpen ▲ A 35 H10
Karnische Alpen ▲ I 46 D1
Karolinen = Caroline Islands ⌒ FSM 83 L5
Karpaten = Karpaty ▲ 19 Q6
Karpáthio Pélagos ≈ GR 47 L7
Kárpathos ⌒ GR 19 R8
Karpaty ▲ 19 Q6
Karrats Fjord ≈ DK 123 Z2
Kars ☆ TR 67 K2
Karši ☆ UZ 65 K3
Karskie Vorota, proliv ≈ RUS 62 H3
Karskoe more ≈ RUS 62 J3
Karthaus = Kartuzy ☆ PL 36 E2
Kartuzy ☆ PL 36 E2
Karuah River ~ AUS 93 L2
Karubeamsberge ▲ NAM 116 C1
Karuḥ ◉ AFG 64 J4
Kārumbhar Island ⌒ IND 69 B8
Karup Å ~ DK 22 E4
Karwendelgebirge ▲ A 35 G9
Kaş ☆ TR 55 M6
Kasaan Bay ≈ USA 124 D4
Kasachische Schwelle = Kazahskij melkosópóčnik ▲ KZ 62 K8
Kasachische Steppe = Saryarka ≐ KZ 62 K7
Kasai ~ CGO 112 E2
Kasai ~ CGO 112 F3
Kasai ~ IND 72 E3
Kasama ☆ Z 112 H4
Kāšān ◉ IR 64 G4
Kasane ☆ BW 112 G5
Kasan-rettō ⌒ J 75 Q6
Kascjukovičy ☆ BY 39 M5
Kasdir ~ DZ 106 F4
Kasese ☆ EAU 114 B3
Kashgar = Kaxgar ◉ CN 74 D4
Kashi = Kaxgar ◉ CN 74 D4
Kašin ☆ RUS 39 P3
Kašira ☆ RUS 39 P4
Kasiruta, Pulau ⌒ RI 83 J7
Kaškān, Rūdḫāne-ye ~ IR 67 M6
Kaskaskia River ~ USA 132 D6
Kaspijskij = Lagan' ☆ RUS 57 P5
Kaspijskoe more = Caspian Sea ≈ 19 V6
Kaspij tenízí = Caspian Sea ≈ 19 V6
Kaspisches Meer = Caspian Sea ≈ 19 V6
Kassalā ☆ SUD 105 N5
Kassándra ≐ GR 47 J5
Kassándras, Kólpos ≈ GR 47 J4
Kassaya ~ RG 110 E3
Kassel ☆ D 34 E5
Kasserine ☆ TN 107 L3
Kássos ⌒ GR 47 L7
Kastamonu ☆ TR 66 E2
Kastélli = Kíssamos ◉ GR 54 F7
Kastellórizo ⌒ GR 47 M6
Kastell-Paol = Saint-Pol-de-Léon ◉ F 30 D6
Kastós ⌒ GR 54 C4
Kaszuby ≐ PL 29 O2
Katafaga ⌒ FJI 98 c2
Katcha ~ TG 111 L5
Katchall Island ⌒ IND 82 B5
Kāthiāwār Peninsula ≐ IND 65 K6
Kathmandu ★ NEP 65 N5
Katima Mulilo ☆ NAM 112 F5
Katiola ☆ CI 111 H5
Katiu Atoll ⌒ F 97 M4
Katmandu = Kathmandu ★ NEP 65 N5
Katonga ~ EAU 112 H1
Katonga ~ EAU 114 C3
Katowice ☆ PL 37 F6
Katrancık Dağı ▲ TR 66 D4
Katrineholm ☆ S 23 M2
Kattarasenke = Munhafad al-Qattāra ≐ ET 105 L3
Kattegat ≈ 18 O4
Kattowitz = Katowice ☆ PL 37 F6
Katumbiki ~ EAT 114 D7
Katun' ~ RUS 62 O7
Kaua'i ⌒ USA 128 b6
Kaua'i Channel ≈ USA 128 b6
Kauehi Atoll ⌒ F 97 M4
Kaufbeuren ☆ D 35 F9
Kaukasus = Bol'šoj Kavkaz ▲ 19 T7
Kaukauveld ≐ NAM 112 F5
Kaukliwe ~ MYA 73 K2
Kauksi ◉ EST 38 K2
Kaukura Atoll ⌒ F 97 M4
Kaula ⌒ USA 134 b2
Kaulakahi Channel ≈ USA 134 b1
Kaunas ☆ LT 38 H4
Kauro ~ EAK 115 F3
Kaušany = Căușeni ☆ MD 56 F4
Kau-Ye Kyun ⌒ MYA 84 A6
Kavajë ◉ AL 52 D5
Kaválas, Kólpos ≈ GR 54 G2
Kavaratti ☆ IND 70 B5
Kaveri ~ IND 70 C4
Kaveri ~ IND 71 D5
Kavieng ☆ PNG 83 O7
Kavīr, Dašt-e ≐ IR 64 G4
Kavkaz, Bol'šoj ▲ 19 T7
Kavuv ~ EAT 114 C7
Kawashiri-misaki ⌒ J 80 G6
Kawau Island ⌒ NZ 99 E2
Kawhia Harbour ≈ NZ 99 D3
Kawich Range ▲ USA 131 F6
Kaxgar ◉ CN 74 D4
Kaxgar He ~ CN 74 C4
Kaya ☆ BF 111 K3
Kayak Island ⌒ USA 122 H5
Kayanga ~ SN 110 C3
Kayes ☆ RMM 110 E2
Kayimbi ~ CGO 114 B6
Kaynarca ☆ TR 53 P5
Kayoa, Pulau ⌒ RI 83 J6
Kayseri ☆ TR 66 F3
Kazah = Qazax ◉ AZ 64 F2
Kazahskaja step' = Saryarka ≐ KZ 62 K7
Kazahskij melkosópóčnik ▲ KZ 62 K8
Kazan' ☆ RUS 19 V4
Kazanlăk ◉ BG 53 K4
Kazan River ~ CDN 122 Q4
Kaz Dağı ▲ TR 66 B3
Kazibacna ~ BD 72 F3
Kazıklı Çayı ~ TR 66 G3
Kéa ⌒ GR 47 K6
Kéas, Stenó ≈ GR 54 G5
Kebili ☆ TN 107 L4
Kebir, Oued el- ~ TN 107 K3
Kech ~ PK 64 J5
Kechrókampos ≐ GR 53 J5
Kecskemét ☆ H 37 F10
Kėdainiai ◉ LT 38 H4
Kędzierzyn-Koźle ◉ PL 37 E6
Keele River ~ CDN 122 L4
Keelung ◉ RC 79 M4
Keetmanshoop ☆ NAM 116 C3
Kef, El- ☆ TN 107 L2
Kefallenía ⌒ GR 46 G5
Kefalloniá ⌒ GR 18 P8
Keflavík ☆ IS 20 b2
Kehdingen ≐ D 34 E3
Keidany = Kėdainiai ◉ LT 38 H4
Keila ◉ EST 38 H2
Keiskammarivier ~ ZA 117 H6
Keita ou Douka, Bahr ~ TCH 105 J7
Kekova Adası ⌒ TR 66 C4
Keku Strait ≈ USA 124 C3
Kelai Filadu Baura ⌒ IND 70 B7
Kelcyrë ◉ AL 52 E6
Kelé ~ CI 110 G5
Kělěraš' = Călărași ☆ MD 56 F4
Keleti-főcsatorna ~ H 37 H9
Kelheim ☆ D 35 G8
Kelkit Çayı ~ TR 66 G2
Kellerwald ≐ D 34 D5
Kellett Strait ≈ CDN 122 N1
Kelleys Island ⌒ USA 132 G5
Kelso ◉ GB 26 G6
Keltische See = Celtic Sea ≈ 18 K5
Kemah ☆ TR 67 H3
Kemaliye ☆ TR 67 H3
Kembé, Chutes de ~ RCA 105 K8
Kemeneshát ≐ H 37 C9
Kemer ☆ TR 55 N6
Kemerovo ☆ RUS 62 O6
Kemijoki ~ FIN 19 R2
Kemijoki ~ FIN 20 N3
Kempen ◉ D 34 B5
Kemper = Quimper ☆ F 30 C7
Kempten (Allgäu) ☆ D 35 F9
Ken ~ IND 72 B2
Kenai ◉ USA 122 F4
Kenai Peninsula ≐ USA 122 F4
Kenamu River ~ CDN 127 O2
Kendal ◉ GB 26 G7
Kendari ☆ RI 82 H7
Kenegha ~ ZA 117 J5
Kenema ☆ WAL 110 E6
Kenmare River ~ IRL 25 B7
Kennebec River ~ USA 133 N3
Kenn Reef ⌒ AUS 91 L4
Kenscoff ◉ RH 139 J5
Kent ≐ GB 24 H7
Kent Group ⌒ AUS 91 K7
Kent Peninsula ≐ CDN 122 P3
Kentucky River ~ USA 132 F7
Keppel Bay ≈ AUS 91 L4
Kepsut ☆ TR 55 L3
Kepulauan Anambas ⌒ RI 82 E6
Kepulauan Aru ⌒ RI 83 L8
Kepulauan Asia ⌒ RI 83 K6
Kepulauan Banggai ⌒ RI 82 H7
Kepulauan Banyak ⌒ RI 82 C6
Kepulauan Batu ⌒ RI 82 C7
Kepulauan Daya Barat ⌒ RI 83 J8
Kepulauan Kai ⌒ RI 83 K8
Kepulauan Kangean ⌒ RI 82 G8
Kepulauan Karimata ⌒ RI 82 E7
Kepulauan Karimunjawa ⌒ RI 82 E8
Kepulauan Laut Kecil ⌒ RI 82 G7
Kepulauan Maluku ⌒ RI 83 J6
Kepulauan Mapia ⌒ RI 83 K6
Kepulauan Mentawai ⌒ RI 82 C7
Kepulauan Natuna ⌒ RI 82 E6
Kepulauan Riau ⌒ RI 82 D6
Kepulauan Sangir ⌒ RI 83 J6
Kepulauan Satengar ⌒ RI 82 G8
Kepulauan Spratly = Spratly Islands ⌒ 82 F4
Kepulauan Sula ⌒ RI 83 H7
Kepulauan Sunda Besar ⌒ RI 82 D7
Kepulauan Sunda Kecil ⌒ RI 82 G8
Kepulauan Talaud ⌒ RI 83 J6
Kepulauan Tambelan ⌒ RI 82 E6
Kepulauan Togian ⌒ RI 82 H7
Kéran, Gorges du ≐ TG 111 L5
Kerč ◉ RUS 57 J5
Kerčens'ka protoka = Kerčenskij proliv ≈ RUS 57 K5
Kerčenskij proliv ≈ RUS 57 K5
Kerčens'kyj pivostriv ≐ UA 57 K5
Kerdillion ▲ GR 54 F2
Kerema ☆ PNG 83 N8
Kerewan ☆ WAG 110 B3
Kericho ◉ EAK 114 E4
Kerio ~ EAK 114 E3
Kerio ~ EAK 114 F2
Kerio Valley ≐ EAK 114 E3
Kerka ~ H 37 C10
Kerkennah, Îles de ⌒ TN 104 H2
Kerkini, Óros ▲ GR 52 G5
Kérkira ☆ GR 54 B3
Kérkira ⌒ GR 18 P8
Kérkiras, Nótio Stenó ≈ GR 54 C3
Kermadec Islands ⌒ NZ 96 F7
Kermān ☆ IR 64 H4
Kermānšāh ☆ IR 67 M5
Kernavė ◉ LT 38 J4
Kéros ⌒ GR 55 H6
Kertharin Kyûn ⌒ MYA 84 B6
Keřženec ~ RUS 39 T3
Ket' ~ RUS 62 O6
Ketantan ~ MAL 85 D9
Ketoj, ostrov ⌒ RUS 63 b8
Kétou ◉ BJ 111 M6
Ketsko-Tymskaja, ravnina ≐ RUS 62 N5
Kettle Range ▲ USA 130 E1
Kettle River ~ CDN 125 L7
Kettle River ~ USA 130 E1
Kettle River, West ~ CDN 125 L7
Keweenaw Peninsula ≐ USA 123 T7
Key West ◉ USA 135 G7
Kgokgole ~ ZA 116 F3
Khadir Island ⌒ IND 69 B8
Khairpur ◉ PK 68 B6
Khajuraho ◉ IND 69 G7
Khambhāt, Gulf of ≈ IND 65 L6
Khanda ≐ IND 72 C4
Khandesh ≐ IND 69 E9
Khankendi = Hankendi ☆ AZ 64 F3
Kharga-Oasen = al-Wāhāt al-Hāriğa ≐ ET 105 L4
Khari ~ IND 69 E6
Khartoum = Al-Hartūm ★ SUD 105 M5
Khartum = Al-Hartūm ★ SUD 105 M5
Khāsi-Jaintia Hills ▲ IND 73 H2
Khasso ≐ RMM 110 E2
Khatt, Oued el- ~ WSA 104 C3
Khatt Atoui ~ RIM 104 B5
Khavari ≐ IR 67 M3
Khenchela ☆ DZ 107 K3
Khe Sanh ☆ VN 84 F3
Khomas Hochland ▲ NAM 116 C1
Khondmāl Hills ▲ IND 72 C4
Khon Kaen ☆ T 84 D3
Khorramābād ☆ IR 67 M6
Khra ~ TG 111 L6
Khulna ☆ BD 72 F3
Kia ⌒ FJI 98 b2
Kiawah Island ⌒ USA 135 J3
Kibale ☆ EAU 114 C3
Kibali ~ CGO 105 L8
Kibali ~ CGO 114 C2
Kiboga ☆ EAU 114 C3
Kiboko ~ EAK 115 F5
Kiboriani Mounts ▲ EAT 114 E7
Kıbrıscık ☆ TR 66 D2
Kičmengskij Gorodok ☆ RUS 39 T2
Kidekša ◉ RUS 39 R3
Kidepo ~ SSD 114 D1
Kidepo ~ SUD 114 D1
Kidero Mountains ▲ EAT 114 E5
Kiel ☆ D 34 F2
Kielce ☆ PL 36 G6
Kieler Bucht ≈ D 29 L1
Kieler Förde ≈ D 34 F2
Kiev = Kyjiv ★ UA 56 F2
Kievka ~ RUS 81 J2
Kiew = Kyjiv ★ UA 56 F2
Kiffa ☆ RIM 104 C5
Kifri ☆ IRQ 67 L5
Kigač ~ RUS 57 Q4
Kigali ★ RWA 114 C4
Kigoma ☆ EAT 114 B6
Kigosi ~ EAT 114 C6
Kihnu saar ⌒ EST 38 H2
Kii-hantō ≐ J 81 L7
Kii-sammyaku ▲ J 81 K7
Kii-sanchi ▲ J 81 K6
Kii-suidō ≈ J 81 K7
Kikinda ◉ SRB 52 E1
Kikládes ⌒ GR 19 Q8
Kilbrannan Sound ≈ GB 26 D6
Kilbuck Mountains ▲ USA 122 D4
Kildare = Cill Dara ◉ IRL 27 C8
Kilija ☆ UA 56 F5
Kilini ◉ GR 54 D5
Kilissi ~ RG 110 D4
Kilkenny = Cill Chainnigh ☆ IRL 27 B9
Killarney = Cill Airne ◉ IRL 24 C6
Kilombero ~ EAT 113 J3
Kilsbergen ▲ S 22 K1
Kilunguye ~ CGO 114 A6
Kimbe ☆ PNG 83 O8
Kimberley ≐ AUS 90 E3
Kimberley ☆ ZA 117 G4
Kímolos ⌒ GR 47 K6
Kimovsk ☆ RUS 39 Q5
Kimowin River ~ CDN 125 Q3
Kimry ☆ RUS 39 P3
Kim So'n ☆ VN 84 F1
Kínaros ⌒ GR 55 J5
Kinarsani ~ IND 72 B5
Kind ≐ S 22 J3
Kinda ≐ S 23 L2
Kindia ☆ RG 110 D4
Kindu ☆ CGO 112 G2
Kinešma ☆ RUS 39 S3
King Christian Island ⌒ CDN 122 Q1
King George Island ⌒ ANT 156 F61
King George Islands ⌒ CDN 123 U5
Kingisepp = Kuressaare ☆ EST 38 H2
King Island ⌒ AUS 90 J7
King Island ⌒ CDN 124 G5
King Island ⌒ USA 122 C4
King Leopold Ranges ▲ AUS 90 E3
Kingman Reef ⌒ USA 95 M4
King River ~ AUS 93 J4
King's Lynn ◉ GB 27 K9
Kingsmill Group ⌒ KIR 95 G6
Kingston ☆ JA 139 G6
Kingston upon Hull ◉ GB 27 J8
Kingstown ★ WV 129 O8
Kingstown = Dún Laoghaire ☆ IRL 27 C8
King William Island ⌒ CDN 123 R3
King William's Town ◉ ZA 117 H6
Kinkala ☆ RCB 112 D2
Kinkasan-shima ⌒ J 81 N4
Kinkazan-tō ⌒ J 81 N4
Kinkéné ~ CI 111 H5
Kinkon, Chutes de ~ RG 110 D4
Kinna ☆ S 22 H3
Kinnekulle ▲ S 22 J2
Kino-gawa ~ J 81 K6
Kinsarvik ◉ N 21 C6
Kinshasa ★ CGO 112 E2
Kintyre ≐ GB 24 D5
Kinyasungwe ~ EAT 114 F6
Kinzig ~ D 35 C8
Kinzig ~ D 35 E6
Kiodzka ~ PL 29 O3
Kiparissiakós Kólpos ≈ GR 47 H6
Kirá Panagiá ⌒ GR 47 K5
Kireevsk ☆ RUS 39 P5
Kirenga ~ RUS 62 S6
Kirensk ☆ RUS 62 S6
Kırıkkale ☆ TR 66 E3
Kirillov ☆ RUS 39 Q1
Kirimdi Oya ~ CL 71 F7
Kirin-do ⌒ KP 80 E5
Kiritimati Island ⌒ KIR 95 N5
Kiriwina Island ⌒ PNG 83 O8
Kirkcudbright ◉ GB 26 E7
Kirkeøy ⌒ N 22 G1
Kirkland Lake ◉ CDN 123 U7
Kırklareli ☆ TR 53 M5
Kirkük ☆ IRQ 67 L5
Kirkwall ◉ GB 26 G3
Kırmır Çayı ~ TR 66 D2
Kirov ☆ RUS 19 V4
Kirovabad = Ganzə ◉ AZ 64 F2
Kirovograd = Kropyvnyc'kyj ☆ UA 56 G3
Kirovohrad = Kropyvnyc'kyj ☆ UA 56 G3
Kirpili ~ RUS 57 L5
Kırşehir ☆ TR 66 E3
Kirthar Range ▲ PK 65 K5
Kirtipur ◉ NEP 65 O5
Kiržač ☆ RUS 39 Q3
Kiš, Ğazīre-ye ⌒ IR 64 G5
Kisa ☆ S 23 L3
Kisalföld ≐ H 37 C9
Kisangani ☆ CGO 112 G1
Kishtwar ◉ IND 68 E3
Kisigo ~ EAT 114 E6
Kisigo ~ EAT 114 E7
Kišinev = Chișinău ★ MD 56 F4
Kiskatinaw River ~ CDN 124 K4
Kislovodsk ◉ RUS 57 N6
Kismaayo ☆ SO 115 J4
Kiso-gawa ~ J 81 L6
Kisoro ☆ EAU 114 B4
Kiso-sanmyaku ▲ J 81 L6
Kispiox River ~ CDN 124 F4
Kíssamos ◉ GR 54 F7
Kissámou, Kólpos ≈ GR 47 J7
Kissen ~ RG 110 D4
Kissimmee River ~ USA 135 H6
Kissingen, Bad ☆ D 35 F6
Kisumu ☆ EAK 114 E4
Kisvárda ◉ H 37 J8
Kita-daitō-shima ⌒ J 75 P6
Kita-Iō-shima ⌒ J 75 Q6
Kitakami-kōti ▲ J 81 N4
Kitami-santi ▲ J 81 O1
Kitchigama, Rivière ~ CDN 126 E3
Kitgum ☆ EAU 114 D2
Kithira ⌒ GR 19 Q8
Kíthnos ⌒ GR 47 K6
Kitimat Ranges ▲ CDN 124 F4
Kitinen ~ FIN 20 M2
Kitinen ~ FIN 20 N3
Kitlope River ~ CDN 124 G5
Kitonga ~ CGO 114 A5
Kittam Waanje ~ WAL 110 D6
Kitwei Plain ≐ EAT 115 F6
Kitzbühel ☆ A 35 H9
Kitzbüheler Alpen ▲ A 35 H9
Kitzingen ☆ D 35 F7
Kiwayu Island ⌒ EAK 115 H5
Kiwayuu Bay ≈ EAK 115 H5
Kıyıköy ☆ TR 53 N5
Kızılcahamam ☆ TR 66 E2
Kızılırmak ~ TR 64 D3
Kızılırmak ~ TR 66 E2
Kızılırmak ~ TR 66 F2
Kızılırmak ~ TR 66 F3
Kizilkum ≐ UZ 64 J2
Kizil'taškij liman ≈ RUS 57 K5
Kizljarskij zaliv ≈ RUS 57 P5
Kjustendil ☆ BG 52 G4
Kladno ☆ CZ 35 K6
Klagenfurt am Wörthersee ☆ A 35 K10
Klaipėda ☆ LT 38 G4
Klamath Mountains ▲ USA 122 M8
Klamath River ~ USA 130 C5
Klappen River ~ CDN 124 F3
Klarälven ~ S 18 O3
Klarälven ~ S 22 J1
Klausenburg = Cluj-Napoca ☆ RO 56 C4
Klein Bosmanland ≐ ZA 116 C4
Kleine Antillen = Lesser Antilles ⌒ 129 M8
Kleiner Belt = Lillebælt ≈ DK 21 D9
Kleiner Kaukasus = Patara Kavkasioni ▲ GE 67 J2
Kleiner Khingan = Xiao Hinggan Ling ▲ CN 75 O1
Kleine Sundainseln = Kepulauan Sunda Kecil ⌒ RI 82 G8
Klein Karoo = Little Karoo ≐ ZA 112 F8
Klein Letaba ~ ZA 117 K1
Klein Swartberge ▲ ZA 116 E6
Klekovača ▲ BIH 49 M4
Kleve ☆ D 34 B5
Kleven' ~ UA 56 H2
Klickitat River ~ USA 130 D2
Klin ☆ RUS 39 P3
Klina = Përroi i Klinës ~ RKS 52 E4
Klinaklini River ~ CDN 124 H6
Klinsko-Dmitrovskaja grjada ▲ RUS 39 O3
Kliprivier ~ ZA 117 J3
Kljaz'ma ~ RUS 39 R3
Ključ ≐ SRB 52 G2
Kłodzko ☆ PL 37 C6
Klondike Plateau ▲ CDN 122 H4
Klos ◉ AL 52 E5
Klosterneuburg ◉ A 37 C8
Klosters ◉ CH 35 E10
Knapdale ≐ GB 26 D6
Knaresborough ◉ GB 26 H7
Knight Inlet ≈ CDN 124 G6
Knin ☆ HR 49 M4
Knittelfeld ☆ A 37 A9
Knockmealdown Mountains ▲ IRL 27 B9
Knokke-Heist ◉ B 31 L3
Knüllgebirge ▲ D 34 E6
Ko, Monts ▲ CI 111 G5
Koba ~ BF 111 H4
Koba ~ RG 110 E4
København ★ DK 22 H5
Kobe River ~ ZA 116 D5
Koblenz ☆ D 35 C6
Kobroor, Pulau ⌒ RI 83 K8
Kobuk River ~ USA 122 D3
Kocabaş Çayı ~ TR 66 C3
Koca Deresi ~ TR 66 C2
Kocaeli = İzmit ☆ TR 53 O6
Kocaeli Yarımadası ≐ TR 66 C2
Kocaırmak ~ TR 66 E2
Kocasu ~ TR 55 L3
Kočečum ~ RUS 62 Q4
Ko Chang ⌒ T 84 C5
Ko Chang ⌒ T 85 B7
Koch Bihar ◉ IND 72 F1
Koch Creek ~ CDN 125 L7
Kocher ~ D 35 E8
Kochi ~ EAU 114 C2
Kochi ◉ IND 70 C6
Koch Island ⌒ CDN 123 V3
Kociewie ≐ PL 36 E3
Koddiyar Bay ≈ CL 71 F6
Kodiak Island ⌒ USA 122 F5
Kodorskij hrebet ▲ GE 57 M6
Kodyma ~ UA 56 F4
Kökšetau ☆ KZ 62 K7
Köln ☆ D 34 B6
Köneürgenč ☆ TM 64 H2
König-Christian IX-Land = Kong Christian IX Land ≐ DK 123 d3
König-Frederik IX-Land = Kong Frederik IX Land ≐ DK 123 a3
König-Frederik VI-Küste = Kong Frederik VI Kyst ≐ DK 123 c4
Königgrätz = Hradec Králové ☆ CZ 37 B6
Königin-Elisabeth-Inseln = Queen Elizabeth Islands ⌒ CDN 122 P1
Königsberg = Kaliningrad ☆ RUS 38 F4
Königshofen im Grabfeld, Bad ◉ D 35 F6
Königshütte = Chorzów ◉ PL 37 E6
Könkämäeno ~ FIN 20 K2
Könkämäälven ~ S 20 K2
Köping ☆ S 23 M1
Köprü Irma ~ TR 66 D4
Körös ~ H 29 Q5
Köroğlu Dağları ▲ TR 64 C2
Kose Dağları ▲ TR 66 G2
Koşk ☆ TR 55 L5
Köslin = Koszalin ◉ PL 36 C2
Kőszeg ◉ H 37 C9
Köthen (Anhalt) ☆ D 34 G5
Kofa Mountains ▲ USA 131 G9
Kofçaz ☆ TR 53 M5
Koflande ≐ BF 111 H4
Koforidua ☆ GH 111 K6
Køge ◉ DK 22 H5
Køge Bugt ≈ DK 21 F9
Kogon ~ RG 110 C4
Kogunsan-kundo ⌒ ROK 80 E6
Ko Hai ⌒ T 85 B8
Kohala Mountains ▲ USA 134 e2
Kohāt ◉ PK 68 C3
Kohil'nik ~ UA 56 F4
Kohima ☆ IND 73 J2
Kohodio ~ CI 111 J5
Koiama, Jasiira ⌒ SO 115 J4
Koichab ~ NAM 116 B3
Koila Kabé ~ SN 110 E3
Kokemäenjoki ~ FIN 21 K6
Ko Khram ⌒ T 84 B5
Kokkola ☆ FIN 20 L5

★ Hauptstadt (Staat) ☆ Hauptstadt (Bundesland, Provinz, o.ä.) ◉ Ort ▲ Gebirge ⌒ Insel, Halbinsel ≐ Landschaft ≈ Ozean, Meer ~ Fluss

Koknese ◉ LV 38 J3
Kokoro ~ RG 110 F3
Kokoula ~ RG 110 D4
Kokoun Kourou ~ RMM 110 G4
Koksoak, Rivière ~ CDN 123 X5
Ko Kut ⌒ T 84 C6
Kola, Pulau ⌒ RI 83 K8
Ko Ladang ~ MAL 85 B8
Ko Lan ⌒ T 84 C5
Ko Lanta ⌒ T 85 B8
Kolár ◉ IND 71 D4
Ko Larn = Ko Lan ⌒ T 84 C5
Kolašin ◉ MNE 52 D4
Kolbeinsey ⌒ IS 20 d1
Kolčugino ☆ RUS 39 Q3
Kolda ☆ SN 110 C3
Kolding ◉ DK 22 E5
Kolenté ~ RG 110 D5
Kolguev, ostrov ⌒ RUS 19 U2
Kolhápur ◉ IND 70 B2
Kolhida = Kolkhetis Dablobi ≐ GE 57 M6
Kolhidskaja nizmennost' = Kolkhetis Dablobi ≐ GE 57 M6
Koliba ~ RG 110 D3
Ko Libong ⌒ T 85 B8
Kolín ◉ CZ 37 B6
Kolinbiné ~ RMM 110 E2
Koljučinskaja guba ≈ RUS 63 j4
Kolka ◉ LV 38 H3
Kolkas = Kolka ◉ LV 38 H3
Kolkata ☆ IND 72 F3
Kolkhetis Dablobi ≐ GE 57 M6
Kollam ◉ IND 70 C6
Kollidam ~ IND 71 E5
Kolmar = Chodzież ◉ PL 36 C4
Kolmar = Colmar ☆ F 31 P6
Koločep ⌒ HR 49 O6
Kolodio ~ CI 111 J5
Kolombangara ⌒ SOL 83 O8
Kolomyja ☆ UA 56 D3
Kolonia = Palikir ★ FSM 94 D4
Kolonje ▲ AL 52 E6
Kolossa ~ RMM 110 G3
Kolp' ~ RUS 39 P2
Kolpaševo ☆ RUS 62 N6
Kólpos Agíou Órous ≈ GR 47 J4
Kólpos Akrotiriou ≈ CY 66 E5
Kólpos Episkopis ≈ CY 66 E5
Kólpos Haníon ≈ GR 47 J7
Kólpos Ierissoú ≈ GR 54 F2
Kólpos Kassándras ≈ GR 47 J4
Kólpos Kaválas ≈ GR 54 G2
Kólpos Kissámou ≈ GR 47 J7
Kólpos Messarás ≈ GR 54 G7
Kólpos Mirambéllou ≈ GR 47 K7
Kólpos Orfanoú ≈ GR 47 K4
Kólpos Petalíon ≈ GR 47 K6
Kólpos Thessalonikis ≈ GR 54 E2
Kol'skij poluostrov ≐ RUS 19 T2
Kolubara ~ SRB 47 H2
Kolubara ~ SRB 52 D2
Kolumadulu Atoll ⌒ MV 70 B9
Kolyma ~ RUS 63 a5
Kolyma ~ RUS 63 b4
Kolymagebirge = Kolymskoe nagor'e ▲ RUS 63 c5
Kolymskaja nizmennost' ≐ RUS 63 b4
Kolymskoe nagor'e ▲ RUS 63 c5
Komagasberge ▲ ZA 116 C4
Ko Mak ⌒ T 84 C6
Komatirivier ~ ZA 117 K2
Kome Island ⌒ EAT 114 D4
Komering ~ RI 82 D7
Komiža ◉ HR 49 M5
Komo ⌒ FJI 98 c3
Komoe ~ BF 111 H4
Komoran, Pulau ⌒ RI 83 L8
Komoren = Archipel des Comores ⌒ COM 113 K4
Komotiní ☆ GR 53 K5
Komovi ▲ MNE 52 D4
Kompsotós ~ GR 53 J5
Komsberg ▲ ZA 116 E6
Komsomolec, ostrov ⌒ RUS 62 O1
Komsomol'sk ☆ RUS 39 Q3
Komsomol'sk-na-Amure ◉ RUS 63 Y7
Komsomol'skoj Pravdy, ostrova ⌒ RUS 62 S2
Ko Muk ⌒ T 85 B8
Konakovo ☆ RUS 39 P3
Konar, Daryā-ye ~ AFG 68 C2
Konārak ◉ IND 72 E5
Konda ~ RUS 62 K6
Kondrovo ☆ RUS 39 O4
Koné ☆ F 98 b3
Koné ~ F 98 b3
Kong ◉ CI 111 H5
Kông, Tônle ~ K 84 F5
Kong Christian IX Land ≐ DK 123 d3
Kong Frederik IX Land ≐ DK 123 a3
Kong Frederik VI Kyst ≐ DK 123 c4
Kongo ~ CI 111 J5
Kongotan Range ▲ WAL 110 E5
Kongsberg ☆ N 21 D7
Kongsvinger ☆ N 21 F6
Konin ◉ PL 36 E4
Konispol ◉ AL 52 E7
Konjavska Planina ▲ BG 52 G4
Konka ~ UA 57 J4
Konkiep ~ NAM 116 C2
Konkiep ~ NAM 116 C3
Konk-Kerne = Concarneau ◉ F 30 D7
Konkouré ~ RG 110 D4
Końskie ◉ PL 36 G5
Konso Cultural Landscape ≐ ETH 115 F1
Konstantin = Constanța ☆ RO 56 F5
Konstanz ☆ D 35 E9
Kon Tum ☆ VN 84 F4
Konya ☆ TR 66 E4
Konya Ovası ≐ TR 66 E4
Kooigoedvlaktes ≐ ZA 116 C5
Koos ⌒ D 34 J2
Kootenai River ~ USA 130 G1
Kootenay River ~ CDN 122 N7
Kootenay River ~ CDN 125 N7
Kootenay River ~ USA 125 M7
Kopais ⌒ GR 54 F4
Kopaonik ▲ 52 E3
Kopenhagen = København ★ DK 22 H5
Koper ◉ SLO 49 J3
Ko Phai ⌒ T 84 C5
Ko Pha Ngan ⌒ T 82 D5
Ko Pha Yam ⌒ T 85 B7
Ko Phi ⌒ T 85 B8
Ko Phra Thong ⌒ MYA 85 A7
Ko Phuket ⌒ T 82 C5
Koppang ☆ N 21 E6
Koppány ~ H 37 D10
Koppe Dāğ ▲ IR 64 H3
Koprivnica ☆ HR 49 M2
Ko Pu ⌒ T 85 B8
Kora ~ RG 110 D4
Ko Ra ⌒ T 85 A7
Ko Racha Noi ⌒ T 85 A8
Ko Racha Yai ⌒ T 85 A8
Korallensee = Coral Sea ≈ 91 L3
Koralpe ▲ A 37 B10
Korante Plain ≐ EAK 115 F2
Ko Rawi ⌒ T 85 B8
Korbach ☆ D 34 D5
Korçë ☆ AL 52 E6
Korčula ☆ HR 49 N6
Korčula ⌒ HR 46 F3
Korčulanski kanal ≈ HR 49 M5
Kordofan = Kurdufān ≐ SUD 105 L6
Korea ≐ 75 O4
Korea = Korea ≐ 75 C4
Korea Bay ≈ 80 D4
Koreabucht = Korea Bay ≈ 80 D4
Korea Strait ≈ 75 O5
Korea Straße = Korea Strait ≈ 75 O5
Korenica ☆ HR 49 L4
Korfa, zaliv ≈ RUS 63 e5
Korfu = Kérkira ☆ GR 54 B3
Korfu = Kérkira ⌒ GR 19 P8
Korhogo ☆ CI 111 G5
Korinthiakós Kólpos ≈ GR 47 J5
Korjakengebirge = Korjakskoe nagor'e ▲ RUS 63 d5
Korjakskoe nagor'e ▲ RUS 63 d5
Kornat ⌒ HR 46 E3
Korneuburg ◉ A 37 C8
Kórnik ◉ PL 36 D4
Koro ⌒ FJI 96 E4
Koroli Desert ≐ EAK 115 F2
Koróni ◉ GR 54 D6
Koronowo ◉ PL 36 D3
Koro Sea ≈ FJI 96 E4
Korppoo ⌒ FIN 21 K6
Korsika = Corse ⌒ F 18 N7
Kós ◉ GR 55 K6
Kós ⌒ GR 47 L6
kosa Arabats'ka Strilka ≐ UA 57 J4
kosa Byrjučyj Ostriv ≐ UA 57 J4
Kosaja Gora ◉ RUS 39 P4
Ko Samae San ⌒ T 84 C5
Ko Samet ⌒ T 84 C5
Ko Samui ⌒ T 82 D5
Kościan ◉ PL 36 C4
Kościerzyna ◉ PL 36 D2
Kosciusko Island ⌒ USA 124 D3
Kose ◉ EST 38 J2
Koshikishima-rettō ⌒ J 80 G8
Ko Si Boya ⌒ T 85 B8
Košice ☆ SK 37 H8
Ko Sichang ⌒ T 84 C5
Kosmonautensee = Cosmonauts Sea ≈ 157 E9
Kosmos River ~ USA 130 C2
Kosovo Polje = Fushë Kosovë ≐ RKS 47 H3
Kosovska Mitrovica = Mitrovicë ◉ RKS 52 E4
Kosrae ⌒ FSM 94 E4
Kostanaj ☆ KZ 62 J7
Kosten = Kościan ◉ PL 36 C4
Koster-öarna ⌒ S 22 F2
Kostroma ~ RUS 39 R3
Kostroma ~ RUS 39 R2
Kostrzyn nad Odrą ◉ PL 36 A4
Ko Sukon ⌒ T 85 B8
Koszalin ◉ PL 36 C2
Kota, Cascades de la ~ BJ 111 L4
Kota Baharu = Kota Bharu ☆ MAL 85 D8
Kota Bharu ☆ MAL 85 D8
Kota Kinabalu ☆ MAL 82 G5
Ko Tao ⌒ T 85 B6
Ko Tarutao ⌒ T 85 B8
Kota Tinggi ◉ MAL 85 D11
Kot Diji ◉ PK 68 B6
Kotel'nyj, ostrov ⌒ RUS 63 X3
Kotido ☆ EAU 114 E2
Kotka ☆ FIN 21 N6
Kotlas ☆ RUS 19 V3
Kotlenik ▲ SRB 52 E3
Kotlina Gorzówska ≐ PL 36 B4
Kōtomo, Île ⌒ F 98 c4
Kotor ◉ MNE 52 C4
Kotovs'k = Hînceşti ☆ MD 56 F4
Kotri ~ IND 72 B5
Kottayam ◉ IND 70 C6
Kotto ~ RCA 105 K7
Kotto ~ RCA 105 K8
Kotu ⌒ TO 98 b1
Kotu Group ⌒ TO 98 b1
Kotuj ~ RUS 62 R3
Kotuj ~ RUS 62 R4
Kotzebue Sound ≈ USA 122 C3
Kouaga ~ RMM 110 E2
Koudou, Cascades de ~ BJ 111 M4
Koudougou ☆ BF 111 J3
Kouffo ~ BJ 111 L6
Koufonissi ⌒ GR 55 J8
Koufonissi ⌒ GR 55 H6
Kouga ~ ZA 116 F6
Kougaberge ▲ ZA 116 F6
Koukdjuak, Great Plain of the ≐ CDN 123 W3
Koulamoutou ☆ G 112 D2
Koulbi ~ BF 111 J5
Koulda ~ CI 111 J5
Koulounko ~ RMM 110 E3
Koulountou ~ SN 110 D3
Koulouoko ~ BF 111 K3
Koulpeleogo ~ BF 111 L4
Koumac, Grand Récif de ⌒ F 98 a3
Koumba ~ RG 110 D4
Koumongou ~ TG 111 L4
Kounda Ko ~ RG 110 E4
Kourai ~ RG 110 F5
Kourégnaki ~ RG 110 D3
Kourou ~ RG 110 G5
Kourougui ~ BF 111 J3
Koussanar ~ SN 110 C3
Koutammakou ≐ TG 111 L4
Kouya ~ RG 110 E5
Kouyou ~ RCB 112 D2
Kovačica ◉ SRB 52 E1
Kovrov ☆ RUS 39 R3
Kowno = Kaunas ☆ LT 38 H4
Ko Yao Yai ⌒ T 85 B7
Koyna ~ IND 70 B2
Koyukuk River ~ USA 122 F3
Kozáni ☆ GR 54 D2
Kozara ▲ BIH 46 F2
Kozara ▲ BIH 49 M3
Kozel'sk ☆ RUS 39 O5
Kozhikode ◉ IND 70 C5
Kożle, Kędzierzyn- ◉ PL 37 E6
Kożuchów ◉ PL 36 B5
Kožuf ▲ MK 47 H4
Kōzu-shima ⌒ J 81 M6
Kpako ~ BJ 111 M4
Kpalimé ◉ TG 111 L6
Kpassa ~ GH 111 L5
Kpimé, Cascade de ~ TG 111 L6
Kpo Range ▲ LB 110 E6
Kpra ~ CI 111 H6
Kraairivier ~ ZA 117 H5
Kragerø ◉ N 22 E2
Kragujevac ◉ SRB 52 E2
Kraichgau ≐ D 35 D7
Krajište ▲ SRB 47 J3
Krakau = Kraków ☆ PL 37 F6
Kraków ☆ PL 37 F6
Krapina ☆ HR 49 L2
Kras ▲ SLO 46 D2
Kraslau = Krāslava ☆ LV 38 K4
Krāslava ☆ LV 38 K4
Krasnaja Poljana ◉ RUS 57 L6
Krasni Okny = Okny ☆ UA 56 F4
Krasnodar ☆ RUS 57 K5
Krasnoe Selo ◉ RUS 39 M2
Krasnogvardejskoe ◉ RUS 56 J5
Krasnohvardijs'ke = Krasnogvardejskoe ◉ RUS 56 J5
Krasnojarsk ☆ RUS 62 P6
Krasnokamensk ☆ RUS 63 U7
Krasnoperekopsk ◉ RUS 56 H5
Krasnoperekops'k = Krasnoperekopsk ◉ RUS 56 H5
Krasnovodsk = Türkmenbaşi ☆ TM 64 G2
Krasnyj, liman ≈ RUS 57 K5
Kraszna ~ H 37 J8
Kratie ☆ K 84 F5
Kratovo ◉ MK 52 G4
Krbavsko polje ≐ HR 49 L4
Krebs, Erg el- ≐ DZ 106 F7
Krefeld ☆ D 34 B5
Krems an der Donau ☆ A 37 B8
Kremsier = Kroměříž ◉ CZ 37 D7
Krenitzin Islands ⌒ USA 122 C6
Kresta, zaliv ≈ RUS 63 h4
Krestcy ☆ RUS 39 M2
Kreta = Kriti ⌒ GR 19 R8
Kreuznach, Bad ☆ D 35 C7
Kribi ◉ CAM 104 H8
Krieng ~ K 84 F5
Krim = Krymskij poluostrov ≐ RUS 19 R7
Krishna ~ IND 65 M7
Krishna ~ IND 70 B2
Krishna ~ IND 71 E2
Krishna Delta ≐ IND 71 F2
Kristiansand ☆ N 22 D2
Kristianstad ☆ S 22 K4
Kristiansund ☆ N 20 C5
Kristiinankaupunki = Kristinestad ◉ FIN 20 K5
Kristinehamn ☆ S 22 K1
Kristinestad ◉ FIN 20 K5
Kríti ⌒ GR 19 R8
Kritikós Pélagos ≈ GR 47 J6
Krivaja ~ BIH 49 O4
Kriva Lakavica ~ MK 52 G5
Kriva Reka ~ SRB 52 F4
Križevci ☆ HR 49 M2
krjaž Čekanovskogo ▲ RUS 63 V3
Krk ☆ HR 49 K3
Krk ⌒ HR 46 E2
Krka ~ HR 46 E3
Krkonoše ▲ CZ 29 N3
Krnov ◉ CZ 37 D6
Krokodilrivier ~ ZA 117 H2
Krokodilrivier ~ ZA 117 K2
Kroměříž ◉ CZ 37 D7
Krom River ~ ZA 116 D5
Kronach ☆ D 35 G6
Krông Kaôh Kŏng ☆ K 84 C6
Kronockij, zaliv ≈ RUS 63 d7
Kronstadt = Brașov ☆ RO 56 D5
Kropyvnyc'kyj ☆ UA 56 G3
Krosno ◉ PL 37 H7
Krrabë ◉ AL 52 D5
Krujë ◉ AL 52 D5
Krumau = Český Krumlov ◉ CZ 35 K8
Krumë ◉ AL 52 E4
Krummhörn ≐ D 34 C3
Krumovica ~ BG 53 K5
Krung Thep Maha Nakhon ★ T 84 C5
Krupinská planina ≐ SK 37 F8
Kruševac ◉ SRB 52 F3
Krušné hory ▲ CZ 29 M3
Krutec ~ RUS 39 T5
Kruzof Island ⌒ USA 124 B3
Krymskie gory ▲ RUS 56 H5
Kryms'ki hory = Krymskie gory ▲ RUS 56 H5
Krymskij poluostrov ≐ RUS 19 R7
Kryms'kyj pivostriv = Krymskij poluostrov ≐ RUS 19 R7
Krynica-Zdrój ◉ PL 37 G7
Kryve Ozero ☆ UA 56 F3
Krzna ~ PL 36 K4
Ksar-el-Kebir ◉ MA 44 E7
Ksour, Monts des ▲ DZ 106 F4
Kuai He ~ CN 77 K5
Kuala Dungun ◉ MAL 82 D6
Kuala Lipis ◉ MAL 85 D9
Kuala Lumpur ★ MAL 85 C10
Kuala Terengganu ☆ MAL 85 D9
Kuantan ☆ MAL 85 D10
Kuba = Cuba ⌒ C 138 E3
Kuban ~ RUS 57 M5
Kubena ~ RUS 39 Q2
Kubolta ~ MD 56 E3
Kučajske planine ▲ SRB 52 F3
Kůček, Rūd -e Zāb -e ~ IRQ 67 L4
Kuching ☆ MAL 82 F6
Kučurhan ~ UA 56 F4
Kudus ◉ RI 82 F8
Küçükmenderes ~ TR 55 J3
Küçükmenderes Nehri ~ TR 55 K4
Külsö-Somogy ≐ H 37 D10
Künzelsau ☆ D 35 E7
Küre Dağları ▲ TR 66 E2
Küreli Dağı ▲ TR 67 K4
Kues, Bernkastel- ◉ D 35 C7
Küstengebirge = Coast Mountains ▲ CDN 122 K5
Küstrin = Kostrzyn nad Odrą ◉ PL 36 A4
Kütahya ☆ TR 55 M3
Kūfa, al- ☆ IRQ 67 L6
Kufra, Wāhāt al- ≐ LAR 105 K4
Kufstein ☆ A 35 H9
Kūh-e Bābā ▲ AFG 65 K4
Kūh-e Bozqūš ▲ IR 67 M4
Kūh-e Ešger ▲ IR 64 H4
Kūh-e Hāǧī Saʿīd ▲ IR 67 M4
Kūh-e Hvāǧe Mohammad ▲ AFG 68 C2
Kūh-e Kabīr ▲ IR 67 M6
Kūh-e Mišāb ▲ IR 67 L3
Kūh-e Palangān ▲ IR 64 H4
Kūh-e Qotbe ▲ IR 67 M6
Kūh-e Šāhū ▲ IR 67 M5
Kūh-e Vāhān ▲ AFG 65 L3
Kūhhā-ye Alborz ▲ IR 64 F3
Kūhhā-ye Qohrūd ▲ IR 64 G4
Kūhhā-ye Sabalān ▲ IR 67 M3
Kūhhā-ye Tāleš ▲ IR 67 N4
Kūhhā-ye Zāgros ▲ IR 64 F4
Kuhnau = Konin ◉ PL 36 E4
Kuhrudgebirge = Kūhhā-ye Qohrūd ▲ IR 64 G4
Kuiseb ~ NAM 116 C1
Kuiseb Canyon ≐ NAM 112 E6
Kuito ☆ ANG 112 E4
Kuiu Island ⌒ USA 124 C3
Kujal'nic'kij lyman ≈ UA 56 G4
Kujawy ≐ PL 36 D3
Kujbyschew = Samara ☆ RUS 19 W5
Kujbyšev ☆ RUS 62 M6
Kujbyšev = Samara ☆ RUS 19 W5
Kujūkuri-nada ≈ J 81 N6
Kukavica ▲ SRB 52 F4
Kukës ☆ AL 52 E4
Kukup ◉ MAL 85 D11
Kular, hrebet ▲ RUS 63 X4
Kuldīga ☆ LV 38 G3
Kuljab ☆ TJ 65 K3
Kullen ▲ S 22 H4
Kullu ◉ IND 68 F4
Kulm = Chełmno ◉ PL 36 E3
Kulmaç Dağları ▲ TR 66 G3
Kulmbach ☆ D 35 G6
Kulmsee = Chełmża ◉ PL 36 E3
Kulpawan ~ GH 111 J4
Kulpawan ~ GH 111 K5
Kulsary ☆ KZ 19 W6
Kulu ☆ TR 66 E3
Kulu = Kullu ◉ IND 68 F4
Kulunda ☆ RUS 62 M7
Kuma ~ RUS 57 N6
Kumalar Dağı ▲ TR 55 N4
Kumamba, Kepulauan ⌒ RI 83 L7
Kumano-nada ≈ J 81 L6
Kumanovo ◉ MK 52 F4
Kumasi ☆ GH 111 J6
Kumbukkan Oya ~ CL 71 F7
Kŭmgangsan ▲ KP 80 F4
Kumi ☆ EAU 114 D3
Kumla ☆ S 23 L1
Kŭmo-do ⌒ ROK 80 F6
Kumo-Manyčskaja vpadina ≐ RUS 19 T6
Kumon Taungdan ▲ MYA 74 H6
Kumoso ▲ RU 114 C6
Kunašir, ostrov ⌒ RUS 75 R3
Kunda ~ CGO 114 A6
Kunda ◉ EST 38 K2
Kundar ~ PK 68 B4
Kundūz ☆ AFG 65 K3
Kunene ~ NAM 112 D5
Kunga ◉ EST 72 F4
Kungälv ☆ S 22 G3
Kunghit Island ⌒ CDN 124 E5
Kŭngirod ◉ UZ 64 H2
Kungsbacka ☆ S 22 H3
Kungshamn ☆ S 22 G2
Kungur ☆ RUS 19 X4
Kunhar ~ IND 69 G8
Kunhar ~ PK 68 D2
Kun'ja ☆ RUS 39 M3
Kunja Urgenč = Köneürgenč ☆ TM 64 H2
Kunlun Shan ▲ CN 74 D4
Kunming ☆ CN 78 B4
Kunthi Kyun ⌒ MYA 84 A6
Kunu ~ IND 69 F7
Kunwari ~ IND 69 F6
Kupa ~ HR 46 E2
Kupang ☆ RI 82 H9
Kupiškis ◉ LT 38 J4
Kupreanof Island ⌒ USA 122 K5
Kura ~ AZ 64 F2
Kura ~ GE 57 O7
Kura ~ GE 67 K2
Kurahashi-shima ⌒ J 81 J6
Kura Kurk ≈ EST 38 G3
Kuramati ⌒ MV 70 B8
Kura Nehri ~ TR 67 K2
Kurdistan ≐ 64 E3
Kurdufān ≐ SUD 105 L6
Kuredu ⌒ MV 70 B8
Kurejka ~ RUS 62 P4
Kuressaare ☆ EST 38 H2
Kurgan ☆ RUS 62 K6
Kurgan-Tjube ☆ TJ 65 K3
Kuria Island ⌒ KIR 94 G5
Kuriat, Île ⌒ TN 107 M3
Kurilen = Kuril'skie ostrova ⌒ RUS 75 S2
Kuril'skie ostrova ⌒ RUS 75 S2
Kurische Nehrung = Kuršskaja kosa ≐ RUS 38 F4
Kurland ≐ EST 38 G3
Kurnik = Kórnik ◉ PL 36 D4
Kuro-shima ⌒ J 80 G8
Kurram ~ PK 68 B3
Kuršių nerija ≐ LT 38 G4
Kursk ☆ RUS 57 J2
Kuršskaja kosa ≐ RUS 38 F4
Kuršumlija ◉ SRB 52 F3
Kurşunlu ☆ TR 66 E2
Kurşunlu Selâlesi ~ TR 55 N5
Kuru Dağı ▲ TR 53 L6
Kuruktag ▲ CN 74 F3
Kuruman Hills ▲ ZA 116 F3
Kuruman River ~ ZA 112 F7
Kurumkan ☆ RUS 63 T7
Kuşadası ☆ TR 55 K5
Kuşadası Körfezi ≈ TR 47 L6
Kusagaki-guntō ⌒ J 80 G8
Kusel ◉ D 35 C7
Kuskokwim Bay ≈ USA 122 D5
Kuskokwim Mountains ▲ USA 122 E4
Kuskokwim River ~ USA 122 D4
Kuskokwim River ~ USA 122 E4
Kūt, al- ☆ IRQ 67 L6
Kutaisi ◉ GE 19 U7
Kutaisi ◉ GE 57 N6
Kūt al-Hayy ☆ IRQ 67 L6
Kutina ☆ HR 49 M3
Kutjevo ◉ HR 49 N3
Kutná Hora ◉ CZ 37 B7
Kuttenberg = Kutná Hora ◉ CZ 37 B7
Kutubdia ⌒ BD 73 G4
Kutulo, Lagh ~ EAK 115 H2
Kuwait, al- ★ KWT 64 F5
Kuwait = al-Kuwait ★ KWT 64 F5
Kuye He ~ CN 76 G2
Kuzey Anadolu Dağları ▲ TR 64 C2
Kvænangen ≈ N 20 K1
Kvaløy ⌒ N 20 H2
Kvaløya ⌒ N 20 L1
Kvarner ≈ HR 46 D2
Kvarnerička vrata ≈ HR 46 E2
Kvichak Bay ≈ USA 122 E5
Kvinesdal ☆ N 22 B2
Kvirila ~ GE 57 N6
Kviteseid ☆ N 22 D1
Kvitsøy ⌒ N 22 A1
Kwajalein ⌒ MH 94 F4
Kwajalein Atoll ⌒ MH 94 F4
Kwandar Rūd ~ AFG 68 B4
Kwangju Sanmaek ▲ ROK 80 F5
Kwango ~ CGO 112 E2
Kwangyu = Gwangju ☆ ROK 80 E6
Kwenge ~ CGO 112 E3
Kwidabele ~ GH 111 K4
Kwidzyn ◉ PL 36 E3
Kwilu ~ CGO 112 E2
Kwilu ~ CGO 112 E3
Kwisa ~ PL 29 N3
Kwisa ~ PL 36 B5
Kyânmyā ◉ MYA 85 A7
Kyberian Range ▲ AUS 93 K4
Kyffhäuser Gebirge ▲ D 34 F5
Kyjiv ★ UA 56 F2
Kykladen = Kiklades ⌒ GR 19 Q8
Kyll ~ D 28 J3
Kymen lääni ≐ FIN 21 N6
Kymijoki ~ FIN 21 N6
Kyŏnggi-do ≐ ROK 80 F5
Kyritz ◉ D 34 H4
Kyrönjoki ~ FIN 20 K5
Kystyk, plato ▲ RUS 63 V3
Kyuquot Sound ≈ CDN 124 G7
Kyuroku-shima ⌒ J 81 M3
Kyuschu = Kyūshū ⌒ J 75 P5
Kyūshū ⌒ J 75 P5
Kyūshū-sanchi ▲ J 81 H8
Kyzyl ☆ RUS 62 P7
Kyzylorda ☆ KZ 65 K2
Kyzyltu ☆ KZ 62 L7
Kzyltu = Kyzyltu ☆ KZ 62 L7

L

La Alcarria ≐ E 40 E4
La Armuña ≐ E 40 D4
La Asunción ☆ YV 147 J2
Laâyoune ☆ WSA 104 C3
Laba ~ RUS 57 M5
La Baule ◉ F 32 B1
Labe ~ CZ 29 N3
Labe ~ CZ 36 B6
Labé ☆ RG 110 D4
La Berzosa ≐ E 42 D4
Labin ☆ HR 49 K3
Laboni ~ GH 111 K5
Laborec ~ SK 37 H7
Labourd ≐ F 32 C5
Labrador ≐ CDN 123 V5
Labrador = Labrador ≐ CDN 123 V5
Labradorküste = Coast of Labrador ≐ CDN 123 Y5
Labrador Sea ≈ 123 Z5
Labradorsee = Labrador Sea ≈ 123 Z5
La Bureba ≐ E 42 G2
Labwor Hills ▲ EAU 114 D2
Laç ◉ AL 52 D5
La Campiña ≐ E 40 D6
La Campiña ≐ E 40 E4
La Campiñar ≐ E 42 E2
Lacandón, Sierra del ▲ MEX 137 J4
Lacantún, Río ~ MEX 137 J5
Lacaune, Monts de ▲ F 32 G5
Laccadive Islands ⌒ IND 65 L9
La Cebollera ▲ E 42 G3
La Ceiba ☆ HN 137 L5
Lacepede Bay ≈ AUS 92 E4
La Cerdanya ≐ E 43 M2
La Chaux-de-Fonds ◉ CH 35 B9
Lachlan Range ▲ AUS 93 J2
Lachlan River ~ AUS 93 H3
Lachlan River ~ AUS 93 K2
Lach Truong ≈ VN 84 F2
La Coruña = A Coruña ☆ E 42 B1
Ladakh ≐ IND 65 M4
La Digue Island ⌒ SY 113 N2
Lae ☆ PNG 83 N8
Läänemeri = Baltic Sea ≈ 18 O5
Lae Atoll ⌒ MH 94 F4
Läckö ◉ S 22 J2
Lärbro ◉ S 23 O3
Lærdalsøyri ☆ N 21 C6
Læsø ⌒ DK 21 E8
Læsø Rende ≈ DK 22 F3
La Esperanza ☆ HN 137 K5
Lataseno ~ FIN 20 K2
Lafayette ◉ USA 128 H4
Lafia ☆ NGR 104 G7
Lafnitz ~ A 37 C9
Lafoi, Chute de la ~ CGO 112 G4
La Fortaleza, Río de ~ PE 149 C7
Laga, Monti della ▲ I 49 J6
La Galite ⌒ TN 107 L2
La Galite, Canal de ≈ TN 107 L2
Lagan' ☆ RUS 57 P5
Lagan ~ S 21 F8
Lagarto, Serra do ▲ BR 150 D5
Lagawe ☆ RP 83 H3
Lågen ~ N 18 N3
Lågen ~ N 21 C6
Lågen ~ N 22 E1
Lagh ~ EAK 115 F2
Lagh Balal ~ EAK 115 F2
Lagh Bogal ~ EAK 105 N8
Lagh Bogal ~ EAK 115 G3
Lagh Bor ~ EAK 105 N8
Lagh Choichuf ~ EAK 115 G3
Lagh Dera ~ EAK 115 H3
Lagh Isiolo ~ EAK 115 F4
Lagh Kutulo ~ EAK 115 H2
Laghouat ◉ DZ 107 H4
Lagh Sure ~ EAK 115 G2
Lago de Maracaibo ≈ YV 144 E3
La Gomera ⌒ E 104 B3
Lagons de Nouvelle-Calédonie ≐ F 98 b2
Lago Paciba ~ YV 147 G6
Lagos ◉ NGR 104 F7
Lagos ◉ P 40 B6
Lagos de Moreno ◉ MEX 136 D2
La Grande Rivière ~ CDN 126 E2
La Grande Rivière ~ CDN 126 G2
La Gran Sabana ≐ YV 145 G3
La Guaira ☆ YV 147 G2
Laguna ◉ BR 151 F8
Laguna de Caratasca ≈ HN 129 K7
Laguna de Chacahua ≈ MEX 136 E5
Laguna del Carmen ≈ MEX 137 H3
Laguna del Este ≈ MEX 137 H3
Laguna de Términos ≈ MEX 128 H7
Laguna de Yalahán ≈ MEX 137 K2
Laguna e Karavastasë ≈ AL 52 D6
Laguna Guaimoreto ≈ HN 138 C6
Laguna Interior ≈ MEX 137 G4
Laguna Madre ≈ USA 128 G5
Laguna Mitla ≈ MEX 136 D4
Laguna San Marcos ≈ MEX 136 E4
Laguna Superior ≈ MEX 137 G4
Laguna Tembladoras ≈ MEX 137 H5
Lagune Aby ≈ CI 111 J7
Lagune Ebrié ≈ CI 111 H7
Lagune Tadio ≈ CI 111 H7
La Habana ★ C 138 D3
Lahaina ◉ USA 134 d2
la H'leo ~ VN 84 F5
Lahn ~ D 28 K3
Lahn ~ D 35 D6
Laholmsbukten ≈ S 21 E8
Lahore ☆ PK 68 E4
Lahr/Schwarzwald ◉ D 35 C8
Laï ☆ TCH 105 J7
Laibach = Ljubljana ★ SLO 49 K2
Lai Châu ☆ VN 78 C5
Lainioälven ~ S 20 L3
La Isabela ◉ DOM 139 K5
Laisälven ~ S 20 H3
l'Aisne ~ F 25 J8
Laizhou Wan ≈ CN 75 M4
Laje de Santos ⌒ BR 150 G6
Lakeba ⌒ FJI 96 F4
Lakeba Passage ≈ FJI 98 c2
Lake Brunner ~ NZ 99 C5
Lake Range ▲ USA 131 E6
Lakes Entrance ◉ AUS 93 K4
Lakhimpur ≐ IND 73 J1
Lakhnau = Lucknow ☆ IND 65 N5
Lakkadiven = Laccadive Islands ⌒ IND 65 L9
Lakonikós Kólpos ≈ GR 47 J6
Lakota ☆ CI 111 G7
Laksefjorden ≈ N 20 N1
Lakshadweep Sea ≈ IND 65 L9
Lalapaşa ☆ TR 53 L5
Lalibela ◉ ETH 105 N6
La Libertad ☆ ES 137 J6
La Liébana ≐ E 42 E1
La Lima ◉ HN 137 L5
La Lora ≐ E 42 F2
Lamalaga ≐ WSA 104 B4
La Manche = English Channel ≈ 18 K6
Lamap ☆ VU 98 A3
Lambaréné ☆ G 112 D2
Lambo ~ GH 111 J5
Lambumbu Bay ≈ VU 98 A3
Lam Chi ~ T 84 D4
Lam Dom Noi ~ T 84 E4
Lam Dom Yai ~ K 84 E4
la Mé ~ CI 111 J7
Lamego ◉ P 42 C3
Lamia ☆ GR 54 E4
Lammermuir Hills ▲ GB 26 G6
La Montaña ▲ E 42 D2
La Montaña ≐ E 40 C3
La Montanita ▲ YV 146 E2
La Montaña ≐ PE 144 E6
Lamotrek Atoll ⌒ FSM 83 N5
Lampa, Río ~ PE 149 E9
Lampedusa, Isola di ⌒ I 104 H1
Lampi Kyun ⌒ MYA 84 A6
Lam Plai Mat ~ T 84 D4
Lam Se Bai ~ T 84 E4
Lamu Island ⌒ EAK 113 K2
Lan' ~ BY 38 K5
Lana, Río de la ~ MEX 137 G4

Lāna'i ◠ USA 128 b6
Lancang ~ CN 73 L1
Lancaster ◉ GB 26 G7
Lancaster Sound ≈ CDN 123 S2
Landa de Matamoros ◉ MEX 136 E2
Landau in der Pfalz ☆ D 35 D7
Landeck ☆ A 35 F9
Landegode ◠ N 20 F3
Lander River ~ AUS 90 G4
Landes, les ≐ F 32 D4
Landes de Bordeaux ≐ F 32 D4
Landfall Island ◠ IND 71 a3
Landreger = Tréguier ◉ F 30 D6
Landsberg am Lech ☆ D 35 F8
Landsberg = Gorzów Wielkopolski ◉ PL 36 B4
Landshut ☆ D 35 H8
Landskron = Lanškroun ◉ CZ 37 C7
Landskrona ◉ S 22 H5
Langara Island ◠ CDN 124 D4
Langberg ▲ ZA 116 F4
Langberge ▲ ZA 116 D6
Langeberg ▲ ZA 116 E6
Langeland ◠ DK 21 E9
Langelandsbælt ≈ DK 22 F6
Langeoog ◠ D 28 J2
Langesund ☆ N 22 E1
Langkawi, Pulau ◠ MAL 82 C5
Langlade ◠ F 127 Q5
Långö ◠ S 23 N2
Langøya ◠ N 20 G2
Langres ◉ F 31 N7
Langres, Plateau de ▲ F 33 J1
Långseleån ~ S 20 G4
Lang Shan ▲ CN 76 E1
Lang So'n ☆ VN 78 E6
Languedoc ≐ F 25 J11
Lānkāran ☆ AZ 64 F3
Lannion, Baie de ≈ F 30 D6
l'Anoia ~ E 43 M3
Lanquín ◉ GCA 137 K5
Lans, Montagen de ▲ F 33 K4
Lansdowne ◉ IND 68 G5
Lansing ☆ USA 132 F4
Lanškroun ◉ CZ 37 C7
Lanvaux, Landes de ≐ F 30 E7
Lanyu ◠ RC 75 N7
Lanza, Río ~ PE 149 G8
Lanzarote ◠ E 104 C3
Lanzhou ☆ CN 76 C3
Laoag ☆ RP 83 H3
Lào Cai ☆ VN 78 C5
Laois ≐ IRL 27 B9
Laon ☆ F 31 L5
Laoshan Wan ≈ CN 77 M3
La Paz ☆ MEX 128 D6
La Perouse Pinnacle ◠ USA 95 L1
La Pérouse Strait ≈ 63 Z8
La-Pérouse-Straße = La Pérouse Strait ≈ 63 Z8
La Plata ☆ RA 151 B11
La Poile River ~ CDN 127 P4
Lappeenranta ◉ FIN 21 N6
Lappi = Sameland ≐ 18 P2
Lappland = Sameland ≐ 18 P2
Laptevyh, more ≈ RUS 62 Q1
Laptewsee = more Laptevyh ≈ RUS 62 Q1
Laptewstraße = proliv Dmitrija Lapteva ≈ RUS 63 Y3
Lapus, Munții ▲ RO 56 C4
L'Aquila ☆ I 49 J6
Laragh = An Láithreach ◉ IRL 27 C8
Larage-Montéglin ◉ F 33 K4
Laramie Mountains ▲ USA 128 E2
Laredo Sound ≈ CDN 124 F5
Largeau ☆ TCH 105 J5
La Rioja ≐ E 40 E3
La Rioja ☆ RA 152 D3
Lárisa ☆ GR 54 E3
Lārkāna ◉ PK 68 B6
Larne ◉ GB 26 D7
La Rochelle ☆ F 32 C2
La Roche-sur-Yon ☆ F 32 C2
La Romana ☆ DOM 139 L5
Larouco, Serra do ▲ P 42 C3
Larzac, Causse du ▲ F 32 G4
La Sagra ≐ E 40 D4
Las Cabreras ~ C 139 G4
La Scandola ≐ F 33 N6
Las Cinco Villas ≐ E 43 J2
La Serena ☆ RCH 152 C3
La Serrania ≐ CO 146 D6
La Seu d'Urgell ◉ E 43 M2
Las Hurdes ≐ E 44 D1
Lasíthion ≐ GR 47 K7
Laškar Gāh ☆ AFG 65 J4
Las Médulas ≐ E 42 D2
Las Palmas de Gran Canaria ☆ E 104 B3
La Spezia ☆ I 48 E4
Las Piedras, Río de ~ PE 149 F7
Lasqueti Island ◠ CDN 124 H7
Lastovo ☆ HR 49 M6
Lastovo ◠ HR 46 F3
Lastovski kanal ≈ HR 49 M6
Las Tunas ☆ C 139 G4
Las Vegas ◉ USA 131 G7
Latacunga ☆ EC 148 B2
Latah Creek ~ USA 130 F2
La Tapoa ~ BF 111 L3
Lataro ◠ VU 98 a2
Late ◠ TO 96 F4
Laterne ~ F 31 O7
Lathi ◠ VU 98 a2
Lathu ◠ VU 98 a2
Latina ☆ I 50 F1
La Trobe River ~ AUS 93 J5
Lattari, Monti ▲ I 51 H2
Laucala ◠ FJI 98 c2
Lauenburg in Pommern = Lębork ◉ PL 36 D2
Lauf an der Pegnitz ◉ D 35 G7
Lauge Koch Kyst ≐ DK 123 Y1
Lau Group ◠ FJI 96 F4
La Unión ☆ ES 137 L6
Lauragais ≐ F 32 F5
Laurel H. ▲ USA 133 J6
Laurentians = Laurentides ▲ CDN 126 G5
Laurentides ▲ CDN 126 G5
Lauru = Choiseul ◠ SOL 94 D7
Lausanne ☆ CH 35 B10
Laut, Pulau ◠ RI 82 E6
Laut, Pulau ◠ RI 82 G7
Laut Bali ≈ RI 82 F8
Laut Banda ≈ 83 J7
Lauterbach (Hessen) ◉ D 35 E6
Laut Flores ≈ RI 82 G8
Laut Halmahera ≈ RI 83 J7
Laut Jawa ≈ 82 E7
Laut Kecil, Kepulauan ◠ RI 82 G7
Laut Natuna ≈ 82 E6
Laut Savu ≈ RI 82 G8
Laut Seram ≈ RI 83 J7
Laut Sulawesi = Celebes Sea ≈ 82 G6
Laut Timor = Timor Sea ≈ 90 F2
Lauwersmeer ≈ NL 31 O1
Lava Beds ≐ USA 130 E4
Laval ☆ F 30 G6
Lavalleja ≐ ROU 151 C11
Lāvān, Ğazīre-ye ◠ IR 64 G5
Lavaux ≐ CH 35 B10
La Vera ≐ E 40 D4
La Vera ≐ E 44 E1
Lavezzi, Îles ◠ F 33 O7
Lawn Bay ≈ CDN 127 R5
Laxå ☆ S 22 K1
Laxey ☆ GBM 26 E7
Layon ~ F 32 D1
Lazarevskoe ◉ RUS 57 L6
Leahttaseatnu = Lātāseno ~ FIN 20 K2
Le'an Jiang ~ CN 79 K2
Łeba ◉ PL 36 D2
Łeba ~ PL 36 D2
Łeba ~ PL 36 E2
Leba = Łeba ◉ PL 36 D2
Lebombo ▲ SD 117 K2
Lębork ◉ PL 36 D2
l'Ebre ~ E 40 G4
l'Ebre ~ E 43 L4
Lecce ☆ I 51 M2
Lecco ☆ I 48 E3
Lech ~ A 35 F9
Lech ~ D 29 L4
Lechfeld ≐ D 35 F8
Le Colline del Prosecco di Conegliano e Valdobbiadene ≐ I 48 H3
Łęczyca ◉ PL 36 F4
Leda ~ D 34 C3
Lednice ◉ CZ 37 C8
Leeds ☆ GB 27 H8
Leer (Ostfriesland) ☆ D 34 C3
Leeuwarden = Ljouwert ☆ NL 31 N1
Leeuwrivier ~ ZA 116 E6
Leeward Islands ◠ 129 O7
Le Ferdo ≐ SN 104 B6
Lefkáda ◠ GR 19 P8
Lefká Óri ▲ GR 47 J7
Le Folgoët ◉ F 30 C6
Legazpi ☆ RP 83 H4
Légendes, Côte des ≐ F 30 C6
Legnica ◉ PL 36 C5
Leh ◉ IND 68 F2
Le Havre ☆ F 30 H5
Leibnitz ☆ A 37 B10
Leiden ◉ NL 31 M2
Leine ~ D 29 K2
Leine ~ D 34 E4
Leipzig ☆ D 34 H5
Leiria ☆ P 42 B5
Lei Shui ~ CN 79 H3
Leitha ~ A 29 O5
Leitomischl = Litomyšl ◉ CZ 37 C7
Leizhou Bandao ◠ CN 75 L7
Leizhou Wan ≈ CN 78 G6
Leizour, Île Le ◠ F 98 a2
Lek ~ NL 31 N2
Leka ◠ N 20 E4
Lekeleka ◠ TO 98 b2
Lelepa ◠ VU 98 A3
Léliogat, Île ◠ F 98 c3
l'Elorn ~ F 30 C6
Lelystad ☆ NL 31 N2
Le Maire, Estrecho de ≈ RA 152 D9
Le Maire Islands = Schouten Islands ◠ PNG 83 M7
Le Mans ☆ F 30 H6
Lembalemban'i Marovoalavo ▲ RM 113 L5
Lemberg = L'viv ☆ UA 37 L7
Lemhi Range ▲ USA 130 H3
Lemhi River ~ USA 130 G3
Lemieux Islands ◠ CDN 123 X4
Lemland ◠ FIN 21 K7
Le Mont-Saint-Michel ◉ F 30 F6
Lempa, Río ~ ES 137 K6
Lempira, Puerto ☆ HN 138 C7
Lemro Myit ~ MYA 73 H4
le Murge ▲ I 51 K2
Lena ~ RUS 62 S7
Lena ~ RUS 63 T6
Lena ~ RUS 63 W4
Lena ~ RUS 63 W5
Lena Delta ≐ RUS 63 W3
Lena Delta = Lena Delta ≐ RUS 63 W3
Lenakel ☆ VU 98 B4
Lenda ~ CGO 114 B3
Lendava ~ SLO 49 M2
Lenglong Ling ▲ CN 76 B3
Leninabad = Ḫuǧand ☆ TJ 65 K2
Lenine = Lenino ☆ RUS 57 J5
Leningrad = Sankt-Peterburg ☆ RUS 19 S3
Lenino ☆ RUS 57 J5
Leninogorsk ☆ RUS 62 N7
Leninsk-Kuzneckij ☆ RUS 62 O7
Lenkoran' = Lānkāran ☆ AZ 64 F3
Leno-Angarskoe plato ▲ RUS 62 R6
Lensk ☆ RUS 63 T5
Lenyā Myit ~ MYA 84 B6
Leoben ☆ A 37 B9
Leobschütz = Głubczyce ◉ PL 37 D6
Leominster ◉ GB 27 G9
León ☆ E 42 E2
León ☆ MEX 136 D2
León ☆ NIC 137 L6
Léon, Pays de ≐ F 25 E8
Léopoldville = Kinshasa ★ CGO 112 E2
Leova ☆ MD 56 F4
Leovo = Leova ☆ MD 56 F4
le Petit Caux ▲ F 30 J5
Léprédour, Île ◠ F 98 b4
Le Puy-en-Velay ☆ F 33 H3
Léraba ~ CI 111 H5
Léraba Occidentale ~ CI 111 H4
Lérida = Lleida ◉ E 43 L3
Léros ◠ GR 47 L6
Lerum ◉ S 22 H3
Les Causses et les Cévennes ≐ F 32 H4
Les Cayes ☆ RH 139 J5
Lesistyje Karpaty ▲ SK 29 Q4
Lesko ◉ PL 37 J7
Leskovac ☆ SRB 52 F4
Leskovik ◉ AL 52 E6
Les Landes ≐ F 25 G11
Leslau = Włocławek ◉ PL 36 F4
Les Monts Groulx ▲ CDN 127 L3
Lesnoj Voronež ~ RUS 39 R5
L'Esperance Rock ◠ NZ 96 E7
Les Sables-d'Olonne ◉ F 32 C2
Lesser Antilles ◠ 129 M8
Lesser Slave River ~ CDN 122 O4
Les Trois Rivières ~ RH 139 J5
Lésvos ◠ GR 19 R8
Letaba, Groot ~ ZA 117 K1
Letaba, Klein ~ ZA 117 K1
Letälven ~ S 22 K1
Lethā Taung ▲ MYA 73 H3
Lethbridge ◉ CDN 125 O7
Lethem ☆ GUY 145 H4
Leti, Kepulauan ◠ RI 83 J8
Leticia ☆ CO 148 G4
Lëtzebuerg ★ L 31 O5
Leuca, Santa Maria di ◉ I 51 M3
Leuven ☆ B 31 M4
Levant, Île du ◠ F 33 L5
Levante, Riviera di ≐ I 46 B2
Levanzo, Isola di ◠ I 46 C5
Leven River ~ AUS 93 H6
Leverkusen ☆ D 34 C5
Levisa, Cayo ◠ C 138 D3
Levoča ☆ SK 37 G7
Levuka ◉ FJI 98 b2
Lewis ◠ GB 18 K4
Lewis and Clark Range ▲ USA 130 H1
Lewis Range ▲ USA 130 H1
Lewis River ~ USA 130 C3
Lewitz ≐ D 34 G3
Leyden = Leiden ◉ NL 31 M2
Leyre ~ F 32 D4
Leyte ◠ RP 83 J4
Lez ~ F 33 J4
Lezhë ☆ AL 52 D5
Lézirias ≐ P 44 B3
Lhasa ☆ CN 74 G6
Liancourt Rocks = Tokdo ◠ ROK 81 H5
Lianhua Shan ▲ CN 79 J5
Lian Jiang ~ CN 79 J4
Lian Shui ~ CN 79 G3
Liaodong Bandao ◠ CN 75 N4
Liaodong Wan ≈ CN 75 M4
Liao He ~ CN 75 N3
Liard Plateau ▲ CDN 122 L4
Liard River ~ CDN 122 M4
Libau = Liepāja ☆ LV 38 G3
Liberdade, Rio ~ BR 148 E6
Liberec ☆ CZ 36 B6
Liberia ☆ CR 129 J8
Libohovë ◉ AL 52 E6
Libo Karst, Huanjiang Karst ≐ CN 78 E4
Librazhd ◉ AL 52 E5
Libreville ★ G 112 C1
Libysche Wüste = aṣ-Ṣaḥrā' al-Lībīyā ≐ LAR 105 K3
Lichinga ☆ MOC 113 J4
Lichtenfels ☆ D 35 G6
Licking River ~ USA 132 F6
Ličko polje ≐ HR 49 L4
Lidan ~ S 21 F7
Lidia, Río ~ PE 149 F7
Lidköping ☆ S 22 J2
Lidzbark Warmiński ◉ PL 36 G2
Liébana, La ≐ E 42 E1
LiebenbergsoleiRiver ~ ZA 117 J3
Liège ☆ B 31 N4
Liegnitz = Legnica ◉ PL 36 C5
Lielupe ~ LV 38 H3
Lienz ☆ A 35 H10
Liepāja ☆ LV 38 G3
Lier ◉ B 31 M3
Lierre = Lier ◉ B 31 M3
Liestal ☆ CH 35 C9
Lieuvin ≐ F 30 H5
Lièvre, Rivière du ~ CDN 126 G5
Liezen ☆ A 35 K9
Liffey ~ IRL 27 C8
Lifford ☆ IRL 26 B7
Lifjell ▲ N 22 D1
Lifou ◠ F 96 C5
Lifuka ◠ TO 98 b1
Lighthouse Reef ◠ BZ 137 L4
Ligonha, Rio ~ MOC 113 J5
Ligure, Mare ≈ 18 N7
Ligurisches Meer = Mare Ligure ≈ 18 N7
Li He ~ CN 77 H5
Lihir Group ◠ PNG 83 O7
Lihoslavl' ☆ RUS 39 O3
Lihou Reefs and Cays ◠ AUS 91 K3
Liivi laht = Rīgas jūras līcis ≈ LV 19 Q4
Lijiang ☆ CN 78 B3
Lijiang ~ CN 78 G4
Lijiang (Guilin Karst) ≐ CN 78 G4
Lik ~ LAO 84 D2
Likiep Atoll ◠ MH 94 F4
Likouala ~ RCB 112 E1
Lilla Edet ☆ S 22 H2
Lille ☆ F 31 L4
Lillebælt ≈ DK 21 D9
Lillehammer ☆ N 21 E6
Lillesand ☆ N 22 D2
Lillestrøm ☆ N 21 E7
Lillooet Range ▲ CDN 124 J6
Lillooet River ~ CDN 124 J6
Lilongwe ★ MW 113 H4
Lim ~ MNE 46 G3
Lima ★ PE 149 C8
Lima, La ◉ HN 137 L5
Lima, Rio ~ E 40 B4
Lima, Rio ~ E 42 B3
Liman ☆ RUS 57 P5
Iiman Bojkov ≈ RUS 57 K5
liman Krasnyj ≈ RUS 57 K5
Limanowa ◉ PL 37 G7
Limay, Río ~ RA 152 C5
Limba Limba ~ EAT 113 H3
Limbaži ☆ LV 38 J3
Limbé ◉ CAM 104 G8
Limburg an der Lahn ☆ D 35 D6
Liménas Hersonissou ◉ GR 55 H7
Limfjorden ≈ DK 21 D8
Limmen Bight ≈ AUS 90 H2
Limmen Bight River ~ AUS 90 G3
Límnos ◠ GR 19 Q7
Limoges ☆ F 32 F3
Limousin, Monts du ▲ F 32 F3
Limpopo ~ MOC 117 L1
Limpopo ~ ZA 112 G6
Limpopo ~ ZA 117 J1
Limpopo, Rio ~ MOC 113 H6
Limpopo, Rio ~ MOC 117 L2
Linaälven ~ S 20 K3
Lincoln ◉ GB 27 J8
Lincoln ☆ USA 128 G2
Lincoln Island = Dong Dao ◠ CN 82 E3
Lindau (Bodensee) ☆ D 35 E9
Linde ~ RUS 63 V4
Linden ☆ GUY 145 H3
Linderödsåsen ▲ S 22 J5
Lindesberg ☆ S 23 L1
Lindi ~ CGO 112 G1
Lindi ~ CGO 114 A3
Lindi ~ CGO 114 B4
Lindi ☆ EAT 113 J3
Lindi Bay ≈ EAT 113 K3
Líndos ◉ GR 55 L6
Lineinseln = Line Islands ◠ KIR 95 M4
Line Islands ◠ KIR 95 M4
Lingao Jiao ◠ CN 78 F6
Lingga, Pulau ◠ RI 82 D7
Ling Jiang ~ CN 79 M2
Lingshan Dao ◠ CN 77 M4
Linköping ☆ S 23 L2
Linosa, Isola di ◠ I 46 D7
Linyanti ~ NAM 112 F5
Linz ☆ A 35 K8
Linzgau ≐ D 35 E9
Lion, Golfe du ≈ F 25 J11
Lionio, Caño ~ CO 147 F5
Lipari, Isola ◠ I 18 O8
Lipeck ☆ RUS 39 Q5
Lipez, Cordillera de ▲ BOL 144 F9
Lipica ◉ SLO 49 J3
Lipis, Kuala ◉ MAL 85 D9
Lipjan ◉ RKS 52 F4
Lipljan = Lipjan ◉ RKS 52 F4
Lipnica Murowana ◉ PL 37 G7
Lippe ~ D 28 J3
Lippstadt ◉ D 34 D5
Lipsí ◠ GR 55 J5
Lira ☆ EAU 114 D2
Lisa Planina ▲ BG 53 L4
Lisboa ★ P 44 A3
Liscia ~ I 50 C1
Li Shui ~ CN 78 G2
Lisieux ◉ F 30 H5
Lisjanskogo, poluostrov ≐ RUS 63 Z6
Lisnaskea ◉ GB 26 B7
Lissa = Leszno ◉ PL 36 C5
Lissabon = Lisboa ★ P 44 A3
Listafjorden ≈ N 22 B2
Lister Dyb ≈ DK 34 D1
Līţānī, Nahr al- ~ RL 66 F6
Litomyšl ◉ CZ 37 C7
Little Abaco Island ◠ BS 139 G1
Little Andaman ◠ IND 82 B4
Little Barrier Island ◠ NZ 99 E2
Little Bay de Noc ≈ USA 132 E3
Little Belt Mountains ▲ USA 130 J2
Little Cadotte River ~ CDN 125 M3
Little Cayman ◠ GB 138 E5
Little Colorado River ~ USA 131 J8
Little Desert ≐ AUS 92 F4
Little Exuma Island ◠ BS 139 H3
Little Humboldt River ~ USA 130 F5
Little Inagua Island ◠ BS 139 J4
Little Karoo ≐ ZA 112 F8
Little Mecatina River ~ CDN 127 N2
Little Minch ≈ GB 24 D4
Little Nicobar Island ◠ IND 82 B5
Little Ragged Island ◠ BS 139 H3
Little Rann ≐ IND 69 C8
Little Red Deer River ~ CDN 122 N6
Little Rock ☆ USA 128 H4
Little San Salvador Island ◠ BS 139 G2
Little Scarcies of Kaba ~ WAL 110 D5
LittleSmokeyValley ≐ USA 131 G6
Little Smoky River ~ CDN 125 L5
Little Smoky River ~ CDN 125 M4
Little Traverse Bay ≈ USA 132 F3
Little Wabash River ~ USA 132 D6
Little White River ~ CDN 126 C5
Liuchiu Yü ◠ RC 75 M7
Liupan Shan ▲ CN 76 E4
Liuzhao Shan ▲ CN 78 D5
Liuzhou ☆ CN 78 F4
Livádia ◉ GR 54 E4
Līvāni ◉ LV 38 K3
Livanjsko polje ≐ BIH 49 M4
Liverpool ☆ GB 27 G8
Liverpool Bay ≈ CDN 122 K3
Liverpool Bay ≈ GB 27 F8
Liverpool Range ▲ AUS 93 K1
Livingstone ☆ Z 112 G5
Livingston Island ◠ ANT 156 F60
Livorno ☆ I 48 F5
Livradois, Monts du ▲ F 32 H3
Liwā, Wāhat ≐ UAE 64 G6
Liwiec ~ PL 36 J4
Lizard Peninsula ◠ GB 27 D11
Ljadova ~ UA 56 E3
Ljahovskie ostrova ◠ RUS 63 Y3
Ljasnaja ~ BY 36 K4
Ljig ~ SRB 52 E2
Ljouwert ☆ NL 31 N1
Ljubercy ☆ RUS 39 P4
Ljubišnja ▲ MNE 49 P5
Ljubljana ★ SLO 49 K2
Ljungan ~ S 20 H5
Ljungby ☆ S 22 J4
Ljungbyån ~ S 23 L4
Ljusnan ~ S 18 P3
Ljusterö ◠ N 21 J7
Llandrindod Wells ◉ GB 27 F9
Llandudno ◉ GB 27 F8
Llanes ◉ E 42 F1
Llano Estacado ≐ USA 128 F4
Llanos de Chiquitos ≐ BOL 145 G8
Llanos del Orinoco ≐ CO 144 E4
Llanos de Moxos ≐ BOL 144 F7
Llanos de Tabasco y ≐ MEX 137 J3
Llanura Costera del Pacífico ≐ MEX 128 D5
Llanura Oriental ≐ DOM 139 L5
Lleida ◉ E 43 L3
Llevant, Serra de ▲ E 45 O2
Lleyn Peninsula ≐ GB 24 E6
Lloyd Rock ◠ BS 139 G4
Loange ~ CGO 112 F2
Lobaye ~ RCA 105 J7
Lobo ~ CI 111 G6
Lobos, Caño Los ~ CO 146 C7
Lobos, Cay ◠ BS 139 G3
Lobos, Cayo ◠ MEX 137 L3
Lobos, Islas de ◠ MEX 136 F2
Lobos de Afuera, Islas ◠ PE 148 A5
Lobos de Tierra, Isla ◠ PE 148 A5
Locarno ◉ CH 35 D10
Loccum, Rehburg- ◉ D 34 E4
Loch A'Tuath = Broad Bay ≈ GB 26 C3
Loch Bracadale ≈ GB 26 C4
Loch Broom ≈ GB 26 D4
Loch Eriboll ≈ GB 26 E3
Loches ◉ F 32 E1
Loch Ewe ≈ GB 26 D4
Loch Fyne ≈ GB 24 E4
Loch Garman ☆ IRL 27 C9
Loch Linnhe ≈ GB 24 E4
Lochmaben ◉ GB 26 F6
Loch Ryan ≈ GB 26 D6
Lochsa River ~ USA 130 G2
Loch Slapin ≈ GB 26 C4
Loch Snizort ≈ GB 26 C4
Loch Torridon ≈ GB 26 D4
Locumba, Río ~ PE 149 F10
Loddon River ~ AUS 93 G4
Lodge Creek ~ CDN 125 P7
Lodi ◉ I 48 E3
Łódź ☆ PL 36 F5
Löbau = Lubawa ◉ PL 36 F3
Lögdeälven ~ S 20 J4
Loei ☆ T 84 C3
Lörrach ☆ D 35 C9
Lötzen = Giżycko ◉ PL 36 H2
Lövånger ◉ S 20 K4
Löwen ~ NAM 116 D3
Löwengolf = Golfe du Lion ≈ F 25 J11
Lofa River ~ LB 110 E6
Loffa ~ LB 110 F5
Lofoten ◠ N 18 O2
Logan Mountains ▲ CDN 122 L4
Loge, Rio ~ ANG 112 D3
Logone ~ TCH 105 J7
Logroño ☆ E 43 H2
Logudoro ≐ I 50 B2
Loh ◠ VU 98 A1
Lôho ~ CI 111 H5
Loibl ~ A 29 N5
Loi-kaw ☆ MYA 73 K5
Loima Hills ▲ EAK 114 E2
Loing ~ F 31 K6
Loir ~ F 25 H8
Loire ~ F 18 M6
Loire, Val de ≐ F 31 K7
Loisach ~ D 35 G9
Loita Plains ≐ EAK 114 E4
Loja ☆ EC 148 B3
Lokichar ~ EAK 114 E2
Lokoja ☆ NGR 104 G7
Lokossa ☆ BJ 111 L6
Lokpoho ~ CI 111 H5
Loks Land ◠ CDN 123 Y4
Lokwanamoru Range ▲ EAK 114 E1
Lol ~ SSD 105 L7
Lolland ◠ DK 18 O5
Lolo ~ RG 110 D4
Lolui Island ◠ EAU 114 D4
Lolvavana ou Patteson, Passage ≈ VU 98 a2
Lom ~ BG 52 H3
Lom ~ CAM 104 H7
Lom ☆ N 21 D6
Loma de Chiclana ▲ E 45 G3
Lomagne ≐ F 32 E5
Lomami ~ CGO 112 F3
Lomami ~ CGO 112 G2
Lomas, Río de ~ PE 149 D9
Lomblen (Kawela), Pulau ◠ RI 82 H8
Lombok ◠ RI 82 G8
Lombok, Selat ≈ RI 82 G8
Lomé ★ TG 111 L6
Lomela ~ CGO 112 F2
Lonavale ◉ IND 69 D10
London ◉ CDN 126 C7
London ★ GB 27 H10
Londonderry = Derry ◉ GB 26 B6
Londonderry, Isla ◠ RCH 152 C9
Longa, proliv ≈ RUS 63 g3
Long Bay ≈ JA 139 G6
Long Bay ≈ USA 129 L4
Longboat Key ◠ USA 135 G6
Long Cay ◠ BS 139 H3
Long Cay ◠ BZ 137 L4
Longchuang ~ CN 73 K2
Longgunan Xi ~ CN 79 L2
Long Island ◠ BS 129 M6
Long Island ◠ CDN 127 R4
Long Island ◠ CDN 127 R5
Long Island ◠ CDN 127 L6
Long Island ◠ CDN 123 U5
Long Island ◠ PNG 83 N8
Long Island ◠ USA 129 M2
Long Island Sound ≈ USA 133 M5
Long Jiang ~ CN 78 F4
Long Mynd, The ▲ GB 27 F9
Longobucco ◉ I 51 K3
Long Range Mountains ▲ CDN 123 Z7
Longshou Shan ▲ CN 76 B2
Long Valley ≐ USA 130 E5
Long Valley ≐ USA 131 E7
Longwy ◉ F 31 N5
Long Xuyên ☆ VN 85 E6
Lonja ~ HR 46 F2
Lonja ~ HR 49 M2
Lonjsko polje ≐ HR 49 M3
Lons-le-Saunier ☆ F 33 K2
Lontra, Ribeirão ~ BR 150 D4
Lookout Mountain ▲ USA 134 F2
Loon River ~ CDN 125 N3
Lopburi ☆ T 84 C4
Lopori ~ CGO 112 F1
Lopphavet ≈ N 20 K1
Lopud ◠ HR 49 N6
Lora, Río ~ YV 146 D3
Loralai ~ PK 68 B4
Lorca ◉ E 45 J4
Lord Howe Island ◠ AUS 91 M6
Lord Loughborough Island ◠ MYA 85 A6
Lord Mayor Bay ≈ CDN 123 S2
Lorengau ☆ PNG 83 N7
Lorentz ~ RI 83 L8
Loreto ◉ I 49 J5
Loreto ◉ MEX 128 D5
Loreto, Isla ◠ PE 148 F3
Lorian Swamp ≐ EAK 113 J1
Lori Dere ~ TR 67 H3
Lori Range ▲ EAK 114 F2
Lorn, Firth of ≈ GB 24 D4
Loropéni ◉ BF 111 J4
Lorsch ◉ D 35 D7
Los, Îles de ◠ RG 110 C5
Losap Atoll ◠ FSM 94 C4
Los Castillos ◉ YV 147 J3
Los Hermanos, Islas ◠ EC 149 b2
Lošinj ◠ HR 46 D2
Los Monegros ≐ E 43 K3
Łososina ~ PL 37 G7
Los Rios ≐ EC 148 B2
Los Roques, Islas ◠ YV 144 F2
Los Teques ☆ YV 147 G2
Lost River Range ▲ USA 130 G3
Lot ~ F 18 M7
Lot ~ F 25 H10
Lot ~ F 32 G4
Lothian ≐ GB 26 F6
Lotikipi Plain ≐ EAK 114 E1
Lotio ~ RMM 111 H4
Lotsane ~ BW 117 H1
Louang Namtha ☆ LAO 73 M4
Louangphrabang ☆ LAO 84 D2
l'Ouanne ~ F 31 L7
Loubomo = Dolisie ☆ RCB 112 D2
Loučná ~ CZ 37 B6
Loudiás ~ GR 54 E2
Loue ~ F 33 K2
Louga ☆ SN 110 B2
Louge ~ F 32 F5
Lougheed Island ◠ CDN 122 P1
Lough Foyle ≈ GB 24 D5
Lough Gewna ~ IRL 27 B8
Lough Oughter ~ IRL 26 B7
Louise Island ◠ CDN 124 E5
Louisiade Archipelago ◠ PNG 83 O9
Loumbol, Vallée du ~ SN 110 D2
Loup River ~ USA 128 G2
Lourdes ◉ F 32 D5
Louvain = Leuven ☆ B 31 M4
Lovat' ~ RUS 39 M3
Loveč ☆ BG 53 J3
Lover's Leap ≐ JA 138 F6
Lovevi = Uliveah ◠ VU 98 B3
Lowa ~ CGO 112 G2
Lowa ~ CGO 114 B4
Lowa ~ CGO 114 C2
Lower Guinea ≐ 112 D2
Lower Peninsula ≐ USA 132 F3
Lower Peninsula ≐ USA 123 T8
Łowicz ◉ PL 36 F4
Low Island ◠ ANT 156 F60
Loya ~ CGO 114 A4
Loyauté, Îles ◠ F 96 C5
Loyds River ~ CDN 127 Q4
Luama ~ CGO 112 G2
Luanda ★ ANG 112 D3
Luanginga, Rio ~ Z 112 E4
Luangue, Rio ~ ANG 112 E3
Luangwa ~ Z 112 H4
Luan He ~ CN 75 M3
Luan He ~ CN 77 L1
Lubaczów ◉ PL 37 K6
Lubaczówka ~ PL 37 J6
Lubango ☆ ANG 112 D4
Lubawa ◉ PL 36 F3
Lubefu ~ CGO 112 F2
Lubero ~ CGO 114 B4
Lubéron, Montagne du ▲ F 33 K5
Lubersac ◉ F 32 F3
Lubilanji ~ CGO 112 F3
Lubile ~ CGO 114 A7
Lubin ◉ PL 36 C5
Lubin = Lübben (Spreewald) ☆ D 34 J5
Lublin ☆ PL 36 J5
Lubumbashi ☆ CGO 112 G4
Lubutu ~ CGO 114 A4
Lucania ≐ I 51 K2
Lucapa ☆ ANG 112 F3
Lucas, Arroyo ~ RA 151 A9
Luce Bay ≈ GB 26 E7
Lucena ◉ E 44 F4
Lucena ☆ RP 83 H4
Lucerne = Luzern ☆ CH 35 D9
Luch ~ RUS 39 S3
Lucipara, Kepulauan ◠ RI 83 J8
Luc'k ☆ UA 56 D2
Luck = Luc'k ☆ UA 56 D2
Luckau ◉ D 34 J5
Luckenwalde ☆ D 34 J4
Lucknow ☆ IND 65 N5
Luda Kamčija ~ BG 53 L4
Ludbreg ☆ HR 49 M2
Ludogorie ≐ BG 47 L3
Ludvika ☆ S 21 G6
Ludwigsburg ☆ D 35 E8

Ludwigshafen am Rhein ☆ D 35 D7
Ludwigslust ☆ D 34 G3
Ludza ☆ LV 38 K3
Lübben (Spreewald) ☆ D 34 J5
Lübeck ☆ D 34 F3
Lübecker Bucht ≈ D 34 F2
Lüben = Lubin ◉ PL 36 C5
Lüchow (Wendland) ☆ D 34 G4
Lüdenscheid ☆ D 34 C5
Lüderitz ◉ NAM 116 B3
Lüliang Shan ▲ CN 77 G3
Luena ☆ ANG 112 E4
Luena ~ Z 112 F4
Luena, Rio ~ ANG 112 F4
Lüneburg ☆ D 34 F3
Lüneburger Heide ≐ D 29 K2
Lüttich = Liège ☆ B 31 N4
Luftuka ~ CGO 114 A6
Lufwango ~ CGO 114 A6
Luga ~ RUS 38 L2
Luga ~ RUS 39 M2
Lugano ◉ CH 35 D10
Lugansk = Luhans'k ☆ UA 57 L3
Luganville ☆ VU 98 a2
Lugard's Falls ~ EAK 115 G5
Lugenda, Rio ~ MOC 113 J4
Lugo ◉ E 42 C1
Lugogo ~ EAU 114 D3
Lugoj ◉ RO 52 F1
Lugosch = Lugoj ◉ RO 52 F1
Lugulu ~ CGO 114 A5
Luhan Shan ▲ CN 78 C3
Luhans'k ☆ UA 57 L3
Luhe ~ D 34 E3
Luhit ~ IND 73 K1
Luhoho ~ CGO 114 B4
Luhovicy ☆ RUS 39 Q4
Luhulu ~ CGO 114 B4
Luiana ~ ANG 112 F5
Luik = Liège ☆ B 31 N4
Luika ~ CGO 114 A6
Luiko ~ CGO 114 B6
Luilaka ~ CGO 112 F2
Luilu ~ CGO 114 A6
Luirojoki ~ S 20 N3
Luizi ~ CGO 114 A7
Luizi ~ CGO 114 B7
Luján ◉ RA 151 A11
Lujan, Río ~ RA 151 A11
Luka ~ CGO 114 B5
Lukavac ~ BIH 49 O4
Lukenie ~ CGO 112 F2
Lukuga ~ CGO 112 G3
Lukuga ~ CGO 114 B6
Lukuswa ~ CGO 114 A7
Luleå ☆ S 20 L4
Luleälven ~ S 19 Q2
Lulindi ~ CGO 114 A6
Lulonga ~ CGO 112 E1
Lulua ~ CGO 112 F3
Lumber River ~ USA 135 J2
Lumi i Sitnicës ~ RKS 52 E4
Lumi Mat ~ AL 52 E5
Lumi Shkumbin ~ AL 46 G4
Luna, Río ~ E 42 D2
Lund ◉ S 22 J5
Lundy ⌒ GB 27 E10
Lunenburg ◉ CDN 127 M6
Lunéville ◉ F 31 O6
Lunga ~ Z 112 G4
Lungau ≐ A 35 J9
Lungué-Bungo, Rio ~ ANG 112 E4
Lüni ~ IND 69 C7
Luni ~ IND 69 D6
Lūni Marūsthal ≐ IND 69 C7
Lunjevača ▲ BIH 49 M4
Luodig Jiang ~ CN 79 G5
Luo He ~ CN 76 F3
Luo He ~ CN 76 F4
Luo He ~ CN 77 G4
Luoqing Jiang ~ CN 78 F4
Luoxiao Shan ▲ CN 79 H3
Luoyang ◉ CN 77 H4
Łupawa ~ PL 36 D2
Lure, Montagne de ▲ F 33 K4
Lurgan ◉ GB 26 C7
Lurín, Río ~ PE 149 C8
Lúrio, Rio ~ MOC 113 J4
Lusaka ★ Z 112 G5
Lushnjë ◉ AL 52 D6
Lusutfu ~ MOC 117 K3
Lüt, Dašt-e ≐ IR 64 H4
Lutao ⌒ RC 75 N7
Lutherstadt Eisleben ◉ D 34 G5
Lutherstadt Wittenberg ☆ D 34 H5
Luvua ~ CGO 112 G3
Luvua ~ CGO 114 A7
Luwero ☆ EAU 114 D3
Luxemburg = Lëtzebuerg ★ L 31 O5
Luya Shan ▲ CN 77 G2
Luy de Béarn ~ F 32 D5
Luy de France ~ F 32 D5
Lûy Hkaw ▲ MYA 73 L4
Lûylûn Taungdan ▲ MYA 73 K3
Luz, Costa de la ≐ E 40 C6
Luzern ☆ CH 35 D9
Lužnice ~ CZ 35 K7
Luzon ⌒ RP 83 H3
Luzon = Luzon ⌒ RP 83 H3
Luzon Strait ≈ 83 G2
Luzon-Straße = Luzon Strait ≈ 83 G2
L'viv ☆ UA 37 L7
L'vov = L'viv ☆ UA 37 L7
Lwówek Śląski ◉ PL 36 B5
Lychen ◉ D 34 J3
Lyckebyån ~ S 23 L4
Lydell Wash ~ USA 131 H7
Lyell Island ⌒ CDN 124 E5
Ly Hòa ☆ VN 84 F3
Lyme Bay ≈ GB 24 F7
Lyme Regis ◉ GB 27 G11
Łyna ~ PL 29 Q2
Łyna ~ PL 36 G3
Lynches River ~ USA 135 H2
Lyngen ≈ N 20 F2
Lynn Canal ≈ USA 124 C2
Lyø ⌒ DK 22 F5
Lyon ☆ F 33 J3
Lyonnais, Monts du ▲ F 33 J3
Lyra Reef ⌒ PNG 83 O7
Lysefjorden ≈ N 22 B2
Lysekil ☆ S 22 G2
Łysogóry ▲ PL 29 Q3

M

Maanselkä ≐ FIN 20 O3
Maarianhamina = Mariehamn ☆ AX 21 K6
Maas ~ F 25 K8
Maas ~ NL 28 H3
Maas = Meuse ~ F 25 K8
Maasin ☆ RP 83 H4
Maastricht ☆ NL 31 N4
Maatsuyker Group ⌒ AUS 93 H7
Mabaruma ☆ GUY 145 H3
Mabole ~ WAL 110 D5
Macabi, Isla de ⌒ FE 148 A5
Macao = Aomen ☆ CN 79 H5
Macapá ☆ BR 145 J4
Macarena, Serranía de la ▲ CO 146 C6
Macareo, Caño ~ YV 147 K3
Macas ☆ EC 148 B3
Macauley Island ⌒ NZ 96 E7
Macaza, Rivière ~ CDN 126 G5
Mac Cullochs Range ▲ AUS 93 G1
Macdonnellkette = Macdonnell Ranges ▲ AUS 50 G4
Macdonnell Peninsula ≐ AUS 92 E3
Macdonnell Ranges ▲ AUS 90 G4
Maceió ☆ BR 145 M6
Macerata ☆ I 49 J5
Macgillycuddy's Reeks ▲ IRL 25 C7
Machado ou Ji-Paraná, Rio ~ BR 145 G7
Machala ☆ EC 148 B3
Machaquilá, Río ~ GCA 137 J4
Machland ≐ A 35 K8
Macizo ≐ YV 147 H4
Macizo de Chimanta ▲ YV 147 J5
Macizo Guayanes ▲ 144 F3
Mac Kay River ~ CDN 125 O3
Mackenzie = Linden ☆ GUY 145 H3
Mackenzie Bay ≈ CDN 122 J3
Mackenzie Delta ≐ CDN 122 J3
Mackenzie King Island ⌒ CDN 122 O1
Mackenzie Mountains ▲ CDN 122 K3
Mackenzie River ~ CDN 122 L3
Mackinaw River ~ USA 132 D5
Maclean Strait ≈ CDN 122 P1
Mâcon ☆ F 33 J2
Mâconnais, Monts du ▲ F 33 J2
Macquarie Harbour ≈ AUS 90 J8
Macquarie River ~ AUS 93 J1
Macquarie River ~ AUS 93 J7
Macquarie River ~ AUS 93 K2
Macumba River ~ AUS 90 H5
Macuna, Raudal ~ CO 148 F2
Mačva ≐ SRB 52 D2
Madagascar, Arrecife ⌒ MEX 137 J2
Madagasikara ★ RM 113 L7
Madagaskar = Madagasikara ⌒ RM 113 L7
Madagoi ~ SO 115 J3
Madang ☆ PNG 83 N7
Madara ◉ BG 53 M3
Madawaska River ~ CDN 126 F6
Maddalena, Isola ⌒ I 46 B4
Madeira ⌒ P 18 H9
Madeira, Arquipélago da ⌒ P 104 B2
Madeira = Arquipélago da Madeira ⌒ P 104 B2
Madeira, Rio ~ BR 144 F6
Madeira, Rio ~ BR 145 G6
Madeleine, Îles de la ⌒ CDN 123 Y7
Madeleine, Monts de la ▲ F 32 H2
Madeline Island ⌒ USA 132 C2
MadelinePlains ≐ USA 130 D5
Madgaon = Margao ◉ IND 70 B3
Madhubani ◉ IND 72 E1
Madhumati ~ BD 72 G3
Madhupur Jangal ≐ BD 73 G2
Madikeri ◉ IND 70 C4
Madīna, al- ☆ KSA 64 D6
Madison ☆ USA 132 D4
Madison Range ▲ USA 130 J3
Madison River ~ USA 130 J3
Madona ☆ LV 38 J3
Madonie ▲ I 50 G5
Madra Dağı ▲ TR 55 K3
Madras = Chennai ☆ IND 71 F4
Madre, Laguna ≈ USA 128 G5
Madre de Dios, Isla ⌒ RCH 152 B8
Madre de Dios, Río ~ BOL 144 F7
Madrid ★ E 42 G4
Madrigal de las Altas Torres ◉ E 42 E3
Madrona, Sierra ▲ E 40 D5
Madura, Pulau ⌒ RI 82 F8
Madura, Selat ≈ RI 82 F8
Madurai ◉ IND 71 E6
Mähren = Morava ≐ CZ 29 N4
Mae Nam Chao Phraya ~ T 84 C4
Mae Nam Khong ~ T 84 C2
Mae Nam Khwae Noi ~ T 84 B4
Mae Nam Mae Klong ~ MYA 73 L6
Mae Nam Mun ~ T 84 C4
Mae Nam Mun ~ T 84 E4
Mae Nam Nan ~ T 84 C3
Mae Nam Pa Sak ~ T 84 C4
Mae Nam Pattani ~ T 85 C8
Mae Nam Ping ~ T 73 L5
Mae Nam Ping ~ T 84 B3
Mae Nam Song Khram ~ T 84 D3
Mae Nam Sungai ~ T 85 C8
Mae Nam Tapi ~ T 85 B7
Mae Nam Tha Chin ~ T 84 B4
Mae Nam Wang ~ T 84 B2
Mae Nam Yom ~ T 84 B3
Mae Nam Yom ~ T 84 C3
Mae Nam Yon ~ T 84 C2
Märjamaa ◉ EST 38 J2
Maestra, Sierra ▲ C 139 G5
Maewo ⌒ VU 96 C4
Mafeking = Mahikeng ☆ ZA 117 G2
Mafia Channel ≈ EAT 113 J3
Mafia Island ⌒ EAT 113 K3
Mafikeng = Mahikeng ☆ ZA 117 G2
Mafissia ~ RG 110 E5
Mafou ~ RG 110 E4
Mafra ◉ P 44 A3
Magadan ☆ RUS 63 b6
Magalakwin ~ ZA 117 J1
Magallanes, Estrecho de ≈ RCH 152 B8
Maganik ▲ MNE 52 C4
Magas ☆ RUS 57 O6
Magdalena, Isla ⌒ MEX 128 D6
Magdalena, Isla ⌒ RCH 152 C6
Magdalena, Río ~ CO 144 E3
Magdalena, Río ~ CO 146 C2
Magdalena, Río ~ CO 146 C6
Magdalena, Río ~ MEX 128 D4
Magdeburg ☆ D 34 G4
Magdeburger Börde ≐ D 34 G4
Magellanstraße = Estrecho de Magallanes ≈ RCH 152 B8
Magerøya ⌒ N 20 M1
Maglaj ◉ BIH 49 O4
Magnesía ≐ GR 54 E3
Mago ⌒ FJI 98 c2
Magou ~ BJ 111 L4
Magpie, Rivière ~ CDN 127 M3
Magra ~ BD 73 G2
Magra ~ I 48 E4
Magro, Río ~ E 45 J2
Magway ☆ MYA 73 J4
Magwe = Magway ☆ MYA 73 J4
Mahābād ◉ IR 67 L4
Mahābaleshwar ◉ IND 70 B2
Mahabalipuram ◉ IND 71 F4
Mahačkala ☆ RUS 57 P6
Mahādeo Hills ▲ IND 69 G8
Mahajanga ☆ RM 113 K5
Mahakam ~ RI 82 G6
Mahākik, al- ≐ KSA 64 G6
Mahale Mountains ▲ EAT 114 B7
Mahamūd-e'Erāqī ☆ AFG 68 B2
Mahānadi ~ IND 65 N6
Mahānadi ~ IND 72 C4
Mahānadi Delta ≐ IND 72 E4
Mahananda ~ IND 72 F2
Mahandiabani ~ CI 111 G5
Maha Oya ~ CL 71 E7
Mahari ~ BD 73 G2
Maha Sarakham ☆ T 84 D3
Mahaweli Ganga ~ CL 71 F7
Mahdia ☆ GUY 145 H3
Mahdia ☆ TN 107 M3
Mahe ◉ IND 70 C5
Mahé Island ⌒ SY 113 N2
Maheshkhali ⌒ BD 73 G4
Mahi ~ IND 69 D8
Mahi ~ IND 69 E8
Mahia Peninsula ≐ NZ 99 F3
Mahikeng ☆ ZA 117 G2
Mahilëu ☆ BY 39 M5
Mahmūdīya, al- ☆ IRQ 67 L6
Mahón = Maó ◉ E 45 P2
Mahone Bay ≈ CDN 127 M6
Mahra, al- ≐ YEM 64 G7
Mahūl, Ğabal ▲ IRQ 67 K5
Maiana Atoll ⌒ KIR 95 G5
Maiao, Île ⌒ F 97 L4
Maica, Rivière ~ CDN 126 F3
Maicuru, Rio ~ BR 145 J5
Maiduguri ☆ NGR 104 H6
Maiella, Montagna della ▲ I 49 K6
Maigualida, Sierra de ▲ YV 144 F3
Maika ~ CGO 114 B2
Maikala Range ▲ IND 72 B3
Maiko ~ CGO 112 G1
Mailand = Milano ☆ I 48 E3
Maimana = Maymaneh ☆ AFG 65 J3
Main ~ D 29 L3
Mainau ⌒ D 29 K5
Maine, Gulf of ≈ USA 123 X8
Mainland ⌒ GB 24 F3
Mainland ⌒ GB 24 G2
Main River ~ CDN 127 Q4
Mainz ☆ D 35 D6
Maio, Ilha de ⌒ CV 104 A5
Maipures, Raudal de ~ YV 147 F5
Maisome Island ⌒ EAT 114 C5
Maisur = Mysuru ◉ IND 70 D4
Maja ~ RUS 63 Y6
Maja, Ust'- ☆ RUS 63 X5
Majdan pl. ▲ BIH 49 M4
Majes, Rio de ~ PE 149 E10
Majevica ▲ BIH 46 G2
Majkop ☆ RUS 19 U7
Majkop ☆ RUS 57 L5
Majmeča ~ RUS 62 R3
Majn ~ RUS 63 f5
Majunga = Mahajanga ☆ RM 113 K5
Majuro ★ MH 94 G4
Majuro Atoll ⌒ MH 94 G4
Makarska ☆ HR 49 N5
Makasar = Makassar ☆ RI 82 G8
Makasar, Selat ≈ RI 82 G7
Makassar ☆ RI 82 G8
Makassarstraße = Selat Makasar ≈ RI 82 G7
Makat ☆ KZ 19 W6
Makatea, Île ⌒ F 97 L4
Makedonía ≐ GR 47 H4
Make-jima ⌒ J 81 H8
Makemo Atoll ⌒ F 97 N4
Makeni ☆ WAL 110 D5
Makhaleng ~ LS 117 H5
Makhonjwa Mountains = Barberton Makhonjwa Mountains ▲ ZA 117 K2
Makin Island ⌒ KIR 95 G5
Makira ⌒ SOL 94 E8
Makka ☆ KSA 64 D6
Makkah = Makka ☆ KSA 64 D6
Makogai ⌒ FJI 98 b2
Makokou ☆ G 112 D1
Makona ~ RG 110 F5
Mákra ⌒ GR 55 H6
Makrān Coast Range ▲ PK 65 J5
Makronísi ⌒ GR 54 G5
Maksatiha ☆ RUS 39 O3
Makthar ☆ TN 107 L3
Mākū ◉ IR 67 L3
Mākū Chāy ~ IR 67 L3
Makunudu Atoll ⌒ MV 70 B7
Makurdi ☆ NGR 104 G7
Makuru ⌒ VU 98 A3
Mala, Rio de ~ PE 149 C8
Malabar Coast ≐ IND 65 L8
Malabo ★ GQ 104 G8
Malacca = Melaka ☆ MAL 82 D6
Maladeta ▲ E 40 G3
Maladzečna ◉ BY 38 K4
Malá Fatra ▲ SK 37 E8
Málaga ☆ E 44 F5
Málaga, Istmo ⌒ CO 146 B5
Malagarasi ~ EAT 112 G3
Malagarasi ~ EAT 112 H2
Malagarasi ~ EAT 114 B6
Malagueta, Bahía de ≈ C 139 G4
Malaiische Halbinsel = Semenanjung Malaysia ≐ MAL 82 D5
Malaita ⌒ SOL 94 E7
Malaja Višera ☆ RUS 39 N2
Malakāl ☆ SSD 105 M7
Malākand ◉ PK 68 C2
Mala Kapela ▲ HR 49 L3
Malakka = Melaka ☆ MAL 82 D6
Malakkastraße = Selat Melaka ≈ 82 C5
Malakula ⌒ VU 96 C4
Malang ◉ RI 82 F8
Malanje ☆ ANG 112 E3
Mała Panew ~ PL 36 E6
Malatya ☆ TR 66 G3
Malatya Dağları ▲ TR 66 G4
Malāyer ◉ IR 64 F4
Malaysia, Semenanjung ≐ MAL 82 D5
Malazgirt ◉ TR 67 J3
Malbork ◉ PL 36 F2
Malcesine ◉ I 48 F3
Maldive Islands ⌒ MV 70 B10
Mal di Ventre, Isola di ⌒ I 50 A3
Maldonado ☆ ROU 151 C11
Maldonado ◉ ROU 151 C11
Malé ★ MV 70 B8
Male ~ WAL 110 E5
Malediven = Maldive Islands ⌒ MV 70 B10
Malé Karpaty ▲ SK 29 O4
Male polissja ≐ UA 56 C2
Maleševo ▲ MK 52 G5
Maleševska Planina ▲ BG 52 G5
Malfakassa ▲ TG 111 L5
Malgis ~ EAK 115 F3
Malheur River ~ USA 130 F4
Mali ⌒ FJI 98 b2
Malian He ~ CN 76 E4
Mali Drvenik ⌒ HR 49 L5
Mali Hka ~ MYA 73 K1
Mali i Gribës ▲ AL 52 D6
Mali i Karaborunit ▲ AL 51 M2
Mali K. ⌒ MYA 84 A5
Mal i Kreshtës ▲ AL 52 E5
Maliku = Minicoy Island ⌒ IND 65 L9
Mali Lošinj ◉ HR 49 K4
Mal i Lungara ▲ AL 52 D6
Mal i Lunxhërisë ▲ AL 52 E6
Malima ⌒ FJI 98 c2
Malines = Mechelen ◉ B 31 M3
Malinke ≐ SN 110 C3
Mal i Polisit ▲ AL 52 E5
Maliq ◉ AL 52 E6
Mali Sharr ▲ 47 H4
Mal i Shpatit ▲ AL 52 E5
Mal i Skanderbeut ▲ AL 52 D5
Maljen Suvobor ▲ SRB 52 D2
Malka ~ RUS 57 N6
Malki Iskăr ~ BG 52 H4
Mallacoota Inlet ≈ AUS 91 K7
Mallakastër ≐ AL 46 G4
Mallorca ⌒ E 18 M8
Mallorca ⌒ E 45 N2
Malmberget ◉ S 20 J3
Malmivaara = Malmberget ◉ S 20 J3
Malmö ☆ S 22 J5
Malo ⌒ VU 98 a2
Maloelap Atoll ⌒ MH 94 G4
Malolo ⌒ FJI 98 a2
Małopolska, Wyżyna ≐ PL 29 Q3
Måløy ☆ N 21 B6
Malpelo, Isla de ⌒ CO 144 C4
Malpeque Bay ≈ CDN 127 N5
Malprabha ~ IND 70 C3
Malše ~ CZ 35 K8
Malta ⌒ M 46 E6
Maluku, Kepulauan ⌒ RI 83 J6
Maluti Mountains ▲ LS 117 J4
Malwinen = Falkland Islands ⌒ GB 152 E8
Malý Dunaj ~ SK 37 D8
Malyj Anjuj ~ RUS 63 e4
Malyj Kavkaz = Patara Kavkasioni ▲ GE 67 J2
Malyj Ljahovskij, ostrov ⌒ RUS 63 Z3
Mamallapuram = Mahabalipuram ◉ IND 71 F4
Mamana Island = Rum Cay ⌒ BS 139 H3
Mamberamo ~ RI 83 L7
Mamljutka ☆ KZ 62 K7
Mamoré, Río ~ BOL 144 F7
Mampongtin Range ▲ GH 111 K6
Mamuju ☆ RI 82 G7
Mamurras ◉ AL 52 D5
Man ☆ CI 110 G6
Man, Isle of ⌒ GBM 18 L5
Man, Isle of ⌒ GBM 26 E7
Mana ⌒ FJI 98 a2
Manacacías, Río ~ CO 146 D6
Manado ☆ RI 83 H6
Managua ★ NIC 137 L6
Manāḫa ◉ YEM 64 E8
Manali ◉ IND 68 F3
Manama ★ BRN 64 G5
Mánamo, Caño ~ YV 147 J3
Manapire, Río ~ YV 147 G3
Manas He ~ CN 74 F2
Man'aung Kyûn ⌒ MYA 73 H5
Manaus ☆ BR 145 G5
Manavgat ☆ TR 66 D4
Mancha, La ≐ E 40 E5
Manchester ☆ GB 27 G8
Mancınık Dağı ▲ TR 55 K3
Manda Island ⌒ EAK 115 H5
Mandal ☆ N 22 C2
Mandalay ☆ MYA 73 J3
Mandalgov' ☆ MGL 74 K2
Mandalī ☆ IRQ 67 L6
Mandalselva ~ N 21 C8
Mandara Mountains ▲ NGR 104 H7
Mandeville ◉ JA 139 F6
Mandi ◉ IND 68 F4
Mandi, Raudal ~ CO 146 E7
Mandingues, Monts ▲ RMM 110 F3
Mandø ⌒ DK 22 D5
Mandschurei = Dongbei ≐ CN 75 N3
Mandurah ◉ AUS 90 D6
Maner ~ IND 69 G10
Manfredonia, Golfo di ≈ I 46 F4
Manga ≐ RN 104 H6
Mangabeiras, Chapada das ▲ BR 145 K6
Mangaia Island ⌒ CK 97 K5
Mangalia ◉ RO 56 F6
Mangalore = Mangaluru ◉ IND 70 B4
Mangaluru ◉ IND 70 B4
Mangareva, Île ⌒ F 97 O5
Mangati Plains ≐ EAT 114 E6
Mango ⌒ TO 98 b2
Mangoky ~ RM 113 K6
Mangole, Pulau ⌒ RI 83 J7
Mangrullo, Cuchilla de ▲ ROU 151 C9
Máni ≐ GR 54 E6
Mani ~ RG 110 F6
Mania ~ RM 113 L6
Maniabon, Grupo de ▲ C 139 G4
Manicouagan, Rivière ~ CDN 123 X6
Manihi Atoll ⌒ F 97 M3
Manihiki Atoll ⌒ CK 97 J3
Manila ★ RP 83 H4
Manipur ~ IND 73 H3
Manipur Hills ▲ IND 73 H2
Manisa ☆ TR 55 K4
Manistee River ~ USA 132 F3
Manitou, Rivière ~ CDN 127 M3
Manitou Island ⌒ USA 132 E2
Manitoulin Island ⌒ CDN 123 U7
Manizales ☆ CO 146 B5
Manjača ▲ BIH 49 N4
Manjra ~ IND 69 F10
Mānjra ~ IND 69 F10
Manjuli Island ⌒ IND 73 J1
Mankono ☆ CI 111 G5
Mankyšlak ☆ KZ 19 W7
Mankystau üstirti ▲ KZ 19 W7
Mannar, Gulf of ≈ IND 65 M9
Mannar Island ⌒ CL 71 E6
Manneru ~ IND 71 E3
Mannheim ☆ D 35 D7
Manning River ~ AUS 93 L1
Mannu ~ I 50 B2
Mannu ~ I 50 B3
Manokwari ☆ RI 83 K7
Manonga ~ EAT 114 D5
Mano River ~ LB 110 E6
Manouba ☆ TN 107 L2
Manra ⌒ KIR 95 K6
Mans, Le ☆ F 30 H6
Mansa ☆ Z 112 G4
Mansa Konko ☆ WAG 110 C3
Mansel Island ⌒ CDN 123 U4
Mansijsk, Hanty- ☆ RUS 62 K5
Mansôa, Rio ~ RGB 110 C3
Manta, Bahía de ≈ EC 148 A2
Mantaro, Río ~ PE 149 C7
Mantova ◉ I 48 F3
Mantua ~ C 138 C3
Manú, Río ~ PE 149 E7
Manuae Atoll ⌒ CK 97 K4
Manuae Atoll ⌒ F 97 K4
Manu'a Islands ⌒ USA 97 G3
Manuhangi Atoll ⌒ F 97 N4
Manui, Pulau ⌒ RI 82 H7
Manukau Harbour ≈ NZ 99 D2
Manuripe, Río ~ PE 149 G7
Manus Island ⌒ PNG 83 N7
Manyč ~ RUS 57 M4
Manyč ~ RUS 57 N4
Manytschniederung = Kumo-Manyčskaja vpadina ≐ RUS 19 T6
Manza ~ E 40 E4
Manzan ~ CI 111 J6
Manzanares ◉ E 42 G6
Manzanillo ◉ MEX 136 B3
Mao ☆ DOM 139 K5
Maó ◉ E 45 P2
Mao ☆ TCH 105 J6
Maoke, Pegunungan ▲ RI 83 L7
Mapare Island ⌒ MS 113 N5
Mapia, Kepulauan ⌒ RI 83 K6
Mápuca ◉ IND 70 B3
Mapuera, Rio ~ BR 145 H4
Maputo ★ MOC 117 L2
Maputo ~ MOC 117 L3
Maputo, Baía de ≈ MOC 113 H7
Maputo, Rio ~ MOC 117 L3
Maqadīšū = Muqdisho ★ SO 115 K2
Maqteir ≐ RIM 104 C4
Maquia ≐ PE 148 D5
Maquia, Río ~ PE 148 D5
Mar, Serra do ▲ BR 152 H3
Mara ~ EAT 114 E4
Marabasco ~ MEX 136 B3
Marabo ⌒ FJI 98 c3
Maracá, Ilha de ⌒ BR 145 J4
Maracaibo ☆ YV 146 D2
Maracaibo, Lago de ≈ YV 144 E3
Maracaju, Serra de ▲ BR 152 F2
Maracay ☆ YV 147 F2
Maradi ☆ RN 104 G6
Marāġe ◉ IR 67 M4
Marais ≐ F 25 G9
Marajó, Baía de ≈ BR 145 K5
Marajó, Ilha de ⌒ BR 145 J5
Marakalalo Hills ▲ BW 117 H1
Marakei Atoll ⌒ KIR 95 G5
Maramasike ⌒ SOL 94 E7
Maramureş ≐ RO 56 C4
Marand ◉ IR 67 L3
Marañón, Río ~ PE 144 D5
Marañón, Río ~ PE 144 D6
Marañón, Río ~ PE 148 C5
Marañón, Río ~ PE 149 C7
Maraoué ~ CI 111 G5
Mar Argentino ≈ 152 E6
Marat, Ğabal ▲ YEM 64 G7
Maratua, Pulau ⌒ RI 82 G6
Marble Gorge ~ USA 131 J7
Marburg an der Drau = Maribor ◉ SLO 49 L2
Marburg (Lahn) ☆ D 34 D6
Mar Cantábrico ≈ 42 C0
Marcel ~ H 37 D9
March ~ A 29 O4
Marche ≐ F 25 H10
Marchena, Isla ⌒ EC 144 A4
Marchesato ≐ I 51 K4
Marchfeld ≐ A 37 C8
Marchinbar Island ⌒ AUS 90 H2
Mar del Plata ◉ RA 152 F5
Mardin ☆ TR 67 J4
Mardin Dağları ▲ TR 67 J4
Maré ⌒ F 96 C5
Marea del Portillo ◉ C 139 G5
Marea Neagră = Black Sea ≈ 64 C2
Mare di Sardegna ≈ 46 A4
Mare Ligure ≈ 18 N7
Maremma ≐ I 46 C3
Marettimo, Isola ⌒ I 46 C5
Margao ◉ IND 70 B3
Margarita, Isla ⌒ CO 146 C3
Margarita, Isla de ⌒ YV 144 F2
Margate ◉ ZA 112 H8
Margeride, Monts de la ▲ F 25 J10
Margua, Río ~ CO 146 D4
Marguerite River ~ CDN 125 P3
Marha ~ RUS 63 U4
Maria, Îles ⌒ F 97 O5
Maria Atoll ⌒ F 97 L5
Mariager Fjord ≈ DK 22 F4
María Grande, Arroyo ~ RA 151 A8
Maria Island ⌒ AUS 90 H2
Maria Island ⌒ AUS 93 K7
María Linda, Río ~ GCA 137 J6
Marialva ◉ P 42 C4
Mariana, Ilha ≐ MOC 117 L2
Mariana Islands ⌒ USA 83 M4
Marianen = Mariana Islands ⌒ USA 83 M4
Marías, Islas ⌒ MEX 128 E6
Marias River ~ USA 130 J1
Maria Theresa Reef ⌒ 97 L8
Maria-Theresiopel = Subotica ☆ SRB 52 D0
Ma'rib ☆ YEM 64 F7
Maribo ◉ DK 22 G6
Maribor ◉ SLO 49 L2
Marica ~ BG 19 Q7
Marica ~ BG 47 K3
Marica ~ BG 53 J4
Marico ~ BW 117 H2
Marié, Rio ~ BR 144 F5
Mariefred ◉ S 23 N1
Marie-Galante ⌒ F 129 O7
Mariehamn ☆ AX 21 K6
Marienburg = Alūksne ☆ LV 38 K3
Marienburg = Malbork ◉ PL 36 F2
Mariental ☆ NAM 116 D2
Marienwerder = Kwidzyn ◉ PL 36 E3
Mariestad ☆ S 22 J2
Marigot de Baila ~ SN 110 B3
Mariinsk ☆ RUS 62 O6
Marijampolė ☆ LT 38 H4
Mariñas, Las ≐ E 42 C1
Marinduque Island ⌒ RP 83 H4
Maringa ~ CGO 112 F1
Marinheiros, Ilha dos ⌒ BR 151 D9
Marion Reef ⌒ AUS 91 L3
Mariovo ≐ MK 52 F6
Marismas, Las ≐ E 40 C6
Mark ≐ S 22 H3
Marka ★ SO 115 K3
Marlborough Sounds ≈ NZ 99 D4
Marmara Adası ⌒ TR 66 B2
Marmara Denizi ≈ TR 66 B2
Marmaris ◉ TR 55 L6
Mar Muerto ≈ MEX 137 G4
Marne ~ F 25 K8
Marne ~ F 31 M5
Marokau Atoll ⌒ F 97 N4
Maroni ~ SME 145 J4
Maronne ~ F 32 G3
Maros ~ H 29 Q5
Maroua ☆ CAM 104 H6
Marovoalavo, Lembalemban'i ▲ RM 113 L5
Marquenterre ≐ F 30 J4
Marquesas Keys ⌒ USA 135 G7
Marquises, Îles ⌒ F 97 N2
Marra, Ğabal ▲ SUD 105 K6
Marrakech ☆ MA 106 B5
Marrakesch = Marrakech ☆ MA 106 B5
Marrākush = Marrakech ☆ MA 106 B5
Marsā Matrūh ☆ ET 108 C2
Marseille ☆ F 33 J5
Marsfjällen ▲ S 20 G4
Marshallinseln = Marshall Islands ⌒ MH 94 G4
Marshall Islands ⌒ MH 94 G4
Marsh Island ⌒ USA 128 H5
Marsica ≐ I 49 J7
Marta ~ I 48 G6
Martand ◉ IND 68 E3
Marte, Rivière à la ~ CDN 126 G3
Martha's Vineyard ⌒ USA 133 N5
Martin, Río ~ E 43 K4
Martin Escarpment ▲ EAT 115 F6
Martinique Passage ≈ 129 O8
Martorell ◉ E 43 M3
Marungu ▲ CGO 112 H3
Marutea (Sud) Atoll ⌒ F 97 O5
Marutea Atoll ⌒ F 97 N4
Marvão ◉ P 44 C2
Marwar ≐ IND 69 C6
Mary ☆ TM 64 J3
Mary Anne Passage ≈ AUS 90 C4
Mary River ~ AUS 90 G2
Marzūq ☆ LAR 104 H3

Marzūq, Hamādat ≐ LAR 107 M7
Maṣabb Dumyāṭ ~ ET 108 E2
Maṣabb Rašīd ~ ET 108 E2
Masai Steppe ≐ EAT 113 J2
Masaka ☆ EAU 114 C4
Masalembobesar, Pulau ⌒ RI 82 F8
Masaya ◉ NIC 137 L7
Masbate ☆ RP 83 H4
Masbate ⌒ RP 83 H4
Mascara ☆ DZ 106 F3
Mascarene Islands ⌒ 113 M6
Mascota, Río ~ MEX 136 B2
Maseru ★ LS 117 H4
Mašǧed-e Soleimān ◉ IR 64 F4
Mašhad ☆ IR 64 H3
Mashansha, Río ~ PE 149 D7
Mashowingrivier ~ ZA 116 F3
Masindi ☆ EAU 114 C3
Maṣīra, Ǧazīrat ⌒ OM 64 H6
Maṣīra, Gulf of ≈ OM 64 H7
Maskarenen = Mascarene Islands ⌒ 113 M6
Maskelyne Islands ⌒ VU 98 A3
Mason Bay ≈ NZ 99 A7
Masqaṭ ★ OM 64 H6
Massa ◉ I 48 F4
Massachusetts Bay ≈ USA 133 N4
Massafra ◉ I 51 L2
Massa Marittima ◉ I 48 F5
Masset Inlet ≈ CDN 124 D5
Massif Central ▲ F 18 M7
Massif d'Abo ▲ TCH 105 J4
Massif d'Afafi ▲ RN 105 H4
Massif de Dahra ▲ DZ 107 G2
Massif de l'Adamaoua ▲ CAM 104 H7
Massif de l'Adrar ▲ RIM 104 C4
Massif de la Selle ▲ RH 139 J5
Massif de l' Aurès ▲ DZ 107 J3
Massif de l' Ouarsenis ▲ DZ 107 G3
Massif des Maures ▲ F 33 L5
Massif de Tchingou ▲ F 98 b3
Massif du Humboldt ▲ F 98 b3
Massif du Panié ▲ F 98 b3
Massif du Pelvoux ▲ F 33 L4
Massif du Sud ou de la Hotte ▲ RH 139 H5
Massif du Tamqué ▲ RG 110 D3
Massili ~ BF 111 K3
Massina ≐ RMM 111 H2
Massine, Oued ~ DZ 107 H7
Masson Island ⌒ ANT 157 E20
Mastūj ~ PK 68 C2
Mastung ◉ PK 65 K5
Masvingo ☆ ZW 112 H6
Mat, Lumi ~ AL 52 E5
Matachel, Río ~ E 44 D3
Matacuni, Río ~ YV 147 H6
Mata da Corda, Serra da ▲ BR 150 G3
Matadi ☆ CGO 112 D3
Matagalpa ☆ NIC 137 L6
Matagorda Bay ≈ USA 128 G5
Mataiva Atoll ⌒ F 97 L3
Matakana Island ⌒ NZ 99 F2
Matakil, Chutes de ~ RCA 105 K7
Matandu ~ EAT 113 J3
Matanuku ⌒ FJI 98 b3
Matanzas ◉ C 138 E3
Matapédia, Rivière ~ CDN 127 L4
Mataram ☆ RI 82 G8
Mataso ⌒ VU 98 B3
Mataura River ~ NZ 99 B6
Mata Uta ☆ F 96 F3
Matawin, Rivière ~ CDN 126 H5
Matera ☆ I 51 K2
Matese, Monti del ▲ I 51 H1
Māṭherān ◉ IND 69 D10
Mathieu, Grand Récif ⌒ F 98 a3
Mathráki ⌒ GR 54 B3
Mati ☆ RP 83 J5
Matia ~ EAK 115 G4
Maticora, Río ~ YV 146 E2
Matinicus Island ⌒ USA 133 O4
Matiwari ~ MV 70 B8
Mātla ~ IND 72 F4
Matmata ☆ TN 107 L4
Mato Grosso, Planalto do ≐ BR 145 H7
Matola ☆ MOC 117 K2
Mātra ▲ H 37 F9
Mátraalja ≐ H 37 F9
Matsu Liehtao ⌒ RC 79 L3
Matsumoto ◉ J 75 Q4
Mattagami River ~ CDN 123 U7
Mattersburg ☆ A 37 C9
Matthew, Île ⌒ F 96 D5
Matua, ostrov ⌒ RUS 63 b8
Matuku ⌒ FJI 96 E4
Maturín ☆ YV 147 J3
Maués, Rio ~ BR 145 H6
Mau Escarpment ▲ EAK 114 E4
Maug Island ⌒ USA 83 N2
Maui ⌒ USA 128 b6
Mauke Island ⌒ CK 97 K5
Maulbronn ◉ D 35 D7
Maumee River ~ USA 132 F5
Maun ☆ BW 112 F5
Maun ⌒ HR 49 K4
Maungu Plains ≐ EAK 115 G5
Maupihaa Atoll ⌒ F 97 L4
Maupiti, Île ⌒ F 97 L4
Maures, Massif des ▲ F 33 L5
Mauri, Río ~ PE 149 F10
Maurienne ≐ F 33 L3
Maury Mountains ▲ USA 130 D3
Mauṣil, al- ☆ IRQ 67 K4
Mavaca, Río ~ YV 147 H7
Mavronéri ~ GR 54 E2
Mawi ~ GH 111 K5
Maya, Pulau ⌒ RI 82 E7
Mayaguana Island ⌒ BS 129 M6
Mayaguana Passage ≈ BS 139 J3
Maya Mountains ▲ BZ 137 K4
Mayang-do ⌒ KP 80 G4
Mayanja ~ EAU 114 C3
Mayel-Samou ~ SN 110 D3
Mayen ◉ D 35 C6
Mayenne ~ F 25 G8
Maymaneh ☆ AFG 65 J3
Maymūn, Wādī ~ LAR 107 M5
Maymyo = Pyin U Lwin ◉ MYA 73 K4
Maynas ≐ PE 144 D5
Mayo, Río ~ PE 148 C5
Mayombé ▲ G 112 D2
Mayo Ranéo ~ RMM 111 H2
Mayor Island ⌒ NZ 99 F2
Mayotte, Île ⌒ F 113 L4
Mayran, Desierto de ≐ MEX 128 F5
Mayurakshi ~ IND 72 E2
Mazán, Río ~ PE 148 D3
Mazār-e Šarīf ☆ AFG 65 K3
Mazatenango ☆ GCA 137 J5
Mazatlán ◉ MEX 128 E6
Mažeikiai ☆ LT 38 H3
Mazimechopes, Rio ~ MOC 117 K2
Mazorca, Isla ⌒ PE 149 B7
Mazowsze ≐ PL 29 Q2
Mazurskie, Pojezierze ≐ PL 29 P2
Mbabane ★ SD 117 K3
Mbaïki ☆ RCA 105 J8
Mbala ◉ Z 113 H3
Mbalageti ~ EAT 114 E5
Mbale ☆ EAU 114 E3
Mbandaka ☆ CGO 112 E1
M'banza Congo = M'banza Kongo ☆ ANG 112 D3
M'banza Kongo ☆ ANG 112 D3
Mbarara ☆ EAU 114 C4
Mbari ~ RCA 105 K8
Mbé ~ CI 111 H6
Mbeya ☆ EAT 113 H3
Mbombela ☆ ZA 117 K2
Mbomou ~ RCA 105 K7
Mbrés ◉ RCA 105 J7
Mbuji-Mayi ☆ CGO 112 F3
McArthur River ~ AUS 90 H3
McCauley Islands ⌒ CDN 124 E5
McClintock Channel ≈ CDN 122 P2
McClure Strait ≈ CDN 122 M1
McCusker River ~ CDN 125 Q4
McGregor River ~ CDN 124 K4
Mcherrah ≐ DZ 106 D7
Mcheta ◉ GE 57 O7
McIvor River ~ CDN 125 O3
McKean Island ⌒ KIR 95 K6
McLeod River ~ CDN 125 N5
Mdina ◉ M 51 H7
Meadow Valley Wash ~ USA 131 G7
Mebridege, Rio ~ ANG 112 D3
Mecaya, Río ~ CO 148 D1
Mechelen ◉ B 31 M3
Mecklenburger Bucht ≈ D 29 L1
Mecklenburger Bucht ≈ D 34 G2
Mećsek ▲ H 29 P5
Medak ◉ IND 71 E2
Meðallandsbugur ≈ IS 20 e3
Medan ☆ RI 82 C6
Médéa ☆ DZ 107 H2
Medellín ☆ CO 146 B4
Medelpad ≐ S 20 H5
Medemblik ◉ NL 31 N2
Medenine ☆ TN 107 L4
Medford ◉ USA 130 C4
Mediaș ◉ RO 56 C4
Mediasch = Mediaș ◉ RO 56 C4
Međimurje ≐ HR 49 M2
Medina = al-Madina ☆ KSA 64 D6
Medina del Campo ◉ E 42 F3
Medininkai ◉ LT 38 J4
Mediterranean Sea ≈ 104 F1
Medley River ~ CDN 125 P4
Médoc ≐ F 18 L6
Međugorje ◉ BIH 49 N5
Medvedica ~ RUS 57 O2
Medvednica ▲ HR 49 L3
Medvež'i ostrova ⌒ RUS 63 d3
Mēga Escarpment ▲ ETH 115 F1
Meganíssi ⌒ GR 54 C4
Meghna = Ganga ~ BD 73 G3
Mégiscane, Rivière ~ CDN 126 F4
Megísti = Kastellórizo ⌒ GR 47 M6
Meguidene ≐ DZ 106 G6
Mehaiguene, Oued ~ DZ 107 H4
Mehdiya-Plage ◉ MA 106 C3
Meherrin River ~ USA 133 K7
Mehrān, Rūd-e ~ IR 64 G5
Mehtarlām ☆ AFG 68 B2
Meia Ponte, Rio ~ BR 150 F3
Meidānšahr ☆ AFG 65 K4
Meighen Island ⌒ CDN 122 P1
Meiningen ◉ D 35 F6
Meio, Ilhéu do ⌒ RGB 110 C4
Meirir, Oued ~ DZ 106 F3
Meißen ☆ D 34 J5
Meißner ▲ D 34 E5
Meizhou Dao ⌒ CN 79 L4
Meizhou Wan ≈ CN 79 L4
Méjan, Causse ▲ F 32 H4
Mejerda, Oued ~ TN 107 M2
Mejit Island ⌒ MH 94 G3
Mek'elē ☆ ETH 105 N6
Mekka = Makka ☆ KSA 64 D6
Meknès = Miknās ◉ MA 106 C4
Meknès = Miknās ◉ MA 106 C4
Mekong = Mènam Khong ~ LAO 74 H6
Mekongdelta = Cử'a Sông Cử'u Long ≐ VN 82 E5
Mékrou ~ BJ 111 M4
Mel, Ilha do ⌒ BR 151 F6
Melah, Ouen el- ~ DZ 107 J6
Melaka ☆ MAL 82 D6
Melaka, Selat ≈ 82 C5
Melanesia ⌒ 83 M7
Melanesien = Melanesia ⌒ 83 M7
Melbourne ☆ AUS 93 H4
Melchor, Isla ⌒ RCH 152 B7
Meldal ☆ N 20 D5
Meldorf ◉ D 34 E2
Mele Bay ≈ VU 98 A3
Melet Irmağı ~ TR 66 G2
Mélèzes, Rivière aux ~ CDN 123 W5
Melfi ◉ I 51 J2
Melhus ☆ N 20 E5
Méli ~ RG 110 E5
Meliane, Oued ~ TN 107 L2
Melilla = Melilla ◉ E 45 H6
Melilla ◉ E 45 H6
Melk ☆ A 37 B8
Mellah, Oued ~ MA 106 C4
Mellegue, Oued ~ TN 107 K3
Mellerud ☆ S 22 H2
Mellish Reef ⌒ AUS 91 M3
Mellouloú, Oued ~ MA 106 E4
Melo ☆ ROU 151 C10
Melo, Río ~ PY 150 A4
Melun ☆ F 31 K6
Melville Bugt ≈ DK 123 Y1
Melville Hills ▲ CDN 122 M3
Melville Island ⌒ AUS 90 F2
Melville Island ⌒ CDN 122 O1
Melville Peninsula ≐ CDN 123 T3
Memel = Klaipėda ☆ LT 38 G4
Memel = Nemunas ~ LT 19 Q5
Memmingen ◉ D 35 F9
Menaa ◉ DZ 107 J3
Menabe ≐ RM 113 K6
Menai Strait ≈ GB 27 E8
Mènam Khong ~ LAO 74 H6
Menarandra ~ RM 113 K7
Mendawai ~ RI 82 F7
Mende ☆ F 32 H4
Mendi ☆ PNG 83 M8
Mendip Hills ▲ GB 27 G10
Mendoza ☆ RA 152 D4
Mengalia, Grand Récif ⌒ F 98 b3
Meng Shan ▲ CN 77 K4
Meniná ◉ GR 54 C3
Méno ~ CI 111 G7
Menominee River ~ USA 132 E3
Menongue ☆ ANG 112 E4
Menorca ⌒ E 18 M7
Menorca ⌒ E 41 J4
Mentawai, Kepulauan ⌒ RI 82 C7
Mentawai, Selat ≈ RI 82 C7
Mentawaistraße = Selat Mentawai ≈ RI 82 C7
Meob Bay ≈ NAM 116 B2
Meppen ◉ D 34 C4
Merasheen Island ⌒ CDN 127 R5
Meratswe ~ BW 116 G1
Mercedes ☆ ROU 151 A10
Merced River ~ USA 131 D7
Merchants Bay ≈ CDN 123 Y3
Merdani, Hassi ~ MA 106 E5
Mer d'Iroise ≈ F 25 E8
Mere Lava ⌒ VU 98 B2
Mergentheim, Bad ◉ D 35 E7
Mergui Archipel = Myeik Kyûnzu ⌒ MYA 82 C5
Mergui Archipelago = Myeik Kyûnzu ⌒ MYA 82 C5
Merhder Lefâa ~ MA 106 E4
Meriç Nehri ~ 66 B2
Mérida ☆ E 44 D3
Mérida ☆ MEX 137 K2
Mérida ☆ YV 146 E3
Mérida, Cordillera de ▲ YV 144 E3
Mérida, Sierra Nevada de ▲ YV 146 E3
Merig ⌒ VU 98 a2
Merir ⌒ PAL 83 K6
Merla ~ UA 57 J3
Merrick ▲ GB 26 E6
Merrimack River ~ USA 133 N4
Merseburg ☆ D 34 H5
Mersey ~ GB 27 G8
Mersey River ~ AUS 93 J6
Mersing ◉ MAL 85 D10
Merti Plateau ▲ EAK 115 G3
Mértola ◉ P 44 C4
Méry ☆ BY 38 K4
Merzig ◉ D 35 B7
Mesa, Río ~ E 43 H3
Mesa de Guanipa ▲ YV 147 H3
Mesa de Mariapiri ≐ CO 146 E6
Mesa de Yambí ≐ CO 144 E4
Mesai, Río ~ CO 148 E1
Mesas de Iguache ≐ CO 144 E4
Meščerskaja nizmennost' ≐ RUS 39 Q4
Meschede ◉ D 34 D5
Meschhed = Mašhad ☆ IR 64 H3
Mescit Dağları ▲ TR 67 J2
Meseritz = Międzyrzecz ◉ PL 36 B4
Meseta Central de Chiapas ≐ MEX 137 H4
Meseta de Jaua ▲ YV 147 H5
Meseta de Zohlaguna ▲ MEX 128 H7
Mesilinka River ~ CDN 124 H3
Meskiana, Oued ~ DZ 107 K3
Mesopotamia ≐ IRQ 64 E3
Mesopotamia ≐ RA 152 F4
Mesopotamien = Mesopotamia ≐ IRQ 64 E3
Messalo, Rio ~ MOC 113 J4
Messaoud, Oued ~ DZ 106 F6
Messarás, Kólpos ≈ GR 54 G7
Mess Creek ~ CDN 124 E3
Messina, Stretto di ≈ I 46 E6
Messiniakós Kólpos ≈ GR 47 H6
Mesta ~ BG 52 H5
Mestia ◉ GE 57 N6
Meta, Río ~ CO 144 E3
Meta, Río ~ CO 146 D5
Meta, Río ~ YV 147 G4
Meta Incognita Peninsula ≐ CDN 123 W4
Metaliferi, Munții ▲ RO 56 C5
Metallifere, Colline ▲ I 48 F5
Metaponto ◉ I 51 K2
Metauro ~ I 49 H5
Methóni ◉ GR 54 D6
Met how River ~ USA 130 D1
Methy River ~ CDN 125 Q3
Metinic Island ⌒ USA 133 O4
Metković ◉ HR 49 N5
Metlili, Oued ~ DZ 107 H4
Métsovo ◉ GR 54 D3
Metz ☆ F 31 O5
Meu ~ F 30 F6
Meurthe ~ F 31 O6
Meuse ~ B 28 H3
Meuse ~ B 31 N4
Meuse, Côtes de ▲ F 25 K8
Meuse, Côtes de ≐ F 31 N5
Mewār ≐ IND 69 D7
México, Ciudad de ★ MEX 136 D3
México = Ciudad de México ★ MEX 136 D3
Mexico, Gulf of ≈ 128 H5
Mexico Bay ≈ USA 126 F7
Mexiko-Stadt = Ciudad de México ★ MEX 136 D3
Meydān Dāġ ▲ IR 67 M4
Meymac ◉ F 32 G3
Mèzà Myit ~ MYA 73 K2
Mezcalapa, Río ~ MEX 137 H4
Mezen' ~ RUS 19 V2
Mezenskaja guba ≈ RUS 19 U2
Mézières, Charleville- ☆ F 31 M5
Mezőföld ≐ H 37 E9
Mežpjanje ≐ RUS 39 T4
Mgangerabeli Plains ≐ EAK 115 H4
M'hamid el-Ghizlane ◉ MA 106 C6
Mhlatuze ~ ZA 117 K4
Miahuatlán, Sierra de ▲ MEX 128 G7
Mial, Oued ~ DZ 107 H6
Miami ◉ USA 135 H7
Miami Beach ◉ USA 135 H7
Miami River ~ USA 132 F6
Miangas, Pulau ⌒ RI 83 J5
Mianmian Shan ▲ CN 78 B3
Miao Dao ⌒ CN 77 M3
Miaodao Qundao ⌒ CN 75 N4
Miao Ling ▲ CN 78 E3
Miass ☆ RUS 19 Y5
Micay, Río ~ CO 146 B6
Mi Chaung ~ IND 73 H3
Michelstadt ◉ D 35 D7
Micronesia ⌒ FSM 83 L5
Midai, Pulau ⌒ RI 82 E6
Middelburg ☆ NL 31 L3
Middelfart ◉ DK 22 E5
Middelveld ≐ ZA 116 F4
Middelveld ≐ ZA 117 G3
Middle Andaman ⌒ IND 82 B4
Middleback Range ▲ AUS 92 D2
Middle Fork ~ USA 130 E3
Middle Fork Salmon River ~ USA 130 G3
Middle Ground ≈ BS 139 G2
Middle Island ⌒ CDN 126 C8
Middle Rapids ~ CDN 125 O3
Middle Ridge ▲ CDN 127 R4
Middleton Reef ⌒ AUS 91 M5
Midlands ≐ GB 27 G9
Midour ~ F 32 D5
Midouze ~ F 25 G11
Midway Range ▲ CDN 125 L7
Midyat ◉ TR 67 J4
Miechów ◉ PL 37 G6
Międzychód ◉ PL 36 B4
Międzyrzecz ◉ PL 36 B4
Mielec ◉ PL 37 H6
Miercurea-Ciuc ☆ RO 56 D4
Mierzeja Helska ≐ PL 29 P1
Mieszkowice ◉ PL 36 A4
Miglionico ◉ I 51 K2
Mihajlov ◉ RUS 39 Q4
Mihajlovgrad = Montana ☆ BG 52 H3
Mi He ~ CN 77 L3
Mihrād, al- ≐ KSA 64 G6
Mijares, Río ~ E 40 F4
Mikhaylov Island ⌒ ANT 157 E18
Mikir Hs. ▲ IND 73 H1
Mikkeli ☆ FIN 21 N6
Mikkwa River ~ CDN 125 N3
Miknās ◉ MA 106 C4
Míkonos ⌒ GR 47 K6
Mikronesien = Micronesia ⌒ FSM 83 L5
Mikumi-sanmyaku ▲ J 81 M5
Mila ☆ DZ 107 J2
Miladummadulu Atoll ⌒ MV 70 B7
Milano ☆ I 48 E3
Milas ◉ TR 55 K5
Milazzo, Golfo di ≈ I 51 J4
Milbanke Sound ≈ CDN 124 F5
Milford Haven ≈ GB 27 D10
Milford Sound ≈ NZ 99 A6
Mili Atoll ⌒ MH 94 G4
Militello in Val di Catania ◉ I 51 H5
Milk, Wādī al- ~ SUD 105 L5
Milk River ~ USA 122 O7
Milk River ~ USA 125 P7
Milk River, North ~ CDN 125 O7
Millenium Island ⌒ KIR 97 L2
Millevaches, Plateau de ▲ F 32 F3
Milligan Hills ▲ CDN 124 K3
Mill Island ⌒ ANT 157 E21
Milo ~ RG 104 D6
Mílos ⌒ GR 19 Q8
Miltenberg ◉ D 35 E7
Miluo Jiang ~ CN 79 H2
Milwaukee ◉ USA 132 E4
Mina, Oued ~ DZ 107 G3
Minami-daitō-shima ⌒ J 75 P6
Minami-Iō-shima ⌒ J 75 Q7
Minas ☆ ROU 151 C11
Minas, Sierra de las ▲ GCA 137 J5
Minas Basin ≈ CDN 127 M6
Minatitlán ◉ MEX 137 G4
Minch, The ≈ GB 24 D4
Mindanao ⌒ RP 83 J5
Mindanao Sea = Bohol Sea ≈ RP 83 H5
Mindelheim ◉ D 35 F8
Mindelo ◉ CV 110 B1
Minden ◉ D 34 D4
Mindôn Myit ~ MYA 73 J5
Mindoro ⌒ RP 82 H4
Mindoro Strait ≈ RP 82 G4
Mineral Mountains ▲ USA 131 H6
Mingəçevir ◉ AZ 64 F2
Mingan, Îles de ⌒ CDN 127 N3
Mingečaur = Mingəçevir ◉ AZ 64 F2
Mingechevir = Mingəçevir ◉ AZ 64 F2
Ming He ~ CN 77 J3
Mingora ◉ PK 68 D2
Mingulay ⌒ GB 26 B5
Minho ≐ P 40 B4
Minicoy Island ⌒ IND 65 L9
Mining (Amphibolite) ◉ AUS 92 F2
Mining (Copper) ◉ AUS 92 D2
Mining Area ◉ AUS 93 H1
Mining Area (Gold) ◉ AUS 93 L1
Minisiare, Caño ~ CO 146 F6
Min Jiang ~ CN 76 C5
Min Jiang ~ CN 78 C2
Min Jiang ~ CN 79 L3
Minna ☆ NGR 104 G7
Minneapolis ◉ USA 123 S8
Minnesota River ~ USA 123 R7
Miño, Río ~ P 40 B3
Min Shan ▲ CN 76 C5
Minsk ★ BY 38 K5
Mintagat el-Ouadj ≐ DZ 107 K5
Minto Reef ⌒ FSM 94 C4
Minusinsk ☆ RUS 62 P7
Miqdādīya, al- ☆ IRQ 67 L6
Mir ◉ BY 38 K5
Mira, Río ~ CO 146 A7
Mira, Rio ~ EC 148 B1
Mira, Rio ~ P 44 B4
Miragoâne ☆ RH 139 J5
Mirambéllou, Kólpos ≈ GR 47 K7
Miramichi Bay ≈ CDN 127 M5
Miramichi River ~ CDN 127 L5
Miramichi River, Southwest ~ CDN 127 L5
Miramont-de-Guyenne ◉ F 32 E4
Miranda, Rio ~ BR 150 B4
Mirante, Serra do ▲ BR 150 E5
Mira por vos Cays ⌒ BS 139 H3
Mira por vos Passage ≈ BS 139 H3
Mirditë ≐ AL 52 D5
Miri Hs. ▲ IND 73 H1
Miriñay, Río ~ RA 151 B8
Miritiparaná, Río ~ CO 148 F2
Mirnyj ☆ RUS 63 T5
Miroč ≐ SRB 52 G2
Mirpur Khās ◉ PK 69 B7
Mirpur Mathelo ◉ PK 68 B6
Mirror River ~ CDN 125 Q3
Mirtóo Pélagos ≈ GR 47 J6
Miscou Island ⌒ CDN 127 M4
Mishagua, Río ~ PE 149 E7
Mi-shima ⌒ J 81 H6
Mi Shui ~ CN 79 H3
Misima Island ⌒ PNG 83 O9
Misiones, Sierra de ▲ RA 151 C7
Miskitos, Cayos ⌒ NIC 129 K8
Miskolc ☆ H 37 G8
Misool, Pulau ⌒ RI 83 J7
Miṣr al-Bahrī ≐ ET 108 E2
Miṣrātah ☆ LAR 105 J2
Missinaibi River ~ CDN 123 U7
Missisagi River ~ CDN 126 C5
Missisicabi, Rivière ~ CDN 126 E3
Mississippi River ~ USA 123 S8
Mississippi River ~ USA 128 H4
Mississippi River Delta ≐ USA 128 J5
Missouri River ~ USA 122 P7
Missouri River ~ USA 122 Q7
Missouri River ~ USA 128 G2
Missouri River ~ USA 130 H2
Missouri River ~ USA 130 J2
Mistassibi, Rivière ~ CDN 126 H4
Mistassini, Rivière ~ CDN 126 H3
Mistawak, Rivière ~ CDN 126 E4
Mistelbach an der Zaya ☆ A 37 C8
Mistva ~ UA 56 E2
Mitau = Jelgava ☆ LV 38 H3
Mitchell River ~ AUS 90 J3
Mitchell River ~ AUS 93 J4
Mitiaro Island ⌒ CK 97 K4
Mitilíni ☆ GR 55 J3
Mitji ~ SN 110 D3
Mitla, Laguna ≈ MEX 136 D4
Mitrovicë ◉ RKS 52 E4
Mitsikéli Óros ~ GR 54 C3
Mitsio, Nosy ⌒ RM 113 L4
Mits'iwa ◉ ER 105 N5
Mittelländisches Meer = Mediterranean Sea ≈ 104 F1
Mittellandkan. ~ D 34 G4
Mittelmeer ≈ 104 F1
Mittelrussische Platte = Srednerusskaja vozvyšennost' ▲ RUS 19 S5
Mittelsibirisches Bergland = Srednesibirskoe ploskogor'e ▲ RUS 62 O4
Mittlerer Atlas = Moyen Atlas ▲ MA 104 D2
Mitú ☆ CO 146 E7
Mitumba, Monts ▲ CGO 112 G2
Miu' Laigh = Mingulay ⌒ GB 26 B5
Miura-hanto ≐ J 81 M6
Mius ~ RUS 57 L4
Mixco ◉ GCA 137 J5
Mixteco, Río ~ MEX 136 E3
Miya-gawa ~ J 81 L6
Miyāh, Wādī l- ~ ET 67 H5
Miyake-shima ⌒ J 75 Q5
Miyako-shima ⌒ J 75 N6
Miyāndōāb ◉ IR 67 M4
Miyāne ◉ IR 67 M4
Mižhir'ja ☆ UA 37 K8
Mizo Hills ▲ IND 73 H3
Mjölby ☆ S 23 L2
Mjonga ~ EAT 115 F6
Mkomazirivier ~ ZA 117 K5
Mkondoa ~ EAT 114 F7
Mkundi ~ EAT 115 F7
Mkuze ~ ZA 117 K3
Mladá Boleslav ◉ CZ 35 K6
Mladenovac ◉ SRB 52 E2
Mlala Hills ▲ EAT 114 C7
Mlava ~ SRB 52 F2
Mlera ~ EAT 114 C5
Mligasi ~ EAT 115 G6
Mljet ⌒ HR 46 F3
Mljetski kanal ≈ HR 49 N6
Mo ~ GH 111 L5
Mô ~ TG 111 L5
Moa ~ WAL 110 C7
Moa, Rio ~ BR 148 E5
Moa Island ⌒ AUS 90 J2
Moala ⌒ FJI 96 F4
Moame ~ EAT 114 D5
Mobaye ☆ RCA 105 K8
Mobile Bay ≈ USA 134 D4
Moca ☆ DOM 139 K5
Moçambique, Ilha de ⌒ MOC 113 K5
Môc Châu ◉ VN 84 E1
Moce ⌒ FJI 98 c3
Mocha, Isla ⌒ RCH 152 B5
Mochudi ◉ BW 117 H2
Mocoa ☆ CO 146 B7
Moctezuma, Río ~ MEX 136 E2
Močurica ~ BG 53 L4
Modderrio ~ ZA 117 H4
Modderrivier ~ ZA 117 G4
Modena ☆ I 48 F4
Modica ◉ I 51 H6
Modoc Lava Bed ≐ USA 130 C5
Modling ☆ A 37 C8
Möja ⌒ S 23 O1
Möll ~ A 35 J10
Mölln ◉ D 34 F3
Mölndal ☆ S 22 H3
Mölnlycke ☆ S 22 H3
Mompelgard = Montbéliard ◉ F 31 O7
Mönchengladbach ◉ D 34 B5
Moenkopi Wash ~ USA 131 J7
Mörbylånga ☆ S 23 M4
Möre ≐ S 23 L4
Mörkö ⌒ S 23 N1
Mörön ☆ MGL 74 J2
Mörrumsån ~ S 22 K4
Mofe Creek ~ LB 110 E6
Moffat Creek ~ CDN 124 K5
Mogadischu = Muqdisho ★ SO 115 K2
Mogami-gawa ~ J 81 M4
Mōgaung ~ MYA 73 K2
Mogilev = Mahilëŭ ☆ BY 39 M5
Mogilno ◉ PL 36 D4
Moglená ≐ GR 54 D2
Mogoča ☆ RUS 63 U7
Mohyliv-Podils'kyj ☆ UA 56 F3
Moi ☆ N 22 B2
Moili ⌒ COM 113 K4
Moira River ~ CDN 126 F6
Moisie, Rivière ~ CDN 123 X6
Moisie, Rivière ~ CDN 127 L2
Mojácar ◉ E 45 J4
Mojave Desert ≐ USA 128 C3
Mojave River ~ USA 131 F8
Mojynkūm = Mojynk ≐ KZ 62 K9
Mokau River ~ NZ 99 E3
Mokil Atoll ⌒ FSM 94 E4
Mokolo ~ ZA 117 H2
Mokra Gora ▲ 52 E4
Mōktama Kwe ≈ MYA 82 C3
Mokumanamana = Necker Island ⌒ USA 95 L1
Mola ~ GH 111 K5
Molara, Isola ⌒ I 50 C2
Molat ⌒ HR 46 E2
Molde ☆ N 20 C5
Moldova ~ RO 56 E4
Moldovița ◉ RO 56 D4
Molène, Île de ⌒ F 30 B6
Molepolole ☆ BW 117 G2
Molo ~ EAK 114 E3
Moločna ~ UA 57 J4
Moločnyj lyman ≈ UA 57 J4
Molodečno = Maladzečna ☆ BY 38 K4
Mologa ~ RUS 39 P2
Moloka'i ⌒ USA 128 b6
Molopo ~ BW 112 F7
Molopo ~ BW 116 F2
Molsheim ◉ F 31 P6
Molukken = Kepulauan Maluku ⌒ RI 83 J6
Moma ~ RUS 63 Z4
Momagebirge = Momskij hrebet ▲ RUS 63 Z4
Mompiche, Ensenada de ≈ EC 148 A1
Mompós ◉ CO 146 C3
Momskij hrebet ▲ RUS 63 Z4
Møn ⌒ DK 21 F9
Mon ~ MYA 73 J4
Mona, Isla ⌒ USA 129 N7
Monach Islands ⌒ GB 24 C4
Monaco-Ville ◉ MC 33 M5
Monadhliath Mountains ▲ GB 26 E4
Monaghan = Muineachán ☆ IRL 26 C7
Mona Passage ≈ 129 N7
Monashee Mountains ▲ CDN 122 M6
Monastir ☆ TN 107 M3
Monastyrščina ☆ RUS 39 M4
Moncayo, Sierra del ▲ E 43 J3
Monchique, Serra de ▲ P 44 B4
Moncontour ◉ F 30 E6
Mondego, Rio ~ P 40 B4
Mondoñedo ◉ E 42 C1
Mondovì ☆ I 48 C4
Mondsee ◉ A 35 J9
Monegros, Los ≐ E 43 K3
Monemvassía ◉ GR 54 F6
Monferrato ≐ I 48 C4
Monforte ◉ P 44 C2
Monforte de Lemos ◉ E 42 C2
Monger, Îles ⌒ CDN 127 P3
Mongo ~ RG 110 E4
Mongo ☆ TCH 105 J6
Mongo ~ WAL 110 D5
Mongol Altajn Nuruu ▲ MGL 74 F2
Mongolischer Altaj = Mongol Altajn Nuruu ▲ MGL 74 F2
Mongu ☆ Z 112 F5
Monhegan Island ⌒ USA 133 O4
Monitor Range ▲ USA 131 F6
Monjes, Islas Los ⌒ YV 146 E1
Monkontour = Moncontour ◉ F 30 E6
Mono ~ BJ 104 F7
Mono ~ TG 111 L5
Mono, Caño ~ CO 147 F5
Monreale ◉ I 50 G4
Monroe Lake ≈ USA 132 E6
Monrovia ★ LB 110 E6
Mons ☆ B 31 L4
Monschau ◉ D 35 B6
Montabaur ◉ D 35 C6
Montagna della Maiella ▲ I 49 K6
Montagnana ◉ I 48 G3
Montagne d'Angèle ▲ F 33 K4
Montagne de Berg ▲ F 33 J4
Montagne de Lans ▲ F 33 K4
Montagne de Savalou ▲ BJ 111 L5
Montagne du Goulet ▲ F 32 H4
Montagne du Lure ▲ F 33 K5
Montagnes, Noires ▲ RH 139 J5
Montagnes Noires ▲ F 30 D6
Montague Island ⌒ AUS 93 L4

★ Hauptstadt (Staat) ☆ Hauptstadt (Bundesland, Provinz, o.ä.) ◉ Ort ▲ Gebirge ⌒ Insel, Halbinsel ≐ Landschaft ≈ Ozean, Meer ~ Fluss

Montague Island ⌒ USA 122 G5
Montana ☆ BG 52 H3
Montaña, La ▲ PE 144 E6
Montaña de Yoro ▲ HN 137 L5
Montañas de Comayagua ▲ HN 137 L5
Montañas de Onzole ▲ EC 148 B1
Montañe del Norte de Chiapas ▲ MEX 137 H4
Montanita, La ▲ YV 146 E2
Montauban ☆ F 32 F4
Montbéliard ◉ F 32 F4
Montblanc ◉ E 43 M3
Montblanch = Montblanc ◉ E 43 M3
Mont-Dauphin ◉ F 33 L4
Mont-de-Marsan ☆ F 32 D5
Montebello Islands ⌒ AUS 90 C4
Monte-Carlo ◉ MC 33 M5
Monte Cristi ☆ DOM 139 K5
Montecristo, Isola di ⌒ I 46 C3
Montefalco ◉ I 48 H6
Montefeltro ▲ I 48 H5
Montéglin, Laragne- ◉ F 33 K4
Montego Bay ◉ JA 139 F5
Montejunto, Serra de ▲ P 44 A2
Monte Lindo, Río ~ PY 150 A5
Monte Lindo Grande, Riacho ~ RA 151 A6
Montemuro ▲ P 42 C4
Monte Plata ☆ DOM 139 L5
Montepulciano ◉ I 48 G5
Monterey Bay ≈ USA 128 B3
Montería ☆ CO 146 B3
Monte Rosa ▲ CH 35 C11
Monterrey ☆ MEX 128 F5
Montes de León ▲ E 42 D2
Montes de Toledo ▲ E 40 D5
Montevideo ★ ROU 151 B11
Montgomery ☆ USA 134 E3
Monti Aurunci ▲ I 50 G1
Monti Berici ▲ I 48 G3
Monti del Chianti ▲ I 48 G5
Monti del Gennargentu ▲ I 50 C2
Monti della Daunia ▲ I 51 H1
Monti della Laga ▲ I 49 J6
Monti del Matese ▲ I 51 H1
Monti di Alà ▲ I 50 C2
Monti Erei ▲ I 51 H5
Montier-en-Der ◉ F 31 M6
Montignac ◉ F 32 F3
Monti Lattari ▲ I 51 H2
Monti Nebrodi ▲ I 46 E6
Monti Peloritani ▲ I 51 J4
Monti Picentini ▲ I 51 J2
Monti Sibillini ▲ I 49 J6
Monti Simbruini ▲ I 49 H6
Monti Volsini ▲ I 48 G6
Mont-Louis ◉ F 32 G6
Montoro ◉ E 44 F3
Montpelhièr = Montpellier ☆ F 33 H5
Montpelier ☆ USA 133 M3
Montpellier ☆ F 33 H5
Montréal ◉ CDN 126 G6
Montreal River ~ CDN 126 D5
Montreux ◉ CH 35 B10
Montroulez = Morlaix ◉ F 30 D6
Mont-Saint-Michel, Le ◉ F 30 F6
Monts Bagzane ▲ RN 104 G5
Monts Bleus ▲ CGO 114 C2
Monts Boutourou ▲ CI 111 J5
Monts Chic-Chocs ▲ CDN 127 L4
Monts d'Arrée ▲ F 30 C6
Monts d'Aubrac ▲ F 32 G4
Monts de Belezma ▲ DZ 107 J3
Monts de Daïa ▲ DZ 106 F3
Monts de Lacaune ▲ F 32 G5
Monts de Ouled Naïl ▲ DZ 107 H3
Monts des Beni-Snassen ▲ MA 106 E3
Monts des Ksour ▲ DZ 106 F4
Monts des Nementcha ▲ DZ 107 K3
Monts des Traras ▲ DZ 45 J6
Monts de Tlemcen ▲ DZ 106 F3
Monts Dômes = Chaîne des Puys ▲ F 25 J10
Monts Dore ▲ F 32 G3
Monts du Beaujolais ▲ F 33 J2
Monts du Fazao ▲ TG 111 L5
Monts du Forez ▲ F 25 J10
Monts du Hodna ▲ DZ 107 J3
Monts du Hombori ▲ RMM 111 J2
Monts du Limousin ▲ F 32 F3
Monts du Livradois ▲ F 32 H3
Monts du Mâconnais ▲ F 33 J2
Monts du Zab ▲ DZ 107 J3
Monts Faucilles ▲ F 31 N6
Monts Kouffé ▲ BJ 111 L5
Monts Malimba ▲ CGO 114 B7
Monts Mandingues ▲ RMM 110 F3
Monts Mitumba ▲ CGO 112 G2
Monts Notre-Dame ▲ CDN 123 W7
Monts Ugoma ▲ CGO 114 B5
Monument Valley ≐ USA 131 J7
Monza ☆ I 48 E3
Monzón ◉ E 43 L3
Mooirivier ~ ZA 117 H3
Mooirivier ~ ZA 117 J4
Moorea, Île ⌒ F 97 L4
Moore's Island ⌒ BS 139 F1
Moorfoot Hills ▲ GB 26 F6
Moose River ~ CDN 123 U6
Mopán, Río ~ GCA 137 K4
Mopti ☆ RMM 111 H2
Moquegua, Río ~ PE 149 F10
Mora ◉ E 42 G5
Mora ◉ S 21 F6
Morača ~ MNE 46 G3
Morača ~ MNE 52 D4
Moralana Creek ~ AUS 92 D1
Morana ~ CZ 37 C7
Morane Atoll ⌒ F 97 O5
Morant Cays ⌒ JA 139 G6
Morava ~ CZ 29 N4
Morava ~ CZ 29 O4
Morava ~ CZ 37 C6
Morava ~ SRB 47 H2
Moravaská brána ≐ CZ 37 D7
Moravë ▲ AL 52 E6
Moravica ~ SRB 52 E3
Moray Firth ≈ GB 18 L4
Morecambe Bay ≈ GB 24 F5
more Laptevyh ≈ RUS 62 Q1
Morelia ☆ MEX 136 D3
Morella ◉ E 45 K1
Moresby Island ⌒ CDN 122 K6
Moresby Island ⌒ CDN 124 D5
Moreton Bay ≈ AUS 91 L5
Moreton Island ⌒ AUS 91 L5
Morhar ~ IND 72 D2
Morice River ~ CDN 124 G4
Morichal Largo, Río ~ YV 147 J3
Morioka ☆ J 81 N4
Moristyj, ostrov ⌒ RUS 57 P5
Morkoka ~ RUS 62 T4
Morlaix ◉ F 30 D6
Mormon Range ▲ USA 131 G7
Mornes des Cahos ▲ RH 139 J5
Mornington, Isla ⌒ RCH 152 B7
Mornington Island ⌒ AUS 90 H3
Mornós ~ GR 54 D4
Morona, Río ~ PE 148 C4
Morones, Sierra ▲ MEX 136 C2
Moroni ★ COM 113 K4
Morotai, Pulau ⌒ RI 83 J6
Moroto ☆ EAU 114 E2
Mor Range ▲ PK 65 K5
Morre Chaj ▲ CO 145 B4
Morrison Bay ≈ MYA 84 A5
Morro, Canal del ≈ EC 148 A3
Morro River ~ WAL 110 E6
Morrosquillo, Golfo de ≈ CO 146 B3
Morskoj Birjučok, ostrov ⌒ RUS 57 P5
Mortes, Rio das ~ BR 145 J7
Mortimers ◉ BS 139 H3
Mortlock Islands = Nomoi Islands ⌒ FSM 94 C4
Mortlock Islands = Tauu Islands ⌒ PNG 94 D6
Moruroa Atoll ⌒ F 97 O5
Morvan ▲ F 25 J9
Morvern ≐ GB 26 D5
Mosbach ◉ D 35 E7
Moščnyj, ostrov ⌒ RUS 38 K2
Mosel ~ D 28 J4
Mosel = Moselle ~ F 25 L8
Moselebe ~ BW 116 E2
Moselle ~ F 31 N6
Moses Lake ◉ USA 130 E2
Moskau = Moskva ★ RUS 39 P4
Moskenesøya ⌒ N 20 F3
Moskva ★ RUS 39 P4
Moskva ~ RUS 39 O4
Moslavačka gora ▲ HR 49 M3
Moslavina ≐ HR 49 M3
Mosle Creek ~ CDN 124 H6
Mosonmagyaróvár ◉ H 37 D9
Mosquitia ≐ HN 138 C7
Mosquito, Río ~ PY 150 A5
Mosquito Lagoon ≈ USA 135 H5
Mosquitos, Costa de ≐ NIC 129 K8
Mosquitos, Golfo de los ≈ PA 129 K9
Moss ◉ N 22 F1
Mostaganem ☆ DZ 106 F2
Mostar ◉ BIH 49 N5
Mostys'ka ◉ UA 37 K7
Mota ⌒ VU 98 A1
Motagua, Río ~ GCA 137 K5
Motajica ▲ BIH 49 N3
Motala ☆ S 23 L2
Mota Lava ⌒ VU 98 A1
Motatán, Río ~ YV 146 E2
Motiti Island ⌒ NZ 99 F2
Motu One Atoll ⌒ F 97 L4
Moturiki ⌒ FJI 98 b2
Motu River ~ NZ 99 F3
Motutunga Atoll ⌒ F 97 M4
Motygino ☆ RUS 62 P6
Mouchalagane, Rivière ~ CDN 127 K2
Mouchoir Passage ≈ GB 139 K4
Moudon ◉ CH 35 B10
Mouila ☆ G 112 D2
Moulay Ali Chérif = Rissani ◉ MA 106 D5
Moulay-Bousselham ◉ MA 44 D7
Moulay-Idriss ◉ MA 106 C4
Moulins ☆ F 32 H2
Moulouya, Oued ~ MA 104 E2
Moulouya, Oued ~ MA 106 D4
Moulouya, Oued ~ MA 106 E4
Mouly, Pointe de ≐ F 98 b3
Moundou ☆ TCH 105 J7
Mount Desert Island ⌒ USA 133 O3
Mount Hagen ☆ PNG 83 M8
Mount Isa ◉ AUS 90 H4
Mount Lofty Range ▲ AUS 92 E3
Mount's Bay ≈ GB 27 D11
Moura ◉ P 44 C3
Mourdi, Dépression du ≐ TCH 105 K5
Mourne Mountains ▲ GB 26 C7
Mourtafat Tasili ≐ DZ 107 K7
Mouths of the Ganga ≈ 65 O6
Mouths of the Indus ≈ PK 65 K6
Mouths of the Mekong = Cú'a Sông Cú'u Long ≈ VN 82 E5
Moxos, Llanos de ≐ BOL 144 F7
Moye Dao ⌒ CN 80 D5
Moyen Atlas ▲ MA 104 D2
Moyo ☆ EAU 114 C2
Moyobamba ☆ PE 148 C5
Moyowosi ~ EAT 114 C5
M'oža ~ RUS 39 N4
M'oža ~ RUS 39 T2
Možajsk ☆ RUS 39 O4
Mozambique Channel ≈ 113 J6
Mpanda ☆ EAT 114 C7
Mpanga ~ EAU 114 C3
Mpesao Hills ▲ GH 111 J6
Mpigi ☆ EAU 114 D3
Mpologoma ~ EAU 114 D3
Mponde ~ EAT 114 E6
Mrągowo ◉ PL 36 H3
Msangasi ~ EAT 115 G6
M'Sila ☆ DZ 107 J3
Msima ~ EAT 114 C6
Msta ~ RUS 39 N2
Msta ~ RUS 39 O3
Mtambo ~ EAT 114 C7
Mtangano Island ⌒ EAT 114 D4
MtataRiver ~ ZA 117 J5
Mtwara ☆ EAT 113 K4
Muang Khammouan = Tha Khaek ☆ LAO 84 E3
Muang Pakxan ☆ LAO 84 D2
Muang Phôn-Hông ☆ LAO 84 C2
Muang Xaignabouri ☆ LAO 84 C2
Muar ◉ MAL 85 D10
Muar ~ MAL 85 D10
Mubende ☆ EAU 114 C3
Mucajaí, Rio ~ BR 144 G4
Mucajaí, Serra ▲ BR 145 G4
Muchinga Mountains ▲ Z 113 H4
Muck ⌒ GB 26 C5
Muco, Río ~ CO 146 E5
Mudanya ☆ TR 55 L2
Mūdbidri ◉ IND 70 C4
Mudjatik River ~ CDN 125 R3
Mudurnu Çayı ~ TR 55 N2
Mühldorf am Inn ☆ D 35 H8
Mühlhausen (Thüringen) ☆ D 34 F5
Mühlviertel ≐ A 35 K8
Müller, Pegunungan ▲ RI 82 F6
München ☆ D 35 G9
Münden = Hann. Münden ◉ D 34 E5
Münster ☆ D 34 C5
Münster = Müstair ◉ CH 35 F10
Münsterland ≐ D 34 B4
Muerto, Mar ≈ MEX 137 G4
Mürz ~ A 37 B9
Mürzzuschlag ☆ A 37 B9
Müstair ◉ CH 35 F10
Mufu Shan ▲ CN 79 H2
Mugamba ▲ RU 114 B5
Mugello ≐ I 48 G5
Muğla ☆ TR 55 L5
Mugodžor, tau ▲ KZ 19 X6
Muharraq, al- ◉ BRN 64 G5
Muhesi ~ EAT 114 E7
Muhu saar ⌒ EST 38 H2
Muineachán ☆ IRL 26 C7
Mujeres, Isla ⌒ MEX 129 J6
Mūjnok ☆ UZ 64 H2
Mukačeve ☆ UA 37 J8
Mukačevo = Mukačeve ☆ UA 37 J8
Mukawwa', Ǧazīrat ⌒ ET 109 G6
Mukdahan ☆ T 84 D3
Mukden = Shenyang ☆ CN 80 D3
Mukono ☆ EAU 114 D3
Mukoshima-rettō ⌒ J 75 R6
Mula ~ IND 69 E10
Mulaku Atoll ⌒ MV 70 B9
Mulde ~ D 29 M3
Mull ⌒ GB 24 D4
Mull, Sound of ≈ GB 26 C5
Mullamari ~ IND 70 D2
Multān ◉ PK 68 C4
Muluku ~ CGO 114 B4
Mumbai ☆ IND 69 C10
Mũ Myit ~ MYA 73 L4
Muna ~ RUS 63 U4
Muna, Pulau ⌒ RI 82 H7
Muneru ~ IND 71 F2
Munhafad al-Qattāra ≐ ET 105 L3
Munia ⌒ FJI 98 c2
Munkedal ☆ S 22 G2
Munster ◉ F 31 P6
Munster ≐ IRL 24 C6
Muntele Mare ▲ RO 56 C4
Munții Apuseni ▲ RO 56 C4
Munții Bihorului ▲ RO 56 C4
Munții Călimani ▲ RO 56 D4
Munții Codru-Moma ▲ RO 56 B4
Munții Făgărașului ▲ RO 56 D5
Munții Faget ▲ RO 56 C4
Munții Lapus ▲ RO 56 C4
Munții Metaliferi ▲ RO 56 C5
Munții Rodnei ▲ RO 56 D4
Munții Tibleșului ▲ RO 56 C4
Munții Zarandului ▲ RO 56 B4
Munzur Dağları ▲ TR 67 H3
Mu'ò'ng Tè ☆ VN 78 C5
Muonioälven ~ S 20 L3
Muonionjoki ~ FIN 20 L3
Muqdisho ★ SO 115 K2
Mur ~ A 29 N5
Mur ~ A 37 B10
Mura ~ HR 29 O5
Murafa ~ UA 56 F3
Murair, Ǧazīrat ⌒ ET 109 G6
Murat Çayı ~ TR 67 K3
Murat Nehri ~ TR 67 J3
Muratus, Pegunungan ▲ RI 82 G7
Murau ☆ A 35 K9
Murchison Falls ~ EAU 114 C2
Murchison River ~ AUS 90 D5
Murcia ☆ E 45 J3
Mur-de-Barrez ◉ F 32 G4
Murdisenke = Depression du Mourdi ≐ TCH 105 K5
Mureș ~ RO 19 Q6
Mureș ~ RO 56 B5
Murg ~ D 35 D8
Murgab ~ TM 64 J3
Murge, le ▲ I 51 K2
Murilo Atoll ⌒ FSM 94 C4
Murmansk ☆ RUS 19 S2
Muro ◉ E 45 O2
Murom ◉ RUS 39 R4
Murray Bridge ◉ AUS 92 E3
Murray River ~ AUS 90 J6
Murray River ~ AUS 92 F3
Murray River ~ AUS 92 G3
Murray River ~ AUS 93 J3
Murray River ~ CDN 124 K4
Murray River Basin ≐ AUS 90 H6
Murri, Río ~ CO 146 B4
Murrumbidgee River ~ AUS 93 H3
Murrumbidgee River ~ AUS 93 J3
Murshidābād ◉ IND 72 F2
Murter ⌒ HR 49 L5
Murtersko more ≈ HR 49 L5
Murua Ngithigerr ▲ EAK 114 E2
Murua Rith Hills ▲ EAK 114 E1
Murud ◉ IND 69 D10
Mururoa Atoll = Moruroa Atoll ⌒ F 97 O5
Muş ☆ TR 67 J3
Musayyib, al- ☆ IRQ 67 K6
Muscat = Masqaṭ ★ OM 64 H6
Musgrave Ranges ▲ AUS 90 G5
Musi ~ IND 71 E2
Musi ~ RI 82 D7
Muskau, Bad ◉ D 34 K5
Muskegon River ~ USA 132 E4
Muskingum River ~ USA 132 H6
Muskö ⌒ S 23 O1
Muş Ovası ~ TR 67 J3
Mussau Island ⌒ PNG 83 N7
Musselshell River ~ USA 122 O7
Mustafakemalpaşa Çayı ~ TR 55 L3
Muszyna ◉ PL 37 G7
Mutale ~ ZA 117 K1
Mutare ☆ ZW 113 H5
Mutlu Dere ~ TR 53 M5
Mutsamudu ◉ COM 113 K4
Mutum ou Madeira, Rio ~ BR 150 C2
Mutu-wan ≈ J 81 N3
Mu Us Shamo ≐ CN 74 K4
Muy ~ A 35 J9
Muymanu, Río ~ PE 149 G7
Muzaffarābād ☆ PK 68 D2
Mužakow = Bad Muskau ◉ D 34 K5
Muzizi ~ EAU 114 C3
Mwaru ~ EAT 114 D6
Mwatate ~ EAK 115 G5
Mwogo ~ RWA 114 B5
Mya, Oued ~ DZ 107 H6
Myeik Kyunzu ⌒ MYA 82 C5
Myek"uapé = Majkop ☆ RUS 57 L5
Myit ~ MYA 73 L3
Myitnge ~ MYA 73 K4
Myitthä Myit ~ MYA 73 J3
Mykolajiv ☆ UA 56 G4
Mymensingh ☆ BD 73 G2
Mynydd Pencarreg ▲ GB 27 E9
Mynydd Preselie ▲ GB 27 E10
Myohyang-sanmaek ▲ KP 80 F4
Myrabugur ≐ IS 20 f2
Mýrdalssandur ≐ IS 20 d3
Myronivka ◉ UA 56 G3
Myrtle Beach ◉ USA 135 J3
mys Elizavety ≐ RUS 63 Z7
Myškino ☆ RUS 39 Q3
Myślenice ◉ PL 37 F7
Myślibórz ◉ PL 36 A4
Mysore = Mysuru ◉ IND 70 D4
Mysuru ◉ IND 70 D4
Mỹ Tho ☆ VN 85 F6
Mytišči ☆ RUS 39 P4
Myzeqe ≐ AL 46 G4
M'Zab ≐ DZ 104 F2
M'Zab, Oued ~ DZ 107 J4
Mže ~ CZ 35 H7
Mzuzu ☆ MW 113 H4

N

Naab ~ D 29 M4
Naama ☆ DZ 106 F4
Naantali ◉ FIN 21 K6
Naarden ◉ NL 31 N2
Naas = An Nás ☆ IRL 27 C8
Naberežnye Čelny ☆ RUS 19 W4
Nabeul ☆ TN 107 M2
Nabileque, Rio ~ BR 150 B4
Nabuqueņ, Caño ~ CO 147 F6
Nabuyango Island ⌒ EAT 114 C4
Načalovo ☆ RUS 57 Q4
Naches River ~ USA 130 D2
Nacula ⌒ FJI 98 a2
Nådendal = Naantali ◉ FIN 21 K6
Nadvirna ☆ UA 56 C3
Näätämöjoki ~ FIN 20 O2
Närke ≐ S 22 K1
Nærøyfjorden ≈ N 21 C6
Nässjö ☆ S 22 K3
Næstved ◉ DK 22 G5
Nafplio ◉ GR 54 E5
Nafūd ad-Daḥī ≐ KSA 64 E6
Nafūd al-Kubrā, an- ≐ KSA 64 D5
Nafūsah, Jabal ▲ LAR 107 M5
Naga ☆ RP 83 H4
Naǧaf, an- ☆ IRQ 67 K7
Naga Hills ▲ IND 73 H2
Nagai Island ⌒ USA 122 D6
Nagara-g. ~ J 81 L6
Nagasaki ☆ J 80 G7
Naga-shima ⌒ J 80 G7
Nagavali ~ IND 72 C5
Naǧd ≐ KSA 64 E5
Nagold ◉ D 35 D8
nagor'e Patomskoe ▲ RUS 63 T6
nagor'e Stanovoe ▲ RUS 63 T6
Nagornyj ☆ RUS 63 g5
Nāgpur ◉ IND 69 G9
Naǧrān ☆ KSA 64 E7
Nagua ☆ DOM 139 L5
Naha ☆ J 75 O6
Nahal Ḥiyyon ~ IL 109 G3
Nahal Paran ~ IL 109 G2
Na Hang ☆ VN 78 D5
Nahanni River, South ~ CDN 122 L4
Nahe ~ D 35 C7
Nahĩa Lộ ☆ VN 78 C6
Nahl al-Līṭānī ~ RL 66 F6
Nahlin Plateau ▲ CDN 124 D2
Nahr ~ IRQ 67 L6
Nahr al-Āṣī ~ SYR 66 G5
Nahr al-Balīḫ ~ SYR 67 H4
Nahr al-Ḫābūr ~ IRQ 67 K4
Nahr al-Ḫābūr ~ SYR 67 J4
Nahr al-Ḫābūr ~ SYR 67 J5
Nahr al-Ḥaura ~ IRQ 67 M7
Nahr al-'Uzaym ~ IRQ 67 L6
Nahr az-Zāb al-Kabīr ~ IRQ 67 K5
Nahr az-Zāb aṣ-Ṣaġīr ~ IRQ 67 K5
Nahr Bou Ragrag ~ MA 106 C3
Nahr Dyla ~ IRQ 67 K5
Nahr Ǧaġǧaġ ~ SYR 67 J4
Nahr Oumm er-Rabi ~ MA 106 C4
Nahr Rohri ~ PK 69 B6
Nahr Šalar ~ IRQ 67 L5
Nahualate, Río ~ GCA 137 J5
Naigani ⌒ FJI 98 b2
Naïn ◉ IR 64 G4
Naini Tāl ◉ IND 68 G5
Nairai ⌒ FJI 96 E4
Nairn ~ GB 26 E4
Naissaar saar ⌒ EST 38 J2
Najac ◉ F 32 F4
Najas ◉ C 139 F4
Nájera ◉ E 43 H2
Najerilla, Río ~ E 43 H2
Nakadōri-shima ⌒ J 80 G7
Naka-gawa ~ J 81 K7
Nakano-shima ⌒ J 81 J5
Nakhchyvan = Naxçıvan ☆ AZ 64 F3
Nakhon Pathom ☆ T 84 B5
Nakhon Phanom ☆ T 84 D3
Nakhon Ratchasima ☆ T 84 C4
Nakhon Rat Sima ≐ T 84 D3
Nakhon Si Thammarat ☆ T 85 C7
Nakuru ☆ EAK 114 F4
Nakwehe ~ EAK 114 E2
Nal'čik ☆ RUS 19 U7
Nal'čik ☆ RUS 57 N6
Nallamala Range ▲ IND 71 E3
Nālūt ☆ LAR 107 M5
Nam Ak ~ MYA 73 K4
Namak ◉ ROK 80 F6
Namaland ≐ NAM 112 E7
Namarou ~ CI 111 H5
Namban ~ MYA 73 J4
Nam Beï ~ MYA 73 K3
Nam Beng ~ LAO 84 C1
Nam Bô (Cochinchine) ≐ VN 85 E7
Nam Chi ~ T 84 D3
Nam Chi ~ T 84 D4
Nam Choen ~ T 84 C3
Namch'ŏnjŏm ☆ KP 80 F4
Nam Du, Quần Đảo ⌒ VN 85 D7
Namen = Namur ☆ B 31 M4
Namenalala ⌒ FJI 98 b2
Nam Gang ~ KP 80 E4
Namgorab ▲ NAM 116 C2
Namhaedo ⌒ ROK 80 F6
Namhan Gang ~ ROK 80 F5
!Nami≠Nûs = Lüderitz ◉ NAM 116 B3
Namib Desert ≐ NAM 112 D5
Namibe ☆ ANG 112 D5
Namib Sand Sea ≐ NAM 116 B2
Namibwoestyn = Namib Desert ≐ NAM 112 D5
Namibwüste = Namib Desert ≐ NAM 112 D5
Nam Kam ~ T 84 E3
Nam Kong ~ LAO 84 F4
Nam Laung ~ T 84 D2
Nam Lik ~ LAO 84 D2
Nam Lwei ~ MYA 73 L4
Nam Madū Myit ~ MYA 73 K3
Nam Mae Chaem ~ T 84 B2
Nam Mae Ing ~ T 84 C2
Nam Mae Lao ~ T 84 B2
Nam Mae Tun ~ T 84 B3
Nam Man ~ T 84 C3
Nam Muone ~ LAO 84 E2
Nam Ngu'nt ~ LAO 84 D2
Nam Nhiêp ~ LAO 84 D2
Namoluk Atoll ⌒ FSM 94 C4
Namonuito Atoll ⌒ FSM 83 N5
Namorik Atoll ⌒ MH 94 F4
Nam Ou ~ LAO 84 D1
Namous, Oued ~ DZ 107 G3
Nam Paun ~ MYA 73 K4
Nam Phong ~ T 84 C3
Namp'o ☆ KP 80 E4
Nampula ☆ MOC 113 J5
Namqualand ≐ ZA 112 E8
Nam Sane ~ LAO 84 D2
Namsen ~ N 20 F4
Nam Seng ~ LAO 84 D1
Namslau = Namysłów ◉ PL 36 D5
Nam Taung ~ MYA 73 K4
Nam Theun ~ LAO 84 E2
Nam Tilū ~ MYA 73 K4
Namu Atoll ⌒ MH 94 F4
Namuka-i-lau ⌒ FJI 98 c3
Namur ☆ B 31 M4
Nam Wa ~ T 84 C2
Namysłów ◉ PL 36 D5
Nan ☆ T 84 C2
Nana ~ RCA 105 H7
Nananib-plato ≐ NAM 116 C2
Nananu-i-ra ⌒ FJI 98 a2
Nan'ao Dao ⌒ CN 79 K5
Nanay, Río ~ PE 148 D3
Nancay, Arroyo ~ RA 151 A10
Nanchang ☆ CN 79 K2
Nancowry Island ⌒ IND 71 a6
Nancy ☆ F 31 O6
Nandi Hills ◉ IND 70 D4
Nanding Hê ~ CN 73 L3
Nandu He ~ CN 78 G7
Nangnim Sanmaek ▲ KP 75 O3
Nangnim-sanmaek ▲ KP 80 F4
Nan Hai = South China Sea ≈ 75 L8
Nan He ~ CN 77 G6
Nanjangud ◉ IND 70 D4
Nanjing ☆ CN 77 K5
Nanji Shan ⌒ CN 79 M3
Nanking = Nanjing ☆ CN 77 K5
Nanlaoye Ling ▲ CN 80 F3
Nan Ling ▲ CN 79 G4
Nanliu Jiang ~ CN 78 F6
Nanning ☆ CN 78 E5
Nano ~ BJ 111 M5
Nanpan Jiang ~ CN 78 C4
Nanpeng Liedao ⌒ CN 79 K5
Nanping ◉ CN 76 D5
Nanpu Xi ~ CN 79 L3
Nanri Dao ⌒ CN 79 L4
Nansei-shotō ⌒ J 75 N7
Nānshā Qúndǎo = Spratly Islands ⌒ 82 F4
Nantais, Pays ≐ F 32 C1
Nanterre ☆ F 31 K6
Nantes ☆ F 32 C1
Nantucket Island ⌒ USA 129 M2
Nantucket Shoals ≈ USA 133 N5
Nantucket Sound ≈ USA 133 N5
Nanumanga ⌒ TUV 95 G7
Nanumea ⌒ TUV 95 G7
Nanuya-i-ra ⌒ FJI 98 a2
Nanyangdang Shan ▲ CN 79 M3
Nanyang Hu ~ CN 77 K4
Naozhou Dao ⌒ CN 78 G6
Napier ☆ NZ 99 F3
Napo, Río ~ EC 144 D5
Napo, Río ~ EC 148 C2
Napo, Río ~ PE 144 E5
Napo, Río ~ PE 148 E3
Napoca, Cluj- ☆ RO 56 C4
Napoli ☆ I 51 H2
Napoli, Golfo di ≈ I 46 D4
Napuka Atoll ⌒ F 97 N3
Naqade ◉ IR 67 L4
Nārā ~ PK 69 B7
Narathiwat ☆ T 85 C8
Narbonne ◉ F 32 H5
Narcea, Río ~ E 42 D1
Narcondam Island ⌒ IND 82 B4
Narew ~ PL 29 Q2
Narimanov ☆ RUS 57 P4
Nar'jan-Mar ☆ RUS 62 G4
Narmada ~ IND 65 M6
Narmada ~ IND 69 D9
Narob ~ NAM 116 C2
Naro-Fominsk ☆ RUS 39 P4
Narragansett Bay ≈ USA 133 N5
Narraway River ~ CDN 124 K4
Naru-shima ⌒ J 80 G7
Narva ◉ EST 38 K2
Narva ~ RUS 38 K2
Narva laht ≈ EST 38 K2
Narvik ◉ N 20 H2
Nashino, Río ~ EC 148 C2
Nashville ☆ USA 134 E1
Nasia ~ GH 111 K4
Našice ☆ HR 49 O3
Nāṣirīya, an- ☆ IRQ 67 M7
Nassau ★ BS 139 G2
Nassau Island ⌒ CK 97 H3
Nassau Sound ≈ USA 135 H4
Nass Basin ≐ CDN 124 F3
Nass River ~ CDN 122 L5
Nass River ~ CDN 124 F3
Nastapoka Islands ⌒ CDN 123 V5
Natal ☆ BR 145 M6
Nataš, Wādī ~ ET 109 F5
Natashquan, Rivière ~ CDN 123 Y6
Natashquan River ~ CDN 127 O3
Natewa Bay ≈ FJI 98 b2
Nation River ~ CDN 124 H4
Natitingou ☆ BJ 111 L4
Natrūn, Wādī an- ~ ET 108 D2
Natuna, Kepulauan ⌒ RI 82 E6
Natuna, Laut ≈ 82 E6
Naturno ◉ I 48 G2
Naturns = Naturno ◉ I 48 G2
Naumburg (Saale) ☆ D 34 G5
Nauru ⌒ NAU 94 F6
Nausori Highlands ▲ FJI 98 a2
Nauvo ⌒ FIN 21 K6
Nava ~ CGO 114 A2
Navahrudak ☆ BY 38 J5
Navahrudskae uzvyšša ▲ BY 38 J5
Navan = An Uaimh ◉ IRL 27 C8
Navapolack ◉ BY 38 K4
Navarino, Isla ⌒ RCH 152 D9
Navarra ≐ E 40 F3
Navassa Island ⌒ USA 139 H5
Naver ~ GB 24 E3
Navia, Río ~ E 40 C3
Naviti ⌒ FJI 98 a2
Navoi = Navoij ☆ UZ 65 K2
Navoij ☆ UZ 65 K2
Navua River ~ FJI 98 a2
Navutu-i-ra ⌒ FJI 98 c3
Nawanagar = Jāmnagar ◉ IND 69 B8
Naxçıvan ☆ AZ 64 F3
Náxos ◉ GR 55 H5
Náxos ⌒ GR 19 R8
Nayarit, Sierra del ▲ MEX 136 B1
Nayau ⌒ FJI 98 c2
Naypyitaw ★ MYA 73 J5
Nazaré ◉ P 42 A5
Nazinga Island ⌒ EAT 114 C4
Nazko River ~ CDN 124 J5
Nāzlū Rūd ~ IR 67 L4
Nazwā ◉ OM 64 H6
Ncojane Ranches ≐ BW 116 E1
N'dalatando ☆ ANG 112 D3
Ndara Plains ≐ EAK 115 G5
Ndarapo Swamp ≐ EAK 115 G5
Ndélé ☆ RCA 105 K7
Ndié, Île ⌒ F 98 c4
N'Djaména ★ TCH 105 J6
Ndola ☆ Z 112 G4
Ndoto Mountains ▲ EAK 115 F3
Ndurumo ~ EAT 114 E6
Néāē, Île ⌒ F 98 c4
Neamț, Piatra- ☆ RO 56 E4
Neapel = Napoli ☆ I 51 H2
Neba, Île ⌒ F 98 a3
Nebbi ☆ EAU 114 C2
Nebbio ≐ F 33 O6
Neblina, Sierra de la ▲ YV 147 H7
Nebrodi, Monti ▲ I 46 E6
Nechako Plateau ▲ CDN 122 L6
Nechako River ~ CDN 124 H5
Nechako River ~ CDN 124 J4
Nechí, Río ~ CO 146 C4
Neckar ~ D 28 K4
Neckar ~ D 35 E7
Neckarboo Range ▲ AUS 93 H2
Neckargemünd ◉ D 35 D7
Necker Island ⌒ USA 95 L1
Neftejugansk ☆ RUS 62 L5
Neftekamsk ☆ RUS 19 W4
Neftekumsk ☆ RUS 57 O5
Nefzaoua ≐ TN 107 L4
Negombo ◉ CL 71 E7
Negotin ◉ SRB 52 G2
Negotinska Krajina ≐ SRB 52 G2
Negra, Cordillera ▲ PE 149 B6
Negro, Arroyo ~ ROU 151 B10
Negro, Rio ~ BR 144 F5
Negro, Rio ~ BR 145 H8
Negro, Río ~ CO 147 G7
Negro, Río ~ HN 137 J5
Negro, Río ~ PY 150 B5
Negro, Río ~ PY 150 B6
Negro, Río ~ RA 151 A7
Negro, Río ~ RA 152 E5
Negro, Río ~ ROU 151 C10
Negro, Río ~ YV 146 D3
Negros ⌒ RP 83 H5
Nehalem River ~ USA 130 C3
Nehāvand ◉ IR 67 M5
Nehoué, Baie de ≈ F 98 a3
Neiba ◉ DOM 139 K5
Neiba, Sierra de ▲ DOM 139 K5
Neidenburg = Nidzica ◉ PL 36 G3
Nei Island ⌒ IND 71 a4
Nei Mongol Gaoyuan ≐ CN 75 K3

Neirīz ◉ IR 64 G5
Neiße ~ D 29 N3
Neisse = Nysa ◉ PL 37 D6
Neiva ☆ CO 146 C6
Nekor, Oued ~ MA 44 G7
Nela, Río ~ E 42 G2
Nelidovo ☆ RUS 39 N3
Nelson, Port ≈ CDN 123 S5
Nelson Reef ⌒ 97 M6
Nelson River ~ CDN 123 S5
Nelspruit = Mbombela ☆ ZA 117 K2
Néma ☆ RIM 104 D5
Neman ~ BY 38 K5
Nemen = Nemunas ~ LT 19 Q5
Nementcha, Monts des ▲ DZ 107 K3
Némiscau, Rivière ~ CDN 126 F3
Nemunas ~ LT 19 Q5
Nemunas ~ LT 38 H4
Nemuro-hanto ≐ J 81 P2
Nemuro-kaikyō = Kunašírskij proliv ≈ J 81 P2
Nemyriv ☆ UA 56 F3
Nendo Island ⌒ SOL 94 F8
Nenggiri ~ MAL 85 C9
Nengonengo Atoll ⌒ F 97 N4
Nen Jiang ~ CN 75 N2
Neosho River ~ USA 128 G3
Nephin Beg Range ▲ IRL 24 C5
Nepisiguit Bay ≈ CDN 127 M5
Nepisiguit River ~ CDN 127 L5
Nepoko ~ CGO 114 A2
Nepoko ~ CGO 114 B2
Nepomuk ◉ CZ 35 J7
Neptune Islands ⌒ AUS 92 C3
Ner ~ PL 36 E5
Nera ~ I 49 H6
Nera, Ust'- ☆ RUS 63 Z5
Nerča ~ RUS 63 U7
Nerehta ☆ RUS 39 R3
Neretva ~ BIH 46 G3
Neretvanski kanal ≈ HR 49 M5
Nerft = Nereta ◉ LV 38 J3
Neris ~ LT 38 J4
Nerjungri ☆ RUS 63 V6
Nerl' ~ RUS 39 P3
Nēšāpūr ◉ IR 64 H3
Nesebăr ◉ BG 47 L3
Nesebăr ◉ BG 53 M4
Nesøya ⌒ N 20 E3
Nestaocano, Rivière ~ CDN 126 H3
Néstos ~ GR 47 J4
Néstos ~ GR 54 G1
Neto ~ I 46 F5
Netravati ~ IND 70 C4
Netze = Noteć ~ PL 29 N2
Neubrandenburg ☆ D 34 J3
Neubritannien = New Britain ⌒ PNG 83 N8
Neuburg an der Donau ☆ D 35 G8
Neuchâtel ☆ CH 35 B9
Neudamm = Dębno ◉ PL 36 A4
Neu-Delhi = New Delhi ★ IND 68 F5
Neue Hebriden = New Hebrides ⌒ VU 98 a2
Neuenburg = Neuchâtel ☆ CH 35 B9
Neuenburg = Nowe ◉ PL 36 E3
Neuf-Brisach ◉ F 31 P6
Neufundland = Island of Newfoundland ⌒ CDN 127 P4
Neuguinea = New Guinea ⌒ RI 83 L7
Neuirland = New Ireland ⌒ PNG 83 O7
Neukaledonien = Nouvelle-Calédonie ⌒ F 96 B5
Neumarkt am Muresch = Târgu Mureş ☆ RO 56 D4
Neumarkt in der Oberpfalz ☆ D 35 G7
Neumecklenburg = New Ireland ⌒ PNG 83 O7
Neumünster ☆ D 34 F2
Neunkirchen ☆ A 37 C9
Neunkirchen ☆ D 35 C7
Neu-Pebalg = Jaunpiebalga ◉ LV 38 J3
Neupommern = New Britain ⌒ PNG 83 N8
Neuquén ☆ RA 152 D5
Neuruppin ☆ D 34 H4
Neu Sandez = Nowy Sącz ◉ PL 37 G7
Neusatz = Novi Sad ☆ SRB 52 D1
Neuschottland = Nova Scotia ≐ CDN 127 N6
Neuse River ~ USA 129 L3
Neusibirische Inseln = Novosibirskie ostrova ⌒ RUS 63 Y2
Neusiedler See / Fertő-tó ≐ 37 C9
Neusohl = Banská Bystrica ☆ SK 37 F8
Neuss ☆ D 34 B5
Neustadt an der Aisch ☆ D 35 F7
Neustadt an der Saale, Bad ☆ D 35 F6
Neustadt an der Weinstraße ☆ D 35 D7
Neustadt O.S. = Prudnik ◉ PL 37 D6
Neustrelitz ☆ D 34 J3
Neu-Ulm ☆ D 35 F8
Neuwied ☆ D 35 C6
Neva ~ RUS 39 M2
Nevada, Sierra ▲ USA 128 B2
Neve, Serra do ▲ ANG 112 D4
Nevers ☆ F 32 H2
Nevesinjsko polje ≐ BIH 49 O5
Nevşehir ☆ TR 66 F3
New Amsterdam ☆ GUY 145 H3
Newark on Trent ◉ GB 27 J8
New Britain ⌒ PNG 83 N8
Newcastle upon Tyne ☆ GB 26 H7
New Delhi ★ IND 68 F5
Newfoundland, Island of ⌒ CDN 127 P4
Newfoundland Evaporation Basin ≐ USA 130 G5
New Georgia Group ⌒ SOL 94 D7
New Georgia Sound ≈ SOL 94 D7
New Guinea ⌒ RI 83 L7
New Hanover ⌒ PNG 83 O7
New Hebrides ⌒ VU 98 a2
New Ireland ⌒ PNG 83 O7
Newmarket ◉ GB 27 K9
New Orleans ◉ USA 128 H5
New Pine Creek ~ USA 130 D4
New Providence Island ⌒ BS 129 L5
Newquay ◉ GB 27 D11
New River ~ USA 132 H6
New Ross = Ros Mhic Thriúin ◉ IRL 27 C9
Newry ~ GB 26 C7
New World Island ⌒ CDN 127 R4
Nexapa, Río ~ MEX 136 E3
Nexpa, Río ~ MEX 136 C3
Nfiss, Oued ~ MA 106 B5
Nganglong Kangri ▲ CN 68 G2
Ngaoundéré ☆ CAM 104 H7
Ngaso Plain ≐ EAK 115 F2
Ngatik Atoll ⌒ FSM 94 D4
Ngayok Bay ≈ MYA 73 H6
Ngayu ~ CGO 114 A3
Ngazidja ⌒ COM 113 K4
Ngerulmud ★ PAL 83 K5
Nghĩa Hư'ng ☆ VN 84 F1
Nghi Lôc ☆ VN 84 E2
N'Giva = Ondjiva ☆ ANG 112 E5
Ngoko ~ CAM 112 E1
Ngorolaka ~ BF 111 H4
Ngotwane ~ BW 117 H2
Ngulu Atoll ⌒ FSM 83 L5
Nguna ⌒ VU 98 A3
Nguru Mountains ▲ EAT 115 F7
Nha Trang ☆ VN 84 G5
Nho Quan ☆ VN 84 E1
Nhu 'Xuân ☆ VN 84 E2
Ni ~ F 98 c3
Niagara River ~ 133 J4
Niamey ★ RN 111 M3
Niandan ~ RG 110 F5
Nianija Bōlan ~ WAG 110 C3
Niantan ~ RG 110 E4
Niari ~ RCB 112 D2
Nias, Pulau ⌒ RI 82 C6
Niau, Île ⌒ F 97 M4
Niayes ≐ SN 110 B2
Nice ☆ F 33 M5
Nicholas Channel ≈ 138 E3
Nicola River ~ CDN 124 K6
Nicoya, Península de ≐ CR 129 J8
Nida ◉ LT 38 G4
Nida ~ PL 29 Q3
Nidda ~ D 35 E6
Nidelva ~ N 21 D7
Nido, El ◉ RP 82 G4
Nidzica ◉ PL 36 G3
Nié ~ RG 110 F6
Nié, Île ⌒ F 98 c3
Niederbayern ≐ D 35 H8
Niedere Tatra = Nízke Tatry ▲ SK 29 P4
Niedere Tauern ▲ A 29 M5
Niederguinea = Lower Guinea ≐ 112 D2
Niederkalifornien = Baja California ≐ MEX 128 C4
Niederlausitz ≐ D 34 J5
Niemba ~ CGO 114 B6
Nienburg (Weser) ☆ D 34 E4
Niénié ~ RMM 111 G4
Niéri Ko ~ SN 110 D3
Niéro ~ CI 111 G7
Niesky ☆ D 34 K5
Nieuw Amsterdam ☆ SME 145 H3
Nieuw Nickerie ☆ SME 145 H3
Nieva, Río ~ PE 148 B4
Niğde ☆ TR 66 F4
Niger ~ RG 110 E5
Niger ~ RMM 104 D6
Niger ~ RMM 104 E5
Niger ~ RN 111 L3
Niger ~ 104 C6
Niger, River ~ NGR 104 F7
Niger, River ~ NGR 104 G8
Niger Delta ≐ NGR 104 G8
Nihiru Atoll ⌒ F 97 N4
Nihoa ⌒ USA 128 a6
Niigata ☆ J 81 M5
Ni'ihau ⌒ USA 128 a6
Niijima ⌒ J 81 M6
Nijmegen ◉ NL 31 N3
Nikolaev = Mykolajiv ☆ UA 56 G4
Nikolaevsk-na-Amure ☆ RUS 63 Z7
Nikonga ~ EAT 114 C6
Nikopólis, Ormós ≈ GR 54 C3
Nikoşskij = Sabtaev ☆ KZ 62 K8
Niksar ◉ TR 66 G2
Nikumaroro ⌒ KIR 95 K6
Nikunau Atoll ⌒ KIR 95 H6
Nīl, an- ~ ET 105 M5
Nil = an-Nīl ~ ET 105 M5
Nilüfer Çayı ~ TR 55 L2
Nimar ≐ IND 69 E9
Nimba Range ▲ LB 110 F6
Nimburg = Nymburk ◉ CZ 37 B6
Nîmes ☆ F 33 J5
Nimini Hills ▲ WAL 110 E5
Nine Degree Channel ≈ IND 65 L9
Ninety Mile Beach ≐ AUS 93 J5
Ninety Mile Beach ≐ NZ 99 D1
Ningbo ◉ CN 79 M2
Ninh Bình ☆ VN 84 F1
Ninigo Group ⌒ PNG 83 M7
Niniva ⌒ TO 98 b1
Niobrara River ~ USA 128 F2
Niokolo Koba ~ SN 110 D3
Niolu ⌒ F 33 N6
Niort ☆ F 32 D2
Nipe, Bahía de ≈ C 139 H4
Nipin River ~ CDN 125 Q4
Nipissing River ~ CDN 126 E6
Nipoué ~ CI 110 F6
Nippon Kai = Sea of Japan ≈ 75 P3
Niri, Baie de ≈ F 98 c4
Niš ◉ SRB 52 F3
Nisa ~ CZ 34 K6
Nišava ~ SRB 47 J3
Nishino-shima ⌒ J 81 J5
Nishi-Sonogi-hantō ≐ J 80 G7
Nishi-suidō ≈ 80 G6
Nisi-no-shima ⌒ J 75 Q6
Niska = Niesky ☆ D 34 K5
Nissan ~ S 21 F8
Nissides Adélfi ⌒ GR 55 J6
Nissí Petalií ⌒ GR 54 G5
Níssiros ⌒ GR 47 L6
Nissum Bredning ≈ DK 21 C8
Nissum Fjord ≈ DK 22 C4
Nistru ~ MD 56 F4
Nith ~ GB 26 F6
Nitra ☆ SK 37 E8
Nitra ~ SK 37 E8
Niuafo'ou ⌒ TO 96 F4
Niuatoputapu ⌒ TO 96 G4
Niue ⌒ NZ 97 H4
Niulakita ⌒ TUV 95 H8
Niutaca, Córrego ~ BR 150 B4
Niutao ⌒ TUV 95 H7
Nivernais ≐ F 25 J9
Nivernais, Collines du ▲ F 31 K7
Nízke Tatry ▲ SK 29 P4
Nižnekamsk ☆ RUS 19 W4
Nižneudinsk ☆ RUS 62 Q7
Nižnevartovsk ☆ RUS 62 M5
Nižnij Novgorod ☆ RUS 39 T3
Nižnij Tagil ☆ RUS 19 X4
Nižnjaja Tunguska ~ RUS 62 R5
Nizza = Nice ☆ F 33 M5
Njasviž ☆ BY 38 K5
Njeävdám = Näätämöjoki ~ FIN 20 O2
Njeleli ~ ZA 117 K1
Njombe ☆ EAT 113 H3
Njombe ~ EAT 114 E7
Njudung ≐ S 22 K3
Njuja ~ RUS 63 T5
Njunes ▲ N 20 J2
Njurba ☆ RUS 63 U5
Nkusi ~ EAU 114 C3
Nmai Hka ~ MYA 73 K1
Noa Dihing ~ IND 73 K1
Noakhali ☆ BD 73 G3
Noatak River ~ USA 122 D3
Noce ~ I 48 F2
Nodeland ◉ N 22 C2
Noel Paul's River ~ CDN 127 Q4
Nördliche Cook-Inseln = Northern Cook Islands ⌒ CK 97 H3
Nördlingen ◉ D 35 F8
Nogales ◉ MEX 128 D4
Nogat ~ PL 29 P1
Noginsk ☆ RUS 39 Q4
Nogliki ☆ RUS 63 Z7
Noguera, Riu ~ E 43 L2
Noir, Causse ▲ F 32 H4
Noire, Rivière ~ CDN 126 F5
Noires, Montagnes ▲ RH 139 J5
Noirmoutier, Île de ⌒ F 25 F9
Nola ☆ RCA 105 J8
Nombre de Dios, Cordillera ▲ HN 137 L5
Nomuka ⌒ TO 98 b2
Nomuka Group ⌒ TO 98 b2
Nong Khai ☆ T 84 D3
Nonouti ⌒ KIR 95 G6
Noord-Beveland ⌒ NL 31 L3
Noordoostpolder ≐ NL 31 N2
Nootka Island ⌒ CDN 122 L7
Nootka Sound ≈ CDN 124 G7
Nora ☆ S 22 K1
Nordegg River ~ CDN 125 M5
Nordenšel'da, arhipelag ⌒ RUS 62 O2
Norderney ⌒ D 28 J2
Norderøer = Norðoyar ⌒ FO 24 D1
Nordfjordeid ☆ N 21 C6
Nordfjorden ≈ N 21 B6
Nordfriesische Inseln ⌒ D 28 J2
Nordfriesland ≐ D 34 D2
Nordhausen ☆ D 34 F5
Nordhorn ☆ D 34 C4
Nordkinnhalvøya ≐ N 20 N1
Nordkvaløy ⌒ N 20 J1
Norðoyar ⌒ FO 24 D1
Nordpolarmeer ≈ 154 A64
Nordre Strømfjord ≈ DK 123 Z3
Nordrussischer Landrücken = Severnye uvaly ▲ RUS 19 V4
Nordsee = North Sea ≈ 18 M4
Nordsibirisches Tiefland = Severo-Sibirskaja nizmennost' ≐ RUS 62 R3
Nordstrand ≐ D 34 D2
Nore ~ IRL 27 B9
Norfolk Island ⌒ AUS 91 O5
Norische Alpen ▲ A 29 M5
Normanby Island ⌒ PNG 83 O9
Normandie ≐ F 18 L6
Norman River ~ AUS 90 J3
Norman's Cay ⌒ BS 139 G2
Norra Borgafjällen ▲ S 20 G4
Norra Ljusterö ⌒ S 23 O1
Norra Storfjället ▲ S 20 G4
Norrbotten ≐ S 20 K4
Norrköping ☆ S 23 M2
Norskahavið = Norwegian Sea ≈ 18 K2
Norskehavet = Norwegian Sea ≈ 18 K2
Norte, Cayo ⌒ MEX 137 L3
Norte, Serra do ▲ BR 145 H7
Norte de Chiapas, Montañe del ▲ MEX 137 H4
North Andaman ⌒ IND 82 B4
North Astrolabe Reef ⌒ FJI 98 b3
North Auckland Peninsula ≐ NZ 96 D8
North Bay ≈ IND 71 a5
North Bimini ⌒ BS 138 F2
North Caicos ⌒ GB 139 K4
North Channel ≈ GB 18 K4
North Devon Coast ≐ GB 27 E10
Northeast Providence Channel ≈ BS 139 G2
Northeim ☆ D 34 F5
Northern Cay ⌒ BZ 137 L4
North Fork ~ USA 130 G2
North Fork Clearwater River ~ USA 130 G2
North Fork Holston River ~ USA 132 G7
North Fork John Day River ~ USA 130 E3
North Fork Payette River ~ USA 130 F3
North Goulburn Island ⌒ AUS 90 G2
North Island ⌒ EAK 114 E1
North Island ⌒ NZ 96 D8
North Island ⌒ USA 135 J3
North Lincoln Land ≐ CDN 123 U1
North Male Atoll ⌒ MV 70 B8
North Malosmadulu Atoll ⌒ MV 70 A8
North Manitou Island ⌒ USA 132 E3
North Milk River ~ CDN 125 O7
North Minch ≈ GB 24 E3
North Nilandu Atoll ⌒ MV 70 B9
North Oconee River ~ USA 135 G3
North Pahroc Range ▲ USA 131 G7
North Platte River ~ USA 128 F2
North Reef = Bej Jiao ⌒ CN 82 F3
North Rona ⌒ GB 24 D3
North Ronaldsay ⌒ GB 24 F3
North Santiam River ~ USA 130 C3
North Saskatchewan River ~ CDN 122 O6
North Saskatchewan River ~ CDN 125 M6
North Saskatchewan River ~ CDN 125 N5
North Saskatchewan River ~ CDN 125 Q5
North Saskatchewan River ~ CDN 125 R5
North Sea ≈ 18 M4
North Slope ≐ USA 122 D3
North Sound, The ≈ GB 26 G2
North Taranaki Bight ≈ NZ 96 D8
North Thompson River ~ CDN 124 K6
North Uist ⌒ GB 24 C4
Northumberland ≐ GB 26 G7
Northumberland Strait ≈ CDN 123 Y7
North Umpqua River ~ USA 130 C4
North Walsham ☆ GB 27 K9
North West Basin ≐ AUS 90 C4
Northwest Cay ⌒ BS 139 H4
Northwest Feeder ~ CDN 127 Q2
Northwest Gander River ~ CDN 127 R4
Northwest Highlands ▲ GB 24 E4
Northwest Providence Channel ≈ BS 138 F1
Norton Bay ≈ USA 122 D4
Norton Sound ≈ USA 122 C4
Norwegian Bay ≈ CDN 123 S1
Norwegian Sea ≈ 18 K2
Norwegische See = Norwegian Sea ≈ 18 K2
Norwich ◉ GB 27 L9
Nosop ~ BW 116 E2
Nosratābād ◉ IR 64 J5
Nossebro ☆ S 22 H2
Nossob ~ NAM 116 D1
Nosy Be ⌒ RM 113 L4
Nosy Mitsio ⌒ RM 113 L4
Nosy Radama ▲ RM 113 L4
Nosy Sainte-Marie ⌒ RM 113 M5
Noteć ~ PL 29 N2
Noteć ~ PL 36 D3
Noteć ~ PL 36 E4
Nótii Sporádes ⌒ GR 19 R8
Nótios Evboïkós Kólpos ≈ GR 47 J5
Nótio Stenó Kérkiras ≈ GR 54 C3
Noto ◉ I 51 J6
Noto, Golfo di ≈ I 46 E6
Notodden ◉ N 22 E1
Noto-hantō ≐ J 75 P4
Noto-shima ⌒ J 81 L5
Notranjsko ◉ SLO 49 K3
Notre-Dame, Monts ▲ CDN 123 W7
Notre Dame Bay ≈ CDN 123 Z7
Nottaway, Rivière ~ CDN 123 V6
Nottingham ☆ GB 27 H9
Nottingham Island ⌒ CDN 123 U4
Nottoway River ~ USA 133 K7
Notuken Creek ~ CDN 125 R7
Nouâdhibou ☆ RIM 104 B4
Nouakchott = Nuwākšūt ★ RIM 104 B5
Nouans-les-Fontaines ◉ F 32 F1
Nouhao ~ BF 111 K4
Nouméa ☆ F 98 b4
Nouvelle-Calédonie ⌒ F 96 B5
Nova Gradiška ☆ HR 49 N3
Novaja Sibir', ostrov ⌒ RUS 63 a2
Novaja Zemlja ⌒ RUS 62 G3
Novara ☆ I 48 D3
Nova Varoš ◉ SRB 52 D3
Novgorod = Velikij Novgorod ☆ RUS 39 M2
Novhorod-Sivers'kyj ◉ UA 56 H1
Novi Pazar ◉ SRB 52 E3
Novi Sad ☆ SRB 52 D1
Novočerkassk ☆ RUS 57 M4
Novokuzneck ☆ RUS 62 O7
Novo mesto ◉ SLO 49 L3
Novomoskovsk ☆ RUS 39 P4
Novopolock = Navapolack ◉ BY 38 K4
Novorossijsk ☆ RUS 57 K5
Novoselycja ☆ UA 56 D3
Novosibirsk ☆ RUS 62 N6
Novosibirskie ostrova ⌒ RUS 63 Y2
Novska ☆ HR 49 M3
Nowaja Semlja = Novaja Zemlja ⌒ RUS 62 G3
Nowe ◉ PL 36 E3
Nowy Sącz ◉ PL 37 G7
Noyes Island ⌒ USA 124 C4
Nsé ~ CI 110 G7
Nth Fork ~ USA 130 G5
Ntungamo ☆ EAU 114 C4
Nuaneteze, Rio ~ MOC 117 K1
Nūba, an- ≐ SUD 105 L5
Nūba, Ṣaḥrā' an- ≐ SUD 105 M4
Nubien = an-Nūba ≐ SUD 105 L5
Nubische Wüste = Ṣaḥrā' an-Nūba ≐ SUD 105 M4
Nuch River ~ LB 110 F7
Nucuray, Río ~ PE 148 C4
Nudo de Apolobamba ▲ PE 149 G9
Nueces River ~ USA 128 G5
Nürnberg ☆ D 35 G7
Nueva Gerona ☆ C 138 D4
Nueva Loja ☆ EC 148 C1
Nuevitas, Bahía de ≈ C 139 G4
Nugent Island ⌒ NZ 96 F6
Nui ⌒ TUV 95 H7
Nujiang Lisuzu Zizn ▲ CN 73 L1
Nuku'alofa ★ TO 98 b2
Nukubasaga ⌒ FJI 98 c2
Nukufetau Atoll ⌒ TUV 95 H7
Nukulaelae Atoll ⌒ TUV 95 H7
Nukumanu Atoll = Tasman Islands ⌒ PNG 94 D6
Nukunonu Atoll ⌒ NZ 95 K7
Nukuoro Atoll ⌒ FSM 94 C5
Nukus ☆ UZ 64 H2
Nukutavake Atoll ⌒ F 97 O4
Nukutepipi Atoll ⌒ F 97 M5
Nukutolu ⌒ FJI 98 b2
Nullarborebene = Nullarbor Plain ≐ AUS 90 E6
Nullarbor Plain ≐ AUS 90 E6
Nu'mān, Ğazīrat an- ⌒ KSA 109 G4
Nu'mānīya, an- ☆ IRQ 67 L6
Numedal ≐ N 21 D6
Numeralla River ~ AUS 93 K4
Numfoor, Pulau ⌒ RI 83 K7
Nunavik ≐ DK 123 Z2
Nunez R. ~ RG 110 C4
Nunivak Island ⌒ USA 122 C5
Nuoro ☆ I 50 C2
Nuqay, Jabal ▲ LAR 105 J4
Nūrābād ◉ IR 67 M5
Nur Dağları ▲ TR 66 F4
Nūrestān ☆ AFG 68 C2
Nurhak Dağı ▲ TR 66 G3
Nurra, la ≐ I 50 B2
Nurse Channel ≈ BS 139 G3
Nur-Sultan ★ KZ 62 L7
Nurzec ~ PL 36 J4
Nu Shan ▲ CN 73 L1
Nuuk ☆ DK 123 a4
Nu'ulua Island ⌒ USA 98 b2
Nuussuaq Halvø ≐ DK 123 a2
Nuwākšūt = Nouakchott ★ RIM 104 B5
Nuwara Eliya ◉ CL 71 F7
Nuweveldberge ▲ ZA 116 E6
Nuyts Archipelago ⌒ AUS 90 G6
Nyabarongo ~ RWA 114 B4
Nyahua ~ EAT 114 D6
Nyainqêntanglha Shan ▲ CN 74 F6
Nyalā ☆ SUD 105 K6
Nyanga ~ G 112 D2
Nyborg ◉ DK 22 F5
Nybro ☆ S 23 L4
Nyeri ☆ EAK 114 F4
Nyika Plateau ▲ MW 113 H4
Nyíregyháza ☆ H 37 H9
Nyiri Desert ≐ EAK 115 F5
Nyírség ≐ H 37 H9
Nyiru Range ▲ EAK 115 F2
Nyköping ☆ S 23 N2
Nylrivier ~ ZA 117 J2
Nymburk ◉ CZ 37 B6
Nynäshamn ☆ S 23 N2
Nyon ◉ CH 35 B10
Nyong ~ CAM 104 H8
Nyord ⌒ DK 22 H5
Nysa ◉ PL 37 D6
Nysa Kłodzka ~ PL 36 D6
Nysa Kłodzko ~ PL 37 C6
Nysa Łużycka ~ PL 29 N3
Nystad = Uusikaupunki ◉ FIN 21 K6
Nyžnegorskij ☆ RUS 57 J5
Nyžn'ohirs'kyj = Nyžnegorskij ☆ RUS 57 J5
Nzérékoré ☆ RG 110 F6
Nzi ~ CI 111 H5
Nzi ~ CI 111 H6
Nzo ~ CI 110 G6
Nzoia ~ EAK 114 E3
Nzoro ~ CGO 114 B2
Nzoro ~ CGO 114 C2

O

O'ahu ⌒ USA 128 b6
Oakham ◉ GB 27 J9
Oaxaca de Juárez ☆ MEX 136 F4
Ob' ~ RUS 62 K4
Obamska, Rivière ~ CDN 126 E3
Ob-Busen = Obskaja guba ≈ RUS 62 L4
Obe ⌒ VU 96 C4
Obe ◉ AFG 64 J4
Oberá ◉ RA 151 C7
Oberammergau ◉ D 35 G9
Oberbayern ≐ D 35 G9
Oberehnheim = Obernai ◉ F 31 P6
Oberfranken ≐ D 35 F7
Oberguinea = Upper Guinea ≐ 104 E7
Oberhausen ☆ D 34 B5
Oberlausitz ≐ D 34 K5
Oberpfälzer Wald ▲ D 29 M4
Oberpullendorf ☆ A 37 C9
Oberstdorf ◉ D 35 F9
Oberwart ☆ A 37 C9
Oberwölz Stadt ◉ A 35 K9
Obi, Pulau ⌒ RI 83 J7
Óbidos ◉ P 42 A5
Obitočna kosa ≐ UA 57 K4
Obo ☆ RCA 105 L7
Obra ~ PL 29 N2
Obra ~ PL 36 C4
Obra ~ PL 36 C5
Obrovac ☆ HR 49 L4
Obruk Yaylâsı ≐ TR 66 E3
Obščij syrt ▲ RUS 19 V5
Observatory Inlet ≈ CDN 124 E4
Obskaja guba ≈ RUS 62 L4
Obytočna zatoka ≈ UA 57 J4
Očamčira ☆ GE 57 M6
Ocamo, Río ~ YV 147 H6
Ocean Bight ≈ BS 139 J4
Ochil Hills ▲ GB 26 F5
Ŏch'ŏng-do ⌒ ROK 80 E5
Ocho Rios ◉ JA 139 G5
Ochotskisches Meer = Ohotskoe more ≈ 63 a7
Ocmulgee River ~ USA 134 G3
Ocoa, Bahía de ≈ DOM 139 K5
Ocoa, Sierra de ▲ DOM 139 K5
Ocoña, Río de ~ PE 149 E10
Oconee River ~ USA 135 G3
Oconee River, North ~ USA 135 G3
Oconto River ~ USA 132 D3
Ocotal ☆ NIC 137 L6
Ocotlán ◉ MEX 136 F4
Ocreza, Ribeira da ~ P 40 C5
Ódáðahraun ▲ IS 20 e2
Odense ◉ DK 22 F5
Odenwald ▲ D 28 K4
Oder ~ D 29 N2
Oder = Odra ~ PL 36 B5
Oderbruch ≐ D 29 N2
Oder-Havel-Kan. ~ D 34 J4
Oderské vrchy ▲ CZ 37 D7
Odesa ☆ UA 56 G4
Odessa = Odesa ☆ UA 56 G4
Odiel, Río ~ E 44 D4
Odienné ☆ CI 110 F5
Odoev ☆ RUS 39 P5
Odra ~ CZ 37 E6
Odra ~ PL 18 P5
Odra ~ PL 29 O3
Odra ~ PL 36 A3
Odra ~ PL 36 B5
Odra ~ PL 37 E7
Öckerö ⌒ S 22 G3
Ödenburg = Sopron ◉ H 37 C9
Ödeshög ☆ S 22 K2
Oeiras, Ribeira de ~ P 44 B4
Öland ⌒ S 18 P4
Ölgij ☆ MGL 74 F2
Oels = Oleśnica ◉ PL 36 D5
Ömerli ☆ TR 53 O5
Öndörhaan ☆ MGL 75 L2
Oe-raro-do ⌒ ROK 80 F6
Örebro ☆ S 23 L1
Örség ≐ H 37 C10
Örtze ~ D 34 F4
Ösel = Saaremaa saar ⌒ EST 19 P4
Ösling ≐ L 31 N5
Österbotten = Pohjanmaa ≐ FIN 20 L5
Österbymo ☆ S 23 L3
Österdalälven ~ S 21 F6
Östergötland ≐ S 21 G8
Östersjön = Baltic Sea ≈ 18 O5
Östersund ☆ S 20 G5
Östlicher Großer Erg = Grand Erg Oriental ≐ DZ 104 F3
Östlicher Koreagolf = Tongjosŏn-man ≈ KP 75 O4
Östlicher Sajan = Vostočnyj Sajan ▲ RUS 62 P6
Östliche Sierra Madre = Sierra Madre Oriental ▲ MEX 128 F5
Östliche Wüste = aš-Ṣaḥrā' aš-Šarqīya ≐ ET 105 M3
Oettingen in Bayern ◉ D 35 F8
Ötztaler Alpen ▲ A 35 F9
Övertorneå ◉ S 20 L3
Öxarfjörður ≈ IS 20 e1
Oeyeondo ⌒ ROK 80 F5
Ofanto ~ I 46 E4
Offenbach am Main ☆ D 35 D6
Offenburg ☆ D 35 C8
Ofidoússa ⌒ GR 55 H6
Ofolanga ⌒ TO 98 b1
Ofotfjorden ≈ N 20 H2
Ofu Island ⌒ USA 98 b2
Oga-hanto ≐ J 81 M4
Ogasawara-shotō ⌒ J 75 Q7
Ogea Driki ⌒ FJI 98 c3
Ogea Levu ⌒ FJI 98 c3
Ogeechee River ~ USA 135 H3
Oger = Ogre ☆ LV 38 J3
Ogilvie Mountains ▲ CDN 122 H3
Oglat Maghboura ~ DZ 106 F4
Oglio ~ I 46 C2
Ognat, Baie d' ≈ F 98 c3
Ognon ~ F 25 L9
Ogoki River ~ CDN 123 T6
Ogooué ~ G 112 D1
Ogosta ~ BG 52 H3
Ogou ~ TG 111 L5
Ogražden ▲ BG 52 G5
Ogulin ☆ HR 49 L3
Oha ☆ RUS 63 Z7
Ohio River ~ USA 129 J3
Ohio River ~ USA 129 K3
Ohio River ~ USA 132 E6
Ohio River ~ USA 132 F6
Ohota ~ RUS 63 Z5
Ohotsk ☆ RUS 63 Z6
Ohotskoe more ≈ 63 a7
Ohře ~ CZ 29 M3
Ohre ~ D 34 G4
Ohrid ◉ MK 52 E5
Oiapoque ~ BR 145 J4
Ōi-gawa ~ J 81 M6
Oileain Árann ⌒ IRL 24 B6
Oise ~ F 25 J8
Oise ~ F 31 K5
Ojika-sh. ⌒ J 80 G7
Ojmjakonskoe nagor'e ▲ RUS 63 Z5
Ojos del Guadiana ~ E 42 G5
Oka ~ RUS 19 T5
Oka ~ RUS 19 U5
Oka ~ RUS 39 O5
Oka ~ RUS 39 P4
Oka ~ RUS 39 P5
Oka ~ RUS 62 R7
Okanagan Valley ≐ CDN 125 L7
Okano ~ G 112 D1
Okanogan Range ▲ USA 130 D1
Okavango ~ 112 E5
Okavangobecken = Okavango Delta ≐ BW 112 F5
Okavango Delta ≐ BW 112 F5
Okehampton ◉ GB 27 F11
Oker ~ D 34 F4
Okere ~ EAU 114 D2
Oki ⌒ J 75 P4
Oki-daitō-shima ⌒ J 75 P7
Oki-kaikyō ≈ J 81 J6
Okinawa-shima ⌒ J 75 O6
Okinawa-shotō ⌒ J 75 O6
Okinoerabu-shima ⌒ J 75 O6
Okino-shima ⌒ J 81 J7
Okino-Tori-Shima ⌒ J 75 Q7

Oklahoma City ☆ USA 128 G3
Okny ☆ UA 56 F4
Okok ~ EAU 114 D2
Okpara ~ BJ 111 M5
Okrzejka ~ PL 36 H5
Øksfjordjøkelen ▲ N 20 L1
Okstindan ▲ N 20 G4
Oktjabr' ☆ KZ 19 X6
Oktjabr'sk = Oktjabr' ☆ KZ 19 X6
Oktjabr'skoj Revoljucii, ostrov ⌒ RUS 62 P2
Oku ~ CGO 114 A5
Okujirishima ⌒ J 81 M2
Okulovka ☆ RUS 39 N2
Okushiri-tō ⌒ J 75 Q3
Okwa ~ BW 112 F6
Ola, Joškar- ☆ RUS 19 V4
Oława ◉ PL 36 D6
Olbia, Golfo di ≈ I 50 C2
Old Brahmaputra ~ BD 73 G2
Oldenburg ☆ D 34 D3
Oldesloe, Bad ☆ D 34 F3
Old Man on His Back Plateau ≐ CDN 125 Q7
Oldman River ~ CDN 125 N6
Oldman River ~ CDN 125 O7
Ol Doinyo Lenkiyio ▲ EAK 115 F3
Olëkma ~ RUS 63 V6
Olëkminsk ☆ RUS 63 V5
Olenëk ~ RUS 62 S4
Olenëk ~ RUS 63 U4
Olenëkskij zaliv ≈ RUS 63 U3
Olenij, ostrov ⌒ RUS 62 M3
Oléron, Île d' ⌒ F 18 L6
Oleśnica ◉ PL 36 D5
Olib ⌒ HR 46 E2
OlifantsRiver ~ ZA 116 D5
Olifants ~ NAM 116 C1
Olifantsrivier ~ ZA 112 E6
Olifantsrivier ~ ZA 112 G6
Olifantsrivier ~ ZA 116 D6
Olifantsrivier ~ ZA 116 E6
Olimarao Atoll ⌒ FSM 83 N5
Olinda ◉ BR 145 N6
Olita = Alytus ☆ LT 38 J4
Olivine Range ▲ NZ 99 B6
Oljutorskij poluostrov ≐ RUS 63 f5
Oljutorskij zaliv ≈ RUS 63 e5
Ol Keju Ado ~ EAK 115 F5
Olkusz ◉ PL 37 F6
Olmedo ◉ E 42 F3
Olmütz = Olomouc ☆ CZ 37 D7
Olofström ☆ S 22 K4
Oloj ~ RUS 63 d4
Olojskij hrebet ▲ RUS 63 d4
Olomane, Rivière ~ CDN 127 O3
Olomouc ☆ CZ 37 D7
Oloron-Sainte-Marie ◉ F 32 D5
Olosega Island ⌒ USA 98 c2
Olpe ☆ D 34 C5
Olsztyn ☆ PL 36 G3
Olt ~ RO 19 Q7
Olteniţa ◉ RO 56 E5
Olteţ ~ RO 56 C5
Oltu Çayı ~ TR 67 J2
Olympia ☆ USA 130 C2
Olympic Mountains ▲ USA 130 C2
Om' ~ RUS 62 M6
Omagh ◉ GB 26 B7
Oman, Gulf of ≈ IR 64 H5
Omañas, Río ~ E 42 E2
Omatako ~ NAM 112 E5
Ombai, Selat ≈ RI 82 H8
Ombo ⌒ N 22 A1
Ombrone ~ I 46 C3
Omčug, Ust'- ☆ RUS 63 a5
Omdurman = Umm Durmān ◉ SUD 105 M5
Ometepe, Isla de ⌒ NIC 129 J8
Ometepec ◉ MEX 136 E4
Omineca Mountains ▲ CDN 122 L5
Omineca River ~ CDN 124 H4
Omiš ☆ HR 49 M5
Ommanney Bay ≈ CDN 122 Q2
Omø ⌒ DK 22 G5
Omoa ◉ HN 137 K5
Omoloj ~ RUS 63 X3
Omolon ~ RUS 63 c4
Omono-gawa ~ J 81 N4
Omo Wenz ~ ETH 105 N7
Omsk ☆ RUS 62 L7
Omsukčan ☆ RUS 63 c5
Omsukčanskij hrebet ▲ RUS 63 b5
Omulew ~ PL 36 H3
Ōmura-wan ≈ J 80 G7
Omutninskij ☆ RUS 62 K6
Ondarroa ◉ E 43 H1
Ondava ~ SK 37 H7
Ondavská vrchovina ▲ SK 37 H7
Ondjiva ☆ ANG 112 E5
One and Half Degree Channel ≈ MV 70 B10
Oneata ⌒ FJI 96 F4
Onega ~ RUS 19 T3
Onegabucht = Onežskaja guba ≈ RUS 19 T3
Onekotan, ostrov ⌒ RUS 63 b8
Onežskaja guba ≈ RUS 19 T3
Ong ~ IND 72 C4
OngeluksRiver ~ ZA 116 D6
Ongersrivier ~ ZA 116 F5
Ongombua, Île ⌒ F 98 a2
Onikschty = Anykščiai ◉ LT 38 J4
Onitsha ☆ NGR 104 G7
Ono ⌒ FJI 98 b3
Ono-i-Lau ⌒ FJI 96 F5
Onon ~ RUS 63 T7
Onotoa Atoll ⌒ KIR 95 H6
Ons, Illa de ⌒ E 42 A2
Onslow Bay ≈ USA 129 L4
Ontario Peninsula ≐ CDN 126 D7
Ontong Java ⌒ SOL 94 D7
Oos-Londen ◉ ZA 117 H6
Oostelijk Flevoland ⌒ NL 31 N2
Oostende ◉ B 30 K3
Oostergo ◉ NL 31 N1
Oosterschelde ≈ NL 28 G3
Opale, Côte d' ≐ F 30 J4
Opatija ☆ HR 49 K3
Opatów ◉ PL 36 H6
Opava ~ CZ 37 E6
Opilja ▲ UA 56 D3
Opinaca, Rivière ~ CDN 126 G2
Opole ☆ PL 36 D5
Oppdal ☆ N 20 D5
Oppeln = Opole ☆ PL 36 D6
Oppenheim ◉ D 35 D7
Opuwo ☆ NAM 112 D5
Ora ~ VU 98 a2
Oradea ☆ RO 56 B4
Orahovica ☆ HR 49 N3
Oral ☆ KZ 19 W5
Oral ~ KZ 19 W6
Oran = Wahrān ☆ DZ 106 F3
Orange ◉ F 33 J4
Orange ~ LS 117 J4
Orange ~ ZA 112 E7
Orange Cay ⌒ BS 138 F2
Orange Cliffs ▲ USA 131 J7
Orange Walk ☆ BZ 137 K3
Orango, Ilha de ⌒ RGB 104 B6
Orangozinho, Ilha de ⌒ RGB 110 C4
Oranienburg ☆ D 34 J4
Oranje Gebergte ▲ SME 145 H4
Oranjerivier ~ NAM 116 C4
Oranjerivier ~ ZA 112 E7
Oranjerivier ~ ZA 112 F7
Oranjerivier ~ ZA 116 E4
Oranjerivier ~ ZA 117 H5
Oranjestad ☆ NL 146 E1
Orava ~ SK 37 F7
Orb ~ F 32 H5
Orbieu ~ F 32 G5
Órbigo, Río ~ E 40 D3
Orchila, Isla ⌒ YV 147 G2
Orco ~ I 48 C3
Ordes ◉ E 42 B1
Ordos = Mu Us Shamo ≐ CN 74 K4
Ord River ~ AUS 90 F3
Ordu ☆ TR 66 G2
Ordžonikidze = Vladikavkaz ☆ RUS 57 O6
Oregon Inlet ≈ USA 135 L2
Orehovo-Zuevo ☆ RUS 39 Q4
Orel' ~ UA 57 J3
Orel = Orjol ☆ RUS 39 O5
Orenburg ☆ RUS 19 X5
Øresund ≈ 21 F9
Oreti River ~ NZ 99 B7
Orfanoú, Kólpos ≈ GR 47 K4
Orgeev = Orhei ☆ MD 56 F4
Orhei ☆ MD 56 F4
Orhej = Orhei ☆ MD 56 F4
Orhon gol ~ MGL 74 J2
Oriental, Cordillera ▲ DOM 139 L5
Oriental, Llanura ▲ DOM 139 L5
Orinoco, Delta del ≐ YV 145 G3
Orinoco, Llanos del ≐ CO 144 E4
Orinoco, Río ~ CO 147 G5
Orinoco, Río ~ YV 144 E3
Oristano ☆ I 50 B3
Oristano, Golfo di ≈ I 50 B3
Orituco, Río ~ YV 147 G3
Oritupano, Río ~ YV 147 J3
Orizaba ☆ MEX 136 F3
Ørje ☆ N 22 G1
Orjol ☆ RUS 39 O5
Orkneyinseln = Orkney Islands ⌒ GB 18 L4
Orkney Islands ⌒ GB 18 L4
Orlando ◉ USA 135 H5
Orléanais ≐ F 25 H9
Orléans ☆ F 31 J7
Orleans, Île d' ⌒ CDN 126 J5
Orlické hory ▲ CZ 37 C6
Orlik ☆ RUS 62 Q7
Orlov ~ SK 37 G7
Ormale ≐ SO 115 J2
Ormarn ◉ D 34 F3
Ormea ◉ I 48 C4
Ormós Nikópolis ≈ GR 54 C3
Ormos Soúdas ≈ GR 54 G7
Ornain ~ F 31 M6
Ornans ◉ F 33 L1
Orne ~ F 25 G8
Orneta ◉ PL 36 G2
Ornö ⌒ N 21 J7
Ornö ⌒ S 23 O1
Orø ⌒ DK 22 G5
Oro, Río de ~ RA 151 A7
Orodel ◉ RO 56 C5
Oroluk Atoll ⌒ FSM 94 C4
Orona ⌒ KIR 95 K6
Oronsay ⌒ GB 26 C5
Oropesa ◉ E 42 E5
Oropesa, Río ~ PE 149 E9
Orosei, Golfo di ≈ I 50 C2
Óros Kerkini ▲ GR 52 G5
Oroville ☆ USA 131 D6
Orşova ◉ RO 56 B5
Orteguaza, Río ~ CO 146 C7
Ortelsburg = Szczytno ◉ PL 36 G3
Orūmīye ☆ IR 67 L4
Orust ⌒ S 21 E7
Orvieto ◉ I 48 H6
Orzyc ~ PL 36 G3
Orżycja ~ UA 56 H2
Orzysz ◉ PL 36 H3
Oš ☆ KG 65 L2
Os ☆ N 20 E5
Osa ~ PL 36 E3
Osa, Península de ≐ CR 144 C3
Osaka-wan ≈ J 81 K6
Osăm ~ BG 47 K3
Oshakati ☆ NAM 112 E5
Ō Shima ⌒ J 75 O6
Ō-shima ⌒ J 81 J7
Ō-shima ⌒ J 81 M3
Ō-shima ⌒ J 81 H6
Oshima-hantō ≐ J 81 M2
Osijek ☆ HR 49 O3
Osilinka River ~ CDN 124 H3
Osinniki ☆ RUS 62 O7
Osječenica ▲ BIH 49 M4
Oskarshamn ◉ S 23 M3
Oslava ~ CZ 37 C7
Oslo ★ N 21 D7
Oslofjorden ≈ N 21 E7
Os'mjany ☆ BY 38 J4
Osnabrück ☆ D 34 D4
Ośnūye ◉ IR 67 L4
Oso ~ CGO 114 A4
Osogbo ☆ NGR 104 F7
Osogovski planina ▲ MK 47 J3
Os'otr ~ RUS 39 Q4
Ospika River ~ CDN 124 H3
Osprey Reef ⌒ AUS 91 K2
Ossabaw Island ⌒ USA 135 H4
Osse ~ F 32 E5
Ostaškov ☆ RUS 39 N3
Ostawa ~ PL 37 J7
Ostchinesisches Meer = East China Sea ≈ 79 M3
Oste ~ D 29 K2
Ostende = Oostende ◉ B 31 K3
Oster ~ RUS 39 N5
Oster ~ UA 56 G2
Østerdalen ≐ N 21 E6
Osterholz-Scharmbeck ☆ D 34 D3
Østerø = Eysturoy ⌒ FO 24 D1
Osterode am Harz ☆ D 34 F5
Osterode = Ostróda ◉ PL 36 F3
Osterstade ≐ D 34 D3
Osterwieck ◉ D 34 F5
Ostfriesische Inseln ⌒ D 28 J2
Ostfriesland ≐ D 34 C3
Ostkarpaten = Carpaţii Orientali ▲ RO 56 D4
Ostmeer = Sea of Japan ≈ 75 P3
Ostrau = Ostrava ☆ CZ 37 E7
Ostrava ☆ CZ 37 E7
Ostrevant ≐ F 31 K4
Ostróda ◉ PL 36 F3
Ostrołęka ◉ PL 36 H3
Ostrong ▲ A 37 B8
Ostrov ~ SK 29 O5
ostrova Anžu ⌒ RUS 63 Y2
ostrova Arktičeskogo instituta ⌒ RUS 62 M2
ostrova Černye Bratja ⌒ RUS 63 a8
ostrova De-Longa ⌒ RUS 63 a2
ostrova Dynaj ⌒ RUS 63 V3
ostrova Izvestij CIK ⌒ RUS 62 N2
ostrova Ajon ⌒ RUS 63 e4
ostrova Komsomol'skoj Pravdy ⌒ RUS 62 S2
ostrova Petra ⌒ RUS 62 T2
ostrov Arga-Muora-Sise ⌒ RUS 63 V3
ostrova Šantarskie ⌒ RUS 63 Y6
ostrova Sergeja Kirova ⌒ RUS 62 O2
ostrov Atlasova ⌒ RUS 63 b7
ostrov Bel'kovskij ⌒ RUS 63 W2
ostrov Belyj ⌒ RUS 62 K3
ostrov Bennetta ⌒ RUS 63 a2
ostrov Bol'ševik ⌒ RUS 62 Q2
ostrov Bol'šoj Begičev ⌒ RUS 62 T3
ostrov Bol'šoj Ljahovskij ⌒ RUS 63 Z3
ostrov Bol'šoj Šantar ⌒ RUS 63 Y7
ostrov Bol'šoj Setnoj ⌒ RUS 57 Q5
ostrov Bol'šoj Tjuters ⌒ RUS 38 K2
ostrov Bol'šoj Zjudostinskij ⌒ RUS 57 Q5
ostrov Čečen ⌒ RUS 57 P5
ostrov Ekarma ⌒ RUS 63 b8
ostrov Faddeevskij ⌒ RUS 63 Z2
ostrov Gogland ⌒ RUS 38 K2
Ostrovicës, Mali i ▲ AL 52 E6
ostrov Iturup ⌒ RUS 63 a9
ostrov Karaginskij ⌒ RUS 63 d6
ostrov Ketoj ⌒ RUS 63 b8
ostrov Kolguev ⌒ RUS 19 U2
ostrov Komsomolec ⌒ RUS 62 O1
ostrov Kotel'nyj ⌒ RUS 63 X3
ostrov Kunašir ⌒ RUS 75 R3
ostrov Malyj Ljahovskij ⌒ RUS 63 Z3
ostrov Matua ⌒ RUS 63 b8
ostrov Moristyj ⌒ RUS 57 P5
ostrov Morskoj Birjučok ⌒ RUS 57 P5
ostrov Moščnyj ⌒ RUS 38 K2
ostrov Novaja Sibir' ⌒ RUS 63 a2
ostrov Oktjabr'skoj Revoljucii ⌒ RUS 62 P2
ostrov Olenij ⌒ RUS 62 M3
ostrov Onekotan ⌒ RUS 63 b8
ostrov Paramušir ⌒ RUS 63 b7
ostrov Pioner ⌒ RUS 62 O2
ostrov Rasšua ⌒ RUS 63 b8
ostrov Russkij ⌒ RUS 62 P2
ostrov Sahalin ⌒ RUS 63 Z7
ostrov Šiaškotan ⌒ RUS 63 b8
ostrov Sibirjakova ⌒ RUS 62 M3
ostrov Šikotan ⌒ RUS 63 a9
ostrov Simušir ⌒ RUS 63 b8
ostrov Šmidta ⌒ RUS 62 O1
ostrov Stolbovoj ⌒ RUS 63 X3
ostrov Šumšu ⌒ RUS 63 c7
ostrov Sverdrup ⌒ RUS 62 M3
ostrov Tjulenij ⌒ RUS 57 P5
ostrov Uedinenija ⌒ RUS 62 M2
ostrov Urup ⌒ RUS 63 a8
ostrov Ušakova ⌒ RUS 62 L1
ostrov Vajgač ⌒ RUS 62 H3
ostrov Vize ⌒ RUS 62 M2
ostrov Vrangelja ⌒ RUS 63 g3
ostrov Zelenyj ⌒ RUS 75 S3
ostrov Zemlja Bunge ⌒ RUS 63 Y2
ostrov Zjudev ⌒ RUS 57 Q5
ostrov Žohova ⌒ RUS 63 b2
Ostrów Wielkopolski ◉ PL 36 D5
Ostrzeszów ◉ PL 36 D5
Ostsee = Baltic Sea ≈ 18 O5
Ostsibirische See = Vostočno-Sibirskoe more ≈ RUS 63 a3
Osttirol ≐ A 29 M5
Osum, Lumi ~ AL 47 H4
Ōsumi-hantō ≐ J 81 H8
Ōsumi-kaikyō ≈ J 75 O5
Ōsumi-shotō ⌒ J 75 P5
Oświęcim ◉ PL 37 F6
Otago Peninsula ≐ NZ 96 D10
Otava ~ CZ 35 J7
Otavalo ◉ EC 148 B1
Othe, Forêt d' ≐ F 31 L7
Othoní ⌒ GR 51 N3
Oti ~ GH 104 F7
Oti ~ TG 111 L4
Otjimbingwe ◉ NAM 116 C1
Otjisewa ~ NAM 116 C1
Otjiwarongo ☆ NAM 112 E6
Otlukbeli Dağları ▲ TR 67 H3
Otočac ☆ HR 49 L4
Otra ~ N 21 C7
Otranto, Canale d' ≈ I 19 P7
Otta ~ N 20 C5
Ottawa ★ CDN 126 G6
Ottawa Islands ⌒ CDN 123 U5
Ottawa River ~ CDN 123 V7
Otterndorf ◉ D 34 D3
Otu Tolu Group ⌒ TO 96 G5
Otway Ranges ▲ AUS 93 G5
Ouachita Mountains ▲ USA 128 H4
Ouachita River ~ USA 128 H4
Ouadane ◉ RIM 104 C4
Ouadou ~ RIM 110 E2
Ouagadou ≐ RMM 111 G2
Ouagadougou ★ BF 111 K3
Ouahigouya ☆ BF 111 J3
Ouahila ≐ DZ 106 D7
Oualâta ◉ RIM 104 D5
Ouanda Djallé ◉ RCA 105 K7
Ouaninou ◉ CI 110 F5
Ouanne, l' ~ F 31 L7
Ouaou ~ RG 110 E5
Oua Oua ▲ RIM 110 D2
Ou'Apele River ~ CDN 122 Q6
Ouar, Erg el ≐ DZ 107 K6
Ouarâne ≐ RIM 104 D4
Ouareau, Rivière ~ CDN 126 H5
Ouargla ☆ DZ 107 J5
Ouarkziz, Jbel ▲ MA 104 C3
Ouarsenis, Massif de l' ▲ DZ 107 G3
Oubangui ~ RCB 112 E1
Ouche ~ F 33 J1
Ouche, Pays d' ≐ F 30 H6
Ouébia ~ F 98 b3
Oued in Sokki ~ DZ 107 H6
Oued Afflisses ~ DZ 107 G6
Oued Aguemour ~ DZ 107 J7
Oued Ain Bin Tili ~ WSA 106 B7
Oued Aït-Aïssa ~ MA 106 E4
Oued al-Hamra ~ RIM 106 B7
Oued Barika ~ DZ 107 J3
Oued Besbes ~ DZ 107 J3
Oued Beth ~ MA 106 D4
Oued Bou Ali ~ DZ 107 H5
Oued Charef ~ MA 106 E4
Oued Chebaba ~ DZ 107 H6
Oued Chelif ~ DZ 106 G3
Oued Dadès ~ MA 106 C5
Oued Daoura ~ DZ 104 E3
Oued Djaret ~ DZ 107 G7
Oued Djedi ~ DZ 104 F2
Oued Djedi ~ DZ 107 J3
Oued Drâa ~ MA 104 D3
Oued Drâa ~ MA 106 B6
Oued Drâa ~ MA 106 C5
Oued el-Abid ~ MA 106 C4
Oued el-Abyad ~ DZ 107 J3
Oued el-Arab ~ DZ 107 K3
Oued el Attar ~ DZ 107 J4
Oued el-Botha ~ DZ 107 H7
Oued el-Djara ~ DZ 107 H7
Oued el-Fahl ~ DZ 107 H5
Oued el-Hadjadj ~ DZ 107 J6
Oued el-Hallail ~ DZ 107 K3
Oued el-Ham ~ DZ 107 H3
Oued el-Hattab ~ TN 107 L3
Oued el-Hay ~ MA 106 E3
Oued el-Kebir ~ TN 107 K3
Oued el-Khatt ~ WSA 104 C3
Oued el-Korima ~ DZ 106 F4
Oued el-Mitlā ~ DZ 107 K3
Oued el-Rharbi ~ DZ 106 G4
Oued Emirhou ~ DZ 107 L8
Oueden en Nsa ~ DZ 107 H4
Oued En Naga ~ DZ 106 C6
Oued En Namous ~ DZ 106 F5
Oued En Nsa ~ DZ 107 J4
Oued Es-Seggeur ~ DZ 107 G4
Oued ez-Zargoun ~ DZ 107 H4
Oued Fessi ~ TN 107 M4
Oued Garfa ~ RIM 110 D2
Oued Gheris ~ MA 106 D5
Oued Grou ~ MA 106 C4
Oued Guir ~ MA 106 E5
Oued Guir ~ 104 E2
Oued Irharhar ~ DZ 104 F3
Oued Irharhar ~ DZ 107 J7
Oued Isly ~ MA 106 E3
Oued Ittel ~ DZ 107 J4
Oued Jeneien ~ TN 107 L5
Oued Massine ~ DZ 107 H7
Oued Mazar ~ DZ 107 G4
Oued Mehaïguene ~ DZ 107 H4
Oued Meirir ~ DZ 106 F3
Oued Mejerda ~ TN 107 M2
Oued Meliane ~ TN 107 L2
Oued Mellah ~ MA 106 C4
Oued Mellegue ~ TN 107 K3
Oued Mellouloú ~ MA 106 E4
Oued Meskiana ~ DZ 107 K3
Oued Messaoud ~ DZ 106 F6
Oued Metlili ~ DZ 107 H4
Oued Mial ~ DZ 107 H6
Oued Mina ~ DZ 107 G3
Oued Moulouya ~ MA 104 E2
Oued Moulouya ~ MA 106 D4
Oued Moulouya ~ MA 106 E4
Oued Mya ~ DZ 107 H6
Oued M'Zab ~ DZ 107 J4
Oued Namous ~ DZ 107 G3
Oued Nekor ~ MA 44 G7
Oued Nfiss ~ MA 106 B5
Oued Ouasal ~ DZ 107 G3
Oued Ouerrha ~ MA 106 D3
Oued Oum er-Rbia ~ MA 106 B4
Oued Ouret ~ DZ 107 L7
Oued Retem ~ DZ 107 J4
Oued Rhiou ~ DZ 107 G2
Oued Rhir ~ DZ 107 K4
Oued Rhumel ~ DZ 107 K2
Oued Safsaf ~ DZ 107 J5
Oued Samene ~ DZ 107 K7
Oued Saoura ~ DZ 104 E3
Oued Sebou ~ MA 106 D3
Oued Sefioum ~ DZ 106 F3
Oued Sidi Hasseur ~ DZ 107 G3
Oued Siliana ~ TN 107 L2
Oued Souf ~ DZ 107 H7
Oued Soummam ~ DZ 107 J2
Oued Souss ~ MA 106 B5
Oued Tadant ~ DZ 104 G4
Oued Tafassasset ~ DZ 104 G4
Oued Tamanart ~ MA 106 B6
Oued Tamanrasset ~ DZ 104 F4
Oued Tarat ~ DZ 107 L7
Oued Tata ~ MA 106 B5
Oued Tekhammat ~ DZ 107 L7
Oued Tekouiat ~ DZ 104 F4
Oued Tenouchchad ~ WSA 106 B7
Oued Tensift ~ MA 106 B5
Oued Tessaout ~ MA 106 C5
Oued Tichkatine ~ DZ 104 F4
Oued Tigzerte ~ MA 106 B6
Oued Tillia ~ DZ 106 G7
Oued Timedrahine ~ DZ 107 L6
Oued Timeldjame ~ DZ 107 H6
Oued Timissit ~ DZ 107 L6
Oued Tirahart ~ DZ 104 F4
Oued Tirhemar ~ DZ 107 J7
Oued Tisnaïet ~ DZ 107 J6
Oued Touil ~ DZ 107 H3
Oued Tudgha ~ MA 106 D5
Oued Yasser ~ DZ 107 H2
Oued Za ~ MA 106 E3
Oued Zazir ~ DZ 104 G4
Oued Zegrir ~ DZ 107 H4
Oued Zemoul ~ DZ 106 C6
Oued Zeroud ~ TN 107 L3
Oued Ziz ~ MA 106 D4
Oued Ziz ~ MA 106 D5
Oued Zmertène ~ TN 107 L4
Oued Zousfana ~ DZ 106 E5
Ouémé ~ BJ 104 F7
Ouémé ~ BJ 111 L5
Ouémé ~ BJ 111 M5
Ouen, Île ⌒ F 98 c4
Ouen el-Melah ~ DZ 107 J6
Ouerrha, Oued ~ MA 106 D3
Ouessant, Île d' ⌒ F 25 E8
Ouesso ☆ RCB 112 E1
Oughter, Lough ~ IRL 26 B7
Ouidah ◉ BJ 111 L6
Ouidi Fama ~ TCH 105 J5
Ouinné, Baie ≈ F 98 c3
Oujda ☆ MA 106 E3
Oujda = Oujda ☆ MA 106 E3
Ou Jiang ~ CN 79 M2
Oukaimeden ◉ MA 106 B5
Oulé ~ RG 110 F6
Ouled Naïl, Monts de ▲ DZ 107 H3
Oulu ☆ FIN 20 M4
Oulujärvi ~ FIN 19 R3
Oulujoki ~ FIN 20 M4
Oumé ☆ CI 111 H6
Oum el-Bouaghi ☆ DZ 107 K2
Oum er-Rbia, Oued ~ MA 106 B4
Ounasjoki ~ FIN 19 Q2
Oundou ~ RG 110 E4
Ouret, Oued ~ DZ 107 L7
Oursa Balanyan ▲ RG 110 E4
Ourthe ~ B 28 H3
Ou-sanmyaku ▲ J 81 N4
Ouse ~ GB 26 H7
Ouse River ~ AUS 93 J6
Oust ~ F 25 F9
Outaouais, Rivière des ~ CDN 123 V7
Outardes, Rivière aux ~ CDN 127 K3
Outardes, Rivière aux ~ CDN 127 K4
Outeniekwaberge ▲ ZA 116 E6
Outer Hebrides ⌒ GB 24 C4
Outer Island ⌒ USA 132 C2
Out Skerries ⌒ GB 26 J1
Ouvéa ⌒ F 96 C5
Ouvéa, Baie d' ≈ F 98 c3
Ovaka ⌒ TO 98 b1
Ovalau ⌒ FJI 96 E4
Ovamboland ≐ NAM 112 D5
Ovče pole ≐ MK 52 F5
Ovens River ~ AUS 93 J4
Overflakkee ≐ NL 31 M3
Oviedo ☆ E 42 E1
Ovnoro ~ EAU 114 D2
Owando ☆ RCB 112 E2
Owen Sound ◉ CDN 126 C6
Owens River ~ USA 131 E7
Owen Stanley Range ▲ PNG 83 N8
Owens Valley ≐ USA 131 E7
Owerri ☆ NGR 104 G7
Owin K. ⌒ MYA 84 A6
Owl River ~ CDN 125 P4
Owyhee Ridge ▲ USA 130 F4
Owyhee River ~ USA 122 N8
Owyhee River, South Fork ~ USA 130 F4
Oxelösund ☆ S 23 N2
Oxford ◉ GB 27 H10
Oxkutzcab ◉ MEX 137 K2
Oyem ☆ G 112 D1
Oykel ~ GB 26 E4
Oyo ~ CI 111 G5
Oyster Island ⌒ MYA 73 H5
Ozark Plateau ▲ USA 128 H3
Ozery ☆ RUS 39 Q4
Ožogina ~ RUS 63 a4

P

Paama ⌒ VU 98 B3
Pabbay ⌒ GB 26 B4
Pabna ☆ BD 72 F2
Pab Range = Mor Range ▲ PK 65 K5
Pacaás Novos, Serra dos ▲ BR 144 G7
Pacacocha, Río ~ PE 149 E9
Pacaraima, Sierra ▲ YV 144 G4
Pacaya, Río ~ PE 148 D4
Pa-chao Tao ⌒ RC 79 L5
Pachham Island ⌒ IND 69 B8
Pachitea, Río ~ PE 149 D6
Pachuca de Soto ☆ MEX 136 E2
Pacific Ranges ▲ CDN 122 L6
Paczków ◉ PL 37 D6
Padang ☆ RI 82 D7
Paddle River ~ CDN 125 N5
Paderborn ☆ D 34 D5
Padma ~ BD 72 F3
Padma = Ganga ~ BD 72 F3
Padova ☆ I 48 G3
Padre Isla ⌒ PE 148 E3
Padre Island ⌒ USA 128 G5
Padrón ◉ E 42 B2
Padula ◉ I 51 J2
Pärnu ☆ EST 38 J2
Pärnu ~ EST 38 J2
Pärnu-Jaagupi ◉ EST 38 J2
Paesaggio vitivinicolo del Piemonte ≐ I 48 D4
Pafuri ~ ZA 117 K1
Pag ☆ HR 49 L4
Pag ⌒ HR 46 E2
Pagadian ☆ RP 83 H5
Pagai Selatan, Pulau ⌒ RI 82 C7
Pagan ⌒ USA 83 N3
Pagan = Bagan ◉ MYA 73 J4
Pagassitikós Kólpos ≈ GR 47 J5
Pager ~ EAU 114 D2
Paglia ~ I 48 G6
Pagmān ◉ AFG 68 B2
Pago Pago ☆ USA 98 b2
Pahang ~ MAL 85 D10
Pahiá ⌒ GR 55 H6
Pahranagat Range ▲ USA 131 G7
Paide ☆ EST 38 J2
Painted Desert ≐ USA 128 D3
Paisaje cultural del café ≐ CO 146 C5
Pais do Vinho ≐ P 40 C4
País Vasco ≐ E 40 E3
Paita, Bahía de ≈ PE 148 A4
Pakin Atoll ⌒ FSM 94 D4
Pakleni otoci ⌒ HR 49 M5
Pākpattan ◉ PK 68 D4
Pakrac ☆ HR 49 N3
Pakxé ☆ LAO 84 E4
Palafrugell ◉ E 43 O3
Palagruža ⌒ HR 46 F3
Palala ~ ZA 117 J1
Palana ☆ RUS 63 d6
Palancia ~ E 45 K2
Palandöken Dağları ▲ TR 67 J3
Palanga ◉ LT 38 G4
Palangān, Kūh-e ▲ IR 64 H4
Palangen = Palanga ◉ LT 38 G4
Palangkaraya ☆ RI 82 F7
Palani Hs. ▲ IND 71 D5
Pālar ~ IND 71 E4
Palau Islands ⌒ PAL 83 K5
Palawan ⌒ RP 82 G5
Palazzolo Acreide ◉ I 51 H5
Palcazú, Río ~ PE 149 D7
Pale ◉ BIH 49 O5
Palembang ☆ RI 82 D7
Palencia ◉ E 42 F2
Palermo ☆ I 50 G4
Palesse ≐ BY 19 R5
Palestrina ◉ I 49 H7
Paletwa ☆ MYA 73 H4
Palikir ★ FSM 94 D4
Palito, Raudal ~ CO 148 F1
Paljavaam ~ RUS 63 f4
Palk Bay ≈ CL 71 E6
Palkonda Range ▲ IND 71 E3
Palk Strait ≈ IND 65 M9
Pallisa ☆ EAU 114 D3
Palliser Bay ≈ NZ 99 E4
Palma ☆ E 45 N2
Palma, Badia de ≈ E 41 H5
Palma de Mallorca = Palma ☆ E 45 N2
Palmar, Península El ≐ MEX 137 J3
Palmar, Río ~ YV 146 D2
Palmarola, Isola ⌒ I 50 F2
Palmas ☆ BR 145 K7
Palmas, Barra de ≈ MEX 136 F2
Palmas, Golfo di ≈ I 50 B3
Palmas de Gran Canaria, Las ☆ E 104 B3
Palmeiras, Rio ~ BR 150 E1
Palmerston Atoll ⌒ CK 97 J4
Palmerston North ☆ NZ 99 E4
Palm Islands ⌒ AUS 91 K3
Palmyra Island ⌒ USA 95 M4
Palouse River ~ USA 130 F2
Palu ☆ RI 82 G7
Pam, Île ⌒ F 98 b3
Pāmban Island ⌒ IND 71 E6
Pāmīr ▲ TJ 65 L3
Pamir = Pāmīr ▲ TJ 65 L3
Pamlico River ~ USA 135 K2
Pamlico Sound ≈ USA 129 L4
Pampa de Chunchanga ≐ PE 149 C8
Pampa de Cortaderas ≐ PE 149 E10
Pampa de Huayuri ≐ PE 149 D9
Pampa de la Clemesí ≐ PE 149 F10
Pampa de la Joya ≐ PE 149 E10
Pampa del Sacramento ≐ PE 148 C5
Pampa del Tamarugal ≐ RCH 144 F8
Pampa de Tambogrande ≐ PE 149 E9
Pampa Húmeda ≐ RA 152 E5
Pampamarca, Río ~ PE 149 D9
Pampana ~ WAL 110 D5
Pampas ≐ RA 152 D5
Pampas, Río ~ PE 149 E8
Pampas de Corobamba ≐ PE 148 B4
Pampas de Sacramento ≐ PE 144 D6
Pampas de Sihuas ≐ PE 149 E10
Pampa Seca ≐ RA 152 D4
Pamplona ◉ E 43 J2
Pamukkale ◉ TR 55 M5
Panahaikó ▲ GR 54 D4
Panaji ☆ IND 70 B3
Panamá ★ PA 129 L9
Panamá, Golfo de ≈ PA 129 K9
Panama-Stadt = Panamá ★ PA 129 L9
Panamint Range ▲ USA 131 F7
Panamint Valley ≐ USA 131 F7
Panarea, Isola ⌒ I 46 E5
Panaro ~ I 48 F4
Panatag Shoal / Bajo de Masinloc = Huangyan Dao ⌒ CN 82 G3
Panay ⌒ RP 83 H4
Pancake Range ▲ USA 131 F6
Pančevo ◉ SRB 52 E2
Panch Mahaus ≐ IND 69 D8
Pan de Azúcar Guagraurcu ≐ EC 148 B2
Pandėlys ◉ LT 38 J3
Pandharpur ◉ IND 70 C2
Panevėžys ☆ LT 38 J4
Pangaimotu ⌒ TO 98 c1
Pangani ~ EAT 113 J2
Pangani ~ EAT 115 F5
Pangani ~ EAT 115 G6

★ Hauptstadt (Staat) ☆ Hauptstadt (Bundesland, Provinz, o.ä.) ◉ Ort ▲ Gebirge ⌒ Insel, Halbinsel ≐ Landschaft ≈ Ozean, Meer ~ Fluss

Pángeon ▲ GR 47 J4
Pangkalpinang ☆ RI 82 E7
Pangkor, Pulau ◠ MAL 85 B9
Panhandle ≐ USA 124 E3
Panié, Massif du ▲ F 98 b3
Panikota Island ◠ IND 69 C9
Panjnad ~ PK 68 C5
Panna Hills ▲ IND 72 B2
Panny River ~ CDN 125 N3
Pantanal do São Lourenço ~ BR 150 B3
Pantanal Matogrossense ≐ BR 145 H8
Pantar, Pulau ◠ RI 82 H8
Pantelleria, Isola di ◠ I 107 M2
Pánuco ◉ MEX 136 E1
Pánuco, Río ~ MEX 128 G6
Pao, Río ~ YV 147 F3
Pao, Río ~ YV 147 H3
Papagayo, Golfo de ≈ CR 129 J8
Papagayo, Río ~ MEX 136 E4
Pāpāgni ~ IND 71 E4
Paparoa Range ▲ NZ 99 C5
Papa Stour ◠ GB 26 G1
Papa Westray ◠ GB 26 F2
Papeete ☆ F 97 M4
Papey ◠ IS 20 f2
Papikón Óros ▲ GR 47 K4
Papua, Gulf of ≈ 83 M8
Papunáua, Río ~ CO 146 E6
Para ~ RUS 39 R4
Paracas, Bahía de ≈ PE 149 C8
Paracas, Península de ≐ PE 144 D7
Paradise Island ◠ BS 139 G2
Paragua, Río ~ YV 144 G3
Paraguai, Rio ~ BR 145 H8
Paraguai, Rio ~ BR 150 B4
Paraguaná, Península de ≐ YV 144 E2
Paraguarí ☆ PY 151 B6
Paraguay, Río ~ PY 152 F2
Paraguay, Río ~ RA 150 B6
Paraíso ◉ MEX 137 H3
Parakou ☆ BJ 111 M5
Paramaribo ★ SME 145 H3
Páramo Leonés ≐ E 42 E2
Paramušir, ostrov ◠ RUS 63 b7
Paran, Naḥal ~ IL 109 G2
Paraná ☆ RA 152 E4
Paraná, Delta del ≐ RA 151 A11
Paraná, Rio ~ BR 150 E4
Paraná, Rio ~ BR 152 G2
Paraná, Río ~ PY 152 F3
Paraná, Río ~ RA 152 E4
Paranã, Rio ~ BR 145 K7
Paraná Bravo, Río ~ RA 151 A10
Paranacito, Río ~ RA 151 A10
Paraná Guazu, Río ~ RA 151 A10
Paranaíba, Rio ~ BR 145 J8
Paraná Ibicuy, Río ~ RA 151 A10
Paraná Mini, Río ~ RA 151 A8
Paranapanema, Rio ~ BR 152 G2
Paranapiacaba, Serra ▲ BR 150 F6
Paranapura, Río ~ PE 148 C4
Paraopeba, Rio ~ BR 150 G3
Parangi Aru ~ CL 71 F6
Paraoa Atoll ◠ F 97 N4
Paray-le-Monial ◉ F 33 J2
Pārbati ~ IND 69 F7
Parchim ☆ D 34 G3
Pardo, Rio ~ BR 145 L8
Pardo, Rio ~ BR 148 E5
Pardo, Rio ~ BR 150 C3
Pardo, Rio ~ BR 150 D4
Pardo, Rio ~ BR 150 F4
Pardo, Rio ~ BR 152 G2
Pardubice ☆ CZ 37 B6
Pardubitz = Pardubice ☆ CZ 37 B6
Parece Vela = Okino-Tori-Shima ◠ J 75 Q7
Parecis, Chapada dos ▲ BR 145 G7
Paredón ◉ MEX 137 G4
Parenzo = Poreč ☆ HR 49 J3
Parguaza, Río ~ YV 147 G5
Parguaza, Serrania de ▲ YV 147 G4
Paría, Golfo de ≈ YV 145 G2
Paria, Península de ≐ YV 147 J2
Paria River ~ USA 131 J7
Parima, Serra ▲ 144 G4
Paris ★ F 31 K6
Paris = Paris ★ F 31 K6
Park Range ▲ USA 128 E2
Parma ◉ I 48 F4
Parma ~ I 48 F4
Parnaíba, Rio ~ BR 145 L5
Párnon Óros ▲ GR 54 E5
Paroo River ~ AUS 90 J6
Páros ◉ GR 55 H5
Páros ◠ GR 47 K6
Parpaillon, Montagne de ▲ F 33 L4
Parramore Island ◠ USA 133 L7
Parrett ~ GB 27 G10
Parry Bay ≈ CDN 123 U3
Parry Island ◠ CDN 126 D6
Parry Islands = Queen Elizabeth Islands ◠ CDN 122 P1
Parseta ~ PL 36 B2
Parsęta ~ PL 36 C3
Parsnip River ~ CDN 124 J4
Pårtefjällen ▲ S 20 H3
Partenkirchen, Garmisch- ☆ D 35 G9
Partille ☆ S 22 H3
Paru, Rio ~ BR 145 J4
Parú, Río ~ YV 147 H5
Parwan ~ IND 69 F7
Paşalimanı Adası ◠ TR 55 K2
Pascagoula River ~ USA 134 D4
Pasewalk ☆ D 34 K3
Pasiene ◉ LV 38 K3
Pasión, Río de la ~ GCA 137 K4
Pasłęk ◉ PL 36 F2
Pasłęka ~ PL 36 F2
Pašman ◠ HR 46 E3
Passage Lolvavana ou Patteson ≈ VU 98 a2
Passamaquoddy Bay ≈ CDN 127 L6
Passau ☆ D 35 J8
Passe du Vent ≈ 139 H5
Pastaza, Río ~ EC 148 C3
Pastaza, Río ~ PE 144 D5
Pasto ☆ CO 146 D7
Patagónia ≐ 152 C8
Patagónica, Cordillera ▲ RCH 152 C8
Patagonien = Patagónia ≐ 152 C8
Patara Kavkasioni ▲ GE 67 J2
Paté Island ◠ EAK 113 K2
Paterson Inlet ≈ NZ 99 B7
Pathaigh = Pabbay ◠ GB 26 B4
Pathein ☆ MYA 73 H6
Patía, Río ~ CO 146 A7
Pātkai Bum ▲ IND 73 J1
Pátmos ◉ GR 55 J5
Pátmos ◠ GR 47 L6
Patna ☆ IND 72 D2
Patomskoe, nagor'e ▲ RUS 63 T6
Patos ◉ AL 52 D6
Pátra ☆ GR 54 D4
Patraïkós Kólpos ≈ GR 47 H5
Patricio Lynch, Isla ◠ RCH 152 B7
Pattadakal ◉ IND 70 C3
Pattani ☆ T 85 C8
Pattaya ◉ T 84 C5
Patti, Golfo di ≈ I 51 H4
Patuca, Río ~ HN 129 J8
Pátzcuaro ◉ MEX 136 D3
Pau ☆ F 32 D5
Pau, Gave de ~ F 32 D5
Paucartambo, Río ~ PE 149 D7
Pauini, Rio ~ BR 144 F6
Paulaya, Río ~ HN 138 C7
Paulo Afonso ◉ BR 145 M6
Pauto, Río ~ CO 146 E5
Pavant Range ▲ USA 131 H6
Pavia ☆ I 48 E3
Pavlodar ☆ KZ 62 M7
Pavlovo ☆ RUS 39 S4
Pavlovsk ◉ RUS 39 M2
Paxí ◠ GR 46 H5
Paximádia ◠ GR 54 G7
Payero, Río ~ CO 146 D5
Payette River ~ USA 130 F3
Payette River, North Fork ~ USA 130 F3
Payinzet Kyûn ◠ MYA 84 A5
Paysandú ☆ ROU 151 B10
Pays d'Albret ≐ F 32 D5
Pays de Caux ≐ F 25 G8
Pays de Léon ≐ F 25 E8
Pays de Retz ≐ F 32 B1
Pays de Thelle ≐ F 31 J5
Pays d'Ouche ≐ F 30 H6
Pays Nantais ≐ F 32 C1
Paz, La ☆ MEX 128 D6
Pazardžik ☆ BG 53 J4
Pazaryeri ☆ TR 55 M3
Pazifischer Ozean ≈ 162 H5
Pazin ☆ HR 49 J3
Pčić ~ BY 38 K5
Pčič ~ BY 38 L5
Pčinja ~ MK 47 H4
Pčinja ~ SRB 52 F4
Peace River ~ CDN 122 N5
Peace River ~ CDN 124 J3
Peace River ~ USA 135 G6
Pea River ~ USA 134 E4
Pearl River ~ USA 128 H4
Peary Channel ≈ CDN 122 Q1
Peć = Pejë ☆ RKS 52 E4
Peças, Ilha das ◠ BR 152 H3
Pecatonica River ~ USA 132 D4
Pecixe, Ilha de ◠ RGB 110 B4
Pečora ~ RUS 19 X2
Pečora ~ RUS 19 W2
Pečorsk, Troicko- ☆ RUS 19 X3
Pečorskoe more ≈ RUS 62 G4
Pecos River ~ USA 128 F4
Pécs ☆ H 37 E10
Pedernales ☆ DOM 139 K6
Pedraza de la Sierra ◉ E 42 G3
Pedregal, Río ~ MEX 137 H4
Pedregal, Río ~ YV 146 E2
Pedro Cays ◠ JA 139 G6
Pedro Juan Caballero ☆ PY 152 F2
Pee Dee River ~ USA 129 L4
Peel ◉ GBM 26 E7
Peel River ~ CDN 122 J3
Peel Sound ≈ CDN 123 R2
Peene ~ D 29 M2
Pegasus Bay ≈ NZ 96 D9
Peggy's Cove ◉ CDN 127 M6
Pegnitz ~ D 35 G7
Pegu = Bago ☆ MYA 73 K6
Pègū Myit ~ MYA 73 K6
Pegunungan Bukit Barisan ▲ RI 82 C6
Pegunungan Hose ▲ MAL 82 F6
Pegunungan Muller ▲ RI 82 F6
Pegunungan Muratus ▲ RI 82 G7
Pegunungan Schwaner ▲ RI 82 F7
Pègū Yôma ▲ MYA 73 J4
Pei-Kant'ang Tao ◠ RC 79 M3
Peine ☆ D 34 F4
Peixe, Rio ~ BR 150 D2
Peixe, Rio do ~ BR 150 F1
Peixe, Rio do ~ BR 150 F2
Peixe Couro ou Aquinabo, Rio ~ BR 150 C2
Pejë ☆ RKS 52 E4
Pek ~ SRB 52 F2
Pekan ◉ MAL 85 D10
Pekanbaru ☆ RI 82 D6
Peking = Beijing ★ CN 77 J2
Pelagie, Isole ◠ I 46 D7
Pelagonija ▲ MK 52 F5
Pele ◠ VU 98 B3
Pelee Island ◠ CDN 126 C8
Peleliu Island ◠ PAL 83 K5
Peleng, Pulau ◠ RI 82 H7
Pelješac ◠ HR 46 F3
Pella ◉ GR 54 D2
Pellworm ◠ D 28 J1
Pelly Bay ≈ CDN 123 S3
Pelly Mountains ▲ CDN 122 K4
Pelly River ~ CDN 122 K4
Peloponnes = Pelopónnissos ≐ GR 19 P8
Pelopónnissos ≐ GR 19 P8
Peloritani, Monti ▲ I 51 J4
Pelotas, Rio ~ BR 152 G3
Pemangil, Pulau ◠ MAL 85 E10
Pemba ☆ MOC 113 K4
Pemba Channel ≈ EAT 113 J3
Pemba Island ◠ EAT 113 J3
Pembina River ~ CDN 125 M5
Pembina River ~ CDN 125 N4
Pembroke ◉ GB 27 E10
Peña, Sierra de la ▲ E 40 F3
Peña de Francia, Sierra de la ▲ E 42 D4
Penas, Golfo de ≈ RCH 152 B7
Pench ~ IND 69 G9
Pendjari ~ BJ 111 L4
Pend Oreille River ~ USA 130 F1
Penfro = Pembroke ◉ GB 27 E10
Penganga ~ IND 69 G10
Pengchia Yü ◠ RC 79 M4
Penge, Chute ~ CGO 114 A3
Penghu Islands ◠ RC 75 M7
P'êng-hu Lieh-tao (Pescadores) ◠ RC 79 L5
P'êng-hu Shui-tao ≈ RC 79 L5
Penguin Island ◠ CDN 127 Q5
Peniche ◉ P 42 A5
Península de Araya ≐ YV 147 H2
Península de Azuero ≐ PA 129 K9
Península de Brunswick ≐ RCH 152 C8
Península de Copacabana ≐ BOL 149 G10
Península de Guanahacabibes ≐ C 138 C3
Península de la Guajira ≐ CO 144 E2
Peninsula de Nicoya ≐ CR 129 J8
Península de Osa ≐ CR 144 C3
Península de Paracas ≐ PE 144 D7
Península de Paraguana ≐ YV 144 E2
Península de Paria ≐ YV 147 J2
Península de Yucatán ≐ MEX 128 H7
Península de Zapata ≐ C 138 D3
Península El Palmar ≐ MEX 137 J3
Península Samaná ≐ DOM 139 L5
Península Valdés ≐ RA 152 E6
Péninsule de la Gaspésie ≐ CDN 123 X7
Péninsule d'Ungava ≐ CDN 123 V4
Penisola ≐ I 51 L2
Penisola Salentina ≐ I 46 G4
Penitente, Serra do ▲ BR 145 K6
Penmarc'h ◉ F 30 C7
Penneru ~ IND 71 E3
Pennine, Alpi ▲ I 48 C3
Pennines, The ▲ GB 24 F5
Penny Strait ≈ CDN 122 R1
Peno ☆ RUS 39 N3
Penobscot River ~ USA 133 O3
Peñón de Alhucemas ◠ E 44 G6
Peñón de Vélez de la Gomera ◠ E 44 F6
Penonomé ☆ PA 129 K9
Penrhyn Atoll ◠ CK 95 M7
Pensacola ◉ USA 134 E4
Pensacola Bay ≈ USA 134 E4
Pentecost Island ◠ VU 96 C4
Penthièvre ≐ F 30 E6
Pentland Firth ≈ GB 24 F3
Penukonda ◉ IND 71 D3
Penyu, Kepulauan ◠ RI 83 J8
Penza ☆ RUS 39 T5
Penžina ~ RUS 63 e5
Penžinskaja guba ≈ RUS 63 d5
Penžinskij hrebet ▲ RUS 63 d5
Pepani ~ ZA 116 F3
Peqin ◉ AL 52 D5
Pequeri, Rio ~ BR 150 C2
Perämeri ≈ 20 L4
Perämeri = Bottenviken ≈ 20 L4
Perak ~ MAL 85 C9
Perche ≐ F 30 H6
Perdido Bay ≈ USA 134 E4
Pereira ☆ CO 146 C5
Pereira d'Eça = Ondjiva ☆ ANG 112 E5
Perejil, Islote del ◠ E 44 E6
Perené, Río ~ PE 149 D7
Pereslavl'-Zalesskij ◉ RUS 39 Q3
Pérez, Isla ◠ MEX 137 J1
Perhentian Besar, Pulau ◠ MAL 85 D9
Perhonjoki ~ FIN 20 L5
Péribonca, Rivière ~ CDN 123 W6
Péribonca, Rivière ~ CDN 126 J4
Périgord ≐ F 32 E4
Périgueux ☆ F 32 E3
Perijá, Serranía de ▲ YV 146 D3
Peril Strait ≈ USA 124 C3
Peristéra ◠ GR 54 G3
Peristrema Vadisi ≐ TR 66 F3
Peri Suyu ~ TR 67 J3
Periyar ~ IND 70 D6
Perlas, Archipiélago de las ◠ PA 129 K9
Perleberg ☆ D 34 G3
Perlfluss = Xi Jiang ~ CN 75 L7
Perm' ☆ RUS 19 X4
Pernau = Pärnu ☆ EST 38 J2
Pernik ☆ BG 52 H4
Pérouse Strait, La ≈ 63 Z8
Perpignan ☆ F 32 G6
Perpinyà = Perpignan ☆ F 32 G6
Pérroi i Klinës ~ RKS 52 E4
Persian Gulf ≈ 64 F5
Persischer Golf = Persian Gulf ≈ 64 F5
Persisches Hochland = Īrān ▲ 64 G4
Perth ☆ AUS 90 D6
Perthois ≐ F 31 M6
Pertuis Breton ≈ F 25 F9
Pertuis d'Antioche ≈ F 25 G9
Perugia ☆ I 48 H5
Pervomajs'k ☆ UA 56 G3
Pervomajsk = Pervomajs'k ☆ UA 56 G3
Pervomajs'ke = Pervomajskoe ☆ RUS 56 H5
Pervomajskoe ☆ RUS 56 H5
Pervoural'sk ☆ RUS 19 X4
Pescadores = Penghu Islands ◠ RC 75 M7
Pescara ☆ I 49 K6
Pescara ~ I 49 J6
Peschiera del Garda ◉ I 48 F3
Peshāwar ☆ PK 68 C3
Peshkopi ☆ AL 52 E5
Peshtigo River ~ USA 132 D3
Pesquería, Río ~ MEX 128 F5
Petacalco, Bahía de ≈ MEX 136 C4
Petäjävesi ◉ FIN 20 M5
Petalií, Nissí ◠ GR 54 G5
Petalión, Kólpos ≈ GR 47 K6
Peterborough ◉ CDN 126 E6
Peterborough ◉ GB 27 J9
Pétionville ◉ RH 139 J5
Petit Caux, le ▲ F 30 J5
Petite Beauce ≐ F 25 H8
Petite Bois Island ◠ USA 134 D4
Petite Kabylie ≐ DZ 107 J2
Petite Leyre ~ F 32 D4
Petite Miquelon = Langlade ◠ F 127 Q5
Petit Mécatina, Île du ◠ CDN 127 P3
Petit Mécatina, Rivière du ~ CDN 123 Y6
Petitot River ~ CDN 122 M5
Petra, ostrova ◠ RUS 62 T2
Petra Velikogo, zaliv ≈ 75 P3
Petre Bay ≈ NZ 99 a1
Petrie, Récif ◠ F 98 b2
Petrinja ☆ HR 49 M3
Petrodvorec ◉ RUS 38 L2
Petrokrepost' = Šlissel'burg ◉ RUS 39 M2
Petropavl ☆ KZ 62 K7
Petropavlovsk-Kamčatskij ☆ RUS 63 c7
Petrova gora ▲ HR 49 L3
Petrozavodsk ☆ RUS 19 S3
Petschora = Pečora ~ RUS 19 W2
Petschorasee = Pečorskoe more ≈ RUS 62 G4
Pettau = Ptuj ◉ SLO 49 L2
Petuški ☆ RUS 39 Q4
Peyuami, Sierra ▲ YV 147 J5
Pfälzer Bergland ≐ D 35 C7
Pfälzerwald ▲ D 35 C7
Pfahl ▲ D 35 H7
Pfalzburg = Phalsbourg ◉ F 31 P6
Pfarrkirchen ☆ D 35 H8
Pfefferküste = Grain Coast ≐ LB 104 C7
Pforzheim ◉ D 35 D8
Phanom Dong Rak ▲ T 84 D4
Phan Thiết ☆ VN 84 G6
Phatthalung ☆ T 85 C8
Phichit ☆ T 84 C3
Philippinensee = Philippine Sea ≈ 83 J3
Philippine Sea ≈ 83 J3
Philip Smith Mountains ▲ USA 122 G3
Phillip Bay, Port ≈ AUS 90 J7
Phillip Island ◠ AUS 93 H5
Philpots Island ◠ CDN 123 V2
Phnom Damrei ▲ K 84 E6
Phnom Penh = Phnum Pénh ★ K 84 E6
Phnum Pénh ★ K 84 E6
Phoenix Island = Rawaki ◠ KIR 95 K6
Phoenix Islands ◠ KIR 95 J6
Phokhr Kovkas = Patara Kavkasioni ▲ GE 67 J2
Phôngsali ☆ LAO 78 C6
Phon Sa Van ☆ LAO 84 D2
Phranakhon Si Ayutthaya = Ayutthaya ☆ T 84 B4
Phuket ◉ T 85 B8
Phumi Suŏng ☆ K 84 E6
Phú Quốc ◠ VN 85 D6
Phú Quý = Cù Lao Thu ◠ VN 82 E4
Phu Tho ☆ VN 78 D6
Pia, Île ◠ F 98 a2
Piacenza ☆ I 48 E3
Pianosa, Isola ◠ I 46 C3
Pianosa, Isola ◠ I 49 L6
Piatra-Neamț ☆ RO 56 E4
Piave ~ I 46 C1
Pibor ~ SSD 105 M7
Picentini, Monti ▲ I 51 J2
Pichis, Río ~ PE 149 D7
Pico, Ilha do ◠ P 18 F8
Pictou Island ◠ CDN 127 N6
Picunda ◉ GE 57 L6
Pieman River ~ AUS 93 H6
Piemonte ≐ I 48 D2
Pieniężno ◉ PL 36 G2
Pienza ◉ I 48 G5
Piéria Óri ▲ GR 54 E2
Pierre ☆ USA 122 Q8
Pieskov = Pskov ☆ RUS 38 L3
Pietermaritzburg ☆ ZA 117 K4
Pietersburg = Polokwane ☆ ZA 117 J1
Pietrasanta ◉ I 48 F5
Piet Retief ◉ ZA 117 J3
Pieve di Teco ◉ I 48 C4
Pi He ~ CN 77 K6
Pijijiapan ◉ MEX 137 H5
Pikelot ◠ FSM 83 N5
Piła ◉ PL 36 C3
Pilaga, Riacho ~ RA 151 A6
Pila Kyun ◠ MYA 85 A6
Pilar ☆ PY 151 A7
Piława ~ PL 36 C3
Pilbara ≐ AUS 90 D4
Pilcomayo, Río ~ PY 150 A6
Pilcomayo, Río ~ PY 152 E2
Pilgrim's Rest ◉ ZA 117 J2
Pilica ~ PL 29 Q3
Pilis ▲ H 37 E9
Pilsen = Plzeň ☆ CZ 35 J7
Pinaki Atoll ◠ F 97 O4
Pinaleno Mountains ▲ USA 131 J9
Pinang, Pulau ◠ MAL 82 C5
Pinar del Río ☆ C 138 C3
Pińczów ◉ PL 29 Q3
Pindār ~ IND 68 G4
Pindaré, Rio ~ BR 145 K5
Píndos Óros ▲ GR 19 Q8
Pine Creek ◉ AUS 90 G2
PineForestRange ▲ USA 130 E5
Pinega ~ RUS 19 U3
Pine Island ◠ USA 135 G6
Pine Islands ◠ USA 135 H7
Pine Mountain ▲ USA 132 G7
Pine Mountain ▲ USA 134 F3
Pine River ~ CDN 124 J4
Pine Valley Mountains ▲ USA 131 H7
Pingelap Atoll ◠ FSM 94 E4
Ping Jiang ~ CN 79 J4
Pingtan Dao ◠ RC 79 L4
Pingyao ◉ CN 77 H3
Pinnacle Islands = Senkaku-shotō ◠ J 75 N6
Pinneberg ☆ D 34 E3
Pinotepa Nacional ◉ MEX 136 E4
Pins, Île des ◠ F 96 C5
Pinski bolota ≐ UA 56 D2
Pinta, Canal de ≈ EC 149 b1
Pinta, Isla ◠ EC 144 A4
Pintoyacu, Río ~ EC 148 C2
Pinware River ~ CDN 127 Q2
Pinzgau ≐ A 35 H9
Pinzón, Canal de ≈ EC 149 b2
Pinzón, Isla ◠ EC 149 b2
Piombino ◉ I 48 F6
Piombino, Canale di ≈ I 48 F6
Pioneer Mountains ▲ USA 130 H3
Pioner, ostrov ◠ RUS 62 O2
Pipéri ◠ GR 47 K5
Pipistone River ~ CDN 123 S6
Piquiri, Rio ~ BR 150 D6
Piraca, Rio ~ BR 150 F2
Piracanjuba, Rio ~ BR 150 F3
Piracicaba, Rio ~ BR 150 G5
Piranhas, Rio ~ BR 150 E2
Pira Paraná, Río ~ CO 148 F2
Pirapó, Serra do ▲ BR 151 C8
Piratinga, Rio ~ BR 150 G1
Pireás ◉ GR 54 F5
Pirin ▲ BG 47 J4
Pirineos = Pyrénées ▲ 18 L7
Pirmasens ☆ D 35 C7
Pirna ☆ D 34 J6
Pirón, Río ~ E 42 F3
Pirot ☆ SRB 52 G3
Pir Panchal Range ▲ IND 68 E2
Pisa ◉ I 48 F5
Pisa ~ PL 36 H3
Piscovo ◉ RUS 39 R3
Piš-e Kūh ▲ IR 67 L6
Pisquí, Río ~ PE 148 D5
Pistolet Bay ≈ CDN 127 R3
Pisuerga, Río ~ E 40 D3
Pisz ◉ PL 36 H3
Piteälven ~ S 20 H3
Piteälven ~ S 20 J4
Pitești ☆ RO 56 D5
Pithagório ◉ GR 55 J5
Pitigliano ◉ I 48 G6
Pit River ~ USA 130 D5
Pitt Island ◠ CDN 122 L6
Pitt Island ◠ NZ 96 F9
Pitt Strait ≈ NZ 99 a2
Piura ☆ PE 148 A4
Piura, Río ~ PE 148 A4
Piva ~ MNE 46 G3
Pivdennyj Buh ~ UA 19 R6
Pivdennyj Buh ~ UA 56 F3
Piwniczna-Zdrój ◉ PL 37 G7
P'jagina, poluostrov ≐ RUS 63 b6
P'jana ~ RUS 39 T4
Pjasina ~ RUS 62 O3
Pjasinskij zaliv ≈ RUS 62 N3
Pjatigorsk ◉ RUS 57 N5
Pjöngjang = P'yŏngyang ★ KP 80 E4
Placentia Bay ≈ CDN 123 Z7
Plačkovica ▲ MK 52 G5
Plage de Poé ≐ F 98 b3
Plaine d'Aléria ≐ F 33 O7
Plaine de la Camargue ≐ F 25 K11
Plaine de Tamlelt ≐ MA 106 E4
Plaine du Hodna ≐ DZ 107 J3
Plaine du Tidikelt ≐ DZ 104 F3
Plakenska planina ▲ MK 52 F5
Plana Cays ◠ BS 139 J3
Planalto Brasileiro ▲ BR 145 K8
Planalto da Borborema ≐ BR 145 M6
Planalto do Mato Grosso ≐ BR 145 H7
Planas, Río ~ CO 146 E5
Plandi ~ BF 111 H4
Plane ~ D 34 H4
Plasencia ◉ E 44 D1
Plata, Río de la ≈ ROU 152 F4
Platani ~ I 50 G5
Plateau Central ▲ RH 139 J5
Plateau de Langres ▲ F 33 J1
Plateau de Lannemezan ▲ F 32 E5
Plateau de Millevache ▲ F 32 F3
Plateau des Bolovens ▲ LAO 84 F4
Plateau de Ségala ▲ F 32 G4
Plateau du Djado ▲ RN 104 H4
Plateau du Fadnoun ▲ DZ 107 K7
Plateau du Rekkam ▲ MA 106 E4
Plateau du Sersou ▲ DZ 107 G3
Plateau du Tademaït ▲ DZ 104 F3
Plateau du Tinrhert ▲ DZ 107 J7
plato Centralno-Tungusskoe ▲ RUS 62 P5
plato Kystyk ▲ RUS 63 V3
plato Prilenskoe ▲ RUS 63 T5
plato Putorana ▲ RUS 62 P4
Platte River ~ USA 128 F2
Platte River, North ~ USA 128 F2
Platte River, South ~ USA 128 F2
Plauen ☆ D 35 H6
Plavsk ☆ RUS 39 P5
Playa de Castilla ≐ E 44 D4
Playa del Carmen ◉ MEX 137 L2
Playa Rosario ◉ C 138 D3
Plaza del Moro ▲ E 44 E1
Plei Ku ☆ VN 84 F4
Pleiße ~ D 34 H6
Plenty, Bay of ≈ NZ 96 E8
Pless = Pszczyna ◉ PL 37 E7
Plettenbergbaai = Plettenberg Bay ◉ ZA 116 F7
Plettenberg Bay ◉ ZA 116 F7
Pleven ☆ BG 53 J3
Pleyben ◉ F 30 D6
Pliva ~ BIH 49 N4
Plješevica ▲ HR 49 L4
Pljevlja ◉ MNE 52 D3
Ploče ☆ HR 49 N5
Płock ◉ PL 36 F4
Plön ☆ D 34 F2
Ploiești ☆ RO 56 E5
Płonia ~ PL 36 A3
Plovdiv ☆ BG 53 J4
Plungė ◉ LT 38 G4
Plussa ~ RUS 38 L2
Plymouth ☆ GB 27 E11
Plynlimon ▲ GB 27 F9
Plzeň ☆ CZ 35 J7
Po ~ I 18 O7
Po, Delta del ≐ I 46 D2
Pobeda Ice Island ◠ ANT 157 F20
Pobla de Lillet, la ◉ E 43 M2
Pobrežie ≐ BG 53 L3
Poccha, Río ~ PE 149 C6
Počinok ☆ RUS 39 N4
Pocklington Reef ◠ SOL 83 O9
Pocomoke Sound ≈ USA 133 L7
Poděbrady ◉ CZ 37 B6
Podgorica ★ MNE 52 D4
Podgorina ≐ SRB 52 D2
Podguri i Pejes = Mokra Gora ▲ 52 E4
Podhale ≐ PL 37 F7
Podils'ka vysočyna ▲ UA 56 D3
Podkamennaja Tunguska ~ RUS 62 Q5
Podlasie ≐ PL 29 R2
Podol'sk ☆ RUS 39 P4
Podravina ≐ HR 49 M2
Podrima ≐ RKS 52 E4
Podunajská Nížina ≐ SK 37 D8
Poé, Plage de ≐ F 98 b3
Poel ◠ D 34 G3
Põlwe = Põlva ☆ EST 38 K2
Pößneck ◉ D 34 G6
Pogradec ◉ AL 52 E6
Poguba, Rio ~ BR 150 C2
Pohjanmaa ≐ FIN 20 L5
Pohnpei = Palikir ★ FSM 94 D4
Pohorje ▲ SLO 49 L2
Poile River, La ~ CDN 127 P4
Pointe de Mouly ≐ F 98 b3
Pointe-Noire ☆ RCB 112 D2
Poitiers ☆ F 32 E2
Poitou ≐ F 25 G9
Pojezierze Pomorskie ≐ PL 29 N2
Pojezierze Wielkopolskie ≐ PL 36 A4
Pokhara ◉ NEP 65 N5
Pola ~ RUS 39 N3
Polacca Wash ~ USA 131 J8
Polače ◉ HR 49 N6
Polack ◉ BY 38 L4
Połczyn Zdrój ◉ PL 36 C3
Pol-e 'Alam ☆ AFG 68 B2
Pol-e Ḥomrī, Daryā-ye ~ AFG 68 B2
Polesine ≐ I 48 G3
Polessk ☆ RUS 38 G4
Poliçan ◉ AL 52 E6
Policastro, Golfo di ≈ I 46 E5
Poliegos ◠ GR 47 K6
Polist' ~ RUS 39 M3
Pollino ▲ I 51 K3
Polnoj Voronež ~ RUS 39 R5
Polochic, Río ~ GCA 137 J5
Polock = Polack ◉ BY 38 L4
Polokwane ☆ ZA 117 J1
Polonnaruwa ◉ CL 71 F7
Polousnyj krjaž ▲ RUS 63 Z4
Poltava ☆ UA 56 H3
Põltsamaa ◉ EST 38 K2
Poluj ~ RUS 62 K4
poluostrov Čeljuskin ◠ RUS 62 R2
poluostrov Jamal ≐ RUS 62 K3
poluostrov Javaj ≐ RUS 62 L3
poluostrov Kamčatka ≐ RUS 63 c6
poluostrov Kanin ≐ RUS 19 U2
poluostrov Lisjanskogo ≐ RUS 63 Z6
poluostrov P'jagina ≐ RUS 63 b6
poluostrov Tajgonos ≐ RUS 63 d5
poluostrov Tajmyr ≐ RUS 62 P2
Põlva ☆ EST 38 K2
Polynesia ◠ 97 H3
Polynesien = Polynesia ◠ 97 H3
Pommersche Bucht ≈ 29 M1
Pommersche Seenplatte = Pojezierze Pomorskie ≐ PL 29 N2
Pomorskie, Pojezierze ≐ PL 29 N2
Ponape = Palikir ★ FSM 94 D4
Ponape Island ◠ FSM 94 D4
Ponce de Leon Bay ≈ USA 135 H7
Pondicherry = Puducherry ☆ IND 71 E5
Ponds, Isle of ◠ CDN 127 R2
Ponente, Riviera di ≐ I 41 L3
Ponferrada ◉ E 42 D2
Pongau ≐ A 35 J9
Pongo ~ SSD 105 L7
Pongo de Cumbinama ~ PE 148 B4
Pongo de Paquipachango ~ PE 149 D7
Pongola ~ ZA 117 K3
Poni ~ BF 111 J4
Poniewiesh = Panevėžys ☆ LT 38 J4
Ponnaiyar ~ IND 71 E4
Ponnani ~ IND 70 C5
Pônnyâ Taung ▲ MYA 73 J3
Ponsul, Rio ~ P 42 C5
Ponta Delgada (Saõ Miguel) ☆ P 40 a2
Pontarlier ◉ F 33 L2
Pontedeume ◉ E 42 B1
Pontevedra, Ría de ≈ E 42 B2
Ponthieu ≐ F 31 J4
Pontianak ☆ RI 82 E6
Pontikoússa ◠ GR 55 H6
Pontisches Gebirge = Kuzey Anadolu Dağları ▲ TR 64 C2

Pontoise ☆ F 31 K5
Pontremoli ◉ I 48 E4
Ponza, Isola di ⌒ I 50 F2
Ponziane o Pontine, Isole ⌒ I 46 D4
Poole Bay ≈ GB 27 H11
Poona = Pune ◉ IND 69 D10
Poor Knights Islands ⌒ NZ 99 E1
Popayán ☆ CO 146 B6
Popenguine ◉ SN 110 B2
Poplar River ~ CDN 125 R7
Popondetta ☆ PNG 83 N8
Poprad ~ PL 29 Q4
Porbandar ◉ IND 69 B9
Porce, Río ~ CO 146 C4
Porcher Island ⌒ CDN 124 E5
Porcien ≐ F 31 L5
Porcupine River ~ USA 122 G3
Pordenone ☆ I 48 H3
Poreč ☆ HR 49 J3
Poreče ≐ MK 52 F5
Pori ◉ FIN 21 K6
Porí ⌒ GR 54 F7
Porma, Río ~ E 42 E2
Póros ⌒ GR 54 F5
Porquerolles, Île de ⌒ F 33 K6
Porsangen ≈ N 20 M1
Porsangerhalvøya ≐ N 20 M1
Porsgrunn-Skien ☆ N 22 E1
Porsuk Çayı ~ TR 55 M3
Porsuk Çayı ~ TR 66 D3
Port Albert ◉ AUS 93 J5
Portalegre ☆ P 44 C2
Port Antonio ◉ JA 139 G5
Port Arthur ◉ AUS 93 J7
Port au Port Bay ≈ CDN 127 P4
Port au Port Peninsula ≐ CDN 127 P4
Port-au-Prince ★ RH 139 J5
Port Blair ☆ IND 71 a4
Port-Cros, Île de ⌒ F 33 L6
Port-de-Paix ☆ RH 139 J5
Port Erin ◉ GBM 26 E7
Portes de l'Enfer ~ CGO 114 A6
Port-Gentil ☆ G 112 C2
Port-Harcourt ☆ NGR 104 G8
Porthmadog ◉ GB 27 E9
Portivechju = Porto-Vecchio ◉ F 33 O7
Port Jackson ≈ AUS 93 L2
Port Láirge ◉ IRL 27 B9
Portland, Isle of ⌒ GB 27 G11
Portland Bay ≈ AUS 90 J7
Portland Bight ≈ JA 139 G6
Portland Canal ≈ USA 124 E4
Portland Inlet ≈ CDN 124 E4
Portland Island ⌒ NZ 99 F3
Port Lincoln ◉ AUS 92 C3
Port Louis ★ MS 113 N6
Port Moresby ★ PNG 83 N8
Port Nelson ≈ CDN 123 S5
Portneuf, Rivière ~ CDN 126 J4
Port Numbay ☆ RI 83 M7
Porto ☆ P 42 A3
Porto, Golfe de ≈ F 33 N6
Pôrto Alegre ☆ BR 151 E9
Porto Belo, Baía de ≈ BR 151 F7
Porto Cervo ◉ I 50 C1
Port of Spain ★ TT 147 K2
Portogruaro ◉ I 48 H3
Porto Novo ★ BJ 111 M6
Porto Santo ⌒ P 18 H9
Porto Seguro ◉ BR 145 M8
Porto-Vecchio ◉ F 33 O7
Porto-Vecchio, Golfe de ≈ F 33 O7
Pôrto Velho ☆ BR 144 G6
Portoviejo ☆ EC 148 A2
Port Phillip Bay ≈ AUS 90 J7
Port Royal Sound ≈ USA 135 H3
Port Sudan = Būr Sūdān ☆ SUD 105 M5
Port Townsend ◉ USA 130 C1
Portuguesa, Río ~ YV 147 G3
Port Victoria = Victoria ★ SY 113 N2
Port Vila ★ VU 98 A3
Poruk Çayı ~ TR 67 J2
Porvoo ◉ FIN 21 M6
Posada ~ I 50 C2
Posadas ☆ RA 151 B7
Posavina ≐ HR 49 M3
Posen = Poznań ☆ PL 36 C4
Positano ◉ I 51 H2
Possession Island ⌒ NAM 116 B3
Postojna ☆ SLO 49 K3
Potenza ☆ I 51 J2
Poti ◉ GE 19 U7
Poti ◉ GE 57 M6
Potomac, South Branch ~ USA 133 J6
Potomac River ~ USA 133 K6
Potosí ☆ BOL 144 F8
Potro, Río ~ PE 148 C4
Potsdam ☆ D 34 J4
Pott, Île ⌒ F 98 a2
Pouthisăt ☆ K 84 D5
Považský Inovec ▲ SK 37 E8
Poverty Bay ≈ NZ 99 G3
Powder River ~ USA 122 P8
Powder River ~ USA 130 F3
Požarevac ☆ SRB 52 F2
Požega ☆ HR 49 N3
Požeška gora ▲ HR 49 N3
Poznań ☆ PL 36 C4
Pozuzo, Río ~ PE 149 D6
Pozzuoli ◉ I 51 H2
Pra ~ GH 111 K7
Prachin Buri ☆ T 84 C4
Prag = Praha ★ CZ 35 K6
Praha ★ CZ 35 K6
Praia ★ CV 110 C2
Prairie River, East ~ CDN 125 M4
Prairie River, West ~ CDN 125 M4
Prangli saar ⌒ EST 38 J2
Pranhita ~ IND 69 G10
Praslin Island ⌒ SY 113 M2
Prata, Costa de ≐ P 40 B5
Prata, Rio ~ BR 150 F3
Prata, Rio da ~ BR 150 G2
Pratas-Inseln = Dongsha Qundao ⌒ CN 75 M7
Pratas Islands = Dongsha Qundao ⌒ CN 75 M7
Pravara ~ IND 69 E10
Pravdinsk ◉ RUS 38 G4
Prayag = Allahābād ◉ IND 72 B2
Preah Vihear ≐ K 84 E4
Precordillera ▲ RA 152 D4
Predbajkal'skaja vpadina ≐ RUS 62 S7
Pregolja ~ RUS 38 G4
Preiļi ☆ LV 38 K3
Prejmer ◉ RO 56 D5
Prêk Chbar ~ K 84 F5
Prêk Chhlong ~ K 84 F5
Prekmurje ≐ SLO 37 C10
Prêk Tê ~ K 84 F5
Premuda ⌒ HR 46 E2
Preny = Prienai ◉ LT 38 H4
Prenzlau ☆ D 34 J3
Prescott Island ⌒ CDN 122 R2
Preslav = Veliki Preslav ☆ BG 53 L3
Prešov ☆ SK 37 H7
Preßburg = Bratislava ★ SK 37 D8
Preto, Rio ~ BR 145 K7
Preto, Rio ~ BR 145 K8
Preto, Rio ~ BR 150 F4
Pretoria ★ ZA 117 H2
Preußisch Holland = Pasłęk ◉ PL 36 F2
Prey Vêng ☆ K 84 E6
Priangarskoe plato ▲ RUS 62 P6
Pribilof Islands ⌒ USA 122 B5
Pribrežnyj hrebet ▲ RUS 63 X6
Price Island ⌒ CDN 124 F5
Price River ~ USA 131 J6
Pridnjaprovskaja nizina ≐ BY 19 S5
Priekule ☆ LV 38 G3
Prienai ◉ LT 38 H4
Prignitz ≐ D 34 G3
Prijepolje ◉ SRB 46 G3
Prikubanskaja ≐ RUS 57 L5
Prilenskoe, plato ▲ RUS 63 T5
Prilepsko pole ≐ MK 52 F5
Primošten ◉ HR 49 L5
Prince Albert Peninsula ≐ CDN 122 N2
Prince Albert Sound ≈ CDN 122 N2
Prince Charles Island ⌒ CDN 123 V3
Prince Edward Bay ≈ CDN 126 F7
Prince Edward Island ⌒ CDN 127 N5
Prince Edward Peninsula ≐ CDN 126 F7
Prince George ◉ CDN 124 J5
Prince Gustav Adolf Sea ≈ CDN 122 P1
Prince of Wales Island ⌒ AUS 90 H2
Prince of Wales Island ⌒ CDN 122 Q2
Prince of Wales Island ⌒ USA 122 K5
Prince of Wales Strait ≈ CDN 122 M2
Prince Patrick Island ⌒ CDN 122 L1
Prince Regent Inlet ≈ CDN 123 S2
Prince Rupert ◉ CDN 124 E4
Princess Charlotte Bay ≈ AUS 90 J2
Princess Royal Island ⌒ CDN 122 L6
Prince William Sound ≈ USA 122 G4
Príncipe ⌒ STP 112 C1
Principe Channel ≈ CDN 124 E5
Prins Christian Sund ≈ DK 123 c4
Prishtina = Prishtinë ☆ RKS 52 F4
Prishtinë = Priština ★ RKS 52 F4
Priština = Prishtinë ★ RKS 52 F4
Privas ☆ F 33 J4
Privolžskaja vozvyšennost' ▲ RUS 19 U6
Prizren ◉ RKS 52 E4
Procida, Isola di ⌒ I 50 G2
Progreso ◉ MEX 137 J2
Prokop'evsk ☆ RUS 62 O7
Prokuplje ◉ SRB 52 F3
proliv Dmitrija Lapteva ≈ RUS 63 Y3
proliv Karskie Vorota ≈ RUS 62 H3
proliv Longa ≈ RUS 63 g3
proliv Sannikova ≈ RUS 63 Y3
proliv Šokol'skogo ≈ RUS 62 Q2
proliv Vil'kickogo ≈ RUS 62 Q2
Prome = Pyay ◉ MYA 73 J5
Promontorio del Gargano ▲ I 46 F4
Prončiščeva, bereg ≐ RUS 62 S2
Pronja ~ BY 39 M4
Pronja ~ RUS 39 Q4
Prosna ~ PL 29 P3
Prosna ~ PL 36 D4
Próti ⌒ GR 54 D5
Protoka ~ RUS 57 K5
Protva ~ RUS 39 P5
Provadijska Reka ~ BG 53 M3
Provence ≐ F 18 N7
Providence Island ⌒ SY 113 M3
Providencia, Isla de ⌒ CO 129 K8
Providenciales Island ⌒ GB 139 J4
Providenija ◉ RUS 63 j5
Provins ◉ F 31 L6
Prudnik ◉ PL 37 D6
Prut ~ MD 56 E4
Prut ~ RO 19 R6
Prut ~ RO 56 F5
Prut ~ UA 56 D3
Prut ~ UA 56 E3
Prvić ≐ HR 49 K4
Pryazovs'ka vysočyna ▲ UA 57 K4
Pryčornomors'ka Nyzovyna ≐ UA 56 H4
Prydniprovs'ka vysočyna ▲ UA 56 F3
Prypjac' ~ BY 19 R5
Prypjat' ~ UA 56 D2
Prževal'sk = Kara-Köl ☆ KG 65 M2
Przeworsk ◉ PL 37 J6
Psará ⌒ GR 47 K5
Psathoúra ⌒ GR 54 G3
Psël ~ RUS 57 K2
Psihro ◉ GR 55 H7
Psíra ⌒ GR 55 H7
Pskov ☆ RUS 38 L3
Ps'ol ~ UA 56 H3
Psunj ▲ HR 49 N3
Pszczyna ◉ PL 37 E7
Ptuj ◉ SLO 49 L2
Pucallpa ☆ PE 148 D6
Pucara, Río ~ PE 149 F9
Pucioasa ◉ RO 56 D5
Pucka, Zatoka ≈ PL 36 E2
Puducherry ☆ IND 71 E5
Pudu He ~ CN 78 C4
Pudukkottai ◉ IND 71 E5
Puebla ☆ MEX 136 E3
Pueblo Valley ≐ USA 131 J9
Puerto Angel ◉ MEX 136 F5
Puerto Arista ◉ MEX 137 G5
Puerto Ayacucho ☆ YV 147 G5
Puerto Baquerizo Moreno ☆ EC 149 b2
Puerto Barrios ☆ GCA 137 K5
Puerto Carreño ☆ CO 147 F4
Puerto Escondido ◉ MEX 136 F5
Puerto Francisco de Orellana ☆ EC 148 C2
Puerto Inírida = Inírida ☆ CO 147 F6
Puerto Juárez ◉ MEX 137 L2
Puerto Lempira ☆ HN 138 C7
Puerto Limón ☆ CR 129 K8
Puerto Montt ☆ RCH 152 C6
Puerto Plata ☆ DOM 139 K5
Puerto Princesa ☆ RP 82 G5
Puerto Vallarta ◉ MEX 136 A2
Puget Sound ≈ USA 130 C2
Pujŏnryŏng Sanmaek ▲ KP 75 O3
Pukapuka Atoll ⌒ CK 97 H3
Pukapuka Atoll ⌒ F 97 O3
Pukaviksbukten ≈ S 23 L4
Pukë ◉ AL 52 D4
Puketoi Range ▲ NZ 99 F4
Pukhan-o ~ KP 80 F4
Pula ☆ HR 49 J4
Pulap Atoll ⌒ FSM 94 B4
Pulau ~ RI 83 L8
Pulau Atauro ⌒ TL 82 J8
Pulau Aur ⌒ MAL 85 E10
Pulau Bacan ⌒ RI 83 J7
Pulau Bali ⌒ RI 82 F8
Pulau Banggi ⌒ MAL 82 G5
Pulau Bangka ⌒ RI 82 E7
Pulau Batanta ⌒ RI 83 J7
Pulau Bawean ⌒ RI 82 F8
Pulau Belitung ⌒ RI 82 E7
Pulau Besar ⌒ MAL 85 E10
Pulau Biak ⌒ RI 83 L7
Pulau Bintan ⌒ RI 82 D6
Pulau Bisa ⌒ RI 83 J7
Pulau Bunyu ⌒ RI 82 G6
Pulau Dayang Bunting ⌒ MAL 85 B8
Pulau Doangdoangan Besar ⌒ RI 82 G8
Pulau Enggano ⌒ RI 82 D8
Pulau Gebe ⌒ RI 83 J7
Pulau Halmahera ⌒ RI 83 J6
Pulau Jemaja ⌒ RI 82 D6
Pulau Kaburuang ⌒ RI 83 J6
Pulau Karakelong ⌒ RI 83 J6
Pulau Karamian ⌒ RI 82 F7
Pulau Kasiruta ⌒ RI 83 J7
Pulau Kayoa ⌒ RI 83 J6
Pulau Langkawi ⌒ MAL 82 C5
Pulau Laut ⌒ RI 82 E6
Pulau Laut ⌒ RI 82 G7
Pulau Lingga ⌒ RI 82 D7
Pulau Madura ⌒ RI 82 F8
Pulau Mangole ⌒ RI 83 J7
Pulau Manui ⌒ RI 82 H7
Pulau Maratua ⌒ RI 82 G6
Pulau Masalembobesar ⌒ RI 82 F8
Pulau Maya ⌒ RI 82 E7
Pulau Midai ⌒ RI 82 E6
Pulau Morotai ⌒ RI 83 J6
Pulau Nias ⌒ RI 82 C6
Pulau Numfoor ⌒ RI 83 K7
Pulau Obi ⌒ RI 83 J7
Pulau Pagai Selatan ⌒ RI 82 C7
Pulau Pangkor ⌒ MAL 85 B9
Pulau Peleng ⌒ RI 82 H7
Pulau Pemangil ⌒ MAL 85 E10
Pulau Perhentian Besar ⌒ MAL 85 D9
Pulau Pinang ⌒ MAL 82 C5
Pulau Redang ⌒ MAL 85 D9
Pulau Rote ⌒ RI 82 H9
Pulau Salawati ⌒ RI 83 J7
Pulau Sanana ⌒ RI 83 J7
Pulau Sangir ⌒ RI 83 H6
Pulau Sawu ⌒ RI 82 H9
Pulau Seram ⌒ RI 83 J7
Pulau Serasan ⌒ RI 82 E6
Pulau Sibu ⌒ MAL 85 E10
Pulau Simeulue ⌒ RI 82 B6
Pulau Singkep ⌒ RI 82 D7
Pulau Subi ⌒ RI 82 E6
Pulau Tahulandang ⌒ RI 82 H6
Pulau Taliabu ⌒ RI 82 H7
Pulau Tenggol ⌒ MAL 85 D9
Pulau Tinggi ⌒ MAL 85 E10
Pulau Tioman ⌒ MAL 82 D6
Pulau Waar ⌒ RI 83 K7
Pulau Waigeo ⌒ RI 83 J6
Pulau Weh ⌒ RI 82 C5
Puławy ◉ PL 36 H5
Pulga ◉ IND 68 F4
Pulo Anna ⌒ PAL 83 K6
Pulo Buda ⌒ MYA 85 B6
Pułtusk ◉ PL 36 H4
Puluwat Atoll ⌒ FSM 94 B4
Puna, Isla ⌒ EC 144 C5
Puna de Atacama ≐ RA 152 D3
Punavadi = Pune ◉ IND 69 D10
Punchu ~ IND 71 E4
Pune ◉ IND 69 D10
Punilla, Sierra de la ▲ RA 152 D3
Punkudutivu ⌒ CL 71 E6
Punta Arenas ☆ RCH 152 C8
Punta Gorda ☆ BZ 137 K4
Puntarenas ☆ CR 129 K8
Puntas Negras, Cordon de ▲ RCH 152 D2
Pur ~ RUS 62 M5
Purari River ~ PNG 83 M8
Purcell Mountains ▲ CDN 122 N6
Purdy Islands ⌒ PNG 83 N7
Puré, Río ~ 148 F3
Puretê ou Purata, Rio ~ BR 148 G3
Purganas ≐ IND 72 F4
Puri ◉ IND 72 D5
Purial, Sierra del ▲ C 139 H4
Purificación, Río ~ MEX 136 B3
Pūrna ~ IND 69 F9
Purus, Rio ~ BR 144 F6
Purus, Rio ~ BR 145 G5
Puškin ◉ RUS 39 M2
Puskwaskau River ~ CDN 125 L4
Pusur ~ BD 72 F3
Puszcza Augustowska ≐ PL 36 K4
Puszcza Romincka ≐ PL 36 J2
Puszcza Solska ≐ PL 36 J6
Puszta Bugac = Bugac ≐ H 37 F10
Puszta Hortobágy = Hortobágy ≐ H 29 Q5
Puthein = Pathein ☆ MYA 73 H6
Putina, Río ~ PE 149 G9
Putorana, plato ▲ RUS 62 P4
Putoranagebirge = plato Putorana ▲ RUS 62 P4
Putrajaya ★ MAL 85 C10
Putumayo, Río ~ CO 144 E5
Putumayo, Río ~ EC 148 D1
Putumayo, Río ~ PE 148 E3
Puyang Jiang ~ CN 79 M2
Puy-en-Velay, Le ☆ F 33 H3
Puyo ☆ EC 148 C2
Pyay ◉ MYA 73 J5
Pyhäjoki ~ FIN 20 M4
Pyin U Lwin ◉ MYA 73 K4
Pyinzabu Kyûn ⌒ MYA 84 A6
P'yŏng-sŏng ☆ KP 80 E4
P'yŏngyang ★ KP 80 E4
Pyrenäen = Pyrénées ▲ 18 L7
Pyrénées ▲ 18 L7
Pyritz = Pyrzyce ◉ PL 36 A3
Pyrmont, Bad ◉ D 34 E5
Pyrzyce ◉ PL 36 A3
Pytalovo ◉ RUS 38 K3

Q

Qa'āmīyāt, al- ≐ KSA 64 F7
Qaanaaq ◉ DK 123 X1
Qacentina = Constantine ☆ DZ 107 K2
Qaḍarif, al- ☆ SUD 105 N6
Qaidam Pendi ≐ CN 74 G4
Qaisūm, Ǧazīrat ⌒ ET 109 F4
Qalāt ☆ AFG 65 K4
Qal'at Ṣāliḥ ☆ IRQ 67 M7
Qal'at Sukkar ☆ IRQ 67 L7
Qal'a-ye Now ☆ AFG 64 J4
Qamea ⌒ FJI 98 c2
Qamīnis ◉ LAR 105 K2
Qamqam ≐ DZ 106 D5
Qandahār ☆ AFG 65 K4
Qarā', Ǧabal al- ▲ OM 64 G7
Qara Dāġ ▲ IR 64 F3
Qara Dāġ ▲ IRQ 67 K4
Qara Dāġ ▲ IRQ 67 L5
Qarānqū, Rūd-e ~ IR 67 M4
Qara Sū ~ IR 67 M3
Qara Sū ~ IR 67 M5
Qaṣab, Wādī l- ~ ET 67 K4
Qasr-e Širīn ◉ IR 67 L5
Qaṭṭāra, Munhafaḍ al- ≐ ET 105 L3
Qazax ◉ AZ 64 F2
Qazvīn ☆ IR 64 F3
Qelelevu ⌒ FJI 98 c2
Qeparo ◉ AL 52 D6
Qešm, Ǧazīre-ye ⌒ IR 64 G5
Qezel Ūzan, Rūd-e ~ IR 67 N4
Qezel Ūzan Qoli, Čam-e ~ IR 67 M5
Qianligang ▲ CN 79 L2
Qian Shan ▲ CN 80 D3
Qianyou He ~ CN 76 F5
Qilian Shan ▲ CN 74 H4
Qinā, Wādī ~ ET 108 F3
Qing Jiang ~ CN 76 G6
Qingshui He ~ CN 76 E3
Qingshui He ~ CN 76 F2
Qingshui Jiang ~ CN 78 F3
Qingzhang Dongyuan ~ CN 77 H3
Qingzhang Gaoyuan ≐ CN 74 E5
Qin He ~ CN 77 H4
Qin Ling ▲ CN 76 E5
Qinzhou Wan ≈ CN 78 F6
Qionglai Shan ▲ CN 76 C6
Qiongzhou Haixia ≈ CN 75 K7
Qixing Dao ⌒ CN 79 L3
Qizhou Liedao ⌒ CN 78 G6
Qohrūd, Kūhhā-ye ▲ IR 64 G4
Qom ☆ IR 64 G4
Qomše = Šahreza ◉ IR 64 G4
Qotūr Čāy ~ IR 67 L4
Quần Đảo Nam Du ⌒ VN 85 D7
Quần đảo Trường Sa = Spratly Islands ⌒ 82 F4
Quảng Ngãi ☆ VN 84 G4
Quan He ~ CN 77 J5
Quantock Hills ▲ GB 27 F10
Quanzhou ◉ CN 79 K4
Quatsino Sound ≈ CDN 124 F6
Quba ◉ AZ 19 V7
Qūčān ◉ IR 64 H3
Québec ☆ CDN 126 H5
Quebra-Anzol, Rio ~ BR 150 G3
Quedlinburg ◉ D 34 G5
Queen Charlotte Islands = Haida Gwaii ⌒ CDN 122 J6
Queen Charlotte Mountains ▲ CDN 124 D5
Queen Charlotte Sound ≈ CDN 122 K6
Queen Charlotte Strait ≈ CDN 122 L6
Queen Elizabeth Islands ⌒ CDN 122 P1
Queen Maud Gulf ≈ CDN 122 Q3
Queensferry ◉ GB 26 F6
Queens Sound ≈ CDN 124 F6
Queenstown ◉ NZ 99 B6
Queguay Grande, Río ~ ROU 151 B10
Queimada Grande, Ilha ⌒ BR 150 G6
Queixa, Serra de ▲ E 42 C2
Quelimane ☆ MOC 113 J5
Querari, Río ~ CO 146 E7
Querétaro ☆ MEX 136 D2
Querfurt ◉ D 34 G5
Quesnel River ~ CDN 124 J5
Quetta ☆ PK 65 K4
Quevedo, Río ~ EC 148 B2
Quezaltenango ☆ GCA 137 H5
Qufu ◉ CN 77 K4
Quibdó ☆ CO 146 B5
Quilon = Kollam ◉ IND 70 C6
Quimantag ▲ CN 74 G4
Quimper ☆ F 30 C7
Quinault River ~ USA 130 B2
Quinché, Raudal ~ CO 148 E2
Quinn River ~ USA 130 E5
Quipar, Río ~ E 45 J3
Quitéria, Rio ~ BR 150 E3
Quito ★ EC 148 B2
Qukës-Skënderbej ◉ AL 52 E5
Qurayya, Wādī ~ ET 109 G2
Qurna, al- ☆ IRQ 67 M7
Quwu Shan ▲ CN 76 D3
Quy Nhơn ☆ VN 84 G5

R

Raab ~ A 29 N5
Raab = Győr ☆ H 37 D9
Raanes Peninsula ⌒ CDN 123 T1
Raasay ⌒ GB 26 C4
Raasay, Sound of ≈ GB 26 C4
Rab ☆ HR 49 K4
Rab ⌒ HR 46 E2
Rába ~ H 29 O5
Raba ~ PL 37 G7
Rabaçal, Rio ~ P 40 C4
Rábaköz ≐ H 37 D9
Rabat = Ar-Ribāṭ ★ MA 106 C4
Rabaul ☆ PNG 83 O7
Rabi ⌒ FJI 98 c2
Rabnabad ~ BD 72 G4
Rabnābād Dipsamuh ⌒ BD 72 G4
Răbnița = Rîbnița ☆ MD 56 F4
Raccon Cay ⌒ BS 139 H3
Rạch Giá ☆ VN 85 E7
Rachidia, Er- ☆ MA 106 D5
Rachiv ☆ UA 56 C3
Rachna Doāb ≐ PK 68 D4
Radama, Nosy ⌒ RM 113 L4
Radbuza ~ CZ 35 J7
Radd, Wādī ar- ~ SYR 67 J4
Rade de Brest ≈ F 30 C6
Rade d'Hyères ≈ F 33 L5
Radew ~ PL 36 C2
Radomka ~ PL 36 G5
Radøy ⌒ N 21 B6
Radstadt ◉ A 35 J9
Raduša ▲ BIH 49 N5
Radviliškis ◉ LT 38 H4
Radzyń Chełmiński ◉ PL 36 E3
Rae Isthmus ≐ CDN 123 T3
Rätikon ▲ CH 35 E9
Rätische Alpen ▲ CH 46 B1
Raevski, Groupe ⌒ F 97 N4
Rafsanğān ◉ IR 64 H4
Raft River ~ USA 130 H4
Raft River Mountains ▲ USA 130 H5
Ragaing Yōma ▲ MYA 73 J5
Ragged Island ⌒ USA 133 O4
Ragged Island Range ⌒ BS 139 G3
Ragusa ☆ I 51 H6
Ragusa = Dubrovnik ☆ HR 49 O6
Rahad, ar- ~ SUD 105 M6
Raiatea, Île ⌒ F 97 L4
Rāichūr ◉ IND 71 D2
Railroad Valley ≐ USA 131 G6
Raimangal ~ BD 72 F4
Raipur ☆ IND 72 B4
Raivavae, Île ⌒ F 97 M5
Raiya Hills ▲ EAK 115 H2
Raja Ampat, Kepulauan ⌒ RI 83 J6
Rajang ~ MAL 82 F6
Rajin = Rasŏn ☆ KP 81 H2
Rajmahal Hills ▲ IND 72 E2
Rajshahi ☆ BD 72 F2
Rakahanga ⌒ CK 95 M7
Rakai ☆ EAU 114 C4
Rakaia River ~ NZ 99 C5
Rakhni ~ PK 68 B5
Rakiura = Stewart Island ⌒ NZ 96 C10
Rakkestad ☆ N 22 G1
Rakvere ☆ EST 38 J2
Raleigh ☆ USA 135 J2
Raleigh Bay ≈ USA 135 K2
Ralik Chain ⌒ MH 94 F3
Ramādī, ar- ☆ IRQ 67 K6
Rama Guda ≐ EAK 115 H4
Rambouillet ◉ F 31 J6
Rambrè ⌒ MYA 74 G8
Ramea Island ⌒ CDN 127 Q5
Rameški ☆ RUS 39 P3
Rāmeswaram ◉ IND 71 E6
Ramganga ~ IND 68 G5
Ramlat al-Wahība ≐ OM 64 H6
Ramlat as-Sab'atain ≐ YEM 64 F7
Ramlat Rabyanah ≐ LAR 105 J4
Râmnicu Vâlcea ☆ RO 56 C5
Ramotswa ☆ BW 117 G2
Ramree = Rambrè ⌒ MYA 74 G8
Ramree Island = Rambrè ⌒ MYA 74 G8
Ramsey Island ⌒ GB 27 D10
Ramsgate ◉ GB 27 L10
Ram Tsho ~ CN 72 F0
Ramu River ~ PNG 83 M7
Ramygala ◉ LT 38 H4
Rancagua ☆ RCH 152 C4
Ranchería, Río ~ CO 146 D2
Rānchi ☆ IND 72 D3
Rānchi Plateau ≐ IND 72 D3
Randberge ▲ ZA 117 J3
Randers Fjord ≈ DK 22 F4
Random Island ⌒ CDN 127 S4
Randøy ⌒ N 22 A1
Råneälven ~ S 20 K3
Rangaunu Bay ≈ NZ 99 D1
Rangiauria = Pitt Island ⌒ NZ 96 F9
Rangiroa Atoll ⌒ F 97 L4
Rangitaiki River ~ NZ 99 F3
Rangitatahi = The Sisters ⌒ NZ 99 a1
Rangitata River ~ NZ 99 C5
Rangitikei River ~ NZ 99 E4
Rangoon = Yangon ☆ MYA 73 K6
Rangpur ☆ BD 72 F2
Ranguana Cay ⌒ BZ 137 K4
Rangun = Yangon ☆ MYA 73 K6
Rānīkhet ◉ IND 68 G5
Rānīya ☆ IRQ 67 L4
Rann of Kachchh ≐ IND 65 K6
Rantberge ▲ NAM 116 C1
Raoul Island ⌒ NZ 96 F6
Raoyang He ~ CN 80 D3
Rapa, Île ⌒ F 97 M6
Rápidos Coemani ~ CO 148 E2
Rapla ☆ EST 38 J2
Rappahannock River ~ USA 133 K7
Rappoltsweiher = Ribeauvillé ◉ F 31 P6
Raquette River ~ USA 133 L3
Raraka Atoll ⌒ F 97 M4
Rare ~ EAK 115 G5
Raroia Atoll ⌒ F 97 N4
Rarotonga Island ⌒ CK 97 K5
Raša ~ HR 49 K3
Ra's al-'Ain ☆ SYR 67 J4
Raseiniai ◉ LT 38 H4
Rašīd, Ǧabal ▲ SYR 66 G5
Rašīd, Maṣabb ~ ET 108 E2
Rasina ~ SRB 52 E3
Raška ~ SRB 52 E3
Rās Kōh ▲ PK 65 J5
Rasmussen Basin ≈ CDN 123 R3
Raso, Ilhéu ⌒ CV 110 B1
Rasŏn ☆ KP 81 H2
Rasšua, ostrov ⌒ RUS 63 b8
Rašt ☆ IR 64 F3
Rastatt ◉ D 35 D8
Ratak Chain ⌒ MH 94 F3
Ratchaburi ☆ T 84 B5
Rathenow ◉ D 34 H4
Rathlin Island ⌒ GB 24 D5
Ratnāgiri ◉ IND 70 B2
Ratzeburg ◉ D 34 F3
Raudal Alto ~ YV 147 H4
Raudal Aquacanta ~ YV 147 J4
Raudal Aques Verdes ~ CO 148 E1
Raudal Chiribiquete ~ CO 146 D7
Raudal Coro ~ CO 148 F2
Raudal Cumaral ~ CO 146 E6
Raudal Cururú ~ CO 148 F1
Raudal de la Sal ~ CO 148 E2
Raudal del Embudo ~ CO 148 E1
Raudal de Maipures ~ YV 147 F5
Raudal de Rayao ~ CO 147 F6
Raudal el Turbón ~ CO 146 E7
Raudal Guacamaya ~ CO 146 F6
Raudal Hacha ~ CO 148 E1
Raudal Huitoto ~ CO 148 E1
Raudal las Chulas ~ CO 146 E6
Raudal Macuna ~ CO 148 F2
Raudal Mandi ~ CO 146 E7
Raudal Palito ~ CO 148 F1
Raudal Quinché ~ CO 148 E2
Raudal Samuro ~ CO 147 F6
Raudal Solarte ~ CO 148 F2
Raudal Tonimuca ~ CO 148 F2
Raudal Tucunare ~ CO 146 E7
Raudal Yurupari ~ CO 148 F1
Raukumara Range ▲ NZ 99 F3
Rauma ◉ FIN 21 K6
Rauma ~ N 20 C5
Raumo = Rauma ◉ FIN 21 K6
Raung Kalan ▲ MYA 73 H3
Raurkela ◉ IND 72 D3
Raurkela Industrial Township ◉ IND 72 D3
Rauschen = Svetlogorsk ☆ RUS 21 J9
Răut ~ MD 56 E4
Răut ~ MD 56 F4
Ravahere Atoll ⌒ F 97 N4
Ravand, Čam-e ~ IR 67 L5
Ravenna ☆ I 48 H4
Ravensburg ◉ D 35 E9
Rāvi ~ IND 68 F3
Rāvi ~ PK 68 D4
Rāvi ~ PK 68 E3
Ravine du Sud ~ RH 139 J5
Ravni kotari ≐ HR 49 L4
Ravnina Ketsko-Tymskaja ≐ RUS 62 N5
Rawaki ⌒ KIR 95 K6
Rawicz ◉ PL 36 C5
Rawka ~ PL 36 G5
Rawson ☆ RA 152 D6
Rayao, Raudal de ~ CO 147 F6
Rayong ☆ T 84 C5
Razdol'noe ☆ RUS 56 H5
Razgrad ☆ BG 53 L3
Razlog ◉ BG 52 H5
Ré, Île de ⌒ F 18 L6
Reachra ⌒ IRL 27 D8
Real, Cordillera ▲ EC 148 B2
Real, Estero ~ NIC 137 L6
Reao Atoll ⌒ F 97 O4
Reatini, Monti ▲ I 48 H6
Rebbenesøya ⌒ N 20 H1
Rebun-tō ⌒ J 75 Q2
Recherche, Archipelago of the ⌒ AUS 90 E6
Récif Abore ⌒ F 98 b4
Récif de la Gazelle ⌒ F 98 b3
Récif des Français ⌒ F 96 B4
Recife ☆ BR 145 M6
Récif Petrie ⌒ F 98 b2
Récifs de l'Astrolabe ⌒ F 98 b2
Récifs d'Entrecasteaux ⌒ F 96 B4
Recklinghausen ◉ D 34 C5
Recknitz ~ D 29 M1
Reda ~ PL 36 E2
Redang, Pulau ⌒ MAL 85 D9
Red Bay ◉ CDN 127 Q3

★ Hauptstadt (Staat) ☆ Hauptstadt (Bundesland, Provinz, o.ä.) ◉ Ort ▲ Gebirge ⌒ Insel, Halbinsel ≐ Landschaft ≈ Ozean, Meer ~ Fluss

Red Deer Creek ~ CDN 124 K4
Red Deer River ~ CDN 125 N6
Red Deer Valley Badlands ≐ CDN 125 O6
Rede ~ GB 26 G6
Red Indian Lake ~ CDN 127 Q4
Rednitz ~ D 29 L4
Redonda, Isla ⌒ YV 147 K3
Red River ~ USA 128 G4
Red River ~ USA 128 H4
Red River of the North ~ USA 123 R7
Red Rock River ~ USA 130 H3
Red Sea ≈ 105 M3
Redwillow River ~ CDN 124 K4
Redwood Empire ≐ USA 130 C5
Reedy Creek ~ AUS 92 F4
Reef Islands ⌒ SOL 94 F7
Reef Islands ⌒ VU 98 A1
Reese River ~ USA 131 F6
Rega ~ PL 36 B2
Rega ~ PL 36 B3
Regen ☆ D 35 J8
Regen ~ D 29 M4
Regensburg ☆ D 35 H7
Rēgestān ≐ AFG 65 J4
Reggio di Calabria ☆ I 51 J4
Reggio nell'Emilia ☆ I 48 F4
Região do Vinho do Alto Douro ≐ P 42 C3
Regina ☆ CDN 122 Q6
Regn ~ D 35 F7
Rehburg-Loccum ◉ D 34 E4
Reichenau ⌒ D 35 D9
Reichenberg = Liberec ☆ CZ 36 B6
Reichenhall, Bad ☆ D 35 H9
Reid Reef ⌒ FJI 98 c2
Reims ◉ F 31 M5
Reinhardsw ≐ D 34 E5
Reinosa ◉ E 42 F1
Reinøy ⌒ N 20 J1
Reisaelva ~ N 20 K2
Reitoru Atoll ⌒ F 97 M4
Rekareka Atoll ⌒ F 97 N4
Rekarne ≐ S 23 M1
Rekkam, Plateau du ▲ MA 106 E4
Rekohua = Chatham Island ⌒ NZ 96 F9
Remel el-Abiod ▲ TN 107 L5
Remscheid ☆ D 34 C5
Rena ☆ N 21 E6
Rendsburg ☆ D 34 E2
René Reef ⌒ 95 H2
Ren He ~ CN 76 F5
Reni ☆ UA 56 F5
Rennell Island ⌒ SOL 94 E8
Rennes ☆ F 30 F6
Rennesøy ⌒ N 22 A1
Reno ~ I 48 G4
Reno ◉ USA 131 E6
Renosterrivier ~ ZA 116 E5
Renosterrivier ~ ZA 117 H3
Réo ◉ BF 111 J3
Réole, La ◉ F 32 D4
Répce ~ H 37 C9
Replotlandet ⌒ FIN 20 K5
Republican River ~ USA 128 F2
Repulse Bay ≈ CDN 123 T3
Requena ◉ E 45 J2
Reşadiye Yarımadası ≐ TR 47 L6
Reschitza = Reşiţa ☆ RO 56 B5
Resistencia ☆ RA 152 F3
Reşiţa ☆ RO 56 B5
Resolution Island ⌒ CDN 123 Y4
Resolution Island ⌒ NZ 96 C10
Restigouche River ~ CDN 127 L5
Reszel ◉ PL 36 H2
Retalhuleu ☆ GCA 137 H5
Retem, Oued ~ DZ 107 J4
Réthimno ◉ GR 54 G7
Rethýmne ≐ GR 54 G7
Retz, Pays de ≐ F 32 B1
Réunion, Île de la ⌒ F 113 M6
Reuss ~ CH 28 K5
Reutlingen ☆ D 35 E8
Reutte ☆ A 35 F9
Reval = Tallinn ★ EST 38 H2
Revello Channel ≈ IND 71 a5
Revermont ▲ F 33 K2
Revillagigedo, Archipiélago de ⌒ MEX 128 C7
Revillagigedo Channel ≈ USA 124 E4
Revillagigedo Island ⌒ USA 122 K5
Rewa River ~ FJI 98 b2
Reykjavík ★ IS 20 c2
Rezat ~ D 35 F7
Rēzekne ☆ LV 38 K3
Rezina ☆ MD 56 F4
Rhein ~ CH 35 D9
Rhein ~ D 28 J2
Rheinhessen ≐ D 35 C7
Rheinisches Schiefergebirge ▲ D 28 J4
Rheinsberg ◉ D 34 H3
Rhinns of Galloway ≐ GB 26 D7
Rhiou, Oued ~ DZ 107 G2
Rho ☆ I 48 E3
Rhode Island ~ USA 133 N5
Rhodopen = Rodopi ▲ BG 19 Q7
Rhön ▲ D 29 K3
Rhône ~ F 18 M7
Rhône ~ F 25 K10
Rhône ~ F 33 J3
Rhône ~ F 35 B10
Rhue ~ F 32 G3
Rhum ⌒ GB 24 D4
Rhumel, Oued ~ DZ 107 K2
Riacho Alegre ~ PY 150 A4
Riacho Carpincho ~ PY 150 A5
Riacho Eh-Eh ~ RA 150 A6
Riacho Monte Lindo Grande ~ RA 151 A6
Riacho Obilebit ~ PY 150 A4
Riacho Pilaga ~ RA 151 A6
Riacho Salado ~ RA 151 A7
Riad = ar-Riyāḍ ★ KSA 64 F6
Ría de Arousa ≈ E 42 A2
Ria de Aveiro ~ P 42 A4
Ría de Corcubión ≈ E 42 A2
Ría de Corme e Laxe ≈ E 40 B3
Ría de Pontevedra ≈ E 42 B2
Riánsares, Río ~ E 43 G5
Rías Altas ≐ E 42 A1
Rías Baixas ≐ E 42 A2
Riau, Kepulauan ⌒ RI 82 D6
Riaza, Río ~ E 42 G3
Ribadavia ◉ E 42 B2
Ribagorza ≐ E 43 L2
Ribatejo ≐ P 40 B5
Ribble ~ GB 26 G7
Ribe ◉ DK 22 D5
Ribe Å ~ DK 22 D5
Ribeira Grande ◉ CV 110 C2
Ribeirão do Iguape, Rio ~ BR 150 F6
Ribeirão Lontra ~ BR 150 D4
Ribeiro Arantes ~ BR 150 E3
Ribeiro Buriti ~ BR 150 C4
Ribeiro Coqueiro ~ BR 150 B2
Ribeiro de São Cruz ~ BR 150 G2
Ribeiro Salobra ~ BR 150 B4
Ribeiro São André ~ BR 150 G2
Ribeiro São Pedro ~ BR 150 G2
Ribeiro Taguaruçu ~ BR 150 C4
Ribi ~ WAL 110 D5
Rîbniţa ☆ MD 56 F4
Ribstone Creek ~ CDN 125 P5
Richards Island ⌒ CDN 122 J3
Richardson Mountains ▲ CDN 122 J3
Richmond Range ▲ NZ 99 D4
Richtersveld ≐ ZA 116 C4
Richtersveld Cultural and Botanical Landscape ≐ ZA 116 C4
Riecito, Río ~ YV 146 F4
Ried im Innkreis ☆ A 35 J8
Ries ≐ D 35 F8
Riesengebirge ≐ PL 36 B6
Riesengebirge = Karkonosze ▲ PL 36 B6
Riesengebirge = Krkonoše ▲ CZ 29 N3
Rieti ☆ I 49 H6
Rietrivier ~ ZA 116 G4
Rif ▲ MA 104 E2
Rifā'i, ar- ☆ IRQ 67 M7
Rift Valley ≐ EAK 113 J2
Rīga ★ LV 38 J3
Rigaer Bucht = Rīgas jūras līcis ≈ LV 19 Q4
Rigaer Meerbusen = Rīgas jūras līcis ≈ LV 19 Q4
Rīgas jūras līcis ≈ LV 19 Q4
Rihab, ar- ≐ IRQ 67 L7
Rihand ~ IND 72 C2
Riječki zaljev ≈ HR 49 K3
Rijeka ☆ HR 49 K3
Rika ~ UA 37 K8
Rila ▲ BG 47 J3
Rilska Reka ~ BG 52 H4
Rimac, Río ~ PE 149 C8
Rimatara, Île ⌒ F 97 L5
Rimava ~ SK 37 F8
Rimini ☆ I 48 H4
Rindal ☆ N 20 D5
Ringgold Isles ⌒ FJI 98 c2
Ringkøbing ◉ DK 22 D4
Ringsön ⌒ S 23 N2
Ringsted ◉ DK 22 G5
Ringvassøy ⌒ N 20 J2
Rinia ⌒ GR 47 K6
Río Aacaray ~ PY 150 C6
Río Abiseo ~ PE 148 C5
Río Abuña ~ BOL 144 F7
Río Acaponeta ~ MEX 136 B1
Río Achuijullo ~ MEX 136 C3
Rio Acre ~ BR 144 F6
Río 'acunday ~ PY 151 C6
Río Adaja ~ E 40 D4
Río Aguán ~ HN 129 J7
Río Aguán ~ HN 137 L5
Rio Aguapeí ~ BR 150 E4
Río Aguapey ~ RA 151 B8
Rio Aguara ~ PY 150 B6
Río Aguarico ~ EC 148 C1
Río Aguarico ~ EC 148 C2
Río Aguasvivas ~ E 43 K3
Río Aguaytia ~ PE 148 D6
Río Águeda ~ E 40 C4
Río Ajajú ~ CO 148 E1
Río Ajayú ~ CO 146 D7
Rio Alegre ~ BR 150 B2
Río Algodón ~ PE 148 E3
Río Algodor ~ E 42 G5
Río Alhama ~ E 43 H3
Río Aljucén ~ E 44 D2
Río Almonte ~ E 44 E2
Río Alonso ~ BR 150 E6
Rio Alto Chandless ~ PE 149 F7
Rio Alto Madre de Dios ~ PE 149 F8
Río Alto Purus ~ PE 144 E7
Rio Aluize ~ MOC 117 L1
Río Amacuro ~ YV 147 K3
Río Amacuzac ~ MEX 136 E3
Río Amajac ~ MEX 136 E2
Rio Amambai ~ BR 150 C5
Río Amana ~ YV 147 J3
Río Amazonas ~ BR 145 J5
Río Amazonas ~ PE 144 E5
Río Ameca ~ MEX 136 B2
Río Ampiyacu ~ PE 148 E3
Río Amu ~ CO 148 E1
Rio Anhanduí-Guacu ~ BR 150 C4
Rio Anhanduizinho ~ BR 150 C4
Río Anllóns ~ E 42 A1
Río Apa ~ PY 150 B5
Río Apáporis ~ CO 144 E4
Río Apáporis ~ CO 148 F2
Rio Apiaí-Guaçu ~ BR 150 F6
Río Aponguao ~ YV 147 K5
Rio Aporé ~ BR 145 J8
Rio Aporé ~ BR 150 D3
Río Apure ~ YV 144 E3
Río Apure ~ YV 146 E4
Río Apure ~ YV 147 G4
Río Apurímac ~ PE 144 E7
Río Apurímac ~ PE 149 F9
Río Aquidabán ~ PY 150 B5
Rio Aquidauana ~ BR 150 B3
Rio Aquidauana ~ BR 150 C4
Río Aquio ~ CO 147 F6
Río Arabelaó Manta ~ EC 148 D2
Río Arabopó ~ YV 147 K5
Río Aragón ~ E 40 F3
Río Aragón ~ E 43 K2
Rio Araguaia ~ BR 145 J8
Rio Araguaia ~ BR 150 D2
Rio Araguari ~ BR 145 J4
Rio Araguari ~ BR 150 F3
Rio Araguari ~ BR 150 G3
Río Arapey Chico ~ ROU 151 B9
Río Arapey Grande ~ ROU 151 B9
Río Arauca ~ CO 146 E4
Río Arauca ~ YV 144 F3
Río Arba ~ E 43 J2
Río Areoalillo ~ E 42 F4
Río Arga ~ E 43 J2
Río Argos ~ E 45 J3
Río Ariari ~ CO 146 C6
Río Ariari ~ CO 146 D6
Rio Arinhanha ~ BR 150 D2
Rio Arinos ~ BR 145 H7
Río Ariporo ~ CO 146 E4
Rio Aripuanã ~ BR 145 G6
Río Arlanza ~ E 40 E4
Río Arlanzón ~ E 40 D4
Río Aro ~ YV 147 J4
Río Atabapo ~ CO 147 G6
Río Atenquillo ~ MEX 136 B2
Rio Atibaia ~ BR 150 G5
Río Atoyac ~ MEX 136 E3
Río Atoyac ~ MEX 136 F4
Río Atrato ~ CO 144 D3
Río Aycheyacu ~ PE 148 C4
Rio Azul ~ BR 148 E5
Río Azul ~ MEX 136 E4
Río Azul ~ MEX 137 K4
Río Babahoyo ~ EC 148 B2
Río Balsas ~ MEX 128 F7
Río Balsas ~ MEX 136 C4
Río Balsas ~ MEX 136 E4
Riobamba ☆ EC 148 B2
Río Bascán ~ MEX 137 H4
Río Baudo ~ CO 146 B5
Río Beni ~ BOL 144 F7
Rio Bento Gomes ~ BR 150 B2
Río Bermejo ~ RA 151 A7
Río Bermejo ~ RA 152 E2
Río Bita ~ CO 147 F4
Río Blanco ~ CO 146 C2
Río Blanco ~ PE 148 E4
Río Bobonaza ~ EC 148 C2
Río Bocono ~ YV 146 F3
Río Boedo ~ E 42 F2
Río Bolaños ~ MEX 136 C2
Rio Bonito ~ BR 150 E2
Rio Branco ☆ BR 144 F6
Rio Branco ~ BR 145 G5
Rio Branco ~ BR 150 B4
Río Bravo del Norte ~ MEX 128 E4
Rio Brilhante ~ BR 150 C4
Río Burdalo ~ E 44 E2
Río Cabriel ~ E 40 F5
Río Cabriel ~ E 43 J5
Rio Cacheu ~ RGB 110 C3
Río Cada ~ CO 146 E6
Río Caguan ~ CO 148 D1
Río Cahabón ~ GCA 137 K5
Río Cahuinari ~ CO 148 E2
Rio Caiapó ~ BR 150 E2
Río Cajones ~ MEX 136 F4
Río Callana ~ PE 148 D5
Río Calvas ~ PE 148 B4
Rio Camaquã ~ BR 151 C8
Rio Camaquã ~ BR 151 D9
Rio Campossa ~ RGB 110 C3
Río Campuya ~ PE 148 D2
Río Camuya ~ CO 146 D7
Río Canagu ~ YV 146 F4
Río Cananari ~ CO 148 F1
Río Candelaria ~ MEX 137 J3
Río Cangaime ~ EC 148 C3
Rio Canjambari ~ RGB 110 C3
Rio Canoas ~ BR 151 E7
Río Capahuari ~ EC 148 C2
Río Capanaparo ~ YV 147 F4
Rio Capim ~ BR 145 K5
Rio Capivari ~ BR 150 B3
Río Caquetá ~ CO 144 D4
Río Caquetá ~ CO 144 E5
Río Caquetá ~ CO 148 D2
Río Caquetá ~ CO 148 E2
Río Carabaya ~ PE 149 G9
Río Carapa ~ PY 150 C6
Río Cara-Paraná ~ CO 148 E2
Río Cardener ~ E 43 M2
Río Caribe ~ MEX 137 J3
Río Caris ~ YV 147 H3
Río Caroni ~ YV 145 G3
Río Caroní ~ YV 147 J5
Río Carrao ~ YV 147 J4
Río Carrapo ~ YV 147 J4
Río Carrión ~ E 40 D3
Río Carún ~ YV 147 J5
Río Casanare ~ CO 146 E4
Río Cascajal ~ PE 148 A4
Río Casiquiare ~ YV 147 G6
Río Casireni ~ PE 149 E8
Río Casma ~ PE 149 B6
Rio Cassai ~ ANG 112 F4
Rio Cassange ~ BR 150 B2
Río Catamayo ~ EC 148 A4
Río Catatumbo ~ YV 146 D3
Rio Catrimani ~ BR 145 G4
Río Cauca ~ CO 144 D3
Río Caura ~ YV 144 F3
Río Caura ~ YV 147 H4
Río Cea ~ E 40 D3
Río Cea ~ E 42 E2
Río Cebollati ~ ROU 151 C10
Río Cedrón ~ E 42 G5
Río Cega ~ E 40 D4
Río Cenepa ~ PE 148 B3
Río César ~ CO 146 D3
Río Chamaya ~ PE 148 B5
Río Chambira ~ PE 148 D3
Río Chambira ~ PE 148 D4
Río Chamelecón ~ HN 137 K5
Río Chancay ~ PE 148 B5
Río Chancay ~ PE 149 C7
Rio Changane ~ MOC 113 H6
Río Chavón ~ DOM 139 L5
Río Chesea ~ PE 149 E6
Río Chiapa ~ MEX 137 H4
Río Chicama ~ PE 148 B5
Rio Chicapa ~ ANG 112 F3
Río Chico ~ RA 152 D6
Río Chico ~ RA 152 D7
Rio Chigombe ~ MOC 117 L1
Río Chilete ~ PE 148 B5
Río Chillón ~ PE 149 C7
Río Chimbo ~ EC 148 B3
Río Chinchipe ~ PE 148 B4
Río Chira ~ PE 148 A4
Río Chirgua ~ YV 147 G3
Río Chiris ~ PE 149 D8
Rio Chiumbe ~ ANG 112 F3
Río Chixoy o Negro ~ GCA 137 J5
Río Choluteca ~ HN 137 L6
Rio Chopim ~ BR 151 D6
Río Chubut ~ RA 152 D6
Río Cidacos ~ E 43 H2
Río Cinaruco ~ YV 147 G4
Río Cinca ~ E 40 G4
Rio Claro ~ BR 150 B2
Rio Claro ~ BR 150 D2
Rio Claro ~ BR 150 E1
Río Coahuayana ~ MEX 136 C3
Río Coalcomán ~ MEX 136 C3
Rio Coari ~ BR 144 G6
Río Coatzacoalcos ~ MEX 137 G4
Río Coca ~ EC 148 C2
Río Coco ~ NIC 137 L6
Río Cojedes ~ YV 147 F3
Río Colca ~ PE 144 E8
Río Colca ~ PE 149 F9
Río Colorado ~ MEX 136 F4
Río Colorado ~ RA 152 D5
Río Colorado ~ RCH 152 D5
Río Conchos ~ MEX 128 E5
Río Confuso ~ PY 150 A6
Río Cononaco ~ EC 148 C2
Río Copala ~ MEX 136 E4
Río Copalyacu ~ PE 148 C3
Río Coralaque ~ PE 149 F10
Rio Corixão ~ BR 150 B3
Rio Corrente ~ BR 145 K7
Rio Corrente ~ BR 150 E3
Rio Correntes ~ BR 150 C2
Río Corrientes ~ EC 148 C3
Río Corrientes ~ PE 148 D3
Río Corrientes ~ RA 151 A8
Rio Corubal ~ RGB 110 C4
Rio Corumba ~ BR 150 F1
Rio Corumbá ~ BR 150 F2
Rio Corumbá ~ BR 150 F3
Río Cotahuasi ~ PE 149 E9
Rio Cotegipe ~ BR 151 D6
Rio Cotingo ~ BR 147 K5
Río Cotuhe ~ PE 148 F3
Rio Coxim ~ BR 150 C3
Río Coyolate ~ GCA 137 J6
Río Cravo Norte ~ CO 146 E4
Río Cravo Sur ~ CO 146 E5
Río Crisnejas ~ PE 148 B5
Rio Cuando ~ ANG 112 E4
Rio Cuanza ~ ANG 112 D3
Rio Cuanza ~ ANG 112 E4
Río Cuao ~ YV 147 G5
Río Cuareim ~ ROU 151 B9
Rio Cubango ~ ANG 112 E4
Rio Cubango ~ ANG 112 E5
Río Cuchivero ~ YV 147 H4
Río Cuemani ~ CO 148 E2
Rio Cuiabá ~ BR 145 H7
Rio Cuiabá ~ BR 150 B2
Rio Cuito ~ ANG 112 E5
Río Cujar ~ PE 149 E7
Rio Culuene ~ BR 145 J7
Rio Cumbijã ~ RGB 110 C4
Rio Cuminá ~ BR 145 H4
Río Cunambo ~ EC 148 C3
Rio Cunene ~ ANG 112 D5
Río Curanja ~ PE 149 F7
Río Curaray ~ EC 144 D5
Río Curaray ~ PE 148 D2
Rio Curuá ~ BR 145 H6
Rio Curuça ~ BR 148 F4
Rio Curupai ~ BR 150 C5
Río Cushabatay ~ PE 148 D5
Río Cusiana ~ CO 146 D5
Río Cusis ~ BOL 150 A2
Río Cuyuni ~ YV 145 G3
Rio da Areia ~ BR 150 D6
Rio da Prata ~ BR 150 G2
Rio das Almas ~ BR 150 F1
Rio das Antas ~ BR 151 D7
Rio das Antas ~ BR 151 E8
Rio das Garças ou Jacaréguéu ~ BR 150 D1
Rio das Mortes ~ BR 145 J7
Río Daule ~ EC 148 A2
Río Daule ~ EC 148 B2
Rio da Várzea ~ BR 151 D7
Rio da Várzea ~ BR 151 E7
Río Daymán ~ ROU 151 B9
Río de Cabrera ~ E 42 D2
Río de Cañete ~ PE 149 C8
Rio de Contas ~ BR 145 L7
Río de Ica ~ PE 149 D9
Río de Jumilla ~ E 45 J3
Río de La Fortaleza ~ PE 149 C7
Río de la Lana ~ MEX 137 G4
Río de la Pasión ~ GCA 137 K4
Río de la Plata ≈ ROU 152 F4
Río de Las Piedras ~ PE 149 F7
Río de las Yeguas ~ E 44 F3
Río de Lomas ~ PE 149 D9
Río de Majes ~ PE 149 E10
Río de Mala ~ PE 149 C8
Rio Demini ~ BR 145 G5
Río de Ocoña ~ PE 149 E10
Río de Oro ~ RA 151 A7
Río de Santiago ~ MEX 136 B1
Río Deseado ~ RA 152 C7
Río Deza ~ E 42 B2
Rio Diamantino ~ BR 150 D2
Rio Doce ~ BR 145 L8
Rio Doce ~ BR 150 E2
Rio do Peixe ~ BR 150 E4
Rio do Peixe ~ BR 150 F1
Rio do Peixe ~ BR 150 F2
Rio do Peixe ~ BR 151 E7
Rio do Sangue ~ BR 145 H7
Rio dos Bois ~ BR 150 F2
Rio dos Elefantes ~ MOC 117 L1
Rio do Sono ~ BR 145 K7
Rio do Sono ~ BR 150 H3
Rio Dourados ~ BR 150 C5
Río Duda ~ CO 146 C6
Río Duerna ~ E 42 D2
Río Duero ~ E 18 L7
Río Duero ~ E 40 D4
Río Duero ~ E 40 E4
Río Duero ~ E 43 H3
Río Dulce ~ GCA 137 K5
Río Duratón ~ E 42 F3
Río Ebro ~ E 18 L7
Río Ebro ~ E 40 E3
Río El Espíritu ~ MEX 136 D3
Río Elvita ~ CO 146 E5
Río Ene ~ PE 149 D7
Río Eo ~ E 42 C1
Río Erebato ~ YV 147 H5
Río Escondido ~ MEX 137 K3
Río Esgueva ~ E 42 F3
Río Esla ~ E 40 D3
Río Esla ~ E 42 E2
Río Esmeraldas ~ EC 148 B1
Río Estena ~ E 42 F5
Rio Féfiné ~ RGB 110 D3
Río Flumen ~ E 43 K3
Rio Formoso ~ BR 150 D3
Río Franeoli ~ E 43 M3
Río Fuerte Mayo ~ MEX 128 E5
Río Gallegos ☆ RA 152 D8
Río Gallegos ~ RA 152 C8
Río Galvez ~ PE 148 E4
Rio Garupá ~ BR 151 A9
Río Gauyas ~ EC 148 B3
Rio Geba ~ RGB 110 C3
Río Genil ~ E 40 D6
Río Genil ~ E 44 F4
Río Gigüela ~ E 40 E5
Río Gonzáles ~ PY 150 A5
Rio Grajaú ~ BR 145 K6
Rio Grajau ~ BR 149 E8
Rio Grande ~ BR 145 J8
Rio Grande ~ BR 145 K7
Rio Grande ~ BR 150 F4
Rio Grande ~ BR 150 G4
Río Grande ~ GCA 137 J5
Río Grande ~ PE 149 D9
Rio Grande ~ USA 128 F4
Río Grande ~ YV 147 K3
Rio Grande de Buba ~ RGB 110 C4
Río Grande de Santiago ~ MEX 128 F6
Río Grande o Guapay ~ BOL 144 G8
Río Grijalva ~ MEX 137 H3
Río Guachiría ~ CO 146 E5
Rio Guaçu ~ BR 150 D6
Río Guadajoz ~ E 44 F4
Río Guadalaviar ~ E 43 J4
Río Guadalén ~ E 45 G3
Río Guadalete ~ E 44 E5
Río Guadalhorce ~ E 44 F4
Río Guadalimar ~ E 40 E5
Río Guadalmez ~ E 40 D5
Río Guadalope ~ E 40 F4
Río Guadalquivir ~ E 18 K8
Río Guadalquivir ~ E 40 C6
Río Guadalquivir ~ E 44 D5
Río Guadalquivir ~ E 45 G4
Río Guadámez ~ E 44 E3
Río Guadarrama ~ E 42 F5
Río Guadiana ~ E 18 K8
Río Guadiana ~ E 40 D5
Río Guadiana ~ E 42 G5
Rio Guadiana ~ P 44 C4
Río Guadiana Menor ~ E 40 E6
Río Guadiaro ~ E 44 E5
Río Guadiela ~ E 43 H4
Río Guainía ~ CO 144 F4
Río Guainía ~ YV 147 G6
Río Gualeguay ~ RA 151 A10
Río Gualeguaychu ~ RA 151 A10
Río Guamués ~ CO 148 C1
Río Guanare ~ YV 146 F3
Río Guaniamo ~ YV 147 H4
Río Guanipa ~ YV 147 J3
Rio Guaporé ~ BR 151 D8
Río Guarajambala ~ HN 137 K6
Río Guarga ~ E 43 K2
Río Guárico ~ YV 147 G3
Rio Guarita ~ BR 151 D7
Río Guarrojo ~ CO 146 E5
Río Guaviare ~ CO 144 E4
Río Guaviare ~ CO 146 D6
Río Guaviare ~ CO 146 E6
Río Guayabero ~ CO 146 C6
Río Guayabero ~ CO 146 D6
Río Guayape ~ HN 137 L5
Río Guayapo ~ YV 147 G5
Río Guayas ~ CO 146 C7
Río Guaycurú ~ RA 151 A7
Río Guayquiraró ~ RA 151 A9
Río Gudin ~ E 42 E4
Río Güejar ~ CO 146 D6
Río Güere ~ YV 147 H3
Río Güízu ~ CO 146 A7
Rio Gurguéia ~ BR 145 L6
Rio Gurupi ~ BR 145 K5
Riohacha ☆ CO 146 D2
Rio Hercílio ~ BR 151 F7
Río Hondo, Termas de ◉ RA 152 E3
Río Huallaga ~ PE 148 C4
Río Huallaga ~ PE 148 C6
Río Huallaga ~ PE 149 C6
Río Huancabamba ~ PE 148 B4
Río Huarmey ~ PE 149 B7
Río Huasago ~ PE 148 C3
Río Huaura ~ PE 149 C7
Río Huayabamba ~ PE 148 C5
Río Huaynamota ~ MEX 136 B1
Río Huebra ~ E 42 D3
Río Huenque ~ PE 149 G10
Río Hueque ~ YV 147 F2
Río Huitoyacu ~ PE 148 C3
Rio Iaco ~ PE 149 F7
Rio Iapó ~ BR 150 E6
Rio Ibicuí ~ BR 152 F3
Rio Ibirapuitã ~ BR 151 C8
Rio Ibirocai ~ BR 151 B8
Rio Içá ~ BR 144 F5
Río Igara Paraná ~ CO 148 E2
Rio Iguaçu ~ BR 151 D6
Rio Iguaçu ~ BR 152 G3
Rio Iguatemi ~ BR 150 C5
Rio Ijui ~ BR 151 C8
Río Ilave ~ PE 149 G10
Río Inambari ~ PE 149 F8
Rio Incomati ~ MOC 117 L2
Rio Indaiá Gde. ~ BR 150 D3
Río Ingenio ~ PE 149 D9
Rio Inhamissiba ~ MOC 117 L1
Rio Inharrime ~ MOC 117 M2
Río Inírida ~ CO 144 F4
Río Inírida ~ CO 146 E6
Río Inuya ~ PE 149 E7
Rio Ipixuna ~ BR 148 E5
Rio Irani ~ BR 151 D7
Rio Iriri ~ BR 145 J5
Rio Iriri ~ BR 145 J6
Río Isana ~ CO 146 E7
Río Iscuandé ~ CO 146 A6
Río Itaimbey ~ PY 150 C6
Rio Itajaí do Sul ~ BR 151 F7
Rio Itajaí Mirim ~ BR 151 F7
Rio Itajuí ~ BR 151 F7
Rio Itapicuru ~ BR 145 M7
Rio Itararé ~ BR 150 F5
Río Itenes o Guaporé ~ BOL 145 G7
Rio Itiquira ~ BR 150 C2
Rio Itui ~ BR 144 E6
Rio Ituxi ~ BR 144 F6
Rio Ivaí ~ BR 150 D5
Rio Ivaí ~ BR 150 E6
Rio Ivinheima ~ BR 150 C4
Rio Ivinheima ~ BR 150 D4
Rioja, La ☆ RA 152 D3
Río Jáchal ~ RA 152 D4
Rio Jacuba ~ BR 150 D3
Rio Jacuí ~ BR 151 D8
Rio Jacuí ~ BR 152 G3
Rio Jaguarão ~ BR 151 D10
Rio Jaguari ~ BR 151 C8
Rio Jaguaribe ~ BR 145 M6
Río Jalán ~ HN 137 L5
Río Jalaté ~ MEX 137 J4
Rio Jamanxim ~ BR 145 H6
Rio Japurá ~ BR 144 F5
Rio Japura ~ BR 148 G2
Rio Jari ~ BR 145 J5
Rio Jatapu ~ BR 145 H5
Rio Jaú ~ BR 145 G5
Rio Jauquara ~ BR 150 B1
Rio Jauru ~ BR 150 A1
Rio Jauru ~ BR 150 C3
Rio Javari ~ BR 144 E6
Río Jejuí-Guazú ~ PY 150 B6
Rio Jequitinhonha ~ BR 145 L8
Río Juriepe ~ YV 147 F4
Rio Juruá ~ BR 144 E6
Rio Juruá ~ BR 144 F5
Rio Juruá ~ BR 148 E5
Rio Juruena ~ BR 145 H6
Rio Juruena ou Ananiná ~ BR 145 H7
Rio Jutaí ~ BR 144 F6
Río La Arena ~ MEX 136 F4
Río La Cal ~ BOL 150 A3
Río Lacantún ~ MEX 137 J5
Río Lagartos ◉ MEX 137 K2
Río Lampa ~ PE 149 E9
Río Lanza ~ PE 149 G8
Río Las Trojas ~ MEX 136 D4
Río La Unión ~ MEX 136 D3
Río Lempa ~ ES 137 K6
rio Liberdade ~ BR 148 E6
Río Lidia ~ PE 149 F7
Rio Ligonha ~ MOC 113 J5
Río Lima ~ E 42 B3
Río Limay ~ RA 152 C5
Río Limia ~ E 42 C2
Rio Limpopo ~ MOC 113 H6
Rio Limpopo ~ MOC 117 L2
Río Locumba ~ PE 149 F10
Rio Loge ~ ANG 112 D3
Río Lora ~ YV 146 D3
Rio Luanginga ~ Z 112 E4
Rio Luangue ~ ANG 112 E3
Rio Luena ~ ANG 112 F4
Rio Lugenda ~ MOC 113 J4
Río Luján ~ RA 151 A11
Rio Lungué-Bungo ~ ANG 112 E4
Río Lurín ~ PE 149 C8
Rio Lúrio ~ MOC 113 J4
Río Maçãs ~ E 42 D3
Río Macaya ~ CO 146 D7
Rio Machado ou Ji-Paraná ~ BR 145 G7
Río Machaquilá ~ GCA 137 J4
Río Macuma ~ EC 148 C3
Rio Madeira ~ BR 144 F6
Rio Madeira ~ BR 145 G6
Río Madre de Dios ~ BOL 144 F7
Río Magdalena ~ CO 144 E3
Río Magdalena ~ CO 146 C2
Río Magdalena ~ CO 146 C5
Río Magdalena ~ CO 146 C6
Río Magdalena ~ MEX 128 D4
Rio Maicuru ~ BR 145 J5
Río Mamoré ~ BOL 144 F7
Río Manacacías ~ CO 146 D6
Río Manapire ~ YV 147 G3
Rio Mansôa ~ RGB 110 C3
Río Mantaro ~ PE 149 C7
Río Manú ~ PE 149 E7
Río Manuripe ~ PE 149 G7
Río Manzanares ~ E 42 G4
Rio Mapuera ~ BR 145 H4
Rio Maputo ~ MOC 117 L3
Río Maquia ~ PE 148 D5
Río Maracuni ~ YV 147 H6
Río Marañón ~ PE 144 D5
Río Marañón ~ PE 144 D6
Río Marañón ~ PE 148 C5
Río Marañón ~ PE 149 C7
Río Margua ~ CO 146 D4
Río María Linda ~ GCA 137 J6
Rio Marié ~ BR 144 F5
Río Mascota ~ MEX 136 B2
Río Mashansha ~ PE 149 D7
Río Matícora ~ YV 146 E2
Rio Maués ~ BR 145 H6
Río Mauri ~ PE 149 F10
Río Mavaca ~ YV 147 H7
Río Mayo ~ PE 148 C5
Río Mazán ~ PE 148 D3
Rio Mazimechopes ~ MOC 117 K2
Rio Mebridege ~ ANG 112 D3
Río Mecaya ~ CO 148 D1
Rio Meia Ponte ~ BR 150 F3
Río Melo ~ PY 150 A4
Río Mesa ~ E 43 H3
Río Mesai ~ CO 148 E1
Rio Messalo ~ MOC 113 J4
Río Meta ~ CO 144 E3
Río Meta ~ CO 146 D5
Río Meta ~ YV 147 G4
Río Mezcalapa ~ MEX 137 H4
Río Micay ~ CO 146 B6
Río Mijares ~ E 40 F4
Rio Miño ~ P 40 B3
Río Mira ~ CO 146 A7
Río Mira ~ EC 148 B1
Rio Miranda ~ BR 150 B4
Río Miriñay ~ RA 151 B8
Río Miritiparaná ~ CO 148 F2
Río Mishagua ~ PE 149 E7
Río Mixteco ~ MEX 136 E3

Río Moa ~ BR 148 E5
Río Moctezuma ~ MEX 136 E2
Río Monday ~ PY 151 C6
Río Monte Lindo ~ PY 150 A5
Río Montleo ~ E 43 K4
Río Mopán ~ GCA 137 K4
Río Moquegua ~ PE 149 F10
Río Morichal Largo ~ YV 147 J3
Río Morona ~ PE 148 C4
Río Moros ~ E 42 F4
Río Mosquito ~ PY 150 A5
Río Motagua ~ GCA 137 K5
Río Motatán ~ YV 146 E2
Rio Moura ~ BR 148 E5
Rio Mucajaí ~ BR 144 G4
Río Muco ~ CO 146 E5
Río Murri ~ CO 146 B4
Rio Mutum ou Madeira ~ BR 150 C2
Río Muymanu ~ PE 149 G7
Rio Nabileque ~ BR 150 B4
Río Naguera Ribagarzana ~ E 43 L3
Río Nahualate ~ GCA 137 J5
Río Nalón ~ E 42 D1
Río Nalón ~ E 42 E1
Rional Reef ⌒ 95 H2
Río Nanay ~ PE 148 D3
Río Nangaritza ~ EC 148 B4
Río Napo ~ EC 144 D5
Río Napo ~ EC 148 C2
Río Napo ~ PE 144 E5
Río Napo ~ PE 148 E3
Río Naranjal ~ EC 148 B3
Río nares ~ E 40 E4
Río Nashino ~ EC 148 C2
Río Nechi ~ CO 146 C4
Rio Negro ~ BR 144 F5
Rio Negro ~ BR 145 H8
Rio Negro ~ BR 150 C3
Río Negro ~ CO 147 G7
Río Negro ~ HN 137 J5
Río Negro ~ PY 150 B5
Río Negro ~ PY 150 B6
Río Negro ~ RA 151 A7
Río Negro ~ RA 152 E5
Río Negro ~ ROU 151 C10
Río Negro ~ YV 146 D3
Río Nexapa ~ MEX 136 E3
Río Nexpa ~ MEX 136 C3
Rioni ~ GE 57 N6
Río Nieva ~ PE 148 B4
Rio Nigro ~ BR 151 F7
Río Nucuray ~ PE 148 C4
Río Ocamo ~ YV 147 H6
Río Omañas ~ E 42 E2
Río Orinoco ~ CO 147 G5
Río Orinoco ~ YV 144 G3
Río Orituco ~ YV 147 G3
Río Orituparo ~ YV 147 J3
Río Oropesa ~ PE 149 E9
Río Orteguaza ~ CO 146 C7
Río Osa ~ E 43 H5
Río Pacacocha ~ PE 149 E9
Río Pacaya ~ PE 148 D4
Río Pachitea ~ PE 149 D6
Río Palcazú ~ PE 149 D7
Río Palenque ~ EC 148 B2
Río Palmar ~ YV 146 D2
Rio Palmeiras ~ BR 150 E1
Río Pampamarca ~ PE 149 D9
Río Pampas ~ PE 149 E8
Río Pánuco ~ MEX 128 G6
Río Pao ~ YV 147 F3
Río Pao ~ YV 147 H3
Río Papagayo ~ MEX 136 E4
Rio Papunáua ~ CO 146 E6
Río Paragua ~ YV 144 G3
Rio Paraguai ~ BR 145 H8
Rio Paraguai ~ BR 150 B4
Río Paraguay ~ PY 152 F2
Río Paraguay ~ RA 150 B6
Rio Paraná ~ BR 150 E4
Rio Paraná ~ BR 152 G2
Río Paraná ~ PY 152 F3
Río Paraná ~ RA 152 E4
Rio Paranã ~ BR 145 K7
Río Paraná Bravo ~ RA 151 A10
Río Paranacito ~ RA 151 A10
Río Paraná Guazu ~ RA 151 A10
Rio Paranaíba ~ BR 145 J8
Rio Paranaíba ~ BR 150 F3
Río Paraná Ibicuy ~ RA 151 A10
Río Paraná Mini ~ RA 151 A8
Río Paranapura ~ PE 148 C4
Rio Pardo ~ BR 145 L8
Rio Pardo ~ BR 148 E5
Rio Pardo ~ BR 150 C3
Rio Pardo ~ BR 150 D4
Rio Pardo ~ BR 152 G2
Río Parguaza ~ YV 147 G5
Rio Parnaíba ~ BR 145 L5
Río Parotas ~ MEX 136 D3
Rio Paru ~ BR 145 J4
Río Paru ~ YV 147 H5
Río Parucito ~ YV 147 H5
Río Pastaza ~ EC 148 C3
Río Pastaza ~ PE 144 D5
Río Patía ~ CO 146 A7
Río Patía ~ CO 146 B7
Río Patuca ~ HN 129 J8
Río Paucartambo ~ PE 149 D7
Rio Pauini ~ BR 144 F6
Río Paulaya ~ HN 138 C7
Río Pauto ~ CO 146 E5
Río Payero ~ CO 146 D5
Río Pedras Blancas ~ GCA 137 J5
Río Pedregal ~ MEX 137 H4
Río Pedregal ~ YV 146 E2
Rio Peixe ~ BR 150 D2
Rio Peixe Couro ou Aquinabo ~ BR 150 C2
Rio Pelotas ~ BR 151 E7
Rio Pelotas ~ BR 152 G3
Rio Peperiguaçu ~ RA 151 D7
Rio Pequeri ~ BR 150 C2
Rio Perdido ~ BR 150 B5
Río Perené ~ PE 149 D7
Río Pesquería ~ MEX 128 F5
Río Pichis ~ PE 149 D7
Río Pilcomayo ~ PY 150 A6
Río Pilcomayo ~ PY 152 E2
Rio Pindaré ~ BR 145 K5
Río Pintoyacu ~ EC 148 C2
Rio Piquiri ~ BR 150 D6
Rio Piraca ~ BR 150 F2
Rio Piracanjuba ~ BR 150 F3
Rio Piracicaba ~ BR 150 G5
Rio Piranhas ~ BR 150 E2
Río Pira Paraná ~ CO 148 F2
Rio Pirapó ~ BR 150 D5
Río Pirapó ~ PY 151 B7
Rio Piratinga ~ BR 150 G1
Rio Piratini ~ BR 151 C8
Río Pisco ó Chunchanga ~ PE 149 C8
Río Pisqui ~ PE 148 D5
Río Piura ~ PE 148 A4
Río Planas ~ CO 146 E5
Río Poccha ~ PE 149 C6
Rio Poguba ~ BR 150 C2
Río Polochic ~ GCA 137 J5
Río Porce ~ CO 146 C4
Río Portuguesa ~ YV 147 F3
Río Portuguesa ~ YV 147 G3
Río Potro ~ PE 148 C4
Río Pozuzo ~ PE 149 D6
Rio Prado ~ BR 150 F4
Rio Prarná ~ BR 150 D5
Rio Prata ~ BR 150 F3
Rio Preto ~ BR 145 K7
Rio Preto ~ BR 150 E3
Rio Prêto ~ BR 145 K8
Rio Prêto ~ BR 150 F4
Rio Preto, Serra do ▲ BR 150 G1
Río Pucara ~ PE 149 F9
Río Puré ~ 148 F3
Rio Pureté ou Purata ~ BR 148 G3
Río Purificacion ~ MEX 136 B3
Rio Purus ~ BR 144 F6
Rio Purus ~ BR 145 G5
Río Pusa ~ E 42 F5
Río Putina ~ PE 149 G9
Río Putumayo ~ CO 144 E5
Río Putumayo ~ CO 146 B7
Río Putumayo ~ EC 148 D1
Río Putumayo ~ PE 148 E3
Río Puyango ~ EC 148 A3
Rio Quebra-Anzol ~ BR 150 G3
Río Queguay Grande ~ ROU 151 B10
Río Querari ~ CO 146 E7
Río Quevedo ~ EC 148 B2
Rio Quitéria ~ BR 150 E3
Rio Rabaçal ~ P 40 C4
Río Ramis ~ PE 149 F9
Río Rancheria ~ CO 146 D2
Río Riánsares ~ E 43 G5
Rio Ribeirão do Iguape ~ BR 150 F6
Río Riecito ~ YV 146 F4
Río Rimac ~ PE 149 C8
Rio Roosevelt ~ BR 145 G6
Rio Rovuma ~ MOC 113 J4
Rio Rovuma = Ruvuma ~ EAT 113 J4
Rio Sabor ~ P 42 D3
Río Salado ~ MEX 128 F5
Río Salado ~ RA 152 D3
Río Salado ~ RA 152 E3
Río Salinas ~ MEX 137 J5
Río Salor ~ E 40 C5
Río Sama ~ PE 149 F10
Río Samalá ~ GCA 137 J5
Río Samiria ~ PE 148 D4
Rio San Antônio ~ BR 151 D6
Río San Carlos ~ PY 150 A5
Rio Sangraduoro ~ BR 150 B1
Rio Sangutane ~ MOC 117 L1
Río San Jorge ~ CO 146 C3
Río San Juan ~ CO 146 B5
Río San Juan ~ NIC 129 K8
Río San Juan ~ PE 149 C8
Río San Juan ~ PY 150 A5
Río San Juan ~ ROU 151 A11
Río San Juan ~ YV 147 J3
Río San Martin ~ BOL 144 G7
Río San Miguel ~ CO 148 C1
Río San Pablo ~ BOL 144 G7
Río San Pablo ~ PE 148 B4
Río San Pedro ~ GCA 137 J4
Río San Pedro ~ MEX 136 B1
Río San Pedro ~ MEX 136 B3
Río San Salvador ~ ROU 151 B10
Río Santa ~ PE 149 B6
Río Santa Ana ~ YV 146 D3
Río Santa Catarina ~ MEX 136 E4
Río Santa Isabel ~ GCA 137 J5
Río Santa Lucía ~ RA 151 A8
Río Santa María ~ MEX 128 F6
Río Santiago ~ EC 148 B1
Río Santiago ~ PE 148 B3
Río Santo Domingo ~ MEX 136 F4
Río Santo Domingo ~ MEX 137 H4
Río Santo Domingo ~ MEX 137 J4
Río Santo Domingo ~ YV 146 E3
Río Santo Tomas ~ PE 149 E9
Rio São Bartolomeu ~ BR 150 G2
Rio São Domingos ~ BR 150 D3
Rio São Domingos ~ BR 150 E3
Rio São Francisco ~ BR 145 L8
Rio São Francisco ~ BR 145 M6
Rio São Francisco ~ BR 150 C6
Rio São Francisco ~ BR 150 G4
Rio São José dos Dourados ~ BR 150 E4
Rio São Lourenço ~ BR 145 H8
Rio São Lourenço ~ BR 150 C2
Rio São Manuel ou Teles Pires ~ BR 145 H6
Rio São Manuel ou Teles Pires ~ BR 145 H7
Rio São Marcos ~ BR 150 G2
Rio São Marcos ~ BR 150 G3
Rio São Miguel ~ BR 150 G2
Rio Sapucaí ~ BR 150 F4
Río Sarare ~ YV 146 E4
Río Segre ~ E 40 G4
Río Segre ~ E 43 M2
Río Shiripuno ~ EC 148 C2
Río Siapa o Matapire ~ YV 144 F4
Río Siare ~ CO 146 E6
Río Sico Tinto o Negro ~ HN 138 C7
Río Siete Puntas ~ PY 150 A5
Río Sil ~ E 40 C3
Río Sil ~ E 42 C2
Rio Singuédeze ~ MOC 117 K1
Río Sinú ~ CO 146 B3
Río Sipapo ~ YV 147 G5
Río Sogamoso ~ CO 146 D4
Rio Solimões ~ BR 144 G5
Río Sonora ~ MEX 128 D5
Río Soras ~ PE 149 E8
Rio Sta. Maria ~ BR 151 C9
Rio Steinen ~ BR 145 J7
Río Suapure ~ YV 147 G4
Río Suches ~ PE 149 G9
Río Suchiapa ~ MEX 137 H4
Río Sucio ~ CO 146 B4
Rio Sucunduri ~ BR 145 G6
Rio Sucuriú ~ BR 150 D4
Río Suitepec ~ MEX 136 D3
Río Sumpul ~ HN 137 K5
Río Supamo ~ YV 147 J4
Río Suripá ~ YV 146 E4
Rio Taboco ~ BR 150 C3
Río Tacuarembó ~ ROU 151 C9
Río Tagua ~ CO 146 C6
Río Tahuamanu ~ BOL 149 F7
Río Tamaya ~ PE 149 E6
Río Tambo ~ PE 149 E7
Río Tambo ~ PE 149 F10
Río Tambopata ~ PE 149 G8
Río Tambo Yacu ~ PE 148 D2
Río Tamesí ~ MEX 136 E1
Río Tangarana ~ PE 148 D3
Rio Tapajós ~ BR 145 H6
Rio Tapauá ~ BR 144 F6
Río Tapiche ~ PE 148 D5
Rio Taquari ~ BR 145 H8
Rio Taquari ~ BR 150 C3
Rio Taquari ~ BR 150 F5
Rio Taquari ~ BR 151 D8
Río Taraira ~ CO 148 G2
Rio Tarauacá ~ BR 144 E6
Río Tea ~ E 42 B2
Río Tebicuary ~ PY 151 A7
Rio Tefé ~ BR 144 F6
Río Tehuantepec ~ MEX 137 G4
Rio Tejo ~ BR 149 E6
Río Tembey ~ PY 151 C7
Río Tercero ~ RA 152 E4
Río Teuco ~ RA 152 E2
Rio Tibaji ~ BR 150 E6
Rio Tietê ~ BR 150 E4
Río Tigre ~ PE 144 D5
Río Tigre ~ YV 147 J3
Rio Tijucas ~ BR 151 F7
Rio Tijuco ~ BR 150 F3
Rio Tijucu ~ BR 150 F3
Rio Timbó ~ BR 151 E7
Río Tiputini ~ EC 148 C2
Río Tiznados ~ YV 147 G3
Río Tlapaneco ~ MEX 136 E3
Río Toachi ~ EC 148 B1
Rio Tocantins ~ BR 145 K6
Rio Tocantins ~ BR 145 K7
Río Tocuyo ~ YV 147 F2
Río Tomatlán ~ MEX 136 B3
Rio Tombali ~ RGB 110 C4
Río Tomo ~ CO 147 F5
Río Tonto ~ MEX 136 F3
Río Torío ~ E 42 E2
Río Torola ~ ES 137 K6
Rio Trombetas ~ BR 145 H4
Río Truandó ~ CO 146 B4
Rio Tubarão ~ BR 151 F8
Río Tucuco ~ YV 146 D3
Río Tuliapa ~ HN 137 L5
Río Tulumayo ~ PE 149 D7
Río Tuparro ~ CO 147 F5
Río Turia = Riu Turia ~ E 40 F5
Rio Turvo ~ BR 150 E2
Rio Turvo ~ BR 150 F4
Rio Turvo ~ BR 150 F5
Rio Turvo ~ BR 151 D7
Río Tuxpan ~ MEX 136 E2
Río Tuy ~ YV 147 G2
Río Tzonconejo ~ MEX 137 J4
Rio Uatuma ~ BR 145 H5
Rio Uaupés ~ BR 144 F4
Rio Uberaba ~ BR 150 F3
Río Ucayali ~ PE 144 E6
Río Ucayali ~ PE 148 E4
Río Ucayali ~ PE 149 D6
Río Ulúa ~ HN 137 K5
Río Unare ~ YV 147 H3
Rio Unini ~ BR 144 G5
Río Upia ~ CO 146 D5
Rio Uraricuera ~ BR 145 G4
Río Urbel ~ E 42 G2
Río Urcubamba ~ PE 148 B4
Río Uribante ~ YV 146 E4
Rio Uru ~ BR 150 F1
Río Urubamba ~ PE 144 E7
Río Urubamba ~ PE 149 E7
Rio Urucuia ~ BR 150 G1
Rio Uruguai ~ BR 152 G3
Río Uruguay ~ PY 151 C7
Río Uruguay ~ RA 151 A10
Río Uruguay ~ RA 152 F3
Río Uruguay ~ ROU 151 A9
Río Uspanapa ~ MEX 137 G4
Río Usumacinta ~ MEX 128 H7
Río Utiriyacu ~ PE 148 D4
Río Uvá ~ CO 146 E6
Río Uvá ~ CO 147 F6
Rio Vacacaí ~ BR 151 D9
Rio Vacaria ~ BR 150 C4
Río Valdavia ~ E 42 F2
Río Vallevicioso ~ EC 148 C2
Río Valparaiso ~ MEX 136 C1
Rio Vaneteze ~ MOC 117 K2
Río Vaupés ~ CO 146 D7
Río Vaupés ~ CO 146 E7
Río Velille ~ PE 149 E9
Río Venturi ~ YV 144 F3
Rio Verde ~ BR 145 H7
Rio Verde ~ BR 145 J8
Rio Verde ~ BR 150 D2
Rio Verde ~ BR 150 D3
Rio Verde ~ BR 150 E2
Rio Verde ~ BR 150 E3
Rio Verde ~ BR 150 G2
Río Verde ~ MEX 136 C2
Río Verde ~ MEX 136 F4
Río Verde ~ PY 150 A5
Río Verde ~ PY 150 B3
Rio Verdinho ~ BR 150 E2
Rio Vermelho ~ BR 150 E1
Río Vicanota ~ PE 149 F8
Río Vichada ~ CO 144 F4
Río Vichada ~ CO 146 E5
Río Vijeo ~ NIC 137 L6
Río Vinalopo ~ E 45 J3
Río Virú ~ PE 148 B6
Río Vita ~ CO 147 F5
Río Vitor ~ PE 149 E10
Río Vouga ~ E 40 B4
Río Xallas ~ E 42 A2
Rio Xâncara ~ RGB 110 C3
Rio Xapecó ~ BR 151 D7
Rio Xingu ~ BR 145 J6
Río Yabebyry ~ PY 151 B7
Rio Yaco ~ BR 144 E7
Río Yaguala ~ HN 137 L5
Río Yaguarón ~ ROU 151 C9
Río Yaguas ~ PE 148 F3
Río Yanacu Grande ~ PE 148 D4
Río Yanatili ~ PE 149 E8
Río Yapella ~ CO 148 E1
Río Yaque del Norte ~ DOM 139 K5
Río Yaqui ~ MEX 128 D5
Río Yari ~ CO 144 E4
Río Yari ~ CO 148 E1
Río Yasuni ~ EC 148 C2
Río Yatúa ~ YV 147 G7
Río Yauca ~ PE 149 D9
Río Yavari ~ PE 148 E4
Río Yavari ~ 144 E5
Río Yavari Mirim ~ PE 148 E4
Río Yavero ó Paucartambo ~ PE 149 E8
Río Yavineto ~ PE 148 D2
Río Yeltes ~ E 42 D4
Río Yi ~ ROU 151 B10
Río Yuna ~ DOM 139 K5
Río Yurua ~ PE 149 E6
Río Zadorra ~ E 43 H2
Rio Zambeze ~ MOC 113 H5
Río Zamora ~ EC 148 B3
Río Záncara ~ E 40 E5
Río Zuata ~ YV 147 H3
Río Zújar ~ E 40 D5
Río Zulia ~ CO 146 D3
Ripoll ◉ E 43 N2
Ririba ~ EAK 115 F2
Rishiri-tō ⌒ J 75 Q2
Risle ~ F 25 H8
Risle ~ F 30 H5
Risør ◉ N 22 E2
Rissani ◉ MA 106 D5
Ritchies Archipelago ⌒ IND 71 a3
Riv ~ UA 56 E3
Rivera ☆ ROU 151 B9
River Benue ~ NGR 104 G7
River Blackwater ~ IRL 26 B7
River Connon ~ GB 26 E4
River Dee ~ GB 27 F8
River Derwent ~ AUS 93 J7
River Donga ~ NGR 104 H7
River Gambia ~ WAG 104 B6
River Gongola ~ NGR 104 H6
River Gulbin Ka ~ NGR 104 F6
Riverina ≐ AUS 90 J6
River Light ~ AUS 92 E3
River Mourne ~ IRL 26 B7
River Niger ~ NGR 104 F7
River Niger ~ NGR 104 G8
River Nth. Esk ~ GB 26 G5
River Severn ~ GB 27 G9
Rivers Inlet ≈ CDN 124 F6
River Sokoto ~ NGR 104 F6
River Waveney ~ GB 27 L9
River Yewa ~ NGR 111 M6
Riviera di Levante ≐ I 46 B2
Riviera di Ponente ≐ I 41 L3
Rivière, Missisicabi ~ CDN 126 E3
Rivière Aguanus ~ CDN 127 N3
Rivière à la Baleine ~ CDN 123 X5
Rivière à la Marte ~ CDN 126 G3
Rivière Arnaud (Payne) ~ CDN 123 W5
Rivière aux Feuilles ~ CDN 123 W5
Rivière aux Mélèzes ~ CDN 123 W5
Rivière aux Outardes ~ CDN 127 K3
Rivière aux Outardes ~ CDN 127 K4
Rivière aux Sables ~ CDN 126 J4
Rivière Batiscan ~ CDN 126 H5
Rivière Bazin ~ CDN 126 G5
Rivière Bell ~ CDN 126 F4
Rivière Betsiamites ~ CDN 126 J3
Rivière Betsiamites ~ CDN 127 K4
Rivière Caniapiscau ~ CDN 123 X5
Rivière Capitachouane ~ CDN 126 F5
Rivière Chamouchouane ~ CDN 126 H4
Rivière Chaudière ~ CDN 126 J5
Rivière Chibougamau ~ CDN 126 G4
Rivière Coulogne ~ CDN 126 F5
Rivière de la Corvette ~ CDN 126 G2
Rivière de Rupert ~ CDN 123 V6
Rivière des Outaouais ~ CDN 123 V7
Rivière du Chef ~ CDN 126 H3
Rivière du Lièvre ~ CDN 126 G5
Rivière Dumoine ~ CDN 126 F5
Rivière du Petit Mécatina ~ CDN 123 Y6
Rivière du Sault aux Cochons ~ CDN 126 J4
Rivière du Vieux-Comptoir ~ CDN 126 E2
Rivière Eastmain ~ CDN 123 V6
Rivière Eastmain ~ CDN 126 H2
Rivière Escoumins ~ CDN 127 K4
Rivière Gatineau ~ CDN 126 G5
Rivière George ~ CDN 123 X5
Rivière Harricana ~ CDN 123 V6
Rivière Hart-Jaune ~ CDN 127 K3
Rivière J. Cartiere ~ CDN 126 J5
Rivière Jupiter ~ CDN 127 N4
Rivière Kitchigama ~ CDN 126 E3
Rivière Koksoak ~ CDN 123 X5
Rivière Laflamme ~ CDN 126 F4
Rivière l' Argent ~ CDN 127 K3
Rivière la Ronde ~ CDN 127 L3
Rivière Macaza ~ CDN 126 G5
Rivière Magpie ~ CDN 127 M3
Rivière Maïca ~ CDN 126 F3
Rivière Manicouagan ~ CDN 123 X6
Rivière Manitou ~ CDN 127 M3
Rivière Marten ~ CDN 126 G3
Rivière Matapédia ~ CDN 127 L4
Rivière Matawin ~ CDN 126 H5
Rivière Mégiscane ~ CDN 126 F4
Rivière Mingan ~ CDN 127 N3
Rivière Mistassibi ~ CDN 126 H4
Rivière Mistassini ~ CDN 126 H3
Rivière Mistawak ~ CDN 126 E4
Rivière Moisie ~ CDN 123 X6
Rivière Moisie ~ CDN 127 L2
Rivière Mouchalagane ~ CDN 127 K2
Rivière Musquaru ~ CDN 127 O3
Rivière Natashquan ~ CDN 123 Y6
Rivière Némiscau ~ CDN 126 F3
Rivière Nestaocano ~ CDN 126 H3
Rivière Noire ~ CDN 126 F5
Rivière Nottaway ~ CDN 123 V6
Rivière Obamska ~ CDN 126 E3
Rivière Olomane ~ CDN 127 O3
Rivière Opinaca ~ CDN 126 G2
Rivière Ouareau ~ CDN 126 H5
Rivière Pascagama ~ CDN 126 G4
Rivière Péribonca ~ CDN 123 W6
Rivière Péribonca ~ CDN 126 J4
Rivière Portneuf ~ CDN 126 J4
Rivière Quasiemsca ~ CDN 126 H4
Rivière Rimouski ~ CDN 127 K4
Rivière Romaine ~ CDN 123 Y6
Rivière Saguenay ~ CDN 123 W7
Rivière Sainte-Augustin ~ CDN 127 P3
Rivière Sainte-Marguerite ~ CDN 127 L3
Rivière Saint-François ~ CDN 126 H5
Rivière Saint-Jean ~ CDN 127 M3
Rivière Saint-Jean ~ CDN 127 M4
Rivière Saint Maurice ~ CDN 123 W7
Rivière Saint-Maurice ~ CDN 126 H5
Rivière Saint-Paul ~ CDN 127 P2
Rivière Sakami ~ CDN 126 G2
Rivière Samaqua ~ CDN 126 H3
Rivière Savane ~ CDN 126 J3
Rivière Serpent ~ CDN 126 J3
Rivière Shipshaw ~ CDN 126 J4
Rivière Ste. Marguerite ~ CDN 126 J4
Rivière Témiscamie ~ CDN 126 H3
Rivière Toulnustouc ~ CDN 127 K4
Rivière Trenche ~ CDN 126 H4
Rivière Turgeon ~ CDN 126 E4
Rivière Vermillon ~ CDN 126 H5
Rivière Waswanipi ~ CDN 126 F4
Rivière Wawagosic ~ CDN 126 E4
Rivière Wetetnagani ~ CDN 126 F4
Riviersonderend ~ ZA 116 D7
Rivne ☆ UA 56 E2
Rize ☆ TR 67 J2
Rjazan' ☆ RUS 39 Q4
Rjažsk ◉ RUS 39 R5
Rjukan ☆ N 21 D7
Rjuven ▲ N 22 C1
Road Town ☆ GB 129 O7
Roanoke Island ⌒ USA 135 L2
Roanoke River ~ USA 129 L3
Roanoke River ~ USA 135 K1
Roan Plateau ▲ USA 131 J6
Roatán, Isla de ⌒ HN 129 J7
Roazhon = Rennes ☆ F 30 F6
Robalo, Cachoeira do ~ BR 150 C3
Robbeneiland = Robben Island ⌒ ZA 116 C6
Robben Island ⌒ ZA 116 C6
Robbins Island ⌒ AUS 93 H6
Roberts Port ☆ LB 110 D6
Robin Hood's Bay ◉ GB 26 J7
Robinsons River ~ CDN 127 P4
Roca Partida, Isla ⌒ MEX 128 D7
Rocas, Atol das ⌒ BR 145 M5
Rocas Alijos ⌒ MEX 128 C5
Rocha ☆ ROU 151 C11
Rochefort ◉ B 31 N4
Rochelle, La ☆ F 32 C2
Rochester ◉ GB 27 K10
Rochester ◉ USA 123 S8
Roche-sur-Yon, La ☆ F 32 C2
Rochlitz ◉ D 34 H5
Rockall ⌒ GB 18 J4
Rock Creek ~ USA 130 H2
Rockhampton ◉ AUS 91 L4
Rock Islands Southern Lagoon ⌒ PAL 83 K5
Rock River ~ USA 132 D4
Rocky Mountains ▲ 122 N6
Rocky River ~ CDN 125 L5
Rodez ☆ F 32 G4
Rodnei, Munţii ▲ RO 56 D4
Rodopi ▲ BG 19 Q7
Rodópis, Hersónissos ≐ GR 54 F7
Ródos ◉ GR 55 L6
Ródos ⌒ GR 19 R8
Rodovia Pan Americana ≐ BR 151 E8
Rodrigues, Île ⌒ MS 113 O5
Rødsand ≈ DK 22 G6
Rönne ~ S 22 J4
Roes Welcome Sound ≈ CDN 123 T4
Roggeveldberge ▲ ZA 116 E6
Rogozna ▲ SRB 52 E3
Rogue River ~ USA 130 B4
Rogue River ~ USA 130 C4
Rohatyn ☆ UA 56 D3
Rohil Khand ≐ IND 68 G5
Rohrbach in Oberösterreich ☆ A 35 J8
Roi Et ☆ T 84 D4
Roi Georges, Îles du ⌒ F 97 M3
Rokiškis ◉ LT 38 J4
Rolla ⌒ N 20 H2
Rolleville ◉ BS 139 H3
Rolvsøya ⌒ N 20 L1
Rom = Roma ★ I 48 H7
Roma ★ I 48 H7
Roma, Campagna di ≐ I 50 F1
Romaine, Rivière ~ CDN 123 Y6
Roman ◉ RO 56 E4
Romang, Pulau ⌒ RI 83 J8
Romang, Selat ≈ RI 83 J8
Romano, Cayo ⌒ C 139 F3
Romeleåsen ▲ S 22 J5
Rømø ⌒ DK 28 K1
Rompin ~ MAL 85 D10
Romsdalen ≐ N 20 C5
Rona, Island of ⌒ GB 26 C4
Roncador, Serra do ▲ BR 145 J7
Roncador Reef ⌒ SOL 94 D7
Roncesvalles ◉ E 43 J1
Ronda, Serranía de ▲ E 40 D6
Ronde, Rivière la ~ CDN 127 L3
Rongelap Atoll ⌒ MH 94 F3
Rongerik Atoll ⌒ MH 94 F3
Rong Jiang ~ CN 78 F4
Rønne ◉ DK 22 K5
Ronneby ☆ S 23 L4
Ronnebyån ~ S 23 L4
Rooiberge ▲ ZA 117 J4
Rooirand ▲ NAM 116 C2
Roosevelt, Rio ~ BR 145 G6
Ropa ~ PL 37 H7
Roper River ~ AUS 90 G2
Røros ◉ N 20 E5
Ros' ~ UA 56 F3
Ros' ~ UA 56 G3
Rosales, Culiacán ☆ MEX 128 E6
Rosario ◉ RA 152 E4
Rosario, Cayo del ⌒ C 138 D4
Rosario, Islas del ⌒ CO 146 B2
Rosario, Playa ◉ C 138 D3
Rosario de la Frontera ◉ RA 152 D3
Ros Comáin ☆ IRL 24 C6
Roscommon = Ros Comáin ☆ IRL 24 C6
Ros Cré ◉ IRL 27 B9
Roscrea = Ros Cré ◉ IRL 27 B9
Rose ⌒ USA 97 H3
Roseau ★ WD 129 O7
Rosebud River ~ CDN 125 O6
Rose Creek ~ CDN 125 N5
Rosendal ☆ N 21 B7
Rosenheim ☆ D 35 H9
Roses, Golf de ≈ E 43 O2
Rosica ~ BG 53 K4
Roskilde ◉ DK 22 H5
Roslagen ≐ S 23 O1
Ros Mhic Thriúin ◉ IRL 27 C9
Rosnæs ≐ DK 22 F5
Rossieny = Raseiniai ◉ LT 38 H4
Rossitten = Rēzekne ☆ LV 38 K3
Roßlau, Dessau- ☆ D 29 L3
Rosso ☆ RIM 104 B5
Rostock ◉ D 34 H2
Rostov ☆ RUS 39 Q3
Rostov-am-Don = Rostov-na-Donu ☆ RUS 57 L4
Rostov-na-Donu ☆ RUS 57 L4
Rostow-am-Don = Rostov-na-Donu ☆ RUS 57 L4
Rota ⌒ USA 83 M4
Rote, Pulau ⌒ RI 82 H9
Rotenburg (Wümme) ☆ D 34 E3
Rotes Becken = Sichuan Pendi ≐ CN 74 J5
Rotes Meer = Red Sea ≈ 105 M3
Rothaargebirge ▲ D 34 D6
Rothenburg ob der Tauber ◉ D 35 F7
Rothesay ◉ GB 26 D6
Rotorua ◉ NZ 99 F3
Rott ~ D 35 H8
Rotterdam ◉ NL 31 M3
Rottumeroog ⌒ NL 34 B3
Rottumerplaat ⌒ NL 34 B3
Rottweil ☆ D 35 D8
Rotuma ⌒ FJI 96 E3
Rouen ☆ F 30 J5
Rouffaer = Tariku ~ RI 83 L7
Roumois ≐ F 30 H5
Rousay ⌒ GB 24 F3
Rousillon ≐ F 25 J11
Rovaniemi ☆ FIN 20 M3
Rovereto ◉ I 48 G3
Roveto, Val ≐ I 49 J7
Rovigno = Rovinj ☆ HR 49 J3
Rovigo ☆ I 48 G3
Rovinj ☆ HR 49 J3
Rovno = Rivne ☆ UA 56 E2
Rovubo ~ EAT 114 C5
Rovuma, Rio ~ MOC 113 J4
Rowley Island ⌒ CDN 123 U3
Rowley Shoals ⌒ AUS 90 D3
Roxa, Ilha ⌒ RGB 110 C4
Roxas ☆ RP 83 H4
Royale, Isle ⌒ USA 123 T7
Royal Island ⌒ BS 139 G2
Royal Tunbridge Wells ◉ GB 27 K10
Royan ◉ F 32 C3
Rožaje ◉ MNE 52 E4
Rozdol'ne = Razdol'noe ☆ RUS 56 H5
Rožňava ◉ SK 37 G8
Rozoga ~ PL 36 H3
Roztocze ▲ PL 29 R3
r-Ratqa, Wādī ~ IRQ 67 J6
Rrëshen ◉ AL 52 D5
Rtanj ▲ SRB 52 F3
Ruaha, Great ~ EAT 113 H3
Ruahine Range ▲ NZ 96 E8
Ruapuke Island ⌒ NZ 99 B7
Ruays, Wādī ar- ~ LAR 105 J3
Rub' al-Ḫālī, ar- ≐ KSA 64 F7
Rubicon River ~ USA 131 D6
Rubondo Island ⌒ EAT 114 C5
Ruby Range ▲ USA 130 H3
Ruby River ~ USA 130 H3
Ruby Valley ≐ USA 130 G5

★ Hauptstadt (Staat) ☆ Hauptstadt (Bundesland, Provinz, o.ä.) ◉ Ort ▲ Gebirge ⌒ Insel, Halbinsel ≐ Landschaft ≈ Ozean, Meer ~ Fluss

Ruciane-Nida ◉ PL 36 H3
Rūd-e Aras ~ IR 67 L3
Rūd-e Gāmāsiāb ~ IR 67 M5
Rūd-e Helmand ~ AFG 64 J5
Rūd-e Mehrān ~ IR 64 G5
Ruden ⌒ D 34 J2
Rūd-e Qarānqū ~ IR 67 M4
Rūd-e Qezel Owzan ~ IR 67 M4
Rūd-e Qezel Ūzan ~ IR 67 N4
Rūd-e Tātā'ū ~ IR 67 L4
Rūd -e Zāb -e Kūček ~ IRQ 67 L4
Rūdḫāne Talvār ~ IR 67 M5
Rūdḫāne-ye ~ IRQ 67 M6
Rūdḫāne-ye Čangūle ~ IRQ 67 L6
Rūdḫāne-ye Gangīr ~ IR 67 L6
Rūdḫāne-ye Gorgān ~ IR 64 G3
Rūdḫāne-ye Kaškān ~ IR 67 M6
Rudkøbing ◉ DK 22 F6
Rudnja ☆ RUS 39 M4
Rüdesheim am Rhein ◉ D 35 C7
Rügen ⌒ D 18 O5
Rügenwalde = Darłowo ◉ PL 36 C2
Rufiji ~ EAT 113 J3
Rugufu ~ EAT 114 C6
Ru He ~ CN 77 J5
Ruhner Berge ▲ D 34 G3
Ruhnu saar ⌒ EST 38 H3
Ruhr ~ D 28 J3
Ruiga ~ EAT 114 C5
Ruisseau du Castor ~ CDN 126 E2
Rujen planina ▲ MK 52 F4
Rūjiena ◉ LV 38 J3
Rukarara ~ RWA 114 B5
Rukungiri ☆ EAU 114 B4
Rukwa Rift Valley ≐ EAT 114 C7
Rum = Rhum ⌒ GB 24 D4
Rumbek ☆ SSD 105 L7
Rum Cay ⌒ BS 139 H3
Rumelija ≐ BG 47 K3
Runde ~ ZW 112 H6
Rundu ☆ NAM 112 E5
Rungna ~ EAT 114 D7
Rungwa ~ EAT 113 H3
Runmarö ⌒ S 23 O1
Runnö ⌒ S 23 M3
Rupčos ≐ BG 53 J5
Rupert, Rivière de ~ CDN 123 V6
Rur ~ D 34 B6
Rurutu, Île ⌒ F 97 L5
Ruse ☆ BG 53 K3
Rusizi ~ RU 114 B5
Rusnė ◉ LT 38 G4
Russell Islands ⌒ SOL 94 D7
Russian River ~ USA 131 C6
Russkij, ostrov ⌒ RUS 62 P2
Rusumo Falls ~ EAT 114 C5
Rutland Island ⌒ IND 71 a4
Ruvu ~ EAT 115 G7
Ruvubu ~ RU 114 B5
Ruvuma ~ EAT 113 J4
Ruvyironza ~ RU 114 B5
Ruwāq, Ǧabal ar- ▲ SYR 66 G6
Ruwenzori ▲ CGO 112 G1
Ruwer ~ D 35 B7
Rvivère Saint Augustin Nord-Ouest ~ CDN 127 P3
Rybinsk ☆ RUS 39 P2
Rybnica = Rîbnița ☆ MD 56 F4
Rybnik ◉ PL 37 E6
Ryohaku-sanchi ▲ J 81 L6
Rystrzyca ~ PL 36 C5
Ryukyu-Inseln = Nansei-shotō ⌒ J 75 N7
Rządza ~ PL 36 H4
Rzeszów ☆ PL 37 J6
Ržev ☆ RUS 39 O3

S

Saalach ~ A 29 M4
Saale ~ D 18 O5
Saale ~ D 29 L3
Saalfeld/Saale ☆ D 35 G6
Saapa ~ RUS 57 J2
Saar ~ D 35 B7
Saar ~ F 25 L8
Saarbrücken ☆ D 35 B7
Saaremaa saar ⌒ EST 19 P4
Saarlouis ☆ D 35 B7
Saas-Fee ◉ CH 35 C10
Saba ⌒ NL 129 O7
Šabac ☆ SRB 52 D2
Sabaki ~ EAK 113 J2
Sabalān, Kūhhā-ye ▲ IR 67 M3
Sabalana, Kepulauan ⌒ RI 82 G8
Sabana, Archipiélago de ⌒ C 129 K6
Sabaneta ☆ DOM 139 K5
Şabanözü ☆ TR 66 E2
Sabari ~ IND 71 F2
Sabar Kantha ≐ IND 69 D8
Sābarmati ~ IND 69 D8
Sabbioneta ◉ I 48 F3
Sabena Desert ≐ EAK 115 G3
Sabhā ☆ LAR 105 H3
Sabḫat al-'Urūq al-Mu'tarida ≐ KSA 64 G6
Sabierivier ~ ZA 117 K2
Sabina ≐ I 48 H6
Sabinal, Cayo ⌒ C 139 G4
Sabine Peninsula ⌒ CDN 122 O1
Sabine River ~ USA 128 H4
Sable, Cape ≐ USA 135 H7
Sable, Île de ⌒ F 98 a2
Sable Island ⌒ CDN 123 Y8
Sables, Rivière aux ~ CDN 126 J4
Sables-d'Olonne, Les ◉ F 32 C2
Sabor, Rio ~ P 42 D3
Şabrātah ◉ LAR 104 H2
Sabratha = Şabrātah ◉ LAR 104 H2
Sabtaev ☆ KZ 62 K8
Sabzevār ◉ IR 64 H3
Sacapulas ◉ GCA 137 J5
Sachalin = ostrov Sahalin ⌒ RUS 63 Z7
Sacramento ☆ USA 131 D6
Sacramento, Pampa del ≐ PE 148 C5
Sacramento, Pampas de ≐ PE 144 D6
Sacramento Mountains ▲ USA 128 E4
Sacramento River ~ USA 128 B2
Sacramento Valley ≐ USA 131 C5
Şa'da ◉ YEM 64 E7
Sadd ad-Darbandī Ḫan ≐ IRQ 67 L5
Sado, Rio ~ P 40 B5
Sado, Rio ~ P 40 B6
Sado-shima ⌒ J 75 Q4
Sadova ◉ RO 56 D6
sa Dragonera ⌒ E 40 G5
Šadrinsk ☆ RUS 62 J6
Šadwān, Ǧazīrat ⌒ ET 109 G4
Säffle ☆ S 22 H1
Sävsjö ☆ S 22 K3
Şafāǧa ▲ KSA 64 D5
Safāǧa, Ǧazīrat ⌒ ET 109 G4
Saffron Walden ◉ GB 27 K9
Safīd Kūh, Selsele-ye ▲ AFG 64 J3
Safonovo ☆ RUS 39 N4
Safranbolu ◉ TR 66 E2
Safsaf, Oued ~ DZ 107 J5
Sagaing ☆ MYA 73 J4
Sagala Hills ▲ EAK 115 G5
Sagami-wan ≈ J 81 M6
Sagan = Żagań ◉ PL 36 B5
Sāgar ◉ IND 69 G8
Sagar Island ⌒ IND 72 E4
Sage Creek ~ CDN 125 P7
Sage Creek ~ USA 130 J1
Sagererwa Plateau ≐ EAK 115 F3
Sagilera ~ IND 71 E3
Sagitu Island ⌒ EAU 114 D4
Sagone, Golfe de ≈ F 33 N6
Sagrosgebirge = Kūhhā-ye Zāgros ▲ IR 64 F4
Sagua-Baracoa, Grupo ▲ C 129 L6
Sagua la Grande ~ C 138 E3
Saguenay, Rivière ~ CDN 123 W7
Sagžan ~ RUS 23 M1
Sahalin, ostrov ⌒ RUS 63 Z7
Sahalinskij zaliv ≈ RUS 63 Z7
Sahara ≐ 104 D4
Saharaatlas = Atlas Saharien ▲ DZ 104 F2
Sahel ≐ TN 107 M3
Sahel ≐ 104 F5
Sahl Tamlilt ≐ MA 106 E4
Şaḥne ◉ IR 67 M5
Šahovskaja ☆ RUS 39 O4
Şaḥrā' al-Ġarbīa, as- ≐ ET 105 L3
Şaḥrā' al-Lībīyā, aṣ- ≐ LAR 105 K3
Şaḥrā' an-Nūba ≐ SUD 105 M4
Şaḥrā' aš-Šarqīya, as- ≐ ET 105 M3
Şaḥrā' at-Tīh ≐ ET 105 M2
Şaḥrā' Surt ≐ LAR 105 J2
Šahreża ◉ IR 64 G4
Šāhrūd ◉ IR 64 G3
Sai ~ IND 72 B1
Ša'ib Abū Marīs ~ IRQ 67 L7
Šaibāra, Ǧazīrat ⌒ KSA 109 G5
Ša'ib aṭ-Talahāt ~ IRQ 67 K7
Ša'īb Fīrk ~ IRQ 67 L7
Ša'īb Hisb ~ IRQ 67 K7
Saidu (Mingora) ◉ PK 68 D2
Saigon = Thành Phô Hô Chí Minh ☆ VN 85 E6
Saint-Aignan ◉ F 32 F1
Saint Albans ◉ GB 27 J10
Saint-Amand-Montrond ☆ F 32 G2
Saint Andrews ◉ GB 26 G5
Saint Andrews Bay ≈ USA 134 E4
Saint Andrew Sound ≈ USA 135 H4
Saint Ann's Bay ≈ CDN 127 O5
Saint-Augustin, Rivière ~ CDN 127 P3
Saint Augustine ☆ USA 135 H5
Saint Augustin Nord-Ouest, Rivière ~ CDN 127 P3
Saint-Barth = Saint-Barthélemy ⌒ F 129 O7
Saint-Barthélemy ⌒ F 129 O7
Saint Brides Bay ≈ GB 27 D10
Saint-Brieuc ☆ F 30 E6
Saint-Brieuc, Baie de ≈ F 30 E6
Saint Catherines Island ⌒ USA 135 H4
Saint Croix River ~ USA 132 B3
Saint David's ◉ GB 27 D10
Saint-Denis ◉ F 31 K6
Saint-Denis ☆ F 113 N6
Saint-Dié ◉ F 31 O6
Saint Elias Mountains ▲ CDN 122 H4
Sainte-Marguerite, Rivière ~ CDN 127 L3
Sainte-Marie, Nosy ⌒ RM 113 M5
Sainte-Menehould ◉ F 31 M5
Saint-Emilion ◉ F 32 D4
Saint-Étienne ☆ F 33 J3
Saint-Florent ◉ F 33 O6
Saint-Florent, Golfe de ≈ F 33 O6
Saint-Flour ◉ F 32 H3
Saint Francis Bay ≈ NAM 116 B2
Saint Francis Bay ≈ ZA 117 G7
Saint Francis Isles ⌒ AUS 92 B2
Saint Francis River ~ USA 131 C7
Saint-François, Rivière ~ CDN 126 H5
Saint George Island ⌒ USA 122 C5
Saint George Island ⌒ USA 134 F5
Saint George's ☆ WG 129 O8
Saint George's Bay ≈ CDN 127 N6
Saint George's Bay ≈ CDN 127 P4
Saint George's Channel ≈ 18 K5
Saint George Sound ≈ USA 134 F5
Saint Helena ⌒ GB 110 b1
Saint Helena Bay ≈ ZA 112 E8
Saint Helena Range ▲ USA 131 C6
Saint Helena Sound ≈ USA 135 H3
Saint-Hubert ◉ B 31 N4
Saint Ives Bay ≈ GB 27 D11
Saint-Jean, Rivière ~ CDN 127 M3
Saint-Jean, Rivière ~ CDN 127 M4
Saint Joe River ~ USA 130 G2
Saint John Island ⌒ CDN 127 P3
Saint John River ~ CDN 123 X7
Saint John River ~ LB 110 F6
Saint John River ~ USA 133 O2
Saint John's ★ AG 129 O7
Saint John's ☆ CDN 127 S5
Saint Johns River ~ USA 135 H4
Saint Joseph Bay ≈ USA 134 E5
Saint Joseph Peninsula ≐ USA 134 E5
Saint Kilda ⌒ GB 18 K4
Saint-Laurent-du-Maroni ☆ F 145 J3
Saint Lawrence, Gulf of ≈ CDN 123 Y7
Saint Lawrence Island ⌒ USA 122 B4
Saint Lawrence River ~ CDN 123 W8
Saint Lewis Inlet ≈ CDN 127 Q2
Saint Lewis River ~ CDN 127 Q2
Saint-Lô ☆ F 30 F5
Saint-Louis ☆ SN 104 B5
Saint Magnus Bay ≈ GB 24 F2
Saint-Malo, Golfe de ≈ F 18 L6
Saint Marc, Canal de ≈ RH 139 J5
Saint Margaret Bay ≈ CDN 127 Q3
Saint Martin Bay ≈ USA 132 F2
Saint-Martin-de-Ré ◉ F 32 C2
Saint Martin's ⌒ GB 27 C12
Saint Mary, Île ⌒ CDN 127 P3
Saint Mary River ~ CDN 125 M7
Saint Mary's ⌒ GB 27 C12
Saint Mary's Bay ≈ CDN 127 L6
Saint Mary's Bay ≈ CDN 127 R5
Saint Mary's River ~ CDN 127 N6
Saint Marys River ~ USA 132 F2
Saint Matthew Island ⌒ USA 122 B4
Saint Matthias Group ⌒ PNG 83 N7
Saint Maurice, Rivière ~ CDN 123 W7
Saint-Maurice, Rivière ~ CDN 126 H5
Saint Michaels Bay ≈ CDN 127 R2
Saintogne ≐ F 25 G10
Saint-Omer ◉ F 31 K4
Saint Paul ☆ USA 123 S8
Saint-Paul, Rivière ~ CDN 127 P2
Saint Paul Island ⌒ CDN 127 O5
Saint Paul Island ⌒ USA 122 C5
Saint Paul River ~ LB 104 C7
Saint Peter Island ⌒ AUS 92 B2
Saint Pierre ☆ F 127 Q5
Saint-Pierre, Île de ⌒ F 127 Q5
Saint Pierre Island ⌒ SY 113 L3
Saint-Pol-de-Léon ◉ F 30 D6
Saint-Rémy-de-Provence ◉ F 33 J5
Saint-Savin ◉ F 32 E2
Saint Sebastian Bay ≈ ZA 116 E7
Saint-Sever ◉ F 32 D5
Saint Simons Island ⌒ USA 135 H4
Saint-Trond = Sint-Truiden ◉ B 31 N4
Saint-Tropez ◉ F 33 L5
Saint-Vaast-la-Hougue ◉ F 30 F5
Saint Vincent ⌒ WV 129 O8
Saint-Vincent, Baie de ≈ F 98 b4
Saint Vincent, Gulf ≈ AUS 90 H6
Saint Vincent Island ⌒ USA 134 F5
Saipan ☆ USA 83 N3
Saipan ⌒ USA 83 M3
Saison ~ F 32 D5
Ša'īt, Wādī ~ ET 109 F5
Sai'ūn ◉ YEM 64 F7
Sajnšand ☆ MGL 75 L3
Sajó ~ H 29 Q4
Sakāka ☆ KSA 64 E5
Sakami, Rivière ~ CDN 126 G2
Sakar Dağı ▲ TR 55 J3
Sakarya = Adapazarı ☆ TR 55 N2
Sakarya Nehri ~ TR 64 C3
Sakarya Nehri ~ TR 66 D3
Sakhonnakhon ☆ T 84 E3
Saki ◉ AZ 64 F2
Šakiai ☆ LT 38 H4
Sakishima-shotō ⌒ J 75 N6
Sakrivier ~ ZA 116 E5
Sakrivier ~ ZA 116 F5
Saky ☆ UA 56 H5
Sal ~ RUS 57 N4
Sal, Cadena de Cerro de la ▲ PE 149 D7
Sal, Cay ⌒ BS 138 E3
Sal, Ilha do ⌒ CV 104 A5
Sal, Raudal de la ~ CO 148 E2
Sala ☆ S 21 H7
Salado, Riacho ~ RA 151 A7
Salado, Río ~ MEX 128 F5
Salado, Río ~ RA 152 D5
Salado, Río ~ RA 152 E3
Salāla ◉ OM 64 G7
Salamá ☆ GCA 137 J5
Salamanca ◉ E 42 E4
Salamat, Bahr ~ TCH 105 K6
Salamina ◉ CO 146 C5
Salamína ◉ GR 54 F5
Salat ~ F 32 E5
Šalatain, Bi'r ~ ET 109 G6
Salavan = Saravan ☆ LAO 84 F4
Salawati, Pulau ⌒ RI 83 J7
Salcedo ☆ DOM 139 K5
Saldanha Bay ≈ ZA 116 C6
Saldus ☆ LV 38 H3
Salé ◉ MA 106 C3
Salé = Salé ◉ MA 106 C3
Sale, Tarko- ☆ RUS 62 M5
Salehard ☆ RUS 62 K4
Salem ☆ USA 130 C3
Salentina ⌒ I 51 L2
Salentina, Penisola ≐ I 46 G4
Salentine, Murge ▲ I 46 F4
Salento ◉ CO 146 C5
Salerno ◉ I 51 H2
Salerno, Golfo di ≈ I 46 E4
Salgir ~ RUS 56 J5
Salgótarján ☆ H 37 F8
Salih Adası ⌒ TR 55 K5
Salina, Isola ⌒ I 46 E5
Salina Cruz ◉ MEX 137 G4
Salinas, Bahía de ≈ PE 149 B7
Salinas, Río ~ MEX 137 J5
Salinas River ~ USA 128 B3
Salin Chaung ~ MYA 73 H4
Salins-les-Bains ◉ F 33 K2
Salisbury ◉ GB 27 H10
Salisbury = Harare ★ ZW 112 H5
Salisbury Channel ≈ EAU 114 C4
Salisbury Island ⌒ CDN 123 V4
Salisbury Plain ≐ GB 27 G10
Salish Mountains ▲ USA 130 G1
Šalkar ☆ KZ 19 X6
Salling ≐ DK 22 D4
Sallūm, Ḫalīǧ as- ≈ ET 108 B2
Salmon Falls Creek ~ USA 130 G5
Salmon River ~ CDN 124 J4
Salmon River ~ CDN 127 M5
Salmon River ~ CDN 127 N4
Salmon River ~ USA 122 N7
Salmon River ~ USA 130 G3
Salmon River, Middle Fork ~ USA 130 G3
Salmon River, South Fork ~ USA 130 G3
Salmon River Mountains ▲ USA 122 N7
Salobra, Ribeiro ~ BR 150 B4
Salomonensee = Solomon Sea ≈ 83 N8
Salomoninseln = Solomon Islands ⌒ 83 O8
Salonga ~ CGO 112 F2
Saloniki = Thessaloniki ☆ GR 54 F2
Salor, Río ~ E 40 C5
Saloûm ~ SN 110 B2
Saloum, Vallée du ~ SN 110 C2
Saloum Delta ≐ SN 110 B3
Salpausselkä ≐ FIN 21 M6
Salsko-Manyčskaja grjada ▲ RUS 57 M4
Salso ~ I 46 D6
Salta ☆ RA 152 D2
Salteelva ~ N 20 G3
Saltfjorden ≈ N 20 F3
Saltholm ⌒ DK 22 H5
Saltillo ☆ MEX 128 F5
Salt Lake City ☆ USA 130 J5
Salto ~ I 49 J6
Salto ☆ ROU 151 B9
Salto Ángel ~ YV 145 G3
Salto del Guairá ☆ PY 150 C6
Salto Tequendama ~ CO 148 F2
Salt Range ▲ PK 68 D3
Salt River ~ USA 132 F7
Salt Spring Island ⌒ CDN 124 J7
Saluda River ~ USA 135 G2
Saluen = Nu Jiang ~ CN 74 H5
Salvador ☆ BR 145 M7
Sàlvora, Illa de ⌒ E 42 A2
Salween = Thanlwin Myit ~ MYA 82 C3
Salza ~ A 37 B9
Salzach ~ A 35 H9
Salzburg ☆ A 35 J9
Salzburger Kalkalpen ≐ D 35 H9
Salzgitter ◉ D 34 F4
Salzkammergut ≐ A 35 J9
Salzungen, Bad ◉ D 34 F6
Salzwedel ◉ D 34 G4
Sama, Río ~ PE 149 F10
Samah ~ MYA 73 K4
Samalá, Río ~ GCA 137 J5
Samaná ☆ DOM 139 L5
Samaná, Bahía de ≈ DOM 139 L5
Samaná, Península ≐ DOM 139 L5
Samana Cay ⌒ BS 139 J3
Samanlı Dağları ▲ TR 53 N6
Samaqua, Rivière ~ CDN 126 H3
Samar ⌒ RP 83 J4
Samara ☆ RUS 19 W5
Samara ~ RUS 19 W5
Samara ~ UA 57 J3
Samarinda ☆ RI 82 G7
Samarkand = Samarqand ☆ UZ 65 K3
Samarkand = Samarqand ☆ UZ 65 K3
Samarqand ☆ UZ 65 K3
Sāmarrā' ☆ IRQ 67 K5
Samatiguila ◉ CI 110 F5
Samāwa, as- ☆ IRQ 67 L7
Sambesi = Rio Zambeze ~ MOC 113 H5
Samborombón, Bahía ≈ RA 152 F5
Sambre ~ F 31 M4
Samburu Hills ▲ EAK 115 F3
Sameland ≐ 18 P2
Samene, Oued ~ DZ 107 K7
Samim, Umm as- ≐ OM 64 H6
Samiria, Río ~ PE 148 D4
Šāmīya, aš- ≐ IRQ 67 M7
Šamkir ◉ AZ 64 F2
Šamkir = Şəmkir ◉ AZ 64 F2
Šammar, Ǧabal ▲ KSA 64 D5
Samoainseln = Samoa Islands ⌒ WS 97 G3
Sāmoa-i-Sisifo ⌒ WS 98 a1
Samoa Islands ⌒ WS 97 G3
Samobor ◉ HR 49 L3
Sámos ◉ GR 55 J5
Sámos ⌒ GR 19 R8
Samothráki ⌒ GR 47 K4
Samsø ⌒ DK 21 E9
Samsø Bælt ≈ DK 22 F5
Samsun ☆ TR 66 G2
Samter = Szamotuły ◉ PL 36 C4
Samur ~ AZ 57 P7
Samuro, Raudal ~ CO 147 F6
Samurskij hrebet ▲ RUS 57 P6
Samut Sakhon ☆ T 84 B5
San ~ PL 19 Q5
San ~ PL 29 R4
San ~ PL 37 J7
San, Tônlé ~ K 84 F5
Sana ~ BIH 46 F2
San'ā' ★ YEM 64 E7
Sanaa = Şan'ā' ★ YEM 64 E7
Sanaba ~ RMM 110 E2
Sanaga ~ CAM 104 H8
Sanak Island ⌒ USA 122 D6
Sanām, as- ≐ KSA 64 G6
Sanana, Pulau ⌒ RI 83 J7
Sanandağ ☆ IR 67 M5
San Andrés, Isla de ⌒ CO 129 K8
San Andres Mountains ▲ USA 128 E4
San Augustín ◉ CO 146 B7
San Benedicto, Isla ⌒ MEX 128 D7
San Bernardino Mountains ▲ USA 131 F8
San Bernardo, Islas de ⌒ CO 146 B3
San Blas ◉ MEX 136 B2
San Carlos ☆ YV 147 F3
San Carlos, Río ~ PY 150 A5
San Carlos Bay ≈ USA 135 G6
San Carlos de Bariloche ☆ RA 152 C6
Sancerrois, Collines du ▲ F 32 G1
Sánchez Magallanes ◉ MEX 137 G3
Sanchi ◉ IND 69 F8
San Clemente Island ⌒ USA 131 E9
San Cosme y Damián ◉ PY 151 B7
San Cristóbal ☆ DOM 139 K5
San Cristóbal ☆ YV 146 D4
San Cristóbal, Isla ⌒ EC 144 B5
San Cristóbal de las Casas ◉ MEX 137 H4
Sancti Spíritus ☆ C 138 E4
Sand ~ N 21 C7
Sand ~ ZA 117 J1
Sanda Island ⌒ GB 26 D6
Sandane ☆ N 21 C6
Sanday ⌒ GB 24 F1
Sanday Sound ≈ GB 26 G2
Sande ☆ N 22 F1
Sandefjord ☆ N 22 F1
Sand Hill River ~ CDN 127 Q2
Sand Hills ≐ USA 128 F2
Sandhornøy ⌒ N 20 F3
Sandīp ⌒ BD 73 G3
Sand Key ⌒ USA 134 G6
Sand Mountains ▲ USA 134 E2
Sandomierska, Kotlina ≐ PL 29 Q3
Sandomierska, Puszcza ≐ PL 29 Q3
San Domino, Isola ⌒ I 51 H0
Sandougou ~ SN 110 C3
Sandover River ~ AUS 90 G4
Sand River ~ CDN 125 P4
Sandrivier ~ ZA 117 H4
Sandsfjorden ≈ N 22 A1
Sandusky Bay ≈ USA 132 G5
Sandviken ☆ S 21 G6
Sandwich Bay ≈ NAM 116 A1
Sandy Creek ~ AUS 93 H2
Sandy Desert ≐ PK 65 J5
Sandy Key ⌒ USA 135 H7
Sandy River ~ USA 130 C3
Sandžak ≐ MNE 52 D3
San Felipe ◉ MEX 128 D4
San Felipe ☆ YV 147 F2
San Felipe, Cayos de ⌒ C 138 D3
San Fernando ☆ RP 83 H3
San Fernando de Apure ☆ YV 147 G4
San Fernando del Valle de Catamarca ☆ RA 152 D3
San Fiurenzu = Saint-Florent ◉ F 33 O6
San Francisco de Campeche = Campeche ☆ MEX 137 J3
San Francisco de Macorís ☆ DOM 139 K5
San Francisco Mountain ▲ USA 131 H8
San Francisco Plau. ≐ USA 131 H8
Sanga ◉ RMM 111 J2
Sangallán, Isla ⌒ PE 149 C8
Sangamon River ~ USA 132 C5
Sangar ☆ RUS 63 W5
Sangarh ~ PK 68 C4
Sangerhausen ☆ D 34 G5
Sanggan He ~ CN 77 H2
Sanggan He ~ CN 77 J1
Sanggou Wan ≈ CN 80 D5
Sangha ~ RCB 112 E1
San Gimignano ◉ I 48 G5
Sangir, Kepulauan ⌒ RI 83 J6
Sangir, Pulau ⌒ RI 83 H6
Sāngli ◉ IND 70 B2
Sangmelima ◉ CAM 104 H8
Sangonera, Río ~ E 40 F6
Sangraduoro, Río ~ BR 150 B1
Sangre de Cristo Mountains ▲ USA 128 E3
Sangro ~ I 51 H1
Sangu ~ BD 73 H4
Sangue, Rio do ~ BR 145 H7
Sanguinaires, Îles ⌒ F 33 N7
Sangutane, Rio ~ MOC 117 L1
San He ~ CN 77 L5
Sanibel Island ⌒ USA 135 G6
San Ignacio ☆ BZ 137 K4
San Ignacio ☆ PY 151 B7
San Jacinto Mountains ▲ USA 131 F8
San Joaquin River ~ USA 131 D7
San Joaquin Valley ≐ USA 128 B3
San Jorge, Golfo ≈ RA 152 D7
San Jorge, Río ~ CO 146 C3
San José ☆ CR 129 K9
San José, Isla ⌒ MEX 128 D6
San Jose de Buenavista ☆ RP 83 H4
San José de Chiquitos ◉ BOL 145 G8
San José de las Lajas ☆ C 138 D3
San José del Cabo ◉ MEX 128 E6
San José del Guaviare ☆ CO 146 D6
San José de Mayo ☆ ROU 151 B11
San Jose River ~ CDN 124 J5
San Juan ☆ DOM 139 K5
San Juan ☆ RA 152 D4
San Juan ☆ USA 129 N7
San Juan, Bahía ≈ PE 149 C9
San Juan, Río ~ CO 146 B5
San Juan, Río ~ DOM 139 K5
San Juan, Río ~ NIC 129 K8
San Juan, Río ~ PE 149 C8
San Juan, Río ~ PY 150 A5
San Juan, Río ~ ROU 151 A11
San Juan, Río ~ YV 147 J3
San Juan Bautista ☆ PY 151 B7
San Juan del Norte, Bahía de ≈ NIC 129 K8
San Juan de los Morros ☆ YV 147 G3
San Juan del Río ◉ MEX 136 E2
San Juan Islands ⌒ USA 130 C1
San Juan Mountains ▲ USA 128 E3
San Juan River ~ USA 128 E3
Sankarani ~ RG 110 F4
Sankh ~ IND 72 D3
Sankosh ~ BHT 72 F1
Sankt Gallen ☆ CH 35 E9
Sankt Georgen = Sfântu Gheorghe ☆ RO 56 D5
Sankt George's ◉ GB 139 b1
Sankt Goar ◉ D 35 C6
Sankt Johann im Pongau ☆ A 35 J9
Sankt-Lorenz-Golf = Gulf of Saint Lawrence ≈ CDN 123 Y7
Sankt Lorenz-Insel = Saint Lawrence Island ⌒ USA 122 B4
Sankt-Lorenz-Strom = Saint Lawrence River ~ CDN 123 V8
Sankt Matthäus-Insel = Saint Matthew Island ⌒ USA 122 B4
Sankt Michel = Mikkeli ☆ FIN 21 N6
Sankt Moritz ◉ CH 35 E10
Sankt-Peterburg ☆ RUS 19 S3
Sankt-Petersburg = Sankt-Peterburg ☆ RUS 19 S3
Sankt Pölten ☆ A 37 B8
Sankt Veit an der Glan ☆ A 35 K10
Sankt Wendel ◉ D 35 C7
Sankuru ~ CGO 112 F2
Sankuru ~ CGO 112 F3
San Lorenzo, Isla ⌒ PE 149 C8
San Lorenzo, Sierra de ▲ E 43 H2
San Lucas, Serranía de ▲ CO 146 C4
San Luis ☆ RA 152 D4
San Luis del Palmar ◉ RA 151 A7
San Luis Potosí ☆ MEX 128 F6
San Marcos ☆ GCA 137 H5
San Marcos, Laguna ≈ MEX 136 E4
San Marino ★ RSM 48 H5
San Martín, Río ~ BOL 144 G7
San Matías, Golfo ≈ RA 152 E6
Sanmen Wan ≈ CN 79 M2
Sanmenxia ◉ CN 76 G4
San Miguel ☆ ES 137 K6
San Miguel ⌒ USA 131 D8
San Miguel, Río ~ CO 148 C1
San Miguel de Allende ◉ MEX 136 D2
San Miguel de Cozumel ◉ MEX 137 L2
San Miguel de Tucumán ☆ RA 152 D3
San Miguel Tulancingo ◉ MEX 136 F4
San Nicolás, Bahía ≈ PE 149 C9
San Nicolas Island ⌒ USA 131 D9
Sannikova, proliv ≈ RUS 63 Y3
Sanniquellie ☆ LB 110 F6
Sannora ~ I 51 J1
Sannūr, Wādī ~ ET 108 E3
Sanok ◉ PL 37 J7
Sanokolé ~ RMM 110 D2
San Pablo, Río ~ BOL 144 G7
San Pablo, Río ~ PE 148 B4
San Pablo Bay ≈ USA 131 C6
San Pablo de Balzar, Cordillera de ▲ EC 148 A2
San-Pédro ~ C 139 F4
San-Pédro ☆ CI 111 G7
San Pedro, Río ~ GCA 137 J4
San Pedro, Río ~ MEX 136 B1
San Pedro, Río ~ MEX 136 B3
San Pedro, Sierra de ▲ E 40 C5
San Pedro Channel ≈ USA 131 E9
San Pedro del Ycuamandiyú ☆ PY 150 B6
San Pedro de Macorís ☆ DOM 139 L5
San Pedro River ~ USA 131 J9
San Pedro Sula ☆ HN 137 K5
San Pietro, Isola di ⌒ I 41 K5
Sanpoil River ~ USA 130 E1
San Rafael Desert ≐ USA 131 J6
San Rafael Mountains ▲ USA 131 D8
San Rafael River ~ USA 131 J6
Sanremo ◉ I 48 C5
San Remo = Sanremo ◉ I 48 C5
San Salvador ⌒ BS 129 M6
San Salvador ★ ES 128 J8
San Salvador, Canal de ≈ EC 149 b2
San Salvador, Isla ⌒ EC 144 A5
San Salvador, Isla ⌒ EC 149 b2
San Salvador, Río ~ ROU 151 B10
San Salvador de Jujuy ☆ RA 152 D2
San Sebastián, Donostia / ◉ E 43 J1
Sansha Wan ≈ CN 79 L3
Santa, Isla ⌒ PE 149 B6
Santa, Río ~ PE 149 B6
Santa Ana ☆ EC 148 B3
Santa Ana ☆ ES 137 K5
Santa Ana, Río ~ YV 146 D3
Santa Ana Mountains ▲ USA 131 F9
Santa Bárbara ☆ HN 137 K5
Santa Barbara Channel ≈ USA 131 D8

★ Hauptstadt (Staat) ☆ Hauptstadt (Bundesland, Provinz, o.ä.) ◉ Ort ▲ Gebirge ⌒ Insel, Halbinsel ≐ Landschaft ≈ Ozean, Meer ~ Fluss

Santa Barbara Island ⌒ USA 131 E9
Santa Cataina, Gulf of ≈ USA 131 E9
Santa Catalina, Isla ⌒ MEX 131 E9
Santa Catarina, Ilha de ⌒ BR 152 H3
Santa Catarina, Río ~ MEX 136 E4
Santa Clara ☆ C 138 F3
Santa Clara, Bahía de ≈ C 138 E3
Santa Cruz, Isla ⌒ EC 144 A5
Santa Cruz, Ribeiro de ~ BR 150 G2
Santa Cruz, Sierra de ▲ GCA 137 K5
Santa Cruz de la Sierra ☆ BOL 144 G8
Santa Cruz del Quiché ☆ GCA 137 J5
Santa Cruz de Mompox = Mompós ◉ CO 146 C3
Santa Cruz de Tenerife ☆ E 104 B3
Santa Cruz Huatulco ◉ MEX 136 F5
Santa Cruz Island ⌒ USA 131 D8
Santa Cruz Islands ⌒ SOL 94 F8
Santa Cruz Mountains ▲ USA 131 D7
Santa Elena ☆ EC 148 A3
Santa Eufemia, Golfo di ≈ I 46 E5
Santa Fe ☆ RA 152 E4
Santa Fe ☆ USA 128 E3
Santa Fe, Isla ⌒ EC 149 b2
Santa Fe de Antioquia ◉ CO 146 C4
Santa Fé de Bogotá = Bogotá ★ CO 146 C5
Santa Inés, Isla ⌒ RCH 152 B8
Santa Isabel ⌒ SOL 94 D7
Santa Isabel, Río ~ GCA 137 J5
Santal, Baie du ≈ F 98 c3
Santal Parganas ≐ IND 72 E2
Santa Lucía, Río ~ RA 151 A8
Santa Lucia Range ▲ USA 131 D7
Santa Luzia, Ilha de ⌒ CV 110 B1
Santa Margarita, Isla ⌒ MEX 128 D6
Santa María, Boca ≈ MEX 128 G6
Santa Maria, Ilha de ⌒ P 18 F8
Santa María, Isla ⌒ EC 149 b2
Santa María, Río ~ MEX 128 F6
Santa Maria di Leuca ◉ I 51 M3
Santa Maria Island ⌒ VU 96 C3
Santa Marta ☆ CO 146 C2
Santana, Coxilha de ▲ BR 151 B8
Santana, Ilha ⌒ BR 145 L5
Santander ☆ E 42 G1
Sant'Andrea, Isola ⌒ I 51 L2
Sant'Antioco, Isola di ⌒ I 46 A5
Santarém ☆ P 44 B2
Santaren Channel ≈ BS 129 L6
Santa Rosa ☆ RA 152 E5
Santa Rosa, Isla ⌒ EC 148 B1
Santa Rosa de Copán ☆ HN 137 K5
Santa Rosa Island ⌒ USA 134 E4
Santa Rosa Island ⌒ USA 131 D9
Santa Rosalía ◉ MEX 128 D5
Santa Rosa Range ▲ USA 130 F5
Šantarskie, ostrova ⌒ RUS 63 Y6
Sant-Brieg = Saint-Brieuc ☆ F 30 E6
Santee River ~ USA 135 J3
Santerno ~ I 48 G4
Santerre ≐ F 31 K5
Santiago ☆ PA 129 K9
Santiago, Ilha de ⌒ CV 110 C2
Santiago, Río ~ PE 148 B3
Santiago de Chile ★ RCH 152 C4
Santiago de Compostela ☆ E 42 B2
Santiago de Cuba ☆ C 139 G5
Santiago de Cuba, Bahía de ≈ C 139 G5
Santiago del Estero ☆ RA 152 E3
Santiago de los Caballeros ☆ DOM 139 K5
Santiago de Querétaro = Querétaro ☆ MEX 136 D2
Santiago Tuxtla ◉ MEX 137 G3
Santiam River, North ~ USA 130 C3
Sant Jordi, Golf de ≈ E 40 G4
Santo Amaro ◉ BR 145 M7
Santo Amore, Ilha de ⌒ BR 150 H5
Santo Antão, Ilha de ⌒ CV 104 AA5
Santo Domingo ★ DOM 139 L5
Santo Domingo, Cay ⌒ BS 139 H4
Santo Domingo, Río ~ MEX 136 F4
Santo Domingo, Río ~ MEX 137 H4
Santo Domingo, Río ~ MEX 137 J4
Santo Domingo, Río ~ YV 146 E3
Santo Domingo de los Colorados ☆ EC 148 A2
Santo Domingo Tehuantepec ◉ MEX 136 F4
Santorini = Thíra ⌒ GR 55 H6
Santorini = Thíra ⌒ GR 47 K6
Santos, Baía de ≈ BR 150 G5
Santos, General ☆ RP 83 J5
Santos, Laje de ⌒ BR 150 G6
Santo Tomás, Río ~ PE 149 E9
Sanup Plau. ≐ USA 131 H8
San Vicente ☆ ES 137 K6
Sanya ◉ CN 78 F7
Sanzao Dao ⌒ CN 79 H6
São André, Ribeiro ~ BR 150 G2
São Bartolomeu, Rio ~ BR 150 G2
São Francisco, Ilha de ⌒ BR 151 F7
São Francisco, Rio ~ BR 145 L8
São Francisco, Rio ~ BR 145 M6
São Francisco, Rio ~ BR 150 G4
São Francisco, Serra de ▲ BR 150 D6
São Jerônimo, Serra de ▲ BR 150 C2
São João, Ilha de ⌒ BR 145 L5
São João, Serra do ▲ BR 150 E6
São Jorge, Canal de ≈ P 40 a1
São Jorge, Ilha de ⌒ P 18 E8
São José dos Dourados, Rio ~ BR 150 E4
São Lourenço, Rio ~ BR 145 H8
São Lourenço, Rio ~ BR 150 C2
São Luís ☆ BR 145 L5
São Manuel ou Teles Pires, Rio ~ BR 145 H6
São Manuel ou Te es Pires, Rio ~ BR 145 H7
São Marcos, Rio ~ BR 150 G2
São Marcos, Rio ~ BR 150 G3
São Miguel, Ilha de ⌒ P 18 F8
São Miguel das Missões ◉ BR 151 C8
Saona, Isla ⌒ DOM 129 N7
Saône ~ F 18 N6
Saône ~ F 25 K9
Saône ~ F 32 H2
Saône ~ F 33 J2
São Nicolau, Ilha de ⌒ CV 104 A5
São Pedro, Ribeiro ~ BR 150 G2
São Salvador do Congo = M'banza Kongo ☆ ANG 112 D3
São Sebastião, Ilha de ⌒ BR 152 H2
São Tomé ★ STP 112 C1
São Tomé ⌒ STP 112 B2
Saoura, Oued ~ DZ 104 E3
Sape, Selat ≈ RI 82 G8
Sapelo Island ⌒ USA 135 H4
Sapiéndza ⌒ GR 47 H6
Sapodilla Cays ⌒ BZ 137 K4
Sapphire Mountains ▲ USA 130 G2
Sapporo ☆ J 81 N2
Sapt ~ IND 72 E1
Sapucaí, Rio ~ BR 150 F4
Šaqqat al-Ḥarīṭa ≐ KSA 64 F7
Saraar, Bannaanka ≐ SO 105 P6
Sarajevo ★ BIH 49 O5
Sarandë ◉ AL 52 D7
Sarandí, Arroyo ~ RA 151 A9
Saransk ☆ RUS 39 T4
Sarapul ☆ RUS 19 W4
Sarare, Río ~ YV 146 E4
Saraswaati ~ IND 63 C8
Sarata ~ UA 56 F4
Saratov ☆ RUS 57 O2
Saravan ☆ LAO 84 F4
Sarcidano ≐ I 50 B3
Sardegna ⌒ I 18 N8
Sardegna, Mare di ≈ 46 A4
Sardinien = Sardegna ⌒ I 18 N8
Sar'ein ◉ IR 67 M3
Sar-e Pol-e Ẕahāb ◉ IR 67 L5
Sargasso Sea ≈ 129 M4
Sargassosee = Sargasso Sea ≈ 129 M4
Sarh ☆ TCH 105 J7
Sarhad ≐ IR 64 H5
Sarhro, Jbel ▲ MA 106 C5
Sārī ☆ IR 64 G3
Saría ⌒ GR 47 L7
Šarīfa, Ǧazīrat ⌒ KSA 105 N4
Sarigan ⌒ USA 83 N3
Sarīr Kalanshiyū ≐ LAR 105 J3
Sarīr Tibesti ≐ LAR 105 J4
Sariwŏn ☆ KP 80 E4
Sark ⌒ GBG 25 F8
Şarkikaraağaç ☆ TR 66 D3
Şarkışla ☆ TR 66 F3
Sárköz ≐ H 37 E10
Sarmizegetusa ◉ RO 56 C5
Sar Mörön ~ CN 76 G1
Sarnen ☆ CH 35 D10
Sarōbī ◉ AFG 68 B2
Saronikós Kólpos ≈ GR 47 J6
Saros Körfezi ≈ TR 66 B2
Šar Planina = Mali Sharr ▲ 47 H4
Sarpsborg, Fredrikstad- ☆ N 22 F1
Sarpsborg, Fredrikstad- ☆ N 22 G1
Sarre ~ F 31 O6
Sarstoon River ~ BZ 137 K5
Sartang ~ RUS 63 X4
Sartè = Sartène ◉ F 33 N7
Sartène ◉ F 33 N7
Sarthe ~ F 25 H8
Sārūq Čāy ~ IR 67 M4
Sárvíz ~ H 37 E9
Saryarka ≐ KZ 62 K7
Saryesik Atyrau ≐ KZ 62 M8
Sarysu ~ KZ 62 K8
Saskatchewan River ~ CDN 122 P6
Saskatchewan River, North ~ CDN 122 O6
Saskatchewan River, North ~ CDN 125 M6
Saskatchewan River, North ~ CDN 125 Q5
Saskatchewan River, North ~ CDN 125 R5
Saskatchewan River, South ~ CDN 122 O6
Saskatchewan River, South ~ CDN 125 R6
Saskatoon ☆ CDN 125 R5
Sassandra ☆ CI 111 G7
Sassandra ~ CI 104 D7
Sassari ☆ I 50 B2
Satawal Island ⌒ FSM 83 N5
Satawan Atoll ⌒ FSM 94 C4
Satengar, Kepulauan ⌒ RI 82 G8
Saterland ≐ D 34 C3
Sathmar = Satu Mare ☆ RO 56 C4
Satilla River ~ USA 135 G4
Satluj ~ IND 68 E4
Satluj ~ IND 68 F4
Satmāla Hills ▲ IND 69 D9
Satpaev = Sabtaev ☆ KZ 62 K8
Sātpura Range ▲ IND 65 L6
Šaṭra, aš- ☆ IRQ 67 L7
Satsuma-hantō ⌒ J 80 G8
Satsunan-shotō ⌒ J 75 O6
Šaṭṭ al-ʿArab ~ IRQ 67 M7
Šaṭṭ al-Hilla ~ IRQ 67 L6
Satu Mare ☆ RO 56 C4
Šatura ☆ RUS 39 Q4
Saudafjorden ~ N 22 B1
Sauðárkrókur ☆ IS 20 d2
Sauer ~ D 35 B6
Sauerland ≐ D 34 D5
Saugeen River ~ CDN 126 D6
Sauldre ~ F 25 J9
Saulteaux River ~ CDN 125 N4
Saumarez Reef ⌒ AUS 91 L4
Saumlaki ◉ RI 83 K8
Saumur ◉ F 32 D1
Saunyi ~ EAT 115 F6
Saupark ≐ D 34 E4
Sauqira Bay ≈ OM 64 H7
Saurashtra ≐ IND 69 C8
Saurimo ☆ ANG 112 F3
Sauveterre, Causse de ▲ F 25 J10
Sauwald ≐ A 35 J8
Sava ~ HR 18 P6
Sava ~ SLO 46 E1
Sava ~ SRB 46 G2
Savai'i Island ⌒ WS 96 G3
Savalou, Montagne de ▲ BJ 111 L5
Savannah ◉ USA 135 H4
Savannah River ~ USA 129 K4
Savannah River ~ USA 135 G2
Savannakhét ☆ LAO 84 E3
Save ~ F 25 H11
Save ~ ZW 113 H5
Save, Rio ~ MOC 113 H6
Savinja ~ SLO 49 K2
Savoie ≐ F 25 L10
Savona ☆ I 48 D4
Savonlinna ◉ FIN 21 O6
Savu, Laut ≈ RI 82 G8
Savusavu Bay ≈ FJI 98 b2
Savuto ~ I 51 K3
Sawtooth Range ▲ USA 130 D1
Sawtooth Range ▲ USA 130 G3
Sawu, Pulau ⌒ RI 82 H9
Sawusee = Laut Savu ≈ RI 82 G8
Sayago, Tierras de ≐ E 42 D3
Sazanit, Ishulli i ⌒ AL 51 M2
Sázava ~ CZ 35 K7
Sazlijka ~ BG 53 K4
Scalpay ≐ GB 26 D4
Scandinavia ≐ 18 N3
Scandola, La ≐ F 33 N6
Scapa Flow ≈ GB 24 F3
Ščara ~ BY 38 J5
Scarba ⌒ GB 26 C5
Scarborough ◉ GB 26 J7
Scarborough Shoal = Huangyan Dao ⌒ CN 82 G3
Scarp ⌒ GB 26 B3
Scechelt Pe. ⌒ CDN 124 H7
Šćedro ⌒ HR 49 M5
Ščekino ☆ RUS 39 P5
Ščelkovo ☆ RUS 39 P4
Schärding ☆ A 35 J8
Schäßburg = Sighișoara ◉ RO 56 D4
Schaffhausen ☆ CH 35 D9
Schanghai = Shanghai ☆ CN 80 D8
Schantar-Inseln = ostrova Šantarskie ⌒ RUS 63 Y6
Scharmbeck, Osterholz- ☆ D 34 D3
Schaulen = Šiauliai ☆ LT 38 H4
Scheibbs ☆ A 37 B8
Schelde ~ B 31 L4
Schelichowgolf = zaliv Šelihova ≈ RUS 63 c6
Schell Creek Range ▲ USA 131 G6
Schemnitz = Banská Štiavnica ◉ SK 37 E8
Schidni Karpaty ▲ UA 56 C3
Schiermonnikoog = Schiermûntseach ⌒ NL 28 H2
Schikoku = Shikoku ⌒ J 75 P5
Schilka = Šilka ~ RUS 63 U7
Schlei ~ D 34 E2
Schleiz ◉ D 35 G6
Schleswig ☆ D 34 E2
Schlettstadt = Sélestat ◉ F 31 P6
Schlierbach ◉ A 35 K9
Schmalkalden ◉ D 34 F6
Schmiedeberg, Bad ◉ D 34 H5
Schneidemühl = Piła ◉ PL 36 C3
Schneifel ▲ D 35 B6
Schonen = Skåne ≐ S 21 F9
Schorfheide ≐ D 34 J4
Schouten Island ⌒ AUS 93 K7
Schouten Islands ⌒ PNG 83 M7
Schouwen ≐ NL 28 G3
Schwabach ☆ D 35 G7
Schwaben ▲ D 35 F9
Schwaben ≐ D 29 K4
Schwäbische Alb ▲ D 29 K5
Schwäbisch Gmünd ◉ D 35 E8
Schwäbisch Hall ☆ D 35 E7
Schwandorf ☆ D 35 H7
Schwanenburg = Gulbene ☆ LV 38 K3
Schwaner, Pegunungan ▲ RI 82 F7
Schwarza ~ A 37 B9
Schwarze Elster ~ D 29 M3
Schwarzes Meer = Black Sea ≈ 64 C2
Schwarzrand ▲ NAM 116 C2
Schwarzwälder Hochwald ▲ D 35 B7
Schwarzwald ▲ D 18 N6
Schwatka Mountains ▲ USA 122 E3
Schwaz ☆ A 35 G9
Schwechat ☆ A 37 C8
Schweidnitz = Świdnica ◉ PL 36 C6
Schweinfurt ☆ D 35 F6
Schweizer Jura ▲ CH 28 J5
Schweizerland ▲ DK 123 d3
Schwerin ☆ D 34 G3
Schwiebus = Świebodzin ◉ PL 36 B4
Schwyz ☆ CH 35 D9
Scicli ◉ I 51 H6
Scimpirlal Calangal ▲ SO 115 J3
Scioto River ~ USA 132 G6
Scòglio d'Africa ⌒ I 33 O6
Scorff ~ F 30 D7
Scott Channel ≈ CDN 124 F6
Scott Islands ⌒ CDN 124 F6
Scott Reef ⌒ AUS 90 E2
Scrivia ~ I 48 D4
Ščučij hrebet ▲ RUS 63 f4
Ščucinsk ☆ KZ 62 L7
Sea Islands ⌒ USA 129 K4
Seal River ~ CDN 123 R5
Sea of Japan ≈ 75 P3
Sea of the Hebrides ≈ GB 24 D4
Sea Otter Sound ≈ USA 124 D4
Seattle ◉ USA 130 C2
Seaward Kaikoura Range ▲ NZ 99 D5
Se Bang Fai ~ LAO 84 E3
Se Bang Hieng ~ LAO 84 E3
Sebastián Vizcaíno, Bahía de ≈ MEX 128 D5
Sebes-Kőrös ~ H 37 H10
Şebinkarahisar ☆ TR 67 H2
Sebkha Bou Areg ≈ MA 45 H6
Sebou, Oued ~ MA 106 D3
Sebuku, Selat ≈ RI 82 G6
Seca, Pampa ≐ RA 152 D4
Secchia ~ I 48 F4
Sechura, Bahía de ≈ PE 148 A4
Sechura, Desierto de ≐ PE 144 C6
Secos ou do Rombo, Ilheus ⌒ CV 110 B2
Secretary Island ⌒ NZ 99 A6
Šeduva ◉ LT 38 H4
Seeis ~ NAM 116 C1
Seekoerivier ~ ZA 116 G5
Seeland = Sjælland ⌒ DK 18 O4
Seelow ☆ D 34 K4
Şefaatli ☆ TR 66 F3
Sefioum, Oued ~ DZ 106 F3
Sefrou ◉ MA 106 D4
Segbono ~ CI 111 H5
Segeberg, Bad ☆ D 34 F3
Segen Wenz ~ ETH 115 F1
Ségou ☆ RMM 111 G3
Segovia ◉ E 42 F4
Segovia, Coco o ~ HN 129 J8
Segre, el ~ E 43 L3
Seguam Island ⌒ USA 122 B6
Séguéla ☆ CI 111 G6
Segura, Río ~ E 40 E5
Segura, Río ~ E 45 J3
Segura, Sierra de ▲ E 40 E6
Sehnkwehn River ~ LB 110 F7
Sehwān ◉ PK 65 K5
Seiche ~ F 30 F6
Seiland ⌒ N 20 L1
Seille ~ F 25 K9
Sein, Île de ⌒ F 30 B6
Seine ~ F 18 M6
Seine ~ F 25 J8
Seine ~ F 31 L6
Seine ~ F 31 M6
Seine, Baie de la ≈ F 25 G8
Sejerø ⌒ DK 22 F5
Sejerø Bugt ≈ DK 22 G5
Sejm ~ RUS 56 J2
Sejm ~ RUS 57 K2
Sejm ~ UA 56 H2
Sejmčan ☆ RUS 63 b5
Sejong ☆ ROK 80 F5
Se Kamane ~ LAO 84 F4
Šeki = Şaki ◉ AZ 64 F2
Sekondi ☆ GH 111 K7
Sękowa ◉ PL 37 H7
Šeksna ~ RUS 39 Q2
Şelâle ~ TR 66 D4
Selaön ⌒ S 23 N1
Selaru, Pulau ⌒ RI 83 J8
Selat Bali ≈ RI 82 F8
Selat Bangka ≈ RI 82 D7
Selat Berhala ≈ RI 82 D7
Selat Gaspar ≈ RI 82 E7
Selat Lombok ≈ RI 82 G8
Selat Madura ≈ RI 82 F8
Selat Makasar ≈ RI 82 G7
Selat Melaka ≈ 82 C5
Selat Mentawai ≈ RI 82 C7
Selat Sebuku ≈ RI 82 G6
Selat Serasan ≈ RI 82 E6
Selat Siberut ≈ RI 82 C7
Selat Sunda ≈ RI 82 D8
Selat Torres = Torres Strait ≈ 83 M8
Selayar, Pulau ⌒ RI 82 H8
Selby ◉ GB 27 H8
Selby ~ GB 24 G6
Selçuk ◉ TR 55 K5
Šelda = Schelde ~ B 31 L4
Sele ~ I 51 J2
Selečka planina ▲ MK 52 F5
Selemdža ~ RUS 63 X7
Selendi ☆ TR 55 L4
Selenga ~ RUS 62 S7
Sèlèngè mörön ~ MGL 74 H2
Selfoss ☆ IS 20 c3
Sélibabi ☆ RIM 110 D2
Seligenstadt ◉ D 35 D6
Šelihova, zaliv ≈ RUS 63 c6
Seližarovo ☆ RUS 39 N3
Seljord ☆ N 22 D1
Selkämeri = Bottenhavet ≈ 21 J6
Selkirk Mountains ▲ CDN 125 M6
Sella, Río ~ E 42 E1
Selle, Massif de la ▲ RH 139 J5
Selseleh-ye Safid Kūh ▲ AFG 64 J3
Selva de Montiel ~ RA 151 A9
Selvagens, Ilhas ⌒ P 18 H9
Selva Lacandona ▲ MEX 137 J4
Selvas ≐ BR 144 F5
Selway Falls ~ USA 130 G2
Selway River ~ USA 130 G2
Selwyn, Détroit de ≈ VU 98 A3
Selwyn Mountains ▲ CDN 122 K4
Seman ~ AL 46 G4
Semarang ☆ RI 82 F8
Semberija ≐ BIH 49 O4
Semberong ~ MAL 85 D10
Semenanjung Malaysia ≐ MAL 82 D5
Semidi Islands ⌒ USA 122 E5
Semliki ~ CGO 114 B3
Semnān ☆ IR 64 G3
Semois ~ B 28 H4
Semu ~ EAT 114 E7
Sen ~ GH 111 K6
Senaki ◉ GE 57 M6
Sendai ☆ J 81 N4
Sénégal ~ RIM 104 C5
Sénégal ~ RIM 110 D2
Senftenberg ☆ D 34 K5
Senj ☆ HR 49 K4
Senja ⌒ N 20 H2
Senkaku-shotō ⌒ J 75 N6
Şenkaya ☆ TR 67 J2
Senmonorom ☆ K 84 F5
Sennār ◉ SUD 105 M6
Séno ≐ RMM 111 J3
Se Noi ~ LAO 84 E3
Sénomango ≐ RMM 111 J2
Sénonais ≐ F 31 L7
Sénoudébou ◉ SN 110 D2
Senqunyana ~ LS 117 J4
Senyavin Islands ⌒ FSM 94 D4
Seomjin Gang ~ ROK 80 F6
Seonath ~ IND 72 B4
Seoul ★ ROK 80 F5
Seoul = Seoul ★ ROK 80 F5
Şepetivka ☆ UA 56 E2
Sépié ~ CI 111 H5
Sepik River ~ PNG 83 M7
Septentrional, Cordillera ▲ DOM 139 K5
Sept-Îles ⌒ CDN 127 L3
Sept-Îles, Baie des ≈ CDN 127 L3
Sequillo, Río ~ E 42 E3
Şerafettin Dağları ▲ TR 67 J3
Seram, Laut ≈ RI 83 J7
Seram, Pulau ⌒ RI 83 J7
Seramsee = Laut Seram ≈ RI 83 J7
Serang ☆ RI 82 E8
Serasan, Pulau ⌒ RI 82 E6
Serasan, Selat ≈ RI 82 E6
Sercq = Sark ⌒ GBG 25 F8
Şereflikoçhisar ☆ TR 66 E3
Serein ~ F 25 J9
Seremban ☆ MAL 85 C10
Serena, La ≐ E 40 D5
Serena, La ☆ RCH 152 C3
Serengeti Plain ≐ EAT 113 H2
Serengeti Plains ≐ EAK 115 F5
Seret ~ UA 56 D3
Sereža ~ RUS 39 S4
Serfopoúla ⌒ GR 54 G5
Sergeja Kirova, ostrova ⌒ RUS 62 O2
Sergiev Posad ☆ RUS 39 Q3
Sergitsi ⌒ GR 54 G2
Sérifos ⌒ GR 47 K6
Serinya Island ⌒ EAU 114 C4
Serio ~ I 48 E3
Sermata, Kepulauan ⌒ RI 83 J8
Serov ☆ RUS 19 Y4
Serowe ☆ BW 117 H1
Serpentara, Isola ⌒ I 50 C3
Serpuhov ☆ RUS 39 P4
Serra Acara ou Acari ▲ BR 145 H4
Serra Agudos Grandes ▲ BR 150 F6
Serra Bodoquena ▲ BR 150 E4
Serra Botucaraí ▲ BR 151 D8
Serra da Aldeia ▲ BR 150 G2
Serra da Bocaina ▲ BR 151 E7
Serra da Canastra ▲ BR 150 G3
Serra da Esperança ▲ BR 150 E6
Serra da Estrela ▲ P 40 B5
Serra da Farofa ▲ BR 151 E8
Serra da Fartura ▲ BR 151 D7
Serra da Gardunha ▲ P 40 B4
Serra da Ibiapaba ▲ BR 145 L5
Serra da Mata da Corda ▲ BR 150 G3
Serra da Mombuca ▲ BR 150 D3
Serra da Pitanga ▲ BR 150 E6
Serra das Araras ▲ BR 150 B1
Serra das Araras ▲ BR 150 D3
Serra das Araras ▲ BR 150 D6
Serra das Divisões ou de Santa Marta ▲ BR 150 E2
Serra das Encantadas ▲ BR 151 D9
Serra da Taquara ▲ BR 150 D1
Serra de Araraquara ▲ BR 150 F4
Serra de Llevant ▲ E 45 O2
Serra de Maracajú ▲ BR 152 F2
Serra de Montejunto ▲ P 44 A2
Serra de Queixa ▲ E 42 C2
Serra de São Francisco ▲ BR 150 D6
Serra de São Jerônimo ▲ BR 150 C2
Serra de São João ▲ BR 150 E6
Serra de São Xavier ▲ BR 151 C8
Serra de Sta. Bárbara ▲ BR 150 C4
Serra de Sta. Luísa ▲ BR 150 C3
Serra de Tramuntana ▲ E 45 N2
Serra de Tramuntana ▲ E 45 N2
Serra do Almeirim ▲ BR 145 J5
Serra do Boqueirão ▲ BR 145 L7
Serra do Boqueirão ▲ BR 151 C8
Serra do Cachimbo ▲ BR 145 H6
Serra do Canguçu ▲ BR 151 D9
Serra do Cantu ▲ BR 150 D6
Serra do Caparaó ▲ BR 152 J2
Serra do Caramulo ▲ P 42 B4
Serra do Chifre ▲ BR 145 L8
Serra do Diabo ▲ BR 150 D5
Serra do Erval ▲ BR 151 D9
Serra do Espigão ▲ BR 151 E7
Serra do Espinhaço ▲ BR 145 L8
Serra do Espinilho ▲ BR 151 C8
Serra do Estrondo ▲ BR 145 K7
Serra do Gurupi ▲ BR 145 K5
Serra do Iguariaçá ▲ BR 151 C8
Serra do Jaraguá ▲ BR 151 F7
Serra do Lagarto ▲ BR 150 D5
Serra do Mar ▲ BR 152 H3
Serra do Mirante ▲ BR 150 E5
Serra do Neve ▲ ANG 112 D4
Serra do Norte ▲ BR 145 H7
Serra do Penitente ▲ BR 145 K6
Serra do Pirapó ▲ BR 151 C8
Serra do Rio Claro ▲ BR 150 E2
Serra do Rio Prêto ▲ BR 150 G1
Serra do Roncador ▲ BR 145 J7
Serra dos Agudos ▲ BR 150 F4
Serra dos Ausentes ▲ BR 151 E7
Serra dos Baús ▲ BR 150 C3
Serra dos Carajás ▲ BR 145 J6
Serra dos Cristais ▲ BR 150 G2
Serra dos Dourados ▲ BR 150 D5
Serra dos Gradaús ▲ BR 145 J6
Serra dos Pacaás Novos ▲ BR 144 G7
Serra do Tiracambu ▲ BR 145 K6
Serra do Tombador ▲ BR 145 H7
Serra do Tumucumaque ▲ BR 145 J4
Serra Dourada ▲ BR 145 K7
Serra Dourada ▲ BR 150 E2
Serra do Verdinho ▲ BR 150 D2
Serra d. Sta. Tecla ▲ BR 151 C9
Serra Geral ▲ BR 152 G2
Serra Geral ▲ BR 151 D8
Serra Geral ▲ BR 151 E7
Serra Geral ▲ BR 151 E8
Serra Geral de Goiás ▲ BR 145 K7
Serra Jurique ▲ BR 150 C2
Serra Mucajaí ▲ BR 145 G4
Serrana, Banco de ⌒ CO 129 K8
Serrana, La ≐ CO 146 D6
Serranía de Abibe ▲ CO 146 B4
Serranía de Ayapel ▲ CO 146 C4
Serranía de Baudó ▲ CO 146 B4
Serranía de Imata ▲ YV 147 K4
Serranía de la Cerbatana ▲ YV 147 G4
Serranía de la Macarena ▲ CO 146 C6
Serranía del Darién ▲ PA 129 L9
Serranía de Parguaza ▲ YV 147 G4
Serranía de Perijá ▲ YV 146 D3
Serranía de San Lucas ▲ CO 146 C4
Serranía Turagua ▲ YV 147 H4
Serra Paranapiacaba ▲ BR 150 F6
Serra Parima ▲ 144 G4
Serra Queimada ▲ BR 150 G5
Serra São Lourenço ▲ BR 150 C1
Serra Vermelha ▲ BR 150 E5
Serre ~ F 31 L5
Sersou, Plateau du ▲ DZ 107 G3
Sertão ≐ BR 145 L7
Sertão de Camapuã ≐ BR 145 J9
Seruyan ~ RI 82 F7
Se Sang Sôi ~ LAO 84 E3
Sese Islands ⌒ EAU 113 H2
Seshachalam Hs. ▲ IND 71 D3
Sesia ~ I 48 C3
Sesia ~ I 48 D3
Sesimbra ◉ P 44 A3
Sestrunj ⌒ HR 49 K4
Sesuntepeque ☆ ES 137 K5
Sete Quedas, Ilha das ⌒ BR 150 C5
Setesdal ≐ N 21 C7
Sétif ☆ DZ 107 J2
Seto-naikai ≈ J 81 J6
Setúbal ☆ P 44 B3
Setúbal, Baía de ≈ P 40 B5
Seu d'Urgell, La ◉ E 43 M2
Sevastopol' ☆ UA 56 H5
Sevenoaks ◉ GB 27 K10
Sever, Río ~ E 44 C2
Severn ~ GB 27 F9
Severn, Mouth of the ≈ GB 24 F7
Severnaja Sos'va ~ RUS 62 J5
Severnaja Zemlja ⌒ RUS 62 R1
Severn River ~ CDN 123 T6
Severnye uvaly ▲ RUS 19 V4
Severobajkal'sk ☆ RUS 62 S6
Severo-Enisejskij ☆ RUS 62 P5
Severoistočni Rodopi ▲ BG 53 J5
Severo-Sibirskaja nizmennost' ≐ RUS 62 R3
Severskij Donec ~ RUS 57 K2
Severskij Donec ~ RUS 57 M3
Sevier Desert ≐ USA 131 H6
Sevier River ~ USA 128 D3
Sevier River ~ USA 131 H6
Sevilla ☆ E 44 E4
Sèvre Nantaise ~ F 32 D2
Sèvre Niortaise ~ F 25 G9
Sewa ~ WAL 104 C7
Seward Peninsula ≐ USA 122 C3
Sewernaja Semlja = Severnaja Zemlja ⌒ RUS 62 R1
Seya ~ EAK 115 F3
Seychellen = Seychelles ⌒ SY 113 M3
Seychelles ⌒ SY 113 M3
Seydi Çayı ~ TR 55 N3
Seydişehir ☆ TR 66 D4
Seyhan Nehri ~ TR 66 F4
Seymour Canal ≈ USA 124 C3
Seymour River ~ CDN 125 L6
Sezibwa ~ EAU 114 D3
Sfântu Gheorghe ☆ RO 56 D5
Sfântu Gheorghe, Brațul ~ RO 56 F5
Sfax ☆ TN 107 M3
's-Gravenhage = Den Haag ☆ NL 31 M2
Shabeelle, Webi ~ SO 105 P8
Shabeelle, Webi ~ SO 115 K2
Shah Alam ☆ MAL 85 C10
Sha He ~ CN 77 J3
Shāhpūr Dīpsamuch ~ BD 73 G4
Shaluli Shan ▲ CN 74 H5
Shama ~ EAT 114 D7
Shan ≐ CN 73 L2
Shandong Bandao ⌒ CN 75 M4
Shangchuan Dao ⌒ CN 79 H6
Shanghai ☆ CN 80 D8
Shanngaw Taungdan ▲ MYA 74 H6
Shannon ~ IRL 24 C6
Shanti Niketan ◉ IND 72 E3
Shaoguan ◉ CN 79 H4
Shapinsay ⌒ GB 26 G2
Shari ~ CGO 114 C3
Shark Bay ≈ AUS 90 C5
Sha Xi ~ CN 79 K3
Sheep Range ▲ USA 131 G7
Sheep River ~ CDN 125 N6
Shelburne Bay ≈ AUS 90 J2
Shelikof Strait ≈ USA 122 F5
Shenandoah River ~ USA 133 J6
Shëngjin ◉ AL 52 D5
Shengsi Liedao ⌒ CN 75 N5
Shenyang ☆ CN 80 D3
Shenzhen ◉ CN 79 J5
Shepherd Islands ⌒ VU 96 C4
Sheppey, Isle of ⌒ GB 27 L10
Sherbo Island ⌒ WAL 104 C7
Sherbo River ~ WAL 110 D6
Sheringham ◉ GB 27 L9
Sherman Basin ≈ CDN 123 R3
's-Hertogenbosch ☆ NL 31 N3

★ Hauptstadt (Staat) ☆ Hauptstadt (Bundesland, Provinz, o.ä.) ◉ Ort ▲ Gebirge ⌒ Insel, Halbinsel ≐ Landschaft ≈ Ozean, Meer ~ Fluss

She Shui ~ CN 77 J6
Sheslay River ~ CDN 124 D2
Shetlandinseln = Shetland Islands ⌒ GB 18 L3
Shetland Islands ⌒ GB 18 L3
Sheyang He ~ CN 77 M5
Shibing Karst ≐ CN 78 F3
Shicheng Dao ⌒ CN 80 D4
Shifshawn = Chefchaouèn ◉ MA 44 E6
Shijak ◉ AL 52 D5
Shijiazhuang ☆ CN 77 J2
Shikine-shima ⌒ J 81 M6
Shikoku ⌒ J 75 P5
Shikoku-sanchi ▲ J 81 J7
Shilif ~ DZ 107 H2
Shillong ☆ IND 73 G2
Shima-hantō ≐ J 81 L6
Shimba Hills ▲ EAK 115 G5
Shimla ☆ IND 68 F4
Shimokita hantō ≐ J 81 N3
Shimo-Koshiki-shima ⌒ J 80 G8
Shimono-shima ⌒ J 75 O5
Shimsha ~ IND 70 D4
Shinano-gawa ~ J 81 M5
Shingwedzi ~ ZA 117 K1
Shinoússa ⌒ GR 55 H6
Shinyanga ☆ EAT 114 D5
Shippegan Island ⌒ CDN 127 M5
Shirakawa ◉ J 81 N5
Shiretoko-hantō ≐ J 81 P1
Shiretoko-hantō ≐ J 81 P2
Shiripuno, Río ~ EC 148 C2
Shivpuri ◉ IND 69 F7
Shivwits Plateau ▲ USA 131 H7
Shiwan Dash ▲ CN 78 E6
Shíza ⌒ GR 47 H6
Shkodër ☆ AL 52 D4
Shkumbin, Lumi ~ AL 46 G4
Shoalhaven River ~ AUS 93 L3
Shodo-shima ⌒ J 81 K6
Sholapore = Solāpur ◉ IND 70 C2
Shoshone Falls ~ USA 130 G4
Shoshone Mountains ▲ USA 128 C3
Shrewsbury ◉ GB 27 G9
Shrirangapattana = Srirangapatnam ◉ IND 70 D4
Shumagin Islands ⌒ USA 122 E5
Shurshūt, Wādī ~ LAR 107 M5
Shuswap River ~ CDN 125 L6
Shut'bat ad-Daybabān ~ LAR 107 M6
Shweli Myit ~ MYA 73 K3
Shyok ~ IND 68 G2
Shyok ~ 68 F2
Siāhān Range ▲ PK 65 J5
Siapa o Matapire, Río ~ YV 144 F4
Siare, Río ~ CO 146 E6
Šiaškotan, ostrov ⌒ RUS 63 b8
Siau, Pulau ⌒ RI 83 H6
Šiauliai ☆ LT 38 H4
Šibam ◉ YEM 64 F7
Šibenik ☆ HR 49 L5
Siberut, Selat ≈ RI 82 C7
Sibillini, Monti ▲ I 49 J6
Sibir' ≐ RUS 62 N5
Sibirien = Sibir' ≐ RUS 62 N5
Sibirjakova, ostrov ⌒ RUS 62 M3
Sibiti ~ EAT 113 H2
Sibiti ☆ RCB 112 D2
Sibiu ☆ RO 56 D5
Sibsa ~ BD 72 F3
Sibu, Pulau ⌒ MAL 85 E10
Sibut ☆ RCA 105 J7
Sibutu Island ⌒ RP 82 G6
Sibuyan Island ⌒ RP 83 H4
Siccus River ~ AUS 92 E2
Sichuan Pendi ≐ CN 74 J5
Sicilia ⌒ I 18 O8
Sicilia, Canale di ≈ 46 C6
Sico Tinto o Negro, Río ~ HN 138 C7
Sidi Bel Abbès ☆ DZ 106 F3
Sidi Bouzid ☆ TN 107 L3
Sidi Hasseur, Oued ~ DZ 107 G3
Sidi Moussa ~ DZ 107 J7
Sidlaw Hills ▲ GB 26 F5
Sidra = Surt ☆ LAR 105 J2
Siebengebirge ▲ D 34 C6
Sieg ~ D 28 J3
Siegburg ◉ D 34 C6
Siegen ☆ D 34 D6
Siĕmréap ☆ K 84 D5
Siena ◉ I 48 G5
Sieradz ◉ PL 36 E5
Sierra Altravesada ▲ MEX 137 G4
Sierra Añueque ▲ RA 152 D6
Sierra Cabrera Baja ▲ E 42 D2
Sierra Contamana ▲ PE 144 E6
Sierra de Alcaraz ▲ E 40 E5
Sierra de Amambay ▲ PY 150 C5
Sierra de Andévalo ▲ E 44 C4
Sierra de Andía ▲ E 43 H2
Sierra de Aracena ▲ E 44 D4
Sierra de Bahoruco ▲ DOM 139 K5
Sierra de Boumort ▲ E 43 M2
Sierra de Cañaveral ▲ E 44 D2
Sierra de Cantabria ▲ E 43 H2
Sierra de Carapé ▲ ROU 151 C11
Sierra de Cazorla ▲ E 45 G4
Sierra de Chamá ▲ GCA 137 J5
Sierra de Chiribiquete ▲ CO 148 E1
Sierra de Coalcomán ▲ MEX 136 C3
Sierra de Córdoba ▲ RA 152 E4
Sierra De Espuña ▲ E 45 J4
Sierra de Famatina ▲ RA 152 D3
Sierra de Gata ▲ E 40 C4
Sierra de Gredos ▲ E 40 C5
Sierra de Guadalupe ▲ E 40 C5
Sierra de Guadalupe ▲ E 44 E2
Sierra de Guadarrama ▲ E 40 D4
Sierra de Guara ▲ E 43 K2
Sierra de Gúdar ▲ E 43 K4
Sierra de Javalambre ▲ E 43 J4
Sierra de Juárez ▲ MEX 136 F4
Sierra De la Almenara ▲ E 45 J4
Sierra de la Carba ▲ E 42 C1
Sierra de la Culebra ▲ E 42 D3
Sierra de la Giganta ▲ MEX 128 D5
Sierra del' Albera ▲ E 32 G6
Sierra de la Neblina ▲ YV 147 H7
Sierra de la Peña ▲ E 40 F3
Sierra de la Peña de Francia ▲ E 42 D4
Sierra de la Punilla ▲ RA 152 D3
Sierra de las Minas ▲ GCA 137 J5
Sierra de la Victoria ▲ RA 151 C6
Sierra del Cadí ▲ E 43 M2
Sierra del Cucalón ▲ E 43 J3
Sierra de Lema ▲ YV 147 J4
Sierra del Imán ▲ RA 151 C8
Sierra del Lacandón ▲ MEX 137 J4
Sierra del Moncayo ▲ E 43 J3
Sierra del Montsec ▲ E 43 L2
Sierra del Nayarit ▲ MEX 136 B1
Sierra de los Caballos ▲ E 44 E4
Sierra de los Cuchumatanes ▲ GCA 137 J5
Sierra de los Tuxtla ▲ MEX 137 G3
Sierra del Purial ▲ C 139 H4
Sierra del Suido ▲ E 42 B2
Sierra del Teleno ▲ E 42 D2
Sierra del Zamuro ▲ YV 147 J5
Sierra de Maigualida ▲ YV 144 F3
Sierra de Martés ▲ E 45 J2
Sierra de Miahuatlán ▲ MEX 128 G7
Sierra de Misiones ▲ RA 151 C7
Sierra de Ocoa ▲ DOM 139 K5
Sierra de Pinable ▲ MEX 136 B2
Sierra de Pradales ▲ E 42 G3
Sierra de Rañadoiro ▲ E 42 D1
Sierra de San Pedro ▲ E 40 C5
Sierra de Santa Cruz ▲ GCA 137 K5
Sierra de S.Luís ≐ YV 146 E2
Sierra de Unturán ▲ YV 147 H7
Sierra de Urbión ▲ E 43 H2
Sierra do Alto Uruguai ▲ RA 151 C7
Sierra do Boi Preto ▲ RA 150 C6
Sierra el Catire ▲ YV 147 J4
Sierra Gallinero ▲ HN 137 K5
Sierra Harana ▲ E 44 G4
Sierra la Esperanza ▲ HN 138 C7
Sierra Los Picachos ▲ MEX 136 D3
Sierra Madre de Chiapas ▲ MEX 128 H7
Sierra Madre del Sur ▲ MEX 128 F7
Sierra Madre de Oaxaca ▲ MEX 136 F4
Sierra Madre Mountains ▲ USA 131 D8
Sierra Madre Occidental ▲ MEX 128 E5
Sierra Madre Oriental ▲ MEX 128 F5
Sierra Madrona ▲ E 40 D5
Sierra Maestra ▲ C 139 G5
Sierra Morena ▲ E 18 K8
Sierra Morones ▲ MEX 136 C2
Sierra Nevada ▲ E 18 L8
Sierra Nevada ▲ USA 128 B2
Sierra Nevada de Mérida ▲ YV 146 E3
Sierra Nevada de Santa Marta ▲ CO 144 E2
Sierra Pacaraima ▲ YV 144 G4
Sierra Parú ▲ YV 147 H5
Sierra Peyuami ▲ YV 147 J5
Sierra Tapirapecó ▲ YV 144 F4
Sierra Tarahumara ▲ MEX 128 E5
Sierra Tres Picos ▲ MEX 137 G4
Siesta Key ⌒ USA 135 G6
Siete Hermanos, Cayos ⌒ DOM 139 J5
Siete Puntas, Río ~ PY 150 A5
Sífnos ⌒ GR 47 K6
Siğacik Körfezi ≈ TR 55 J4
Siga Hills ▲ EAT 114 D5
Sigatoka River ~ FJI 98 a3
Sighetu Marmației ◉ RO 56 C4
Sighișoara ◉ RO 56 D4
Sigiriya ☆ CL 71 F7
Sigiso Plain ≐ EAK 115 G2
Sigmaringen ☆ D 35 E8
Sigtuna ◉ S 23 N1
Sigulda ◉ LV 38 J3
Sigulu Island ⌒ EAU 114 D3
Si He ~ CN 77 K4
Sihotè-Alin ▲ RUS 75 P3
Siikajoki ~ FIN 20 M4
Siirt ☆ TR 67 J4
Sikanni Chief River ~ CDN 124 J3
Sikasso ☆ RMM 111 H4
Síkinos ⌒ GR 47 K6
Šikotan, ostrov ⌒ RUS 63 a9
Sil, Río ~ E 40 C3
Sil, Río ~ E 42 C2
Sila, La ▲ I 46 F5
Šilalė ◉ LT 38 G4
Silba ⌒ HR 49 K4
Şile ☆ TR 53 O5
Sileru ~ IND 71 F2
Silhouette Island ⌒ SY 113 M2
Siliana ☆ TN 107 L2
Siliana, Oued ~ TN 107 L2
Silistra ☆ BG 53 M2
Šilka ~ RUS 63 U7
Sillein = Žilina ☆ SK 37 E7
Silvassa ☆ IND 69 D9
Silver Bank Passage ≈ 139 K4
Silver Creek ~ USA 130 E4
Silver Peak Range ▲ USA 131 F7
Silves ◉ P 44 B4
Silvia ◉ CO 146 B6
Silvies River ~ USA 130 E4
Silvrettagruppe ▲ CH 29 K5
Simanjiro Plain ≐ EAT 114 E6
Šimanovsk ☆ RUS 63 W7
Simav Çayı ~ TR 66 C3
Simav Dağları ▲ TR 55 L3
Simbirsk = Ul'janovsk ☆ RUS 19 V5
Simbruini, Monti ▲ I 49 H6
Simēn ▲ ETH 105 N6
Simeto ~ I 51 H5
Simeulue, Pulau ⌒ RI 82 B6
Simferopol' ☆ RUS 56 H5
Sími ⌒ GR 47 L6
Similkameen River ~ USA 124 K7
Simine Rūd ~ IR 67 L4
Siming Shan ▲ CN 79 M2
Simiyu ~ EAT 114 D5
Simla = Shimla ☆ IND 68 F4
Simonette River ~ CDN 125 L4
Simpson Desert ≐ AUS 90 H5
Simpson Peninsula ≐ CDN 123 T3
Simpsonwüste = Simpson Desert ≐ AUS 90 H5
Simušir, ostrov ⌒ RUS 63 b8
Símvolon ▲ GR 54 G2
Sīnā' ≐ ET 105 M3
Sina ~ IND 69 E10
Sinai = Sīnā' ≐ ET 105 M3
Sinaia ◉ RO 56 D5
Sincelejo ☆ CO 146 C3
Sind ~ IND 65 M4
Sind ~ IND 68 E2
Sind ~ IND 69 G7
Sindair's B ay ≈ GB 26 F3
Šindand ◉ AFG 64 J4
Sindh Sāgar Doāb ≐ PK 68 C5
Sin-do ⌒ KP 80 D4
Sine ~ SN 110 B2
Singa ☆ SUD 105 M6
Singapore ★ SGP 85 D11
Singapur = Singapore ★ SGP 85 D11
Singapura, Selat ≈ 85 D11
Sinğār, Ğabal ▲ IRQ 67 J4
Sing Buri ☆ T 84 C4
Singdo ⌒ KP 80 E4
Singkep, Pulau ⌒ RI 82 D7
Singou ~ BF 111 L4
Singuanea, Ensenada de la ≈ C 138 D4
Singuédeze, Rio ~ MOC 117 K1
Sinj ☆ HR 49 M5
Sinjaja ~ RUS 63 W5
Sinkāt ◉ SUD 105 N5
Sinlo ~ BF 111 H4
Sinmi-do ⌒ KP 80 E4
Sinn ~ D 35 E6
Sinn al-Kadhdhāb ≐ ET 108 E6
Sinni ~ I 51 K2
Sinop ☆ TR 66 F1
Sinque ~ LS 117 H5
Sint Eustatius ⌒ NL 129 O7
Sintra ◉ P 44 A3
Sint-Truiden ◉ B 31 N4
Sinú, Río ~ CO 146 B3
Sinŭiju ☆ KP 80 E3
Sió ~ H 29 P5
Sion ☆ CH 35 C10
Siou ~ BF 111 H4
Sioux Falls ◉ USA 128 G2
Šipan ⌒ HR 49 N6
Sipsey Fork ~ USA 134 E2
Sip Sông Chau Thai ▲ VN 78 C5
Sira ☆ N 22 B2
Sira ~ N 21 C7
Šira ☆ RUS 62 P7
Siracusa ☆ I 51 J5
Šīrāz ☆ IR 65 G4
Sirba ~ RN 111 L3
Sir Edward Pellew Group ⌒ AUS 90 H3
Siret ~ RO 19 R6
Siret ~ RO 56 E4
Siret ~ RO 56 E5
Siret ~ UA 56 D3
Sir Joseph Banks Group ⌒ AUS 92 D3
Sírna ⌒ GR 55 J6
Şırnak ☆ TR 67 J4
Síros ⌒ GR 55 G5
Sir Robert Campbell Island ⌒ MYA 84 B6
Sīrvān, Āb-e ~ IR 67 M5
Sisak ☆ HR 49 M3
Si Sa Ket ☆ T 84 E4
Sisal, Arrecife ⌒ MEX 137 J2
Sisargas, Illa ⌒ E 42 B1
Sishuang Liedao ⌒ CN 79 M3
Siskiyou Mountains ▲ USA 130 C5
Sisni ~ GH 111 K4
Sisŏphŏn ☆ K 84 D5
Sissili ~ BF 111 K4
Sistema Central ▲ E 18 K7
Sistema Ibérico ▲ E 40 E3
Sisters, The ⌒ NZ 99 a1
Sithaadon ▲ LAO 84 E4
Sithoniá ≐ GR 47 J4
Sitka ◉ USA 124 C3
Sitka Sound ≈ USA 124 B3
Sitnica = Lumi i Sitnices ~ RKS 52 E4
Sittaung Myit (Sittang River) ~ MYA 73 K5
Sitten = Sion ☆ CH 35 C10
Sittwe ☆ MYA 73 H4
Siuslaw River ~ USA 130 C3
Sivas ☆ TR 66 G3
Sivers'kyj, Novhorod- ◉ UA 56 H1
Sivers'kyj Donec' ~ UA 19 T6
Sivers'kyj Donec' ~ UA 57 L3
Sivrihisar ☆ TR 66 D3
Siwa ◉ ET 108 B3
Sīwa, al-Wāḥāt ≐ ET 108 B3
Siyāl, Ğazā'ir ⌒ ET 109 H6
Sizilien = Sicilia ⌒ I 18 O8
Sizun ◉ F 30 C6
Sjælland ⌒ DK 18 O4
Sjarednelimanskaja nizina ▲ 38 J5
Sjenica ☆ SRB 52 E3
Sjøholt ◉ N 20 C5
S' jujutlijka ~ BG 53 K4
Skaap ~ NAM 116 C1
Skälderviken ≈ S 21 E8
Skælskør ◉ DK 22 G5
Skänninge ◉ S 23 L2
Skagafjörður ≈ IS 20 c1
Skagen ◉ DK 22 F3
Skagerrak ≈ 18 N4
Skagit River ~ USA 130 D1
Skagway ◉ USA 122 J5
Skalistyj hrebet ▲ RUS 57 M5
Skallingen ≐ DK 22 C5
Skandinavien = Scandinavia ≐ 18 N3
Skándzoura ⌒ GR 54 G3
Skåne ≐ S 21 F9
Skara ☆ S 22 J2
Skaraborgs ≐ S 22 J2
Škarda ⌒ HR 49 K4
Skăt ~ BG 52 H3
Skeena Mountains ▲ CDN 124 F3
Skeena River ~ CDN 122 L6
Skeena River ~ CDN 124 G3
Skegness ◉ GB 27 K8
Skeiðarársandur ≐ IS 20 e3
Skellefteå ◉ S 20 K4
Skellefteälven ~ S 19 P2
Ski ◉ N 21 E7
Skíathos ⌒ GR 54 F3
Skidaway Island ⌒ USA 135 H4
Skidegate Inlet ≈ CDN 124 E5
Skien, Porsgrunn- ☆ N 22 E1
Skiermûntseach ⌒ NL 28 H2
Skikda ☆ DZ 107 K2
Skillinge ◉ S 22 K5
Skipskjølen ▲ N 20 O1
Skiropoúla ⌒ GR 47 J5
Skíros ⌒ GR 47 K5
Skjálfandafljót ~ IS 20 e2
Skjálfandi ≈ IS 20 d1
Skjern Å ~ DK 22 D5
Sklavenküste = Slave Coast ≐ 104 F7
Skövde ☆ S 22 J2
Skógafoss ~ IS 20 d3
Skokholm Island ⌒ GB 27 D10
Skomer Island ⌒ GB 27 D10
Skópelos ⌒ GR 54 F3
Skopin ◉ RUS 39 Q5
Skopje ★ MK 52 F5
Skoura ◉ MA 106 C5
Skovorodino ☆ RUS 63 V7
Skradin ◉ HR 49 L5
Skrimfjella ▲ N 22 E1
Skrīveri ◉ LV 38 J3
Skrwa ~ PL 36 F4
Skudeneshavn ◉ N 22 A1
Skvyra ☆ UA 56 F3
Skye ⌒ GB 18 K4
Skykomish River ~ USA 130 D2
Skylge ⌒ NL 28 H2
Slā = Salé ◉ MA 106 C3
Slagelse ◉ DK 22 G5
Sland ~ SK 37 G8
Slaney ~ IRL 27 C9
Slannik ≐ BG 53 L4
Śląska, Nizina ≐ PL 29 N3
Slatina ☆ HR 49 N3
Slatina ☆ RO 56 D5
Slauharad ☆ BY 39 M5
Slave Coast ≐ 104 F7
Slavkovský les ▲ CZ 35 H6
Slavonija ≐ HR 46 F2
Slavonski Brod ☆ HR 49 O3
Sleaford ◉ GB 27 J8
Sleat ≐ GB 26 C4
Sleat, Sound of ≈ GB 26 D4
Sleeper Islands ⌒ CDN 123 U5
Sléibhte Chill Mhanntáin ▲ IRL 27 C9
Sléibhte Dhoire Bheatha ▲ IRL 26 A7
Slepenitz ~ D 34 G3
Slesvig = Schleswig ☆ D 34 E2
Sliabh Bladhma ▲ IRL 27 B9
Slieve Bloom Mountains ▲ IRL 27 B8
Sligeach ☆ IRL 24 C5
Sligo = Sligeach ☆ IRL 24 C5
Slipper Island ⌒ NZ 99 E2
Šlissel'burg ◉ RUS 39 M2
Sliven ☆ BG 19 R7
Sliven ☆ BG 53 L4
Slobozia ☆ RO 56 E5
Słobrawa ~ PL 36 D6
Slov. Beskydy ≐ SK 37 F7
Slovenj Gradec ◉ SLO 49 L2
Slovenske gorice ▲ SLO 49 L2
Slovenske Konjice ◉ SLO 49 L2
Slovenské rudohorie ▲ SK 29 P4
Slowakisches Erzgebirge = Slovenské rudohorie ▲ SK 29 P4
Słowińskie, Pobrzeże ≐ PL 29 N2
Slunj ☆ HR 49 L3
Słupia ~ PL 36 D2
Słupsk ◉ PL 36 D2
Småland ≐ S 21 G8
Smålandsfarvandet ≈ DK 22 G5
Small Malaita = Maramasike ⌒ SOL 94 E7
Smartruggens ≐ ZA 116 F6
Smederevo ◉ SRB 52 E2
Smeralda, Costa ≐ I 50 C1
Šmidta, ostrov ⌒ RUS 62 O1
Smiltene ◉ LV 38 J3
Smith Bay ≈ CDN 123 V1
Smith Inlet ~ CDN 124 F6
Smith Island ⌒ ANT 156 F60
Smith Island ⌒ CDN 123 V4
Smith Island ⌒ IND 71 a3
Smith Island ⌒ USA 135 K3
Smith River ~ USA 130 J2
Smörfjöll ▲ IS 20 f2
Smoke Creek Desert ≐ USA 130 D5
Smoky Bay ≈ AUS 92 B2
Smoky Hill River ~ USA 128 F3
Smoky Mountains ▲ USA 130 G4
Smoky River ~ CDN 122 N6
Smoky River ~ CDN 125 L4
Smøla ⌒ N 20 C5
Smolensk ☆ RUS 39 N4
Smolensko-Moskovskaja vozvyšennost' ▲ RUS 39 N4
Smólikas ▲ GR 54 C2
Smoljan ☆ BG 47 K4
Smoljan ☆ BG 53 J5
Smoothstone River ~ CDN 125 R4
Smotryč ~ UA 56 E3
Snake Indian River ~ CDN 125 L5
Snake Island ⌒ AUS 93 J5
Snake River ~ USA 122 N8
Snake River ~ USA 128 D2
Snake River ~ USA 130 E2
Snake River ~ USA 130 F4
Snake River ~ USA 130 H4
Snake River ~ USA 130 J4
Snake River Plain ≐ USA 128 D2
Snake Valley ≐ USA 131 G6
Sneek = Snits ◉ NL 31 N1
Sneeuberge ▲ ZA 116 G5
Snits = Sneek ◉ NL 31 N1
Snov ~ RUS 39 N5
Snov ~ UA 56 G2
Snowbird Mountains ▲ USA 134 G2
Snow Island ⌒ ANT 156 F60
Snowy Mountains ▲ AUS 93 K4
Snowy River ~ AUS 93 K4
Soan ~ PK 68 C3
Soan-kundo ⌒ ROK 80 F6
Soay ⌒ GB 26 C4
Sob ~ UA 56 F3
Sobaek Sanmaek ▲ ROK 80 F6
Sobāt ~ SSD 105 M7
Sobinka ☆ RUS 39 R4
Soča ~ SLO 49 J2
Sochumi = Suhum ☆ GE 19 U7
Soči ◉ RUS 19 T7
Soči ◉ RUS 57 L6
Société, Îles de la ⌒ F 97 K4
Socorro, Isla ⌒ MEX 128 D7
Socotra = Suquţrā ⌒ YEM 64 G8
Socotra Rock ⌒ 80 E7
Sóc Trăng ☆ VN 85 E7
Söderåsen ▲ S 22 H4
Söderköping ◉ S 23 M2
Södermanland ≐ S 23 M1
Söderslätt ≐ DK 22 J5
Södertälje ☆ S 23 N1
Södertörn ≐ S 23 N1
Södra Finnö ⌒ S 23 M2
Söğüt Dağı ▲ TR 55 M5
Söğütlü ☆ TR 55 N2
Söğütlü Çayı ~ TR 66 G3
Soela väin ≈ EST 38 H2
Sölvesborg ◉ S 22 K4
Sömmerda ☆ D 34 G5
Soest ☆ D 34 D5
Sofia ~ RM 113 L5
Sofia = Sofija ★ BG 52 H4
Sofija ★ BG 52 H4
Sofijsko pole ≐ BG 52 G4
Sofraná ⌒ GR 55 J6
Sōfugan ⌒ J 75 R6
Sogamoso, Río ~ CO 146 D4
Soğanlı Çayı ~ TR 66 E2
Sogndal ☆ N 21 C6
Søgne ◉ N 22 C2
Sognefjorden ≈ N 18 N3
Sognesjøen ≈ N 21 B6
Sogot ▲ EAK 114 E1
Soheuksando ⌒ ROK 80 E6
Sŏjosŏn-man ≈ KP 80 E4
Šokal'skogo, proliv ≈ RUS 62 Q2
Soko Banja ◉ SRB 52 F3
Sokodé ☆ TG 111 L5
Sokoto ☆ NGR 104 G6
Sokoto, River ~ NGR 104 F6
Sokotra = Suquţrā ⌒ YEM 64 G8
Sŏk-to ⌒ KP 80 E4
Sol, Isla del ⌒ BOL 149 G10
Solander Island ⌒ NZ 96 C10
Solāpur ◉ IND 70 C2
Solarte, Raudal ~ CO 148 F2
Soldau = Działdowo ◉ PL 36 G3
Soldin = Myślibórz ◉ PL 36 A4
Soledad, Isla ⌒ CO 146 A6
Sølen ▲ N 21 E6
Soleure = Solothurn ☆ CH 35 C9
Solikamsk ☆ RUS 19 X4
Solimões, Rio ~ BR 144 G5
Solin ☆ HR 49 M5
Solingen ☆ D 34 C5
Sollentuna ☆ S 23 N1
Solling ▲ D 34 E5
Solnečnogorsk ☆ RUS 39 P3
Sologne ≐ F 25 H9
Sololá ☆ GCA 137 J5
Solomon Islands ⌒ 83 O8
Solomon River ~ USA 128 F3
Solomon Sea ≈ 83 N8
Solothurn ☆ CH 35 C9
Soloveckie ostrova ⌒ RUS 19 S2
Solsona ◉ E 43 M2
Šolta ⌒ HR 46 E3
Solwezi ☆ Z 112 G4
Sombor ◉ SRB 52 D1
Sombrero Channel ≈ IND 71 a6
Somerset East = Somerset-Oos ◉ ZA 117 G6
Somerset Island ⌒ CDN 123 S2
Somerset-Oos ◉ ZA 117 G6
Someș ~ RO 56 C4
Somme ~ F 24 H7
Somme ~ F 31 J4
Somme ~ F 31 L5
Sømna ⌒ N 20 E4
Somoto ☆ NIC 137 L6
Son ~ IND 72 B3
Son ~ IND 72 D2
Sonal ~ IND 73 H2
Sonār ~ IND 69 G7
Sond ~ DK 22 D6
Sondagsrivier ~ ZA 117 G6
Sondershausen ☆ D 34 F5
Søndre ⌒ N 20 H2
Søndre Strømfjord = Kangerlussuaq ≈ DK 123 a3
Sondrio ☆ I 48 E2
Sông Ba ~ VN 84 G4
Sông Ba Lai ~ VN 85 F6
Sông Baung ~ VN 84 F4
Sông Be ~ VN 84 F6
Sông Cậu ~ VN 78 E5
Sông Chu ~ VN 84 E2
Sông Cô Chiên ~ VN 85 F6
Sông Đa ~ VN 78 C5
Sông Dông Nai ~ VN 84 F6
Songea ☆ EAT 113 J4
Sông Hông ~ VN 78 D5
Songhua Jiang ~ CN 75 O2
Songkhla ☆ T 85 C8
Sông La Nga ~ VN 84 F6
Sông Lô ~ VN 78 D6
Sông Mà ~ VN 78 C6
Sông Mã ~ VN 84 E1
Sông Nhi Ha ~ VN 84 F1
Sông Ông Dôc ~ VN 85 E7
Sông Tra ~ VN 84 F4
So'n La ☆ VN 78 C6
Sonmiāni Bay ≈ PK 65 K5
Sonneberg ☆ D 35 G6
Sono, Rio do ~ BR 145 K7
Sono, Rio do ~ BR 150 H3
Sonoma Range ▲ USA 130 F5
Sonora, Río ~ MEX 128 D5
Sonora Desert ≐ USA 128 C4
Sonsón ◉ CO 146 C5
Sonsonate ☆ ES 137 J6
Sonsorol Islands ⌒ PAL 83 K5
So'n Tây, Thi Xã ☆ VN 82 E2
Sonthofen ◉ D 35 F9
Son Xi ~ CN 79 L3
Sopot ◉ PL 36 E2
Sopron ◉ H 37 C9
Soqotra = Suquţrā ⌒ YEM 64 G8
Sôr, Ribeira de ~ P 40 B5
Sor, Río ~ E 42 C1
Soras, Río ~ PE 149 E8
Sōrath = Jūnāgadh ◉ IND 69 C9
Sorati-gawa ~ J 81 N2
Sorau = Żary ◉ PL 36 B5
Sorbe, Río ~ E 42 G3
Soria ☆ E 43 H3
Sorø ☆ DK 22 G5
Soroca ☆ MD 56 F3
Soroka = Soroca ☆ MD 56 F3
Soroki = Soroca ☆ MD 56 F3
Sorol Atoll ⌒ FSM 83 M5
Soroti ☆ EAU 114 D3
Sørøya ⌒ N 20 K1
Sørøysundet ≈ N 20 L1
Sorraia, Rio ~ P 40 B5
Sorrento ◉ I 51 H2
Sorsogon ☆ RP 83 H4
Sort ◉ E 43 M2
Sosnovyj Bor ◉ RUS 38 K2
Soso Bay ≈ FJI 98 b3
Sosúa ◉ DOM 139 K5
Sot' ~ RUS 39 R2
Sotavento, Ilhas de ⌒ CV 104 AA5
Sotavento, Islas de ⌒ 144 F2
Soto, Isla ⌒ PE 149 G9
Soubré ☆ CI 111 G7
Soúdas, Órmos ≈ GR 54 G7
Souf ≐ DZ 104 G2
Souf, Oued ~ DZ 107 H7
Soufflets River ~ CDN 127 Q3
Souk Ahras ☆ DZ 107 K2
Sŏul = Seoul ★ ROK 80 F5
Soummam, Oued ~ DZ 107 J2
Sound Hill Cove ≈ CDN 127 Q2
Sounding Creek ~ CDN 125 P6
Sound of Arisaig ≈ GB 26 C5
Sound of Barra ≈ GB 26 B4
Sound of Bute ≈ GB 26 D6
Sound of Harris ≈ GB 26 B4
Sound of Jura ≈ GB 24 E5
Sound of Mull ≈ GB 26 C5
Sound of Raasay ≈ GB 26 C4
Sound of Sleat ≈ GB 26 D4
Soungrougrou ~ SN 110 C3
Souris River ~ USA 122 Q7
Sourou ~ RMM 111 J3
Souss ≐ MA 104 D3
Souss, Oued ~ MA 106 B5
Sousse ☆ TN 107 M3
Southampton ◉ GB 27 H11
Southampton Island ⌒ CDN 123 T4
South Andaman ⌒ IND 82 B4
South Andros Island ⌒ BS 129 L6
South Aulatsivik Island ⌒ CDN 123 Y5
South Bimini ⌒ BS 138 F2
South Branch Potomac ~ USA 133 J6
South Caicos ⌒ GB 139 K4
South China Karst (Guilin, Lijiang) ≐ CN 78 G4
South China Sea ≈ 75 L8
South Coast Range ▲ AUS 93 K4
Southern Alps ▲ NZ 96 C9
Southern Long Cays ⌒ BZ 137 L4
Southern Pine Hills ▲ USA 134 D4
Southern Uplands ▲ GB 24 E5
South Esk ~ GB 26 F5
South Esk River ~ AUS 93 J6
South Fork John Day River ~ USA 130 E3
South Fork Mountain ▲ USA 130 C5
South Fork Owyhee River ~ USA 130 F4
South Fork Salmon River ~ USA 130 G3
South Fox Island ⌒ USA 132 E3
Southgate River ~ CDN 124 H6
South Georgia ⌒ GB 152 K8
South Heart River ~ CDN 125 M4
South Island ⌒ EAK 114 F2
South Island ⌒ NZ 96 C9
South Koel ~ IND 72 D3
South Male Atoll ⌒ MV 70 B9
South Malosmadulu Atoll ⌒ MV 70 A8
South Mountains ▲ USA 133 K6
South Nahanni River ~ CDN 122 L4
South Nilandu Atoll ⌒ MV 70 B9
South Pacific Ocean ≈ 96 G6
South Pare Mountains ▲ EAT 115 F6
South Platte River ~ USA 128 F2
Southport ◉ GB 27 G8
South River ~ CDN 126 E6
South River ~ ZA 116 F6
South Ronaldsay ⌒ GB 24 F3
South Saskatchewan River ~ CDN 122 O6
South Saskatchewan River ~ CDN 125 R6
South Shetland Islands ⌒ GB 156 F61
South Taranaki Bight ≈ NZ 96 D9
South Tarawa = Tarawa ★ KIR 94 G5
South Thompson River ~ CDN 125 L6
South Tyne ~ GB 26 G7
South Uist ⌒ GB 24 D4
Southwest Gander River ~ CDN 127 R4
Southwest Miramichi River ~ CDN 127 L5
Soutpansberg ▲ ZA 117 J1
Sout River ~ ZA 116 C5
Soutrivier ~ ZA 116 D5
Soutrivier ~ ZA 116 E4
Sovetsk ◉ RUS 38 G4
Sowie, Góry ▲ PL 36 C6

★ Hauptstadt (Staat) ☆ Hauptstadt (Bundesland, Provinz, o.ä.) ◉ Ort ▲ Gebirge ⌒ Insel, Halbinsel ≐ Landschaft ≈ Ozean, Meer ~ Fluss

Sōya-kaikyō = La Pérouse Strait ≈ 63 Z8
Soyapango ◉ ES 137 K6
Spa ◉ B 31 N4
Spalato = Split ☆ HR 49 M5
Spanish River ~ CDN 126 D5
Spanish Town ◉ JA 139 G6
Sparta = Spárti ◉ GR 54 E5
Spárti ◉ GR 54 E5
Spas-Klepiki ☆ RUS 39 R4
Spassk-Rjazanskij ◉ RUS 39 R4
Spatsizi Plateau ▲ CDN 124 F3
Spatsizi River ~ CDN 124 F3
Spencer Bay ≈ NAM 116 B2
Spencer Gulf ≈ AUS 90 H6
Sperhiós ~ GR 54 E4
Sperrin Mountains ▲ GB 26 B7
Spessart ▲ D 29 K3
Spétses ⌒ GR 54 F5
Spey ~ GB 24 F4
Spey ~ GB 26 E4
Speyer ☆ D 35 D7
Spezia, La ◉ I 48 E4
Spicer Islands ⌒ CDN 123 U3
Spiekeroog ⌒ D 28 J2
Spilimbergo ◉ I 49 H2
Spiš ≐ SK 37 G7
Spithead ≈ GB 27 H11
Spittal an der Drau ☆ A 35 J10
Split ☆ HR 49 M5
Spokane ◉ USA 130 E2
Spokane River ~ USA 130 E2
Spoleto ◉ I 48 H6
Spoon River ~ USA 132 C5
Sporaden = Nótii Sporádes ⌒ GR 19 R8
Sporádes, Nótii ⌒ GR 19 R8
Sporádes, Vóries ⌒ GR 19 Q8
Spotted Island ⌒ CDN 127 R2
Spotted Range ▲ USA 131 F7
Sprague River ~ USA 130 D4
Spratly Islands ⌒ 82 F4
Spreča ~ BIH 49 O4
Spree ~ D 29 N3
Spree ~ D 34 J4
Spreewald ≐ D 34 J5
Spreewald ~ D 29 M3
Sprengisandur ▲ IS 20 d2
Spring Bay ≈ USA 130 H5
Springfield ☆ USA 132 C6
Spring Mountains ▲ USA 131 G7
Spring Valley ≐ USA 131 G6
Spydeberg ☆ N 22 G1
Squarnish River ~ CDN 124 J6
Squillace, Golfo di ≈ I 46 F5
Srbinje = Foča ◉ BIH 49 O5
Srebărna ◉ BG 53 M2
Sredecka Reka ~ BG 53 L4
Sredinnyj hrebet ▲ RUS 63 d6
Sredna ▲ BG 52 H4
Sredna Gora ▲ BG 47 J3
Srednerusskaja vozvyšennost' ▲ RUS 19 S5
Srednesibirskoe ploskogor'e ▲ RUS 62 O4
Srepok, Tônle ~ K 84 F5
Sretensk ☆ RUS 63 U7
Sri Jayawardenepura ★ CL 71 E7
Sri Kālahasti ◉ IND 71 E4
Srinagar ☆ IND 68 E2
Srirangam ◉ IND 71 E5
Srirangapatnam ◉ IND 70 D4
Srivilliputtūr ◉ IND 70 D6
Srnetica ▲ BIH 49 M4
ṣ-Ṣawāb, Wādī ~ SYR 67 J5
Staatsforst Fulda ≐ D 29 K3
Stack Skerry = Sule Stack ⌒ GB 24 E3
Stade ☆ D 34 E3
Stadland ≐ D 34 D3
Stadlandet ⌒ N 20 B5
Stadt-Saar = Žďár nad Sázavou ◉ CZ 37 B7
Staffa ⌒ GB 26 C5
Staffanstorp ◉ S 22 J5
Staked Plain = Llano Estacado ≐ USA 128 F4
Stalingrad = Volgograd ☆ RUS 57 N3
Stalowa Wola ◉ PL 36 J6
Stanislaus River ~ USA 131 D6
Stanley ☆ GB 152 F8
Stanleyville = Kisangani ☆ CGO 112 G1
Stanovoe nagor'e ▲ RUS 63 T6
Stanovoj hrebet ▲ RUS 63 V6
Stanowojbergland = nagor'e Stanovoe ▲ RUS 63 T6
Stanowojbergland = Stanovoe nagor'e ▲ RUS 63 T6
Stanowojgebirge = Stanovoj hrebet ▲ RUS 63 V6
Stans ☆ CH 35 D10
Staraja Russa ☆ RUS 39 M2
Stara Planina ▲ BG 19 Q7
Stara reka ~ BG 53 K3
Stara Zagora ☆ BG 19 R7
Stara Zagora ☆ BG 53 K4
Starbuck Island ⌒ KIR 95 N7
Stari Grad ◉ HR 49 M5
Stari Terek ~ RUS 57 P6
Starnberg ☆ D 35 G8
Starogard Gdański ◉ PL 36 E3
Starokostjantyniv ☆ UA 56 E3
Start Bay ≈ GB 27 F11
Stavanger ☆ N 22 A2
Stavropol' ☆ RUS 57 N5
Stavropol'-na-Volgi = Tol'jatti ☆ RUS 19 V5
Steelpoortrivier ~ ZA 117 J2
Steenkampsberge ▲ ZA 117 J2
Steens Mountain ▲ USA 130 E4
Steepbank River ~ CDN 125 P3
Stefansson Island ⌒ CDN 122 P2
Steigerwald ▲ D 35 F7
Stein am Rhein ◉ CH 35 D9
Steinamanger = Szombathely ☆ H 37 C9
Steinen, Rio ~ BR 145 J7
Steinfeld ☆ A 37 C9
Steinfurt ☆ D 34 C4
Steinige Tunguska = Podkamennaja Tunguska ~ RUS 62 Q5
Steinkjer ☆ N 20 E4
Steirisch-Niederösterr ▲ A 37 B9
Stellaland ≐ ZA 117 G3
Stellenbosch ◉ ZA 116 D6
Stendal ☆ D 34 G4
Stenó Elafonísou ≈ GR 47 J6
Stenó Kafiréa ≈ GR 54 G5
Stenó Kásou ≈ GR 47 L7
Stenó Kéas ≈ GR 54 G5
Stenó Kimólou Sífnou ≈ GR 47 K6
Stenó Kithiron ≈ GR 47 J7
Stenó Kíthnou ≈ GR 47 K6
Stenó Sérifou ≈ GR 47 K6
Stenó Sífnou ≈ GR 47 K6
Stenungsund ☆ S 22 G2
Stepa gladu = Betpakdala ≐ KZ 62 K8
Stepanakert = Hankendi ☆ AZ 64 F3
Stephens Creek ~ AUS 92 F2
Stephens Island ⌒ CDN 124 E4
Stephens Passage ≈ USA 124 C2
Sterlitamak ☆ RUS 19 X5
Stettin = Szczecin ☆ PL 36 A3
Stevns ≐ DK 22 H5
Stewart Island ⌒ NZ 96 C10
Stewart Islands ⌒ SOL 94 E7
Stewart River ~ CDN 122 J4
Steyr ☆ A 35 K8
Sth Fork Flathead River ~ USA 130 H1
Štiavnické vrchy ▲ SK 37 E8
Stikine Plateau ▲ CDN 122 K5
Stikine River ~ CDN 122 K5
Stikine Strait ≈ USA 124 D3
Stillwater Mountains ▲ USA 131 E6
Stillwater River ~ USA 130 J3
Stinchar ~ GB 26 E6
Stira ⌒ GR 54 G4
Stirling ◉ GB 26 F5
Stockholm ★ S 23 O1
Stockholm = Stockholm ★ S 23 O1
Stockton Island ⌒ USA 132 C2
Stœng Srêng ~ K 84 D5
Stör ~ D 34 E3
Stöttingfjället ▲ S 20 H4
Stohid ~ UA 56 D2
Stolac ◉ BIH 49 N5
Stolbovoj, ostrov ⌒ RUS 63 X3
Stollberg (Erzgebirge) ☆ D 34 H6
Stolp in Pommern = Słupsk ☆ PL 36 D2
Stolpmünde = Ustka ◉ PL 36 C2
Ston ◉ HR 49 N5
Stone Forest (Shilin) ≐ CN 78 C4
Stony Island ⌒ CDN 127 R2
Stony River ~ USA 122 E4
Storå ~ DK 21 D9
Stora Alvaret ≐ S 23 M4
Stora Askö ⌒ S 23 M3
Stord ⌒ N 21 B7
Storebælt ≈ DK 21 E9
Støren ☆ N 20 E5
Store Sotra ⌒ N 21 B6
Storkerson Peninsula ⌒ CDN 122 P2
Storm Bay ≈ AUS 91 K8
Stormberg ▲ ZA 117 H5
Storsteinfjellet ▲ N 20 H2
Stour ~ GB 27 K10
Strängnäs ☆ S 23 M1
Strait of Belle Isle ≈ CDN 123 Z6
Strait of Canso ≈ CDN 123 Y7
Strait of Dover ≈ 18 M5
Strait of Georgia ≈ CDN 122 L6
Strait of Juan de Fuca ≈ USA 122 M7
Straits of Florida ≈ 129 K6
Straits of Mackinac ≈ USA 132 F3
Stralsund ☆ D 34 J2
Strand = Jūrmala ☆ LV 38 H3
Strangford ◉ GB 25 D7
Strasbourg ☆ F 31 P6
Straßburg = Strasbourg ☆ F 31 P6
Straße von Hormus = Tange-ye Hormoz ≈ 64 H5
Stratford-upon-Avon ◉ GB 27 H9
Strathmore ≐ GB 24 F4
Straubing ☆ D 35 H8
Strausberg ◉ D 34 J4
Strážovské vrchy ▲ SK 37 E8
Streaky Bay ≈ AUS 92 B2
Středočeská vrchovina ▲ CZ 29 N4
Střela ~ CZ 35 H6
Stresa ◉ I 48 D3
Stretto di Messina ≈ I 46 E6
Streymoy ⌒ FO 24 C1
Strimónas ~ GR 47 J4
Strjama ~ BG 53 J4
Ströms vattudal ≐ S 20 G4
Strofádes ⌒ GR 47 H6
Stroma, Island of ⌒ GB 26 F3
Stromboli, Isola ⌒ I 46 E5
Strømø = Streymoy ⌒ FO 24 C1
Strongíle ⌒ GR 55 G6
Stronsay ⌒ GB 24 F3
Stronsay Firth ≈ GB 26 G2
Struga ◉ MK 52 E5
Struisbaai ≈ ZA 116 D7
Struma ~ BG 47 J4
Struma ~ BG 52 G4
Strumešnica ~ MK 52 G5
Strumica ◉ MK 52 G5
Strv'až ~ UA 37 K7
Strydpoortberge ▲ ZA 117 J1
Stryj ☆ UA 37 K7
Stryj ~ UA 37 K7
Stryj ~ UA 56 C3
Strypa ~ UA 56 D3
Strzegom ◉ PL 36 C6
Strzelin ◉ PL 36 D6
Strzelno ◉ PL 36 E4
Stuart Island ⌒ USA 122 C4
Stuart River ~ CDN 124 H4
Stubaier Alpen ▲ A 35 F9
Stubaital ≐ A 35 G9
Stučka = Aizkraukle ☆ LV 38 J3
Stuhlweißenburg = Székesfehérvár ☆ H 37 E9
Stung Chikreng ~ K 84 E5
Stung Chinit ~ K 84 E5
Stung Daun Tri ~ K 84 D5
Stung Mongkol Borey ~ T 84 D5
Stung Porong ~ K 84 E5
Stung Pursat ~ K 84 D5
Stung Sangker ~ K 84 D5
Stung Sen ~ K 84 E5
Stung Staung ~ K 84 E5
Stung Trêng ☆ K 84 E5
Stupino ☆ RUS 39 Q4
Stura di Demonte ~ I 48 C4
Sturgeon River ~ CDN 125 R5
Sturgeon River ~ CDN 126 D5
Sturkö ⌒ S 23 L4
Sturt Bay ≈ AUS 92 D3
Sturt Creek ~ AUS 90 F3
Sturt Stony Desert ≐ AUS 90 H5
Stuttgart ☆ D 35 E8
Styr ~ UA 56 D2
Šu ~ KZ 62 L8
Šu'aib Gayyāda ~ IRQ 67 J6
Suakin ◉ SUD 105 N5
Suam ~ EAK 114 E3
Suapure, Río ~ YV 147 G4
Suban Siri ~ IND 73 H1
Subarnarekha ~ IND 72 E3
Subate ◉ LV 38 J4
Subi, Pulau ⌒ RI 82 E6
Subiaco ◉ I 49 J7
Subotica ☆ SRB 52 D0
Suceava ☆ RO 56 E4
Suceviţa ◉ RO 56 D4
Suches, Río ~ PE 149 G9
Suchiapa, Río ~ MEX 137 H4
Sucio, Río ~ CO 146 B4
Sucre ★ BOL 144 F8
Sucunduri, Rio ~ BR 145 G6
Sucuriú, Rio ~ BR 150 D4
Sud, Canal de ≈ RH 139 J5
Suda ~ RUS 39 P2
Sudan ≐ 104 C6
Sudan = Sudan ≐ 104 C6
Sudbury ◉ CDN 126 D5
Sudd ≐ SSD 105 M7
Sude ~ D 34 F3
Suðuroy ⌒ FO 24 D2
Sue ~ SSD 105 L7
Südchinesisches Bergland = Dongnan Qiuling ▲ CN 75 L7
Südchinesisches Meer = South China Sea ≈ 75 L8
Süd-Georgien = South Georgia ⌒ GB 152 K8
Südkarpaten = Carpaţii Meridionali ▲ RO 19 Q7
Südliche Cook-Inseln = Southern Cook Islands ⌒ CK 97 J4
Südliche Sierra Madre = Sierra Madre del Sur ▲ MEX 128 F7
Südpazifischer Ozean = South Pacific Ocean ≈ 96 G6
Südsee = South Pacific Ocean ≈ 96 G6
Sühbaatar ☆ MGL 74 K1
Süleoğlu ☆ TR 53 L5
Suemez Island ⌒ USA 124 C4
Sündiken Dağları ▲ TR 66 D3
Süntel ▲ D 34 E4
Sugar River ~ USA 132 D4
Sugoj ~ RUS 63 b5
Suguta ~ EAK 114 F3
Şuḥār ◉ OM 64 H6
Suha reka ~ BG 53 M3
Suhl ☆ D 35 F6
Suhona ~ RUS 19 U4
Suhona ~ RUS 39 Q2
Suhum ☆ GE 19 U7
Sui ~ BJ 111 M5
Sui He ~ CN 77 K5
Sui Jiang ~ CN 79 H5
Suir ~ IRL 24 D6
Suir ~ IRL 27 B9
Šuja ☆ RUS 39 R3
Sukhothai ☆ T 84 B3
Sukkur ◉ PK 68 B6
Sukkwan Island ⌒ USA 124 D4
Sukri ~ IND 69 D7
Sukunka River ~ CDN 124 K4
Sula ⌒ N 21 B6
Sula ~ UA 56 H3
Sula ~ UA 56 J2
Sula, Kepulauan ⌒ RI 83 H7
Sulaimānīya, as- ☆ IRQ 64 F3
Sulaiman Range ▲ PK 65 K5
Sulak ~ RUS 57 P6
Sula Mountains ▲ WAL 110 E5
Sula Sgeir ⌒ GB 24 D3
Sulawesi ⌒ RI 82 G7
Sulechów ◉ PL 36 B4
Sulejów ◉ PL 36 F5
Sule Skerry ⌒ GB 24 E3
Sule Stack ⌒ GB 24 E3
Sulidālbmá = Sulitelma ▲ S 20 H3
Sulina ◉ RO 56 F5
Sulina, Braţul ~ RO 56 F5
Sulitelma ▲ S 20 H3
Sullorsuaq Vaigat ≈ DK 123 Z2
Sultandağı ☆ TR 66 D3
Sultan Dağları ▲ TR 66 D3
Sultanhani ◉ TR 66 D3
Sultanhisar ☆ TR 55 L5
Sultepec, Río ~ MEX 136 D3
Sulu Archipelago ⌒ RP 82 H6
Sulu Sea ≈ 82 G5
Sulusee = Sulu Sea ≈ 82 G5
Šumadija ≐ SRB 47 H2
Šumartin ◉ HR 49 M5
Sumatera ⌒ RI 82 C6
Sumatra = Sumatera ⌒ RI 82 C6
Šumava ▲ CZ 18 O6
Sumba ⌒ RI 82 G9
Sumba, Selat ≈ RI 82 G8
Sumbawa ⌒ RI 82 G8
Sumbawanga ☆ EAT 113 H3
Sumbe ☆ ANG 112 D4
Šumen ☆ BG 53 L3
Sumgayıt = Sumqayıt ☆ AZ 64 F2
Šumilina ☆ BY 38 L4
Sumisu-shima ⌒ J 75 R5
Summān, aṣ- ≐ KSA 64 F5
Summer Strait ≈ USA 124 C4
Sumpul, Río ~ HN 137 K5
Sumqayıt ◉ AZ 64 F2
Šumšu, ostrov ⌒ RUS 63 c7
Sumy ☆ UA 57 J2
Sun City ◉ ZA 117 H2
Sunda, Selat ≈ RI 82 D8
Sunda Besar, Kepulauan ⌒ RI 82 D7
Sunda Kecil, Kepulauan ⌒ RI 82 G8
Sundarbans ≐ 65 O6
Sunday Island = Raoul Island ⌒ NZ 96 F6
Sunday Strait ≈ AUS 90 E3
Sundeved ≐ DK 22 E6
Sundgau ≐ F 31 O7
Sungai ~ MAL 85 D9
Sungai Muda ~ MAL 85 C9
Sunghbhum Kolhan ≐ IND 72 D3
Sunndalsøra ☆ N 20 D5
Sun River ~ USA 130 H2
Sunset Country ≐ AUS 92 F3
Suntar ☆ RUS 63 U5
Suntar-Hajata, hrebet ▲ RUS 63 Y5
Sunwi-do ⌒ KP 80 E5
Sunyani ☆ GH 111 J6
Sunža ~ RUS 57 O6
Suối Rút ☆ VN 84 E1
Suomenselkä ▲ FIN 20 M5
Suō-nada ≈ J 81 H7
Supamo, Río ~ YV 147 J4
Superior, Laguna ≈ MEX 137 G4
Supetar ☆ HR 49 M5
Suphan Buri ☆ T 84 B4
Supiori, Pulau ⌒ RI 83 L7
Supraśl ~ PL 36 K3
Sūq aš-Šuyūḫ ☆ IRQ 67 M7
Suquṭrā ⌒ YEM 64 G8
Sura ~ RUS 39 T4
Surabaya ☆ RI 82 F8
Surat ◉ IND 69 D9
Surgut ☆ RUS 62 L5
Surigao ☆ RP 83 J5
Surin ☆ T 84 D4
Suripá, Río ~ YV 146 E4
Surprise, Île ⌒ F 98 a2
SurpriseValley ≐ USA 130 D5
Surt ☆ LAR 105 J2
Surtsey ⌒ IS 20 c3
Suruga-wan ≈ J 81 M6
Šūš ◉ IR 67 M6
Suså ~ DK 22 G5
Susa = Šūš ◉ IR 67 M6
Susa, Valle di ≐ I 48 B3
Sušac ⌒ HR 46 F3
Susak ⌒ HR 49 K4
Susitna River ~ USA 122 G4
Susquehanna River ~ USA 133 K5
Susquehanna River ~ USA 133 L4
Sustut River ~ CDN 124 G3
Susuman ☆ RUS 63 a5
Sutlej ~ PK 68 C5
Suva ★ FJI 98 b3
Suvadiva Atoll ⌒ MV 70 B10
Suva gora ▲ MK 52 F5
Suva planina ▲ SRB 52 G3
Suvorov Atoll ⌒ CK 97 H3
Suwaira, aṣ- ☆ IRQ 67 L6
Suwannee River ~ USA 135 G4
Suwannee River ~ USA 135 G5
Suwār, aṣ- ◉ SYR 67 J5
Suwon ☆ ROK 80 F5
Suwŏn = Suwon ☆ ROK 80 F5
Suyanjiao = Socotra Rock ⌒ 80 E7
Suyu ~ TR 66 E4
Suzdal' ☆ RUS 39 Q3
Suzhou ◉ CN 77 M6
Svaljava ☆ UA 37 J8
Svaneke ◉ DK 23 L5
Svanetis Kedi ▲ GE 57 M6
Svartisen ▲ N 20 F3
Svealand ≐ S 18 O4
Svelgen ☆ N 21 B6
Švenčionys ◉ LT 38 J4
Svendborg ◉ DK 22 F5
Svendsen Peninsula ⌒ CDN 123 T1
Svenljunga ☆ S 22 J3
Šventoji ~ LT 38 J4
Sverdlovsk = Ekaterinburg ☆ RUS 19 Y4
Sverdrup, ostrov ⌒ RUS 62 M3
Sverdrup Islands ⌒ CDN 122 O1
Sveštari ◉ BG 53 L3
Svetac ⌒ HR 46 E3
Sveti Ivan Zelina ☆ HR 49 M3
Sveti Stefan ◉ MNE 46 G3
Svetlogorsk ☆ RUS 21 J9
Sviča ~ UA 56 C3
Svilaja ▲ HR 49 M5
Svir' ~ RUS 19 S3
Svislač ~ BY 38 H5
Svislač ~ BY 38 L5
Svitava ~ CZ 37 C7
Svobodnyj ☆ RUS 63 W7
Svratka ~ CZ 37 C7
Svrljiške planine ▲ SRB 52 G3
Swain Reefs ⌒ AUS 91 L4
Swain's Atoll ⌒ USA 97 G3
Swakop ~ NAM 116 B1
Swakopmund ☆ NAM 112 D6
Swale ~ GB 24 G5
Swale ~ GB 26 G7
Swan Hills ▲ CDN 125 M4
Swannell Ranges ▲ CDN 124 H3
Swan Range ▲ USA 130 H2
Swan River ~ CDN 125 N4
Swansea Bay ≈ GB 27 E10
Swans Island ⌒ USA 133 O3
Swart Kei ~ ZA 117 H6
Swartruggens ▲ ZA 116 D6
Swart Umfolozi ~ ZA 117 K3
Swāt ~ PK 68 C2
Swāt ~ PK 68 D2
Swellendam ◉ ZA 116 D6
Świder ~ PL 36 H4
Świdnica ◉ PL 36 C6
Świebodzin ◉ PL 36 B4
Świecie ◉ PL 36 E3
Świeradów-Zdrój ◉ PL 36 B6
Świętokrzyskie, Góry ▲ PL 36 G5
Swift Current Creek ~ CDN 125 R6
Swilly, Lough ≈ IRL 26 B6
Świna ~ PL 34 K3
Syderø = Suðuroy ⌒ FO 24 D2
Sydney Island = Manra ⌒ KIR 95 K6
Syktyvkar ☆ RUS 19 W3
Sylhet ☆ BD 73 G2
Sylt ⌒ D 28 K1
Šymkent ☆ KZ 62 K9
Synjucha ~ UA 56 G3
Syō-gawa ~ J 81 L5
Syriam = Thanlyin ◉ MYA 73 K6
Syrische Wüste = Bādiyat aš-Šām ≐ SYR 64 D4
Šyrjajeve ☆ UA 56 F4
Syvaš, zatoka ≈ UA 56 H4
Syzran' ☆ RUS 19 V5
Szamos ~ H 29 R5
Szamotuły ◉ PL 36 C4
Szárazér-Porgányi-főcsatorna ~ H 37 G10
Szatmár ≐ H 37 J9
Szczecin ☆ PL 36 A3
Szczytno ◉ PL 36 G3
Szeged ☆ H 37 G10
Székesfehérvár ☆ H 37 E9
Szeklerburg = Miercurea-Ciuc ☆ RO 56 D4
Szekszárd ☆ H 37 E10
Szentendre ◉ H 37 F9
Szeskie ▲ PL 36 J2
Szeskie, Wzgórza ▲ PL 29 R1
Szigetköz ~ H 37 D9
Szigetvár ◉ H 37 D10
Szkwa ~ PL 36 H3
Szolnok ☆ H 37 G9
Szombathely ☆ H 37 C9
Szprotawa ◉ PL 36 B5
Sztum ◉ PL 36 F3

T

Tabar Islands ⌒ PNG 83 O7
Tabas ◉ IR 64 H4
Tabiteuea Atoll ⌒ KIR 95 G6
Tablas Island ⌒ RP 83 H4
Tablazo de Ica ≐ PE 149 C9
Taboco, Rio ~ BR 150 C3
Tabola ~ RUS 57 Q4
Tabou ◉ CI 110 G7
Tabrīz ☆ IR 67 M3
Tabuaeran ⌒ KIR 95 N5
Tachibana-wan ≈ J 80 G7
Tacloban ☆ RP 83 H4
Taconic Range ▲ USA 133 M5
Tacuarembó ☆ ROU 151 C9
Tacuarembó, Río ~ ROU 151 C9
Tadami-gawa ~ J 81 M5
Tadant, Oued ~ DZ 104 G4
Tademaït, Plateau du ▲ DZ 104 F3
Tadio, Lagune ≈ CI 111 H7
Tadjentourt ▲ DZ 107 L7
Tadoussac ◉ CDN 127 K4
T'aebaek Sanmaek ▲ KP 80 F4
Täby ☆ S 23 O1
Taedong Gang ~ KP 80 F4
Taegu = Daegu ☆ ROK 80 G6
Taehwa-do ⌒ KP 80 D4
Tae-muŭi-do ⌒ ROK 80 E5
Tafahi ⌒ TO 96 G4
Tafassasset, Oued ~ DZ 104 G4
Tafilalt ≐ MA 104 D2
Tafraoute ◉ MA 106 B6
Taganrog ☆ RUS 57 K4
Taganrogskij zaliv ≈ RUS 57 K4
Tagânt ▲ RIM 104 C5
Tagaste = Souk Ahras ☆ DZ 107 K2
Taggia ◉ I 48 C5
Taghit ◉ DZ 106 E5
Tagliamento ~ I 49 H2
Tagora Plain ≐ EAT 114 E5
Tagua, Río ~ CO 146 C6
Taguaruçu, Ribeiro ~ BR 150 C4
Tagula Island ⌒ PNG 83 O9
Tagum ☆ RP 83 J5
Tahaa, Île ⌒ F 97 L4
Tahanea Atoll ⌒ F 97 M4
Tahiti, Île ⌒ F 97 M4
Tahoua ☆ RN 104 G6
Tahtaköpir ☆ UZ 64 J2
Tahtalı Dağları ▲ TR 64 D3
Tahuamanu, Río ~ BOL 149 F7
Tahulandang, Pulau ⌒ RI 82 H6
Taia ~ WAL 110 D6
Taiaro Atoll ⌒ F 97 N4
Taieri River ~ NZ 99 C6
Ṭā'if, aṭ- ◉ KSA 64 E6
Taigetos ▲ GR 54 E5
Taihang Shan ▲ CN 77 H4
Taimā' ◉ KSA 64 D5
Tain ~ GH 111 J6
Taipeh = Taipei ★ RC 79 M4
Taipei ★ RC 79 M4
Taiping ◉ MAL 85 C9
Taishan Liedao ⌒ CN 79 M3
Taiwan ⌒ RC 75 N7
Taiwan = Taiwan ⌒ RC 75 N7
Taiwan Haixia = Taiwan Strait ≈ 75 M7
Taiwan Strait ≈ 75 M7
Taiyuan ☆ CN 77 G3
Taiyue Shan ▲ CN 77 H3
Taizhou Wan ≈ CN 79 M2
Taizi He ~ CN 80 D3
Tajgonos, poluostrov ⌒ RUS 63 d5
Tajmura ~ RUS 62 R5
Tajmyr, poluostrov ⌒ RUS 62 P2
Tajmyr = poluostrov Tajmyr ≐ RUS 62 P2
Tajo, Río ~ E 18 K8
Tajo, Río ~ E 40 C5
Tajo, Río ~ E 40 E4
Tajo, Río ~ E 43 H4
Tajo, Río ~ E 44 D2
Tajšet ☆ RUS 62 Q6
Tajuña, Río ~ E 40 E4
Taka Atoll ⌒ MH 94 F3
Takahashi-gawa ~ J 81 J6
Takapoto Atoll ⌒ F 97 M3
Takaroa Atoll ⌒ F 97 N3
Take Shima ⌒ J 81 H8
Take-shima = Tokdo ⌒ ROK 81 H5
Tākestān ☆ IR 64 F3
Takla River ~ CDN 124 G4
Takoradi, Sekondi- ◉ GH 111 K7
Takovo ◉ SRB 52 E2
Takrīt ☆ IRQ 67 K5
Takume Atoll ⌒ F 97 N4
Taku River ~ CDN 124 D2
Takutea Island ⌒ CK 97 J4
Talahāt, Ša'īb at- ~ IRQ 67 K7
Talas ☆ KG 65 L2
Talaud, Kepulauan ⌒ RI 83 J6
Talavera de la Reina ◉ E 42 F5
Talbragar River ~ AUS 93 K2
Talca ☆ RCH 152 C5
Taldom ☆ RUS 39 P3
Taldykorgan ☆ KZ 62 M8
Tāleš, Kūhhā-ye ▲ IR 67 N4
Talḫe Rūd ~ IR 67 M3
Taliabu, Pulau ⌒ RI 82 H7
Talkeetna Mountains ▲ USA 122 G4
Tallahassee ☆ USA 134 F4
Tallin = Tallinn ★ EST 38 H2
Tallinn ★ EST 38 H2
Tall Šāgir Bāzār ◉ SYR 67 H4
Talsen = Talsi ☆ LV 38 H3
Taltson River ~ CDN 122 O4
Talyawalka Anabranch ~ AUS 92 G2
Tamale ☆ GH 111 K5
Tamana ⌒ KIR 95 H6
Tamanrasset, Oued ~ DZ 104 F4
Tamanskij zaliv ≈ RUS 57 K5
Tamar ~ GB 27 E11
Tamar River ~ AUS 93 J6
Tamarugal, Pampa del ≐ RCH 144 F8
Tamatave = Toamasina ☆ RM 113 L5
Tamaya, Río ~ PE 149 E6
Tamazunchale ◉ MEX 136 E2
Tambacounda ☆ SN 110 D3
Tamba-kōchi ▲ J 81 K6
Tambelan, Kepulauan ⌒ RI 82 E6
Tambo, Río ~ PE 149 E7
Tambo, Río ~ PE 149 F10
Tambopata, Río ~ PE 149 G8
Tambo River ~ AUS 93 J4
Tambov ☆ RUS 39 R5
Tambo Yacu, Río ~ PE 148 D2
Tambre, Río ~ E 42 B2
Tamdytov toglari ▲ UZ 64 J2
Tâmega, Rio ~ P 40 C4
Tamegroute ◉ MA 106 D5
Tamesí, Río ~ MEX 136 E1
Tamiami Canal ~ USA 135 H6
Tamiš ~ SRB 52 E1
Tamlelt, Plaine de ≐ MA 106 E4
Tammerfors = Tampere ◉ FIN 21 L6
Tammisaari = Ekenäs ◉ FIN 21 L7
Tammū, Jabal ▲ LAR 105 H4
Tampa Bay ≈ USA 129 K5
Tampere ◉ FIN 21 L6
Tampico ◉ MEX 136 F1
Tamqué, Massif du ▲ RG 110 D3
Tamsweg ☆ A 35 J9
Tana ~ EAK 113 J2
Tana ~ N 20 M2
Tana ~ N 20 O1
Tana ⌒ VU 96 C4
Tana = Antananarivo ★ RM 113 L5
Tanafjorden ≈ N 20 O1
Tanah ≐ MAL 85 C9
Tanami Desert ≐ AUS 90 G3
Tanamiwüste = Tanami Desert ≐ AUS 90 G3
Tân An ☆ VN 85 E6
Tananarive = Antananarivo ★ RM 113 L5
Tanana River ~ USA 122 G4
Tana River Delta ≐ EAK 115 H5
Tanaro ~ I 25 L10
Tanaro ~ I 48 D4
Tanārut, Wādī ~ LAR 107 M5
Tanbaoura, Falaise de ▲ RMM 110 E3
Tanderiouel ~ RMM 111 K2
Tanega-shima ⌒ J 75 P5
Tanen Taunggyi ▲ T 84 B3
Tanew ~ PL 37 J6
Tanezrouft ≐ RMM 104 E4
Tanezrouft-Tan-Ahenet ≐ DZ 104 F4
Tanga Islands ⌒ PNG 83 O7
Tangarana, Río ~ PE 149 D3
Tanger ☆ MA 44 D6
Tanger = Tanger ☆ MA 44 D6
Tangermünde ◉ D 34 G4
Tange-ye Hormoz ≈ 64 H5
Tanggula (Dangla) Shan ▲ CN 74 G5
Tang He ~ CN 77 H5
Tang He ~ CN 77 J2
Tangier = Tanger ☆ MA 44 D6
Tanhuijo, Arrecife ⌒ MEX 136 F2
Taniantaweng Shan ▲ CN 74 H5
Tanimbar, Kepulauan ⌒ RI 83 K8
Taning Hka ~ MYA 73 K2
Taninthari ☆ MYA 84 B4
Taninthāri Taing ▲ MYA 84 B4
Tanja = Tanger ☆ MA 44 D6
Tanjore = Thanjavur ☆ IND 71 E5
Tanjungkarang = Bandar Lampung ☆ RI 82 E8
Tanjungpinang ☆ RI 82 D6
Tanjung Selor ☆ RI 82 G6
Tanjurer ~ RUS 63 g4
Tankwarivier ~ ZA 116 D6
Tannis Bugt ≈ DK 22 F3
Tano ~ GH 111 J7
Tano ~ GH 111 J6
Tano River ~ GH 111 J7
Tanougou, Cascades de ~ BJ 111 L4
Tanumshede ☆ S 22 G2
Tanzilla Plateau ▲ CDN 124 E2
Tanzilla River ~ CDN 124 E2
Tao He ~ CN 76 C3
Tao Jiang ~ CN 79 J4
Taolagnaro ◉ RM 113 L6
Taongi Atoll ⌒ FSM 94 F3
Taormina ◉ I 51 J5
Tapajós, Rio ~ BR 145 H6
Tapalpa ◉ MEX 136 B2
Tapari ~ SUD 114 C1
Tapauá, Rio ~ BR 144 F6
Tāpi ~ IND 69 D9
Tāpi ~ IND 69 F9
Tapiau = Gvardejsk ☆ RUS 38 G4
Tapiche, Río ~ PE 148 D5
Tápió ~ H 37 G9
Tapiocanga, Chapada do ▲ BR 150 G2
Tapirapecó, Sierra ▲ YV 144 F4
Tapul Group ⌒ RP 82 H5
Taq-e Bostān ◉ IR 67 M5
Taquari, Rio ~ BR 145 H8
Taquari, Rio ~ BR 150 C3
Taquari, Rio ~ BR 150 F5
Taquile, Isla ⌒ PE 149 G9
Tara ~ MNE 46 G3

Tara ☆ RUS 62 L6
Tarābulus ≐ LAR 104 H2
Tarābulus ★ LAR 104 H2
Tarābulus ☆ RL 66 F5
Tarach ~ EAK 114 E2
Tarahumara, Sierra ▲ MEX 128 E5
Taraira, Río ~ CO 148 G2
Tarakoikoia Island ◠ NZ 99 a2
Tarangire ~ EAT 114 F6
Taransay ◠ GB 26 B4
Taranto ☆ I 51 L2
Taranto, Golfo di ≈ I 18 P7
Tararua Range ▲ NZ 99 E4
Taras ☆ KZ 62 L9
Tarascon ◉ F 33 J5
Tarauacá, Rio ~ BR 144 E6
Taravo ~ F 33 N7
Tarawa ★ KIR 94 G5
Tarawa Atoll ◠ KIR 95 G5
Tarbagataj žotasy ▲ KZ 62 N8
Tarbes ☆ F 32 E5
Tardenois ≐ F 31 L5
Tardes ~ F 32 G2
Tardoire ~ F 25 H10
Tarfa, Wādī ṭ- ~ ET 108 E3
Tarfaya ≐ MA 106 B6
Târgovište ☆ BG 53 L3
Târgoviște ☆ RO 56 D5
Târgu Jiu ☆ RO 56 C5
Târgu Mureș ☆ RO 56 D4
Tarija ☆ BOL 144 G9
Tariku ~ RI 83 L7
Tarīm ◉ YEM 64 F7
Tarim He ~ CN 74 E3
Taritatu ~ RI 83 L7
Tarka ~ ZA 117 G6
Tarko-Sale ☆ RUS 62 M5
Tarn ~ F 25 H11
Tarn ~ F 32 G5
Tarn ~ F 32 H4
Tarna ~ H 37 G9
Târnava Mare ~ RO 56 C4
Tarnobrzeg ◉ PL 36 H6
Tarnów ◉ PL 37 G6
Taro ~ I 48 E4
Tarong ~ CN 73 L1
Taroudannt ◉ MA 106 B5
Tarowa = Tarawa ★ KIR 94 G5
Tarquinia ◉ I 48 G6
Tarragona ◉ E 43 M3
Tarrajäkkå ~ S 20 H3
Tar River ~ USA 135 J1
Tarso Emissi ▲ TCH 105 J4
Tartarischer Sund = Tatarskij proliv ≈ RUS 63 Z7
Tartlau = Prejmer ◉ RO 56 D5
Tartu ☆ EST 38 K2
Tarusa ◉ RUS 39 P4
Tarutyne ☆ UA 56 F4
Tašauz = Dašhovuz ☆ TM 64 H2
Taschkent = Toshkent ★ UZ 65 K2
Taseko River ~ CDN 124 J6
Taşeli Yaylâsı ≐ TR 66 E4
Ta Shan ▲ CN 78 G3
Tåsinge ◠ DK 22 F5
Taškent = Toshkent ★ UZ 65 K2
Tasman Bay ≈ NZ 96 D9
Tasmania ◠ AUS 90 J8
Tasmanien = Tasmania ◠ AUS 90 J8
Tasman Islands ◠ PNG 94 D6
Tasman Mountains ▲ NZ 99 D4
Tasman Peninsula ◠ AUS 91 K8
Tasman Sea ≈ 96 B8
Tasmansee = Tasman Sea ≈ 96 B8
Tassili du Hoggar ▲ DZ 104 F5
Tassili n'Ajjer ▲ DZ 104 G3
Tata, Oued ~ MA 106 B5
Tatabánya ☆ H 37 E9
Tatakoto Atoll ◠ F 97 O4
Tataouine ☆ TN 107 L4
Tatarbunary ☆ UA 56 F5
Tatarsk ☆ RUS 62 M6
Tatarskij proliv ≈ RUS 63 Z7
Tatra = Tatry ▲ 19 P6
Tatry ▲ 19 P6
Tatvan ◉ TR 67 K3
Tauber ~ D 35 E7
Tauberbischofsheim ◉ D 35 E7
Tauere Atoll ◠ F 97 N4
Ta'u Island ◠ USA 97 H3
Taujskaja guba ≈ RUS 63 a6
tau Mūgodžor ▲ KZ 19 X6
Taunga ◠ TO 98 c1
Taunggyi ☆ MYA 73 K4
Taunus ▲ D 28 H3
Taunus ▲ D 35 D6
Tauragė ☆ LT 38 H4
Tauranga Harbour ≈ NZ 99 E2
Taurion ~ F 32 F3
Tauroggen = Tauragė ☆ LT 38 H4
Taurus = Toros Dağları ▲ TR 64 C3
Tauste ◉ E 43 J3
Tauu Islands ◠ PNG 94 D6
Tavda ~ RUS 62 J6
Tavestehus = Hämeenlinna ☆ FIN 21 L6
Taveuni ◠ FJI 96 F4
Tavignano ~ F 33 O6
Tavira ◉ P 44 C4
Tavol ~ VU 98 a2
Tavolara, Isola ◠ I 46 B4
Tavoliere ≐ I 46 E4
Távora, Rio ~ P 42 C3
Tavropós ~ GR 54 D4
Tavşan Adaları ◠ TR 55 H3
Taw ~ GB 27 F11
Tawan Hka ~ MYA 73 K1
Tawila, Ğazīrat ◠ ET 108 F4
Tawitawi Island ◠ RP 82 H5
Tāwūq ☆ IRQ 67 L5
Tāwūq Čāy ~ IRQ 67 L5
Taxco de Alarcón ◉ MEX 136 E3
Taxila ◉ PK 68 D3
Tay ~ GB 24 E4
Tay, Firth of ≈ GB 24 F4
Tāyebād ◉ IR 64 J4
Tây Ninh ☆ VN 84 F6
Tayside ≐ GB 26 F4
Ta Yü ◠ RC 75 M7
Taz ~ RUS 62 N4
Tazovskaja guba ≈ RUS 62 L4
Tazovskij ☆ RUS 62 M4
Tazovskij poluostrov ≐ RUS 62 L4
Tbaeng Mean Chey ☆ K 84 E5
Tbessa = Tébessa ☆ DZ 107 K3
Tbilisi ★ GE 57 N7
Tchibanga ☆ G 112 D2
Tchingou, Massif de ▲ F 98 b3
Tczew ◉ PL 36 E2
Tebaga, Jebel ▲ TN 107 L4
Tebenkopf Bay ≈ USA 124 C3
Tébessa ☆ DZ 107 K3
Tebicuary, Río ~ PY 151 A7
Téboursouk ◉ TN 107 L2
Tecer Dağları ▲ TR 66 G3
Tech ~ F 32 G6
Tees ~ GB 24 F5
Tefé, Rio ~ BR 144 F6
Tégouma ~ RN 104 G5
Tegua ◠ VU 96 C3
Tegucigalpa ★ HN 137 L5
Tehachapi Mountains ▲ USA 131 E8
Teheran = Tehrān ★ IR 64 G3
Tehrān ★ IR 64 G3
Tehuacán ◉ MEX 136 F3
Tehuantepec, Golfo de ≈ MEX 128 G7
Tehuantepec, Istmo de ≐ MEX 128 G7
Tehuantepec, Río ~ MEX 137 G4
Teifi ~ GB 27 F9
Tejkovo ☆ RUS 39 R3
Tejo, Rio ~ BR 149 E6
Tejo, Rio ~ P 40 B5
Tekeağaç ◠ GR 47 L6
Teke Burnu ◠ TR 47 K5
Tekek, Kampung ◉ MAL 85 E10
Tekezē Wenz ~ ETH 105 N6
Tekhammat, Oued ~ DZ 107 L7
Tekirdağ ☆ TR 53 M6
Tekouiat, Oued ~ DZ 104 F4
Tel ~ IND 72 C4
Tela, Bahía de ≈ HN 137 L4
Telanaipura = Jambi ☆ RI 82 D7
Telč ◉ CZ 37 B7
Telegraph Range ▲ CDN 124 J5
Telekitonga ◠ TO 98 b2
Teleneşt' = Teleneşti ☆ MD 56 F4
Teleneşti ☆ MD 56 F4
Teleneštу = Teleneşti ☆ MD 56 F4
Teleno, Sierra del ▲ E 42 D2
Teleorman ~ RO 56 D5
Telfer ◉ AUS 90 E4
Tellatlas = Atlas Tellien ▲ DZ 104 E2
Telouèt ◉ MA 106 C5
Telšiai ☆ LT 38 H4
Teltow ≐ D 34 J4
Teltsch = Telč ◉ CZ 37 B7
Telukbetung = Bandar Lampung ☆ RI 82 E8
Teluk Bone ≈ RI 82 G7
Teluk Cenderawasih ≈ RI 83 L7
Teluk Datu ≈ MAL 82 E6
Teluk Intan ◉ MAL 85 C9
Teluk Kamrau ≈ RI 83 K7
Teluk Tomini ≈ RI 82 G7
Tely ~ CGO 114 A2
Téma ◉ GH 111 K7
Tematangi Atoll ◠ F 97 N5
Tembeling ◉ MAL 85 D9
Tembenči ~ RUS 62 Q4
Tembladoras, Laguna ≈ MEX 137 H5
Temboeland ≐ ZA 117 J5
Teme ~ GB 27 G9
Temerloh ◉ MAL 85 D10
Temeschwar = Timişoara ☆ RO 52 E1
Témiscamie, Rivière ~ CDN 126 H3
Témiscouata-sur-le-Lac ◉ CDN 127 K5
Temoe Atoll ◠ F 97 P5
Témpe ~ GR 47 J5
Templin ◉ D 34 J3
Temryjukskij zaliv ≈ RUS 57 K5
Temuco ☆ RCH 152 C5
Tena ☆ EC 148 B2
Tenaker Inlet ≈ USA 124 C2
Tenassorim = Tanintharī ~ MYA 84 B4
Tenby ◉ GB 27 E10
Ten Degree Channel ≈ IND 82 B5
Tendrivs'ka Kosa ≐ UA 56 G4
Ténéré ≐ RN 104 H5
Ténéré du Tafassasset ≐ RN 104 G4
Tenerife ◠ E 104 B3
Tengger Shamo ≐ CN 76 C2
Tenggol, Pulau ◠ MAL 85 D9
Tengréla ☆ CI 111 G4
Tenkodogo ☆ BF 111 K4
Tenna ~ I 49 J6
Tennant Creek ◉ AUS 90 G3
Tennessee River ~ USA 128 J3
Tennessee River ~ USA 134 D2
Teno ~ FIN 20 N2
Tenouchchad, Oued ~ WSA 106 B7
Tenryu-gawa ~ J 81 L6
Tensift, Oued ~ MA 106 B5
Tenterden ◉ GB 27 K10
Ten Thousand Islands ◠ USA 135 H7
Teofipol' ☆ UA 56 E3
Tepeji del Río ◉ MEX 136 E3
Tepelenë ◉ AL 52 D6
Tepic ☆ MEX 136 B2
Teploe ☆ RUS 39 P5
Teques, Los ☆ YV 147 G2
Tequila ◉ MEX 136 C2
Ter, el ~ E 41 H3
Ter, el ~ E 43 N2
Tera, Río ~ E 40 C3
Teraina ◠ KIR 95 M5
Teramo ☆ I 49 J6
Teratani ~ PK 68 B5
Terceira, Ilha ◠ P 18 F8
Tercero, Río ~ RA 152 E4
Tereblja ~ UA 56 C3
Terebovlja ☆ UA 56 D3
Terek ~ RUS 57 O6
Terek ~ RUS 57 P6
Terek, Stari ~ RUS 57 P6
Térékolé ~ RMM 110 E2
Terémba, Baie de ≈ F 98 b3
Terengganu ~ MAL 85 D9
Terengganu, Kuala ☆ MAL 85 D9
Teresina ☆ BR 145 L6
Teresva ~ UA 37 K8
Termas de Río Hondo ◉ RA 152 E3
Termez ☆ UZ 65 K3
Termini Imerese, Golfo di ≈ I 50 G4
Términos, Laguna de ≈ MEX 128 H7
Ternate ☆ RI 83 J6
Terni ☆ I 48 H6
Tern Island ◠ USA 95 L1
Ternopil' ☆ UA 56 D3
Ternopol' = Ternopil' ☆ UA 56 D3
Terou ~ BJ 111 L5
Terpenija, zaliv ≈ RUS 63 Z8
Tersa ~ RUS 57 N2
Terschelling = Skylge ◠ NL 28 H2
Teruel ☆ E 43 J4
Tes-Hem ~ RUS 74 H2
Teshio-gawa ~ J 81 O1
Teshio-santi ▲ J 81 O1
Teslin River ~ CDN 122 K4
Tessaout, Oued ~ MA 106 C5
Test ~ GB 27 H10
Testigos, Islas Los ◠ YV 147 J2
Têt ~ F 25 J11
Tetagouche River ~ CDN 127 L5
Tete ☆ MOC 113 H5
Teteriv ~ UA 56 F2
Teteriv ~ UA 56 F3
Teterow ◉ D 34 H3
Tetiaroa Atoll ◠ F 97 M4
Tetijiv ☆ UA 56 F3
Tétini ▲ RG 110 F5
Teton River ~ USA 130 J2
Tétouan ◉ MA 44 E6
Tetouan = Tétouan ◉ MA 44 E6
Tetovo ◉ MK 52 F4
Tetulia ~ BD 73 G3
Teučežsk = Adygejsk ☆ RUS 57 L5
Teuco, Río ~ RA 152 E2
Teufelsmoor ≐ D 34 E3
Teuri-tō ◠ J 81 N1
Teutoburger Wald ▲ D 28 J2
Tevere ~ I 46 D3
Tevriz ☆ RUS 62 L6
Te Waewae Bay ≈ NZ 99 A7
Tewkesbury ◉ GB 27 G9
Texel ◠ NL 28 H2
Teza ~ RUS 39 R3
Tezpur ◉ IND 73 H1
Tha ~ LAO 84 C1
Thaba Putsoa ▲ LS 117 H5
Thái Bình ☆ VN 84 F1
Thái Hòa ☆ VN 84 E2
Thailand, Gulf of ≈ 82 D4
Thái Nguyên ☆ VN 78 D6
Tha Khaek ☆ LAO 84 E3
Thāl Desert ≐ PK 68 C4
Thale Luang ≈ T 82 D5
Thames ~ GB 18 M5
Thames ~ GB 27 K10
Thames, Firth of ≈ NZ 99 E2
Thames River ~ CDN 126 D7
Thanh Hóa ☆ VN 84 E2
Thành Phô Hô Chí Minh ☆ VN 85 E6
Thanh So'n ☆ VN 78 D6
Thanjavur ◉ IND 71 E5
Than Kyun ◠ MYA 85 A7
Thanlwin ~ MYA 73 L3
Thanlwin Myit ~ MYA 82 C3
Thanlyin ◉ MYA 73 K6
Than Uyên ☆ VN 78 C6
Thar Desert ≐ PK 65 K5
Thássos ◉ GR 54 G2
Thássos ◠ GR 19 Q7
Thássou, Diávlos ≈ GR 54 G2
Thât Khê ☆ VN 78 D5
Thatta ◉ PK 65 K6
Thaya ~ A 37 B8
The Aldermen Islands ◠ NZ 99 F2
Theben = Thíva ◉ GR 54 F4
The Brothers ◠ YEM 64 G8
The Brothers = Lloyd Rock ◠ BS 139 G4
The Calvados Chain ◠ PNG 83 O9
The Catlins ≐ NZ 99 B7
The Deeps ≈ GB 26 H1
The Fens ≐ GB 27 J9
The Fourty Fours ◠ NZ 96 F9
The Grampians ▲ AUS 92 G4
The Grenadines ◠ WV 129 O8
Theiß = Tisza ~ H 19 Q6
Thelle, Pays de ≐ F 31 J5
The Long Mynd ▲ GB 27 F9
Thelon River ~ CDN 122 P4
The Minch ≈ GB 24 D4
The North Sound ≈ GB 26 G2
The Pennines ▲ GB 24 F5
Thermaïkós Kólpos ≈ GR 47 J4
The Sisters ◠ NZ 99 a1
The Slot = New Georgia Sound ≈ SOL 94 D7
Thesprotía ≐ GR 54 C3
Thessalía ≐ GR 47 H5
Thessaloníki ☆ GR 54 F2
Thessaloníkis, Kólpos ≈ GR 54 E2
Theth ◉ AL 52 D4
The Trossachs ▲ GB 26 E5
The Wash ≈ GB 18 M5
The Weald ≐ GB 27 J10
The Wolds ≐ GB 27 J8
Thiers ◉ F 32 H3
Thiès ☆ SN 110 B2
Thika ~ EAK 115 F4
Thimerais ≐ F 30 H6
Thimphu ★ BHT 65 O5
Thinbôn Kyûn ◠ MYA 73 G4
Þingvellir ≐ IS 20 c2
Thíra ◉ GR 55 H6
Thíra ◠ GR 47 K6
Thirasía ◠ GR 55 H6
Thiruvananthapuram ☆ IND 70 C6
Thisted ◉ DK 22 D4
Þistilfjörður ≈ IS 20 f1
Thistle Island ◠ AUS 92 D3
Thíva ◉ GR 54 F4
Thị Xã So'n Tây ☆ VN 82 E2
Þjórsá ~ IS 20 d2
Thlewiaza River ~ CDN 123 R4
Thomas-Müntzer-Stadt Mühlhausen = Mühlhausen (Thüringen) ☆ D 34 F5
Thompson River ~ AUS 93 J4
Thompson River ~ CDN 124 K6
Thompson River, North ~ CDN 124 K6
Thompson River, South ~ CDN 125 L6
Thomson River ~ AUS 90 J5
Thonon-les-Bains ◉ F 33 L2
Thorn = Toruń ☆ PL 36 E3
Thorshavn = Tórshavn ☆ FO 24 D1
Thouars ◉ F 32 D2
Thouet ~ F 25 G9
Thousand Islands ◠ CDN 126 F6
Thráki ≐ GR 47 K4
Thrakikó Pélagos ≈ GR 47 K4
Three Hummock Island ◠ AUS 93 H6
Three Kings Islands ◠ NZ 96 C7
Thrissur ◉ IND 70 C5
Thua ~ EAK 113 J2
Thuận Châu ☆ VN 78 C6
Thu Bôn ~ VN 84 G4
Thủ Dầu Một ☆ VN 84 F6
Thüringer Wald ▲ D 29 L3
Thule = Qaanaaq ◉ DK 123 X1
Thun ◉ CH 35 C10
Thunder Bay River ~ USA 132 F3
Thur ~ CH 35 D9
Thurso ~ GB 26 F3
Tiangol Louguéré ~ SN 110 C2
Tiângol Lougguéré ~ SN 110 C2
Tianjin ☆ CN 77 K2
Tianmu Shan ▲ CN 77 L6
Tian Shan ▲ CN 65 L2
Tiaret ☆ DZ 107 G3
Tiber = Tevere ~ I 46 D3
Tibesti ▲ TCH 105 J4
Tibesti, Sarīr ≐ LAR 105 J4
Tibleşului, Munţii ▲ RO 56 C4
Tibro ☆ S 22 K2
Tiburon ◠ RH 139 H5
Tiburón, Isla ◠ MEX 128 D5
Tichit ◉ RIM 104 D5
Tichkatine, Oued ~ DZ 104 F5
Ticinese, Alpi ▲ CH 46 B1
Ticino ~ I 48 D3
Tidaholm ☆ S 22 J2
Tidan ~ RUS 22 K2
Tidikelt, Plaine du ≐ DZ 104 F3
Tidjikja ☆ RIM 104 C5
Tiéblé ◉ BF 111 K4
Tiemba ~ CI 111 G5
Tiên Giang ~ VN 85 E6
Tienschan = Tian Shan ▲ CN 65 L2
Tientsin = Tianjin ☆ CN 77 K2
Tiên Yên ☆ VN 78 E6
Tierra de Barros ≐ E 40 C5
Tierra de Cameros ≐ E 43 H2
Tierra de Campos ≐ E 40 D3
Tierra del Pan ≐ E 42 C3
Tiétar, Río ~ E 40 D4
Tiétar, Río ~ E 42 E4
Tietê, Rio ~ BR 150 E4
Tifernine, Erg ≐ DZ 107 K7
Tiflis = Tbilisi ★ GE 57 N7
Tiga, Île ◠ F 98 c3
Tigazū ~ MYA 73 J2
Tighina = Bender ◉ MD 56 F4
Tigre, Isla ◠ PE 148 F3
Tigre, Río ~ PE 144 D5
Tigre, Río ~ YV 147 J3
Tigris = Dicle Nehri ~ TR 64 E3
Tigris = Diğla ~ IRQ 64 E3
Tigzerte, Oued ~ MA 106 B6
Tihāma ≐ YEM 64 F7
Tihuatlán ◉ MEX 136 E2
Tihvin ☆ RUS 39 N2
Tihvinka ~ RUS 39 N2
Tihvinskaja grjada ▲ RUS 39 N2
Tijucas, Enseada de ≈ BR 151 F7
Tijuco, Rio ~ BR 150 F3
Tijucu, Rio ~ BR 150 F3
Tikehau Atoll ◠ F 97 L4
Tikei, Île ◠ F 97 N3
Tikopia ◠ SOL 94 F8
Tiksi ☆ RUS 63 W3
Tikveš ≐ MK 52 F5
Tiladummati Atoll ◠ MV 70 B7
Tilaiya ◉ IND 72 D2
Tilāl an-Nūba ▲ SUD 105 M6
Tilemsi ≐ RIM 111 H2
Tilemsi ~ RMM 104 F5
Tilia, Oued ~ DZ 106 G7
Tilimsān = Tlemcen ☆ DZ 45 J7
Tillabéri ☆ RN 111 L2
Tillamook Bay ≈ USA 130 B3
Tillanchang Dwip ◠ IND 71 a5
Tilos ◠ GR 47 L6
Tilsit = Sovetsk ◉ RUS 38 G4
Timanrücken = Timanskij krjaž ▲ RUS 19 V2
Timanskij krjaž ▲ RUS 19 V2
Timargarha ◉ PK 68 C2
Timbo River ~ LB 110 F7
Timbuktu = Tombouctou ◉ RMM 104 E5
Timedratine, Oued ~ DZ 107 L6
Timeldjame, Oued ~ DZ 107 H6
Timétrine, Djebel ▲ RMM 104 E5
Timimoun ◉ DZ 106 F6
Timiș ~ RO 52 F1
Timiș ~ RO 56 C5
Timișoara ☆ RO 52 E1
Timissit, Oued ~ DZ 107 L6
Timok ~ SRB 47 J3
Timor ◠ 82 J8
Timor Sea ≈ 90 F2
Timorsee = Timor Sea ≈ 90 F2
Timpahute Range ▲ USA 131 G7
Timpton ~ RUS 63 W6
Timur, Banjaran ▲ MAL 85 D9
Tina ~ ZA 117 J5
Tinakula Island ◠ SOL 94 E8
Tinderry Range ▲ AUS 93 K3
Tindouf ☆ DZ 106 B7
Tindouf, Hamada de ≐ DZ 106 B7
Tinggi ◠ MAL 85 C9
Tinggi, Pulau ◠ MAL 85 E10
Tingi Mountains ▲ WAL 110 E5
Tingsryd ☆ S 23 L4
Tingvoll ☆ N 20 D5
Tinhert, Hamada de ≐ DZ 104 G3
Tinh Gia ☆ VN 84 E2
Tinian ◠ USA 83 M4
Tinja ~ BIH 49 O4
Tin Jiang ~ CN 79 K4
Tinkisso ~ RG 104 C6
Tinnevelly = Tirunelveli ◉ IND 70 D6
Tinos ◠ GR 47 K6
Tinrhert, Plateau du ▲ DZ 107 J7
Tinto, Río ~ E 44 D4
Tinto Hills ▲ GB 26 F6
Tioman, Pulau ◠ MAL 82 D6
Tipitapa ◉ NIC 137 L6
Tippecanoe River ~ USA 132 E5
Tiputini, Río ~ EC 148 C2
Tiracambu, Serra do ▲ BR 145 K6
Tirahart, Oued ~ DZ 104 F4
Tīrān, Ğazīrat ◠ KSA 109 G4
Tirana = Tiranë ★ AL 52 D5
Tiranë ★ AL 52 D5
Tirasberge ▲ NAM 116 C2
Tiraspol ☆ MD 56 F4
Tirband-e Torkestān, Selsele-ye Kūh-e ▲ AFG 65 K3
Tiree ◠ GB 24 D4
Tîrgu Mureș = Târgu Mureș ☆ RO 56 D4
Tirhemar, Oued ~ DZ 107 J7
Tirhut ≐ IND 72 D1
Tirschenreuth ☆ D 35 H7
Tirso ~ I 46 B5
Tiruchchendūr ◉ IND 71 E6
Tiruchchirāppalli ◉ IND 71 E5
Tiruchi = Tiruchchirāppalli ◉ IND 71 E5
Tirukkalukkunram ◉ IND 71 F4
Tirumala ◉ IND 71 E4
Tirunelveli ◉ IND 70 D6
Tirupati ◉ IND 71 E4
Tirupparangunram ◉ IND 70 D6
Tiruvannāmalai ◉ IND 71 E4
Tisa ~ SRB 47 H2
Tisa ~ UA 56 C3
Tisnaiet, Oued ~ DZ 107 J6
Tissemsilt ☆ DZ 107 G3
Tista ~ BD 72 F1
Tisza ~ H 19 Q6
Tisza ~ H 29 Q5
Tisza ~ H 37 J8
Tiszántúl ≐ H 37 G10
Titarísios ~ GR 54 E3
Titishima-rettō ◠ J 75 R6
Titograd = Podgorica ★ MNE 52 D4
Titova Mitrovica = Mitrovicë ◉ RKS 52 E4
Tittabawassee River ~ USA 132 F3
Titwān = Tétouan ◉ MA 44 E6
Tiva ~ EAK 115 G4
Tivoli ◉ I 48 H7
Tizi Ouzou ☆ DZ 107 J2
Tiznados, Río ~ YV 147 G3
Tiznit ◉ MA 106 A6
Tjasmyn ~ UA 56 H3
Tjörn ◠ S 21 E8
Tjukalinsk ☆ RUS 62 L6
Tjukjan ~ RUS 63 U4
Tjulenij, ostrov ◠ RUS 57 P5
Tjumen' ☆ RUS 62 K6
Tjung ~ RUS 63 V4
Tjurkö ◠ S 23 L4
Tjust ≐ S 23 M3
Tkon ◉ HR 49 L5
Tlacolula ◉ MEX 136 F4
Tlacotalpan ◉ MEX 136 F3
Tlapaneco, Río ~ MEX 136 E3
Tlaquepaque ◉ MEX 136 B2
Tlaxcala ☆ MEX 136 E3
Tlaxcala de Xicohténcatl = Tlaxcala ☆ MEX 136 E3
Tlemcen ☆ DZ 45 J7
Tlemcen, Monts de ▲ DZ 106 F3
Tlevak Strait ≈ USA 124 D4
Tmente ≐ NL 31 O2
Toamasina ☆ RM 113 L5
Toano Range ▲ USA 130 G5
Toau Atoll ◠ F 97 M4
Tobacco Range ▲ BZ 137 K4
Tobacco Root Mountains ▲ USA 130 H3
Tobago ◠ TT 129 O8
Toba Inlet ≈ CDN 124 H6
Toba Kākar Range ▲ PK 65 K4
Tobejuba, Isla ◠ YV 147 K3
Tobermory ◉ CDN 126 C6
Tobi Island ◠ PAL 83 K6
Tobique River ~ CDN 127 L5
Tobishima ◠ J 81 M4
Tobol ~ RUS 62 K6
Tobol'sk ☆ RUS 62 K6
Tobourougou ~ CI 111 H5
Tocantins, Rio ~ BR 145 K6
Tocantins, Rio ~ BR 145 K7
Toce ~ I 48 D2
Tochi ~ PK 68 B3
Tocuyo, Río ~ YV 147 F2
Todi ◉ I 48 H6
Tölz, Bad ☆ D 35 G9
Töreboda ☆ S 22 K2
Tofua ◠ TO 96 F5
Toga ◠ VU 98 A1
Togian, Kepulauan ◠ RI 82 H7
Tohma Çayı ~ TR 66 G3
Tohoku ≐ J 81 N5
Tokaj ◉ H 37 H8
Tokara-kaikyō ≈ J 75 O5
Tokara-rettō ◠ J 75 O6
Tokat ☆ TR 66 G2
Tokdo ◠ ROK 81 H5
Tokelau Islands ◠ NZ 95 K7
Tokke ~ N 22 C1
Tokmak ~ UA 57 J4
Toku ◠ TO 96 G4
Tokuno Shima ◠ J 75 O6
Toky, Chute ~ CGO 114 B3
Tōkyō-wan ≈ J 81 M6
Tol ◠ FSM 94 C4
Tōlanaro = Taolagnaro ◉ RM 113 L6
Tolbuhin = Dobrič ☆ BG 53 M3
Toledo ☆ E 42 F5
Toledo, Montes de ▲ E 40 D5
Toliara ☆ RM 113 K6
Tol'jatti ☆ RUS 19 V5
Tolkmicko ◉ PL 36 F2
Tollense ~ D 34 J3
Tollja, zaliv ≈ RUS 62 Q2
Tolnai-Hegyhát ▲ H 37 E10
Tolo, Teluk ≈ RI 82 H7
Toluca ☆ MEX 136 D3
Toluca de Lerdo = Toluca ☆ MEX 136 D3
Tom' ~ RUS 62 O7
Tomales Bay ≈ USA 131 C6
Tomar ◉ P 44 B2
Tomatlán, Río ~ MEX 136 B3
Tombador, Serra do ▲ BR 145 H7
Tombali, Rio ~ RGB 110 C4
Tombigbee River ~ USA 129 J4
Tombigbee River ~ USA 134 D2
Tombouctou ◉ RMM 104 E5
Tominé ~ RG 110 D4
Tominé ~ RG 110 D3
Tomini, Teluk ≈ RI 82 G7
Tomkinson Ranges ▲ AUS 90 F5
Tomma ◠ N 20 F3
Tomman ◠ VU 98 A3
Tomo, Río ~ CO 147 F5
Tomorrit, Mali i ▲ AL 52 E6
Tomsk ☆ RUS 62 O6
Tõ Myit ~ MYA 73 J6
Tonalá ◉ MEX 137 H4
Tønder ◉ DK 22 D6
Tongainsein = Tonga Islands ◠ TO 96 G5
Tonga Islands ◠ TO 96 G5
Tongaland ◠ ZA 117 L3
Tongareva = Penrhyn Atoll ◠ CK 95 M7
Tongariki ◠ VU 98 B3
Tongatapu ◠ TO 96 F5
Tongatapu Group ◠ TO 96 F5
Tongbai Shan ▲ CN 77 H5
Tong Hae = Sea of Japan ≈ 75 P3
Tongjosŏ-man ≈ KP 75 O4
Tonglé Sap ~ K 84 E5
Tongoa ◠ VU 98 B3
Tongshi ◉ CN 78 F7
Tongue ◉ GB 26 E3
Tonimuca, Raudal ~ CO 148 F2
Tonkin, Gulf of ≈ 82 E2
Tônle Kông ~ K 84 F5
Tônle San ~ K 84 F5
Tônle Srepok ~ K 84 F5
Tons ~ IND 72 B2
Tønsberg ☆ N 22 F1
Tonstad ☆ N 22 B2
Tonto, Río ~ MEX 136 F3
Tonumea ◠ TO 98 b2
Topeka ☆ USA 128 G3
Topľa ~ SK 37 H7
Toplica ~ SRB 52 E3
Toplița ◉ RO 56 D4
Topola ◉ SRB 52 E2
Topolnica ~ BG 53 J4
Toquima Range ▲ USA 131 F6
Torbat-e Heidarīye ◉ IR 64 H3
Torbešija ≐ MK 52 F5
Tordino ~ I 49 J6
Torğaj ~ KZ 19 Y5
Torğaj žolaty ≐ KZ 19 Y6
Torğaj üstirti ▲ KZ 19 Y5
Torgau ☆ D 34 H5
Tori ~ SUD 114 C1
Torino ☆ I 48 C3
Torío, Río ~ E 42 E2
Tori-shima ◠ J 75 R5
Torit ☆ SSD 114 D1
Tormes, Río ~ E 40 C4
Tormes, Río ~ E 42 E4
Torneälven ~ S 19 Q2
Torneälven ~ S 20 K3
Torneälven = Tornionjoki ~ FIN 20 L3
Torngat Mountains ▲ CDN 123 Y5
Tornionjoki ~ FIN 20 L3
Toro ◉ E 42 E3
Torö ◠ S 23 N2
Torola, Río ~ ES 137 K6
Toronto ☆ CDN 126 E7
Toropec ☆ RUS 39 M3
Tororo ☆ EAU 114 D3
Toros Dağları ▲ TR 64 C3
Torquay ◉ GB 27 F11
Torres ◉ BR 151 F8
Torres Islands ◠ VU 96 C3
Torres Strait ≈ 83 M8
Torresstraße = Torres Strait ≈ 83 M8
Torsa ~ IND 72 F1
Torsås ☆ S 23 L4
Torsby ☆ S 21 F6
Tórshavn ☆ FO 24 D1
Torsö ◠ S 21 F7
Tortiya ◉ CI 111 H5
Tortosa ◉ E 43 L4
Tortue, Île de la ◠ RH 139 J4
Tortuga, Isla La ◠ YV 144 F2
Toruń ☆ PL 36 E3
Tõrva ◉ EST 38 J3
Torysa ~ SK 37 G7
Toržkovskaja grjada ▲ RUS 39 O3
Toržok ◉ RUS 39 O3
Toša ~ RUS 39 S4
Tosa-wan ≈ J 81 J7
Toscano ▲ I 48 G5
Toshima ◠ J 81 M6
Toshkent ★ UZ 65 K2
Toškent = Toshkent ★ UZ 65 K2
Tosno ☆ RUS 39 M2
Tossa de Mar ◉ E 43 N3
Totes Gebirge ▲ A 35 J9
Totness ☆ SME 145 H3
Totonicapán ☆ GCA 137 J5
Totoya ◠ FJI 98 c3
Touat ≐ DZ 106 F7
Touba ◉ SN 110 C2
Tougourt ◉ DZ 107 K4
Touil, Oued ~ DZ 107 H3
Toulnustouc, Rivière ~ CDN 127 K4
Toulon ☆ F 33 K5
Toulousain ≐ F 32 F5
Toulouse ☆ F 32 F5
Tounassine, Hamada ≐ DZ 106 C6
Toupéti, Île ◠ F 98 c3
Touquet-Paris-Plage, Le ◉ F 30 J4
Toura ~ BF 111 K3
Toura, Monts du ▲ CI 110 G6

★ Hauptstadt (Staat) ☆ Hauptstadt (Bundesland, Provinz, o.ä.) ◉ Ort ▲ Gebirge ◠ Insel, Halbinsel ≐ Landschaft ≈ Ozean, Meer ~ Fluss

Touraine ≐ F 25 H9
Tournai ◉ B 31 L4
Tourou ~ RG 110 F5
Tours ☆ F 32 E1
Touwsrivier ~ ZA 116 E6
Tovdalselva ~ N 21 C7
Townsend, Port ◉ USA 130 C1
Townsville ◉ AUS 91 K3
Toxkan He ~ CN 74 D3
Toyabe Range ▲ USA 131 F6
Toyama-wan ≈ J 81 L5
Tozeur ☆ TN 107 L4
Trabancos, Río ~ E 42 E3
Trabzon ☆ TR 67 H2
Trænstaven ◠ N 20 E3
Traka ≐ ZA 116 F6
Trakai ☆ LT 38 J4
Trakijska nizina ≐ BG 53 J4
Tralee = Trá Lí ☆ IRL 24 B6
Trá Lí ☆ IRL 24 B6
Trallwng = Welshpool ◉ GB 27 F9
Tramuntana, Serra de ▲ E 45 N2
Tramuntana, Serra de ▲ E 45 N2
Tranås ☆ S 22 K2
Tranemo ☆ S 22 J3
Trang An ≐ VN 84 E1
Trangan, Pulau ◠ RI 83 K8
Transhimalaya = Gangdisê Shan ▲ CN 74 D5
Transsilvanische Alpen = Carpaţii Meridionali ▲ RO 19 Q7
Trapani ☆ I 50 F4
Traras, Monts des ▲ DZ 45 J6
Trârza ≐ RIM 104 B5
Trás os Montes e Alto Douro ≐ P 40 C4
Trat ☆ T 84 D5
Traun ~ A 35 J9
Traun ~ A 35 K8
Traunstein ☆ D 35 H9
Trà Vinh ☆ VN 85 E7
Tre, Hòn ◠ VN 84 G5
Trebbia ~ I 48 E4
Trebel ~ D 34 H2
Třebíč ◉ CZ 37 B7
Trebinje ◉ BIH 49 O6
Trebišnjica ~ BIH 49 O6
Trebitsch = Třebíč ◉ CZ 37 B7
Trebižat ~ BIH 49 N5
Trebnitz in Schlesien = Trzebnica ◉ PL 36 D5
Trégorrois ≐ F 25 F8
Tréguier ◉ F 30 D6
Treinta y Tres ☆ ROU 151 C10
Tremadog Bay ≈ GB 24 E6
Tremiti, Isole ◠ I 46 E3
Trenche, Rivière ~ CDN 126 H4
Trenčín ☆ SK 37 E8
Trent ~ GB 27 H9
Trento ☆ I 48 G2
Trentschin = Trenčín ☆ SK 37 E8
Trepassey Bay ≈ CDN 127 S5
Tres Arboles ◉ ROU 151 B10
Treshnish Islands ◠ GB 26 C5
Três Ilhas, Cachoeira das ~ BR 145 H6
Treska ~ MK 47 H4
Treskavica ▲ BIH 49 O5
Treviso ☆ I 48 H3
Triángulos, Arrecifes ◠ MEX 137 H2
Tría Nissiá ◠ GR 55 J6
Tribeč ▲ SK 37 E8
Tribugá, Golfo de ≈ CO 146 B5
Tricarico ◉ I 51 K2
Trichinopoly = Tiruchchirappālli ◉ IND 71 E5
Trichur = Thrissur ◉ IND 70 C5
Trichy = Tiruchchirappālli ◉ IND 71 E5
Trient = Trento ☆ I 48 G2
Trier ☆ D 35 B7
Triest = Trieste ☆ I 49 J3
Trieste ☆ I 49 J3
Trieste, Golfo di ≈ I 46 D2
Trigno ~ I 49 K7
Tríkala ☆ GR 54 D3
Trim ☆ IRL 24 D6
Trim ☆ IRL 27 C8
Trincomalee ◉ CL 71 F6
Trinidad ☆ BOL 144 G7
Trinidad ◉ C 138 E4
Trinidad ☆ PY 151 B7
Trinidad ☆ ROU 151 B10
Trinidad ~ TT 129 O8
Trinidad, Isla ◠ RA 152 E5
Trinity Bay ≈ CDN 123 a7
Trinity Islands ◠ USA 122 E5
Trinity Mountains ▲ USA 130 C5
Trinity Range ▲ USA 131 E6
Trinity River ~ USA 128 G4
Trinity River ~ USA 130 C5
Trinkat Island ◠ IND 82 B5
Tripoli ☆ GR 54 E5
Tripoli = Tarābulus ★ LAR 104 H2
Tripoli = Ţarābulus ☆ RL 66 F5
Tripolis = Tarābulus ★ LAR 104 H2
Tripolitania = Tarābulus ≐ LAR 104 H2
Tripolitanien = Tarābulus ≐ LAR 104 H2
Tristao, Iles ◠ RG 110 C4
Triste, Golfo ≈ YV 144 F2
Trivandrum = Thiruvananthapuram ☆ IND 70 C6
Trnava ☆ SK 37 D8
Trobriand Islands ◠ PNG 83 O8
Trogir ☆ HR 49 M5
Troick ☆ RUS 19 Y5
Troicko-Pečorsk ☆ RUS 19 X3
Trois Rivières Les ~ RH 139 J5
Trollhättan ☆ S 22 H2
Trolltindane ▲ N 20 C5
Trombetas, Rio ~ BR 145 H4
Tromelin, Île ◠ F 113 M5
Tromsø ☆ N 20 J2
Tronçais, Forêt de ≐ F 32 G2
Trondheim ◉ N 20 E5
Trondheimsfjorden ≈ N 18 N3
Trondheimsfjorden ≈ N 20 D5
Tronto ~ I 49 J6
Troodos ▲ CY 66 E5
Tropea ◉ I 51 J4
Tropojë ▲ AL 52 E4
Trossachs,The ▲ GB 26 E5
Trotuș ~ RO 56 E4
Trout River ~ CDN 125 N3
Troyes ☆ F 31 M6
Trundó, Río ~ CO 146 B4
Truckee River ~ USA 131 E6
Trujillo ◉ E 44 E2
Trujillo ☆ HN 137 L5
Trujillo ☆ PE 148 B6
Trujillo ☆ YV 146 E3
Truk Islands = Chuuk Islands ◠ FSM 94 C4
Trung Bô (Annam) ▲ VN 84 E2
Trung Phân ▲ VN 84 F5
Truyère ~ F 32 G4
Trysilelv ~ N 21 F6
Trzebnica ◉ PL 36 D5
Tsabong = Tshabong ☆ BW 116 E3
Tsaratanana ▲ RM 113 L4
Tsarisberge ▲ NAM 116 C2
Tsauchab ~ NAM 116 B2
Tsau Tsau Flats ≐ BW 116 E1
Tsavo ~ EAK 115 G5
Tschenstochau = Częstochowa ◉ PL 36 F6
Tscherskigebirge = hrebet Čerskogo ▲ RUS 63 Y4
Tschimkent = Šymkent ☆ KZ 62 K9
Tschita = Čita ☆ RUS 63 T7
Tschoschabucht = Češskaja guba ≈ RUS 19 U2
Tschuktschen-Halbinsel = Čukotskij poluostrov ◠ RUS 63 h4
Tschuktschensee = Chukchi Sea ≈ 63 h4
Tshabong ☆ BW 116 E3
Tshuapa ~ CGO 112 F2
Tshunga, Chutes ~ CGO 112 F1
Tshwane = Pretoria ★ ZA 117 H2
Tsitsa ~ ZA 117 J5
Tsomo ~ ZA 117 H5
Tsugaru-kaikyō ≈ J 75 Q3
Tsugaru-Straße = Tsugaru-kaikyō ≈ J 75 Q3
Tsuno-shima ≐ J 80 H6
Tsushima ◠ J 75 O5
Tsushima-kaikyō = Korea Strait ≈ 75 O5
Tsushima Kaikyō ≈ 80 G7
Tswapong Hills ▲ BW 117 H1
t-Tarţar, Wādī ~ IRQ 67 K5
t-Tarţar, Wādī ~ IRQ 67 K4
t-Ţawīl, Wādī ~ IRQ 67 J5
t-Tūbal, Wādī ~ IRQ 67 J6
Tua, Rio ~ P 40 C4
Tuamotu, Îles ◠ F 97 N3
Tuamotu-Archipel = Îles Tuamotu ◠ F 97 N3
Tuần Giáo ☆ VN 78 C6
Tuan He ~ CN 77 G5
Tuapse ◉ RUS 57 L5
Tuba ~ RUS 62 P7
Tubbataha Reefs ◠ RP 82 G5
Tubruq ☆ LAR 105 K2
Tubuai, Île ◠ F 97 M5
Tubuaiinseln = Îles Australes ◠ F 97 K5
Tucuco, Río ~ YV 146 D3
Tucunare, Raudal ~ CO 146 E7
Tucupita ☆ YV 147 J3
Tudela ◉ E 43 J2
Tübingen ☆ D 35 E8
Tuela, Rio ~ P 40 C4
Tuensang ≐ IND 73 J2
Türkistan ☆ KZ 62 K9
Türkmenbaşi ☆ TM 64 G2
Tugela ~ ZA 117 K4
Tugen Hills ▲ EAK 114 E3
Tuguegarao ☆ RP 83 H3
Tuhai He ~ CN 77 K3
Tui ◉ E 42 B2
Tuichang ~ IND 73 H3
Tui Grand Bale ~ BF 111 J4
Tuilyanpüt ~ IND 73 H3
Tukangbesi, Kepulauan ◠ RI 82 H8
Tukums ☆ LV 38 H3
Tula ~ EAK 115 G4
Tula ☆ RUS 39 P4
Tula de Allende ◉ MEX 136 E2
Tulbagh ◉ ZA 116 D6
Tulcán ☆ EC 148 B1
Tulcea ☆ RO 56 F5
Tulčyn ☆ UA 56 F3
Tuléar = Toliara ☆ RM 113 K6
Tule River ~ USA 131 E7
Tuli Block Farms ≐ BW 117 H1
Tulle ☆ F 32 F3
Tulln ☆ A 37 C8
Tullner Feld ≐ A 37 B8
Tulsa ◉ USA 128 G3
Tūlūl al-Ašāqif ▲ JOR 66 G6
Tulumayo, Río ~ PE 149 D7
Tulun ☆ RUS 62 R7
Tulun Islands ◠ PNG 83 O7
Ţūma, Wādī ~ IRQ 67 K6
Tuma Creek ~ LB 110 E6
Tumba ◉ S 23 N1
Tumbato Island ◠ EAT 115 G6
Tumbes ☆ PE 148 A3
Tumucumaque, Serra do ▲ BR 145 J4
Tundža ~ BG 47 L4
Tungabhadra ~ IND 70 C4
Tungabhadra ~ IND 70 D3
Tunis, Golfe de ≈ TN 107 M2
Tunis = Tūnis ★ TN 107 M2
Tunja ☆ CO 146 D5
Tunø ◠ DK 22 F5
Tuo He ~ CN 77 K5
Tuo Jiang ~ CN 78 D2
Tuoji Dao ◠ CN 77 M2
Tuolumne River ~ USA 131 D7
Tu'o'ng Du'o'ng ☆ VN 84 E2
Tupai Atoll ◠ F 97 L4
Tuparrillo, Caño ~ CO 146 E5
Tuparrito, Caño ~ CO 147 F5
Tuparro, Río ~ CO 147 F5
Tupinambarana, Ilha ◠ BR 145 H5
Tuqu Gang ≈ CN 78 F7
Túr ◠ H 37 J8
Tura ☆ RUS 62 R5
Tura ~ RUS 62 J6
Turagua, Serranía ▲ YV 147 H4
Turano ~ I 48 H6
Tūran ojlety = Turan persligi ≐ 64 J2
Turan persligi ≐ 64 J2
Turāq al-'Ilab ▲ SYR 66 G5
Turbón, Raudal el ~ CO 146 E7
Tureia Atoll ◠ F 97 O5
Turgeon, Rivière ~ CDN 126 E4
Turhal ◉ TR 66 G2
Túria, Riu ~ E 45 K3
Turiec ~ SK 37 E8
Turin = Torino ☆ I 48 C3
Tur'ja ~ UA 56 D2
Turka ☆ UA 37 K7
Turkana ≐ EAK 114 E2
Turkmanabad ☆ TM 64 J3
Turks Island Passage ≈ GB 139 K4
Turks Islands ◠ GB 129 M6
Turku ☆ FIN 21 K6
Turkwel ~ EAK 113 J1
Turkwel ~ EAK 114 E2
Turneffe Islands ◠ BZ 129 J7
Turners Peninsula ≐ WAL 110 D6
Turnov ◉ CZ 36 B6
Turnu Severin, Drobeta ☆ RO 56 C5
Turon Pasttekisligi = Turan persligi ≐ 64 J2
Turopolje ≐ HR 49 L3
Tuross River ~ AUS 93 K4
Turpicotay, Cordillera de ▲ PE 149 D8
Turuepano, Isla ◠ YV 147 J2
Turvo, Rio ~ BR 150 E2
Turvo, Rio ~ BR 150 F4
Turvo, Rio ~ BR 150 F5
Tuscania ◉ I 48 G6
Tuskegee ◉ USA 134 E3
Tustna ◠ N 20 C5
Tutaev ☆ RUS 39 Q3
Tuttlingen ☆ D 35 D9
Tutuba ◠ VU 98 a2
Tutuila Island ◠ USA 97 G3
Tuul gol ~ MGL 74 K2
Tuuré, Pointe de ≐ F 98 c4
Tuvalu Islands ◠ TUV 95 H7
Tuvuca ◠ FJI 98 c2
Tuwaiq, Ğabal ▲ KSA 64 E5
Tuxpan ◉ MEX 136 C3
Tuxpan, Río ~ MEX 136 E2
Tuxtla, Sierra de los ▲ MEX 137 G3
Tuxtla Gutiérrez ☆ MEX 137 H4
Tuy, Río ~ YV 147 G2
Tuya River ~ CDN 124 E2
Tuyên Quang ☆ VN 78 D6
Tuy Hòa ☆ VN 84 G5
Tūz Ḫurmātū ☆ IRQ 67 L5
Tuzla Çayı ~ TR 67 J3
Tuzlov ~ RUS 57 L4
Tvedestrand ◉ N 22 D2
Tver' ☆ RUS 39 P3
Tverca ~ RUS 39 O3
Tvrdošín ☆ SK 37 F7
Tweed ~ GB 24 F5
Tweedsmuir Hills ▲ GB 26 F6
Twilight Cove ≈ AUS 90 F6
Twofold Bay ≈ AUS 91 K7
Two Thumb Range ▲ NZ 99 C6
Tyddewi = Saint David's ◉ GB 27 D10
Tyholm ◠ DK 22 D4
Tylihul ~ UA 56 F4
Tylihuls'kyj lyman ≈ UA 56 G4
Tylöskog ≐ S 23 L2
Tymovskoe ☆ RUS 63 Z7
Tynda ☆ RUS 63 V6
Tynset ☆ N 20 E5
Tyrrhenian Sea ≈ 18 O8
Tyrrhenisches Meer = Tyrrhenian Sea ≈ 18 O8
Tysnesøy ◠ N 21 B6
Tywi ~ GB 27 F10
Tzonconejo, Río ~ MEX 137 J4

U

Uacaca, Cachoeira ~ CO 148 F1
Uandid ≐ SO 115 J3
Uarmahan ≐ SO 115 K2
Uatumá, Rio ~ BR 145 H5
Uaupés, Rio ~ BR 144 F4
Ub ~ SRB 52 E2
Ubangi ~ CGO 112 E1
Ubarc' ~ BY 56 F2
Ubaye ~ F 46 A2
'Ubayyiḍ, Wādī l- ~ IRQ 67 J7
'Ubayyiḍ, Wādī l- ~ IRQ 67 K6
Úbeda ◉ E 45 G3
Uberaba, Rio ~ BR 150 F3
Ubombo ▲ ZA 117 L3
Ubon Ratchathani ☆ T 84 D4
Ucayali ≐ PE 148 D4
Ucayali, Río ~ PE 144 E6
Ucayali, Río ~ PE 148 E4
Ucayali, Río ~ PE 149 D6
Uch ◉ PK 68 C5
Uchte ~ D 34 G4
Uckermark ≐ D 34 J3
Učkuduk ☆ UZ 64 J2
Učur ~ RUS 63 X6
Uda ~ RUS 63 X7
Udagamandalam ◉ IND 70 D5
Udaipur ◉ IND 69 D7
Udaj ~ UA 56 H2
Uddeholm ◉ S 21 F6
Uddevalla ☆ S 22 G2
Udine ☆ I 49 J2
U-do ◠ ROK 80 F7
Udon Thani ☆ T 84 C3
Udy ~ RUS 57 J2
Überlingen ◉ D 35 E9
Uecker ~ D 34 J3
Uedinenija, ostrov ◠ RUS 62 M2
Uele ~ CGO 105 K8
Uele ~ CGO 114 A2
Uele ~ CGO 114 B2
Uèlen ◉ RUS 63 k4
Uelzen ☆ D 34 F4
Uere ~ CGO 105 L8
Uere ~ CGO 114 A1
Ürgüp ◉ TR 66 F3
Ürümqi ☆ CN 74 F3
Ufa ☆ RUS 19 X5
Ufa ~ RUS 19 X4
Ufgau ≐ D 35 D8
Uftjuga ~ RUS 19 V3
Ugalla ~ EAT 114 C6
Uglič ☆ RUS 39 Q3
Ugljan ◠ HR 46 E2
Ugra ~ RUS 39 O4
Úhlava ~ CZ 35 J7
Uholka ≐ UA 37 K8
Uholovo ☆ RUS 39 R5
Ui-do ◠ ROK 80 E6
Uíge ☆ ANG 112 E3
Uiha ◠ TO 98 b1
Uinta Mountains ▲ USA 130 J5
Uinta River ~ USA 130 J5
Ujae Atoll ◠ MH 94 E4
Ujandina ~ RUS 63 Y4
Ujar ☆ RUS 62 P6
Ujda = Oujda ☆ MA 106 E3
Ujelang Atoll ◠ MH 94 E4
Uji-guntō ◠ J 80 G8
Ujiji ◉ EAT 114 B6
Ujung Pandang = Makassar ☆ RI 82 G8
Ukara Island ◠ EAT 114 D4
Ukerewe Island ◠ EAT 113 H2
Ukmergė ☆ LT 38 J4
Ukrina ~ BIH 49 N4
Uku-shima ◠ J 80 G7
'Ulā, al- ◉ KSA 64 D5
Ulaanbaatar ★ MGL 74 K2
Ulaangom ☆ MGL 74 G2
Ulahan-Bom, hrebet ▲ RUS 63 Y5
Ulan-Bator = Ulaanbaatar ★ MGL 74 K2
Ulan-Udè ☆ RUS 62 S7
Uleåborg = Oulu ☆ FIN 20 M4
Uliastaj ☆ MGL 74 H2
Uliga = Majuro ★ MH 94 G4
Ulindi ~ CGO 112 G2
Ulindi ~ CGO 114 A5
Ul'inskij hrebet ▲ RUS 63 Y6
Ulithi Atoll ◠ FSM 83 L5
Ul'janovka = Blahoviščens'ke ☆ UA 56 G3
Ul'janovsk ☆ RUS 19 V5
Ulla, Río ~ E 40 B3
Ullapool ◉ GB 26 D4
Ulldecona ◉ E 43 L4
Ulleungdo ◠ ROK 75 P4
Ullsfjorden ≈ N 20 J2
Ulm ☆ D 35 E8
Ulster ≐ IRL 24 C5
Ulster Canal ~ IRL 24 D5
Ulúa, Río ~ HN 137 K5
Uludağ ▲ TR 55 M2
Uluguru Mountains ▲ EAT 113 J3
Ulungur He ~ CN 74 F2
Ulva ◠ GB 26 C5
Ulveah ◠ VU 98 B3
Ulz gol ~ MGL 75 L2
Uman' ☆ UA 56 G3
Umanak Fjord ≈ DK 123 Z2
Umba ~ EAT 115 G6
Umbeb Bay ≈ VU 98 a3
Umboi Island ◠ PNG 83 N8
Umbuluzi ~ MOC 117 L3
Umeå ☆ S 20 K5
Umeälven ~ S 18 P2
Umeälven ~ S 20 J4
Umkomaas = Mkomazirivier ~ ZA 117 K5
Umm al-Ḥait, Wādī ~ OM 64 G7
Ummanz ≐ D 34 J2
Umm as-Samīm ≐ OM 64 H6
Umm Durmān ◉ SUD 105 M5
Umnak Island ◠ USA 122 C6
Umpqua River ~ USA 130 B4
Umpqua River, North ~ USA 130 C4
Umzimkulurivier ~ ZA 117 J5
Umzimvubu ~ ZA 117 J5
Una ~ BIH 46 F2
Unac ~ BIH 46 F2
Unalaska Island ◠ USA 122 C6
Unare, Río ~ YV 147 H3
Unari, Corredeira ~ BR 146 F7
Unčen' = Ungheni ☆ MD 56 E4
Unčeny = Ungheni ☆ MD 56 E4
Unga Island ◠ USA 122 D5
Ungava, Péninsule d' ≐ CDN 123 V4
Ungava Bay ≈ CDN 123 X5
Ungheni ☆ MD 56 E4
Unguz ≐ TM 64 J3
Ungwana Bay ≈ EAK 113 K2
Uniá ◠ GR 47 L7
Unije ≐ HR 46 D2
Unimak Island ◠ USA 122 C6
Unini, Rio ~ BR 144 G5
Unión, La ☆ ES 137 L6
Unión, Río La ~ MEX 136 D3
Unna ☆ D 34 C5
Uno, Ilha de ◠ RGB 110 B4
Unst ◠ GB 24 G2
Unstrut ~ D 29 L3
Untere Tunguska = Nižnjaja Tunguska ~ RUS 62 R5
Unterfranken ≐ D 35 E7
Unturán, Sierra de ▲ YV 147 H7
Unuk River ~ CDN 124 E3
Upia, Río ~ CO 146 D5
'Upolu Island ◠ WS 97 G3
Upper Guinea ≐ 104 E7
Upper Humber River ~ CDN 127 Q4
Upper Karoo ≐ ZA 112 F8
Upper Peninsula ≐ USA 123 T7
Uppland ≐ S 21 H6
Uppsala ☆ S 21 H7
Urabá, Golfo de ≈ CO 146 B3
Uracas = Farallon de Pajaros ◠ USA 83 N2
Ural ~ RUS 19 X5
Urafskij, Kamensk- ☆ RUS 62 J6
Uraricuera, Rio ~ BR 145 G4
Urbino ◉ I 48 H5
Urbión, Sierra de ▲ E 43 H2
Ure ~ GB 26 H7
Ureparapara ◠ VU 96 C3
Urfa Yaylâsı ≐ TR 67 H4
Urganč ☆ UZ 64 J2
Urgenč = Urganč ☆ UZ 64 J2
Uribante, Río ~ YV 146 E4
Urmi ~ RUS 63 X8
Urner Alpen ▲ CH 35 D10
Uroševac = Ferizaj ☆ RKS 52 F4
Uru, Rio ~ BR 150 F1
Uruapan del Progreso ◉ MEX 136 D3
Urubamba, Río ~ PE 144 E7
Urubamba, Río ~ PE 149 E7
Urucuia, Rio ~ BR 150 G1
Uruguai, Rio ~ BR 152 G3
Uruguay, Río ~ RA 151 A10
Uruguay, Río ~ RA 152 F3
Uruguay, Río ~ ROU 151 A9
Urukwane ~ GH 111 K5
Urup ~ RUS 57 M5
Urup, ostrov ◠ RUS 63 a8
'Urūq Hibāka ≐ KSA 64 F6
Usa ~ RUS 62 H4
Uşak ☆ TR 55 M4
Ušakova, ostrov ◠ RUS 62 L1
Usambara Mountains ▲ EAT 115 G6
Usedom ◠ D 29 M1
Ushuaia ☆ RA 152 D8
Usk ~ GB 27 F10
Uspanapa, Río ~ MEX 137 G4
Ussel ◉ F 32 G3
Ussuri ~ RUS 75 P2
Ustica, Isola di ◠ I 46 D5
Ust'-Ilimsk ☆ RUS 62 R6
Ústí nad Labem ☆ CZ 34 K6
Ústí nad Orlicí ◉ CZ 37 C7
Ustinov = Iževsk ☆ RUS 19 W4
Ustka ◉ PL 36 C2
Ust'-Kamčatsk ☆ RUS 63 d6
Ust'-Kut ☆ RUS 62 S6
Ust'-Maja ◉ RUS 63 X5
Ust'-Nera ☆ RUS 63 Z5
Ust'-Omčug ☆ RUS 63 a5
Ust'-Ordynskij ☆ RUS 62 R7
Ustrzyki Dolne ◉ PL 37 J7
Usulután ☆ ES 137 K6
Usumacinta, Río ~ MEX 128 H7
Usvjaty ☆ RUS 39 M4
Ušycja ~ UA 56 E3
Utcubamba, Río ~ PE 148 B4
Utena ☆ LT 38 J4
Utikuma River ~ CDN 125 N4
Utila, Isla de ◠ HN 137 L4
Utirik Atoll ◠ MH 94 F3
Utiruyacu, Río ~ PE 148 D4
Utlängan ◠ S 23 L4
Utľuks'kyj lyman ≈ UA 57 J4
Utö ◠ S 23 O2
Utrecht ☆ NL 31 N2
Utupua ◠ SOL 94 F8
Uudenmaan lääni ≐ FIN 21 L6
Uusikaupunki ◉ FIN 21 K6
Uusimaa ≐ FIN 21 M6
Uvá, Río ~ CO 146 E6
Uvá, Río ~ CO 147 F6
Uvac ~ SRB 52 D3
Uviéu = Oviedo ☆ E 42 E1
Uwa-kai ≈ J 81 H7
Uyu Myit ~ MYA 73 J2
Už ~ UA 37 J8
Už ~ UA 56 F2
Uza ~ RUS 39 T5
Uzerche ◉ F 32 F3
Užgorod = Užhorod ☆ UA 37 J8
Užhorod ☆ UA 37 J8
Uzjany = Utena ☆ LT 38 J4
Uzlomac Borja ▲ BIH 49 N4
Uzlovaja ☆ RUS 39 P4
Uzun Ada ◠ TR 55 J4
Užur ☆ RUS 62 O6

V

Vaalrivier ~ ZA 112 F7
Vaalrivier ~ ZA 116 F4
Vaalrivier ~ ZA 117 J3
Vaalsbaai = False Bay ≈ ZA 116 D7
Vaasa ☆ FIN 20 K5
Văča ~ BG 53 J5
Vache, Île-à- ◠ RH 139 J5
Vad ~ RUS 39 S5
Vadehavet ≈ DK 22 D5
Vadsø ☆ N 20 O1
Vadstena ☆ S 22 K2
Vaduz ★ FL 35 E9
Vänersborg ◉ S 22 H2
Värmdö ◠ S 23 O1
Värmland ≐ S 21 F7
Värmlandsnäs ≐ S 22 J1
Värnamo ☆ S 22 K3
Værøy ◠ N 20 F3
Västerås ☆ S 23 M1
Västerbotten ≐ S 20 J5
Västergötland ≐ S 21 F7
Västervik ☆ S 23 M3
Västmanland ≐ S 22 K1
Växjö ☆ S 22 K4
Vágar ◠ FO 24 D1
Vagaršapat = Ēǰmiadzin ☆ AM 67 K2
Vaggeryd ☆ S 22 K3
Vagø = Vágar ◠ FO 24 D1
Vågsfjorden ≈ N 20 H2
Vah ~ RUS 62 M5
Váh ~ SK 29 P4
Váh ~ SK 37 D8
Váh ~ SK 37 E7
Vahitahi Atoll ◠ F 97 O4
Vähtjer = Gällivare ◉ S 20 K3
Vaiaku = Funafuti ★ TUV 95 H7
Vaikam ◉ IND 70 D6
Vaila ◠ GB 26 G1
Vaippar ~ IND 71 D6
Vairaatea Atoll ◠ F 97 N4
Vaisāli ◉ IND 72 D2
Vaison-la-Romaine ◉ F 33 K4
Vaitupu ◠ TUV 95 H7
Vajgač, ostrov ◠ RUS 62 H3
Valais ≐ F 28 J5
Valdaj ☆ RUS 39 N3
Valdajskaja vozvyšennosť ▲ RUS 19 S4
Valdarno ≐ I 48 G5
Valdavia ≐ E 42 F2
Valdemarsvik ☆ S 23 M2
Val Demone ≐ I 51 H5
Valdepeñas ◉ E 45 G3
Valderaduey, Río ~ E 40 D4
Valdés, Península ≐ RA 152 E6
Val di Chiana ~ I 48 G5
Val di Mazara ≐ I 50 F5
Val-d'Isère ◉ F 33 M3
Valdivia ☆ RCH 152 C5
Val d'Orcia ≐ I 48 G6
Valdosa ▲ E 42 G3
Valdres ≐ N 21 D6
Vale do Côa ≐ P 42 C3
Valence ☆ F 33 J4
València ☆ E 45 K2
Valencia ☆ YV 147 F2
València, Costa de ≐ E 45 K2
València, Golf de ≈ E 18 L8
Valencia = València ☆ E 45 K2
Valentois ≐ F 33 J4
Vale of Sussex ≐ GB 24 H7
Valga ☆ EST 38 K3
Valinco, Golfe de ≈ F 33 N7
Valladolid ☆ E 42 F3
Valladolid ◉ MEX 137 K2
Vall de Boí ≐ E 43 L2
Valle ☆ N 22 C1
Vallecito Mountains ▲ USA 131 F9
ValledeAlcudia ≐ E 44 F3
Valle de Bravo ◉ MEX 136 D3
Valle de Cocora ≐ CO 146 C5
Valle de Viñales ≐ C 138 D3
Valledupar ☆ CO 146 C2
Vallée du Dadès ≐ MA 106 C5
Vallée du Drâa ≐ MA 106 C5
Vallée du Ferlo ~ SN 110 C2
Vallée du Ferlo ~ SN 110 D2
Vallée du Loumbol ~ SN 110 D2
Vallée du Saloum ~ SN 110 C2
Vallée du Serpent ~ RMM 110 F2
Valle Nacional ◉ MEX 136 F4
Valles de Cerrato ≐ E 42 F3
Valletta ★ M 51 H7
Valmiera ☆ LV 38 J3
Valožyn ☆ BY 38 K4
Valparaíso ☆ RCH 152 C4
Valparaíso, Río ~ MEX 136 C1
Valpovo ☆ HR 49 O3
Val Pusteria = Pustertal ≐ I 48 G2
Val Roveto ≐ I 49 J7
Valtellina ≐ I 48 E2
Valtice ◉ CZ 37 C8
Van ☆ TR 67 K3
Vanavana Atoll ◠ F 97 N5
Vanavara ☆ RUS 62 R5
Vancouver ◉ CDN 124 H7
Vancouver Island ◠ CDN 122 K6
Vancouver Island Ranges ▲ CDN 124 G6
Van Diemen Gulf ≈ AUS 90 G2
Vaneteze, Rio ~ MOC 117 K2
Vangunu ◠ SOL 94 D7
Vanikoro ◠ SOL 94 F8
Vanne ~ F 25 J8
Vannes ☆ F 30 E7
Vannøy ◠ N 20 J1
Vannsjø ≈ N 22 F1
Vân Quán ☆ VN 78 D6
Vansittart Island ◠ CDN 123 U3
Vanua Balavu ◠ FJI 96 F4
Vanuakula ◠ FJI 98 b3
Vanua Lava ◠ VU 96 C3
Vanua Levu ◠ FJI 96 E4
Vanua Vatu ◠ FJI 98 c3
Vao Atchin Rano ◠ VU 98 a2
Vapikham-thong ≐ LAO 84 E4
Var ~ F 33 L4
Var ~ F 33 L5
Vara ~ I 48 E4
Varadero ◉ C 138 E3
Vārānasi ◉ IND 72 B2
Varangerfjorden ≈ N 19 S1
Varangerhalvøya ≐ N 20 O1
Varaždin ☆ HR 49 M2
Varberg ☆ S 22 H3
Vărbica ~ BG 53 K5
Vardar ~ MK 47 H4
Vardar ~ MK 47 J4
Varde Å ~ DK 22 D5
Varela, Baía de ≈ RGB 110 B3
Varend ≐ DK 22 K4
Varese ☆ I 48 D3
Vargas Island ◠ CDN 124 G7
Varhaug ☆ N 22 A2
Varna ☆ BG 53 M3
Varnenski Zaliv ≈ BG 53 N3
Varshalai ~ IND 71 E6
Varsinais Suomi ≐ FIN 21 K6
Vasa = Vaasa ☆ FIN 20 K5
Vascão, Ribeira do ~ P 44 C4
Vashon Island ◠ USA 130 C2
Vasiljovska pla. ▲ BG 53 J4
Vasjugan ~ RUS 62 M6
Vasjuganskaja ravnina ≐ RUS 62 M6
Vaslui ☆ RO 56 E4
Vatersay ◠ GB 26 B5
Vaticana, Civitas ★ V 48 G7
Vatikanstadt = Civitas Vaticana ★ V 48 H7
Vatoa ◠ FJI 96 F4
Vatra Dornei ◉ RO 56 D4
Vatu-i-ra Channel ≈ FJI 98 b2
Vatulele ◠ FJI 96 E4
Vaucluse, Monts de ▲ F 33 K5
Vaŭkavyskoe uzvyšša ▲ BY 38 J5
Vaupés, Río ~ CO 146 D7
Vaupés, Río ~ CO 146 F7
Vaux du Loir ≐ F 30 G7
Vava'u ◠ TO 96 G4
Vava'u Group ◠ TO 96 G4
Vazante Grande ou Funda ~ BR 150 B3
Vechta ☆ D 34 D4
Vechte ~ D 34 B4
Vedea ~ RO 56 D5
Vedrà, Illa Es ◠ E 45 L3
Vefsna ~ N 20 F4
Vega ◠ N 20 E4
Vega, La ☆ DOM 139 K5
Vega de Granada ≐ E 40 D6
Veimandu Channel ≈ MV 70 B10
Vejle ☆ DK 22 E5
Vejle Fjord ≈ DK 22 E5
Vekai ◠ FJI 98 c2
Velay, Monts du ▲ F 32 H3
Velebit ▲ HR 46 E2
Velebitski kanal ≈ HR 46 E2
Veles ◉ MK 52 F5
Vele Srakane ◠ HR 49 K4
Vélez de la Gomera, Peñón de ◠ E 44 F6
Velha Goa ◉ IND 70 B3
Veli Brijun ◠ HR 46 D2
Veli Drvenik ◠ HR 49 L5
Velikaja ~ RUS 38 L3
Velikaja ~ RUS 63 f5
Velika Kapela ▲ HR 46 E2

★ Hauptstadt (Staat) ☆ Hauptstadt (Bundesland, Provinz, o.ä.) ◉ Ort ▲ Gebirge ◠ Insel, Halbinsel ≐ Landschaft ≈ Ozean, Meer ~ Fluss

Veliki Belt = Storebælt ≈ DK 21 E9
Velikij Novgorod ☆ RUS 39 M2
Veliki Preslav ◉ BG 53 L3
Velikonda Range ▲ IND 71 E3
Veliko Tărnovo ☆ BG 53 K3
Velille, Río ~ PE 149 E9
Velіž ☆ RUS 39 M4
Veľká Fatra ▲ SK 37 F8
Vella Lavella ⌒ SOL 94 C7
Vellar ~ IND 71 E5
Vellore ◉ IND 71 E4
Velopoúla ⌒ GR 47 J6
Veluwe ≐ NL 31 N2
Vembanad Pen. ⌒ IND 70 C6
Ven ⌒ S 22 H5
Vendée ≐ F 25 G9
Vendée ~ F 32 D2
Vendrell, El ◉ E 43 M3
Vendsyssel ≐ DK 22 E3
Venedig = Venezia ☆ I 48 H3
Venétiko ⌒ GR 54 D6
Venétikos ~ GR 54 D2
Venev ☆ RUS 39 Q4
Venezia ☆ I 48 H3
Venezia, Golfo di ≈ I 46 C2
Venezuela, Golfo de ≈ YV 144 E2
Vennesla ☆ N 22 D2
Venø Bugt ≈ DK 22 D4
Venosa ◉ I 51 J2
Vent, Îles du ⌒ F 97 M4
Vent, Passe du ≈ 139 H5
Venta ~ LV 38 H3
Ventilegne, Golfe di ≈ F 33 N7
Ventotene, Isola ⌒ I 50 G2
Ventspils ☆ LV 38 G3
Ventuari, Río ~ YV 144 F3
Veracruz ◉ MEX 136 F3
Verao ⌒ VU 98 A3
Verbania ☆ I 48 D3
Vercelli ☆ I 48 D3
Vercors ≐ F 33 K4
Verde, Cay ⌒ BS 139 H3
Verde, Isla ⌒ CO 146 C2
Verde, Rio ~ BR 145 H7
Verde, Rio ~ BR 145 J8
Verde, Rio ~ BR 150 D2
Verde, Rio ~ BR 150 D3
Verde, Rio ~ BR 150 E2
Verde, Rio ~ BR 150 E3
Verde, Rio ~ BR 150 G2
Verde, Río ~ MEX 136 C2
Verde, Río ~ MEX 136 F4
Verde, Río ~ PY 150 A5
Verde, Río ~ PY 150 B3
Verden (Aller) ☆ D 34 E4
Verde River ~ USA 128 D4
Verdinho, Rio ~ BR 150 E2
Verdon ~ F 25 K11
Verdun ◉ F 31 N5
Verhnjaja Salda ☆ RUS 19 Y4
Verhojanskij hrebet ▲ RUS 63 W4
Véria ☆ GR 54 E2
Verla ◉ FIN 21 N6
Vermandois ≐ F 31 L5
Vermelha, Serra ▲ BR 150 E5
Vermelho, Rio ~ BR 150 E1
Vermilion Cliffs ▲ USA 131 H7
Vermilion River ~ CDN 125 P5
Vermillon, Rivière ~ CDN 126 H5
Vérmio ▲ GR 54 D2
Verona ☆ I 48 G3
Versailles ☆ F 31 K6
Vértes ▲ H 37 E9
Vescera = Biskra ☆ DZ 107 J3
Vesle ~ F 31 L5
Vesoul ☆ F 31 O7
Vesterålen ⌒ N 18 O2
Vesterøy ⌒ N 22 F1
Vestfjorden ≈ N 18 O2
Vestmannaeyjar ⌒ IS 20 c3
Vestvågøy ⌒ N 20 F2
Veszprém ☆ H 37 D9
Vetauua ⌒ FJI 98 c1
Vetlanda ☆ S 23 L3
Vetluga ~ RUS 19 V4
Vetrivier ~ ZA 117 H3
Veurne = Furnes ◉ B 31 K3
Vexin ≐ F 30 J5
Vézelay ◉ F 32 H1
Vézère ~ F 25 H10
Vézère ~ F 32 E4
Viana do Castelo ☆ P 42 B3
Viangchan ★ LAO 84 D3
Viar, Río ~ E 44 E4
Viareggio ◉ I 48 F5
Via River ~ LB 110 F6
Viaur ~ F 32 G4
Viborg ☆ DK 22 E4
Vibo Valentia ☆ I 51 K4
Vicanota, Río ~ PE 149 F8
Vicebsk ☆ BY 39 M4
Vicenza ☆ I 48 G3
Vic-Fezensac ◉ F 32 E5
Vichada, Río ~ CO 144 F4
Vichada, Río ~ CO 146 E5
Vichy ◉ F 32 H2
Vico ◉ F 33 N6
Victoria ☆ CDN 124 J7
Victoria ☆ SY 113 N2
Victoria, Ciudad ☆ MEX 128 G6
Victoria = Limbé ◉ CAM 104 G8
Victoria, Sierra de la ▲ RA 151 C6
Victoria de Durango = Durango ☆ MEX 128 F6
Victoria Island ⌒ CDN 122 O2
Victoria Nile ~ EAU 114 C2
Victoria Nile ~ EAU 114 D3
Victoria River ~ CDN 127 Q4
Victoria Strait ≈ CDN 122 Q3
Vicu = Vico ◉ F 33 N6
Vičuga ☆ RUS 39 S3
Vidima ~ BG 53 J4
Vidin ☆ BG 47 J2
Vidin ☆ BG 52 G3
Vidojevica ▲ SRB 52 F3
Vidourle ~ F 33 H5
Vidzeme ≐ RUS 38 J3
Vie ~ F 32 C2
Viedma ☆ RA 152 E6
Viejitas, Caño Las ~ CO 146 E6
Vienn ~ F 25 H9
Vienne ~ F 25 H9
Vienne ~ F 32 F3
Vientiane = Viangchan ★ LAO 84 D3
Vierchnjadzvinsk ☆ BY 38 L4
Việt Trì ☆ VN 78 D6
Việt Vinh ☆ VN 78 D5
Vieux-Comptoir, Rivière du ~ CDN 126 E2
Viga ~ RUS 39 S2
Vigevano ◉ I 48 D3
Vigsø Bugt ≈ DK 22 D3
Viitna ◉ EST 38 J2
Vijayapura ◉ IND 70 C2
Vijayawada ◉ IND 71 F2
Vikbolandet ≐ S 23 M2
Vikna ⌒ N 20 E4
Viksøyri ☆ N 21 C6
Vila Baleira = Porto Santo ⌒ P 18 H9
Vilagarcía de Arousa ◉ E 42 B2
Vilaine ~ F 25 G8
Viljani ◉ LV 38 K3
Vila-real ◉ E 45 K2
Vila Real ☆ P 42 C3
Vila Viçosa ◉ P 44 C3
Vilcabamba, Cordillera ▲ PE 144 E7
Vilcanota, Cordillera de ▲ PE 149 F8
Vilhelmina ◉ S 20 H4
Vilija ~ BY 38 K4
Viljandi ☆ EST 38 J2
Viljuj ~ RUS 62 S4
Viljuj ~ RUS 63 V5
Viljujsk ☆ RUS 63 V5
Vil'kickogo, proliv ≈ RUS 62 Q2
Villach ☆ A 35 J10
Villa de Leiva ☆ CO 146 C5
Villaguay Grande, Arroyo ~ RA 151 A9
Villa Hayes ☆ PY 150 B6
Villahermosa ☆ MEX 137 H3
Villarreal = Vila-real ◉ E 45 K2
Villarrica ☆ PY 151 B6
Villavicencio ☆ CO 146 C5
Villaviciosa ◉ E 42 E1
Villeneuve ◉ F 32 G4
Villeneuve-de-Marsan ◉ F 32 D5
Villingen-Schwenningen ◉ D 35 D8
Villmanstrand = Lappeenranta ◉ FIN 21 N6
Vilm ⌒ D 34 J2
Vilnius ★ LT 38 K4
Vils ~ D 35 H8
Vimmerby ☆ S 23 L3
Viñales, Valle de ≐ C 138 D3
Vinalhaven Island ⌒ USA 133 O3
Vindelälven ~ S 20 H4
Vindhya Range ▲ IND 65 M6
Vindö ⌒ S 23 O1
Vingåker ☆ S 23 L1
Vingeanne ~ F 31 N7
Vinh ☆ VN 84 E2
Vinh Cam Ranh ≈ VN 84 G6
Vinh Chay Du'o'ng ≈ VN 85 E6
Vinh Lộc ☆ VN 84 E1
Vinh Long ☆ VN 85 E6
Vinho do Alto Douro, Região do ≐ P 42 C3
Vinh Pham Thiêy ≈ VN 85 F6
Vinkovci ☆ HR 49 O3
Vinnica = Vinnycja ☆ UA 56 F3
Vinnycja ☆ UA 56 F3
Vino, Tierra del ≐ E 42 E3
Vinschgau = Val Venosta ≐ I 48 F2
Vinstra ☆ N 21 D6
Vir ⌒ HR 49 K4
Virac ☆ RP 83 H4
Virginia Mountains ▲ USA 131 E5
Virgin Mountains ▲ USA 131 G7
Virgin River ~ USA 131 G7
Virovitica ☆ HR 49 N3
Vis ☆ HR 49 M5
Vis ⌒ HR 46 E3
Vis ~ NAM 116 C2
Vis ~ NAM 116 C3
Visayas ⌒ RP 83 H4
Visby ☆ S 23 O3
Viscount Melville Sound ≈ CDN 122 O2
Višegrad ◉ BIH 49 P5
Viseu ☆ P 42 C4
Vishākhapatnam ◉ IND 72 C6
Visingsö ⌒ S 22 K2
Viskan ~ S 22 H3
Viški kanal ≈ HR 49 M5
Viskjar ▲ BG 52 G4
Visočica ▲ BIH 49 O5
Visrivier ~ ZA 116 E5
Vit ~ BG 47 K3
Vitebsk = Vicebsk ☆ BY 39 M4
Viterbo ☆ I 48 H6
Vi Thanh ☆ VN 85 E7
Vithkuq ◉ AL 52 E6
Vitiaz Strait ≈ PNG 83 N8
Viti Levu ⌒ FJI 96 D4
Vitim ~ RUS 63 T6
Vitor, Río ~ PE 149 E10
Vitoria-Gasteiz ☆ E 43 H2
Vitoša ▲ BG 52 H4
Vitshumbi ◉ CGO 114 B4
Vittel ◉ F 31 N6
Viuda, Isla La ⌒ PE 149 B6
Vivarais ≐ F 33 J4
Vivarais, Monts du ▲ F 25 J10
Vivi ~ RUS 62 Q4
Vivonne Bay ≈ AUS 92 D4
Vivorillo, Cayos ⌒ HN 138 C7
Vize ◉ TR 53 M5
Vize, ostrov ⌒ RUS 62 M2
Vjatka ~ RUS 19 V4
Vjaz'ma ☆ RUS 39 O4
Vjosës, Lumi i ~ AL 46 G4
Vlaanderen ≐ B 24 J7
Vladikavkaz ☆ RUS 57 O6
Vladimir ☆ RUS 39 R3
Vlahina ▲ BG 52 G5
Vlašić ▲ BIH 49 N4
Vlasic Planina ▲ SRB 52 D2
Vlieland ⌒ NL 28 H2
Vlieland = Flylân ⌒ NL 31 M1
Vlkolínec ◉ SK 37 F7
Vlorë ☆ AL 52 D6
Vltava ~ CZ 29 N4
Vöcklabruck ◉ A 35 J8
Voëleiland ⌒ ZA 117 H6
Völgyság ≐ H 37 E10
Völkermarkt ◉ A 35 K10
Völklingen ◉ D 35 B7
Vogelkop = Doberai Peninsula ⌒ RI 83 K7
Vogelsberg ▲ D 35 E6
Vogesen = Vosges ▲ F 25 L9
Vogtland ≐ D 35 G6
Võhma ◉ EST 38 J2
Voi ☆ EAK 115 G5
Voinjama ☆ LB 110 E5
Voire ~ F 31 M6
Vojnić ☆ HR 49 L3
Vojvodina ≐ SRB 46 G2
Vojvodina = Vojvodina ≐ SRB 46 G2
Volcán Cutanga ▲ CO 146 B7
Volcán de Hoyo ▲ NIC 137 L6
Volcano-Inseln = Kasan-rettō ⌒ J 75 Q6
Volcano Islands = Kasan-rettō ⌒ J 75 Q6
Volcán Santiago ▲ NIC 137 L6
Volga ~ RUS 19 V5
Volgograd ☆ RUS 57 N3
Volhov ~ RUS 39 N2
Volimes ◉ GR 54 C5
Volissós ◉ GR 55 H4
Volkach ◉ D 35 F7
Volkavskae uzvyšša = Vaŭkavyskoe uzvyšša ▲ BY 38 J5
Voločys'k ☆ UA 56 E3
Volodarskij ☆ RUS 57 Q4
Vologda ☆ RUS 39 R2
Volokolamsk ☆ RUS 39 O3
Vólos ◉ GR 54 E3
Volosovo ☆ RUS 38 L2
Volovec' ☆ UA 37 K8
Volsini, Monti ▲ I 48 G6
Volta ~ GH 104 E7
Volta Blanche ~ BF 111 K3
Volta Blanche ~ BF 111 K4
Volta Noire ~ BF 104 E6
Volta Noire ~ BF 111 H4
Volta Noire ~ BF 111 J3
Volta Noire ~ CI 104 E6
Volta Rouge ~ BF 111 K4
Voltoya, Río ~ E 42 F4
Volturno ~ I 46 E4
Volyns'ka vysočyna ▲ UA 55 D2
Vomano ~ I 49 J6
Vomo ⌒ FJI 98 a2
Vonne ~ F 32 D2
Vop' ~ RUS 39 N4
Vopnafjörður ≈ IS 20 f2
Voranava ☆ BY 38 J4
Vorderrhein ~ CH 29 K5
Vordingborg ◉ DK 22 G5
Vorë ◉ AL 52 D5
Voreifel ≐ D 35 C6
Vóries Sporádes ⌒ GR 19 Q8
Vórios Evoikós Kólpos ≈ GR 54 E4
Vorkuta ☆ RUS 62 J4
Vorma ~ N 21 E6
Vormsi saar ⌒ EST 38 H2
Vorona ~ RUS 39 S5
Voronet ◉ RO 56 D4
Voronež ☆ RUS 57 K2
Vorošilovgrad = Luhans'k ☆ UA 57 L3
Vorpommern ≐ D 34 H2
Vorskla ~ RUS 57 K2
Vorskla ~ UA 56 J3
Võru ☆ EST 38 K3
Vosges ▲ F 25 L9
Voskopojë ◉ AL 52 E6
Voskresensk ☆ RUS 39 Q4
Vossevangen ◉ N 21 C6
Vostočno-Sibirskoe more ≈ RUS 63 a3
Vostočnyj Sajan ▲ RUS 62 P6
Vostok Island ⌒ KIR 97 L3
Votkinsk ☆ RUS 19 W4
Vot Tande ⌒ VU 98 A1
Vouga, Rio ~ E 40 B4
Voun ~ BF 111 H3
Vouzela ◉ P 42 B4
Vovča ~ UA 57 K4
Vraca ☆ BG 52 H3
Vrana ~ BG 53 L3
Vranduk ◉ BIH 49 N4
Vrangelja, ostrov ⌒ RUS 63 g3
Vranje ☆ SRB 52 F4
Vranjska Banja ◉ SRB 52 G4
Vrbanja ~ BIH 49 N4
Vrbas ~ BIH 46 F2
Vrbovec ☆ HR 49 M3
Vrbovsko ☆ HR 49 L3
Vrgorac ☆ HR 49 N5
Vrhovnjaci ⌒ HR 49 M6
Vrnjačka Banja ◉ SRB 52 E3
Vršac ◉ SRB 52 F1
Vsevoložsk ☆ RUS 39 M1
Vuagava ⌒ FJI 98 c3
Vučitrin = Vushtri ◉ RKS 52 E4
Vučjak ▲ BIH 49 O3
Vuka ~ HR 46 G2
Vukovar ☆ HR 49 P3
Vulcano, Isola ⌒ I 46 E5
Vung Hon Khoi ⌒ VN 84 G5
Vung Rach Gia ⌒ VN 85 D7
Vũng Tàu ☆ VN 85 F6
Vushtri ◉ RKS 52 E4
Vyborg ☆ RUS 19 R3
Vyksa ☆ RUS 39 S4
Vynogradiv = Vynohradiv ☆ UA 37 K8
Vynohradiv ☆ UA 37 K8
Vyškov ◉ CZ 37 C7
Vyšnij Voloček ☆ RUS 39 O3
Vysoké Tatry ▲ SK 37 G7
Vytegra ☆ RUS 19 T3

W

Wa ☆ GH 111 J4
Waal ~ NL 28 H2
Waal ~ NL 31 N3
Waar, Pulau ⌒ RI 83 K7
Wabag ☆ PNG 83 M8
Wabamun Lake ~ CDN 125 N5
Wabasca River ~ CDN 122 N5
Wabash River ~ USA 132 E6
Wabash River ~ USA 132 F5
Wabē Gestro ~ ETH 105 O7
Wabē Qstro ~ ETH 115 H1
Wabē Shebelē Wenz ~ ETH 105 O7
Wąbrzeźno ◉ PL 36 E3
Waccasassa Bay ≈ USA 135 G5
Wachadima Plain ≐ EAK 115 G2
Waddān ◉ LAR 105 J3
Waddeneilanden ⌒ NL 28 H2
Waddenzee ≈ NL 28 H2
Wadham Islands ⌒ CDN 127 S4
Wādī Abū Ġafaf ~ IRQ 67 K6
Wādī al-ʿArīš ~ ET 108 G3
Wādī al-Milk ~ SUD 105 L5
Wādī ʿAmiq ~ IRQ 67 J6
Wādī an-Natrūn ~ ET 108 D2
Wādī ʿAraba ~ ET 108 F3
Wādī ar-Rad ~ SYR 67 J4
Wādī ar-Ruʾays ~ LAR 105 J3
Wādī Awwal ~ LAR 107 L5
Wādī Baiš ~ KSA 64 E7
Wādī Barjūj ~ LAR 107 M8
Wādī d-Ḥansa ~ ET 108 E4
Wādī Fegoh ~ ET 109 G6
Wādī Garandal ~ ET 108 F3
Wādī Ġimāl ~ ET 109 G5
Wādī Ġimāl, Ġazīrat ⌒ ET 109 G5
Wādī Hadramaut ~ YEM 64 F7
Wādī Ḥāmir ~ KSA 67 J7
Wādī Haurān ~ IRQ 67 H6
Wādī Haurān ~ IRQ 67 J6
Wādī Hawašāiya ~ ET 108 F3
Wādī Hudain ~ ET 109 G6
Wādī Huwār ~ SUD 105 K5
Wādī Ibib ~ ET 109 G6
Wādī Irawan ~ LAR 107 M7
Wādī l-ʿAǧīǧ ~ IRQ 67 J5
Wādī l-ʿAllāqī ~ ET 108 F6
Wādī l-ʿAqaba ~ ET 108 F2
Wādī l-ʿArīš ~ ET 108 F3
Wādī l-Asyūṭī ~ ET 108 E4
Wādī l-Gadaf ~ IRQ 67 J6
Wādī l-Gaut ~ SYR 67 J5
Wādī l-Hail ~ SYR 67 H5
Wādī l-Harīt ~ ET 108 F5
Wādī l-Ḥimār ~ SYR 67 H4
Wādī l-Ḥirr ~ IRQ 67 K7
Wādī l-Miyāh ~ ET 67 H5
Wādī l-Qaṣab ~ ET 67 K4
Wādī l-ʿUbayyiḍ ~ IRQ 67 J7
Wādī l-ʿUbayyiḍ ~ IRQ 67 K6
Wādī l-Wirāġ ~ ET 108 E3
Wādī Maymūn ~ LAR 107 M5
Wādī Milāḥa ~ ET 108 F4
Wādī Muhammadī ~ IRQ 67 J6
Wādī Natāš ~ ET 109 F5
Wādī Qinā ~ ET 108 F3
Wādī Qurayya ~ ET 109 G2
Wādī Rayāyīt ~ ET 109 G6
Wādī Rayzah ~ ET 108 F5
Wādī r-Rātga ~ IRQ 67 J6
Wādī Šaʿīt ~ ET 109 F5
Wādī Sannūr ~ ET 108 E3
Wādī Shurshūt ~ LAR 107 M5
Wādī ṣ-Ṣawāb ~ SYR 67 J5
Wādī Tanārut ~ LAR 107 M5
Wādī ṭ-Ṭarfa ~ ET 108 E3
Wādī ṭ-Ṭarṭar ~ IRQ 67 K5
Wādī ṭ-Ṭarṭār ~ IRQ 67 K4
Wādī ṭ-Ṭawīl ~ IRQ 67 J5
Wādī ṭ-Ṭubal ~ IRQ 67 J6
Wādī Ṭūma ~ IRQ 67 K6
Wādī Umm al-Hait ~ OM 64 G7
Wādī Ur ~ ET 108 E6
Wādī Zazamat ~ LAR 105 J2
Wādī z-Zaidūn ~ ET 108 F5
Wād Madanī ☆ SUD 105 M6
Wadowice ◉ PL 37 F7
Wager Bay ≈ CDN 123 T3
Waǧid, Ǧabal al- ▲ KSA 64 E7
Wagogo ≐ EAT 114 D7
Wagram ≐ A 37 B8
Wagrien ≐ D 34 F2
Wągrowiec ◉ PL 36 D4
Wāhāt al-Jufra ≐ LAR 105 J3
Wāhāt al-Kufra ≐ LAR 105 K4
Wāhat Līwā ≐ UAE 64 G6
Wahrān ☆ DZ 106 F3
Wah Wah Mountains ▲ USA 131 H6
Waiau ~ NZ 99 D5
Waiau River ~ NZ 99 A6
Waiblingen ◉ D 35 E8
Waidhofen an der Thaya ☆ A 37 B8
Waidhofen an der Ybbs ☆ A 37 A9
Waifang Shan ≐ CN 77 G5
Waigatsch = ostrov Vajgač ⌒ RUS 62 H3
Waigeo, Pulau ⌒ RI 83 J6
Waiheke Island ⌒ NZ 99 E2
Waikato River ~ NZ 99 E3
Waikīkī Beach ≐ USA 134 d2
Wailagilala ⌒ FJI 98 c2
Wainganga ~ IND 69 G9
Wainibuku River ~ FJI 98 b2
Waipoua Kauri Forest ≐ NZ 99 D1
Wairau River ~ NZ 99 D4
Waitaki River ~ NZ 99 C6
Waitangi ◉ NZ 99 E1
Wakamatsu-shima ⌒ J 80 G7
Wakasa-wan ≈ J 75 P4
Wakaya ⌒ FJI 98 b2
Wakefield River ~ AUS 92 E3
Wake Island ⌒ USA 94 F2
Wakool River ~ AUS 93 G3
Wala ~ EAT 114 D6
Walachei = Walachia ≐ RO 56 C5
Walachia ≐ RO 56 C5
Wałbrzych ◉ PL 36 C6
Walcheren ≐ NL 28 G3
Wałcz ◉ PL 36 C3
Waldaist ~ A 35 K8
Waldajhöhen = Valdajskaja vozvyšennost ▲ RUS 19 S4
Waldenburg = Wałbrzych ◉ PL 36 C6
Walden Ridge ▲ USA 134 F2
Waldkarpaten = Schidni Karpaty ▲ UA 56 C3
Waldsee, Bad ◉ D 35 E9
Waldshut-Tiengen ◉ D 35 D9
Waldviertel ≐ A 37 B8
Wales Island ⌒ CDN 123 T3
Walfe, Chute ~ CGO 112 F2
Walk = Valka ☆ LV 38 J3
Walkerbaai = Walker Bay ≈ ZA 116 D7
Walker Bay ≈ ZA 116 D7
Walker Mountain ▲ USA 132 H7
Walker River ~ USA 131 E6
Wallis, Îles ⌒ F 96 F3
Walliser Alpen ▲ CH 28 J5
Wallowa Mountains ▲ USA 130 F3
Wallowa River ~ USA 130 F3
Waltenberg = Zalău ☆ RO 56 C4
Wal Trzebnicki ≐ PL 36 C5
Walvis Bay ≈ NAM 112 D6
Wamba ~ CGO 112 E3
Wami ~ EAT 113 J3
Wami ~ EAT 115 F7
Wanapitei River ~ CDN 126 D5
Wanbugwe ≐ EAT 114 E6
Wandering River ~ CDN 125 O4
Wanfu He ~ CN 77 J4
Wanganui River ~ NZ 99 E3
Wangen im Allgäu ◉ D 35 E9
Wangerooge ⌒ D 28 J1
Wangpan Yang ≈ CN 75 N5
Wanli Changcheng ≐ CN 77 J2
Wannon River ~ AUS 92 F4
Wanshan Dao ⌒ CN 79 H6
Wanshan Qundao ⌒ CN 79 J6
Wapiti River ~ CDN 125 L4
Warangal ◉ IND 69 G10
Wara Wara Mountains ▲ WAL 110 D5
Warburg ◉ D 34 E5
Warburton Creek ~ AUS 90 H5
Wardang Island ⌒ AUS 92 D3
Wardha ~ IND 69 F9
Wardha ~ IND 69 G10
Waren (Müritz) ◉ D 34 H3
Warendorf ◉ D 34 C5
Warkum = Workum ◉ NL 31 N2
Warmia ≐ PL 29 Q1
Warm Springs Valley ≐ USA 130 D5
Warner Mountains ▲ USA 128 C2
Warner Range = Warner Mountains ▲ USA 128 C2
Warner Valley ≐ USA 130 E5
Warnow ~ D 29 L2
Warrego River ~ AUS 91 K5
Warrior Reefs ⌒ AUS 90 J2
Warschau = Warszawa ★ PL 36 H4
Warszawa ★ PL 36 H4
Warta ~ PL 29 O2
Warta ~ PL 29 P2
Warta ~ PL 29 P3
Warwick ◉ GB 27 H9
Wasatch Plateau ▲ USA 131 J6
Wasatch Range ▲ USA 128 D3
Washington Island ⌒ USA 132 E3
Washington Island = Teraina ⌒ KIR 95 M5
Washowng ☆ MYA 73 K2
Wassjuganje = Vasjuganskaja ravnina ≐ RUS 62 M6
Wassuck Range ▲ USA 131 E6
Waswanipi, Rivière ~ CDN 126 F4
Waterberge ▲ ZA 117 H2
Water Cay ⌒ BS 139 H3
Water Cay ⌒ GB 139 J4
Water Cays ⌒ BS 139 F3
Wateree River ~ USA 135 H3
Waterford = Port Láirge ◉ IRL 27 B9
Waterford Harbour ≈ IRL 27 B10
Waterhen River ~ CDN 125 Q4
Waterval-Boven = Emgwenya ◉ ZA 117 K2
Watubela, Kepulauan ⌒ RI 83 K7
Wāu ☆ SSD 105 L7
Waya ⌒ FJI 98 a2
Wda ~ PL 36 D2
Wda ~ PL 36 E3
Wé ☆ F 98 c3
Weald, The ≐ GB 27 J10
Wear ~ GB 26 G7
Webi Jubba ~ SO 105 O8
Webi Jubba ~ SO 115 J1
Webi Shabeelle ~ SO 105 P8
Webi Shabeelle ~ SO 115 K2
Weddell Island ⌒ GB 152 E8
Węgorzewo ◉ PL 36 H2
Weh, Pulau ⌒ RI 82 C5
Weichsel = Wisła ~ PL 19 P5
Weiden in der Oberpfalz ◉ D 35 H7
Wei He ~ CN 76 D4
Wei He ~ CN 77 J4
Wei He ~ CN 77 K3
Wei He ~ CN 77 L3
Weihnachtsinsel = Christmas Island ⌒ AUS 82 E9
Weilburg ◉ D 35 D6
Weilheim in Oberbayern ☆ D 35 G9
Weimar ☆ D 34 G6
Weinheim ◉ D 35 D7
Weinsberger Wald ▲ A 35 K8
Weinviertel ≐ A 37 C8
Weishan Hu ~ CN 77 K4
Weiße Elster ~ D 29 L3
Weiße Insel = ostrov Belyj ⌒ RUS 62 K3
Weiße Karpaten = Bílé Karpaty ▲ CZ 37 D8
Weißenburg in Bayern ☆ D 35 F7
Weißenburg = Wissembourg ◉ F 31 P5
Weißenhorn ◉ D 35 F8
Weissenstein = Paide ☆ EST 38 J2
Weißes Meer = Beloe more ≈ RUS 19 T2
Weiz ☆ A 37 B9
Weizhou Dao ⌒ CN 78 F6
Weligama ◉ CL 71 E8
Welland ◉ GB 27 J9
Wellesley Islands ⌒ AUS 90 H3
Wellington ★ NZ 99 E4
Wellington, Isla ⌒ RCH 152 B7
Wellington Channel ≈ CDN 123 S1
Wells ◉ GB 27 G10
Wełna ~ PL 36 E4
Wels ☆ A 35 K8
Welshpool ◉ GB 27 F9
Wembere ~ EAT 113 H3
Wembere ~ EAT 114 D6
Wenatchee Mountains ▲ USA 130 D2
Wendland ≐ D 34 F3
Wen He ~ CN 77 L4
Wenzhou Wan ≈ CN 79 M3
Werchojansker Gebirge = Verhojanskij hrebet ▲ RUS 63 W4
Wernigerode ◉ D 34 F5
Werra ~ D 29 K3
Werra ~ D 29 L3
Wesel ◉ D 34 B5
Wesenberg = Rakvere ☆ EST 38 J2
Weser ~ D 34 D3
Weser ~ D 34 E4
Weserbergland ▲ D 34 E4
Weserbergland ≐ D 29 K2
Wesergebirge ▲ D 34 D4
Wessel Islands ⌒ AUS 90 H2
West Bay ◉ GB 138 D5
West Burra ⌒ GB 26 G1
West Caicos ⌒ GB 139 J4
West Devon Mining Landscape ≐ GB 27 D11
Westergo ≐ NL 31 N1
Western Ghāts ▲ IND 65 L6
Western Samoa = Sāmoa-i-Sisifo ⌒ WS 98 a1
Westerschelde ≈ NL 28 G3
Westerstede ◉ D 34 C3
Westerwald ▲ D 28 J3
Westerwolde ≐ NL 31 P2
West Falkland ⌒ GB 152 E8
West Fayu ⌒ FSM 83 M5
Westfriesische Inseln = Waddeneilanden ⌒ NL 28 H2
West-Friesland ≐ NL 31 M2
Westindien = West Indies ≐ 129 L7
West Indies ≐ 129 L7
West Kettle River ~ CDN 125 L7
Westlicher Großer Erg = Grand Erg Occidental ≐ DZ 106 F5
Westlicher Koreagolf = Sŏjosŏn-man ≈ KP 80 E4
Westlicher Sajan = Zapadnyj Sajan ▲ RUS 62 O7
Westliche Sierra Madre = Sierra Madre Occidental ▲ MEX 128 E5
Westliche Wüste = as-Ṣaḥrāʾ al-Ġarbīa ≐ ET 105 L3
West Loch Tarbert ≈ GB 26 B4
West Palm Beach ◉ USA 135 H6
West Passage ≈ USA 134 F5
Westport ◉ IRL 24 B6
West Prairie River ~ CDN 125 M4
Westray ⌒ GB 24 F3
Westray Firth ≈ GB 26 F2
Westrich ≐ D 35 C7
West Road River ~ CDN 124 H5
Westsibirisches Tiefland = Zapadno-Sibirskaja ravnina ≐ RUS 62 K5
West Travaputs Plateau ▲ USA 131 J6
Wetar, Pulau ⌒ RI 82 H8
Wetar, Selat ≈ 82 J8
Wetterau ≐ D 35 D6
Wettersteingebirge ▲ A 35 F9
Wetzlar ◉ D 35 D6
Wewak ☆ PNG 83 M7
Wexford = Loch Garman ☆ IRL 27 C9
Weymouth ◉ GB 27 G11
Whale Bay ≈ MYA 84 B6
Whale Bay ≈ USA 124 C3
Whale Cay ⌒ BS 139 G2
Whalsay ⌒ GB 24 G2
Whangaehu River ~ NZ 99 E4
Whangarei ☆ NZ 99 E1
Whidbey Island ⌒ USA 124 J7
Whidbey Isles ⌒ AUS 92 C3
Whitby ◉ GB 26 J7
White Bay ≈ CDN 123 Z7
White Bear River ~ CDN 127 Q4
White Cay ⌒ BS 139 H2
Whitefish Range ▲ USA 130 G1
Whitehorse ☆ CDN 122 J4
White Island ⌒ CDN 123 T3
White Island ⌒ NZ 99 F2
White Mountains ▲ USA 122 G3
White Mountains ▲ USA 133 N3
Whitemud River ~ CDN 125 L3
White Pine Range ▲ USA 131 G6
White River ~ CDN 125 N6
White River ~ USA 128 F2
White River ~ USA 128 H3
White River ~ USA 130 D2
White River ~ USA 131 G6
White River ~ USA 132 E6
White River, East Fork ~ USA 132 E6
White Umfolozi ~ ZA 117 K4
White Volta ~ GH 104 E6
Whitewater Bay ≈ USA 135 H7
Whiting River ~ USA 124 D3
Wicklow = Cill Mhantáin ☆ IRL 27 C9
Wicklow Mountains ▲ IRL 24 D6
Widawa ~ PL 36 D5
Widawka ~ PL 36 F5
Wide Opening ≈ BS 139 F2
Wido ⌒ ROK 80 E6
Widyān, al- ≐ 64 D4
Wiehengebirge ▲ D 34 D4
Wieliczka ◉ PL 37 G7
Wielkopolska, Nizina ≐ PL 36 A5
Wielkopolskie, Pojezierze ≐ PL 36 A4
Wieluń ◉ PL 36 F5
Wien ★ A 37 C8
Wiener Neustadt ☆ A 37 C9
Wienerwald ▲ A 37 B8
Wieprz ~ PL 29 R3
Wieprza ~ PL 36 C2
Wiesbaden ☆ D 35 D6
Wight, Isle of ⌒ GB 18 L5
Wigtown Bay ≈ GB 26 E7
Wildhay River ~ CDN 125 L5
Wilga ~ PL 36 H5
Wilge ~ ZA 117 J3
Wilhelmshaven ◉ D 34 D3
Wilkins Strait ≈ CDN 122 O1
Wilkizkistraße = proliv Vil'kickogo ≈ RUS 62 Q2
Wilkomir = Ukmergė ☆ LT 38 J4
Willamette River ~ USA 130 C3
Willamette River ~ USA 130 C4

★ Hauptstadt (Staat) ☆ Hauptstadt (Bundesland, Provinz, o.ä.) ◉ Ort ▲ Gebirge ⌒ Insel, Halbinsel ≐ Landschaft ≈ Ozean, Meer ~ Fluss

Willandra Creek ~ AUS 93 G2
Willapa Bay ≈ USA 130 B2
Willapa Hills ▲ USA 130 B2
Willemstad ☆ NL 147 F1
Williams Island ⌒ BS 138 F2
Williams River ~ AUS 93 L1
Willis Group ⌒ AUS 91 K3
Willis Island ⌒ CDN 127 S4
Willochra Creek ~ AUS 92 D1
Willow Creek ~ CDN 125 N6
Willow Creek ~ USA 130 D3
Willow River ~ CDN 124 J5
Willow River ~ CDN 125 N4
Wilmington ◉ USA 135 J2
Wilna = Vilnius ★ LT 38 K4
Wilpena Creek ~ AUS 92 E1
Wilson Creek ~ USA 130 E2
Wilson Island ⌒ IND 71 a3
Wimmera ≐ AUS 90 J7
Wimmera River ~ AUS 92 F4
Winam Bay ≈ EAK 114 E4
Winchester ◉ GB 27 H10
Windau = Ventspils ☆ LV 38 G3
Windermere ~ GB 26 G7
Windhoek ★ NAM 116 C1
Windhuk = Windhoek ★ NAM 116 C1
Windward Islands ⌒ 129 P7
Winefred River ~ CDN 125 P3
Winisk River ~ CDN 123 T6
Winnipeg ☆ CDN 123 R7
Winsen (Luhe) ☆ D 34 F3
Winterberge ▲ ZA 117 H6
Winterküste = Zimnij bereg ≐ RUS 19 U2
Winterveld ≐ ZA 116 F5
Winyah Bay ≈ USA 135 J3
Wipptal ~ A 35 G9
Wirāg, Wādī l- ~ ET 108 E3
Wisbech ◉ GB 27 K9
Wischau = Vyškov ◉ CZ 37 C7
Wisconsin Dells ◉ USA 132 D4
Wisconsin River ~ USA 128 H2
Wisconsin River ~ USA 132 C4
Wisconsin River ~ USA 132 D3
Wisła ~ PL 19 P5
Wisła ~ PL 29 Q3
Wisła ~ PL 36 E3
Wisła ~ PL 37 F6
Wisła ~ PL 37 H6
Wiślana, Mierzeja ≐ PL 29 P1
Wiślane, Żuławy ≐ PL 36 E2
Wiślany, Zalew ≈ PL 38 F4
Wiślica ◉ PL 37 G6
Wisłok ~ PL 29 Q4
Wisłoka ~ PL 29 Q3
Wismar ☆ D 34 G3
Witfonteinrand ▲ ZA 117 H2
Witham ~ GB 27 J8
Witim = Vitim ~ RUS 63 T6
Wit Kei ~ ZA 117 H5
Wit-Nossob ~ NAM 116 D1
Witrandberge ▲ ANG 116 D2
Witteberge ▲ ZA 116 E6
Witteberge ▲ ZA 116 F6
Witteberge ▲ ZA 117 J4
Wittenberg, Lutherstadt ☆ D 34 H5
Wittenburg ◉ D 34 G3
Wittlich ☆ D 35 B7
Wittmund ☆ D 34 C3
Wittow ≐ D 34 J2
Wittstock/Dosse ◉ D 34 H3
Witu Islands ⌒ PNG 83 N7
Witwatersrand ▲ ZA 112 G7
Wkra ~ PL 29 P2
Władysławowo ◉ PL 36 E2
Włocławek ☆ PL 36 F4
Włodawka ~ PL 36 K5
Woëvre ≐ F 25 K8
Wojerecy = Hoyerswerda ☆ D 34 K5
Wokam, Pulau ⌒ RI 83 K8
Woleai Atoll ⌒ FSM 83 M5
Wolf, Isla ⌒ EC 144 A4
Wolfach ◉ D 35 D8
Wolfe Island ⌒ CDN 126 F6
Wolfenbüttel ☆ D 34 F4
Wolf River ~ CDN 125 P4
Wolf River ~ USA 132 D3
Wolfsberg ☆ A 37 A10
Wolfsburg ☆ D 34 F4
Wolga = Volga ~ RUS 19 V5
Wolgaplatte = Privolžskaja vozvyšennosť ▲ RUS 19 U6
Wolgograd = Volgograd ☆ RUS 57 N3
Wolin ⌒ PL 29 N1
Wollaston, Islas ⌒ RCH 152 D9
Wollaston Peninsula ≐ CDN 122 N3
Wollin = Wolin ⌒ PL 29 N1
Wollondilly River ~ AUS 93 L3
Wollstein = Wolsztyn ◉ PL 36 C4
Wolmar = Valmiera ☆ LV 38 J3
Wologizi Range ≐ LB 110 F5
Wolsztyn ◉ PL 36 C4
Wonegizi Mountain ▲ LB 110 F6
Wonegizi Range ▲ LB 110 E6
Wongrowitz = Wągrowiec ◉ PL 36 D4
Wonnangatta River ~ AUS 93 J4
Wŏnsan ☆ KP 80 F4
Woodbridge ◉ GB 27 L9
Woodlark Island = Murua Island ⌒ PNG 83 O8
Wood River ~ CDN 125 L6
Wood River ~ CDN 125 R7
Woody Point ◉ CDN 127 Q4
Worcester ◉ GB 27 G9
Workum ◉ NL 31 N2
Workuta = Vorkuta ☆ RUS 62 J4
Worms ☆ D 35 D7
Worms = Vormsi saar ⌒ EST 38 H2
Worpswede ◉ D 34 D3
Wotho Atoll ⌒ MH 94 F3
Wotje Atoll ⌒ MH 94 G4
Woyamdero Plain ≐ EAK 115 G3
Wrangelinsel = ostrov Vrangelja ⌒ RUS 63 g3
Wrangell Island ⌒ USA 124 D3
Wrangell Mountains ▲ USA 122 H4
Wreck Reef ⌒ AUS 91 M4
Wrocław ☆ PL 36 D5
Wschowa ◉ PL 36 C5
Wudang Shan ▲ CN 76 G5
Wuding He ~ CN 76 F2
Würzburg ☆ D 35 E7
Wugong Shan ▲ CN 79 H3
Wuhan ☆ CN 77 J6
Wu Jiang ~ CN 74 K6
Wu Jiang ~ CN 78 E3
Wulian Feng ▲ CN 78 C3
Wuling Shan ▲ CN 78 F3
Wumeng Shan ▲ CN 78 C4
Wunna ~ IND 69 G9
Wuppertal ☆ D 34 C5
Wursten ≐ D 34 D3
Wushao Ling ▲ CN 76 C3
Wu Shui ~ CN 78 F3
Wu Shui ~ CN 79 H4
Wustrow ≐ D 34 G2
Wuvulu Island ⌒ PNG 83 M7
Wuxi ◉ CN 76 F6
Wuyi Shan ▲ CN 75 M6
Wuzhi Shan ▲ CN 78 F7
Wye ~ GB 24 F6
Wye ~ GB 27 F9
Wynniatt Bay ≈ CDN 122 O2
Wyre ~ GB 27 G8
Wzniesienia Górowskie ▲ PL 36 G2
Wzyna Krakowsko-Częstochowska ≐ PL 36 F6

Xai-Xai ☆ MOC 117 L2
Xalapa ☆ MEX 136 F3
Xalapa-Enríquez = Xalapa ☆ MEX 136 F3
Xallas, Río ~ E 42 A2
Xam Hua ☆ LAO 84 D1
Xanten ◉ D 34 B5
Xarrama, Rio ~ P 44 B3
Xêdôn ▲ LAO 84 E4
Xe Kong ~ LAO 84 F4
Xiachuan Dao ⌒ CN 79 G6
Xiamen ◉ CN 79 K4
Xi'an ☆ CN 76 F4
Xiang Jiang ~ CN 75 L6
Xiang Jiang ~ CN 78 G4
Xiangxi Zizhizhou ▲ CN 78 F3
Xianshan Gang ≈ CN 79 M2
Xianxia Ling ▲ CN 79 L2
Xiaochangshan Dao ⌒ CN 80 D4
Xiao Hinggan Ling ▲ CN 75 O1
Xiaoling He ~ CN 80 C3
Xiaoqing He ~ CN 77 L3
Xiao Shan ▲ CN 76 G4
Xiao Shui ~ CN 79 G3
Xifei He ~ CN 77 K5
Xigazê ◉ CN 74 F6
Xijiang Dao ⌒ CN 75 M3
Xi Jiang ~ CN 75 L7
Xi Liao He ~ CN 75 N3
Xinchuan Gang ≈ CN 77 M5
Xinghua Wan ≈ CN 79 L4
Xingu, Rio ~ BR 145 J6
Xining ☆ CN 76 B3
Xin Jiang ~ CN 79 K2
Xinliao Dao ⌒ CN 78 G6
Xionger Shan ▲ CN 77 G4
Xishaqundao = Paracel Islands ⌒ 82 F3
Xishuangbanna ≐ CN 73 L3
Xi Shui ~ CN 77 J6
Xiu Shui ~ CN 79 J2
Xixón = Gijón ◉ E 42 E1
Xizhong Dao ⌒ CN 80 C4
Xochimilco ◉ MEX 136 E3
Xuande Qundao ⌒ CN 82 F3
Xuddur ☆ SO 115 J1
Xuefeng Shan ▲ CN 73 G3
Xu Jiang ~ CN 79 K3
Xun He ~ CN 76 F5
Xun Jiang ~ CN 78 F5
Xuy Nông Chao ⌒ VN 84 F1

Ya Ayun ~ VN 84 G5
Yaco, Rio ~ BR 144 E7
Yacyretá, Ilha ⌒ PY 151 B7
Yadua ⌒ FJI 98 b2
Ya Drang ~ K 84 F5
Yaeyama-rettō ⌒ J 75 N7
Yafran ☆ LAR 104 H2
Yagasa ⌒ FJI 98 c3
Yagasa Cluster ⌒ FJI 98 c3
Yagishiri-tō ⌒ J 81 N1
Yaguari, Arroyo ~ RA 151 A8
Yaguarón, Río ~ ROU 151 C9
Yaguas, Río ~ PE 148 F3
Yakfıkebir ☆ TR 67 H2
Yakima River ~ USA 130 D2
Yakobi Island ⌒ USA 124 B2
Yaku-shima ⌒ J 75 O5
Yala ~ EAK 114 E4
Yalahán, Laguna de ≈ MEX 137 K2
Yalewa Kalou ⌒ FJI 98 a2
Yali ~ BF 111 L3
Yalnızçam Dağları ▲ TR 67 J2
Yalong Jiang ~ CN 74 J5
Ya Lôp ~ K 84 F5
Ya'louyang Kou ≈ KP 80 E4
Yalova ☆ TR 53 O6
Yalu Jiang ~ CN 80 E3
Yamagata ☆ J 81 M4
Yambi, Mesa de ≐ CO 144 E4
Yambio ☆ SSD 114 B1
Yamdena, Pulau ⌒ RI 83 J8
Yamicha ≐ EAK 115 G3
Yamoussoukro ★ CI 111 H6
Yamuna ~ IND 65 M5
Yamuna ~ IND 68 G4
Yamuna ~ IND 69 G6
Yanacu Grande, Río ~ PE 148 D4
Yanatili, Río ~ PE 149 E8
Yanco Creek ~ AUS 93 H3
Yandang Shan ▲ CN 79 L3
Yandé, Île ⌒ F 98 a3
Yangon ☆ MYA 73 K6
Yangpu Gang ≈ CN 78 F7
Yangshuo ◉ CN 78 G4
Yangtze = Chang Jiang ~ CN 75 K5
Yangzhou ◉ CN 77 L5
Yangzi Jiang ~ CN 77 K6
Yan He ~ CN 76 G3
Yani ~ CI 111 G5
Yano ~ LB 110 F6
Yan Oya ~ CL 71 F6
Yanuca ⌒ FJI 98 a3
Yanuca ⌒ FJI 98 c2
Yaoundé ★ CAM 104 H8
Yaowang Gang ≈ CN 77 M5
Yapen, Pulau ⌒ RI 83 L7
Yapeyú ◉ RA 151 B8
Yap Islands ⌒ FSM 83 L5
Yaqaga ⌒ FJI 98 b2
Yaqeta ⌒ FJI 98 a2
Yaque del Norte, Río ~ DOM 139 K5
Yaqui, Río ~ MEX 128 D5
Yaren ☆ NAU 94 F6
Yarí, Río ~ CO 144 E4
Yarí, Río ~ CO 148 E1
Yarkant He ~ CN 74 D4
Yarkhun ~ PK 68 D1
Yaroua ⌒ FJI 98 c2
Yasawa ⌒ FJI 98 a2
Yasawa Group ⌒ FJI 96 E4
Yashiro-shima ⌒ J 81 J7
Yasothon ☆ T 84 D4
Yass River ~ AUS 93 K3
Yāsūj ☆ IR 64 G4
Yasuni, Río ~ EC 148 C2
Yatsushiro-kai ≈ J 80 H7
Yatta Plateau ▲ EAK 115 F4
Yatúa, Río ~ YV 147 G7
Yauca, Río ~ PE 149 D9
Yavari, Río ~ PE 148 E4
Yavari, Río ~ 144 E5
Yavari Mirim, Río ~ PE 148 E4
Yavero ó Paucartambo, Río ~ PE 149 E8
Yaviveto, Río ~ PE 148 D2
Yavu ⌒ FJI 98 c2
Yaw ~ MYA 73 J4
Yawri Bay ≈ WAL 110 D5
Yazd ☆ IR 64 G4
Yazlıca Dağı ▲ TR 67 J4
Yazoo River ~ USA 128 H4
Ybbs ~ A 37 A8
Ydre ≐ S 23 L3
Yebu ~ CGO 114 B2
Yeguas, Río de las ~ E 44 F3
Yei ~ SSD 114 C1
Yei ~ SSD 114 C2
Ye Kyûn ⌒ MYA 73 H5
Yela Island ⌒ PNG 83 O9
Yell ⌒ GB 24 G2
Yellow Cay ⌒ BS 139 F2
Yellowknife ☆ CDN 122 O4
Yellow River ~ USA 132 C3
Yellow Sea ≈ 75 N4
Yellowstone River ~ USA 122 P7
Yellowstone River ~ USA 130 J3
Yell Sound ≈ GB 26 H1
Yên Bái ☆ VN 78 D6
Yenice Irmağı ~ TR 66 E2
Yeongheungdo ⌒ ROK 80 E5
Yeoseodo ⌒ ROK 80 F7
Yerington ◉ USA 131 E6
Yesilırmak ~ TR 66 F2
Yeşilırmak ~ TR 66 G2
Yeşilırmak ~ TR 66 G2
Yetti ≐ RIM 104 D3
Yeu, Île d' ⌒ F 25 F9
Yévélé, Monts ▲ CI 111 H5
Yèvre ~ F 32 G1
Yewa, River ~ NGR 111 M6
Yew Mountain ▲ USA 132 H6
Yí, Río ~ ROU 151 B10
Yiğit Dagı ▲ TR 67 L4
Yi He ~ CN 77 H4
Yi He ~ CN 77 L4
Yiiwêng Tao ⌒ RC 79 L5
Yıldız Dağları ▲ TR 66 B2
Yinchuan ☆ CN 76 E2
Ying He ~ CN 77 J5
Yi Shan ▲ CN 77 L3
Yof ◉ SN 110 B2
Yogyakarta ☆ RI 82 F8
Yokchi-do ⌒ ROK 80 F6
Yola ☆ NGR 104 H7
Yon ~ F 32 C2
Yonaguni-shima ⌒ J 75 N7
Yoneshiro-gawa ~ J 81 N3
Yongari ▲ RMM 111 H2
Yongding He ~ CN 77 K2
Yongdo ⌒ ROK 80 G6
Yongle Qundao ⌒ CN 82 F3
Yonne ~ F 25 J8
Yonne ~ F 25 J9
Yopal ☆ CO 146 D5
York ◉ GB 27 H8
York Dales ≐ GB 26 H7
Yorke Peninsula ≐ AUS 90 H6
York River ~ USA 133 K7
Yorkshire ≐ GB 24 G5
York Sound ≈ AUS 90 E2
York Wolds ≐ GB 26 J7
Yoro ☆ HN 137 L5
Yoro, Montaña de ▲ HN 137 L5
Yoron-shima ⌒ J 75 O6
Yoshi-gawa ~ J 81 J6
Yoshino-gawa ~ J 81 J6
You Jiang ~ CN 78 E5
Youllemmedene ≐ RMM 111 L1
Younghusband Peninsula ≐ AUS 92 E3
You Shui ~ CN 78 F2
You Xi ~ CN 79 K3
Yozgat ☆ TR 66 F3
Ypres = Ieper ◉ B 31 K4
Ysabel Channel ≈ PNG 83 N7
Ystad ◉ S 22 J5
Yuan Jiang ~ CN 74 J7
Yuan Jiang ~ CN 75 L6
Yuan Shui ~ CN 79 J3
Yucatán, Península de ≐ MEX 128 H7
Yucatán Channel ≈ 129 J6
Yuhuan Dao ⌒ CN 79 M2
Yukon Plateau ▲ CDN 122 J4
Yukon River ~ CDN 122 J4
Yukon River ~ USA 122 E4
Yukon River ~ USA 122 H3
Yuma, Bahía de ≈ DOM 139 L5
Yuma Desert ≐ USA 131 G9
Yuna, Río ~ DOM 139 K5
Yunak ☆ TR 66 D3
Yungas ≐ BOL 144 F8
Yungui Gaoyuan ≐ CN 74 J7
Yunkai Dashan ▲ CN 78 G5
Yun Ling ▲ CN 73 L1
Yun Shui ~ CN 77 H6
Yunt Dağı ▲ TR 55 K4
Yunwu Shan ▲ CN 79 G5
Yünzalin ~ MYA 73 K5
Yura-gawa ~ J 81 K6
Yurua, Río ~ PE 149 E6
Yuruan, Río ~ YV 147 K4
Yuruparí, Raudal ~ CO 148 F1
Yuscarán ☆ HN 137 L6
Yxlan ⌒ S 23 O1
Yxnö ⌒ S 23 M2

Z

Za, Oued ~ MA 106 E3
Zab, Monts du ▲ DZ 107 J3
Zabern = Saverne ◉ F 31 P6
Zabīd ◉ YEM 64 E8
Ząbkowice Śląskie ◉ PL 36 C6
Zabok ☆ HR 49 L2
Zābol ◉ IR 64 J4
Zacapa ☆ GCA 137 K5
Zacatecas ☆ MEX 128 F6
Zacatecoluca ☆ ES 137 K6
Zachidnyj Buh ~ UA 56 C2
Zachidnyj Buh ~ UA 56 D3
Zadar ☆ HR 49 L4
Zadarski kanal ≈ HR 49 K4
Zadetkale Kyun ⌒ MYA 85 A6
Zadetkyi Kyun ⌒ MYA 85 A7
Zaër-Zaïa ≐ MA 106 C4
Zafra ◉ E 44 D3
Zagaoua ≐ TCH 105 K5
Zagatala = Zaqatala ☆ AZ 57 O7
Zaghouan ☆ TN 107 M2
Zagné ◉ CI 110 G6
Zagora ☆ HR 49 M5
Zagora ◉ MA 106 D5
Zagória ▲ GR 54 C3
Zagorsk = Sergiev Posad ☆ RUS 39 Q3
Zagreb ★ HR 49 L3
Zāgros, Kūhhā-ye ▲ IR 64 F4
Zagyva ~ H 37 F9
Zaharodze ≐ BY 38 J5
Zāhedān ☆ IR 64 J5
Zahodni Bug = Zachidnyj Buh ~ UA 56 C2
Zaidūn, Wādī z- ~ ET 108 F5
Zaire ~ CGO 114 A6
Zaire ~ 112 E2
Zákinthos ⌒ GR 19 P8
Zakopane ◉ PL 37 F7
Zala ~ H 29 O5
Zalaegerszeg ☆ H 37 C10
Zalamea de la Serena ◉ E 44 E3
Zalău ☆ RO 56 C4
Zalew Wiślany ≈ PL 38 F4
zalif Korfa ≈ RUS 63 e5
Zališčyky ☆ UA 56 D3
zaliv Akademii ≈ RUS 63 Y7
zaliv Aniva ≈ RUS 63 Z8
zaliv Faddeja ≈ RUS 62 S2
zaliv Kresta ≈ RUS 63 h4
zaliv Kronockij ≈ RUS 63 d7
zaliv Petra Velikogo ≈ 75 P3
zaliv Šelihova ≈ RUS 63 c6
zaliv Terpenija ≈ RUS 63 Z8
zaliv Tollja ≈ RUS 62 Q2
Zaltan, Bi'r ~ LAR 105 J3
Zamantı Irmağı ~ TR 66 F4
Zambeze, Rio ~ MOC 113 H5
Zambezi Escarpment ▲ ZW 112 G5
Zamboanga City ◉ RP 83 H5
Zami Myit ~ MYA 73 K6
Zamora ◉ E 42 E3
Zamora ◉ EC 148 B4
Zamora, Río ~ EC 148 B3
Zamość ◉ PL 36 J6
Zamuro, Sierra del ▲ YV 147 J5
Žanakazaly ☆ KZ 19 Y6
Žanakorğan ☆ KZ 62 K9
Záncara, Río ~ E 43 G5
Zanğān ☆ IR 64 F3
Zangğān Rūd ~ IR 67 M4
Zannone, Isola ⌒ I 50 G2
Zanvar Čāy ~ IR 67 L3
Zanzibar Channel ≈ EAT 113 J3
Zanzibar Island ⌒ EAT 113 J3
Zaokskij ☆ RUS 39 P4
Zapadnaja Dvina ☆ RUS 39 M3
Zapadna Morava ~ SRB 47 H3
Zapadne Karpaty ▲ SK 37 E7
Zapadni Rodopi ▲ BG 52 H5
Zapadno-Sibirskaja ravnina ≐ RUS 62 K5
Zapadnyj Sajan ▲ RUS 62 O7
Zapardiel, Río ~ E 42 E4
Zapārge ≐ SRB 52 G3
Zapata, Península de ≐ C 138 D3
Zapatón, Río ~ E 44 D3
Zapopan ◉ MEX 136 C2
Zaporižžja ☆ UA 57 J4
Zaporož'e = Zaporižžja ☆ UA 57 J4
Zaqatala ◉ AZ 57 O7
Zaragoza ☆ E 43 K3
Zarajsk ☆ RUS 39 Q4
Zarandului, Munții ▲ RO 56 B4
Zaranou ◉ CI 111 J6
Zarasai ◉ LT 38 J4
Zaraw Kyûn ⌒ MYA 84 A5
Zarembo Island ⌒ USA 124 D3
Zare Šaran ☆ AFG 68 B3
Zaria ◉ NGR 104 G6
Zarisberge ▲ ANG 116 C2
Zarma Ganda ≐ RN 111 M2
Zarrine Rūd ~ IR 67 M4
Zary ◉ PL 36 B5
Zaskar ▲ IND 68 F3
Žaškiv ☆ UA 56 G3
Zatoka Gdańska ≈ PL 29 P1
Zatoka Pomorska = Pommersche Bucht ≈ 29 M1
zatoka Syvaš ≈ UA 56 H4
Zauche ≐ D 34 H4
Zaugyi Myit ~ MYA 73 K4
Zavhan gol ~ MGL 74 G2
Zaza ~ C 138 F3
Zazamt, Wādī ~ LAR 105 J2
Zazir, Oued ~ DZ 104 G4
Zbąszyń ◉ PL 36 B4
Zbruč ~ UA 56 E3
Žďárské vrchy ▲ CZ 37 B7
Zdrój, Świeradów- ◉ PL 36 B6
Zeča ≐ HR 49 K4
Zeeuws-Vlaanderen ≐ NL 31 L3
Zegher, Hamādat ≐ LAR 104 H3
Zegrir, Oued ~ DZ 107 H4
Zeja ☆ RUS 63 W7
Zeja ~ RUS 63 W7
Zelandija = Sjælland ⌒ DK 18 O4
Zelenogradsk ☆ RUS 38 G4
Zelënyj, ostrov ⌒ RUS 75 S3
Zell am See ☆ A 35 H9
Žem ~ KZ 19 X6
Žemaičių Naumiestis ◉ LT 38 G4
Zembra, Île ⌒ TN 107 M2
Zemio ◉ RCA 105 L7
Zemlja Bunge, ostrov ⌒ RUS 63 Y2
Zemlja Franca-Iosifa ⌒ RUS 62 F2
Zemoul, Oued ~ DZ 106 C6
Zempléni-Hegység ▲ H 37 H8
Zentralmassiv = Massif Central ▲ F 18 M7
Zeravšanskij hrebet ▲ 65 K3
Žeriv ~ UA 56 F2
Zermatt ◉ CH 35 C10
Zeroud, Oued ~ TN 107 L3
Žeskazgan ☆ KZ 62 K8
Zeta ~ MNE 52 D4
Zevenwouden ≐ NL 31 N2
Zêzere, Rio ~ P 40 B5
Zêzere, Rio ~ P 42 C4
Zgorzelec ◉ PL 36 B5
Zhangguangcai Ling ▲ CN 75 O3
Zhang He ~ CN 77 J3
Zhang Shui ~ CN 79 J4
Zhangzi Dao ⌒ CN 80 D4
Zhaoqing ◉ CN 79 G5
Zhengzhou ☆ CN 77 H4
Zhenjiang ◉ CN 77 L5
Zhen Shui ~ CN 79 H4
Zhob ~ PK 65 K4
Zhongxin Gang ≈ CN 77 M5
Zhoushan Dao ⌒ CN 75 N5
Zhoushan Qundao ⌒ CN 77 M6
Zhuguang Shan ▲ CN 79 H4
Zhujiang Kou ≈ CN 79 H5
Zhulong He ~ CN 77 J2
Zhuozhang He ~ CN 77 H3
Zhushui He ~ CN 77 J4
Ziama ▲ RG 110 F5
Žiar ▲ SK 37 E8
Ziban ≐ DZ 107 J3
Zidskaja ravina ▲ BY 38 J5
Ziębice ◉ PL 36 D6
Zielona Góra ☆ PL 36 B5
Zierikzee ◉ NL 31 L3
Žigalovo ☆ RUS 62 S7
Ziguinchor ☆ SN 110 B3
Zihuatanejo ◉ MEX 136 C4
Zile ◉ TR 66 F2
Žilina ☆ SK 37 E7
Zillertal ~ A 35 G9
Zillertaler Alpen ▲ A 35 G9
Zilupe ◉ LV 38 L3
Zima ☆ RUS 62 R7
Zimnij bereg ≐ RUS 19 U2
Zinder ☆ RN 104 G6
Zio ~ TG 111 L6
Žirje ⌒ HR 46 E3
Zi Shui ~ CN 79 G2
Zi Shui ~ CN 79 G3
Žitný ostrov ≐ SK 37 D9
Žitomir = Žytomyr ☆ UA 56 E2
Zittau ☆ D 34 K6
Ziya He ~ CN 75 L4
Ziz, Gorges du ≐ MA 106 D4
Ziz, Oued ~ MA 106 D4
Ziz, Oued ~ MA 106 D5
Žizdra ~ RUS 39 O5
Žizzah ☆ UZ 65 K2
Zjudev, ostrov ⌒ RUS 57 Q5
Zkhinvali ◉ GE 57 O6
Zlarin ⌒ HR 49 L5
Zlatijata ≐ BG 52 H3
Zlatoust ☆ RUS 19 X4
Zlín ☆ CZ 37 D7
Złotoryja ◉ PL 36 B5
Złotów ◉ PL 36 D3
Zmertène, Oued ~ TN 107 L4
Żnin ◉ PL 36 D4
Znisne = Żnin ◉ PL 36 D4
Zohlaguna, Meseta de ▲ MEX 128 H7
Žohova, ostrov ⌒ RUS 63 b2
Zola Chay ~ IR 67 L3
Zomba ◉ MW 113 J5
Žongar Alatauy ▲ KZ 62 N8
Zonguldak ☆ TR 66 D2
Zoppot = Sopot ◉ PL 36 E2
Žosaly ☆ KZ 64 J1
Zou ~ BJ 111 L6
Zouar ◉ TCH 105 J4
Zousfana, Oued ~ DZ 106 E5
Zrenjanin ◉ SRB 52 E1
Zrmanja ~ HR 49 L4
Zselic ≐ H 37 D10
Zuata, Río ~ YV 147 H3
Zubair, az- ☆ IRQ 67 M7
Züllichau = Sulechów ◉ PL 36 B4
Zuénoula ☆ CI 111 G6
Zürich ☆ CH 35 D9
Zufār ≐ YEM 64 G7
Zug ☆ CH 35 D9
Zugdidi ◉ GE 57 M6
Zuid-Beveland ≐ NL 31 L3
Zuidel. Flevoland ⌒ NL 31 N2
Zújar, Río ~ E 40 D5
Zulia, Río ~ CO 146 D3
Žumberačka gora ▲ HR 49 L3
Zunguni ~ EAT 114 E6
Zunhua ◉ CN 77 L1
Zuo Jiang ~ CN 78 E5
Zuqur, az- ⌒ YEM 105 O6
Zuša ~ RUS 39 P5
Žusaly = Žosaly ☆ KZ 64 J1
Zutphen ◉ NL 31 O2
Zuwārah ☆ LAR 107 M4
Zuytdorp Cliffs ≐ AUS 90 C5
Zvenyhorodka ☆ UA 56 G3
Zvijezda ▲ BIH 49 O4
Zvornik ◉ BIH 49 P4
Zwedru ☆ LB 110 F6
Zweibrücken ☆ D 35 C7
Zwettl ☆ A 37 B8
Zwickau ☆ D 34 H6
Zwierzyniec ◉ PL 36 J6
Zwolle ☆ NL 31 O2
Zymoetz River ~ CDN 124 G4
Zyrjanka ☆ RUS 63 b4
Žytomyr ☆ UA 56 E2

BILDNACHWEIS

Cover: xtock/Shutterstock.com, Getty Images/ Sandipkumar Patel

S. 2–3 superjoseph/Shutterstock.com, S. 4 Getty/ Sandipkumar Patel, S. 5 ltdedigos/Shutterstock. com, S. 6 Getty/Sandipkumar Patel, S. 10–11 Mauritius/Science Faction/NASA – digital version, S. 153 axily/Shutterstock.com, S. 164–165 agpotter-photo/Shutterstock.com

MAIRDUMONT GmbH & Co. KG, Ostfildern
Kistlerhofstraße 111
81379 München
Telefon +49.89.45 80 20-0
www.kunth-verlag.de
info@kunth-verlag.de

ISBN 978-3-96965-190-2
1. Auflage

Printed in Romania

Verlagsleitung: Grit Müller
Redaktion: Stefan Khun, Nora Köpp
Layoutgestaltung: Verena Ribbentrop
Covergestaltung: Christopher Kunth
Kartenmaterial: © KOMPASS-Karten GmbH, Karl-Kapferer-Straße 5, A-6020 Innsbruck
unter Verwendung von Kartendaten: © MairDumont, D-73751 Ostfildern